소송실무자료

[2022년 최신판]

가상화폐의 이해

❖ 비트코인 ❖

편저 : 법률연구회

법률정보센터

목 차

제1장 가상자산사업자 신고매뉴얼

제1절 개요

1. 가상자산사업자의 정의 ·· 1

◆ 주요 가상자산사업자 예시 ·· 2

2. 가상자산사업자 신고업무 개요 ·· 3
   가. 가상자산사업자 ··· 3
   나. 대상 ·· 5
      (1) 대상 ··· 5
      (2) 심사항목 ·· 5

제2절 신고업무 절차

◆ 가상자산사업자 신고 업무절차 흐름도 ·· 6

1. 신고서 접수 (FIU) ··· 6
   가. 신고서 제출 ··· 6

2. 신고 심사 의뢰 (FIU→금감원) ··· 9

가. 신고 심사 업무는 금감원장에게 위탁되어 있으므로,
FIU는 접수된 신고서의 신고 요건 심사를 의뢰하기
위해 금감원에 공문 발송 ·· 9

3 신고 요건 심사 (금감원) ··· 9

가. (1단계) 신고서류 검토 ··· 9
나. (2단계) 법 제7조제3항에 따른 불수리 사유 해당 여부 검토 ········ 9
    (1) 실명확인 입출금계정 ··· 10
    (2) 사업자 요건 ·· 10

❖ 가상자산사업자 신고 불수리 사유별 해당여부 확인방법 ············ 10

4. 심사 결과 통보 (금감원→FIU) ··· 11

5. 신고 수리 여부 통지·공고 등 (FIU) ·································· 11

가. FIU는 신고심사 보고서를 토대로 최종 신고 수리 여부 결정 ······ 11

제3절 신고요건 심사 세부내역

❖ 심사 세부내역 활용시 주의사항 ·· 12

1. 신고서류 검토 ··· 12

가. 구비서류 제출여부 확인 ·· 12

❖ 구비서류 체크리스트 ··· 12

나. 서류접수시 주요 점검사항 ·· 13

❖ 필수첨부서류 및 그 밖에 필요한 서류 작성·제출시 유의사항 ········· 15

2. 신고 불수리 사유 해당여부 심사 ·· 16
　가. 정보보호 관리체계 인증 ·· 16
　나. 실명확인 입출금계정 발급 ·· 16
　다. 사업자(대표자 및 임원) 요건 ··· 16
　라. 직권 말소 경력 ··· 18

제4절　신고 유지 요건

1. 변경신고 의무 ·· 18

2. 갱신신고 의무 ·· 18

제5절　양식

[서식 1] 국내 가상자산사업자 신고서 (신규 / 변경 / 갱신) ···················· 20
[서식 2] 외국 가상자산사업자 신고서(안) (신규/변경/갱신) ······················ 22
[서식 3] 가상자산 취급 목록 양식 ·· 24
[서식 4] 신고인·대표자·임원 확인서 양식(안) ·· 25
　　　　　1. 신고인 확인서 ·· 25
　　　　　2. 대표자 및 임원(등기 임원)확인서 ·· 27

제6절　관련 법규(안)

1. 신고서 요건 ·· 29

2. 불수리 요건 ·· 31

가. 정보보호 관리체계 인증 ·· 31
나. 실명확인 입출금계정 ·· 31
다. 금융관련 법률 위반 ·· 33
라. 직권말소 경력 ·· 33

제2장 8개 가상자산사업자의 불공정 약관 시정권고

제1절 불공정 약관조항 ·· 34

제2절 시정권고 내용 ··· 35

1. 시정권고 내용 ··· 35

가. 약관 개정 조항(8개사) ·· 35
    (1) 약관 조항 ·· 35
    (2) 시정권고 사유 ·· 35

나. 약관 외 준칙 조항(4개사) ·· 36
    (1) 약관 조항 ·· 36
    (2) 시정권고 사유 ·· 37

다. 서비스 변경·교체·종료 및 포인트 취소·제한 조항(3개사) ······ 37
    (1) 약관 조항 ·· 37
    (2) 시정권고 사유 ·· 38

라. 부당한 환불 및 반환 조항(2개사) ·· 39
    (1) 약관 조항 ·· 39
    (2) 시정권고 사유 ·· 39

마. 스테이킹 및 노드 서비스 조항(2개사) ······································· 40

   (1) 약관 조항 ··· 40
   (2) 시정권고 사유 ··· 41
  바. 영구적인 라이선스 제공 조항(2개사) ··························· 42
   (1) 약관 조항 ··· 42
   (2) 시정권고 사유 ··· 42
  사. 이용계약 중지 및 해지 조항(7개사) ····························· 44
   (1) 약관 조항 ··· 44
   (2) 시정권고 사유 ··· 44
  아. 서비스 이용제한 조항(6개사) ··· 45
   (1) 약관 조항 ··· 45
   (2) 시정권고 사유 ··· 46
  자. 부당한 면책 조항(8개사) ··· 46
   (1) 약관 조항 ··· 46
   (2) 시정권고 사유 ··· 47

2. 공정위의 불공정약관 심사 (법령) ·· 49

제3장 국세청 보도자료

1. 가상자산으로 재산을 은닉한 체납자에 대하여 정부부처 최초로 강제징수 ····· 53
2. 강제징수 시 가상자산으로 은닉한 사실을 확인하여
 현금징수·채권확보한 유형 ·· 55
3. 가상자산의 강제집행 판결 및 법령 ·· 57

제4장 주요 신문(조간) 보도내용 ···························· 58

제5장 가상화폐 강제집행

제1절 채권과 그 밖의 재산권에 대한 강제집행

1. **추심명령(推尋命令)** ··· 73
   가. 신청 ··· 73
      (1) 추심명령의 신청은 서면으로 하여야 한다. ····················· 73
  [서식 1] 채권추심명령 (추심명령을 별도로 신청한 경우) ············· 74
  [서식 2] 채권압류 및 추심명령 (채권압류와 추심명령을
               병합하여 신청한 경우) ································· 76
  [서식 3] 채권압류 및 추심명령 신청서 ·· 78

2. **전부명령 (轉付命令)** ··· 81
   가. 신 청 ··· 81
  [서식 4] 채권전부명령(전부명령을 별도로 신청한 경우) ················ 82
  [서식 5] 가압류에서 본압류로 이전하는 채권압류 및 전부명령 ············ 83
  [서식 6] 채권압류와 전부명령을 병합하여 신청한 경우 ··············· 85
   나. 특별현금화방법 ··· 87
      (1) 신 청 ·· 87

3. **압류금지물건 및 채권** ··· 88
   가. 민사집행법에서 직접 압류금지재산으로 규정 ························· 88
      (1) 유체동산 ·· 88
      (2) 채권 ·· 89

4. 가상자산 반환청구권 ·· 91

5. 가상자산의 법적 성질 ·· 91

6. 가상자산의 강제집행 절차 ·· 92

   [예시 1] 압류결정문 예시 ··· 92

   　가. 그 밖의 재산권으로 보아 채권의 집행절차 ································ 93

   [예시 2] 압류명령 신청서 예시 ·· 94

7. 거래소에 위탁된 비트코인에 대한 강제집행 ······································ 95

   　가. 집행채권이 '원화'의 지급을 구하는 청구권인 경우 ······················ 96

   　나. 집행채권이 '비트코인'의 지급을 구하는 청구권인 경우 ·············· 97

제2절　유체동산에 대한 가압류

1. 집행절차 ·· 98

   　가. 개요 ·· 98

❖ 예탁비트코인 공유지분 가압류 ·· 100

   　나. 비트코인 출급청구채권을 가압류 ··· 100

   　다. 암호화폐 전송, 매각 등 이행청구채권을 가압류 ······················ 101

   　라. 암호화폐 지급청구권 ·· 101

제6장 가상화폐거래의 의미

제1절 가상화폐에 대한 이해

1. 가상화폐 정의 ··· 102

2. 비트코인의 개념 ··· 106

3. 비트코인의 형법상 '물건' ··· 106

4. 비트코인의 범죄수익은닉규제법상 몰수 ··························· 107
❖ 중대범죄 <개정 2020. 5. 19.> ·· 107
　가. 비트코인의 '전자문서' ·· 108

5. 비트코인의 추징대상 ··· 108

6. 가상자산의 몰수 및 강제징수 현황 ··································· 108
　가. 매각 ··· 109

제2절 거래의 법률적 성격

1. 전통적 의미의 재산권을 대상 ·· 112

[판례 1] 부가가치세및종합소득세부과처분취소 ····················· 113

[판례 2] 아동·청소년의성보호에관한법률위반(음란물제작·배포등)·
　　　　국민체육진흥법위반·전자금융거래법위반·정보통신망이용

　　　　촉진및정보보호등에관한법률위반(음란물유포)·도박개장방조) ······ 116

2. 빗썸, 업비트, 코인원, 코빗 ······ 129

3. 공정거래위원회의 불공정 약관 조항 시정 ······ 129

4. 거래와 부수적 계약 ······ 130
　가. 부제소 합의 ······ 130
　나. 착오로 인한 취소 ······ 131
　　　(1) 가상화폐 거래로부터의 시사점 - 가치산정 기준 시기 참고 ······ 131

5. 매도인의 담보책임 관련 ······ 133

6. 착오에 의한 의사표시의 취소 ······ 133
[판례　3] 주식양도대금반환등 ······ 133
[판례　4] 부당이득금반환〈파생상품 착오주문 취소 사건〉 ······ 140

7. 계약의 일방적 해제와 원상회복 ······ 143

8. 계약의 합의해제 혹은 약정해지권의 발생 ······ 144

9. 철회권 행사 ······ 144

10. 침해행위 대응방법 ······ 146

제3절 가상화폐 거래소 약관의 내용

1. 빗썸 서비스 이용약관 ·· 147

2. 업비트 이용약관 ··· 159

3. 코인원 기본약관 ··· 176

4. 코빗 이용약관 ·· 197

제7장 관련판례

[판례 1] 손해배상(기) 〈네이트·싸이월드 회원들의 개인정보 유출로
　　　　　　　　　인한 손해배상 청구사건〉 ···································· 213

[판례 2] 아동·청소년의성보호에관한법률위반(음란물제작·배포등),
　　　　　국민체육진흥법위반, 전자금융거래법위반, 정보통신망
　　　　　이용촉진및정보보호등에관한법률위반(음란물유포),
　　　　　도박개장방조 ·· 226

[판례 3] 사기·특정경제범죄가중처벌등에관한법률위반(횡령)·업무상
　　　　　횡령·업무상배임·사전자기록등위작·위작사전자기록등행사·
　　　　　범죄수익은닉의규제및처벌등에관한법률위반·공정증서원본
　　　　　불실기재·불실기재공정증서원본행사·상법위반] 〈형법
　　　　　제232조의2에서 정한 사전자기록 '위작'의 의미〉 ············· 238

[판례 4] 아동·청소년의성보호에관한법률위반(음란물제작·배포등)·
　　　　　국민체육진흥법위반·전자금융거래법위반·정보통신망
　　　　　이용촉진및정보보호등에관한법률위반(음란물유포)·
　　　　　도박개장방조 ·· 267

[판례 5] 특정경제범죄가중처벌등에관한법률위반(배임), 특정경제

　　　　　　범죄가중처벌등에관한법률위반(사기), 사기, 사전자기록등
　　　　　　위작, 위작사전자기록등행사, 업무상횡령 ·················· 271

[판례　6] 방문판매등에관한법률위반 ······················· 324

[판례　7] 유사수신행위의규제에관한법률위반,
　　　　　　방문판매등에관한법률위반 ····················· 327

[판례　8] 특정경제범죄가중처벌등에관한법률위반(배임), 특정경제
　　　　　　범죄가중처벌등에관한법률위반(사기), 사기, 사전자기록등
　　　　　　위작, 위작사전자기록등행사, 업무상횡령 ·················· 346

[판례　9] 방문판매등에관한법률위반, 유사수신행위의규제에
　　　　　　관한법률위반 ······························· 416

제8장　관련 법령

1. 특정 금융거래정보의 보고 및 이용 등에 관한 법률 ················ 420

제1장　총　칙 <신설 2020. 3. 24.>

제1조 (목적) ··· 420
제2조 (정의) ··· 420
제3조 (금융정보분석원) ··· 422

제2장　금융회사등의 의무 <신설 2020. 3. 24.>

제4조 (불법재산 등으로 의심되는 거래의 보고 등) ·················· 423
제4조의2 (금융회사등의 고액 현금거래 보고) ························ 424
제5조 (금융회사등의 조치 등) ·· 425
제5조의2 (금융회사등의 고객 확인의무) ····························· 426
제5조의3 (전신송금 시 정보제공) ···································· 428

제5조의4 (금융회사등의 금융거래등 정보의 보유기간 등) ······················ 428

제3장 가상자산사업자에 대한 특례 <신설 2020. 3. 24.>

제6조 (적용범위 등) ·· 429
제7조 (신고) ·· 430
제8조 (가상자산사업자의 조치) ··· 431

제4장 특정금융거래정보의 제공 등 <신설 2020. 3. 24.>

제9조 (외국환거래자료 등의 통보) ··· 431
제10조 (수사기관 등에 대한 정보 제공) ··· 432
제10조의2 (특정금융거래정보 제공사실의 통보) ··································· 434
제11조 (외국금융정보분석기구와의 정보 교환 등) ······························· 435

제5장 보 칙 <신설 2020. 3. 24.>

제12조 (금융거래정보의 비밀보장 등) ··· 435
제12조의2 (특정금융거래정보 등의 보존 및 폐기) ······························· 436
제13조 (자료 제공의 요청 등) ··· 437
제14조 (다른 법률과의 관계) ··· 437

제6장 감독·검사 <신설 2020. 3. 24.>

제15조 (금융회사등의 감독·검사 등) ··· 438
제15조의2 (외국 금융감독·검사기관과의 업무협조 등) ······················· 440

제7장 벌칙 등 <신설 2020. 3. 24.>

제16조 (벌칙) ·· 440
제17조 (벌칙) ·· 441
제18조 (징역과 벌금의 병과) ··· 441
제19조 (양벌규정) ·· 441

제20조 (과태료) ··· 442

　부　　칙　<제6516호, 2001. 9. 27.> ··· 442
　부　　칙　<제7311호, 2004. 12. 31.> (수산업협동조합법) ················· 443
　부　　칙　<제7336호, 2005. 1. 17.> ··· 443
　부　　칙　<제8635호, 2007. 8. 3.> (자본시장과 금융투자업에 관한 법률) ········ 443
　부　　칙　<제8704호, 2007. 12. 21.> ··· 444
　부　　칙　<제8863호, 2008. 2. 29.> (금융위원회의 설치 등에 관한 법률) ······· 444
　부　　칙　<제9617호, 2009. 4. 1.> (신용정보의 이용 및 보호에 관한 법률) ···· 445
　부　　칙　<제9919호, 2010. 1. 1.> (조세범 처벌법) ··························· 445
　부　　칙　<제10043호, 2010. 2. 4.> ··· 446
　부　　칙　<제10303호, 2010. 5. 17.> (은행법) ···································· 446
　부　　칙　<제10522호, 2011. 3. 31.> (농업협동조합법) ······················ 446
　부　　칙　<제10694호, 2011. 5. 19.> ··· 447
　부　　칙　<제11411호, 2012. 3. 21.> ··· 447
　부　　칙　<제11546호, 2012. 12. 11.> ··· 447
　부　　칙　<제12103호, 2013. 8. 13.> ··· 448
　부　　칙　<제12710호, 2014. 5. 28.> (공중 등 협박목적 및
　　　　　　대량살상무기확산을 위한 자금조달행위의 금지에 관한 법률) ········ 448
　부　　칙　<제12716호, 2014. 5. 28.> ··· 448
　부　　칙　<제12844호, 2014. 11. 19.> (정부조직법) ··························· 449
　부　　칙　<제14071호, 2016. 3. 3.> (국민보호와 공공안전을
　　　　　　위한 테러방지법) ··· 449
　부　　칙　<제14133호, 2016. 3. 29.> ··· 449
　부　　칙　<제14242호, 2016. 5. 29.> (수산업협동조합법) ··················· 450
　부　　칙　<제14839호, 2017. 7. 26.> (정부조직법) ··························· 450
　부　　칙　<제16293호, 2019. 1. 15.> ··· 450
　부　　칙　<제17113호, 2020. 3. 24.> ··· 450
　부　　칙　<제17299호, 2020. 5. 19.> ··· 452
　부　　칙　<제17880호, 2021. 1. 5.> ··· 452

2. 특정 금융거래정보의 보고 및 이용 등에 관한 법률 시행령 ···················· 453

제1조 (목적) ··· 453
제1조의2 (가상자산거래의 범위) ·· 453
제2조 (금융회사등) ·· 453
제3조 (금융거래등) ·· 454
제4조 (가상자산의 범위) ·· 454
제5조 (금융정보분석원의 업무) ·· 455
제6조 삭제 <2013. 11. 13.> ·· 456
제7조 (불법재산 등으로 의심되는 거래의 보고 방법) ································ 456
제8조 (보고대상 금융거래등의 참고유형 제공) ·· 456
제8조의2 (고액현금거래 보고의 기준금액) ··· 457
제8조의3 (현금과 비슷한 기능의 지급수단) ··· 457
제8조의4 (고액 현금거래 보고의 예외에서 제외되는 금융회사등) ········ 458
제8조의5 삭제 <2019. 2. 26.> ·· 458
제8조의6 (고액현금거래의 보고 방법 등) ··· 458
제8조의7 (중계기관의 지정 등) ·· 458
제9조 (금융회사등의 조치 등) ·· 459
제10조 삭제 <2018. 2. 27.> ·· 459
제10조의2 (고객확인의무의 적용 범위 등) ··· 459
제10조의3 (일회성 금융거래등의 금액) ·· 460
제10조의4 (고객의 신원에 관한 사항) ·· 460
제10조의5 (실제 소유자에 대한 확인) ·· 461
제10조의6 (고객확인의 절차 등) ·· 463
제10조의7 (고객확인 절차에 따른 거래의 거절) ··· 464
제10조의8 (정보제공대상 전신송금 기준금액) ··· 464
제10조의9 (금융거래등 정보의 보존방법 등) ··· 464
제10조의10 (가상자산이전 시 정보제공) ··· 465
제10조의11 (가상자산사업자의 신고) ·· 465
제10조의12 (신고의 불수리) ·· 466

제10조의13 (신고 등의 직권말소) ·· 467
제10조의14 (영업의 정지) ·· 467
제10조의15 (신고의 유효기간) ·· 467
제10조의16 (신고에 관한 정보 등의 공개) ·· 468
제10조의17 (신고 관련 업무의 위탁) ·· 468
제10조의18 (실명확인입출금계정의 개시) ·· 468
제10조의19 (신고 등의 업무를 위한 세부 사항) ·· 469
제10조의20 (가상자산사업자의 조치) ·· 469
제11조 (외국환거래자료 등의 통보) ·· 470
제11조의2 (수사기관 등에 대한 정보 제공) ·· 470
제12조 (경찰청장 등에 대한 특정금융거래정보의 제공) ···························· 471
제13조 (검찰총장 등의 정보제공 요구) ·· 472
제13조의2 (정보분석심의회의 구성 및 운영) ·· 472
제13조의3 (특정금융거래정보 등의 보존 및 폐기) ······································ 473
제14조 (자료제공의 요구) ·· 473
제15조 (감독·검사 등) ·· 474
제16조 (민감정보 및 고유식별정보의 처리) ·· 476
제17조 (과태료의 부과기준) ·· 477

부   칙 <제17416호, 2001. 11. 24.> ·· 477
부   칙 <제17791호, 2002. 12. 5.> (기술신용보증기금법시행령) ············ 477
부   칙 <제18228호, 2004. 1. 20.> ·· 477
부   칙 <제18312호, 2004. 3. 17.> (전자적민원처리를위한가석방자
                                         관리규정등중개정령) ······························ 477
부   칙 <제19054호, 2005. 9. 27.> ·· 478
부   칙 <제20653호, 2008. 2. 29.> (금융위원회의 설치 등에
                                         관한 법률 시행령) ································ 478
부   칙 <제20947호, 2008. 7. 29.> (자본시장과 금융투자업에 관한
                                         법률 시행령) ·· 478
부   칙 <제21114호, 2008. 11. 11.> ·· 479

부　칙 <제21480호, 2009. 5. 6.> (산업발전법 시행령) ·················· 479
부　칙 <제22104호, 2010. 3. 26.> ·· 480
부　칙 <제22493호, 2010. 11. 15.> (은행법 시행령) ······················ 480
부　칙 <제24317호, 2013. 1. 16.> (민감정보 및 고유식별정보 처리
　　　　근거 정비를 위한 국가를 당사자로 하는 계약에 관한 법률 시행령 등
　　　　일부개정령) ·· 480
부　칙 <제24435호, 2013. 3. 23.> (금융위원회와 그 소속기관 직제) ········ 480
부　칙 <제24683호, 2013. 8. 6.> ·· 481
부　칙 <제24842호, 2013. 11. 13.> ·· 481
부　칙 <제25751호, 2014. 11. 19.> (행정자치부와 그 소속기관 직제) ······· 481
부　칙 <제26818호, 2015. 12. 30.> ·· 482
부　칙 <제27038호, 2016. 3. 22.> (외국환거래법 시행령) ·············· 482
부　칙 <제27090호, 2016. 4. 5.> ·· 482
부　칙 <제27205호, 2016. 5. 31.> (기술보증기금법 시행령) ·········· 482
부　칙 <제28145호, 2017. 6. 27.> (외국환거래법 시행령) ·············· 483
부　칙 <제28152호, 2017. 6. 27.> (농업협동조합법 시행령) ·········· 483
부　칙 <제28218호, 2017. 7. 26.> (금융위원회와 그 소속기관 직제) ········ 484
부　칙　<제28687호, 2018. 2. 27.> ·· 484
부　칙 <제29601호, 2019. 2. 26.> ·· 485
부　칙 <제29722호, 2019. 4. 30.> ·· 485
부　칙 <제29929호, 2019. 6. 25.> ·· 485
부　칙 <제30423호, 2020. 2. 18.> (건설산업기본법 시행령) ·········· 485
부　칙 <제30893호, 2020. 8. 4.> (신용정보의 이용 및 보호에
　　　　관한 법률 시행령) ·· 486
부　칙 <제30934호, 2020. 8. 11.> (벤처투자 촉진에 관한 법률 시행령) ···· 486
부　칙 <제30967호, 2020. 8. 25.> (온라인투자연계금융업 및 이용자
　　　　보호에 관한 법률 시행령) ·· 487
부　칙 <제31380호, 2021. 1. 5.> (어려운 법령용어 정비를 위한
　　　　473개 법령의 일부개정에 관한 대통령령) ······························ 487
부　칙 <제31445호, 2021. 2. 17.> (부가가치세법 시행령) ·············· 487

부   칙 <제31554호, 2021. 3. 23.> ·· 488
부   칙 <제32028호, 2021. 10. 5.> ·· 488

3. 특정 금융거래정보 보고 및 감독규정 ·· 489

제1장 총 칙

제1조 (목적) ·· 489
제1조의2 (금융회사등) ·· 489
제2조 (해외자회사 및 해외지점에 대한 법령적용) ······································ 489

제2장 금융회사 등의 보고

제3조 (의심되는 거래의 보고시기) ·· 489
제4조 (의심되는 거래 보고대상 금융거래등의 판단 등) ···························· 490
제5조 삭제 ·· 490
제6조 (의심되는 거래의 보고서식 및 제출방법) ·· 490
제7조 (의심되는 거래의 보고사항 등) ·· 491
제8조 (의심되는 거래보고서의 보정) ·· 491
제9조 (고액 현금거래 보고의 기준금액 합산시 제외되는 공과금 등) ·· 491
제10조 (공공단체의 범위) ·· 491
제11조 (고액 현금거래 보고서식 및 보고사항) ·· 491
제12조 (긴급한 경우의 보고방법) ·· 492

제3장 관련자료의 보존

제13조 (보존하여야 하는 관련자료의 종류) ·· 492
제14조 (관련자료의 보존장소) ·· 492
제15조 (보존기간 기산방법) < 삭 제 > ·· 493
제16조 (관련자료의 열람 등) ·· 493

제4장 내부 보고체제

제17조 (보고책임자 임면 통보) ··· 493
제18조 (내부 보고체제 수립 등의 예외 등) ·· 493
제19조 (내부 보고체제의 수립 및 운용) ·· 493
제20조 (교육 및 연수 기록의 보존) ·· 494

제5장 금융회사 등의 고객확인의무

제21조 (고객확인면제 금융거래등의 범위) ·· 494
제22조 (일회성 금융거래등 금액의 적용방법) ·· 494
제22조의2 (실지명의에 관한 사항) ·· 495
제23조 (거래후 고객확인을 할 수 있는 경우) ·· 495

제6장 금융회사 등의 업무지침

제24조 (자금세탁방지 및 고객확인을 위한 업무지침) ······························· 495

제7장 감독 및 검사

제25조 삭제 ·· 496

제8장 가상자산사업자에 대한 특례

제26조 (가상자산의 가격 산정 방식) ·· 496
제27조 (가상자산사업자의 신고) ·· 496
제28조 (가상자산사업자의 조치) ·· 497

제9장 기타

제29조 (재검토기한) ··· 497

부 칙 <제2006-1호, 2006. 1. 18.> ·· 498

부　칙 <제2008-1호, 2008. 12. 22.> ·· 498
부　칙 <제2010-2호, 2010. 6. 21.> ·· 498
부　칙 <제2015-20호, 2015. 6. 30.> ·· 498
부　칙 <제2018-2호, 2018. 7. 12.> ·· 498
부　칙 <제2019-1호, 2019. 6. 26.> ·· 498
부　칙 <제2021-1호, 2021. 3. 23.> ·· 498

4. 자금세탁방지 및 공중협박자금조달금지에 관한 업무규정 ················ 499

제1조 (목적) ·· 499

제1장　총　칙

제2조 (정의) ·· 499
제3조 (적용대상) ·· 499

제1편　금융회사등(카지노사업자 제외)

제2장　내부통제 구축

제1절　구성원별 역할 및 책임

제4조 (이사회의 역할 및 책임) ·· 499
제5조 (경영진의 역할 및 책임) ·· 500
제6조 (보고책임자의 역할 및 책임) ·· 500

제2절　교육 및 연수

제7조 (교육·연수 실시 등) ·· 501
제8조 (교육내용) ·· 501

제9조 (교육방법 등) ·· 502
제10조 (정의) ·· 502

제3절 직원알기제도

제11조 (절차수립 등) ·· 502

제4절 독립적 감사체계

제12조 (정의 등) ·· 502
제13조 (주체) ·· 502
제14조 (주기) ·· 503
제15조 (방법 및 범위) ·· 503
제16조 (결과보고 등) ·· 503

제5절 신상품 등 자금세탁방지 절차 수립

제17조 (절차 수립) ·· 503

제6절 자금세탁방지제도 이행 평가

제18조 (종합평가) ·· 503
제19조 (위험관리수준 평가) ·· 504

제3장 고객확인

제20조 (정의) ·· 505

제1절 통 칙

제21조 (업무지침의 작성 및 운용) ·· 506

제2절 적용대상

제22조 (계좌 신규 개설) ·· 506
제23조 (일회성 금융거래) ·· 506
제24조 (기타 고객확인이 필요한 거래) ·· 507
제25조 (기존고객) ·· 507
제26조 (인수 및 합병) ·· 507
제27조 (해외지점 등에 대한 고객확인 등) ·································· 508

제3절 위험 평가

제28조 (위험 평가) ·· 508
제29조 (국가위험) ·· 508
제30조 (고객유형 평가) ·· 509
제31조 (상품 및 서비스 위험) ·· 510

제4절 이행시기

제32조 (원칙) ·· 510
제33조 (예외) ·· 511
제34조 (지속적인 고객확인) ·· 511
제35조 (비대면거래) ·· 511
제36조 (고객공지의무) ·· 511

제5절 고객확인 및 검증

제37조 (원칙) ·· 512

제38조 (신원확인) ·· 512
제39조 (개인고객의 검증 등) ··· 513
제40조 (법인·단체 고객의 검증 등) ·· 514
제41조 (실제당사자) ·· 514
제42조 (추가 확인정보의 범위) ·· 514
제43조 (요주의 인물 여부 확인) ·· 515
제44조 (고객확인 및 검증거절시 조치 등) ··· 516
제44조의2 (누설 금지) ··· 516
제45조 <삭 제> ··· 516

제6절 전신송금

제46조 (전신송금 적용대상) ·· 516
제47조 (송금금융회사등의 의무) ··· 516
제48조 (중개금융회사등 및 수취금융회사등의 의무) ························ 517
제49조 <삭 제> ··· 517
제50조 (관련정보의 보관) ·· 517
제51조 (적용예외) <삭 제> ··· 517
제52조 (정의) ·· 517

제7절 제3자를 통한 고객확인 이행

제53조 (이행요건) ··· 518
제54조 (최종책임) ··· 518

제4장 고위험군에 대한 강화된 고객확인

제1절 통 칙

제55조 (정의) ·· 518

제56조 (타 고위험군에 대한 조치) ·· 519
제57조 (정의) ·· 519

제2절 환거래계약

제58조 (주의의무 등) ··· 519
제59조 (환거래계약 조치 등) ·· 519
제60조 (환거래계약 승인) ·· 520

제3절 추가정보 확인이 필요한 종합자산관리서비스 고객

제61조 (정의 등) ··· 520
제62조 (강화된 고객확인) ·· 520
제63조 (모니터링) ··· 520

제4절 외국의 정치적 주요인물

제64조 (정의 등) ··· 521
제65조 (확인 절차) ··· 521
제66조 (고위경영진의 승인) ·· 521
제67조 (강화된 고객확인) ·· 521
제68조 (모니터링) ··· 522

제5절 FATF 지정 위험국가

제69조 (정의) ·· 522
제70조 (특별 주의의무 등) ·· 522
제71조 (거래목적 확인 등) ·· 522
제72조 (대응조치) ··· 522

제73조 (정의 등) ·· 523

제6절 공중협박자금조달 고객

제74조 (강화된 고객확인) ·· 523
제75조 (모니터링) ·· 524

제5장 위험기반 거래모니터링 체계

제76조 (거래모니터링체계 범위) ·· 524
제77조 (비정상적 거래 등) ·· 524
제77조의2 (민사상책임의 면책) ·· 524
제78조 (지속적인 거래모니터링 절차 등) ······································ 524
제79조 (결과 분석 등) ·· 525
제80조 (분석자료 보존) ·· 525

제6장 보고체제 수립

제81조 (보고체제수립) ·· 525
제82조 (내부보고체제) ·· 525
제83조 (외부보고체제) ·· 526
제84조 (보존기간) ·· 526

제7장 자료 보존

제85조 (보존대상) ·· 526
제86조 (보존방법) ·· 527
제87조 (보존장소) ·· 527

제2편 카지노사업자

제8장 내부통제 구축

제1절 구성원별 역할 및 책임

제88조 (이사회의 역할 및 책임) ·· 527
제89조 (경영진의 역할 및 책임) ·· 528
제90조 (보고책임자의 역할 및 책임) ·· 528
제91조 (교육·연수 실시 등) ·· 529

제2절 교육 및 연수

제92조 (교육내용) ·· 529
제93조 (교육방법 등) ·· 529

제3절 직원알기제도

제94조 (정의) ·· 530
제95조 (절차수립 등) ·· 530

제4절 독립적 감사체계

제96조 (정의 등) ·· 530
제97조 (주체) ·· 530
제98조 (주기) ·· 530
제99조 (방법 및 범위) ·· 531
제100조 (결과보고 등) ·· 531

제5절 자금세탁방지제도 이행 평가

제101조 (위험관리수준 평가) ··· 531

제9장 고객확인

제1절 통 칙

제102조 (정의) ·· 531
제103조 (업무지침의 작성 및 운용) ·· 532

제2절 적용대상

제104조 (일회성 금융거래) ··· 532
제105조 (기타 고객확인이 필요한 거래) ·································· 532
제106조 (위험분류 등) ··· 532

제3절 위험 평가

제107조 (국가위험) ··· 533
제108조 (고객유형 평가) ·· 533
제109조 (상품 및 서비스 위험) ··· 534

제4절 이행시기

제110조 (원칙) ·· 534
제111조 (예외) ·· 534
제112조 (지속적인 고객확인) ·· 534
제113조 (고객공지의무) ··· 534
제114조 (원칙) ·· 535

제5절 고객확인 및 검증

제115조 (신원확인) ·· 535
제116조 (개인고객의 검증 등) ··· 535
제117조 (실제당사자) ··· 536
제118조 (추가 확인정보의 범위) ··· 536
제119조 (요주의 인물 여부 확인) ·· 536
제120조 (고객확인 및 검증거절시 조치 등) ·························· 537
제121조 (정의) ·· 537

제10장 고위험군에 대한 강화된 고객확인

제1절 통칙

제122조 (타 고위험군에 대한 조치) ·· 537

제2절 추가정보 확인이 필요한 특별 고객

제123조 (정의 등) ·· 537
제124조 (강화된 고객확인) ··· 538
제125조 (모니터링) ·· 538
제126조 (정의 등) ·· 538

제3절 외국의 정치적 주요인물

제127조 (확인 절차) ·· 539
제128조 (고위경영진의 승인) ··· 539
제129조 (강화된 고객확인) ··· 539
제130조 (모니터링) ·· 539

제4절 FATF 지정 위험국가

제131조 <삭 제> ·· 539
제132조 (특별 주의의무 등) ·· 539
제133조 (거래목적 확인 등) ·· 539
제134조 (대응조치) ·· 540
제135조 (정의 등) ·· 540

제5절 공중협박자금조달 고객

제136조 (강화된 고객확인) ·· 540
제137조 (모니터링) ·· 540

제11장 위험기반 거래모니터링 체계

제138조 (거래모니터링체계 범위) ······································ 541
제139조 (비정상적 거래 등) ·· 541
제140조 (지속적인 거래모니터링 절차 등) ······················· 541
제141조 (결과 분석 등) ·· 541
제142조 (분석자료 보존) ·· 542
제143조 (보고체제수립) ·· 542

제12장 보고체제 수립

제144조 (내부보고체제) ·· 542
제145조 (외부보고체제) ·· 542

제13장 자료 보존

제146조 (보존기간) ·· 542
제147조 (보존대상) ·· 543
제148조 (보존방법) ·· 543

제149조 (보존장소) ·· 544
제150조 (재검토기한) ·· 544

부 칙 <제2010-1호, 2010. 6. 21.> ··· 544
부 칙 <제2010-3호, 2010. 12. 28.> ··· 544
부 칙 <제2015-20호, 2015. 6. 30.> ··· 544
부 칙 <제2019-2호, 2019. 6. 26.> ·· 544

제1장 가상자산사업자 신고매뉴얼[1]

제1절 개요

> 동 매뉴얼은 「특정금융정보법시행령」 입법예고안을 기준으로 작성했으며, 향후 동 시행령 등 하위규정 확정시 변경 가능

1. 가상자산사업자의 정의

「특정 금융거래정보의 보고 및 이용 등에 관한 법률」(이하 법)[2] 제2조에서는 가상자산사업자를 '가상자산의 매도 매수, 교환, 이전, 보관 관리, 중개 알선 등의 영업(❶ 가상자산의 매도·매수, ❷ 다른 가상자산과의 교환, ❸ 가상자산 이전행위, ❹ 보관·관리, ❺ ❶·❷행위의 중개·알선)을 하는 자'로 규정하고 있다.

시행령에는 별도의 행위를 추가하지 않고, 법 적용 범위를 가상자산사업자로 제한한다.

(☞ 주요 가상자산사업자 예시에 대한 상세 설명은 "참고" 참조)

주요 가상자산사업자 예시

- 가상자산 거래업자
- 가상자산 보관관리업자
- 가상자산 지갑서비스업자 등
* 사업모델에 따라 영업의 범위는 변경될 수 있음
* 단순히 P2P 거래플랫폼이나 지갑서비스 플랫폼만 제공하거나 하드웨어지갑을 제공할 경우에는 사업자에 해당하지 않음

---

[1] 금융정보분석원·금융감독원 (2021. 2.)
[2] 「특정 금융거래정보의 보고 및 이용 등에 관한 법률」 → 법
　　「특정 금융거래정보의 보고 및 이용 등에 관한 법률 시행령」 → 영
　　「특정 금융거래정보 보고 및 감독규정」 → 감독규정
　　「자금세탁방지 및 공중협박자금조달금지에 관한 업무규정」 → 업무규정

2 가상화폐의 이해

[참고] 주요 가상자산사업자 예시

> ◇ FATF 국제기준상 가상자산사업자의 주요 요소는 ① 영업으로, ② 고객을 대신하여, ③ 가상자산 관련 활동을 적극적으로 촉진하는 것이다
> ※ 본인을 위한 가상자산 거래 행위(P2P 등), 일회성 행위, 수수료 없이 플랫폼만 제공하는 행위 등은 제외한다.

※ 참고 : ❶가상자산의 매도·매수, ❷다른 가상자산과의 교환, ❸가상자산 이전행위, ❹보관·관리, ❺❶·❷행위의 중개·알선

1. 주요 가상자산사업자의 예시는 다음과 같다.
※ 다만, 개별적인 사업 형태에 따라 가상자산사업자 해당 여부는 달라질 수 있으며, 아래의 예시 외에도 사업자의 행위 유형에 따라 가상자산사업자에 해당될 수 있다.

① **가상자산 거래업자**
   ○ 일반적으로 가상자산 매매·교환 등을 중개·알선하기 위하여 플랫폼을 개설하고 운영하는 사업자로서 가상자산 취급업, 교환업, 거래소 등으로 통용된다.
   ○ 일반적으로 ❺가상자산의 매도 매수(예: 현금과의 교환) 및 가상 자산간 교환을 중개, 알선하거나 대행, ❸가상자산을 이전하는 행위 등의 기능을 함께 수행하는 것으로 판단한다.
   ○ 다만, 다음과 같은 경우는 제외될 수 있다.
      - 단순히 매수 매도 제안을 게시할 수 있는 장(場)만을 제공하는 경우
         * (예) 단순히 이용이 가능한 가상자산이 있다는 사실이 게재만 되어 있는 게시판을 운영할 뿐, 당사자들간 거래는 개인별 지갑이나 또는 그 게시판 관련 회사의 지갑이 아닌 별도 지갑을 통해 이뤄지는 경우
      - 단순히 가상자산의 거래에 대한 조언이나 기술을 제공하는 경우

② **가상자산 보관관리업자**
   ○ 타인을 위하여 가상자산을 보관·관리하는 행위를 영업으로 하는 자로서 가상자산 커스터디, 수탁사업 등으로 통용됨
   ○ 법상 ❹가상자산을 보관·관리하는 행위를 주요 업무로 수행
   ○ 다만, 다음과 같은 경우는 제외될 수 있음
      - 사업자가 개인 암호키 등을 보관 저장하는 프로그램만 제공할 뿐 개인

> 암호키에 대한 독립적인 통제권을 가지지 않아 가상자산의 이전 보관 교환 등에 관여하지 않는 경우
>
> ③ 가상자산 지갑서비스업자
> - 다양한 사업 형태가 있을 수 있으나 일반적으로 가상자산의 보관·관리 및 이전 서비스 등을 제공하는 사업자로서, 중앙화지갑서비스, 수탁형 지갑서비스, 월렛 서비스 등으로 통용됨
> - 법상 ❸가상자산의 이전, ❹가상자산의 보관 관리 행위를 주요업무로 수행
> - 가상자산 지갑서비스의 경우에도 ①가상자산 거래업자, ②가상자산 관리 보관업자와 동일하게 다음과 같은 경우 제외될 수 있음
>   - 단순히 매수 매도 제안을 게시할 수 있는 장(場)만을 제공하는 경우
>   - 단순히 가상자산의 거래에 대한 조언이나 기술 서비스를 제공
>   - 사업자가 개인 암호키 등을 보관 저장하는 프로그램만 제공할 뿐 독립적인 통제권을 가지지 않아 매도 매수 교환 등에 관여하지 않는 경우
>   - 콜드월렛* 등 하드웨어 지갑서비스 제조자 등
>   * 가상자산 개인 암호키를 종이, 플라스틱, 금속 등 오프라인으로 출력하여 보관

2. 가상자산사업자 신고업무 개요

가. 가상자산사업자

가상자산사업자는 금융정보분석원(이하 'FIU')에 신고서(FIU고시) 및 첨부서류(8p. <표1>'구비서류 체크리스트' 참조)를 구비하여 신고해야 한다(법 §7).

■ 특정 금융거래정보의 보고 및 이용 등에 관한 법률

제7조 (신고) ① 가상자산사업자(이를 운영하려는 자를 포함한다. 이하 이 조에서 같다)는 대통령령으로 정하는 바에 따라 다음 각 호의 사항을 금융정보분석원장에게 신고하여야 한다.
  1. 상호 및 대표자의 성명
  2. 사업장의 소재지, 연락처 등 대통령령으로 정하는 사항
② 제1항에 따라 신고한 자는 신고한 사항이 변경된 경우에는 대통령령으로 정하는 바

에 따라 금융정보분석원장에게 변경신고를 하여야 한다.
③ 금융정보분석원장은 제1항에도 불구하고 다음 각 호의 어느 하나에 해당하는 자에 대해서는 대통령령으로 정하는 바에 따라 가상자산사업자의 신고를 수리하지 아니할 수 있다.
　1. 정보보호 관리체계 인증을 획득하지 못한 자
　2. 실명확인이 가능한 입출금 계정[동일 금융회사등(대통령령으로 정하는 금융회사등에 한정한다)에 개설된 가상자산사업자의 계좌와 그 가상자산사업자의 고객의 계좌 사이에서만 금융거래등을 허용하는 계정을 말한다]을 통하여 금융거래등을 하지 아니하는 자. 다만, 가상자산거래의 특성을 고려하여 금융정보분석원장이 정하는 자에 대해서는 예외로 한다.
　3. 이 법, 「범죄수익은닉의 규제 및 처벌 등에 관한 법률」, 「공중 등 협박목적 및 대량살상무기확산을 위한 자금조달행위의 금지에 관한 법률」, 「외국환거래법」 및 「자본시장과 금융투자업에 관한 법률」 등 대통령령으로 정하는 금융관련 법률에 따라 벌금 이상의 형을 선고받고 그 집행이 끝나거나(집행이 끝난 것으로 보는 경우를 포함한다) 집행이 면제된 날부터 5년이 지나지 아니한 자(가상자산사업자가 법인인 경우에는 그 대표자와 임원을 포함한다)
　4. 제4항에 따라 신고 또는 변경신고가 말소되고 5년이 지나지 아니한 자
④ 금융정보분석원장은 가상자산사업자가 다음 각 호의 어느 하나에 해당하는 경우에는 대통령령으로 정하는 바에 따라 제1항 또는 제2항에 따른 신고 또는 변경신고를 직권으로 말소할 수 있다.
　1. 제3항 각 호의 어느 하나에 해당하는 경우. 다만, 제3항제1호에 해당하는 경우로서 대통령령으로 정하는 경우에는 그러하지 아니하다.
　2. 「부가가치세법」 제8조에 따라 관할 세무서장에게 폐업신고를 하거나 관할 세무서장이 사업자등록을 말소한 경우
　3. 제5항에 따른 영업의 전부 또는 일부의 정지 명령을 이행하지 아니한 경우
　4. 거짓이나 그 밖의 부정한 방법으로 신고 또는 변경신고를 하는 등 대통령령으로 정하는 경우
⑤ 금융정보분석원장은 가상자산사업자가 다음 각 호의 어느 하나에 해당하는 경우에는 대통령령으로 정하는 바에 따라 6개월의 범위에서 영업의 전부 또는 일부의 정지를 명할 수 있다.
　1. 제15조제2항제1호에 따른 시정명령을 이행하지 아니한 경우
　2. 제15조제2항제2호에 따른 기관경고를 3회 이상 받은 경우
　3. 그 밖에 고의 또는 중대한 과실로 자금세탁행위와 공중협박자금조달행위를 방지하기 위하여 필요한 조치를 하지 아니한 경우로서 대통령령으로 정하는 경우
⑥ 제1항에 따른 신고의 유효기간은 신고를 수리한 날부터 5년 이하의 범위에서 대통령령으로 정하는 기간으로 한다. 신고 유효기간이 지난 후 계속하여 같은 행위를 영

업으로 하려는 자는 대통령령으로 정하는 바에 따라 신고를 갱신하여야 한다.
⑦ 금융정보분석원장은 제1항부터 제6항까지에 따른 가상자산사업자의 신고에 관한 정보 및 금융정보분석원장의 조치를 대통령령으로 정하는 바에 따라 공개할 수 있다.
⑧ 금융정보분석원장은 이 조에 따른 가상자산사업자의 신고와 관련한 업무로서 대통령령으로 정하는 업무를 「금융위원회의 설치 등에 관한 법률」에 따른 금융감독원의 원장(이하 "금융감독원장"이라 한다)에게 위탁할 수 있다.
⑨ 금융회사등이 제3항제2호에 따른 실명확인이 가능한 입출금 계정을 개시하는 기준, 조건 및 절차에 관하여 필요한 사항은 대통령령으로 정한다.
[본조신설 2020. 3. 24.] [종전 제7조는 제10조로 이동 <2020. 3. 24.>]

나. 대상

(1) 대상

법 시행 전 영업 중인 가상자산사업자 또는 법 시행 후 가상자산 사업을 영위하고자 하는 사업자

(2) 심사항목

가상자산사업자 신고시 정보보호 관리체계인증, 실명확인 입출금계정, 대표자 및 임원(등기 임원)의 자격요건 등 일정 요건을 갖추어야 한다.

제2절 신고업무 절차

<가상자산사업자 신고 업무절차[3] 흐름도>

* 신규·변경·갱신 신고 모두 동일하게 운영

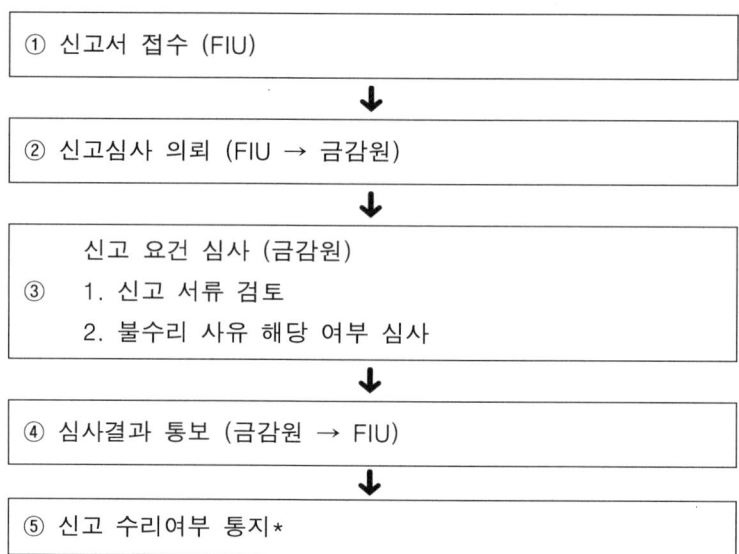

1. 신고서 접수 (FIU)

가. 신고서 제출(법 §7①)

■ 특정 금융거래정보의 보고 및 이용 등에 관한 법률

제7조 (신고) ① 가상자산사업자(이를 운영하려는 자를 포함한다. 이하 이 조에서 같다)는 대통령령으로 정하는 바에 따라 다음 각 호의 사항을 금융정보분석원장에게 신고하여야 한다.
  1. 상호 및 대표자의 성명
  2. 사업장의 소재지, 연락처 등 대통령령으로 정하는 사항

---

[3] FIU는 신고서 접수일로부터 3개월(변경 신고의 경우에는 45일) 이내에 신고 수리여부를 통지. 단, 신고요건을 충족하는지 확인하기 위해 신고서 및 첨부서류의 보완을 요청한 경우 보완에 필요한 기간은 제외

② 제1항에 따라 신고한 자는 신고한 사항이 변경된 경우에는 대통령령으로 정하는 바에 따라 금융정보분석원장에게 변경신고를 하여야 한다.

③ 금융정보분석원장은 제1항에도 불구하고 다음 각 호의 어느 하나에 해당하는 자에 대해서는 대통령령으로 정하는 바에 따라 가상자산사업자의 신고를 수리하지 아니할 수 있다.
   1. 정보보호 관리체계 인증을 획득하지 못한 자
   2. 실명확인이 가능한 입출금 계정[동일 금융회사등(대통령령으로 정하는 금융회사등에 한정한다)에 개설된 가상자산사업자의 계좌와 그 가상자산사업자의 고객의 계좌 사이에서만 금융거래등을 허용하는 계정을 말한다]을 통하여 금융거래등을 하지 아니하는 자. 다만, 가상자산거래의 특성을 고려하여 금융정보분석원장이 정하는 자에 대해서는 예외로 한다.
   3. 이 법, 「범죄수익은닉의 규제 및 처벌 등에 관한 법률」, 「공중 등 협박목적 및 대량살상무기확산을 위한 자금조달행위의 금지에 관한 법률」, 「외국환거래법」 및 「자본시장과 금융투자업에 관한 법률」 등 대통령령으로 정하는 금융관련 법률에 따라 벌금 이상의 형을 선고받고 그 집행이 끝나거나(집행이 끝난 것으로 보는 경우를 포함한다) 집행이 면제된 날부터 5년이 지나지 아니한 자(가상자산사업자가 법인인 경우에는 그 대표자와 임원을 포함한다)
   4. 제4항에 따라 신고 또는 변경신고가 말소되고 5년이 지나지 아니한 자

④ 금융정보분석원장은 가상자산사업자가 다음 각 호의 어느 하나에 해당하는 경우에는 대통령령으로 정하는 바에 따라 제1항 또는 제2항에 따른 신고 또는 변경신고를 직권으로 말소할 수 있다.
   1. 제3항 각 호의 어느 하나에 해당하는 경우. 다만, 제3항제1호에 해당하는 경우로서 대통령령으로 정하는 경우에는 그러하지 아니하다.
   2. 「부가가치세법」 제8조에 따라 관할 세무서장에게 폐업신고를 하거나 관할 세무서장이 사업자등록을 말소한 경우
   3. 제5항에 따른 영업의 전부 또는 일부의 정지 명령을 이행하지 아니한 경우
   4. 거짓이나 그 밖의 부정한 방법으로 신고 또는 변경신고를 하는 등 대통령령으로 정하는 경우

⑤ 금융정보분석원장은 가상자산사업자가 다음 각 호의 어느 하나에 해당하는 경우에는 대통령령으로 정하는 바에 따라 6개월의 범위에서 영업의 전부 또는 일부의 정지를 명할 수 있다.
   1. 제15조제2항제1호에 따른 시정명령을 이행하지 아니한 경우
   2. 제15조제2항제2호에 따른 기관경고를 3회 이상 받은 경우
   3. 그 밖에 고의 또는 중대한 과실로 자금세탁행위와 공중협박자금조달행위를 방지하기 위하여 필요한 조치를 하지 아니한 경우로서 대통령령으로 정하는 경우

⑥ 제1항에 따른 신고의 유효기간은 신고를 수리한 날부터 5년 이하의 범위에서 대통

령령으로 정하는 기간으로 한다. 신고 유효기간이 지난 후 계속하여 같은 행위를 영업으로 하려는 자는 대통령령으로 정하는 바에 따라 신고를 갱신하여야 한다.
⑦ 금융정보분석원장은 제1항부터 제6항까지에 따른 가상자산사업자의 신고에 관한 정보 및 금융정보분석원장의 조치를 대통령령으로 정하는 바에 따라 공개할 수 있다.
⑧ 금융정보분석원장은 이 조에 따른 가상자산사업자의 신고와 관련한 업무로서 대통령령으로 정하는 업무를 「금융위원회의 설치 등에 관한 법률」에 따른 금융감독원의 원장(이하 "금융감독원장"이라 한다)에게 위탁할 수 있다.
⑨ 금융회사등이 제3항제2호에 따른 실명확인이 가능한 입출금 계정을 개시하는 기준, 조건 및 절차에 관하여 필요한 사항은 대통령령으로 정한다.
[본조신설 2020. 3. 24.] [종전 제7조는 제10조로 이동 <2020. 3. 24.>]

○ 신고서의 필수 기재사항, 첨부서류 등 준수(영 §12)

> ※ 【신고서 제출 방법】 관공서 등을 방문하지 않고도 편리하게 인터넷으로 공문을 제출하고 회신 받을 수 있는 서비스인 '문서24(https://open.gdoc.go.kr)'를 통해 제출
> * 수신처 및 문서 제목 : 금융정보분석원(제도운영과)를 지정하고 문서 제목은 가급적 '가상자산사업자 신고서 제출'로 표기
> ** 제출 전 신고서 기재사항 및 첨부서류 철저히 확인

■ 특정 금융거래정보의 보고 및 이용 등에 관한 법률 시행령

제12조 (경찰청장 등에 대한 특정금융거래정보의 제공) 법 제10조제2항에서 "대통령령으로 정하는 특정금융거래정보"란 범죄수익의 금액, 범죄의 종류 및 죄질, 관련자의 신분, 수사의 효율성 등을 고려하여 금융정보분석원장이 검찰총장, 경찰청장 및 해양경찰청장과 협의하여 정한 기준에 따른 특정금융거래정보를 말한다. <개정 2013. 8. 6., 2014. 11. 19., 2017. 7. 26., 2021. 3. 23.> [제목개정 2013. 8. 6., 2014. 11. 19., 2017. 7. 26.]

2. 신고 심사 의뢰 (FIU→금감원)

가. 신고 심사 업무는 금감원장에게 위탁되어 있으므로, FIU는 접수된 신고서의 신고 요건 심사를 의뢰하기 위해 금감원에 공문 발송

○ 금감원은 심사의뢰 공문 접수 후 신고 요건 심사 업무 착수

3 신고 요건 심사 (금감원)

가. (1단계) 신고서류 검토

○ 법규상 필수 서류의 제출 여부 등을 확인한 후 필요시 보완 요청

나. (2단계) 법 제7조제3항에 따른 불수리 사유 해당 여부 검토

○ (정보보호 관리체계 인증) 정보보호 관리체계 인증(한국인터넷진흥원)을 증명하는 서류를 통해 확인

■ 특정 금융거래정보의 보고 및 이용 등에 관한 법률

제7조 (신고) ③ 금융정보분석원장은 제1항에도 불구하고 다음 각 호의 어느 하나에 해당하는 자에 대해서는 대통령령으로 정하는 바에 따라 가상자산사업자의 신고를 수리하지 아니할 수 있다.
1. 정보보호 관리체계 인증을 획득하지 못한 자
2. 실명확인이 가능한 입출금 계정[동일 금융회사등(대통령령으로 정하는 금융회사 등에 한정한다)에 개설된 가상자산사업자의 계좌와 그 가상자산사업자의 고객의 계좌 사이에서만 금융거래등을 허용하는 계정을 말한다]을 통하여 금융거래등을 하지 아니하는 자. 다만, 가상자산거래의 특성을 고려하여 금융정보분석원장이 정하는 자에 대해서는 예외로 한다.
3. 이 법, 「범죄수익은닉의 규제 및 처벌 등에 관한 법률」, 「공중 등 협박목적 및 대량살상무기확산을 위한 자금조달행위의 금지에 관한 법률」, 「외국환거래법」 및 「자본시장과 금융투자업에 관한 법률」 등 대통령령으로 정하는 금융관련 법률에 따라 벌금 이상의 형을 선고받고 그 집행이 끝나거나(집행이 끝난 것

으로 보는 경우를 포함한다) 집행이 면제된 날부터 5년이 지나지 아니한 자(가상자산사업자가 법인인 경우에는 그 대표자와 임원을 포함한다)
4. 제4항에 따라 신고 또는 변경신고가 말소되고 5년이 지나지 아니한 자

(1) 실명확인 입출금계정[4]

실명확인이 가능한 입출금계정을 발급한 금융회사등이 작성한 확인서를 통해 확인

(2) 사업자 요건

사업자(법인시 대표자·임원 포함)의 금융관련 법률위반은 유관기관 등의 신원조회 결과 및 신고인 제출확인서를 통해 확인
- 신고 수리 이후라도 확인서 및 신원조회 결과에 포함되지 않은 금융관련 법률위반 사항 등이 제보 등의 방법으로 확인되는 경우 직권말소 등 사후조치

가상자산사업자 신고 불수리 사유별 해당여부 확인방법

대상	신고 불수리 요건	세부내용	확인방법
사업자	정보보호 관리체계 인증 (법§7③1.)	한국인터넷진흥원으로부터 정보보호 관리체계 인증	· 제출서류등검토
사업자	실명확인 입출금계정 발급(법§7③2.)	은행으로부터발급받은실명확인 입출금계정을 통해 금융거래	· 제출서류등검토
사업자] (법인시 대표자 및 임원포함)	금융관련 법률 위반(법§7③3.) * '21.3.25. 이후 최초로 법률위반행위를 한 경우부터 적용 (법 부칙§4)	금융관련 법률 위반 결격요건 (법§7③3. 및 영§12조의2 ③)	· 확인서(붙임3) · 제출서류 등 확인
사업자	신고·변경신고 말소 경력(법§7③4.)	신고·변경신고 말소되고 5년이 지나지 아니한 자	· 사실조회 결과 · 확인서(붙임3)

---

[4] 동일 금융회사등에 개설된 가상자산사업자의 계좌와 그 가상자산사업자의 고객계좌 사이에서만 금융거래 등을 허용하는 계정

◼ 특정 금융거래정보의 보고 및 이용 등에 관한 법률

제7조 (신고) ③ 금융정보분석원장은 제1항에도 불구하고 다음 각 호의 어느 하나에 해당하는 자에 대해서는 대통령령으로 정하는 바에 따라 가상자산사업자의 신고를 수리하지 아니할 수 있다.
  1. 정보보호 관리체계 인증을 획득하지 못한 자
  2. 실명확인이 가능한 입출금 계정[동일 금융회사등(대통령령으로 정하는 금융회사 등에 한정한다)에 개설된 가상자산사업자의 계좌와 그 가상자산사업자의 고객의 계좌 사이에서만 금융거래등을 허용하는 계정을 말한다]을 통하여 금융거래등을 하지 아니하는 자. 다만, 가상자산거래의 특성을 고려하여 금융정보분석원장이 정하는 자에 대해서는 예외로 한다.
  3. 이 법, 「범죄수익은닉의 규제 및 처벌 등에 관한 법률」, 「공중 등 협박목적 및 대량살상무기확산을 위한 자금조달행위의 금지에 관한 법률」, 「외국환거래법」 및 「자본시장과 금융투자업에 관한 법률」 등 대통령령으로 정하는 금융관련 법률에 따라 벌금 이상의 형을 선고받고 그 집행이 끝나거나(집행이 끝난 것으로 보는 경우를 포함한다) 집행이 면제된 날부터 5년이 지나지 아니한 자(가상자산사업자가 법인인 경우에는 그 대표자와 임원을 포함한다)
  4. 제4항에 따라 신고 또는 변경신고가 말소되고 5년이 지나지 아니한 자

부칙 <법률 제17113호, 2020. 3. 24.>
제4조 (가상자산사업자의 신고에 관한 적용례) 제7조제3항제3호의 개정규정은 이 법 시행 후 최초로 법률 위반행위를 한 경우부터 적용한다.

4. 심사 결과 통보 (금감원→FIU)

신고 심사 결과보고서 작성 및 FIU에 통보

5. 신고 수리 여부 통지·공고 등 (FIU)

가. FIU는 신고심사 보고서를 토대로 최종 신고 수리 여부 결정

신고 수리 여부를 신고인에게 통지[5]하고, 관보 및 인터넷 홈페이지(FIU)에 공고

---

[5] 신고를 수리하지 아니하는 경우도 그 사실을 신고인에게 통지

제3절   신고요건 심사 세부내역

[참고] 심사 세부내역 활용시 주의사항

> 본 내용은 가상자산사업자 신고인의 서류작성 등 준비과정에서 참고할 수 있도록 제시된 포괄적인 기준으로서
> ◦ 구체적인 적용방법에 대하여는 신고 이전에 금융감독원 심사담당자에게 확인하면서 진행하는 것이 바람직함

1. 신고서류 검토

가. 구비서류 제출여부 확인

신고서 내용이 모두 기재되어있는지 확인하고, 첨부서류구비 여부를 확인

<표 1 : 구비서류 체크리스트>

구분	필수구비서류 목록	확인방법
신고서 내용	◦ 신고인 ◦ 본점, 주사무소 및 영업소의 소재지와 연락처 ◦ 전자우편주소, 인터넷도메인 이름, 호스트 서버의 소재지 ◦ 대표자 및 임원의 실지명의와 국적 ◦ 가상자산사업자가 수행할 행위의 유형 ◦ 실명확인이 가능한 입출금계정에 관한 정보 ※ 외국 가상자산사업자 추가 사항 - 국내 사업장의 주소 및 연락처 - 국내에 거주하면서 외국 가상자산사업자를 대표할 수 있는 자의 실지명의와 국적	- 신고서상 또는 첨부서류 형태로 해당 내용을 모두 기재했는지 확인 - 신고서(대리인) 서명 확인

구분		
가상자산사업자 현황 관련	◦ 정관 ◦ 사업자등록증, 법인등기부등본 등 본점의 위치와 명칭을 기재한 서류 ◦ 설립·신고의 의사결정을 증명하는 서류	- 공증받은 정관 - 사업자등록증·법인등기부등본상 사업장 소재지, 임원 명단 등 확인 - 신고결정 관련 발기인총회, 창립주주총회 또는 관련 이사회공증받은 의사록
대표자 및 임원 관련	◦ 대표자 및 임원의 확인서	- 확인서 (붙임 3)
기타	◦ 3가상자산사업자의 업무방법을 기재한 서류(가상자산 취급 목록 등) ◦ 정보보호 관리체계 인증서(사본) ◦ 실명확인 입출금계정 발급 확인서 ◦ 대리인이 신고하는 경우 위임장 ◦ 그 밖에 필요 서류	- 서류 점검

※ 외국어로 작성된 서류는 국문으로 번역된 요약본을 첨부하여야 하며, 외국에서 작성된 서류는 현지의 공증을 받아야 함

나. 서류접수시 주요 점검사항

법령 상 요구되는 신고 방법 절차 준수 여부 및 제출서류 미비사항 등을 확인하여 필요시 보완 요청

구분	요건	주요 확인사항
신고서 확인	신고서 필수사항 기재 및 구비서류 제출	◦ 대표자 및 임원의 실지명의와 국적 ◦ 본점, 주사무소및영업소의소재지와연락처 ◦ 전자우편주소, 인터넷도메인 이름, 호스트서버의 소재지 ◦ 가상자산사업자가 수행할 행위의 유형 ◦ 실명확인이 가능한 입출금계정에 관한 정보 ◦ 신고 유효기간 도과여부(만료 45일전 신고해야 한다.)

정보보호 관리체계	정보보호 관리체계 인증	◦ 한국인터넷진흥원의 정보보호 관리 체계 인증서 내역 사실 확인 ◦ 정보보호 관리체계 인증 유효기간 확인
실명확인 입출금계정	실명확인 입출금계정 발급	◦ 은행법 등에 따른 은행으로부터 실명확인 입출금계정을 발급받았는지 확인 - 신고 완료후 조건부 발급 여부 확인 ◦ 발급 확인서상 발급요건 심사 결과 충족 여부 확인 - AML/CFT 위험 평가 결과 - 예치금을 고유재산과 구분·관리 - 정보보호 관리체계 인증 획득 - 금융관계법률 위반 및 신고 말소 5년 미경과 여부 확인 - 고객별 거래내역 분리·관리 ◦ 필요시 실명확인 입출금계정 불필요 업종 여부 확인
금융관련 법률 위반	금융관련 법률 위반 사실	◦ 동법 등 금융관련 법률에 따라 벌금 이상의 형을 선고받고 그 집행이 끝나거나 집행이 면제된 날부터 5년 경과 여부(법인인 경우 대표자와 임원 포함)
직권말소 경력	신고·변경신고 말소 5년 경과	◦ 신고 또는 변경신고가 말소되고 5년경과 여부 확인

※ **필수첨부서류 및 그 밖에 필요한 서류 작성·제출시 유의사항**

> 모든 첨부서류는 사본인 경우 "원본대조필"하여야 하며, 필수적으로 포함되어야 하는 서류 및 기재내용이 누락되어서는 안됩니다.
> 외국어로 작성된 서류는 국문으로 번역된 요약본을 첨부하여야 하며, 외국에서 작성된 서류는 현지의 공증을 받아야 합니다.

1. 신고인(가상자산사업자 또는 이를 운영하려는 자) 관련
   - 정관 : 회사가 현재 사용하고 있는 공증 받은 정관
   - 사업자등록증 : 사본(원본대조필)
   (법인일 경우)
   - 법인등기부등본 : 말소사항을 포함한 법인등기부등본(원본)
   - 발기인총회, 창립주주총회, 이사회의사록 등 : 설립 또는 신고의 의사결정을 증명할 수 있어야 하며, 공증받은 서류
   - 본점의 명칭 및 소재지를 기재한 서류 1부
   - 대리인이 신고하는 경우 위임장(위임 관계 서류)

2. 대표자 및 임원 현황 관련
   - 대표자 및 임원(등기 임원) 여부를 확인할 수 있는 서류

3. 가상자산사업자의 업무방법 관련
   - 가상자산사업자의 업무방법을 기재한 서류 1부
   - 가상자산 취급 목록(붙임2)

4. 실명확인 입출금계정 관련
   - 실명확인 입출금계정 발급 확인서(원본) : 은행의 보고책임자 이상이 발급확인必

5. 정보보호 관리체계 인증 관련
   - 정보보호 관리체계 인증서(사본)

6. 기타
   - 신고인·대표자·임원 확인서(붙임3)

7. 신고서 양식(붙임1 참조) 작성 및 첨부 필요

2. 신고 불수리 사유 해당여부 심사

가. 정보보호 관리체계 인증

가상자산사업자가 한국인터넷진흥원 등으로부터 정보보호 관리체계 인증을 취득할 것
○ 정보보호 관리체계 인증서를 통해 인증 취득 내용, 유효기간[6] 등을 확인
　※ 한국인터넷진흥원 홈페이지를 통해 정보보호 관리체계 인증 사실 검증

나. 실명확인 입출금계정 발급

가상자산사업자가 은행법상 은행 등으로부터 실명확인 입출금계정을 발급[7]받을 것
○ 실명확인 입출금계정 발급증명서를 통해 발급 내용, 유효기간[8] 등을 확인

심사항목(법 §7③2., 영 §12조의8)
① 은행법 등에 따른 은행으로부터 실명확인 입출금계정을 발급받았는지 확인 　- 신고 완료후 조건부 발급 여부 확인
② 필요시 실명확인 입출금계정 불필요 업종 여부 확인 　- 가상자산사업자가 제공하는 서비스가 가상자산과 법화(法貨)간의 교환이 없어 예치금 등이 없는 경우 발급 제외 (추후 법규 개정 상황에 따라 달라질 수 있음)

다. 사업자(대표자 및 임원) 요건

사업자(법인시 대표자 및 임원[9] 포함)가 법 §7③3.에서 정하는 금융관계법률 위반 요건에 해당하지 아니하여야 함

---

[6] 신고 유효기간 만료전 정보보호 관리체계 인증 유효기간이 만료되는 등 변경사항이 발생할 경우 갱신후 변경된 사항을 변경신고하여야 한다.
[7] 발급확인자는 보고책임자 이상, 담당자는 발급 은행의 부서장급 이상 기재
[8] 신고 유효기간 만료전 실명확인입출금계정 계약이 만료되는 등 변경사항이 발생할 경우 갱신후 변경된 사항을 변경신고하여야 한다.
[9] 등기 임원

○ 유관기관 등의 신원조회 결과 및 신고인 제출 확인서를 통해 확인
  - 신고수리이후라도신원조회 결과에 포함되지 않은 금융관련 법률 위반 사항 등이 제보 등으로 확인되는경우직권말소 등 사후조치

심사항목(법 §7③3., 영 §12조의2③(지배구조법 §2 7.))
① 벌금 이상의 형을 선고받고 그 집행이 끝나거나(집행이 끝난 것으로 보는 경우를 포함한다.) 집행이 면제된 날부터 5년이 지나지 아니한 자(법인시 대표자 및 임원 포함)
※ 심사항목 관련 법률 　「특정 금융거래정보의 보고 및 이용 등에 관한 법률」 제7조 제3항 제3호 　- 동 법, 「범죄수익은닉의 규제 및 처벌 등에 관한 법률」, 「공중 등 협박목적 및 대량살상무기확산을 위한 자금조달행위의 금지에 관한 법률」, 「외국환거래법」 및 「자본시장과 금융투자업에 관한 법률」 「특정 금융거래정보의 보고 및 이용 등에 관한 법률시행령」 제12조의2 제3항 　- 「금융회사의 지배구조에 관한 법률」 제2조제7호에 따른 금융관계법령 「금융회사의 지배구조에 관한 법률」 제2조제7호(동법 시행령 제5조) 　- 「공인회계사법」, 「근로자퇴직급여 보장법」, 「금융산업의 구조개선에 관한 법률」, 「금융실명거래 및 비밀보장에 관한 법률」, 「금융위원회의 설치 등에 관한 법률」, 「금융지주회사법」, 「금융혁신지원 특별법」, 「금융회사부실자산등의 효율적 처리 및 한국자산관리공사의 설립에 관한 법률」, 「기술보증기금법」, 「농림수산식품투자조합 결성 및 운용에 관한 법률」, 「농업협동조합법」, 「담보부사채신탁법」, 「대부업 등의 등록 및 금융이용자 보호에 관한 법률」, 「문화산업진흥 기본법」, 「벤처기업육성에 관한 특별조치법」, 「보험업법」, 「감정평가 및 감정평가사에 관한 법률」, 「부동산투자회사법」, 「사회기반시설에 대한 민간투자법」, 「산업발전법」, 「상호저축은행법」, 「새마을금고법」, 「선박투자회사법」, 「소재·부품·장비산업 경쟁력강화를 위한 특별조치법」, 「수산업협동조합법」, 「신용보증기금법」, 「신용정보의 이용 및 보호에 관한 법률」, 「신용협동조합법」, 「여신전문금융업법」, 「예금자보호법」, 「온라인투자연계금융업 및 이용자 보호에 관한 법률」, 「외국인투자 촉진법」, 「외국환거래법」, 「유사수신행위의 규제에 관한 법률」, 「은행법」, 「자본시장과 금융투자업에 관한 법률」, 「자산유동화에 관한 법률」, 「전자금융거래법」, 「주식·사채 등의 전자등록에 관한 법률」, 「주식회사 등의 외부감사에 관한 법률」, 「주택법」, 「중소기업은행법」, 「중소기업창업 지원법」, 「채권의 공정한 추심에 관한 법률」, 「특정 금융거래정보의 보고 및 이용 등에 관한 법률」, 「한국산업은행법」, 「한국수출입은행법」, 「한국은행법」, 「한국주택금융공사법」, 「한국투자공사법」, 「해외자원개발 사업법」

라. 직권 말소 경력

신고 또는 변경신고가 말소되고 5년이 지나지 아니한 자 (법 §7③4.)
○ 대내 사실조회 결과 및 신고인 제출 확인서를 통해 확인

◼ 특정 금융거래정보의 보고 및 이용 등에 관한 법률

제7조 (신고) ③ 금융정보분석원장은 제1항에도 불구하고 다음 각 호의 어느 하나에 해당하는 자에 대해서는 대통령령으로 정하는 바에 따라 가상자산사업자의 신고를 수리하지 아니할 수 있다.
    4. 제4항에 따라 신고 또는 변경신고가 말소되고 5년이 지나지 아니한 자

제4절 신고 유지 요건

가상자산사업자는 신고 이후에도 직권말소 사유[10]에 해당하지 않도록 유의하여야 함(법 §7④)

1. 변경신고 의무

신고사항이 변경되는 경우 변경사항이 발생한 날로부터 30일이내에 신고하여야 한다.

2. 갱신신고 의무

가상자산사업자 신고 유효기간 경과 이후에도 신고사항을 유지하려는 경우 유효기간이 만료하기 45일 전까지 갱신 신고를 하여야 한다.

◼ 특정 금융거래정보의 보고 및 이용 등에 관한 법률

제7조 (신고) ④ 금융정보분석원장은 가상자산사업자가 다음 각 호의 어느 하나에 해당하

---

[10] 법 제7조제4항 각호에 해당할 경우 직권말소 가능

는 경우에는 대통령령으로 정하는 바에 따라 제1항 또는 제2항에 따른 신고 또는 변경신고를 직권으로 말소할 수 있다.

1. 제3항 각 호의 어느 하나에 해당하는 경우. 다만, 제3항제1호에 해당하는 경우로서 대통령령으로 정하는 경우에는 그러하지 아니하다.
2. 「부가가치세법」 제8조에 따라 관할 세무서장에게 폐업신고를 하거나 관할 세무서장이 사업자등록을 말소한 경우
3. 제5항에 따른 영업의 전부 또는 일부의 정지 명령을 이행하지 아니한 경우
4. 거짓이나 그 밖의 부정한 방법으로 신고 또는 변경신고를 하는 등 대통령령으로 정하는 경우

제5절 양식

[서식 1] 국내 가상자산사업자 신고서 (신규 / 변경 / 갱신)

<table>
<tr><td colspan="5" align="center">가상자산사업자 신고서 (□신규 /□변경 /□갱신)</td></tr>
<tr><td rowspan="7">① 신고인</td><td>명칭(상호)</td><td></td><td>사업자등록번호</td><td></td></tr>
<tr><td>대표자 성명</td><td colspan="3"></td></tr>
<tr><td>소재지(본점)</td><td colspan="3"></td></tr>
<tr><td>전화번호</td><td colspan="3"></td></tr>
<tr><td>전자우편주소</td><td colspan="3"></td></tr>
<tr><td>인터넷 도메인 이름</td><td colspan="3"></td></tr>
<tr><td>호스트 서버의 소재지</td><td colspan="3"></td></tr>
<tr><td rowspan="20">신고사항</td><td colspan="4">② 대표자 및 임원(등기 임원) 현황</td></tr>
<tr><td colspan="4" align="right">임원 수 :   명</td></tr>
<tr><td>직위</td><td>성명</td><td>실명번호
(주민등록번호 등)</td><td>국적</td></tr>
<tr><td></td><td></td><td></td><td></td></tr>
<tr><td></td><td></td><td></td><td></td></tr>
<tr><td></td><td></td><td></td><td></td></tr>
<tr><td colspan="4">③ 가상자산사업자가 수행할 행위의 유형</td></tr>
<tr><td colspan="4" align="right">임원 수 :   명</td></tr>
<tr><td colspan="3" align="center">항목</td><td>선택(○)</td></tr>
<tr><td colspan="3">1) 가상자산을 매도, 매수하는 행위</td><td></td></tr>
<tr><td colspan="3">2) 가상자산을 다른 가사자산과 교환하는 행위</td><td></td></tr>
<tr><td colspan="3">3) 가상자산을 이전하는 행위 중 대통령령으로 정하는 행위</td><td></td></tr>
<tr><td colspan="3">4) 가상자산을 보관 또는 관리하는 행위</td><td></td></tr>
<tr><td colspan="3">5) 1) 및 2)의 행위를 중개, 알선하거나 대행하는 행위</td><td></td></tr>
<tr><td colspan="3">6) 그 밖에 가상자산과 관련하여 자금세탁행위와 공중협박자금조달행위에 이용될 가능성이 높은 것으로서 대통령령으로 정하는 행위</td><td></td></tr>
<tr><td colspan="4">* 법 제2조 제1호 하목 중 선택하되 복수 기재 가능</td></tr>
<tr><td colspan="4">④ 실명확인 입출금계정에 관한 정보</td></tr>
<tr><td>구분</td><td colspan="3" align="center">내용</td></tr>
<tr><td>발급처</td><td colspan="3"></td></tr>
<tr><td>발급확인자*</td><td colspan="3">은행명 :   직위 :   성명 :   연락처 :</td></tr>
<tr><td>발급담당자*</td><td colspan="3">은행명 :   부서명 :   직위 :   성명 :   연락처 :</td></tr>
<tr><td>계약기간</td><td colspan="3"></td></tr>
<tr><td>주요계약조건
(인원수 등)</td><td colspan="3">1.
2.
3.</td></tr>
<tr><td colspan="5">*발급확인자는 은행의 보고책임자 이상으로 하고 발급담당자는 부서장급 이상으로 기재</td></tr>
</table>

	⑤ 정보보호 관리체계 인증 관한 정보	
	구분	내용
	발급처	
	유효기간	
	인증번호	

「특정 금융거래정보의 보고 및 이용 등에 관한 법률」 제7조제1항, 제2항 및 「특정 금융거래정보의 보고 및 이용 등에 관한 법률 시행령」 제12조에 따라 위와 같이 가상자산사업자 신고서를 제출합니다.

년   월   일

신고인(또는 대리인)   서명 또는 인
(전화번호:)

금융정보분석원장 귀하

첨부서류	1. 신고인 관련
	   가. 정관(이에 준하는 것을 포함한다) 1부
	   나. 사업자등록증 1부
	   다. (법인의 경우) 법인등기부등본 및 발기인총회, 창립주주총회 또는 이사회의 의사록 등 설립 또는 신고의 의사결정을 증명하는 서류 각 1부
	   라. 본점의 명칭 및 소재지를 기재한 서류 1부
	   마. 대리인이 신고하는 경우 위임장(위임 관계 서류)
	2. 대표자 및 임원 현황 관련
	   가. 대표자 및 임원 여부를 확인할 수 있는 서류
	3. 가상자산사업자의 업무방법 관련
	   가. 가상자산사업자의 업무방법을 기재한 서류 1부
	   나. 가상자산 취급 목록(붙임2) 1부
	4. 실명확인 입출금계정 관련
	   가. 실명확인 입출금계정 발급 확인서 1부
	5. 정보보호 관리체계 인증 관련
	   나. 정보보호 관리체계 인증서 1부
	6. 기타
	   가. 신고인·대표자·임원 확인서(붙임3)

※ **변경 신고시 신고서 작성 방법**
1. 신고서 항목(① ~ ④) 중 변경사항이 있는 항목만 작성 (⑤의 경우만 변경 시에는 증빙만 제출)
2. 첨부서류
- 이사회의 의사록 등 변경 신고의 의사결정을 증명하는 서류 1부
- 대리인이 신고하는 경우 위임장(위임 관계 서류)
- 변경 신고 관련 증빙

[서식 2] 외국 가상자산사업자[11] 신고서(안) (신규/변경/갱신)

외국 가상자산사업자 신고서 (□신규 /□변경 /□갱신)

① 신고인	명칭(상호)		사업자식별번호(사업자등록번호 등)		
	본점(외국)	대표자 성명			
		소재지			
		전화번호			
	국내사업장	대표자 성명	실명번호(주민등록번호 등) :		국적 :
		소재지			
		전화번호			
	전자우편주소				
	인터넷 도메인 이름				
	호스트 서버의 소재지				

② 대표자 및 임원(등기 임원) 현황

임원 수 :   명

직위	성명	실명번호 (주민등록번호 등)	국적

③ 가상자산사업자가 수행할 행위의 유형

임원 수 :   명

항목	선택(○)
1) 가상자산을 매도, 매수하는 행위	
2) 가상자산을 다른 가사자산과 교환하는 행위	
3) 가상자산을 이전하는 행위 중 대통령령으로 정하는 행위	
4) 가상자산을 보관 또는 관리하는 행위	
5) 1) 및 2)의 행위를 중개, 알선하거나 대행하는 행위	
6) 그 밖에 가상자산과 관련하여 자금세탁행위와 공중협박자금조달행위에 이용될 가능성이 높은 것으로서 대통령령으로 정하는 행위	

* 법 제2조 제1호 하목 중 선택하되 복수 기재 가능

④ 실명확인 입출금계정에 관한 정보

구분	내용
발급처	
발급확인자*	은행명 : 직위 : 성명 : 연락처 :
발급담당자*	은행명 : 부서명: 직위 : 성명 : 연락처 :
계약기간	
주요계약조건 (인원수 등)	1. 2. 3.

*발급확인자는 은행의 보고책임자 이상으로 하고 발급담당자는 부서장급 이상으로 기재

---

[11] 외국 가상자산사업자[본점 또는 주사무소가 외국에 있는 자(사업의 실질적 관리장소가 국내에 있지 아니하는 경우만 해당한다)로서 내국인을 대상으로 법 제2조제2호라목에 따른 가상자산거래를 하는 영업으로 하는 자

⑤ 정보보호 관리체계 인증 관한 정보

구분	내용
발급처	
유효기간	
인증번호	

「특정 금융거래정보의 보고 및 이용 등에 관한 법률」 제7조제1항, 제2항 및 「특정 금융거래정보의 보고 및 이용 등에 관한 법률 시행령」 제12조에 따라 위와 같이 가상자산사업자 신고서를 제출합니다.

년   월   일

신고인(또는 대리인)   서명 또는 인
(전화번호:)

금융정보분석원장 귀하

첨부서류

1. 신고인 관련
   가. 정관(이에 준하는 것을 포함한다) 1부
   나. 사업자등록증 1부
   다. (법인의 경우) 법인등기부등본 및 발기인총회, 창립주주총회 또는 이사회의 의사록 등 설립 또는 신고의 의사결정을 증명하는 서류 각 1부
   라. 본점의 명칭 및 소재지를 기재한 서류 1부
   마. 대리인이 신고하는 경우 위임장(위임 관계 서류)
2. 대표자 및 임원 현황 관련
   가. 대표자 및 임원 여부를 확인할 수 있는 서류
3. 가상자산사업자의 업무방법 관련
   가. 가상자산사업자의 업무방법을 기재한 서류 1부
   나. 가상자산 취급 목록(붙임2) 1부
4. 실명확인 입출금계정 관련
   가. 실명확인 입출금계정 발급 확인서 1부
5. 정보보호 관리체계 인증 관련
   나. 정보보호 관리체계 인증서 1부
6. 기타
   가. 신고인·대표자·임원 확인서(붙임3)

※ 변경 신고시 신고서 작성 방법
1. 신고서 항목(① ~ ④) 중 변경사항이 있는 항목만 작성 (⑤의 경우만 변경 시에는 증빙만 제출)
2. 첨부서류
- 이사회의 의사록 등 변경 신고의 의사결정을 증명하는 서류 1부
- 대리인이 신고하는 경우 위임장(위임 관계 서류)
- 변경 신고 관련 증빙

[서식 3] 가상자산 취급 목록 양식

1. 전체 가상자산 현황(신고일 기준)
   가. 총 종류수(나. + 다.) :   개
   나. 고객 거래용 :   개
   다. 고객 거래外 :   개
2. 가상자산 내역(신고일 기준)

상품명	발행처[12]	용도[13]		다크코인 여부[14]	비고[15]
		고객거래	고객거래外		

---

12) 발행기관이 특정되지 않을 경우 "해당사항 없음" 으로 표기
13) 가상자산의 용도에 따라 해당하는 칸에 ○ 표기(복수 표기 가능)
14) 가상자산이 하나의 가상자산 주소에서 다른 가상자산 주소로 이전될 때 전송기록이 식별될 수 없도록 하는 기술이 내재된 가상자산
15) 기타 특이사항 기재

[서식 4] 신고인·대표자·임원 확인서 양식(안)

1. 신고인 확인서

<table>
<tr><td colspan="2" align="center">신고인 확인서</td></tr>
<tr><td align="center">신고 불수리 요건 사유 내용</td><td align="center">해당사항없음
확인서명</td></tr>
<tr><td>금융관련 법률*에 따라 벌금 이상의 형을 선고받고 그 집행이 끝나거나(집행이 끝난것으로 보는 경우를 포함한다) 집행이 면제된 날부터 5년이 지나지 아니한 자</td><td></td></tr>
<tr><td>신고 또는 변경신고가 직권 말소되고 5년이 지나지 아니한 자</td><td></td></tr>
</table>

* ① 「특정 금융거래정보의 보고 및 이용 등에 관한 법률」 제7조 제3항 제3호
  - 동 법, 「범죄수익은닉의 규제 및 처벌 등에 관한 법률」, 「공중 등 협박목적 및 대량살상무기확산을 위한 자금조달행위의 금지에 관한 법률」, 「외국환거래법」 및 「자본시장과 금융투자업에 관한 법률」
② 「특정 금융거래정보의 보고 및 이용 등에 관한 법률시행령」 제12조의2 제3항
  - 「금융회사의 지배구조에 관한 법률」 제2조제7호에 따른 금융관계법령
③ 「금융회사의 지배구조에 관한 법률」 제2조제7호(동법 시행령 제5조)
  - 「공인회계사법」, 「근로자퇴직급여 보장법」, 「금융산업의 구조개선에 관한 법률」, 「금융실명거래 및 비밀보장에 관한 법률」, 「금융위원회의 설치 등에 관한 법률」, 「금융지주회사법」, 「금융혁신지원 특별법」, 「금융회사부실자산 등의 효율적 처리 및 한국자산관리공사의 설립에 관한 법률」, 「기술보증기금법」, 「농림수산식품투자조합 결성 및 운용에 관한 법률」, 「농업협동조합법」, 「담보부사채신탁법」, 「대부업 등의 등록 및 금융이용자 보호에 관한 법률」, 「문화산업진흥 기본법」, 「벤처기업육성에 관한 특별조치법」, 「보험업법」, 「감정평가 및 감정평가사에 관한 법률」, 「부동산투자회사법」, 「사회기반시설에 대한 민간투자법」, 「산업발전법」, 「상호저축은행법」, 「새마을금고법」, 「선박투자회사법」, 「소재·부품·장비산업경쟁력강화를 위한 특별조치법」, 「수산업협동조합법」, 「신용보증기금법」, 「신용정보의 이용 및 보호에 관한 법률」, 「신용협동조합법」, 「여신전문금융업법」, 「예금자보호법」, 「온라인투자연계금융업 및 이용자 보호에 관한 법률」, 「외국인투자 촉진법」, 「외국환거래법」, 「유사수신행위의 규제에 관한 법률」, 「은행법」, 「자본시장과 금융투자업에 관한 법률」, 「자산유동화에 관한 법률」, 「전자금융거래법」, 「주식·사채 등의 전자등록에 관한 법률」, 「주식회사 등의 외부감사에 관한 법률」, 「주택법」, 「중소기업은행법」, 「중소기업창업 지원법」, 「채권의 공정한 추심에 관한 법률」, 「특정 금융거래정보의 보고 및 이용 등

에 관한 법률」, 「한국산업은행법」, 「한국수출입은행법」, 「한국은행법」, 「한국주택금융공사법」, 「한국투자공사법」, 「해외자원개발 사업법」

본인은 상기 「특정 금융거래정보의 보고 및 이용 등에 관한 법률」 제7조, 시행령 제12조의2의 금융관련 법률 위반에 해당하지 않음을 확인합니다.

202×. ××. ××.

성 명 :   (인)

<첨부> : 진행 중인 조사·검사, 형사소송 등의 개요

2. 대표자 및 임원(등기 임원)확인서

대표자 및 임원 확인서(개인)

신고 불수리 요건 사유 내용	해당사항없음 확인서명
금융관련 법률*에 따라 벌금 이상의 형을 선고받고 그 집행이 끝나거나(집행이 끝난것으로 보는 경우를 포함한다) 집행이 면제된 날부터 5년이 지나지 아니한 자	

* ① 「특정 금융거래정보의 보고 및 이용 등에 관한 법률」 제7조 제3항 제3호
  - 동 법, 「범죄수익은닉의 규제 및 처벌 등에 관한 법률」, 「공중 등 협박목적 및 대량살상무기확산을 위한 자금조달행위의 금지에 관한 법률」, 「외국환거래법」 및 「자본시장과 금융투자업에 관한 법률」
② 「특정 금융거래정보의 보고 및 이용 등에 관한 법률시행령」 제12조의2 제3항
  - 「금융회사의 지배구조에 관한 법률」 제2조제7호에 따른 금융관계법령
③ 「금융회사의 지배구조에 관한 법률」 제2조제7호(동법 시행령 제5조)
  - 「공인회계사법」, 「근로자퇴직급여 보장법」, 「금융산업의 구조개선에 관한 법률」, 「금융실명거래 및 비밀보장에 관한 법률」, 「금융위원회의 설치 등에 관한 법률」, 「금융지주회사법」, 「금융혁신지원 특별법」, 「금융회사부실자산 등의 효율적 처리 및 한국자산관리공사의 설립에 관한 법률」, 「기술보증기금법」, 「농림수산식품투자조합 결성 및 운용에 관한 법률」, 「농업협동조합법」, 「담보부사채신탁법」, 「대부업 등의 등록 및 금융이용자 보호에 관한 법률」, 「문화산업진흥 기본법」, 「벤처기업육성에 관한 특별조치법」, 「보험업법」, 「감정평가 및 감정평가사에 관한 법률」, 「부동산투자회사법」, 「사회기반시설에 대한 민간투자법」, 「산업발전법」, 「상호저축은행법」, 「새마을금고법」, 「선박투자회사법」, 「소재·부품·장비산업경쟁력강화를 위한 특별조치법」, 「수산업협동조합법」, 「신용보증기금법」, 「신용정보의 이용 및 보호에 관한 법률」, 「신용협동조합법」, 「여신전문금융업법」, 「예금자보호법」, 「온라인투자연계금융업 및 이용자 보호에 관한 법률」, 「외국인투자 촉진법」, 「외국환거래법」, 「유사수신행위의 규제에 관한 법률」, 「은행법」, 「자본시장과 금융투자업에 관한 법률」, 「자산유동화에 관한 법률」, 「전자금융거래법」, 「주식·사채 등의 전자등록에 관한 법률」, 「주식회사 등의 외부감사에 관한 법률」, 「주택법」, 「중소기업은행법」, 「중소기업창업 지원법」, 「채권의 공정한 추심에 관한 법률」, 「특정 금융거래정보의 보고 및 이용 등에 관한 법률」, 「한국산업은행법」, 「한국수출입은행법」, 「한국은행법」, 「한국주택금융공사법」, 「한국투자공사법」, 「해외자원개발 사업법」

본인은 상기 「특정 금융거래정보의 보고 및 이용 등에 관한 법률」 제7조, 시행령 제12조의2의 금융관련 법률 위반에 해당하지 않음을 확인합니다.

202×. ××. ××.

성 명 :　　　　　　　(인)

<첨부> : 진행 중인 조사·검사, 형사소송 등의 개요

제6절 관련 법규(안)

1. 신고서 요건

특정금융정보법	특정금융정보법 시행령(입법예고안)

제7조 (신고) ① 가상자산사업자(이를 운영하려는 자를 포함한다. 이하 이 조에서 같다)는 대통령령으로 정하는 바에 따라 다음 각 호의 사항을 금융정보분석원장에게 신고하여야 한다.
1. 상호 및 대표자의 성명
2. 사업장의 소재지, 연락처 등 대통령령으로 정하는 사항
	제12조 (신고의 방법 및 절차 등) ① 법 제7조제1항에 따라 신고를 하려는 가상자산사업자(이를 운영하려는 자를 포함한다. 이하 이 조에서 같다)는 금융정보분석원장이 정하여 고시하는 신청서를 금융정보분석원에 제출하여야 한다.
	② 제1항에 따른 신청서에는 다음 각 호의 서류를 첨부하여야 한다.
	  1. 정관(이에 준하는 것을 포함한다)
	  2. 본점의 위치와 명칭을 기재한 서류
	  3. 가상자산사업자의 대표자와 임원의 「형의 실효 등에 관한 법률」 제5조의2제2항에 따른 범죄경력자료
	  4. 가상자산사업자의 업무방법을 기재한 서류
	  5. 가상자산사업자가 사용할 법 제7조제3항제2호에 따른 실명확인이 가능한 입출금 계정(가상자산사업자의 명의로 금융회사등에 개설된 계좌로 한정한다. 이하 "실명확인 입출금계정"이라 한다)을 발급한 금융회사등이 작성한 확인서 (다만, 가상자산사업자가 제12조의8제3항 후단에 따라 금융회사등으로부터 신고의 수리를 조건으로 실명확인 입출금 계정을 발급받는 경우 그러한 취지를 기재한 확인서로 대체할 수 있다)
	  6. 법 제7조제3항제1호에 따른 정보보호 관리체계 인증을 증명하는 서류
	  7. 그 밖에 금융정보분석원장이 정하

여 고시하는 사항
③ 법 제7조제1항제2호에서 "대통령령으로 정하는 사항"이란 다음 각 호의 사항을 말한다.
1. 국내 가상자산사업자(본점, 주사무소 또는 사업의 실질적 관리장소가 국내에 있는 가상자산사업자를 말한다)의 경우 다음 각 목의 사항
　가. 가상자산사업자의 대표자 및 임원의 실지명의와 국적
　나. 본점, 주사무소 및 영업소의 소재지와 연락처
　다. 전자우편주소, 인터넷도메인 이름, 호스트서버의 소재지
　라. 법 제2조제1호하목에 따른 행위 중 가상자산사업자가 수행할 행위의 유형
　마. 법 제7조제3항제2호에 따른 실명확인이 가능한 입출금 계정에 관한 정보
　바. 그 밖에 금융정보분석원장이 정하여 고시하는 사항
2. 외국 가상자산사업자[본점 또는 주사무소가 외국에 있는 자(사업의 실질적 관리장소가 국내에 있지 아니하는 경우만 해당한다)로서 내국인을 대상으로 법 제2조제2호라목에 따른 가상자산거래를 하는 영업으로 하는 자를 말한다]의 경우 다음 각 목의 사항
　가. 제1호 각 목의 사항
　나. 국내 사업장의 주소 및 연락처
　다. 국내에 거주하면서 외국 가상자산사업자를 대표할 수 있는 자의 실지명의와 국적
　라. 그 밖에 금융정보분석원장이 정하여 고시하는 사항

2. 불수리 요건

가. 정보보호 관리체계 인증

특정금융정보법	특정금융정보법 시행령(입법예고안)
제7조 (신고) ③ 금융정보분석원장은 제1항에도 불구하고 다음 각 호의 어느 하나에 해당하는 자에 대해서는 대통령령으로 정하는 바에 따라 가상자산사업자의 신고를 수리하지 아니할 수 있다. 1. 정보보호 관리체계 인증을 획득하지 못한 자	

나. 실명확인 입출금계정

특정금융정보법	특정금융정보법 시행령(입법예고안)
제7조 (신고) ③ 금융정보분석원장은 제1항에도 불구하고 다음 각 호의 어느 하나에 해당하는 자에 대해서는 대통령령으로 정하는 바에 따라 가상자산사업자의 신고를 수리하지 아니할 수 있다. 2. 실명확인이 가능한 입출금 계정[동일 금융회사등(대통령령으로 정하는 금융회사등에 한정한다)에 개설된 가상자산사업자의 계좌와 그 가상자산사업자의 고객의 계좌 사이에서만 금융거래등을 허용하는 계정을 말한다]을 통하여 금융거래등을 하지 아니하는 자. 다만, 가상자산거래의 특성을 고려하여 금융정보분석원장이 정하는 자에 대해서는 예외로 한다.	제12조의2 (가상자산사업자에 대한 신고불수리에 관한 사항) ② 법 제7조제3항제2호에 따른 "대통령령으로 정하는 금융회사등"이란 다음 각 호의 자를 말한다. 1. 「은행법」에 따른 은행 2. 「중소기업은행법」에 따른 중소기업은행 3. 「농업협동조합법」에 따른 농협은행 4. 「수산업협동조합법」에 따른 수협은행 제12조의8 (실명확인 입출금계정 개시 기준 등) ① 금융회사등은 법 제7조제9항에 따른 실명확인 입출금 계정을 개시할 때 가상자산사업자가 다음 각 호의 요건을 충족하는지 여부를 확인하여야 한다. 1. 법 제5조의2제1항제3호마목1)에

따라 예치금을 고유재산과 구분하여 관리할 것
2. 법 제5조의2제1항제3호마목2)에 따른 정보보호 관리체계 인증을 획득할 것
3. 법 제7조제3항제3호 및 제4호에 해당하지 않을 것
4. 제13조제1호에 따라 고객별로 거래내역을 분리하여 관리할 것

② 금융회사등이 실명확인 입출금 계정을 개시하려는 경우에는 가상자산사업자가 자금세탁행위와 공중협박자금조달행위를 방지하기 위하여 구축한 절차 및 업무지침 등을 확인하여 법 제5조제3항제1호에 따라 가상자산사업자와의 금융거래등에 내재된 자금세탁행위와 공중협박자금조달행위의 위험을 식별, 분석, 평가하여야 한다.

③ 금융회사등은 가상자산사업자의 법 제7조제1항 또는 제2항에 따른 신고 또는 변경신고가 수리된 이후에 금융거래등이 이루어질 것을 조건으로 하여 실명확인 입출금계정을 개시할 수 있다.

④ 실명확인 입출금계정의 사용 기한은 법 제7조 제6항에 따른 신고의 유효기간까지로 한다. 다만, 신고의 갱신에 따라 사용기한을 연장할 수 있다.

⑤ 제1항부터 제4항에서 규정한 사항 외에 실명확인 입출금계정에 관하여 필요한 사항은 금융정보분석원장이 정하여 고시한다.

다. 금융관련 법률 위반

특정금융정보법	특정금융정보법 시행령(입법예고안)
제7조 (신고) ③ 금융정보분석원장은 제1항에도 불구하고 다음 각 호의 어느 하나에 해당하는 자에 대해서는 대통령령으로 정하는 바에 따라 가상자산사업자의 신고를 수리하지 아니할 수 있다. 3. 이 법, 「범죄수익은닉의 규제 및 처벌 등에 관한 법률」, 「공중 등 협박목적 및 대량살상무기확산을 위한 자금조달행위의 금지에 관한 법률」, 「외국환거래법」 및 「자본시장과 금융투자업에 관한 법률」 등 대통령령으로 정하는 금융관련 법률에 따라 벌금 이상의 형을 선고받고 그 집행이 끝나거나(집행이 끝난 것으로 보는 경우를 포함한다) 집행이 면제된 날부터 5년이 지나지 아니한 자(가상자산사업자가 법인인 경우에는 그 대표자와 임원을 포함한다)	제12조의2 (가상자산사업자에 대한 신고불수리에 관한 사항) ③ 법 제7조제3항제3호에서 정하는 "대통령령으로 정하는 금융관련 법률"이란 「금융회사의 지배구조에 관한 법률」 제2조제7호에 따른 금융관계법령을 말한다.

라. 직권말소 경력

특정금융정보법	특정금융정보법 시행령(입법예고안)
제7조 (신고) ③ 금융정보분석원장은 제1항에도 불구하고 다음 각 호의 어느 하나에 해당하는 자에 대해서는 대통령령으로 정하는 바에 따라 가상자산사업자의 신고를 수리하지 아니할 수 있다. 4. 제4항에 따라 신고 또는 변경신고가 말소되고 5년이 지나지 아니한 자	

제2장 8개 가상자산사업자의 불공정 약관 시정권고[1]

제1절 불공정 약관조항

공정거래위원회(위원장 조성욱, 이하 공정위)는 8개 가상자산사업자가 사용하는 이용약관을 심사하여 15개 유형의 불공정 약관조항에 대해 시정권고[2]하였다.

[불공정 약관 조항]

① 약관 개정 조항 (8개사)
② 약관 외 준칙 조항 (4개사)
③ 서비스 변경·교체·종료 및 포인트 취소·제한 조항 (3개사)
④ 부당한 환불 및 반환 조항 (2개사)
⑤ 스테이킹 및 노드 서비스 조항 (2개사)
⑥ 영구적인 라이선스 제공 조항 (2개사)
⑦ 이용계약 중지 및 해지 조항 (7개사)
⑧ 서비스 이용 제한 조항 (6개사)
⑨ 부당한 면책 조항 (8개사)
⑩ 손해배상 지급방식 임의 결정 조항 (1개사)
⑪ 입출금 제한 조항 (1개사)
⑫ 부당한 관할법원 조항 (1개사)
⑬ 회원의 가상자산 임의 보관 조항 (1개사)
⑭ 입출금수량 임의 변경 및 매매취소 불가 조항 (1개사)
⑮ 회원정보 이용 조항 (1개사)

다만, 공정위가 불공정약관을 시정조치 하더라도 불법행위·투기적 수요·국내외 규제환경 변화 등에 따라 가상자산 가격이 변동하여 손실이 발생할 수 있으므로 이용자는 가상자산 거래 시 스스로의 책임 하에 신중하게 판단하여 피해를 입지 않도록 주의해야 한다.

---

[1] 2021년 7월 28일(수) 배포 보도자료 공정거래위원회 소비자정책국 약관심사과
[2] 시정권고는 사업자가 약관의 규제에 관한 법률을 위반한 경우 해당 불공정 약관조항의 삭제·수정 등 시정에 필요한 조치를 권고하는 것으로, 사업자가 시정권고를 수용하지 않는 경우에는 공정위 의결을 거쳐 시정명령을 할 수 있음

제2절 시정권고 내용

1. 시정권고 내용

가. 약관 개정 조항(8개사)

(1) 약관 조항

고객에게 불리한 내용을 포함하여 약관을 개정할 경우 **7일** 또는 30일 이전에 공지하면서 고객의 **명시적 의사표시가 없을 경우 동의한 것으로 본다**고 규정하였다.

예 시

○ 회사가 약관을 개정할 경우에는 적용일자 및 개정사유를 명시하여 현행약관과 함께 회사 사이트의 초기화면이나 팝업화면 또는 공지사항란에 그 적용일자 **7일 이전**부터 적용일자 전날까지 **공지합니다**. 다만 그 개정이 **회원에게 불리한 경우**에는 적용일자 30일 전에 **공지합니다**.

○ 게시되거나 통지된 후 **7일 이내**에 약관 개정에 이의를 제기하지 아니하는 경우 약관 개정에 동의한 것으로 본다라는 취지를 명확하게 고지하였음에도, 회원이 명시적으로 거부의 의사표시를 하지 아니한 경우 회원이 약관 개정에 동의한 것으로 봅니다.

---

(2) 시정권고 사유

고객에게 불리한 경우 등 고객의 권리 또는 의무에 영향을 미치는 **중요한 내용이 변경되는 때**에는 고객이 그 내용을 충분히 알 수 있도록 **개별적으로 통지**하여야 하고, 전자금융거래기본약관이 중요 내용 변경 여부와 상관없이 1개월 사전 공지하도록 하고(표준약관 제1028호 제29조) 있는 점에 비추어 **7일의 공지기간은 부당하게 짧다**고 볼 수 있다.

또한, 약관 개정사항을 고지하면서 **회원이 명시적으로 거부의 의사표시를 하지 아니하면 동의로 본다**고 규정하여, 고객이 자신도 알지 못하는 사이에 자신의 행위에 자신에게 불리하거나 원치 않는 효과가 결부될 수 있다는 위험을 지게 된다.

따라서 본 약관조항은 **의사표시 의제조항 및 고객에게 부당하게 불리한 조항**에 해당하여 **무효**이다(약관법 제12조 및 제6조).

▣ 약관의 규제에 관한 법률

제6조 (일반원칙) ① 신의성실의 원칙을 위반하여 공정성을 잃은 약관 조항은 무효이다.
　② 약관의 내용 중 다음 각 호의 어느 하나에 해당하는 내용을 정하고 있는 조항은 공정성을 잃은 것으로 추정된다.
　　1. 고객에게
　　　부당하게 불리한 조항
　　2. 고객이 계약의 거래형태 등 관련된 모든 사정에 비추어 예상하기 어려운 조항
　　3. 계약의 목적을 달성할 수 없을 정도로 계약에 따르는 본질적 권리를 제한하는 조항
　　[전문개정 2010. 3. 22.]

제12조 (의사표시의 의제) 의사표시에 관하여 정하고 있는 약관의 내용 중 다음 각 호의 어느 하나에 해당하는 내용을 정하고 있는 조항은 무효로 한다.
　1. 일정한 작위(作爲) 또는 부작위(不作爲)가 있을 경우 고객의 의사표시가 표명되거나 표명되지 아니한 것으로 보는 조항. 다만, 고객에게 상당한 기한 내에 의사표시를 하지 아니하면 의사표시가 표명되거나 표명되지 아니한 것으로 본다는 뜻을 명확하게 따로 고지한 경우이거나 부득이한 사유로 그러한 고지를 할 수 없는 경우에는 그러하지 아니하다.
　2. 고객의 의사표시의 형식이나 요건에 대하여 부당하게 엄격한 제한을 두는 조항
　3. 고객의 이익에 중대한 영향을 미치는 사업자의 의사표시가 상당한 이유 없이 고객에게 도달된 것으로 보는 조항
　4. 고객의 이익에 중대한 영향을 미치는 사업자의 의사표시 기한을 부당하게 길게 정하거나 불확정하게 정하는 조항
　[전문개정 2010. 3. 22.]

나. 약관 외 준칙 조항(4개사)

(1) 약관 조항

약관에서 정하지 아니한 사항이나 해석 등에 대해서는 회사가 별도로 정한 운영정책 등에 따른다고 규정하였다.

> **예 시**
>
> 회사는 이 약관 외에 별도의 운영정책을 둘 수 있으며 **이 약관에서 정하지 아니한 사항이나 해석에 대해서는 운영정책에 따릅니다.**

(2) 시정권고 사유

약관에서 정하지 아니한 사항에 대해 회사가 운영정책으로 별도로 정할 수 있다고 하더라도, 약관에서 정한 사항을 제외한 모든 사항을 운영정책에 따르도록 하는 것은 그 내용과 범위가 지나치게 광범위하여 회원이 예측하기도 어려우며 사업자가 자의적으로 운영정책을 운용할 위험이 존재한다.

따라서, 본 약관조항은 고객에게 부당하게 불리한 조항에 해당하여 무효이다(약관법 제6조).

■ 약관의 규제에 관한 법률

제6조 (일반원칙) ① 신의성실의 원칙을 위반하여 공정성을 잃은 약관 조항은 무효이다.
  ② 약관의 내용 중 다음 각 호의 어느 하나에 해당하는 내용을 정하고 있는 조항은 공정성을 잃은 것으로 추정된다.
    1. 고객에게
       부당하게 불리한 조항
    2. 고객이 계약의 거래형태 등 관련된 모든 사정에 비추어 예상하기 어려운 조항
    3. 계약의 목적을 달성할 수 없을 정도로 계약에 따르는 본질적 권리를 제한하는 조항
    [전문개정 2010. 3. 22.]

다. 서비스 변경·교체·종료 및 포인트 취소·제한 조항(3개사)

(1) 약관 조항

회사가 제공하는 서비스를 **회사 사정 등에 따라 수시 변경** 등이 가능하도록 하고, 고객에게 지급된 **포인트를 명확한 기준이나 사전 안내 없이 취소**할 수 있도록 규정하였다.

```
┌─────────────────  예 시  ─────────────────┐
│ ○ 회사가 제공하는 서비스의 종류 및 내용은 **회사의 사정에 의하여 변경,**
│   **교체 또는 종료될 수 있습니다.**
│ ○ 회사는 이벤트 등으로 회원에게 임의적으로 KRW포인트를 부여할 수 있
│   으며 해당 KRW 포인트는 **회사 사정으로 인하여 포인트 적용이 취소될**
│   **수도 있습니다.**
└──────────────────────────────────────────┘
```

(2) 시정권고 사유

서비스의 변경·종료 등은 고객의 **계약상 권리·의무**에 중대한 영향을 미치는 사항으로 그 사유는 구체적이고 명확하여야 하고, 사업자가 임의적으로 제공한 **이벤트성 포인트**는 사전에 안내된 합리적인 사유를 기반으로 취소가 이루어져야 한다.

그러나, 본 조항은 **'회사의 사정'**과 같은 **추상적이고 불명확**한 사유에 의거 서비스를 변경·종료하거나 회원에게 지급된 포인트 적용을 취소할 수 있도록 하였다.

따라서 본 약관조항은 **고객이 예상하기 어려운 조항 및 고객에게 부당하게 불리한 조항**에 해당하여 **무효**이다(약관법 제6조).

▣ 약관의 규제에 관한 법률

제6조 (일반원칙) ① 신의성실의 원칙을 위반하여 공정성을 잃은 약관 조항은 무효이다.
  ② 약관의 내용 중 다음 각 호의 어느 하나에 해당하는 내용을 정하고 있는 조항은 공정성을 잃은 것으로 추정된다.
    1. 고객에게
       부당하게 불리한 조항
    2. 고객이 계약의 거래형태 등 관련된 모든 사정에 비추어 예상하기 어려운 조항
    3. 계약의 목적을 달성할 수 없을 정도로 계약에 따르는 본질적 권리를 제한하는 조항
    [전문개정 2010. 3. 22.]

라. 부당한 환불 및 반환 조항(2개사)

(1) 약관 조항

선물받은 콘텐츠, 이자 수입, 절사된 금액에 대한 보상은 **환불·반환·지급되지 않으며**, 최소 출금 가능 금액보다 적은 잔고는 반환되지 않거나 **이용계약 해지 시 모두 소멸된다**고 규정하였다.

> **예 시**
>
> ○ 선물받은 콘텐츠 등 회원이 직접 유료로 구매하지 않은 콘텐츠는 환불대상에서 제외됩니다.
> ○ 잔고가 최소 출금 가능 금액보다 적게 남아 있는 경우 회원에게 반환되지 않으며, 이용계약 해지 시 모두 소멸됩니다.
> ○ 서비스 이용 과정상 회사가 취득하게 되는 이자 수입은 회사가 가상자산 대금 결제 서비스를 제공하는 대가로서의 성질을 가지며, 회원은 이에 대한 반환을 청구할 수 없습니다.
> ○ 절사된 금액에 대한 그 어떠한 보상도 회원에게 지급하지 아니합니다.

(2) 시정권고 사유

당사자 일방이 **계약을 해지한 때**에는 각 당사자는 그 상대방에 대하여 소급하여 원상회복의 의무를 지게 되므로(민법 제548조) 이미 수취한 대가 등이 있다면 계약해지되기 전까지의 정당한 대가와 귀책 여부에 따른 위약금 등을 제외하고는 **원상회복 내지 반환**하여야 한다.

아울러, 가상자산 거래 서비스의 이용과 관련하여 발생하는 **이자 수입** 등이 있는 경우 그것이 **고객의 재산권 내지 활동에 기반하여 발생한** 것이라면 정당한 이유가 없는 이상 고객에게 **반환되어야 한다**.

그러나, 본 조항은 회원이 직접 구매하지 않고 선물받은 콘텐츠에 대하여 환불하지 않거나 '최소 출금 가능금액'보다 적은 잔고, 이자수입 및 절사금액에 대하여 반환하지 않고 소멸되도록 하였다.

따라서 본 약관조항은 계약의 해제·해지로 인한 고객의 원상회복 청구권을 **부당하게 포기하도록 하거나, 고객에게 부당하게 불리한 조항**에 해당하여 **무효**

이다(약관법 제9조 및 제6조).

■ 약관의 규제에 관한 법률

제6조 (일반원칙) ① 신의성실의 원칙을 위반하여 공정성을 잃은 약관 조항은 무효이다.
② 약관의 내용 중 다음 각 호의 어느 하나에 해당하는 내용을 정하고 있는 조항은 공정성을 잃은 것으로 추정된다.
  1. 고객에게
     부당하게 불리한 조항
  2. 고객이 계약의 거래형태 등 관련된 모든 사정에 비추어 예상하기 어려운 조항
  3. 계약의 목적을 달성할 수 없을 정도로 계약에 따르는 본질적 권리를 제한하는 조항
  [전문개정 2010. 3. 22.]

제9조 (계약의 해제·해지) 계약의 해제·해지에 관하여 정하고 있는 약관의 내용 중 다음 각 호의 어느 하나에 해당되는 내용을 정하고 있는 조항은 무효로 한다.
  1. 법률에 따른 고객의 해제권 또는 해지권을 배제하거나 그 행사를 제한하는 조항
  2. 사업자에게 법률에서 규정하고 있지 아니하는 해제권 또는 해지권을 부여하여 고객에게 부당하게 불이익을 줄 우려가 있는 조항
  3. 법률에 따른 사업자의 해제권 또는 해지권의 행사 요건을 완화하여 고객에게 부당하게 불이익을 줄 우려가 있는 조항
  4. 계약의 해제 또는 해지로 인한 원상회복의무를 상당한 이유 없이 고객에게 과중하게 부담시키거나 고객의 원상회복 청구권을 부당하게 포기하도록 하는 조항
  5. 계약의 해제 또는 해지로 인한 사업자의 원상회복의무나 손해배상의무를 부당하게 경감하는 조항
  6. 계속적인 채권관계의 발생을 목적으로 하는 계약에서 그 존속기간을 부당하게 단기 또는 장기로 하거나 묵시적인 기간의 연장 또는 갱신이 가능하도록 정하여 고객에게 부당하게 불이익을 줄 우려가 있는 조항
  [전문개정 2010. 3. 22.]

마. 스테이킹 및 노드 서비스 조항(2개사)

(1) 약관 조항

고객의 스테이킹 투자에 대한 보상(수익)에 대해 '회원의 비정상적 이용' 등

의 사유로 **취소·보류**할 수 있도록 규정하였다.

예 시

회사는 아래와 같은 사정이 발생한 경우 스테이킹(노드) 서비스로 인하여 지급된 **보상을 직권으로 취소하고 원상회복하거나 보상금의 지급을 보류할 수 있습니다.**
- 회원의 스테이킹[3] 서비스의 비정상적 이용
- 스테이킹 서비스 관련 **블록체인 네트워크상 오류**
- 스테이킹 서비스 **시스템의 오류**
- 기타 이에 준하는 사유

---

(2) 시정권고 사유

투자로 인한 수익은 고객의 재산으로 이런 **수익의 취소·보류**는 고객의 권리·의무에 중대한 영향을 미치는 사항이므로 그 사유를 규정하더라도 **불가피한 경우로 한정**되어야 할 뿐만 아니라 고객이 **예측 가능하도록 구체적이고 명확**하여야 한다.

그러나, 본 조항은 사업자가 고객에게 **별도의 최고나 의사 확인 절차 없이** '비정상적 이용' 등의 불분명한 사유로 **고객의 수익을 자의적으로 취소·보류**할 수 있도록 하였다.

또한, **시스템(네트워크)**이 어떠한 시스템을 가리키는 것인지 **불분명**하여 오류에 회사의 귀책사유가 있는 경우까지 보상을 **취소·보류**할 수 있는 것으로 해석될 우려가 있다.

따라서 본 조항은 고객이 예상하기 어려운 조항 및 **고객에게 부당하게 불리한 조항**에 해당하여 **무효**이다(약관법 제6조).

▣ **약관의 규제에 관한 법률**

제6조 (일반원칙) ① 신의성실의 원칙을 위반하여 공정성을 잃은 약관 조항은 무효이다.
② 약관의 내용 중 다음 각 호의 어느 하나에 해당하는 내용을 정하고 있는 조항은 공

---

3) 스테이킹(노드) 투자는 고객이 보유한 특정 가상자산을 일정기간 거래소에 맡긴 대가로 해당 가상자산을 추가 지급받는 이른바 이자와 유사한 서비스임

정성을 잃은 것으로 추정된다.
1. 고객에게
   부당하게 불리한 조항
2. 고객이 계약의 거래형태 등 관련된 모든 사정에 비추어 예상하기 어려운 조항
3. 계약의 목적을 달성할 수 없을 정도로 계약에 따르는 본질적 권리를 제한하는 조항
[전문개정 2010. 3. 22.]

바. 영구적인 라이선스 제공 조항(2개사)

(1) 약관 조항

사업자는 **회원**이 거래소 서비스내에 게시한 **게시물에 대해 영구적인 라이선스를 제공하도록** 하였다.

```
┌─────────────────── 예  시 ───────────────────┐
│ ○ 회원이 서비스 내에 게시한 게시물의 저작권은 저작권법에 의하여 보호를 │
│   받으며, 적법한 절차와 방법으로 회사에 다음과 같은 사용할 수 있는 **영** │
│   **구적인 라이선스를 제공합니다.** │
│   • 신규 서비스 개발, 프로모션 등을 위하여 게시물을 사용, 편집, 저장, │
│     복제, 수정, 공개, 전송, 공개적 실연, 공개적인 게시, 배포할 수 있는 │
│     권리 │
│   • 게시물의 이차적 저작물 제작 및 배포할 수 있는 권리 │
│ ○ 본 약관에 따른 **이용계약을 해지되는 경우에도 위 라이선스는 존속됩니다.** │
└──────────────────────────────────────────────┘
```

(2) 시정권고 사유

저작재산권은 개별적으로 저작재산권자로부터 저작물 이용에 대한 허락을 받은 경우에 해당 저작물의 이용이 가능하다(저작권법 제46조). **온라인으로 다수 이용자와 계약 체결 시 약관을 통해 회원의 게시물 이용에 대한 허락을 받는**다 하더라도 서비스 제공에 필요한 최소한의 범위 내에서 이용되어야 한다.

그러나, 본 조항은 사업자에게 회원의 게시물을 **광범위하게 이용할 수 있는**

라이선스(게시물을 사용, 편집, 저장, 복제, 이차적 저작물 제작 및 배포 등)를 부여하고 있으면서도 이러한 라이선스의 **존속기간에 제한을 두고 있지 않다.**

한편, **콘텐츠 이용 허락 기간**은 회원이 서비스 이용을 중단하는 때에 종료된다고 보는 것이 타당하나, 본 조항은 회원과의 **이용계약이 해지된 후에도** 합리적인 이유 없이 사업자가 회원의 **게시물에 대한 라이선스를 보유**하도록 하여 회원의 저작권 등 권리를 침해할 우려가 있다.

따라서 본 약관조항은 **고객에게 부당하게 불리한 조항**에 해당하여 **무효**이다(약관법 제6조).

▣ 저작권법

제46조 (저작물의 이용허락) ① 저작재산권자는 다른 사람에게 그 저작물의 이용을 허락할 수 있다.
② 제1항의 규정에 따라 허락을 받은 자는 허락받은 이용 방법 및 조건의 범위 안에서 그 저작물을 이용할 수 있다.
③ 제1항의 규정에 따른 허락에 의하여 저작물을 이용할 수 있는 권리는 저작재산권자의 동의 없이 제3자에게 이를 양도할 수 없다.

▣ 약관의 규제에 관한 법률

제6조 (일반원칙) ① 신의성실의 원칙을 위반하여 공정성을 잃은 약관 조항은 무효이다.
② 약관의 내용 중 다음 각 호의 어느 하나에 해당하는 내용을 정하고 있는 조항은 공정성을 잃은 것으로 추정된다.
  1. 고객에게
     부당하게 불리한 조항
  2. 고객이 계약의 거래형태 등 관련된 모든 사정에 비추어 예상하기 어려운 조항
  3. 계약의 목적을 달성할 수 없을 정도로 계약에 따르는 본질적 권리를 제한하는 조항
  [전문개정 2010. 3. 22.]

사. 이용계약 중지 및 해지 조항(7개사)

(1) 약관 조항

고객이 **부정한 용도로 서비스를 이용**하고자 하는 경우, **약관에 위배되는 등 회사의 합리적 판단**에 따라 사업자가 **이용계약을 해지**할 수 있도록 규정하였다.

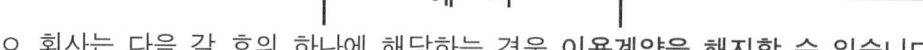

> ○ 회사는 다음 각 호의 하나에 해당하는 경우 **이용계약을 해지**할 수 있습니다.
>   • 가입신청자가 **부정한 용도로 서비스를 이용**하고자 하는 경우
>   • 기타 본 약관에 위배되는 등 회사의 합리적인 판단에 따라 이용승낙이 곤란한 경우

(2) 시정권고 사유

계약의 중지·해지는 고객의 계약상 권리·의무에 중대한 영향을 미치는 사항이므로 그 사유를 규정하더라도 계약의 중지·해지가 **불가피한 경우로 한정**되어야 할 뿐만 아니라 **고객이 예측 가능하도록 구체적이고 명확**하여야 한다.

그러나, 본 조항의 '기타 본 약관에 위배되는 등'은 **경미하거나 사소한 약관 등의 의무를 위반한 경우에 까지도 계약을 해지**할 우려가 있으며 '부정한 용도', '회사의 합리적인 판단'은 그 사유가 구체적으로 적시되어 있지 않고 포괄적·자의적으로 규정되어 있어 고객이 예상하기 어렵다.

따라서 본 약관조항은 사업자에게 **법률에서 규정하고 있지 아니하는 해지권을 부여**하거나, 법률의 규정에 의한 사업자의 **해지권의 행사요건을 완화**하여 **고객에게 부당하게 불이익을 줄 우려**가 있는 조항 및 계약의 해지 사유가 지나치게 포괄적·추상적으로 규정되어 있다는 점에서 **고객이 예상하기 어려운 조항**에 해당하여 무효이다(약관법 제9조 및 제6조).

◼ 약관의 규제에 관한 법률

제6조 (일반원칙) ① 신의성실의 원칙을 위반하여 공정성을 잃은 약관 조항은 무효이다.
  ② 약관의 내용 중 다음 각 호의 어느 하나에 해당하는 내용을 정하고 있는 조항은 공정성을 잃은 것으로 추정된다.

1. 고객에게
   부당하게 불리한 조항
2. 고객이 계약의 거래형태 등 관련된 모든 사정에 비추어 예상하기 어려운 조항
3. 계약의 목적을 달성할 수 없을 정도로 계약에 따르는 본질적 권리를 제한하는 조항
[전문개정 2010. 3. 22.]

제9조 (계약의 해제·해지) 계약의 해제·해지에 관하여 정하고 있는 약관의 내용 중 다음 각 호의 어느 하나에 해당되는 내용을 정하고 있는 조항은 무효로 한다.
1. 법률에 따른 고객의 해제권 또는 해지권을 배제하거나 그 행사를 제한하는 조항
2. 사업자에게 법률에서 규정하고 있지 아니하는 해제권 또는 해지권을 부여하여 고객에게 부당하게 불이익을 줄 우려가 있는 조항
3. 법률에 따른 사업자의 해제권 또는 해지권의 행사 요건을 완화하여 고객에게 부당하게 불이익을 줄 우려가 있는 조항
4. 계약의 해제 또는 해지로 인한 원상회복의무를 상당한 이유 없이 고객에게 과중하게 부담시키거나 고객의 원상회복 청구권을 부당하게 포기하도록 하는 조항
5. 계약의 해제 또는 해지로 인한 사업자의 원상회복의무나 손해배상의무를 부당하게 경감하는 조항
6. 계속적인 채권관계의 발생을 목적으로 하는 계약에서 그 존속기간을 부당하게 단기 또는 장기로 하거나 묵시적인 기간의 연장 또는 갱신이 가능하도록 정하여 고객에게 부당하게 불이익을 줄 우려가 있는 조항

[전문개정 2010. 3. 22.]

아. 서비스 이용제한 조항(6개사)

(1) 약관 조항

사업자는 '월간 거래 이용금액이 과도한 경우', '비밀번호 연속 오류의 경우', '법령을 위반하거나 위반이 의심되는 경우' 등에 회원의 서비스 이용을 제한할 수 있도록 규정하였다.

```
―――――――― 예 시 ――――――――
회원에게 다음 사유가 발생한 경우에는 회사는 서비스의 이용을 제한할 수 있습니다.
• 월간 거래 이용금액이 과도한 경우
• 비밀번호 연속 오류의 경우
• 법령을 위반하거나 위반이 의심되는 경우
```

(2) 시정권고 사유

고객이 **서비스의 이용을 제한받는 사유**는 고객의 계약상 권리·의무에 중대한 영향을 미치는 사항이므로 그 사유를 규정하더라도 일부 서비스 제한이 **불가피한 경우로 한정**되어야 할 뿐만 아니라, **고객이 예측 가능하도록 구체적이고 명확하여야** 한다.

그러나, 본 조항의 '월간 거래 이용금액이 과도한 경우'와 같은 사유는 **어느 정도의 금액이 과도한지**, '비밀번호 연속 오류'는 **몇 회를 반복하여 오입력한 경우**인지 여부가 구체적으로 명시되어 있지 않아 회사의 자의적 판단으로 회원의 서비스 이용을 제한할 수 있다.

또한, '법령을 위반하거나 위반이 의심되는 경우'는 **어떤 위반인지 여부가 구체적이지 않아 경미하거나 사소한 경우**에 까지도 서비스 이용을 제한할 수 있는 등 포괄적·자의적으로 규정되어 있어 고객이 예상하기 어렵다.

따라서 본 약관조항은 고객이 예상하기 어려운 조항 및 고객에게 부당하게 불리한 조항에 해당하여 무효이다(약관법 제6조).

■ 약관의 규제에 관한 법률

제6조 (일반원칙) ① 신의성실의 원칙을 위반하여 공정성을 잃은 약관 조항은 무효이다.
  ② 약관의 내용 중 다음 각 호의 어느 하나에 해당하는 내용을 정하고 있는 조항은 공정성을 잃은 것으로 추정된다.
    1. 고객에게
       부당하게 불리한 조항
    2. 고객이 계약의 거래형태 등 관련된 모든 사정에 비추어 예상하기 어려운 조항
    3. 계약의 목적을 달성할 수 없을 정도로 계약에 따르는 본질적 권리를 제한하는 조항
    [전문개정 2010. 3. 22.]

자. 부당한 면책 조항(8개사)

(1) 약관 조항

회원이 변경사항을 회사에 알리지 않거나, 회사의 통지를 회원이 확인하지 않

아 발생한 불이익 등과 회사에 링크된 사이트와 회원간에 행해진 거래에 대해 회사는 책임지지 않는다고 규정하였다.

예 시

○ 회원이 변경사항을 회사에 알리지 않아 발생한 불이익에 대하여 **회사는 책임지지 않습니다.**
○ 회원이 회사의 통지를 확인하지 않아 발생한 불이익에 대하여 **회사는 책임지지 않습니다.**
○ 회사는 회사에 링크된 사이트가 취급하는 상품 또는 용역에 대하여 **보증책임을 지지 아니합니다.** 회사는 회사 연결사이트와 회원간에 행해진 거래에 대하여 **어떠한 책임도 지지 아니합니다.**

---

(2) 시정권고 사유

전시·사변·홍수·지진 기타 이에 준하는 천재지변 등과 같은 불가항력적인 사유를 제외하고는 **사업자의 고의 또는 과실로 인한** 행위로 인해 **고객에게 손해가** 발생하였다면 **사업자는 손해배상책임을 져야** 하는 것이 민법상 기본원칙이고(민법 제750조), 이는 **고객이나 제3자의 고의 또는 과실에 의한** 행위와 **사업자의 고의 또는 과실이 함께 경합**하는 경우라도 **마찬가지이다**(민법 제760조).

아울러, **사업자는** 가상자산 거래 중개 등의 서비스를 제공하면서 고객들로부터 수수료를 받고 있는 자이고 특별한 사정이 없는 한 고객에게 원활한 서비스를 제공하기 위한 **선량한 관리자로서의 주의의무를 다하여야** 한다.

회원이 자신의 변경사항을 알리지 않았다 하더라도 회사가 선량한 관리자로서 보통의 주의만 했더라도 변경사항을 알 수 있었던 경우 등 **회사의 과실이 복합적으로 작용한 경우** 등에까지 회사의 모든 **책임을 면제하는 것은 부당**하며, 회원이 통지를 확인하지 않아 입은 손해라고 하더라도 **회사의 고의 또는 과실이 있는 경우에는** 회사도 **일정한 책임을 부담**하여야 한다.

또한, 사업자는 '링크'라는 적극적 행위를 통하여 상품 또는 용역 내지는 이에 대한 정보 등을 간접적으로 제공하므로 **링크된 사이트가 명백히 불법**적인 경우나 **허위의 정보를 제공하는 경우** 등과 같은 경우에는 **사업자의 귀책사유를 인정할 수 있다.**

'링크'는 사업자의 의사에 따라 구성되고 배치되기 때문에 거래소의 링크행위가 있음에도 어떠한 책임도 지지 않는 것은 **링크를 선별, 배치한 주체의 행위**

에 대하여 **무조건적인 면책**을 하는 것이 되어 부당하다.

따라서 본 약관조항은 사업자의 **고의 또는 중대한 과실로 인한 법률상의 책임을 배제**하는 조항 및 사업자가 **부담**하여야 할 **위험**을 **고객**에게 **전가**하는 조항 그리고 **신의성실의 원칙을 위반**한 조항 및 **고객에게 부당하게 불리한 조항**에 해당하여 **무효**이다(약관법 제7조 및 제6조).

■ 민법

제750조 (불법행위의 내용) 고의 또는 과실로 인한 위법행위로 타인에게 손해를 가한 자는 그 손해를 배상할 책임이 있다.

제760조 (공동불법행위자의 책임) ① 수인이 공동의 불법행위로 타인에게 손해를 가한 때에는 연대하여 그 손해를 배상할 책임이 있다.
② 공동 아닌 수인의 행위중 어느 자의 행위가 그 손해를 가한 것인지를 알 수 없는 때에도 전항과 같다.
③ 교사자나 방조자는 공동행위자로 본다.

차. 기타 불공정 약관조항

기타 손해배상 지급방식 임의 결정 조항, 입출금 제한 조항, 부당한 관할법원 조항 등 6건의 불공정 약관조항에 대해서도 시정권고 하였다.

기타 불공정 약관조항
① 손해배상 지급방식 임의 결정 조항(1개사)
② 입출금 제한 조항(1개사)
③ 부당한 관할법원 조항(1개사)
④ 회원의 가상자산 임의 보관 조항(1개사)
⑤ 입출금수량 임의 변경 및 매매취소 불가 조항(1개사)
⑥ 회원정보 이용 조항(1개사)

* ① 현금이 아닌 가상자산을 회원에 대한 손해배상 지급수단으로 임의 결정 ② '회사가 정한 서비스 이용권한의 범위를 벗어난 경우' 등의 포괄적·자의적 사유로 입출금 제한 ③ 회원과의 법적 분쟁 관련, 회사 본점 소재지 관할 법원을 전속관할로 규정 ④ 상장폐지되어 출금되지 않은 고객의 자산을 회사가 임의 보관 ⑤ 최소 입출금 수량을 회사가 임의 변경하고 매매계약 체결 전 회원의 매매취소 요청을 회사가 거부할 수 있도록 규정 ⑥ 회원의 개인정보를 회사가 임의적으로 정한 기간동안 보관할 수 있도록 규정

2. 공정위의 불공정약관 심사 (법령)

▣ 약관의 규제에 관한 법률

제6조 (일반원칙) ① 신의성실의 원칙을 위반하여 공정성을 잃은 약관 조항은 무효이다.
② 약관의 내용 중 다음 각 호의 어느 하나에 해당하는 내용을 정하고 있는 조항은 공정성을 잃은 것으로 추정된다.
  1. 고객에게 부당하게 불리한 조항
  2. 고객이 계약의 거래형태 등 관련된 모든 사정에 비추어 예상하기 어려운 조항
  3. 계약의 목적을 달성할 수 없을 정도로 계약에 따르는 본질적 권리를 제한하는 조항
  [전문개정 2010. 3. 22.]

제7조 (면책조항의 금지) 계약 당사자의 책임에 관하여 정하고 있는 약관의 내용 중 다음 각 호의 어느 하나에 해당하는 내용을 정하고 있는 조항은 무효로 한다.
  1. 사업자, 이행 보조자 또는 피고용자의 고의 또는 중대한 과실로 인한 법률상의 책임을 배제하는 조항
  2. 상당한 이유 없이 사업자의 손해배상 범위를 제한하거나 사업자가 부담하여야 할 위험을 고객에게 떠넘기는 조항
  3. 상당한 이유 없이 사업자의 담보책임을 배제 또는 제한하거나 그 담보책임에 따르는 고객의 권리행사의 요건을 가중하는 조항
  4. 상당한 이유 없이 계약목적물에 관하여 견본이 제시되거나 품질·성능 등에 관한 표시가 있는 경우 그 보장된 내용에 대한 책임을 배제 또는 제한하는 조항
  [전문개정 2010. 3. 22.]

제8조 (손해배상액의 예정) 고객에게 부당하게 과중한 지연 손해금 등의 손해배상 의무를 부담시키는 약관 조항은 무효로 한다. [전문개정 2010. 3. 22.]

제9조 (계약의 해제·해지) 계약의 해제·해지에 관하여 정하고 있는 약관의 내용 중 다음 각 호의 어느 하나에 해당되는 내용을 정하고 있는 조항은 무효로 한다.
  1. 법률에 따른 고객의 해제권 또는 해지권을 배제하거나 그 행사를 제한하는 조항
  2. 사업자에게 법률에서 규정하고 있지 아니하는 해제권 또는 해지권을 부여하여 고객에게 부당하게 불이익을 줄 우려가 있는 조항
  3. 법률에 따른 사업자의 해제권 또는 해지권의 행사 요건을 완화하여 고객에게 부당하게 불이익을 줄 우려가 있는 조항
  4. 계약의 해제 또는 해지로 인한 원상회복의무를 상당한 이유 없이 고객에게 과중하게 부담시키거나 고객의 원상회복 청구권을 부당하게 포기하도록 하는 조항

5. 계약의 해제 또는 해지로 인한 사업자의 원상회복의무나 손해배상의무를 부당하게 경감하는 조항
6. 계속적인 채권관계의 발생을 목적으로 하는 계약에서 그 존속기간을 부당하게 단기 또는 장기로 하거나 묵시적인 기간의 연장 또는 갱신이 가능하도록 정하여 고객에게 부당하게 불이익을 줄 우려가 있는 조항

[전문개정 2010. 3. 22.]

제10조 (채무의 이행) 채무의 이행에 관하여 정하고 있는 약관의 내용 중 다음 각 호의 어느 하나에 해당하는 내용을 정하고 있는 조항은 무효로 한다.
1. 상당한 이유 없이 급부(給付)의 내용을 사업자가 일방적으로 결정하거나 변경할 수 있도록 권한을 부여하는 조항
2. 상당한 이유 없이 사업자가 이행하여야 할 급부를 일방적으로 중지할 수 있게 하거나 제3자에게 대행할 수 있게 하는 조항

[전문개정 2010. 3. 22.]

제11조 (고객의 권익 보호) 고객의 권익에 관하여 정하고 있는 약관의 내용 중 다음 각 호의 어느 하나에 해당하는 내용을 정하고 있는 조항은 무효로 한다.
1. 법률에 따른 고객의 항변권(抗辯權), 상계권(相計權) 등의 권리를 상당한 이유 없이 배제하거나 제한하는 조항
2. 고객에게 주어진 기한의 이익을 상당한 이유 없이 박탈하는 조항
3. 고객이 제3자와 계약을 체결하는 것을 부당하게 제한하는 조항
4. 사업자가 업무상 알게 된 고객의 비밀을 정당한 이유 없이 누설하는 것을 허용하는 조항

[전문개정 2010. 3. 22.]

제12조 (의사표시의 의제) 의사표시에 관하여 정하고 있는 약관의 내용 중 다음 각 호의 어느 하나에 해당하는 내용을 정하고 있는 조항은 무효로 한다.
1. 일정한 작위(作爲) 또는 부작위(不作爲)가 있을 경우 고객의 의사표시가 표명되거나 표명되지 아니한 것으로 보는 조항. 다만, 고객에게 상당한 기한 내에 의사표시를 하지 아니하면 의사표시가 표명되거나 표명되지 아니한 것으로 본다는 뜻을 명확하게 따로 고지한 경우이거나 부득이한 사유로 그러한 고지를 할 수 없는 경우에는 그러하지 아니하다.
2. 고객의 의사표시의 형식이나 요건에 대하여 부당하게 엄격한 제한을 두는 조항
3. 고객의 이익에 중대한 영향을 미치는 사업자의 의사표시가 상당한 이유 없이 고객에게 도달된 것으로 보는 조항
4. 고객의 이익에 중대한 영향을 미치는 사업자의 의사표시 기한을 부당하게 길게

정하거나 불확정하게 정하는 조항
[전문개정 2010. 3. 22.]

제13조 (대리인의 책임 가중) 고객의 대리인에 의하여 계약이 체결된 경우 고객이 그 의무를 이행하지 아니하는 경우에는 대리인에게 그 의무의 전부 또는 일부를 이행할 책임을 지우는 내용의 약관 조항은 무효로 한다. [전문개정 2010. 3. 22.]

제14조 (소송 제기의 금지 등) 소송 제기 등과 관련된 약관의 내용 중 다음 각 호의 어느 하나에 해당하는 조항은 무효로 한다.
 1. 고객에게 부당하게 불리한 소송 제기 금지 조항 또는 재판관할의 합의 조항
 2. 상당한 이유 없이 고객에게 입증책임을 부담시키는 약관 조항
[전문개정 2010. 3. 22.]

제17조 (불공정약관조항의 사용금지) 사업자는 제6조부터 제14조까지의 규정에 해당하는 불공정한 약관 조항(이하 "불공정약관조항"이라 한다)을 계약의 내용으로 하여서는 아니 된다. [전문개정 2010. 3. 22.]

제17조의2 (시정 조치) ② 공정거래위원회는 제17조를 위반한 사업자가 다음 각 호의 어느 하나에 해당하는 경우에는 사업자에게 해당 불공정약관조항의 삭제·수정, 시정명령을 받은 사실의 공표, 그 밖에 약관을 시정하기 위하여 필요한 조치를 명할 수 있다. <개정 2013. 5. 28.>
 6. 사업자가 제1항에 따른 권고를 정당한 사유 없이 따르지 아니하여 여러 고객에게 피해가 발생하거나 발생할 우려가 현저한 경우

> **제17조의2 (시정 조치)** ② 공정거래위원회는 제17조를 위반한 사업자가 다음 각 호의 어느 하나에 해당하는 경우에는 사업자에게 해당 불공정약관조항의 삭제·수정, 시정명령을 받은 사실의 공표, 그 밖에 약관을 시정하기 위하여 필요한 조치를 명할 수 있다. <개정 2013. 5. 28., 2020. 12. 29.>
> 6. 사업자가 제1항에 따른 권고를 정당한 사유 없이 따르지 아니하여 여러 고객에게 피해가 발생하거나 발생할 우려가 현저한 경우
> [전문개정 2010. 3. 22.] [시행일 : 2021. 12. 30.] 제17조의2

제19조 (약관의 심사청구) ① 다음 각 호의 자는 약관 조항이 이 법에 위반되는지 여부에 관한 심사를 공정거래위원회에 청구할 수 있다.
 1. 약관의 조항과 관련하여 법률상의 이익이 있는 자

2. 「소비자기본법」 제29조에 따라 등록된 소비자단체
　　3. 「소비자기본법」 제33조에 따라 설립된 한국소비자원
　　4. 사업자단체
② 제1항에 따른 약관의 심사청구는 공정거래위원회에 서면이나 전자문서로 제출하여야 한다. [전문개정 2010. 3. 22.]

제20조 (조사) ① 공정거래위원회는 다음 각 호의 어느 하나의 경우 약관이 이 법에 위반된 사실이 있는지 여부를 확인하기 위하여 필요한 조사를 할 수 있다.
　　1. 제17조의2제1항 또는 제2항에 따른 시정권고 또는 시정명령을 하기 위하여 필요하다고 인정되는 경우

제3장 국세청 보도자료

2021. 3. 15. 징세법무국 징세과

1. 가상자산으로 재산을 은닉한 체납자에 대하여 정부부처 최초로 강제징수

가상자산은 경제적 가치를 지닌 것으로 전자적으로 거래 또는 이전될 수 있는 전자적 증표로 정의되고 있다.

■ 특정 금융거래정보의 보고 및 이용 등에 관한 법률

제2조 (정의) 이 법에서 사용하는 용어의 뜻은 다음과 같다. <개정 2011. 5. 19., 2013. 8. 13., 2014. 5. 28., 2016. 5. 29., 2020. 3. 24., 2020. 5. 19.>
  1. "금융회사등"이란 다음 각 목의 자를 말한다.
    가. 「한국산업은행법」에 따른 한국산업은행
    나. 「한국수출입은행법」에 따른 한국수출입은행
    다. 「중소기업은행법」에 따른 중소기업은행
    라. 「은행법」에 따른 은행
    마. 「자본시장과 금융투자업에 관한 법률」에 따른 투자매매업자, 투자중개업자, 집합투자업자, 신탁업자, 증권금융회사, 종합금융회사 및 명의개서대행회사
    바. 「상호저축은행법」에 따른 상호저축은행과 상호저축은행중앙회
    사. 「농업협동조합법」에 따른 조합과 농협은행
    아. 「수산업협동조합법」에 따른 조합과 수협은행
    자. 「신용협동조합법」에 따른 신용협동조합과 신용협동조합중앙회
    차. 「새마을금고법」에 따른 금고와 중앙회
    카. 「보험업법」에 따른 보험회사
    타. 「우체국예금·보험에 관한 법률」에 따른 체신관서
    파. 「관광진흥법」에 따라 허가를 받아 카지노업을 하는 카지노 사업자(이하 "카지노사업자"라 한다)
    하. 가상자산과 관련하여 다음 1)부터 6)까지의 어느 하나에 해당하는 행위를 영업으로 하는 자(이하 "가상자산사업자"라 한다)
      1) 가상자산을 매도, 매수하는 행위
      2) 가상자산을 다른 가상자산과 교환하는 행위

3) 가상자산을 이전하는 행위 중 대통령령으로 정하는 행위
4) 가상자산을 보관 또는 관리하는 행위
5) 1) 및 2)의 행위를 중개, 알선하거나 대행하는 행위
6) 그 밖에 가상자산과 관련하여 자금세탁행위와 공중협박자금조달행위에 이용될 가능성이 높은 것으로서 대통령령으로 정하는 행위

거. 제2호에 따른 금융거래등을 하는 자로서 대통령령으로 정하는 자

2. "금융거래등"이란 다음 각 목의 것을 말한다.
   가. 금융회사등이 금융자산(「금융실명거래 및 비밀보장에 관한 법률」 제2조제2호에 따른 금융자산을 말한다)을 수입·매매·환매·중개·할인·발행·상환·환급·수탁·등록·교환하거나 그 이자·할인액 또는 배당을 지급하는 것과 이를 대행하는 것, 그 밖에 금융자산을 대상으로 하는 거래로서 총리령으로 정하는 것
   나. 「자본시장과 금융투자업에 관한 법률」에 따른 파생상품시장에서의 거래, 그 밖에 대통령령으로 정하는 것
   다. 카지노사업자의 영업장에서 현금 또는 수표를 대신하여 쓰이는 것으로서 대통령령으로 정하는 것과 현금 또는 수표를 교환하는 거래
   라. 가상자산사업자가 수행하는 제1호하목1)부터 6)까지의 어느 하나에 해당하는 것(이하 "가상자산거래"라 한다)

3. "가상자산"이란 경제적 가치를 지닌 것으로서 전자적으로 거래 또는 이전될 수 있는 전자적 증표(그에 관한 일체의 권리를 포함한다)를 말한다. 다만, 다음 각 목의 어느 하나에 해당하는 것은 제외한다.
   가. 화폐·재화·용역 등으로 교환될 수 없는 전자적 증표 또는 그 증표에 관한 정보로서 발행인이 사용처와 그 용도를 제한한 것
   나. 「게임산업진흥에 관한 법률」 제32조제1항제7호에 따른 게임물의 이용을 통하여 획득한 유·무형의 결과물
   다. 「전자금융거래법」 제2조제14호에 따른 선불전자지급수단 및 같은 조 제15호에 따른 전자화폐
   라. 「주식·사채 등의 전자등록에 관한 법률」 제2조제4호에 따른 전자등록주식등
   마. 「전자어음의 발행 및 유통에 관한 법률」 제2조제2호에 따른 전자어음
   바. 「상법」 제862조에 따른 전자선하증권
   사. 거래의 형태와 특성을 고려하여 대통령령으로 정하는 것

4. "불법재산"이란 다음 각 목의 것을 말한다.
   가. 「범죄수익은닉의 규제 및 처벌 등에 관한 법률」 제2조제4호에 따른 범죄수익등
   나. 「마약류 불법거래 방지에 관한 특례법」 제2조제5항에 따른 불법수익등
   다. 「공중 등 협박목적 및 대량살상무기확산을 위한 자금조달행위의 금지에 관한 법률」 제2조제1호에 따른 공중협박자금

5. "자금세탁행위"란 다음 각 목의 행위를 말한다.

가. 「범죄수익은닉의 규제 및 처벌 등에 관한 법률」 제3조에 따른 범죄행위
나. 「마약류 불법거래 방지에 관한 특례법」 제7조에 따른 범죄행위
다. 「조세범 처벌법」 제3조, 「관세법」 제270조, 「지방세기본법」 제102조 또는 「특정범죄 가중처벌 등에 관한 법률」 제8조의 죄를 범할 목적 또는 세법에 따라 납부하여야 하는 조세(「지방세기본법」에 따른 지방세를 포함한다. 이하 같다)를 탈루할 목적으로 재산의 취득·처분 또는 발생 원인에 관한 사실을 가장(假裝)하거나 그 재산을 은닉하는 행위
6. "공중협박자금조달행위"란 「공중 등 협박목적 및 대량살상무기확산을 위한 자금조달행위의 금지에 관한 법률」 제6조제1항의 죄에 해당하는 행위를 말한다.

[전문개정 2011. 5. 19.]

2. 강제징수 시 가상자산으로 은닉한 사실을 확인하여 현금징수·채권확보한 유형은 다음과 같습니다.

| 유형 1 | 병원 사업소득을 가상자산으로 은닉한 고소득 전문직 |

◆ 체납자 A는 서울 강남에서 ○○병원을 운영하며 고가 아파트에 거주하는 등 **호화생활**을 하고 있는 **전문직 사업자**이나 **체납액 27억 원**을 납부하지 않고, 수입금액을 가상자산으로 **39억 원 은닉**(현금징수)

| 유형 2 | 전자상거래업 수입금액을 가상자산으로 은닉 |

◆ 체납자 B는 농산물 **전자상거래업**을 운영하는 사업자로 **체납액 6억 원**을 납부하지 않고, 수입금액을 가상자산으로 **14억 원 은닉**(압류·채권확보)

| 유형 3 | 고액의 부동산 양도대금을 가상자산으로 은닉 |

◆ 체납자 C는 경기도 소재 부동산을 48억 원에 양도 후 양도소득세 12억 원을 납부하지 않고, 고액의 양도대금을 가상자산으로 **12억 원 은닉**(현금징수)

| 유형 4 | 금융재산 상속세를 무납부하고 가상자산으로 은닉 |

◆ 체납자 D는 부친 사망으로 **상속**받은 **금융재산 17억 원**에 대한 **상속세 2억 원**을 납부하지 않고, 상속 재산을 가상자산으로 **5억 원** 은닉(압류·채권확보)

| 유형 5 | 현금 증여재산을 과소신고하고 가상자산으로 은닉 |

◆ 체납자 E는 **특수관계자**들로부터 수차례에 걸쳐 **증여**받은 재산을 과소신고하여 발생한 **체납액 26억 원**을 납부하지 않고, 증여받은 재산을 가상자산으로 **1억 원** 은닉 (압류·채권확보)

○ 성실 납세자가 존경받고 조세 정의가 실현되는 사회를 만들기 위해 고액체납자의 은닉재산을 알고 계신 국민 여러분의 적극적인 신고를 부탁드립니다.

< 고액·상습체납자 은닉재산 신고 >

○ 신고방법
- 국세청 누리집*(www.nts.go.kr) 접수
  * 국민소통 ≫ 국세청100배 활용하기 가이드맵 ≫ 고액상습체납자 은닉재산신고
- 전 화 : 국세상담센터(국번없이 126)
- 지방청 은닉재산신고센터 또는 세무서 체납징세과 접수
  → 신고자의 이름과 주소를 명기하고 서명날인한 문서를 우편 또는 직접 제출
○ 포상금
- 징수금액에 따라 5~20%의 지급률을 적용하여 최대 20억 원까지 포상금 지급

참고 1. 가상자산의 강제집행과 법적 내용
    2. 비트코인 가격변동 추이
    3. 고액·상습체납자 은닉재산 신고포상금
    4. 가상자산 강제징수 사례

3. 가상자산의 강제집행 판결 및 법령

1. **강제집행 관련 판결**
   - 대법원은 가상자산을 몰수의 대상인 재산적 가치가 있는 무형재산에 해당한다고 판결(대법원 2018. 5. 30. 선고 2018도3619 판결)
   - 법원은 채무자의 거래소에 대한 반환청구권 등에 대하여 채권압류가 가능한 것으로 판단, 강제집행 실시
     ① 거래소에 대한 가상자산 출급청구채권을 가압류 대상으로 인정(울산지방법원 2018. 1. 5.자 2017카합10471 결정)
     ② 가상자산 전송, 매각 등 이행청구권을 가압류 대상으로 인정(서울중앙지법 2018. 2. 1.자 2017카단817381 결정)
     ③ 가상자산 반환청구채권을 가압류 대상으로 인정(서울중앙지법 2018. 3. 19.자 2018카단802743 결정)
     ④ 구매대행업자에 대한 가상자산 지급청구권을 대상으로 가압류 인정(서울중앙지법 2018. 4. 12.자 2018카단802516 결정)

2. **특정금융정보법[1] 개정 내용**
   - 가상자산은 경제적 가치를 지닌 것으로 전자적으로 거래 또는 이전될 수 있는 전자적 증표로 정의(제2조)하고,
   - 가상자산사업자를 금융회사에 포함(제2조)시키는 등 기존 금융회사 수준의 의무[2]를 부여

   ※ (개정배경) FATF(국제자금세탁방지기구) 국제기준 이행과 가상자산을 이용한 자금세탁, 공중협박자금조달을 규제하여 범죄행위 예방

---

[1] 「특정 금융거래정보의 보고 및 이용 등에 관한 법률」('20년 3월 개정)
[2] 불법재산 의심 거래의 보고, 고액 현금거래 보고, 고객확인 의무 등

제4장 주요 신문(조간) 보도내용

東亞日報

2021년 03월 16일 화요일 A01면 종합

'가상화폐 재산은닉'에 코인 첫 압류… 366억 세금 징수

국세청, 고액체납자 2400여명 적발

서울 강남에서 병원을 운영하는 의사나 고액 자산 등 2400여 명이 세금을 피하려고 소득이나 자산을 가상화폐로 바꿔 숨겼다가 세무당국에 적발됐다. 세금 체납자의 재산 은닉 수단으로 악용된 가상화폐가 압류된 것은 이번이 처음이다.

국세청은 15일 가상화폐로 재산을 숨긴 고액 체납자 2416명을 대상으로 약 366억 원 상당의 체납 세금을 징수했다고 밝혔다. 이들이 보유한 가상화폐는 비트코인, 이더리움, 리플 등이었다. 세금이 27억 원 밀렸는데 가상화폐로 39억 원을 은닉한 의사도 있었다.

고액 체납자들은 세무당국이 미납 세금을 걷으려고 금융계좌를 조회할 때 가상화폐가 잘 드러나지 않는다는 점을 악용했다. 비트코인 등 가상화폐를 사려면 실명으로 된 은행 계좌가 필요하지만 은행 계좌에서 가상화폐 거래소로 돈이 이동한 뒤에는 가상화폐 보유 현황을 당국이 파악하기 어렵기 때문이다. 체납자들은 이 점을 노려 의도적으로 재산을 가상화폐로 바꿔 숨긴 것으로 국세청은 파악하고 있다.

국세청 관계자는 "체납자들의 가상화폐 출금 청구채권을 압류하고 밀린 세금을 모두 내야 가상화폐를 현금화할 수 있게 했다"며 "최근 비트코인 가격이 급등하자 '지인들에게 돈을 빌려서라도 체납 세금을 낼 테니 압류를 풀어 달라'는 이들도 있다"고 말했다.

세종=송충현 기자 balgun@donga.com

▶A12면에 관련기사

東亞日報

2021년 03월 16일 화요일 A12면 사회

27억 세금 밀린 강남 병원장, 가상화폐로 39억 숨겼다 '덜미'

국세청, 체납 2416명에 366억 징수
부동산 양도소득이나 상속재산
가상화폐로 바꿔 압류-추적 회피
대법, "몰수 가능" 판결 따라
체납세금 압류대상에 첫 포함
"비트코인 등에 은닉 추가 조사"

"밀린 세금은 지인들한테 빌린 돈으로 낼게요. 가격이 오르고 있으니 가상화폐에 대한 압류는 풀어주세요."

서울 강남구에서 병원을 운영하는 의사 A 씨는 자신의 가상화폐를 압류한 세무당국 관계자에게 이렇게 하소연했다. 세금을 27억 원이나 밀린 그는 가상화폐 39억 원어치를 숨겨둔 '큰손'이었다. A 씨는 비트코인 가격이 개당 3000만~4000만 원을 오가던 2월경 당국으로부터 가상화폐 압류 통지를 받았다. 하지만 가격이 급등세를 타자 가상화폐를 내놓지 않았다. 그 대신 친구들에게 현금을 빌려 밀린 세금을 다 냈다. 가상화폐가 앞으로 더 오를 것으로 봤기 때문이다.

국세청은 가상화폐를 압류당한 고액 체납자 2416명 중 상당수가 소득과 재산을 압류당하지 않기 위해 의도적으로 비트코인 등으로 바꿔 재산을 숨겨 온 것으로 파악했다고 15일 밝혔다. 체납자들은 부동산을 팔아 벌어들인 소득을 가상화폐로 바꿔 보유하거나 증여·상속받은 돈의 일부를 가상화폐에 투자해 당국의 압류 조치를 피해 온 것으로 드러났다. 국세청 관계자는 "순수하게 투자 목적으로 가상화폐를 보유한 이도 있겠지만 기존 자산을 처분해 가상화폐로 바꾸거나 현금 소득을 가상화폐로 바꿔 은닉한 경우가 대부분이라고 본다"고 말했다.

B 씨는 경기 성남시 분당 등의 부동산 48억 원어치를 팔아 거액의 양도세를 물게 되자 이 중 12억 원을 가상화폐로 환전해 보유하고 있다가 덜미를 잡혔다. 현금을 은행에 넣어둘 경우 국세청이 압류할 수 있기 때문에 추적이 어려운 가상화폐로 갖고 있었던 것으로 세무당국은 보고 있다.

C 씨는 돌아가신 아버지로부터 상속받은 17억 원에 대한 상속세를 내지 않고 상속 재산 중 5억 원을 가상화폐에 투자했다. D 씨도 가족으로부터 증여받은 재산을 적게 신고해 26억 원의 체납 세금이 발생했는데도 이를 내지 않고 1억 원 상당의 가상화폐를 보유하고 있다가 적발됐다.

정부가 가상화폐를 체납 세금 압류 대상에 포함한 건 이번이 처음이다. 2018년 대법원이 가상화폐를 몰수 대상인 '재산적 가치가 있는 무형재산'에 해당한다고 판결했기 때문이다. 정부는 이를 근거로 약 1년에 걸쳐 가상화폐 거래소 계좌 정보와 시중은행의 계좌 정보를 비교해 고액 체납자를 추렸다.

문제는 초 단위로 변하는 가상화폐의 시세다. 가령 비트코인 가격이 개당 5000만 원이고 체납 세금이 1억 원이라면 비트코인 2개를 압류하면 되는데 비트코인 가격이 다음 날 4000만 원이

될 수도, 6000만 원이 될 수도 있기 때문이다.
당국은 압류통지서를 거래소에 접수한 시점의 거래 가격을 기준 가격으로 정해 추심할 방침이다. 가격이 오르면 가진 비트코인 중 일부를 팔아 세금을 내면 된다. 혹시 가격이 떨어지면 해당 금액만큼 다른 자산을 압류할 수도 있다.
국세청 관계자는 "압류 통지의 대부분이 2월에 나갔는데 현재 비트코인 가격이 많이 올랐다"며 "세금을 내고도 수익이 남아 가상화폐를 처분해 세금을 완납한 이가 있는가 하면 오히려 더 오를 것을 기대해 가상화폐를 팔지 않고 현금을 따로 조달해 세금을 내는 사례도 있다"고 말했다.
한편 당국은 최근 비트코인 가격 급등세로 가상화폐로 자산을 은닉한 고액 체납자들이 더 있을 것으로 보고 추가 조사를 진행할 방침이다.

세종=송충현 기자 balgun@donga.com

'서울신문'   2021년 03월 16일 화요일 008면 종합

비트코인에 숨긴 39억 압류하자… 체납자 "차라리 현금 낼게요"

국세청, 은닉 가상자산 첫 강제징수

거래소 통해 2416명 채권 등 366억 확보
소득 이어 부동산 수익·상속 재산도 숨겨
'두 달 새 2배' 비트코인 징수 실효성 커져

서울 강남에서 병원을 운영하며 호화생활을 하던 A씨는 정작 세금 27억원을 납부하지 않고 배 째라는 식으로 버텼다. 국세청은 A씨가 병원 수입 중 39억원어치를 가상자산(암호화폐 등)으로 은닉한 사실을 확인하고 암호화폐 거래소를 통해 압류 조치를 했다. 비트코인이 크게 오르는데도 현금을 인출할 방법이 막혀 버리자 A씨는 서둘러 체납액 전부를 현금으로 냈다.

국세청은 가상자산으로 재산을 은닉한 고액 체납자 2416명에 대해 366억원을 현금으로 징수하거나 채권을 확보했다고 15일 밝혔다. 채권은 소유자가 가상자산을 팔 때 거래소에 매각대금을 지급해 달라는 권리로, 사실상 가상자산 강제 징수를 의미한다. 특히 222명에 대해선 강제징수 회피 혐의가 확인돼 추적조사를 실시하고 있다.

국세청이 가상자산을 강제 징수한 건 처음이다. 가상자산 보유자의 실명 은행계좌는 가상자산을 매입하거나 매도할 때 현금이 잠시 머무르는 곳일 뿐, 가상자산을 보유한 상태에선 금융계좌를 조회해도 보유 현황이 드러나지 않았다. 이게 가능해진 건 2018년에 나온 대법원 판례 덕이다. 당시 대법원은 가상자산이 재산적 가치가 있는 무형재산에 해당된다고 판결하면서 재산상 지위를 분명히 했다. 지난해 개정된 '특정 금융거래정보의 보고 및 이용 등에 관한 법률'도

정철우 국세청 징세법무국장이 15일 정부세종2청사에서 열린 브리핑에서 가상자산(비트코인 등)을 이용해 재산을 은닉한 고액체납자 2416명에 대해 모두 366억원의 현금을 징수하거나 채권을 확보했다고 설명하고 있다.
세종 연합뉴스

가상자산을 경제적 가치를 지니고 전자적으로 거래·이전될 수 있는 전자적 증표로 정의하고, 가상자산 사업자를 금융회사에 포함해 불법재산 의심거래 보고 등 기존 금융회사 수준의 의무를 부여했다. 국세청은 법적 근거를 토대로 여러 암호화폐 거래소로부터 체납자의 가상자산 보유 현황을 수집·분석해 강제 징수에 나섰다.

체납자들이 가상자산으로 은닉하는 것은 소득만이 아니었다. 체납자 B씨는 경기도 소재 부동산을 48억원에 팔고도 양도소득세 12억원을 납부하지 않고, 양도 대금을 가상자산으로 은닉했다. C씨는 부친 사망으로 상속받은 금융재산 17억원을 가상자산으로 은닉한 채 상속세 2억원을 납부하지 않았다. D씨도 특수관계자들로부터 수차례 받은 거액을 과소 신고하고 가상자산으로 숨겨 세금 26억원을 내지 않았다. 국세청은 이들의 가상자산을 압류해 결국 현금을 받아내거나 채권을 확보했다.

국세청은 최근 가상자산 가격이 급등하고 있어 강제징수 실효성이 더욱 증가할 것으로 보고 있다. 실제로 국세청이 한 체납자의 비트코인을 압류했는데, 두 달 새 두 배가 뛰기도 했다. 2019년 834만 3000원이던 비트코인 가격은 지난해 3159만 6000원으로 4배 가까이 오르더니, 올해 7000만원을 찍었다. 국세청 관계자는 "실제로 (A씨처럼) 가상자산 가격이 더 오를 것으로 판단했는지 가상자산을 매각하지 않고 다른 곳에서 자금을 조달해 세금을 낸 사례가 있었다"고 밝혔다. 특히 내년부터 가상자산으로 발생한 소득에 대한 과세가 시작되기 때문에 효율적으로 은닉을 차단할 것으로 기대된다.

세종 나상현 기자 greentea@seoul.co.kr

매일경제
2021년 03월 16일 화요일 A02면 종합

세금 낼 돈 없다던 강남의사, 비트코인에 27억 숨겨놨네

가상화폐로 재산 빼돌린 고액체납자 2416명 첫 적발

서울 강남에서 병원을 운영하는 병원장 A씨는 소득세 등 27억원을 빼돌린 돈으로 가상자산화폐에 베팅했다가 과세당국에서 '철퇴'를 맞았다. A씨를 예의 주시하던 국세청에 덜미를 잡혀 계좌를 압류당하자 세금을 전액 현금으로 토해낸 것이다. 국세청 관계자는 "A씨가 비트코인 가격이 더 오를 것으로 보고 세금을 내는 게 낫겠다고 생각해 즉각 밀린 세금을 냈다"고 전했다.

경기도 빌딩 부자 B씨도 상황이 비슷하다. 보유한 부동산을 48억원에 팔아치운 뒤 양도소득세 12억원을 빼돌려 비트코인에 묻어뒀다가 당국에 적발되자 그제야 밀린 세금을 냈다.

과세당국이 비트코인 등 가상자산에 재산을 숨긴 체납자를 겨냥해 첫 강제징수 조치를 단행했다. 15일 국세청은 "가상자산으로 재산을 은닉한 고액 체납자 2416명에 대해 366억원을 현금 징수하고 채권을 확보했다"며 "정부가 가상자산으로 재산을 은닉한 자료를 수집해 징수에 나선 것은 이번이 처음"이라고 밝혔다. 특히 이번 체납자 가운데 222명은 비트코인 이외 다른 재산도 숨긴 것으로 드러나 추가 강제징수 추적조사 도마에 올랐다.

◆ 비트코인에 재산 은닉

얌체 체납자들은 소득세, 양도세, 상속·증여세 등 세목을 가리지 않고 돈을

상속세·증여세·양도세 안내려 보유현금 비트코인 투자했지만 국세청 계좌 추적에 결국 덜미

비트코인 압류위기 체납자들 "코인시세 계속 오를텐데… 차라리 현금으로 세금 내겠다"

빼돌려 가상자산에 베팅했다. 신종 자산인 가상화폐는 과세당국 감시망이 상대적으로 약할 것이라는 기대감이 작용한 것으로 풀이된다.

이들은 하나같이 사업 소득, 부동산 양도대금, 상속·증여 재산에 대해 세금을 낼 돈을 비트코인 등으로 바꿔 숨기고 돈이 없다고 버티다 코인 계좌를 압류당했다. 일례로 온라인 쇼핑몰 운영자 C씨는 사업 수입에 매겨진 세금을 내지 않고 가상자산에 14억원을 숨겼고, D씨는 부친이 사망하며 상속받은 재산(17억원)에 대한 세금을 내지 않고 가상자산에 5억원을 투자했다가 적발됐다. 체납자들이 세금을 회피하기 위해 꼼수를 부렸지만 과세당국은 지난해부터 가상자산 은닉 자금 '길목'을 지키고 있었다. 지난해 3월 '특정 금융거래정보의 보고 및 이용 등에 관한 법률(특정금융정보법)'이 개정되며 가상자

산 강제징수에 대한 기반이 마련됐기 때문이다. 법이 개정되면서 가상자산 거래소는 금융회사로 분류되며 불법재산 의심 거래나 고액 현금 거래를 당국에 보고해야 하는 의무가 생겼다. 국세청은 체납자 거래소 계좌 정보를 확보해 추적조사에 나서며 밀린 세금을 받아내는 창구를 하나 더 늘렸다. 과세당국은 내년부터 가상자산에 대한 과세(소득세 20%)가 시작되는 만큼 관련 자산에 대한 감시망을 더 촘촘히 좁힌다는 방침이다.

◆ 압류된 비트코인 어떻게 되나

국세청이 밀린 세금 대신 확보한 비트코인 등 가상자산은 곧 매각된다. 이때 비트코인 가격 등이 떨어져 밀린 세금보다 가상자산 매각대금이 더 적어지면 현금 등 다른 자산을 추가 압류해 체납액을 맞추게 된다.

반대로 비트코인 가격 등이 올라 밀린 세금보다 가상자산 매각대금이 더 많아지는 상황이 되면 체납액만큼만 가상자산을 매각하고 나머지는 체납자에게 되돌려준다. 현행 국세징수법상 체납액을 초과하는 압류는 금지돼 있기 때문이다. 만약 가상자산 계좌를 압류당한 체납자가 당국이 코인을 매각하기 전까지 세금을 완납하면 계좌를 온전히 돌려받을 수 있다.

계좌를 압류당한 체납자 대부분은 '조속히 세금을 낼 테니 코인 계좌를 처분하지 말아 달라'는 뜻을 국세청에 전달하고 있는 것으로 알려졌다. 얌체 체납자 상당수가 그만큼 비트코인 등 가격 상승에 무게를 싣고 예민하게 반응하고 있다는 뜻이다.

김정환 기자

서울경제

2021년 03월 16일 화요일 A01면 종합

비트코인으로 재산 은닉한 체납자도 강제 환수

국세청 2,416명 366억 확보

국세청이 비트코인 등 암호화폐로 재산을 은닉한 체납자에 대해 첫 강제징수를 실시했다. ★관련 기사 2면

국세청은 암호화폐거래소로부터 체납자의 보유 현황 자료를 수집해 분석한 뒤 비트코인·이더리움·리플 등의 암호화폐로 재산을 은닉한 고액 체납자 2,416명에 대해 약 366억 원을 현금으로 징수하거나 채권으로 확보했다고 15일 밝혔다. 이들은 사업소득 수입 금액이나 부동산 양도 대금, 상속·증여재산을 암호화폐로 숨겨 세금을 납부하지 않았다.

이 중 222명은 부동산 양도 대금 은닉 등 추가적인 강제징수 회피 혐의가 확인돼 추적 조사를 벌이고 있다. 정부 부처에서 체납자가 은닉한 암호화폐를 강제 징수한 것은 처음이다.

다만 암호화폐 자체를 징수하는 것이 아니라 거래소에 대한 소유자의 출금청구채권 또는 반환청구채권 등을 압류하는 방식이다.
/세종=황정원 기자 garden@sedaily.com

서울경제

2021년 03월 16일 화요일 A02면 종합

비트코인 압류 당한 병원장, 27억 체납액 현금 납부

체납자 가상자산도 강제 징수
암호화폐 급등하자 현금으로 막기
국세청 '환수 실효성'에 적극 활용

서울 강남에서 병원을 운영하며 고가 아파트에 거주하는 A는 종합소득세 27억 원을 납부하지 않았다. A는 병원 수입 금액을 암호화폐로 39억 원이나 숨겨 과세 당국이 거래소를 통해 암호화폐를 압류했다. 최근 암호화폐 가격이 급등한 가운데 이를 현금으로 인출할 수 없게 되자 A는 체납 세액 전액을 현금으로 납부했다.

15일 국세청에 따르면 암호화폐 투자자 수와 거래 대금이 크게 증가함에 따라 이처럼 비트코인 등으로 재산을 은닉하는 지능적 행위가 증가하고 있다. 암호화폐 투자자는 지난 2020년 120만 명에서 올해 159만 명으로 늘었고 일평균 거래 금액도 같은 기간 1조 원에서 8조 원으로 크게 증가했다. 비트코인 가격이 2019년 말 800만 원에서 지난해 말 3,100만 원, 올해 3월 10일 기준 6,200만 원으로 크게 상승해 체납 충당 금액도 많아질 것으로 전망된다.

국세청은 암호화폐를 현금화한 후에 원화로 징수할 계획이다. 주식 압류와 같은 방식이다. 체납자인 소유자가 암호화폐를 팔 때 거래소에 매각 대금을 지급해달라고 요구하는 권리를 차단했다. 현재까지 납부를 이행하지 않은 체납자와는 오는 25일까지 납부 일정을 협의한 후 적정한 시점에 매각해 체납액을 징수할 방침이다.

국세청이 사상 처음으로 암호화폐 강제 징수에 나설 수 있게 된 것은 지난해 '특정 금융거래정보의 보고 및 이용 등에 관한 법률(제2조)'이 개정됐고 대법원이 2018년 5월 가상 자산을 몰수의 대상인 재산적 가치가 있는 무형재산에 해당한다고 판결한 영향이 작용했다. 암호화폐를 보유한 상태에서는 금융 계좌를 조회해도 보유 현황이 드러나지 않기 때문에 여러 거래소로부터 체납자의 암호화폐 보유 현황을 수집·분석해 강제 징수를 하는 것이다.

국세청은 암호화폐 가격 급등에 따라 강제징수의 실효성이 더욱 높아질 것으로 보고 있다. 국세청이 거래소를 통해 체납자의 비트코인 등 가상 자산 잔액을 파악한 시점은 올해 1월로 비트코인의 현 시세는 압류 시점보다 2배 이상 높아졌다. 정철우 국세청 징세법무국장은 "가격 동향을 고려해 최적의 시점에 환가할 예정"이라며 "국세징수법은 초과 압류를 금지하고 있어 압류 시점에서 체납액에 해당하는 금액만큼만 압류할 것"이라고 설명했다.

앞으로도 국세청은 암호화폐를 이용한 고액 체납자들의 은닉 재산을 끝까지 추적해 환수할 계획이다. 내년부터는 암호화폐로 발생한 소득(기타소득)도 과세가 되므로 당국이 거래소로부터 보유 현황을 주기적으로 보고받을 수 있다. 국세청은 고액 체납자의 은닉 재산을 알고 있는 국민들의 적극적인 신고를 당부했다.
/세종=황정원 기자
garden@sedaily.com

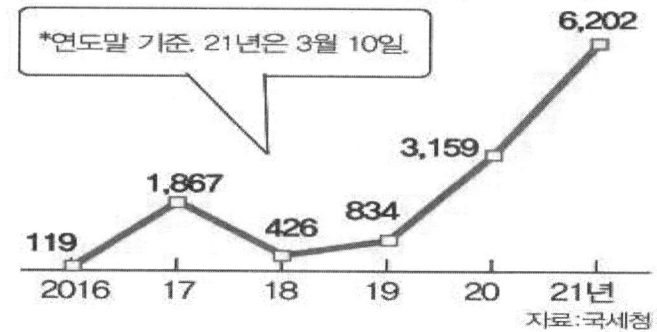

비트코인 가격변동 추이 (단위:만원)
*연도말 기준. 21년은 3월 10일.
2016: 119, 17: 1,867, 18: 426, 19: 834, 20: 3,159, 21년: 6,202
자료: 국세청

한국일보
2021년 03월 16일 화요일 A02면 종합

27억 체납자 '자진 납세' 시킨 한마디… "비트코인 압류합니다"

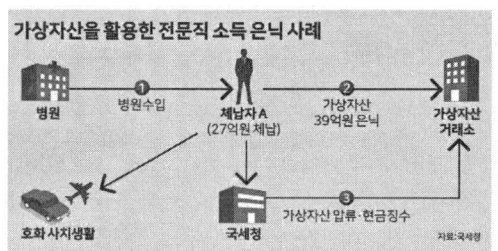

서울 강남구에서 병원을 운영하는 A씨는 소득세를 비롯해 27억 원의 세금을 내지 않아 국세청이 관리하는 체납자 명단에 포함돼 있었다. 고급 아파트에 사는 등 호화 생활을 하는데도 막상 징수할 수 있는 자산은 확인되지 않았다. A씨가 병원에서 벌어들인 돈을 국세청의 손길이 닿지 않는 가상자산으로 바꿔 가지고 있었기 때문이다.

그러나 최근 국세청이 가상자산 강제징수에 나설 수 있게 되면서 상황이 달라졌다. 국세청이 39억 원 상당의 A씨 가상자산을 압류하자 그는 곧바로 세금을 전액 납부했다. 압류 당시인 1월 기준 가상자산 가치는 비트코인 1개당 약 4,000만 원이었는데, A씨는 가상자산 가격이 이보다 더 오를 것으로 판단했기 때문이다.

국세청은 15일 국세 체납자 가운데 가상자산을 보유한 2,416명을 찾아내 총 366억 원을 현금으로 징수하거나 채권으로 확보했다고 밝혔다. 다수의 체납자들이 세금을 내지 않기 위해 실물자산 대신 가상자산을 보유하고 있었음이 사실로 드러난 것이다.

국세청, 가상자산 활용 은닉한 2416명 찾아내 366억원 환수

세금 안 내려 사뒀던 체납자들 비트코인 더 오를 것 예상하고 서둘러 현금으로 세금 내기도

국세청은 체납자들이 가상자산 거래소에서 보유한 자산을 출금할 수 없도록 막아 세금을 환수했다. 이 방식이 가능했던 것은 그동안의 판례 덕분이다. 대법원은 2018년 5월 '가상자산이 몰수의 대상인 재산적 가치가 있는 무형자산'이라고 판결을 내렸다.

국세청은 이를 근거로 올해 초 빗썸, 업비트 등 국내 가상자산 거래소로부터 체납액 1,000만 원이 넘는 체납자의 가상자산 보유 현황을 받고, 압류 조치에 나섰다. 거래소를 통해 가상자산을 압류하고, 강제 처분을 예고하니 가상자산 가치가 더 올라갈 것으로 본 체납자들이 알아서 세금을 내기 시작했다.

이처럼 비트코인을 비롯한 가상자산은 앞으로 범죄 수익을 숨겨 놓는 창구로 활용되지 못하게 됐다. 특정금융정보법이 25일 시행되는 등 가상자산이 서서히 제도권 안으로 들어오면서, 가상자산을 통한 세금 회피는 더욱 힘들어질 전망이다. 국세청 관계자는 "특정금융정보법에 가상자산이 포함되는 25일부터는 가상자산거래소에도 불법재산 의심 거래, 고액 현금거래 등을 보고할 의무가 생겨 이 같은 방식의 체납 징수 근거는 더 명확해진다"고 말했다.

최근 가상자산 가치가 많이 오른 만큼 체납자들이 세금을 내야 할 유인은 더 커졌다. 2018년 말 기준 1개당 427만 원이던 비트코인 가치는 최근 7,000만 원을 넘기도 했다. 국세청은 압류한 가상자산을 매각해 세금을 징수할 방침인데, 만약 이후에도 가치가 더 오를 것으로 판단한다면 A씨처럼 다른 방법으로 돈을 조달하는 방법이 유리할 수 있다.

일부는 국세청과 협의해 이미 가치가 오른 가상자산을 현금화해 세금으로 내기도 했다. 경기도 소재 부동산을 48억 원에 매각한 뒤 양도소득세 12억 원을 체납한 B씨는 국세청의 압류가 진행되자 보유한 가상자산 12억 원어치를 현금화해 세금으로 냈다. 정철우 국세청 징세법무국장은 "가상자산의 가격 동향을 고려해 적정한 시점에 현금화 할 것"이라며 "신종 수법이 있다면 신속하게 대응해 고액체납자의 은닉 재산을 끝까지 추적할 것"이라고 말했다.

세종=박세인 기자

27억 체납자, 가상자산에 숨긴 39억 압류하자 '현금 납부'

비트코인에 투자 고액체납 2416명
국세청, 현금·채권 366억 강제징수
양도세·상속세 안 낸 체납자들도
국세청 "신종 재산은닉 적극 대처"

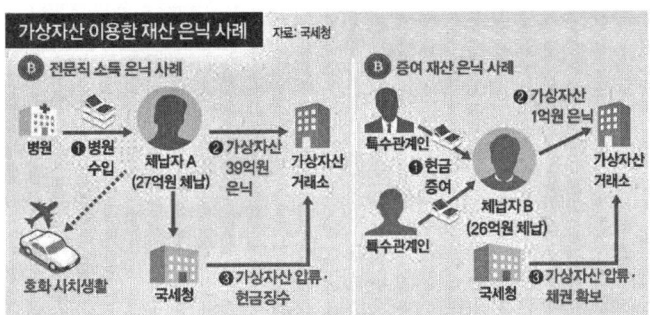

가상자산 이용한 재산 은닉 사례 자료: 국세청

서울 강남에서 병원을 운영하면서 호화생활을 하는 ㄱ씨는 세금 27억원을 내지 않고 벌어들인 돈을 가상자산에 투자했다. 국세청은 가상자산 거래소에서 체납자의 가상자산 보유현황을 수집·분석해, ㄱ씨가 병원 수입금액 39억원을 가상자산으로 은닉한 사실을 확인했다. 국세청이 ㄱ씨가 보유한 가상자산을 압류하니, 가격이 급등한 가상자산을 현금화할 수 없게 됐고, ㄱ씨는 밀린 세금 27억원을 전액 갖고 있던 현금으로 납부했다.

체납자 ㄴ씨는 경기도에 있는 한 부동산을 48억원에 팔고 양도소득세 12억원을 납부하지 않았다. 양도대금은 가상자산에 은닉했다. 이를 파악한 국세청은 ㄴ씨가 보유한 가상자산을 압류해 전액 추심·현금징수했다.

ㄷ씨는 부친 사망으로 금융재산을 17억원 상속받았지만 상속세 2억원을 내지 않고 상속재산 5억원을 가상자산으로 보유했다. ㄹ씨는 특수관계자들한테서 증여받은 재산을 축소신고해 발생한 세금 체납액 26억원을 내지 않고 증여받은 재산을 가상자산으로 1억원 보유했다. 국세청은 ㄷ·ㄹ씨가 보유한 가상자산을 압류했다.

국세청은 15일 재산·소득을 비트코인 등 가상자산으로 보유하면서 세금을 내지 않은 체납자 2416명을 대상으로 강제징수를 실시해 총 366억원의 현금 및 채권을 확보했다고 밝혔다.

가상자산 하루평균 거래액이 지난해 1조원에서 올해 8조원까지 급증하는 등 최근 가상자산 거래대금이 크게 늘면서, 국세청은 가상자산으로 재산을 은닉한 고액체납자를 대상으로 강제징수를 실시했다고 설명했다.

압류방식은 가상자산 자체가 아니라 거래소에 있는 체납자의 계좌를 압류하는 방식이다. 체납자가 가상자산을 팔 때 거래소에 매각대금을 지급해달라고 요구하는 권리를 차단했다는 뜻이다. 체납자들은 최근 가격이 급등한 비트코인 등 가상자산의 재산권을 행사할 수 없게 되자, 갖고 있던 현금이나 가상자산 처분으로 밀린 세금을 냈다.

앞서 대법원은 지난 2018년 가상자산을 몰수의 대상인 무형재산에 해당한다고 판단했다. 지난해 특정금융정보법 개정으로 가상자산의 재산 가치가 법적으로 부여된 것도 압류 집행의 법적 근거가 됐다. 특금법에 따르면 가상자산은 '경제적 가치를 지닌 전자적 증표'로 정의된다. 그동안 수사기관이 범죄에 연루된 가상자산을 몰수한 사례는 있지만 정부부처가 체납자를 상대로 가상자산을 압류한 것은 이번이 처음이다.

가상자산은 가격변동이 심한 만큼 국세청은 압류한 가상자산의 가격동향을 고려해 적절한 시점에 현금화해 체납액에 충당할 예정이다. 정철우 국세청 징세법무국장은 "최근 비트코인 등 가상자산 가격이 급등함에 따라 강제징수의 실효성이 더욱 증가할 것으로 예상된다"며 "신종 재산은닉 행위에 적극적으로 대응해 고액체납자의 은닉재산을 끝까지 추적·환수하겠다"고 말했다.

한편 정부는 내년부터 가상자산 양도·상속·증여 등으로 발생한 이익에도 세금을 부과할 예정이다.   이경미 기자 kmlee@hani.co.kr

39억원 암호화폐 압류하자… 체납자 "현금으로 낼게요"

**국세청 "가치 더 오를거라 생각한 듯"
고액 세금 체납자 2416명 적발
암호화폐에 숨긴 366억 강제징수**

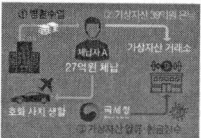
암호화폐 강제징수 사례 자료: 국세청

서울 강남에서 병원을 운영하는 A씨는 수익이 없다며 세금만 27억원을 체납했다. 하지만 국세청 조사 결과 A씨는 병원 수익 39억원을 암호화폐로 바꿔 은닉하고 있었다. 국세청이 이 암호화폐를 압류하자 A씨는 미납 세금 전액을 자진해 현금으로 납부했다. 국세청 관계자는 "암호화폐가 더 오른다고 생각해서 그런지 스스로 현금을 마련해 체납금을 냈다"고 했다.

세금을 내지 않기 위해 암호화폐로 숨긴 재산이 처음으로 강제 징수됐다. 15일 국세청은 암호화폐 등 가상 자산으로 재산을 빼돌린 고액 체납자 2416명에 대해 366억원 상당의 체납액을 현금과 채권을 통해 확보했다고 밝혔다. 암호화폐 은닉 재산을 강제 징수한 것은 국세청이 정부부처 중 처음이다.

체납자는 암호화폐 자산 규모를 쉽게 파악하기 어렵다는 허점을 노려 거액 수입을 숨기고 세금을 내지 않았다. 농산물 전자상거래를 하는 B씨는 수입 14억원을 암호화폐로 감추고 6억원의 세금을 납부하지 않아 적발됐다. C씨도 경기도 소재 부동산을 48억원에 판 뒤 양도소득세를 내지 않기 위해 12억원을 암호화폐로 은닉했다.

상속·증여세를 피하는데도 암호화폐가 이용됐다. D씨는 아버지에게 상속받은 금융재산 17억원에 대한 상속세 2억원을 납부하지 않았다. 대신 상속 재산 5억원을 암호화폐로 바꿔 보유했다. B씨는 주변 관계자로부터 증여받은 재산을 일부러 낮게 신고해 26억원 세금을 내지 않았다. 이 중 1억원은 암호화폐로 보관했다.

최근 암호화폐 가격이 급등하면서 강제징수 효과도 높아질 전망이다. 이번에 적발한 암호화폐 가치는 일단 압류한 시점 거래가격을 기준으로 했다. 하지만 이를 국고로 환수할 때는 암호화폐를 팔아 현금으로 바꾼다.

국세청 관계자는 "암호화폐 가격이 조정을 거치던 지난 2~3월에 압류했기 때문에 지금은 가격이 더 올랐다"면서 "징수 금액도 더 높아질 전망"이라고 했다. 국세청은 가급적 비싼 가격에 암호화폐를 팔아 체납금을 채운다는 방침이다. 다만 암호화폐 가격이 아무리 올라도 미납 세금 이상은 환수할 수 없다.

암호화폐 허점을 이용한 탈세는 점점 더 힘들어질 전망이다. 실제 이와 관련한 제도적 견제장치가 속속 마련되고 있다.

세종=김남준 기자
kim.namjun@joongang.co.kr

가상통화로 재산 은닉한 고액체납자, 거래소 계좌 압류

국세청, 2416명에 '강제징수'

서울 강남에서 병원을 운영하는 ㄱ씨는 고가 아파트에 거주하는 등 호화생활을 하고 있지만 체납액이 27억원에 달했다. 국세청은 ㄱ씨가 39억원에 달하는 병원 수입을 비트코인 등 가상통화로 은닉한 사실을 확인하고 가상통화거래소의 계좌를 압류했다. 가격이 급등한 비트코인을 내는 대신 체납액을 현금으로 마련해 납부했다.

농산물 전자상거래업을 운영하는 ㄴ씨도 세금 6억원을 납부하지 않고 수입을 가상통화로 바꿔 14억원을 은닉했다. 이를 확인한 국세청은 역시 거래소를 통해 그가 보유한 가상통화를 압류했다.

국세청은 ㄱ씨와 ㄴ씨처럼 고액체납자의 가상통화 보유현황을 가상통화 거래소로부터 수집·분석해 강제징수에 나서 2416명에게서 366억원 상당을 현금으로 징수하거나 채권으로 확보했다고 15일 밝혔다.

세금 추적을 피하기 위해 가상통화로 재산을 도피시킨 고액체납자들이 대거 적발된 것은 처음으로, 체납자에 대한 가상통화 강제징수는 정부 부처 가운데 국세청이 처음이다.

국세청은 가상통화가 경제적 가치를 지닌 것으로 전자적으로 거래 또는 이전될 수 있는 전자적 증표로 정의되고 있고, 2018년 대법원에서도 가상통화를 몰수의 대상인 '재산적 가치가 있는 무형재산'에 해당한다고 판결하면서 강제징수의 근거가 마련됐다고 설명했다.

국세청은 특히 최근 가상통화 가격이 급등함에 따라 강제징수 실효성이 더 늘어날 것으로 예상했다. 국세청이 거래소를 통해 체납자의 비트코인 잔액을 파악한 시점은 올해 1월로, 국세청은 당시 비트코인 시가를 기준으로 가상통화를 설정했다. 하지만 비트코인의 최근 시세는 개당 약 7000만원선으로 가압류 시점 대비 2배 가까이 뛰어올랐다. 체납액을 현금으로 납부하는게 가상통화를 압류당하는 것보다 훨씬 나은 셈이다.

국세청은 내년부터 가상통화로 발생한 소득에 대해 과세가 시작되고, 당국이 거래소로부터 가상통화 보유현황을 주기적으로 보고받는 만큼 가상통화를 이용한 소득·재산 은닉을 보다 효율적으로 차단할 수 있을 것으로 전망했다.

국세청 관계자는 "앞으로도 가상통화를 이용한 재산 은닉 행위 등 신종 은닉 수법에 대해 발 빠르게 대응하는 등 고액체납자 은닉 재산을 끝까지 추적해 환수하겠다"면서 "조세정의가 실현되는 사회를 만들기 위해 고액체납자의 은닉 재산을 알고 계신 국민들의 적극적인 신고를 부탁한다"고 말했다.

이호준 기자 hjlee@kyunghyang.com

국민일보

2021년 03월 16일 화요일 017면 경제

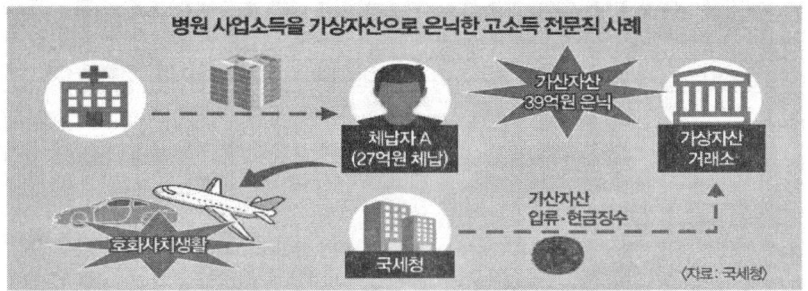

가상화폐로 재산 은닉 고액 체납자
계좌 압류 당하자 전액 '현금 납부'

국세청, 2416명에 366억 첫 강제징수

서울 강남에서 병원을 운영하는 A씨는 호화·사치생활을 하면서도 종합소득세 27억원을 체납했다. 국세청은 A씨 병원 수입 중 39억원을 가상화폐로 은닉한 사실을 확인하고 가상화폐 계좌를 압류했다. 가상화폐를 현금으로 인출할 수 없게 된 A씨는 체납세액 전액을 현금으로 납부했다.

또 다른 체납자 B씨는 경기도 소재 부동산을 48억원에 판 뒤 양도소득세 12억원을 납부하지 않고 비트코인에 투자했다. 국세청이 B씨의 계좌를 압류하자 B씨 역시 체납액을 전액 현금 납부했다.

국세청은 15일 가상자산으로 재산을 은닉한 체납자에 대해 최초로 강제징수를 실시했다고 밝혔다. 국세청은 가상자산 거래소로부터 체납자의 가상자산 보유현황 자료를 수집·분석해 가상자산으로 재산을 은닉한 고액체납자 2416명에 대해 약 366억원을 현금징수하거나 채권을 확보했다.

이들은 사업소득 수입금액, 부동산 양도대금, 상속·증여재산을 비트코인, 이더리움, 리플 등의 가상자산으로 숨기고 세금을 납부하지 않았다. 국세청은 이들 중 222명에 대해서는 부동산 양도대금 은닉 등 추가적인 강제징수 회피 혐의가 확인돼 추적조사를 실시하고 있다.

국세청 압류는 가상자산 자체가 아니라 거래소에 있는 체납자의 계좌를 압류하는 방식으로 이뤄졌다. 계좌가 압류되면서 체납자들은 최근 가격이 급등한 비트코인 등 가상자산의 재산권을 행사할 수 없게 됐다. 최근 비트코인 가격이 급상승하자 일부 체납자들은 다른 곳에서 현금을 마련해 체납액을 낸 뒤 가상자산 압류를 푸는 수법을 쓰고 있다.

국세청이 거래소를 통해 체납자의 비트코인 잔고를 파악한 시점은 올해 1월이다. 국세청은 당시 비트코인 시가를 기준으로 가압류를 설정했다. 비트코인의 현 시세는 7000만원 정도로 가압류 시점보다 배로 뛰었다. 향후 현금화하는 추심 시점에서 가액이 변화할 가능성이 있는 것이다. 국세청 정철우 징세법무국장은 "가상자산의 가격 동향을 고려해 최적 시점에 현금화할 예정"이라며 "국세징수법은 초과 압류를 금지하고 있어 압류 시점에서 체납액에 해당하는 금액만큼만 체납액을 압류할 것"이라고 말했다.

국세청은 가상자산 가격 급등에 따라 강제징수의 실효성이 더욱 높아질 것으로 기대하고 있다. 가상자산 투자자는 2020년 120만명에서 올해 159만명으로 늘었고, 일평균 거래금액 역시 같은 기간 1조원에서 8조원으로 크게 증가했다. 정부 관계자는 "내년 가상자산 수익 과세가 시작되면 가상자산 투자의 익명성이 사라지게 될 것"이라고 말했다.

세종=이성규 기자 zhibago@kmib.co.kr

세계일보

고액 체납자 2416명, 가상화폐로 숨긴 재산 딱 걸렸다

국세청, 366억원 강제징수

세종=우상규 기자 skwoo@segye.com

서울 강남에서 병원을 운영하며 고가 아파트에 거주하는 등 호화생활을 하는 A씨는 종합소득세 27억원을 납부하지 않았다. 그는 병원 수입금액을 가상자산(가상화폐)으로 39억원어치 은닉했다. 가상자산 은닉 사실을 확인한 국세청은 그가 보유한 가상자산을 압류하겠다고 통보했고, 그는 스스로 체납액 전액을 현금으로 납부했다.

국세청은 가상자산 거래소로부터 체납자의 가상자산 보유현황 자료를 수집·분석해 A씨처럼 비트코인 등 가상자산을 이용해 재산을 은닉한 고액체납자 2416명을 상대로 체납액 366억원을 현금으로 징수하거나 채권으로 확보했다고 15일 밝혔다. 이 가운데 222명은 부동산 양도대금 은닉 등 추가적인 강제징수 회피 혐의가 확인돼 추적 조사 중이다.

가상자산으로 재산을 은닉한 체납자에 대해 강제징수를 한 것은 정부 부처 최초다.

정철우 국세청 징세법무국장은 "최근 가상자산에 대한 투자자와 거래대금 등이 크게 증가함에 따라 가상자산으로 재산을 은닉할 가능성이 제기돼 기획분석을 통해 강제징수를 하게 됐다"고 설명했다. 이어 "앞으로도 갈수록 지능화하고 있는 재산은닉행위에 대해 신속하게 대응해 고액체납자의 은닉재산을 끝까지 추적·환수할 것"이라고 밝혔다.

국세청은 가상자산 자체가 아니라 소유자가 거래소에 대해 가진 출금청구채권 또는 반환청구채권 등을 압류했다. 이로 인해 가상화폐를 현금화할 수 없게 된 체납자들은 압류를 풀기 위해 현금으로 체납액을 내거나 가상화폐를 처분해서 밀린 세금을 냈다.

가상자산 강제징수 사례를 보면 A씨

'27억원 체납' 의사 39억 투자 확인
압류 통보하자 스스로 전액 납부

"고액 체납자 끝까지 추적·환수
은닉재산 신고 최고 20억 포상금"

처럼 사업소득을 가상자산으로 은닉한 고소득 전문직 외에도 물려받은 재산을 가상자산으로 숨긴 고액 상속자 등 다양했다.

농산물 전자상거래업자인 B씨는 체납액 6억원을 납부하지 않고, 수입금액 14억원을 가상자산으로 은닉했다. 경기도에 있는 부동산을 48억원에 양도한 C씨는 양도소득세 12억원을 납부하지 않고, 가상자산으로 12억원어치를 숨겼다. 체납자 D씨는 부친 사망으로 상속받은 금융재산 17억원에 대한 상속세 2억원을 납부하지 않고, 상속 재산 5억원을 가상자산으로 감췄다.

E씨는 특수관계자들로부터 수차례

에 걸쳐 증여받은 재산을 과소신고해 발생한 체납액 26억원을 납부하지 않고, 증여받은 재산을 가상자산으로 1억원어치 은닉했다. 그는 현금으로 증여받은 재산에 대한 강도 높은 추적조사도 받고 있다.

국세청은 최근 비트코인이나 이더리움, 리플 등 가상자산 가격이 급등함에 따라 강제징수의 실효성도 더욱 커질 것으로 예상하고 있다. 체납자 입장에서 지금 가상자산을 처분하는 것보다 다른 데서 자금을 동원해 체납액을 납부하고, 향후 가상자산이 더 오르면 그만큼 이익을 챙길 수 있기 때문이다.

국세청에 따르면 비트코인 가격의 경우 2014년 말 34만1000원이었으나 지난달 말 3159만6000원으로 뛰었으며, 지난 10일 기준 6202만7000원을 기록했다.

국세청은 고액체납자의 은닉재산에 대한 적극적인 신고도 당부했다. 체납자의 은닉재산 신고를 통해 체납세금을 징수하는 데 기여한 신고자에게는 징수액에 따라 5~20%의 지급률을 적용해 최대 20억원까지 포상금이 지급된다.

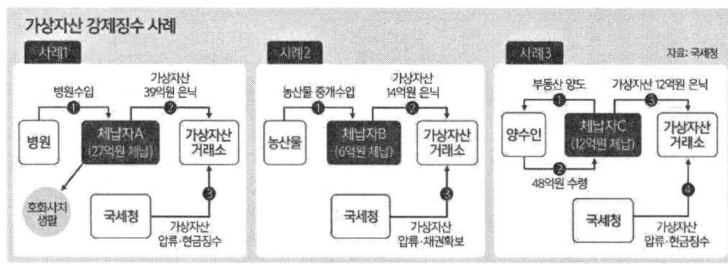

아시아투데이

2021년 03월 16일 화요일 005면 종합

가상자산으로 소득·상속재산 은닉 '첫 철퇴'

국세청, 고액체납자 2416명 적발
366억원 현금·채권 강제징수 실시
김대지 청장 "반사회적 체납 엄벌"

#체납자 A는 서울 강남에서 ○○병원을 운영하며 고가 아파트에 거주하는 등 호화생활을 하고 있는 전문직 사업자이나 체납액 27억원을 납부하지 않고 수입금액을 가상자산으로 39억원 은닉(현금징수)

#체납자 B는 농산물 전자상거래업을 운영하는 사업자로 체납액 6억원을 납부하지 않고 수입금액을 가상자산으로 14억원 은닉(압류·채권확보)

#체납자 C는 경기도 소재 부동산을 48억원에 양도 후 양도소득세 12억원을 납부하지 않고 고액의 양도대금을 가상자산으로 12억원 은닉(현금징수)

#체납자 D는 부친 사망으로 상속받은 금융재산 17억원에 대한 상속세 2억원을 납부하지 않고 상속 재산을 가상자산으로 5억원 은닉(압류·채권확보)

국세청이 가상자산으로 재산을 은닉한 고액체납자 2416명을 대상으로 366억원을 정부부처 최초로 강제징수했다.

정철우 국세청 징세법무국장이 15일 오전 세종시 정부세종2청사에서 비트코인 등 가상자산을 이용해 재산을 은닉한 고액체납자 2416명에 대해 366억원을 현금징수하거나 채권을 확보했다며 브리핑하고 있다. /제공=국세청

국세청은 최근 가상자산의 투자자 수와 거래대금이 크게 증가함에 따라 가상자산으로 재산을 은닉한 체납자 2416명에 대해 강제징수를 실시, 이들로부터 366억원의 현금징수하거나 채권을 확보했다고 15일 밝혔다.

국세청은 강제징수자 중 222명은 다른 재산을 은닉하는 등 추가적인 강제징수 회피 혐의가 확인되어 추적조사를 실시 중에 있다.

이번 조사에서 이들은 사업소득 수입금액, 부동산 양도대금, 상속·증여재산을 가상자산으로 은닉하고 세금을 납부하지 않은 사실을 확인했다.

가상자산 투자자는 2020년 120만명에서 2021년 159만명으로, 거래금액(일평균)은 2020년 1조원에서 2021년 8조원으로 급격히 늘어나는 추세를 보이고 있다.

가상자산은 경제적 가치를 지닌 것으로 전자적으로 거래 또는 이전될 수 있는 전자적 증표로 정의되고 있으며 대법원에서는 가상자산을 몰수의 대상인 재산적 가치가 있는 무형재산에 해당한다고 판결(2018년 5월)한바 있다.

은닉재산 신고는 △국세청 누리집(www.nts.go.kr) △국세상담센터(국번없이 126) △지방국세청 은닉재산신고센터 또는 세무서 체납징세과 등을 통해 하면 된다.

국세청은 은닉재산 징수금액에 따라 5~20%의 지급률을 적용해 최대 20억원까지 포상금이 지급된다.

국세청은 갈수록 지능화되고 있는 재산은닉 행위에 대해 신속하게 대응하는 등 고액체납자의 은닉재산을 끝까지 추적·환수하는 한편 성실 납세자가 존경받고 조세 정의가 실현되는 사회를 만들기 위해 은닉재산에 대해 적극적인 신고를 당부했다.

이에 앞서 김대지 국세청장은 올해 신년사를 통해 "성실납세 분위기를 저해하는 반사회적 체납에 엄정하게 대응하기 위해 고도화된 빅데이터 분석 등 체납징수 기반을 적극 활용해 악의적 고액체납자에 대한 추적·징수활동을 한층 강화할 계획"임을 밝혔다.

/남성환 기자 shnamone@

세금 27억 안낸 사업가, 수십억 재산 비트코인으로 숨겼다

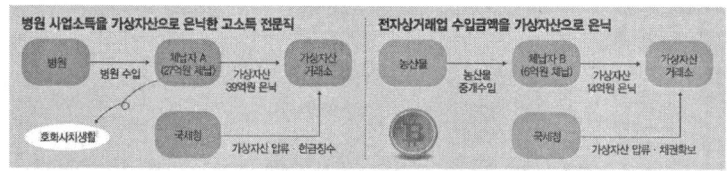

#. 체납자 A씨는 서울 강남에서 병원을 운영하며 고가아파트에 거주하는 등 호화생활을 하고 있는 전문직 사업자다. 하지만 체납액 27억원을 납부하지 않고 수입금액 39억원을 가상자산으로 은닉했다. 국세청은 병원 수입금액을 가상자산으로 은닉한 사실을 확인하고 체납자 A씨가 보유한 가상자산을 압류하자 A씨는 세금을 전액 현금 납부했다. 농산물 전자상거래업을 운영하는 사업자인 B씨도 체납액 6억원을 납부하지 않고 가상자산으로 14억원을 은닉했다. 국세청이 사업수입금액을 가상자산으로 은닉한 사실을 확인, 체납자 B씨가 보유한 가상자산을 압류해 전액 채권을 확보했다.

고액체납자, 가상자산에 은닉 늘어
국세청, 2416명에 366억 징수
"신종수법 추적조사… 엄정 대응"

국세청이 A씨와 B씨처럼 비트코인 등 가상자산을 이용해 재산을 은닉한 고액 체납자 2416명에 대해 366억원을 현금 징수하고 채권을 확보했다.

국세청은 15일 정부세종2청사 국세청 본청에서 비대면 브리핑을 열고 이같이 밝혔다. 정철우 국세청 징세법무국장은 "고액체납자의 새로운 재산은닉행위 근절을 위해 기획분석과 추적조사를 강화하는 등 엄정하게 대응하고 있다"며 "최근 가상자산 투자자 수와 거래대금이 크게 증가함에 따라 가상자산으로 재산을 은닉한 체납자에 대해 정부부처 최초로 강제징수를 실시했다"고 말했다. 고도화된 빅데이터 분석 및 체납징수 기반 활용은 김대지 국세청장이 올해 신년사에서 강조한 내용이기도 하다.

국세청이 체납자의 가상자산에 대해 채권확보를 할 수 있었던 것은 지난 2018년 5월 대법원 판결 덕분이다. 대법원은 당시 가상자산은 경제적 가치를 지닌 것으로 전자적으로 거래 또는 이전될 수 있는 전자적 증표로 정의되고 있는 만큼 가상자산을 몰수의 대상인 재산적 가치가 있는 무형재산에 해당한다고 판결했다. 특히 가상자산 투자자는 2020년 120만명에서 2021년 159만명으로, 같은 기간 거래금액은 1조원에서 8조원까지 치솟았다. 이를 활용한 재산 은닉 행위도 크게 늘고 있다는 게 국세청 설명이다.

정 국장은 "고액체납자의 가상자산 보유현황을 가상자산거래소로부터 수집·분석해 강제징수를 실시한 결과, 가상자산으로 재산을 은닉한 고액체납자 2416명에 대해 약 366억원의 현금징수 및 채권확보"했다며 "특히 이 중 222명은 다른 재산 은닉 등 추가적인 강제징수 회피 혐의가 확인돼 추적조사를 실시하고 있다"고 말했다. 국세청은 최근 비트코인 등 가상자산 가격이 급등하면서 강제징수 실효성이 더욱 증가할 것으로 예상하고 있다. 가상자산거래소 빗썸에 따르면 비트코인은 2014년 34만1000원이었지만 14일 오후 3시15분 7004만4000원에 거래됐다.

국세청은 앞으로도 가상자산을 이용한 재산은닉행위 등 신종 은닉수법에 대해 발 빠르게 대응한다는 방침이다. 정 국장은 "체납자의 숨긴 재산을 찾아내려면 국민 여러분의 자발적인 참여가 중요하다"며 "성실 납세자가 존경받고 조세 정의가 실현되는 사회를 만들기 위해 적극적인 신고를 부탁드린다"고 말했다. 국세청은 현재 지방청 은닉재산신고센터를 통해 고액·상습체납자 은닉재산 신고한 이에 대해 징수금액에 따라 5~20%의 지급률을 적용, 최대 20억원까지 포상금을 지급한다.

한편, 기획재정부에 따르면 정부는 내년부터 비트코인 등 가상자산을 양도해 발생한 소득을 기타소득으로 분류해 20%의 세율로 분리과세한다. 기본 공제금액은 250만원이다. 예컨대 내년에 비트코인으로 1000만원 수익을 냈다면 기본공제인 250만원을 제외하고 750만원에 대해 20%의 세율로 과세한다. 즉 150만원을 세금으로 내야 한다.

fact0514@fnnews.com 김용훈 기자

고액체납자 뒤졌더니 … 비트코인 39억 '우르르'

국세청, 첫 암호화폐 자산 추적
총 2416명 적발, 366억원 징수
양도세·상속세 탈루도 대거 확인

서울 강남에서 병원을 운영하는 의사 A씨는 고가 주택에서 호화생활을 하면서 종합소득세 27억원을 체납해 왔다. 국세청 조사 결과 A씨는 비트코인 등 암호화폐(가상화폐)에 병원 수입 39억원을 은닉한 것으로 드러났다. 국세청이 암호화폐 출금권을 압류하자 A씨는 "비트코인은 지금 팔 수 없으니 현금으로 내게 해달라"며 부랴부랴 체납 세금을 완납했다.

국세청은 15일 암호화폐에 재산을 은닉하고 세금 납부를 회피한 고액 체납자 2416명을 적발했다고 발표했다. 이들에게 징수하거나 채권으로 확보한 세금은 366억원에 달한다. 정부 차원에서 개인의 암호화폐 자산을 추적해 징수한 것은 이번이 처음이다.

비트코인과 이더리움, 리플 등 주요 암호화폐가 이번 조사 대상이 됐다. 국세청은 해당 암호화폐 거래소에 고액 체납자의 명단을 통보하고, 이들이 갖고 있는 암호화폐 보유 내역을 제출받아 분석했다. 암호화폐를 거래할 때는 휴대폰 인증과 본인 소유 은행 계좌, 생년월일 등을 등록해야 해 개개인의 보유 현황 확인이 가능하다.

조사에서 체납 사실이 확인되면 국세청은 암호화폐 보유자가 거래소에 대해 갖고 있는 출금청구채권이나 반환청구채권을 압류한다. 암호화폐를 매각한 돈을 달라고 보유자가 청구할 권한이 국세청에 넘어간다는 의미다. A씨처럼 별도의 현금이 있을 경우 체납액을 따로 납부하면 채권 압류는 풀린다. 그렇지 않다면 국세청이 적정한 시점에 암호화폐를 매각해 체납액을 징수하고 남는 돈을 체납자에게 돌려준다. 국세청 관계자는 "조사 시점인 1월 대비 암호화폐 가격이 두 배 정도 올라 체납액 징수 후 돌려받는 금액도 늘어날 수 있다"고 말했다.

고액체납자들은 다양한 방식으로 세금을 체납하고 암호화폐로 은닉한 것으로 조사됐다. B씨는 경기도 소재 부동산을 48억원에 판 뒤 매도액의 일부를 암호화폐로 숨겨 양도소득세 12억원을 내지 않았다. C씨는 부친 사망으로 상속받은 금융자산 17억원 중 5억원을 암호화폐로 은닉해 2억원의 상속세를 탈루했다. 농산물 전자상거래업체를 운영하며 수익금의 대부분인 14억원을 암호화폐에 투자해 세금 6억원을 내지 않은 사례도 있었다.

국세청은 앞으로도 암호화폐 등을 통한 재산 은닉과 세금 탈루를 조사한다는 계획이다. 내년부터는 암호화폐 매매에 따른 수익에도 세금이 부과되는 만큼 관련 조사를 더욱 체계화하기로 했다.

국세청 관계자는 "고액체납자의 자산 은닉이 갈수록 교묘해지고 있다"며 "관련 신고가 징수로 이어지면 제보자에게 최대 20억원의 포상금을 지급하는 만큼 적극적인 신고가 필요하다"고 말했다.

노경목 기자 autonomy@hankyung.com

머니투데이

2021년 03월 16일 화요일 004면 종합

'비트코인 탈세' 2416명 잡았다

국세청, 현금·채권확보 366억 첫 강제징수
추가 회피 혐의 확인 222명, 추적조사 실시

국세청이 정부부처 중 처음으로 비트코인 등 가상자산(암호화폐)으로 재산을 빼돌려 세금을 피한 고액체납자 2416명을 적발해 366억원을 강제징수했다. 적발된 고액체납자들은 병원 혹은 쇼핑몰 운영수익, 부동산 매매차익 등을 가상자산으로 숨긴 것으로 드러났다. 이미 자산은닉과 탈세수단으로 활용되는 만큼 가상자산 추적을 통한 과세강화가 필요하다는 지적이 나온다.

국세청은 가상자산 거래사이트로부터 고액체납자의 가상자산 보유현황을 넘겨받아 분석한 결과 가상자산으로 재산을 숨긴 2416명을 적발, 366억원을 현금징수·채권으로 확보했다고 15일 밝혔다. 정부가 가상자산을 통한 은닉재산을 강제징수한 것은 처음이다.

정철우 국세청 징세법무국장은 "가상자산은 경제적 가치를 지닌 전자적 증표로 정의되고 대법원이 몰수대상인 무형재산에 해당한다고 판결했다"며 "최근 가상자산 투자가 크게 증가함에 따라 가상자산으로 재산을 은닉한 고액체납자에 대해 정부부처 최초로 강제징수를 실시했다"고 밝혔다.

적발된 사례를 살펴보면 우선 서울 강남에서 병원을 운영하며 세금 27억원을 납부하지 않고 수익 39억원을 가상자산으로 빼돌린 의사가 적발됐다. 이 체납자는 가상자산을 압류하자 결국 현금으로 체납세액 전액을 납부했다고 국세청은 설명했다.

국세청이 거래사이트를 통해 체납자의 비트코인 등 가상자산 잔액을 파악한 시점은 올 1월이다. 국세청은 당시 거래가격을 기준으로 가상자산을 평가해 압류했는데 비트코인의 경우 현시세(7000만원선)가 압류 시점의 2배로 뛰어 강제징수의 실효성이 더 커질 것이라고 기대했다.

정철우 국세청 징세법무국장이 15일 오전 정부세종2청사에서 브리핑을 하고 있다.
/세종=뉴시스

강제징수는 징수 시점의 가상자산 가격을 기준으로 진행한다. 국세청은 가상자산의 가격동향을 고려해 최적의 시점에 현금으로 바꿔 체납세금을 확보할 예정이다.

농산물 전자상거래업을 운영하면서 세금 6억원을 납부하지 않은 체납자와 부동산 양도소득세 12억원을 납부하지 않고 양도대금을 가상자산으로 숨긴 체납자도 감시망에 걸렸다.

국세청은 현금징수 혹은 채권확보를 통해 이들이 체납한 세금을 거둬들였다. 또 222명에 대해선 부동산 양도대금 은닉 등 추가 강제징수 회피혐의가 확인돼 추적조사를 실시 중이다.

국세청 측은 "가상자산을 이용한 재산은닉 행위 등 신종 은닉수법에 빠르게 대응하는 등 고액체납자의 은닉재산을 끝까지 추적해 환수할 것"이라고 강조했다.

세종=김훈남 기자 hoo13@

전자신문

2021년 03월 16일 화요일 002면 종합

가상자산으로 재산 은닉…국세청, 366억 추징

#체납자 A씨는 서울 강남에서 병원을 운영하며 고가 아파트에 거주하는 등 호화생활을 하고 있는 전문직 사업자다. 그러나 체납액 27억원을 납부하지 않고, 수입금액 39억원을 가상자산으로 은닉했다.

#체납자 B씨는 경기도 소재 부동산을 48억원에 양도한 후 양도소득세 12억원을 납부하지 않고, 고액의 양도대금을 가상자산으로 은닉했다.

국세청은 이 같은 가상자산을 활용한 재산 은닉 혐의 사실을 확인하고 366억원을 추징했다.

고액체납자 2416명 강제징수 실시
222명은 부동산 양도대금 회피 혐의
거래소 데이터 기반 압류·채권 확보

당국은 이번 조사를 통해 가상자산으로 재산을 은닉한 고액체납자에 대해 강제징수를 실시했다고 15일 밝혔다.

정철우 국세청 징세법무국장은 "가상자산 투자자와 거래대금이 크게 증가함에 따라 가상자산으로 재산을 은닉한 고액체납자에 대해 정부부처 최초로 강제징수를 실시했다"고 설명했다.

가상자산은 특정 금융거래정보의 보고 및 이용 등에 관한 법률(특금법)에 따라 경제적 가치를 지닌 전자 거래될 수 있는 증표로 정의된다.

조사 결과 당국은 가상자산으로 재산을 숨긴 고액체납자 2416명을 포착해 약 366억원을 현금 징수하거나 채권을 확보했다.

일례로 체납자 C씨는 농산물 전자상거래업을 운영하는 사업자로서 체납액 6억원을 납부하지 않고, 수입금액을 가상자산으로 14억원 은닉했다.

당국은 사업수입금액을 가상자산으로 은닉한 사실을 확인하고 체납자 C씨가 보유한 가상자산을 압류, 전액 채권으로 확보했다.

이 중 222명은 부동산 양도대금 은닉 등 추가적인 강제징수 회피 혐의가 확인돼 추적조사를 받고 있다.

국세청이 재산을 은닉한 혐의를 포착하는 과정에서 가상자산 거래소 데이터가 기초자료 역할을 했다. 당국은 거래소로부터 체납자 중심으로 가상자산 보유현황 자료를 받아 분석했다.

정 국장은 "거래소를 통해 체납자가 휴대폰 인증을 하거나 거래소와 연결된 은행계좌 등의 거래 현황을 분석하면 가상자산 소유주 모두 실명 확인이 가능하다"고 말했다.

체납자들은 비트코인 외에도 이더리움, 리플 등 가상자산을 가지고 있는 것으로 조사됐다. 당국은 자료를 제공한 거래소 리스트를 예정된 강제절차 징수가 종결된 이후 공개할 예정이다.

이보다 앞서 대법원에서도 가상자산을 '몰수 대상인 재산적 가치가 있는 무형재산'에 해당한다고 판결한 바 있다. 대법원은 2018년 아동·청소년 성착취물 사이트 운영자의 범죄수익 비트코인 191개(당시 약 16억원) 몰수가 정당하다고 판결했다. 우리나라뿐만 아니라 미국, 독일 등도 암호화폐 범죄수익은 환수 대상이다.

당국은 "가상자산을 이용한 재산은닉 행위 등 신종 은닉수법에 대해 발 빠르게 대응하는 등 고액체납자의 은닉재산을 끝까지 추적·환수하겠다"고 밝혔다.

유재희기자 ryuj@etnews.com

『이투데이』 2021년 03월 16일 화요일 018면 정치/사회

정철우 국세청 징세법무국장이 15일 오전 세종시 정부세종청사에서 브리핑을 통해 비트코인 등 가상자산을 이용해 재산을 은닉한 고액체납자를 적발했다고 밝혔다.
연합뉴스

가상화폐로 재산 숨긴 고액체납자
국세청, 2416명 적발 336억 징수

#서울 강남에서 ○○병원을 운영하며 고가 아파트에 거주하는 등 호화생활을 하는 A 씨는 27억 원의 종합소득세를 내지 않았다.

최근 국세청은 A씨가 병원에서 벌어들인 39억 원을 가상화폐에 은닉한 사실을 확인하고 A 씨의 가상화폐를 압류했다. A 씨는 국세청의 압류로 가상화폐를 현금으로 인출할 수 없게 되자 체납세금 전액을 현금으로 냈다.

#B 씨는 경기도 소재 부동산을 48억 원에 양도 후 양도소득세 12억 원을 납부하지 않고, 이를 가상화폐에 숨겨 놨다. 이를 확인한 국세청은 B 씨의 가상화폐를 압류해 전액 추심·현금 징수했다.

#C 씨는 특수관계인들로부터 여러 차례 거액을 증여받고도 증여액을 축소 신고해 증여세 26억 원을 체납한 상태였다. 국세청은 C씨가 가상화폐로 숨긴 1억 원을 찾아내 현금화 채권을 확보했다.

국세청은 이들을 포함해 비트코인 등 가상화폐를 이용해 재산을 은닉한 고액체납자 2416명을 적발하고, 총 366억 원의 체납세금을 현금 징수하거나 채권으로 확보했다고 15일 밝혔다.

국세청의 이번 조치는 최근 가상자산의 투자자 수와 거래대금이 많이 증가하고 있는 상황에서 가상화폐로 재산을 은닉한 체납자를 찾아 정부 부처 최초로 강제징수한 것이다. 적발된 고액체납자 중 국세청의 압류로 가상화폐를 현금화할 수 없게 된 일부 체납자는 압류를 풀기 위해 현금으로 체납액을 내거나 가상화폐를 처분해서 밀린 세금을 내기도 했다.

국세청은 현재까지 납부를 이행하지 않은 체납자와 25일까지 납부 일정을 협의한 후 적정한 시점에 매각해 체납액을 징수할 계획이다. 또 이번 강제징수 대상 가운데 222명에 대해서는 부동산 양도대금 은닉 등 자산 은닉 혐의를 추가로 포착해 추적 조사 중이다.

국세청은 내년부터 가상자산을 이용한 소득·재산 은닉을 효율적으로 차단할 수 있다고 예고했다.

가상자산으로 발생한 소득(기타소득)에 대한 과세가 내년부터 시작돼 가상화폐 거래소로부터 가상자산 보유 현황을 주기적으로 보고 받을 수 있다는 설명이다.

한편 고액·상습체납자의 은닉 재산을 아는 국민은 국세청 웹사이트(www.nts.go.kr), 국세상담센터(126)에 제보하면 된다.

세종=서병곤 기자 sbg1219@

朝鮮日報

2021년 03월 16일 화요일
B02면 경제종합

세금 27억 안낸 병원장 가상화폐는 37억 보유

체납 2416명 비트코인 등 압류

종합소득세 27억원을 체납해온 서울 강남구의 한 병원장 A씨. 국세청은 지난 1월 말 A씨가 비트코인, 이더리움 등 가상 화폐 37억원어치를 갖고 있다는 사실을 확인하고 A씨의 가상화폐를 압류했다.

국세청은 15일 "돈이 없다며 소득세, 양도소득세, 증여세 등 세금 납부를 미뤄온 고액 체납자 가운데 거액의 가상 화폐를 보유하고 있는 2416명을 적발해 가상 화폐를 가압류하거나 별도의 현금으로 체납 세금을 받는 방식으로 366억원을 확보했다"고 밝혔다. 국세청이 업비트 등 가상 화폐 거래소에 의뢰해 고액 체납자들의 가상 화폐 보유 현황을 파악한 결과다. 국세청이 확보한 366억원은 가상 화폐 가격을 1월 말 기준으로 산정한 것인데, 그동안 가상 화폐 가치가 더 올랐기 때문에 환수액은 더 커질 것으로 보인다. 가상 화폐 거래소 업비트에 따르면, 지난 14일 종가 기준 비트코인 1개 가격은 6764만원으로, 1월 31일 가격(3640만8000원)의 1.86배다.

국세청은 고액·상습 체납자의 은닉 재산을 아는 국민은 국세청 웹사이트(www.nts.go.kr)나 국세상담센터 콜센터(126)로 제보해달라고 했다. 제보 내용대로 숨긴 재산이 밝혀져 국세청이 밀린 세금을 징수하게 되면, 징수 금액의 5~20%에 해당하는 포상금을 최대 20억원 범위에서 제보자에게 지급한다.

정석우 기자

아주경제

2021년 03월 16일 화요일
001면 종합

비트코인 재산은닉 稅체납 222명 추적

국세청, 대대적 강제징수

국세청은 비트코인 등 가상자산으로 재산을 은닉한 고액체납자 2416명에 대해 강제징수를 실시했다고 15일 밝혔다.

국세청은 가상화폐 거래소로부터 체납자의 '가상자산 보유현황 자료'를 수집·분석해 366억원의 현금 및 채권을 확보했다. 또한 이 중 222명은 가상화폐 외의 또 다른 자산을 은닉한 혐의가 확인돼 추적조사를 실시 중이다.

체납자 중에는 48억원 상당의 부동산을 양도한 후 양도소득세 12억원을 납부하지 않고 양도대금을 가상화폐로 은닉하거나, 특수관계인들로부터 증여받은 재산을 과소 신고해 발생한 체납액 26억원을 납부하지 않고 증여받은 자산을 가상화폐로 은닉했다가 압류 당한 경우 등이 적발됐다.

앞서 대법원은 2018년 5월 가상자산을 몰수의 대상인 '재산적 가치가 있는 무형자산'에 해당한다고 판결했다.

대법원 판결 후 각 지방법원에서는 가상자산의 출금청구채권, 이행청구권, 반환청구채권 등을 가압류 대상으로 인정하는 판결이 내려진 바 있다. 대법원 판결 후 정부부처가 가상자산을 대상으로 강제징수를 실시한 사례는 이번이 처음이다.

최다현 기자 chdh0729@

매일경제

2021년 03월 16일 화요일 A01면 종합

아파트 공시가 19% 급등…52만가구 종부세 낸다

**14년만에 최대폭 인상…종부세 대상 22만가구 늘어
공시가 70% 오른 세종시, 아파트 중간값 서울 웃돌아**

정부가 전국의 공동주택 공시가격을 작년에 비해 19% 넘게 대폭 끌어올렸다. 특히 세종시의 공시가는 전년 대비 70% 넘게 올랐다. 종합부동산세를 내는 아파트 수도 공시가 급등에 따라 전년 대비 2배 가까이 늘어난 52만가구를 기록했다. 부동산 공시가격은 보유세와 건강보험료 등의 기준이 되는 지표여서 전 국민이 이번 '공시가 폭탄'에 따른 세금이나 보험료 부담 가중의 영향권에 들 전망이다. ▶관련기사 A3·4면

국토교통부는 "올해 1월 1일 기준 전국 공동주택 1420만5000가구의 공시가격안에 대한 소유자와 지방자치단체의 의견을 16일부터 4월 5일까지 청취할 예정"이라고 15일 밝혔다.

올해 전국 평균 공동주택 공시가격 인상률은 19.08%로 집계됐다. 이는 참여정부 때 공시가격을 한꺼번에 많이 올렸던 2007년 22.7% 이후 14년 만에 최대치다. 국토부는 "지난해 전국의 아파트값이 워낙 큰 폭으로 상승했기 때문에 올해 공시가격이 가파르게 인상됐다"고 설명했지만 실제 시세 상승분의 두세 배씩 올린 지역이 많아 논란이 일고 있다. 세종의 공시가가 전년 대비 70.68% 올라 인상폭 1위를 기록했다.

GTX노선 결정 호재 등으로 최근 집값 상승을 이끌고 있는 경기도가 23.96% 올라 뒤를 이었고 대전(20.57%), 부산(19.67%), 울산(18.68%) 등이 뒤를 이었다. 서울은 19.91%의 상승폭을 기록했으며 17개 시도 가운데 상승률이 가장 낮은 곳은 제주도로 1.72%로 나타났다.

공시가격대별 분포를 보면 공시가 6억원 이하는 전체의 92.1%인 1308만8000가구로 나타났다. 서울은 전체의 70.6%인 182만5000가구가 6억원 이하였다. 정부는 공시가 6억원 이하인 공동주택에는 재산세를 인하해주고 있다. 반면 종부세 부과 기준이 되는 공시가격 9억원 초과 공동주택은 전국 52만 4620가구로 전체의 3.7%로 나타났다. 서울은 전체 공동주택의 16.0%인 41만3000가구의 공시가가 9억원을 초과했다. 지난해 9억원 초과 주택은 전국 30만9361가구, 서울은 28만842가구였다. 지역별 공시가 중위값 1위도 처음으로 서울이 아닌 세종시가 차지했다. 공시가격 중위값은 세종이 4억2300만원으로 가장 비쌌다. 공시가 급등으로 보유세 부담도 급증할 전망이다. 정부 관계자는 "올해 공동주택 공시가격 인상으로 재산세는 3600억원가량 세수가 증가할 것"이라고 추정했다. 전문가들은 2021년 공동주택 1주택자의 보유세 부담이 작년보다 최대 2배가량 늘어날 것으로 내다봤다.

김동은 기자

전국 공동주택 공시가 상승률 (단위=%)

2017년	2018년	2019년	2020년	2021년
4.44	5.02	5.23	5.98	19.08

제5장 가상화폐 강제집행

제1절 채권과 그 밖의 재산권에 대한 강제집행

1. 추심명령(推尋命令)

가. 신청

추심명령은 압류 채권자 (압류채권자의 승계인을 포함한다)의 신청에 의하여 발령한다. 그 신청은 압류명령의신청과 동시에 할 수도 있고, 사후에 신청할 수도 있다.

다만 민사집행법 233조에 의한 지시채권의 경우에는 집행관이 증권을 점유하여야 압류의 효력이 발생하므로 압류명령과 동시에 추심명령을 신청할 수는 없고 집행관의 증권에 대한 점유가 있은 후에만 신청할 수 있다.

(1) 추심명령의 신청은 서면으로 하여야 한다. (민집 4조)

추심명령의 신청서에는 당사자의 표시, 압류한 채권의 종류와 액수를 밝히고 압류채권자가 대위절차 없이 압류된 채권의 지급을 받을 수 있음을 명하는 재판을 구하는 취지, 신청날짜, 집행법원을 표시하고 채권자 또는 그 대리인이 기명날인하여야 한다.

추심명령만을 별도로 신청하는 경우에는 선행의 채권압류명령사건을 표시 (사건번호 등) 하여야 하고 신청서에는 2,000원의 인지를 붙여야 한다 (인지 제9조 제4항). 민사집행법 233조에 의하여 압류된 지시채권에 관한 추심명령 신청의 경우에는 채권자는 집행관에 의하여 증권이 점유된 사실을 증명하여야 한다. 통상 집행관의 집행조서등본을 신청서에 붙인다.

[서식 1] 채권추심명령 (추심명령을 별도로 신청한 경우)   [전산양식 A4330]

○○ 지방법원
결 정

사 건   20   타채   채권추심
채 권 자
채 무 자
제3채무자

주 문

채권자는 채무자의 제3채무자에 대한 별지 기재의 압류된 채권을 추심할 수 있다.

청 구 금 액

금   원(대여금)
금   원(위 대여금에 대한   . . .부터   . . .까지의 이자
            및 지연손해금)
합계 금   원

이 유

○○지방법원 20 타채 채권압류사건에 관한 채권자의 이 사건 추심명령 신청은 이유 있으므로 주문과 같이 결정한다.

20 . . .

판사   ㊞

민집 229조②, 232조, 민집규 162조 ①

주의 : 1. 채권자가 채권을 추심한 때에는 집행법원에 서면으로 추심신고를 하여야 합니다. 추심신고를 할 때까지 다른 채권자의 압류, 가압류 또는 배당요구가 없으

면 추심신고에 의하여 추심한 채권 전액이 추심채권자에게 확정적으로 귀속됩니다. 그러나 추심신고 전까지 다른 채권자로부터 압류, 가압류 또는 배당요구가 있으면 채권자는 추심한 금액을 바로 공탁하고 그 사유를 신고하며, 다른 채권자들과 채권금액의 비율에 따라 안분하여 배당을 받도록 규정되어 있음을 유의하시기 바랍니다. (민사집행법 236조, 247조 1항 2호)
2. 추심신고서에는 사건번호, 채권자·채무자 및 제3채무자의 표시, 제3채무자로부터 지급받은 금액과 날짜를 적기 바랍니다(민사집행규칙 제162조 제1항 참조).
3. 이 결정에 불복하는 사람은 송달받은 날부터 1주 내에 이 법원에 사법보좌관 처분에 관한 이의신청서를 제출할 수 있습니다. 이 경우 민사집행법의 규정에 따른 즉시항고에 관한 규정이 준용됩니다(법원조직법 제54조 제3항, 사법보좌관규칙 제4조, 민사집행법 제15조, 제229조 참조).

[서식 2] 채권압류 및 추심명령 (채권압류와 주심명령을 병합하여 신청한 경우) **[전산양식 A4312]**

○ ○ 지 방 법 원
결 정

사　　　건　　20　　타채　　채권추심
채　권　자
채　무　자
제3채무자

주　　문

채무자의 제3채무자에 대한 별지 기재의 채권을 압류한다.
제3채무자는 채무자에게 위 채권에 관한 지급을 하여서는 아니 된다.
채무자는 위 채권의 처분과 영수를 하여서는 아니 된다.
채권자는 위 압류채권을 추심할 수 있다.

청 구 금 액

금　　　　　　원(대여금)
금　　　　　　원(위 대여금에 대한　．．．부터　．．．까지의 이자
　　　　　　　및 지연손해금)
합계 금　　　　　원

이　　유

　채권자가 위 청구금액을 변제받기 위하여 ○○지방법원 20 가합 대여금 청구사건의 집행력 있는 판결정본에 기초하여 한 이 사건 압류 및 추심명령 신청은 이유 있으므로 주문과 같이 결정한다.

20　．．．

판사　　　　　　　㊞

민집 15조 223조, 227조, 229조, 민집규 162조①

주의: 1. 채권자가 채권을 추심한 때에는 집행법원에 서면으로 추심신고를 하여야 합니다. 추심신고를 할 때까지 다른 채권자의 압류, 가압류 또는 배당요구가 없으면 추심신고에 의하여 추심한 채권 전액이 추심채권자에게 확정적으로 귀속됩니다. 그러나 추심신고 전까지 다른 채권자로부터 압류, 가압류 또는 배당요구가 있으면 이미 추심한 금액을 바로 공탁하고 그 사유를 신고하여야합니다(민사집행법 236조, 247조 1항 2호).
2. 추심신고서에는 사건번호, 채권자·채무자 및 제3채무자의 표시, 제3채무자로부터 지급받은 금액과 날짜를 적기 바랍니다(민사집행규칙 제162조 제1항 참조).
3. 이 결정에 불복하는 사람은 송달받은 날부터 1주 내에 이 법원에 사법보좌관처분에 관한 이의신청서를 제출할 수 있습니다. 이 경우 민사집행법의 규정에 따른 즉시항고에 관한 규정이 준용됩니다(법원조직법 제54조 제3항, 사법보좌관규칙 제4조, 민사집행법 제15조, 제227조, 제229조 참조)
4. 압류명령을 송달받은 제3채무자는 압류된 채권액을 공탁할 수 있고 이때에는 그 사유를 법원에 신고하여야 합니다(민사집행법 제248조 참조).

[서식 3] 채권압류 및 추심명령 신청서

채권압류 및 추심명령 신청서

수입인지
4000원

채 권 자　　　(이름)　　　　　(주민등록번호　　　-　　　)
　　　　　　　(주소)
채 무 자　　　(이름)　　　　　(주민등록번호　　　-　　　)
　　　　　　　(주소)
제3채무자　　 (이름)　　　　　(주민등록번호　　　-　　　)
　　　　　　　(주소)

신 청 취 지

채무자의 제3채무자에 대한 별지 기재의 채권을 압류한다.
제3채무자는 채무자에게 위 채권에 관한 지급을 하여서는 아니 된다.
채무자는 위 채권의 처분과 영수를 하여서는 아니 된다.
위 압류된 채권은 채권자가 추심할 수 있다.
라는 결정을 구함

청구채권 및 그 금액 : 별지 목록 기재와 같음

신 청 이 유

첨 부 서 류

1. 집행력 있는　　　　　　　　　　　　정본 1통
2. 송달증명원　　　　　　　　　　　　　1통

　　　　　　　　　　　20　　.　　.　　.

채권자　　　　　　(날인 또는 서명)
　　　　　　　　　(연락처 :　　　　　　　　　　　)

지방법원   귀중

◇ 유 의 사 항 ◇
1. 채권자는 연락처란에 언제든지 연락 가능한 전화번호나 휴대전화번호(팩스번호, 이메일 주소 등도 포함)를 기재하기 바랍니다.
2. 집행력 있는 집행권원은 "확정된 종국판결, 가집행선고 있는 종국판결, 화해·인낙·조정조서, 확정된 지급명령, 확정된 이행권고결정, 확정된 화해권고결정, 공정증서, 확정된 배상명령" 등이 있습니다.
3. 공무원 또는 대기업직원의 임금 또는 퇴직금채권에 대한 채권압류 및 추심명령을 신청할 때에는 채무자의 이름과 주소 외에 소속부서, 직위, 주민등록번호, 군번/순번(군인/군무원의 경우) 등 채무자를 특정할 수 있는 사항을 기재하시기 바랍니다.
4. 이 신청서를 접수할 때에는 당사자 1인당 2회분의 송달료를 송달료수납은행에 예납하여야 합니다.

<예시> 청 구 채 권

금 원 (대여금)	
금 원 (위 금원에 대한 20 . . .부터 20 . . .까지의 이자 및 지연손해금)	
금 원 (집행비용의 내역 : 금 원의 신청서 첨부인지대, 금 원의 송달료)	
합계 금 원	

※ 예금채권의 표시

청구금액 :   원
채무자(-   )가 제3채무자에 대하여 가지는 다음 예금채권(장래 입금되는 예금을 포함) 중 **아래 기재한 순서에 따라** 위 청구 금액에 이를 때까지의 금액(단, 민사집행법 제291조, 제246조 제1항 제8호 및 같은 법 시행령 제7조에 의하여 가압류가 금지되는 예금을 제외한다).
1. 압류되지 않은 예금과 압류된 예금이 있을 때에는 다음 순서에 의하여 압류한다
   가. 선행 압류, 가압류가 되지 않은 예금
   나. 선행 압류, 가압류가 된 예금
2. 여러 종류의 예금이 있을 때에는 다음 순서에 의하여 가압류한다.

가. 보통예금, 나. 저축예금, 다. 자유저축예금, 라. 정기예금, 마. 정기적금, 바. 별단예금, 사. MMF, 아. MMDA, 자. 신탁예금, 차. 채권형예금, 카. 부금, 타. 주택청약예금, 파. 주택청약부금, 하. 주택청약저축, 거. CMA, 너. 기업자유예금, 더. 당좌예금

3. 같은 종류의 예금이 여러 계좌 있는 때에는 계좌번호가 빠른 예금부터 가압류한다.

주. 1. 채무자의 주민등록번호 또는 사업자등록번호

※ 압류가 금지된 채권

○ 민사집행법 제246조(압류금지채권) 제1항
1. 법령에 규정된 부양료 및 유족부조료(遺族扶助料)
2. 채무자가 구호사업이나 제3자의 도움으로 계속 받는 수입
3. 병사의 급료
4. 급료·연금·봉급·상여금·퇴직연금, 그 밖에 이와 비슷한 성질을 가진 급여채권의 2분의 1에 해당하는 금액. 다만, 그 금액이 국민기초생활보장법에 의한 최저생계비를 감안하여 대통령령이 정하는 금액에 미치지 못하는 경우 또는 표준적인 가구의 생계비를 감안하여 대통령령이 정하는 금액을 초과하는 경우에는 각각 당해 대통령령이 정하는 금액으로 한다.
5. 퇴직금 그 밖에 이와 비슷한 성질을 가진 급여채권의 2분의 1에 해당하는 금액
6. 「주택임대차보호법」 제8조, 같은 법 시행령의 규정에 따라 우선변제를 받을 수 있는 금액
7. 생명, 상해, 질병, 사고 등을 원인으로 채무자가 지급받는 보장성보험의 보험금(해약환급 및 만기환급금을 포함한다). 다만, 압류금지의 범위는 생계유지, 치료 및 장애 회복에 소요될 것으로 예상되는 비용 등을 고려하여 대통령령으로 정한다.
8. 채무자의 1월간 생계유지에 필요한 예금(적금·부금·예탁금과 우편대체를 포함한다). 다만, 그 금액은 「국민기초생활보장법」에 의한 최저생계비, 제195조 제3호에서 정한 금액 등을 고려하여 대통령령으로 정한다.

○ 기타 법률이 정하는 채권
• 공무원연금법 제39조에 의한 급여(동법 제39조)

- 국가유공자등 예우 및 지원에 관한 법률에 의한 보상금(동법 제19조)
- 사립학교교직원연금법에 의한 급여(동법 제40조)
- 국민연금법에 의한 각종 급여(동법 제58조)
- 각종 보험법에 의한 보험급여(고용보험법 제38조 등)
- 형사보상청구권(형사보상법 제22조)
- 생명·신체의 침해로 인한 국가배상금(국가배상법 제4조) 등

2. 전부명령 (轉付命令)

가. 신 청

전부명령도 추심명령과 마찬가지로 압류채권자 (압류채권자의 승계인을 포함한다)의 신청에 의하여 발령된다. 전부명령의 신청은 압류명령의 신청과 동시에 할 수도 있고, 사후에 신청할 수도 있으나 동시에 신청하는 예가 많다. 그러나 민사집행법 233조의 규정에 의한 증권채권의 경우에는 집행관이 증권을 점유한 후가 아니면 신청을 할 수 없으므로 동시신청은 불가능하다.

신청은 서면으로 하여야 한다. (민집 4조)

민사집행법 233조의 증권채권의 경우에는 집행관의 증권점유사실을 증명하기 위하여 그 집행조서등본을 붙여야 한다.

신청을 별도로 하는 경우에는 그 신청서에는 2,000원의 인지를 붙여야 한다. (인지법 9조 3항)

[서식 4] 채권전부명령(전부명령을 별도로 신청한 경우) [전산양식 A4334]

○○지방법원
결 정

사　　　건　　20 타채　채권전부명령
채　권　자
채　무　자
제3채무자

주　문

채무자의 제3채무자에 대한 별지 기재의 압류된 채권을 지급에 갈음하여 채권자에게 전부한다.

이　유

○○지방법원 20 타채 채권압류사건에 관한 채권자의 신청은 이유 있으므로 주문과 같이 결정한다.

20 . . .

판　사　　㊞

민집 229조, 231조

주의 : 1. 전부명령이 제3채무자에게 송달될 때까지 다른 채권자가 압류, 가압류 또는 배당요구를 한 때에는 전부명령은 효력이 없습니다(민사집행법 제229조 제5항)
2. 전부명령은 확정되어야 효력이 있습니다(민사집행법 제229조 제7항)
3. 이 결정에 불복하는 사람은 송달받은 날부터 1주 내에 이 법원에 사법보좌관처분에 관한 이의신청서를 제출할 수 있습니다. 이 경우 민사집행법의 규정에 따른 즉시항고에 관한 규정이 준용됩니다(법원조직법 제54조 제3항, 사법보좌관규칙 제4조, 민사집행법 제15조, 제227조, 제229조 참조)

[서식 5] 가압류에서 본압류로 이전하는 채권압류 및 전부명령 [전산양식 A4335]

○○지방법원
결   정

사   건   20 타채 가압류에서 본 압류로 이전하는 채권압류 및 전부
채 권 자
채 무 자
제3채무자

주   문

1. 채권자와 제3채무자 사이의 ○○지방법원 20○○카단○○○ 채권가압류 결정에 의한 별지 목록 기재 채권 중 금○○○,○○○원에 대한 가압류는 이를 본압류로 이전하고, 나머지 금○,○○○,○○○원은 이를 압류한다.
2. 제3채무자는 채무자에게 대하여 별지 목록 기재 채권의 지급을 하여서는 아니 된다.
3. 채무자는 위 채권의 처분과 영수를 하여서는 아니 된다.
4. 위 압류된 채권은 지급에 갈음하여 채권자에게 전부하다.

청구금액

금   원 (대여금)
금   원 (위 대여금에 대한   . . .부터   . . . 까지의 이자 및 지연손해금)
합계 금   원

이   유

채권자가 위 청구금액을 변제받기 위하여 ○○지방법원 20 가단 대여금청구사건의 집행력 있는 판결정본에 기초하여 한 이 사건 신청은 이유 있으므로 주문과 같이 결정한다.

```
                    20  .  .  .

                  판   사         ㉑
```

민집 15조, 223조, 227조, 229조

주의 : 1. 채권자가 채권을 추심한 때에는 집행법원에 서면으로 추심신고를 하여야 합니다. 추심신고를 할 때까지 다른 채권자의 압류, 가압류 또는 배당요구가 없으면 추심신고에 의하여 추심한 채권 전액이 추심채권자에게 확정적으로 귀속됩니다. 그러나 추심신고 전까지 다른 채권자로부터 압류, 가압류 또는 배당요구가 있으면 이미 추심한 금액을 바로 공탁하고 그 사유를 신고하여야합니다(민사집행법 236조, 247조 1항 2호).
2. 추심신고서에는 사건번호, 채권자·채무자 및 제3채무자의 표시, 제3채무자로부터 지급받은 금액과 날짜를 적기 바랍니다(민사집행규칙 제162조 제1항 참조).
3. 이 결정에 불복하는 사람은 송달받은 날부터 1주 내에 이 법원에 사법보좌관처분에 관한 이의신청서를 제출할 수 있습니다. 이 경우 민사집행법의 규정에 따른 즉시항고에 관한 규정이 준용됩니다(법원조직법 제54조 제3항, 사법보좌관규칙 제4조, 민사집행법 제15조, 제227조, 제229조 참조)
4. 압류명령을 송달받은 제3채무자는 압류된 채권액을 공탁할 수 있고 이때에는 그 사유를 법원에 신고하여야 합니다(민사집행법 제248조 참조).

[서식 6] 채권압류와 전부명령을 병합하여 신청한 경우 [전산양식 A4314]

○ ○ 지 방 법 원
결 정

사 건   20 타채   채권압류 및 전부명령
채 권 자
채 무 자
제3채무자

주 문

1. 채무자의 제3채무자에 대한 별지 기재의 채권을 압류한다.
2. 제3채무자는 채무자에게 위 채권에 관한 지급을 하여서는 아니 된다.
3. 채무자는 위 채권의 처분과 영수를 하여서는 아니 된다.
4. 위 압류된 채권은 지급에 갈음하여 채권자에게 전부한다

청구금액

금   원 (대여금)
금   원 (위 대여금에 대한   . . .부터   . . . 까지의 이자
            및 지연손해금)
합계 금   원

이 유

채권자는 위 청구금액을 변제받기 위하여 ○○지방법원 20○○가합○○○호 대여금 청구사건의 집행력 있는 판결정본에 기초하여 한 이 사건 압류 및 전부명령 신청은 이유 있으므로 주무과 같이 결정한다.

2○○○. ○. ○.

판 사   ㊞

민집 15조, 223조, 227조, 229조

주의 : 1. 채권자가 채권을 추심한 때에는 집행법원에 서면으로 추심신고를 하여야 합니다. 추심신고를 할 때까지 다른 채권자의 압류, 가압류 또는 배당요구가 없으면 추심신고에 의하여 추심한 채권 전액이 추심채권자에게 확정적으로 귀속됩니다. 그러나 추심신고 전까지 다른 채권자로부터 압류, 가압류 또는 배당요구가 있으면 이미 추심한 금액을 바로 공탁하고 그 사유를 신고하여야합니다(민사집행법 236조, 247조 1항 2호).
2. 추심신고서에는 사건번호, 채권자·채무자 및 제3채무자의 표시, 제3채무자로부터 지급받은 금액과 날짜를 적기 바랍니다(민사집행규칙 제162조 제1항 참조).
3. 이 결정에 불복하는 사람은 송달받은 날부터 1주 내에 이 법원에 사법보좌관처분에 관한 이의신청서를 제출할 수 있습니다. 이 경우 민사집행법의 규정에 따른 즉시항고에 관한 규정이 준용됩니다(법원조직법 제54조 제3항, 사법보좌관규칙 제4조, 민사집행법 제15조, 제227조, 제229조 참조)
4. 압류명령을 송달받은 제3채무자는 압류된 채권액을 공탁할 수 있고 이때에는 그 사유를 법원에 신고하여야 합니다(민사집행법 제248조 참조).

나. 특별현금화방법

(1) 신 청

압류한 채권은 추심명령이나 전부명령에 의하여 현금화하는 것이 원칙이나 그 채권이 조건 또는 기한이 있거나 반대의무의 이행과 관련되어 있거나 그 밖의 이유로 추심하기 곤란할 때에는 법원은 채권자의 신청에 따라 그 채권을 법원이 정한 값으로 지급함에 갈음하여 압류채권자에게 양도하는 양도명령의 추심에 갈음하여 법원이 정한 방법으로 그 채권을 매각하도록 집행관에게 명하는 매각명령 또는 관리인을 선임하여 그 채권의 관리를 명하는 관리명령을 하거나 그 밖에 적당한 방법으로 현금화 하도록 하는 특별현금화명령을 할 수 있다. (민집 241조) 채권자는 특별현금화명령의 신청을 압류명령이 있은 후 뿐만 아니라 압류명령신청과 함께 할 수도 있다. 다만 민사집행법 233조의 지시채권의 경우에는 압류명령으로 집행관에 의한 증권의 확보가 증명된 경우에만 특별현금화명령을 신청할 수 있다. 채무자와 제3채무자는 위 신청을 할 수 없다.

이중압류채권자나 배당요구채권자도 신청을 할 수 있으나 가압류채권자에게는 신청권이 없다. 일단 추심명령이 내려진 후에도 추심이 곤란하다는 사정이 밝혀지면 특별현금화명령을 신청할 수 있다. 그러나 전부명령이 있은 후에는 그 신청이 허용되지 아니한다. 신청은 서면으로 하여야 하고 신청서에는 특별현금화명령이 필요한 이유와 특별현금화를 구하는 취지를 분명하게 하여야 하며, 2,000원의 인지를 붙여야 한다. (인지법 9조 3항) 특별현금화방법은 통상의 금전채권에 대하여 이용되는 일은 별로 없으나, 그 밖의 재산권에 대한 강제집행에 관하여 이용되는 일이 많다. 어음, 수표 등 지시증권에 화체된 금전채권에 대한 집행에 있어서는 배서가 금지된 것에 대하여만 특별현금화명령의 대상이 될 수 있고, (민집 233조) 배서가 허용되는 것은 유체동산으로 취급하여 민사집행법 214조의 규정에 의한 특별현금화명령의 대상이 된다. 특별현금화명령에 의하여 지시채권을 양수한 자의 지위는 전부명령을 얻은 채권자의 지위와 같다고 볼 수 있다. 특별현금화명령을 신청함에는 원하는 현금화방법을 특정할 수도 있고 이를 특정하지 아니하고 법원이 인정하는 방법으로 현금화해 줄 것을 신청할 수도 있다.

3. 압류금지물건 및 채권

◘ 민사집행법

제56조 (그 밖의 집행권원) 강제집행은 다음 가운데 어느 하나에 기초하여서도 실시할 수 있다.
1. 항고로만 불복할 수 있는 재판
2. 가집행의 선고가 내려진 재판
3. 확정된 지급명령
4. 공증인이 일정한 금액의 지급이나 대체물 또는 유가증권의 일정한 수량의 급여를 목적으로 하는 청구에 관하여 작성한 공정증서로서 채무자가 강제집행을 승낙한 취지가 적혀 있는 것
5. 소송상 화해, 청구의 인낙(認諾) 등 그 밖에 확정판결과 같은 효력을 가지는 것

가. 민사집행법에서 직접 압류금지재산으로 규정

(1) 유체동산

◘ 민사집행법

제195조 (압류가 금지되는 물건) 다음 각호의 물건은 압류하지 못한다. <개정 2005. 1. 27.>
1. 채무자 및 그와 같이 사는 친족(사실상 관계에 따른 친족을 포함한다. 이하 이 조에서 "채무자등"이라 한다)의 생활에 필요한 의복·침구·가구·부엌기구, 그 밖의 생활필수품
2. 채무자등의 생활에 필요한 2월간의 식료품·연료 및 조명재료
3. 채무자등의 생활에 필요한 1월간의 생계비로서 대통령령이 정하는 액수의 금전
4. 주로 자기 노동력으로 농업을 하는 사람에게 없어서는 아니될 농기구·비료·가축·사료·종자, 그 밖에 이에 준하는 물건
5. 주로 자기의 노동력으로 어업을 하는 사람에게 없어서는 아니될 고기잡이 도구·어망·미끼·새끼고기, 그 밖에 이에 준하는 물건
6. 전문직 종사자·기술자·노무자, 그 밖에 주로 자기의 정신적 또는 육체적 노동으로 직업 또는 영업에 종사하는 사람에게 없어서는 아니 될 제복·도구, 그 밖에 이에 준하는 물건

7. 채무자 또는 그 친족이 받은 훈장·포장·기장, 그 밖에 이에 준하는 명예증표
8. 위패·영정·묘비, 그 밖에 상례·제사 또는 예배에 필요한 물건
9. 족보·집안의 역사적인 기록·사진첩, 그 밖에 선조숭배에 필요한 물건
10. 채무자의 생활 또는 직무에 없어서는 아니 될 도장·문패·간판, 그 밖에 이에 준하는 물건
11. 채무자의 생활 또는 직업에 없어서는 아니 될 일기장·상업장부, 그 밖에 이에 준하는 물건
12. 공표되지 아니한 저작 또는 발명에 관한 물건
13. 채무자등이 학교·교회·사찰, 그 밖의 교육기관 또는 종교단체에서 사용하는 교과서·교리서·학습용구, 그 밖에 이에 준하는 물건
14. 채무자등의 일상생활에 필요한 안경·보청기·의치·의수족·지팡이·장애보조용 바퀴의자, 그 밖에 이에 준하는 신체보조기구
15. 채무자등의 일상생활에 필요한 자동차로서 자동차관리법이 정하는 바에 따른 장애인용 경형자동차
16. 재해의 방지 또는 보안을 위하여 법령의 규정에 따라 설비하여야 하는 소방설비·경보기구·피난시설, 그 밖에 이에 준하는 물건

(2) 채권

■ 민사집행법

제246조 (압류금지채권) ① 다음 각호의 채권은 압류하지 못한다. <개정 2005. 1. 27., 2010. 7. 23., 2011. 4. 5.>
1. 법령에 규정된 부양료 및 유족부조료(遺族扶助料)
2. 채무자가 구호사업이나 제3자의 도움으로 계속 받는 수입
3. 병사의 급료
4. 급료·연금·봉급·상여금·퇴직연금, 그 밖에 이와 비슷한 성질을 가진 급여채권의 2분의 1에 해당하는 금액. 다만, 그 금액이 국민기초생활보장법에 의한 최저생계비를 감안하여 대통령령이 정하는 금액에 미치지 못하는 경우 또는 표준적인 가구의 생계비를 감안하여 대통령령이 정하는 금액을 초과하는 경우에는 각각 당해 대통령령이 정하는 금액으로 한다.
5. 퇴직금 그 밖에 이와 비슷한 성질을 가진 급여채권의 2분의 1에 해당하는 금액
6. 「주택임대차보호법」 제8조, 같은 법 시행령의 규정에 따라 우선변제를 받을 수 있는 금액
7. 생명, 상해, 질병, 사고 등을 원인으로 채무자가 지급받는 보장성보험의 보험금

(해약환급 및 만기환급금을 포함한다). 다만, 압류금지의 범위는 생계유지, 치료 및 장애 회복에 소요될 것으로 예상되는 비용 등을 고려하여 대통령령으로 정한다.
8. 채무자의 1월간 생계유지에 필요한 예금(적금·부금·예탁금과 우편대체를 포함한다). 다만, 그 금액은 「국민기초생활 보장법」에 따른 최저생계비, 제195조제3호에서 정한 금액 등을 고려하여 대통령령으로 정한다.

② 법원은 제1항제1호부터 제7호까지에 규정된 종류의 금원이 금융기관에 개설된 채무자의 계좌에 이체되는 경우 채무자의 신청에 따라 그에 해당하는 부분의 압류명령을 취소하여야 한다. <신설 2011. 4. 5.>

③ 법원은 당사자가 신청하면 채권자와 채무자의 생활형편, 그 밖의 사정을 고려하여 압류명령의 전부 또는 일부를 취소하거나 제1항의 압류금지채권에 대하여 압류명령을 할 수 있다. <개정 2011. 4. 5.>

④ 제3항의 경우에는 제196조제2항 내지 제5항의 규정을 준용한다. <개정 2011. 4. 5.>

제199조 (압류물의 매각) 집행관은 압류를 실시한 뒤 입찰 또는 호가경매의 방법으로 압류물을 매각하여야 한다.

제224조 (집행법원) ① 제223조의 집행법원은 채무자의 보통재판적이 있는 곳의 지방법원으로 한다.

② 제1항의 지방법원이 없는 경우 집행법원은 압류한 채권의 채무자(이하 "제3채무자"라 한다)의 보통재판적이 있는 곳의 지방법원으로 한다. 다만, 이 경우에 물건의 인도를 목적으로 하는 채권과 물적 담보권 있는 채권에 대한 집행법원은 그 물건이 있는 곳의 지방법원으로 한다.

③ 가압류에서 이전되는 채권압류의 경우에 제223조의 집행법원은 가압류를 명한 법원이 있는 곳을 관할하는 지방법원으로 한다.

제268조 (준용규정) 부동산을 목적으로 하는 담보권 실행을 위한 경매절차에는 제79조 내지 제162조의 규정을 준용한다.

제241조 (특별한 현금화방법) ① 압류된 채권이 조건 또는 기한이 있거나, 반대의무의 이행과 관련되어 있거나 그 밖의 이유로 추심하기 곤란할 때에는 법원은 채권자의 신청에 따라 다음 각호의 명령을 할 수 있다.
1. 채권을 법원이 정한 값으로 지급함에 갈음하여 압류채권자에게 양도하는 양도명령
2. 추심에 갈음하여 법원이 정한 방법으로 그 채권을 매각하도록 집행관에게 명하는 매각명령
3. 관리인을 선임하여 그 채권의 관리를 명하는 관리명령
4. 그 밖에 적당한 방법으로 현금화하도록 하는 명령

② ~ ⑥ (생 략)

4. 가상자산 반환청구권

[신청취지]

> 채권자가 채무자에 대하여 가지는 위 채권의 집행 보전을 위하여 채무자가 제3채무자 ○○거래소에 가지는 ○○코인 ○○○개에 대한 반환청구채권을 가압류한다.

- 비트코인 출급청구채권을 가압류한 사례 (울산지방법원 2018. 1. 5. 2017카합10471 결정)
- 가상자산 전송·매각 등 이행청구채권을 가압류한 사례 (서울중앙지방법원 2018. 2. 1. 2017카단817381 결정)
- 가상자산 반환청구채권을 가압류한 사례 (서울중앙지방법원 2018. 3. 19. 2018카단802743 결정)
- 가상자산 지급청구권을 가압류한 사례 (서울중앙지방법원 2018. 4. 12. 2018카단802516 결정)

5. 가상자산의 법적 성질

■ 민사집행법

제98조 (일괄매각결정) ① 법원은 여러 개의 부동산의 위치·형태·이용관계 등을 고려하여 이를 일괄매수하게 하는 것이 알맞다고 인정하는 경우에는 직권으로 또는 이해관계인의 신청에 따라 일괄매각하도록 결정할 수 있다.
  ② 법원은 부동산을 매각할 경우에 그 위치·형태·이용관계 등을 고려하여 다른 종류의 재산(금전채권을 제외한다)을 그 부동산과 함께 일괄매수하게 하는 것이 알맞다고 인정하는 때에는 직권으로 또는 이해관계인의 신청에 따라 일괄매각하도록 결정할 수 있다.
  ③ 제1항 및 제2항의 결정은 그 목적물에 대한 매각기일 이전까지 할 수 있다.

제251조 (그 밖의 재산권에 대한 집행) ① 앞의 여러 조문에 규정된 재산권 외에 부동산을 목적으로 하지 아니한 재산권에 대한 강제집행은 이 관의 규정 및 제98조 내지 제

101조의 규정을 준용한다.
② 제3채무자가 없는 경우에 압류는 채무자에게 권리처분을 금지하는 명령을 송달한 때에 효력이 생긴다.

제227조 (금전채권의 압류) ③ 압류명령이 제3채무자에게 송달되면 압류의 효력이 생긴다.

6. 가상자산의 강제집행 절차

◼ 형법

제140조 (공무상비밀표시무효) ① 공무원이 그 직무에 관하여 실시한 봉인 또는 압류 기타 강제처분의 표시를 손상 또는 은닉하거나 기타 방법으로 그 효용을 해한 자는 5년이하의 징역 또는 700만원이하의 벌금에 처한다.

[예시 1] 압류결정문 예시

주 문
채무자 소유의 별지 목록 기재 동산을 압류한다.

[별지] 압류할 동산의 표지

아래 '1. 동산이 있는 장소'에 개인키가 보관된 채무자 소유의 ○○코인 가운데 아래 '2. 전자지갑 공개키 주소'로써 잔액이 조회되는 것
1. 동산이 있는 장소
   가. 채무자 주소지에 있는 PC, 하드웨어 지갑, 종이 지갑, 웹 지갑 등
2. 전자지갑 공개키 주소
   가. 1AlzPleP5QGefi2DMPTfTL5SLmv7DivfNa
   나. 그 밖에 위 1.항 기재 장소에서 발견되는 전자지갑 공개키 주소 일체

자료: 전승재・권헌영 논문, p.105

가. 그 밖의 재산권으로 보아 채권의 집행절차

▣ 민사집행법

제251조 (그 밖의 재산권에 대한 집행) ① 앞의 여러 조문에 규정된 재산권 외에 부동산을 목적으로 하지 아니한 재산권에 대한 강제집행은 이 관의 규정 및 제98조 내지 제101조의 규정을 준용한다.

▣ 민사집행규칙

제174조 (그 밖의 재산권에 대한 집행) 법 제251조제1항에 규정된 재산권(다음부터 "그 밖의 재산권"이라 한다)에 대한 강제집행에는 그 성질에 어긋나지 아니하는 범위 안에서 제159조 내지 제173조의 규정을 준용한다.

제159조 (압류명령신청의 방식) ① 채권에 대한 압류명령신청서에는 법 제225조에 규정된 사항 외에 다음 각호의 사항을 적고 집행력 있는 정본을 붙여야 한다.
 1. 채권자·채무자·제3채무자와 그 대리인의 표시
 2. 집행권원의 표시
 3. 집행권원에 표시된 청구권의 일부에 관하여만 압류명령을 신청하거나 목적채권의 일부에 대하여만 압류명령을 신청하는 때에는 그 범위
② 법 제224조제3항의 규정에 따라 가압류를 명한 법원이 있는 곳을 관할하는 지방법원에 채권압류를 신청하는 때에는 가압류결정서 사본과 가압류 송달증명을 붙여야 한다.

[예시 2] 압류명령 신청서 예시

압류할 가상자산의 표시

■ 청구금액   금   원

1. 압류의 목적 및 한도
   채무자가 갖고 있는 가상자산(특정 금융거래정보의 보고 및 이용 등에 관한 법률 제2조 제3호) 중에서, 다음 2.에 기재된 순서에 따라 이 사건 청구금액에 이를 때까지의 금액
   {가격 환산은 이 사건 압류명령이 채무자에게 송달된 시점을 기준으로 가상자산 시세에 의해 대한민국 원으로 환산한 금액으로 함}

2. 압류의 순서
   (1) 압류·가압류가 없는 전자지갑(wallet)과 압류·가압류가 있는 전자지갑이 있을 때에는 다음 순서에 의한다.
       ① 선행의 압류·가압류가 없는 것
       ② 선행의 압류·가압류가 있는 것
   (2) 전자지갑(wallet)에 복수의 가상자산이 있을 때는 다음 순서에 의한다.
       ① Ripple ② Bitcoin ③ Litecoin ④ Dogecoin ⑤ Stellar
       ⑥ Ethereum

※ 민동근·임성민, 「가상자산에 관한 민사절차법상의 문제-민사집행절차를 중심으로-」, 『국회입법조사처 주최 "가상자산의 강제집행 방안" 전문가 간담회 자료』, 2021. 8. 13.

■ 민사집행법

제261조 (간접강제) ① 채무의 성질이 간접강제를 할 수 있는 경우에 제1심 법원은 채권자의 신청에 따라 간접강제를 명하는 결정을 한다. 그 결정에는 채무의 이행의무 및 상당한 이행기간을 밝히고, 채무자가 그 기간 이내에 이행을 하지 아니하는 때에는 늦어진 기간에 따라 일정한 배상을 하도록 명하거나 즉시 손해배상을 하도록 명할 수 있다.
② 제1항의 신청에 관한 재판에 대하여는 즉시항고를 할 수 있다.

제61조 (재산명시신청) ① 금전의 지급을 목적으로 하는 집행권원에 기초하여 강제집행을 개시할 수 있는 채권자는 채무자의 보통재판적이 있는 곳의 법원에 채무자의 재산명시

를 요구하는 신청을 할 수 있다. 다만, 민사소송법 제213조에 따른 가집행의 선고가 붙은 판결 또는 같은 조의 준용에 따른 가집행의 선고가 붙어 집행력을 가지는 집행권원의 경우에는 그러하지 아니하다.

② 제1항의 신청에는 집행력 있는 정본과 강제집행을 개시하는데 필요한 문서를 붙여야 한다.

제62조 (재산명시신청에 대한 재판) ① 재산명시신청에 정당한 이유가 있는 때에는 법원은 채무자에게 재산상태를 명시한 재산목록을 제출하도록 명할 수 있다.
②~⑨ (생 략)

제68조 (채무자의 감치 및 벌칙) ① 채무자가 정당한 사유 없이 다음 각호 가운데 어느 하나에 해당하는 행위를 한 경우에는 법원은 결정으로 20일 이내의 감치(監置)에 처한다.
2. 재산목록 제출 거부
⑨ 채무자가 거짓의 재산목록을 낸 때에는 3년 이하의 징역 또는 500만원 이하의 벌금에 처한다.

제241조 (특별한 현금화방법) ① 압류된 채권이 조건 또는 기한이 있거나, 반대의무의 이행과 관련되어 있거나 그 밖의 이유로 추심하기 곤란할 때에는 법원은 채권자의 신청에 따라 다음 각호의 명령을 할 수 있다.
1. 채권을 법원이 정한 값으로 지급함에 갈음하여 압류채권자에게 양도하는 양도명령
2. 추심에 갈음하여 법원이 정한 방법으로 그 채권을 매각하도록 집행관에게 명하는 매각명령

7. 거래소에 위탁된 비트코인에 대한 강제집행

■ 민사집행법

제227조 (금전채권의 압류) ① 금전채권을 압류할 때에는 법원은 제3채무자에게 채무자에 대한 지급을 금지하고 채무자에게 채권의 처분과 영수를 금지하여야 한다.
② 압류명령은 제3채무자와 채무자에게 송달하여야 한다.
③ 압류명령이 제3채무자에게 송달되면 압류의 효력이 생긴다.
④ 압류명령의 신청에 관한 재판에 대하여는 즉시항고를 할 수 있다.

제237조 (제3채무자의 진술의무) ① 압류채권자는 제3채무자로 하여금 압류명령을 송달

받은 날부터 1주 이내에 서면으로 다음 각호의 사항을 진술하게 하도록 법원에 신청할 수 있다.
　　1. 채권을 인정하는지의 여부 및 인정한다면 그 한도
　　2. 채권에 대하여 지급할 의사가 있는지의 여부 및 의사가 있다면 그 한도
　　3. 채권에 대하여 다른 사람으로부터 청구가 있는지의 여부 및 청구가 있다면 그 종류
　　4. 다른 채권자에게 채권을 압류당한 사실이 있는지의 여부 및 그 사실이 있다면 그 청구의 종류
② 법원은 제1항의 진술을 명하는 서면을 제3채무자에게 송달하여야 한다.
③ 제3채무자가 진술을 게을리 한 때에는 법원은 제3채무자에게 제1항의 사항을 심문할 수 있다.

가. 집행채권이 '원화'의 지급을 구하는 청구권인 경우

◼ 민사집행법

제229조 (금전채권의 현금화방법) ① 압류한 금전채권에 대하여 압류채권자는 추심명령(推尋命令)이나 전부명령(轉付命令)을 신청할 수 있다.
②추심명령이 있는 때에는 압류채권자는 대위절차(代位節次) 없이 압류채권을 추심할 수 있다.
③ 전부명령이 있는 때에는 압류된 채권은 지급에 갈음하여 압류채권자에게 이전된다.
④ 추심명령에 대하여는 제227조제2항 및 제3항의 규정을, 전부명령에 대하여는 제227조제2항의 규정을 각각 준용한다.
⑤ 전부명령이 제3채무자에게 송달될 때까지 그 금전채권에 관하여 다른 채권자가 압류・가압류 또는 배당요구를 한 경우에는 전부명령은 효력을 가지지 아니한다.
⑥ 제1항의 신청에 관한 재판에 대하여는 즉시항고를 할 수 있다.
⑦ 전부명령은 확정되어야 효력을 가진다.
⑧ 전부명령이 있은 뒤에 제49조제2호 또는 제4호의 서류를 제출한 것을 이유로 전부명령에 대한 즉시항고가 제기된 경우에는 항고법원은 다른 이유로 전부명령을 취소하는 경우를 제외하고는 항고에 관한 재판을 정지하여야 한다.

제242조 (유체물인도청구권 등에 대한 집행) 부동산・유체동산・선박・자동차・건설기계・항공기・경량항공기 등 유체물의 인도나 권리이전의 청구권에 대한 강제집행에 대하여는 제243조부터 제245조까지의 규정을 우선적용하는 것을 제외하고는 제227조부터 제240조까지의 규정을 준용한다. <개정 2015. 5. 18.>

제243조 (유체동산에 관한 청구권의 압류) ① 유체동산에 관한 청구권을 압류하는 경우에는 법원이 제3채무자에 대하여 그 동산을 채권자의 위임을 받은 집행관에게 인도하도록 명한다.
② 채권자는 제3채무자에 대하여 제1항의 명령의 이행을 구하기 위하여 법원에 추심명령을 신청할 수 있다.
③ 제1항의 동산의 현금화에 대하여는 압류한 유체동산의 현금화에 관한 규정을 적용한다.

나. 집행채권이 '비트코인'의 지급을 구하는 청구권인 경우

■ 민사집행법

제257조 (동산인도청구의 집행) 채무자가 특정한 동산이나 대체물의 일정한 수량을 인도하여야 할 때에는 집행관은 이를 채무자로부터 빼앗아 채권자에게 인도하여야 한다.

제259조 (목적물을 제3자가 점유하는 경우) 인도할 물건을 제3자가 점유하고 있는 때에는 채권자의 신청에 따라 금전채권의 압류에 관한 규정에 따라 채무자의 제3자에 대한 인도청구권을 채권자에게 넘겨야 한다.

제2절 유체동산에 대한 가압류

유체동산가압류신청 시 가압류할 유체동산의 종류나 수량, 유체동산이 있는 장소 등을 특정할 수 있음은 물론이나, 채권자가 채무자 소유의 유체동산이 어떤 것인지를 알 수 없는 경우도 있으므로 가압류할 유체동산을 특정하지 않고 채무자의 유체동산 전체를 그 대상으로 하여 가압류를 신청하는 것도 허용하고 있는 것이 실무의 입장이다.

1. 집행절차

가. 개요

(1) 유체동산에 대한 가압류집행은 압류와 같은 원칙에 따라야 한다(민집 제296조 제1항). 유체동산가압류는 집행관에게 집행을 위임하여 집행관이 유체동산 압류의 방식에 의하여 집행한다. 그 집행위임은 채권자·채무자와 그 대리인의 표시, 가압류명령의 표시, 가압류목적물인 유체동산이 있는 장소, 가압류 청구채권 중 일부에 관하여만 집행을 구하는 때에는 그 범위를 적은 서면에 가압류명령 정본을 붙여서 하여야 한다(민집규 제212조 제1항).
(2) 집행관이 유체동산을 가압류 하였을 때에는 다음의 양식에 의한 조서를 작성한다[집행관사무소소에 비치할 각종 문서의 양식에 관한 예규(행정예규 1200호) 부록 제2호 문서양식 2-35]

```
              ○ ○ 지방법원
            유체동산가압류조서

 사  건 : 20    가
 채권자 :
 채무자 :
 집행권원 :
 청구금액 : 원금          원, 이자       원
 집행비용 :  금           원
```

집행일시 : 200 . . .   :
집행장소 :

1. 위 집행권원에 의한 채권자의 위임에 의하여 집행 장소에서 채무자를 만나 집행권원을 제시하고 가압류할 뜻을 고지한 후를 참여 시키고 별지목록 기재 물건을 가압류하였다.
2. 가압류 물건은 집행관이 점유하고 봉인 (   )의 방법으로 가압류 물임을 명백히 한 후, 채권자의 승낙을 얻어 채무자에게 보관시켰다.
3. 보관자에게는 가압류물건의 점유는 집행관에게 옮겼으므로 누구든지 이를 처분하지 못하며 이를 처분 또는 은닉하거나 가압류표시를 훼손하는 경우에는 벌을 받을 것임을 고지하였다.
4. 이 절차는 같은 날   :   에 종료하였다.

　이 조서를 현장에서 작성하여 집행참여자에게 읽어준(보여준) 즉 승인하고, 다음에   서명날인 하였다.

20 . . .

　　　　　　　집행관　　　　　　　(인)
　　　　　　　채권자　　　　　　　(인)
　　　　　　　채무자　　　　　　　(인)
　　　　참여자　성명　　　　(인) 주민등록번호
　　　　　　　　　　주소
　　　　참여자　성명　　　　(인) 주민등록번호
　　　　　　　　　　주소

주 1. 다음 각 호에 해당하는 경우에는 그 사항을 조서에 기재한다.
　　① 집행에 착수한 후 정지한 때에는 그 사유
　　② 집행에 저항을 받은 때에는 그 취지와 이에 대하여 한 조치
　　③ 집행의 목적을 달성할 수 없었던 때에는 그 사유
　　④ 집행을 속행한 때에는 그 사유
　　⑤ 채무자가 자기 소유가 아니라는 진술을 한 압류물에 관하여는 그 취지
　　⑥ 압류물을 보관시키면서 특별한 보관조건을 정한 때에는 그 보관조건
　2. 채권자나 채무자가 아닌 제3자에게 압류 물을 보관시킨 경우에는 조서 말미에 보관자의 주소 성명을 기재한 후 서명날인을 받아야 한다.

※ 예탁비트코인 공유지분 가압류[3]

1. 채무자의 제3채무자들에 대한 별지 목록 기재 비트코인에 관한 공유지분을 각 가압류한다
2. 채무자는 별지 목록 기재 예탁 비트코인에 관한 공유지분에 대하여 계좌대체의 청구나 비트코인 반환의 청구 기타 일체의 처분행위를 하여서는 아니 된다.
3. 제3채무자들은 별지 목록 기재 예탁 비트코인에 관한 공유지분에 대하여 계좌대체를 하거나 채무자에게 이를 지급을 하여서는 아니 된다.

나. 비트코인 출급청구채권을 가압류[4]

1. 채무자들의 제3채무자들에 대한 별지 기재 채권을 가압류한다.
2. 제3채무자들은 채무자들에게 위 채권에 관한 지급을 하여서는 아니된다.

[별지]

제3채무자가 운영하는 온라인 암호화거래소인 빗썸(bithumb.com)에서 채무자들이 아래의 개인정보를 사용하여 개설한 각 전자지갑에 보관되어 있는 비트코인 등 암호화폐 일체에 대한 출금청구권
채무자 : 김00
생년월일 : 1900. 00. 00.
휴대폰번호 : 010-0000-0000
이메일주소 : 0000@gmai.com
ID : B00000B

---

[3] 민사집행 실무연구(Ⅴ) 제141집 2021년 법원도서관, 가상화폐와 강제집행, 박영호, 400, 401 인용
[4] 민사집행 실무연구(Ⅴ) 제141집 2021년 법원도서관, 가상화폐와 강제집행, 박영호, 402 인용

다. 암호화폐 전송, 매각 등 이행청구채권을 가압류[5]

[별지]

청구금액 : 50,000,000원
채무자가 제3채무자에 대하여 가지는 아래 기재 채권 중 위 청구금액에 이를 때까지의 금액(가압류결정일 당일 최저시가 기준)
예금주 : ○○○
1. 채무자의 제3채무자에 대한 암호화폐 계좌(전자지갑) 내의 암호화폐들에 대한 전송, 매각 등 일체의 이행청구권
2. 압류되지 않은 예금과 압류된 예금이 있는 때에는 다음 순서에 의하여 가압류한다.
가. 선행압류, 가압류가 되지 않은 암호화폐 계좌
나. 선행압류, 가압류가 된 암호화폐 계좌
3. 여러 종류의 암호화폐가 있을 때에는 다음 순서에 의하여 가압류한다.
가. 이더리움, 나. 비트코인, 다. 비트코인 캐쉬, 라. 그 외의 알트코인

라. 암호화폐 지급청구권[6]

[별지]

청구채권의 금액 1,058,829,100원[1이더리움과 한화의 교환비율 1이더리움 : 326,900원으로 청구채권을 환산한 금액입니다(참고자료 1. 빗썸 2017. 9. 27. 자 이더리움 차트)]
채무자가 제3채무자에 대하여 가지는 2017. 9. 프리세일에 기한 5,000,000(2,000 이더리움 × 2,500) 아이콘 지급청구권. 끝.

---

[5] 민사집행 실무연구(V) 제141집 2021년 법원도서관, 가상화폐와 강제집행, 박영호, 402, 403 인용
[6] 민사집행 실무연구(V) 제141집 2021년 법원도서관, 가상화폐와 강제집행, 박영호, 408, 409 인용

제6장 가상화폐거래의 의미

제1절 가상화폐에 대한 이해

1. 가상화폐 정의

디지털통화(digital currency), 가상화폐(virtual currency), 암호화폐(crypto currency), 가상통화(virtual currency)

▣ 특정 금융거래정보의 보고 및 이용 등에 관한 법률

제2조 (정의) 이 법에서 사용하는 용어의 뜻은 다음과 같다. <개정 2011. 5. 19., 2013. 8. 13., 2014. 5. 28., 2016. 5. 29., 2020. 3. 24., 2020. 5. 19.>

2. "금융거래등"이란 다음 각 목의 것을 말한다.
   가. 금융회사등이 금융자산(「금융실명거래 및 비밀보장에 관한 법률」 제2조제2호에 따른 금융자산을 말한다)을 수입·매매·환매·중개·할인·발행·상환·환급·수탁·등록·교환하거나 그 이자·할인액 또는 배당을 지급하는 것과 이를 대행하는 것, 그 밖에 금융자산을 대상으로 하는 거래로서 총리령으로 정하는 것
   나. 「자본시장과 금융투자업에 관한 법률」에 따른 파생상품시장에서의 거래, 그 밖에 대통령령으로 정하는 것
   다. 카지노사업자의 영업장에서 현금 또는 수표를 대신하여 쓰이는 것으로서 대통령령으로 정하는 것과 현금 또는 수표를 교환하는 거래
   라. 가상자산사업자가 수행하는 제1호하목1)부터 6)까지의 어느 하나에 해당하는 것(이하 "가상자산거래"라 한다)
3. "가상자산"이란 경제적 가치를 지닌 것으로서 전자적으로 거래 또는 이전될 수 있는 전자적 증표(그에 관한 일체의 권리를 포함한다)를 말한다. 다만, 다음 각 목의 어느 하나에 해당하는 것은 제외한다.
   가. 화폐·재화·용역 등으로 교환될 수 없는 전자적 증표 또는 그 증표에 관한 정보로서 발행인이 사용처와 그 용도를 제한한 것
   나. 「게임산업진흥에 관한 법률」 제32조제1항제7호에 따른 게임물의 이용을 통하여 획득한 유·무형의 결과물
   다. 「전자금융거래법」 제2조제14호에 따른 선불전자지급수단 및 같은 조 제15호에 따른 전자화폐

라. 「주식·사채 등의 전자등록에 관한 법률」 제2조제4호에 따른 전자등록주식 등
마. 「전자어음의 발행 및 유통에 관한 법률」 제2조제2호에 따른 전자어음
바. 「상법」 제862조에 따른 전자선하증권
사. 거래의 형태와 특성을 고려하여 대통령령으로 정하는 것
4. "불법재산"이란 다음 각 목의 것을 말한다.
    가. 「범죄수익은닉의 규제 및 처벌 등에 관한 법률」 제2조제4호에 따른 범죄수익등
    나. 「마약류 불법거래 방지에 관한 특례법」 제2조제5항에 따른 불법수익등
    다. 「공중 등 협박목적 및 대량살상무기확산을 위한 자금조달행위의 금지에 관한 법률」 제2조제1호에 따른 공중협박자금
5. "자금세탁행위"란 다음 각 목의 행위를 말한다.
    가. 「범죄수익은닉의 규제 및 처벌 등에 관한 법률」 제3조에 따른 범죄행위
    나. 「마약류 불법거래 방지에 관한 특례법」 제7조에 따른 범죄행위
    다. 「조세범 처벌법」 제3조, 「관세법」 제270조, 「지방세기본법」 제102조 또는 「특정범죄 가중처벌 등에 관한 법률」 제8조의 죄를 범할 목적 또는 세법에 따라 납부하여야 하는 조세(「지방세기본법」에 따른 지방세를 포함한다. 이하 같다)를 탈루할 목적으로 재산의 취득·처분 또는 발생 원인에 관한 사실을 가장(假裝)하거나 그 재산을 은닉하는 행위
6. "공중협박자금조달행위"란 「공중 등 협박목적 및 대량살상무기확산을 위한 자금조달행위의 금지에 관한 법률」 제6조제1항의 죄에 해당하는 행위를 말한다.

■ 특정 금융거래정보의 보고 및 이용 등에 관한 법률 시행령

제1조의2 (가상자산거래의 범위) 「특정 금융거래정보의 보고 및 이용 등에 관한 법률」(이하 "법"이라 한다) 제2조제1호하목3)에서 "대통령령으로 정하는 행위"란 고객의 요청에 따라 가상자산의 매매, 교환, 보관 또는 관리 등을 위해 가상자산을 이전하는 모든 행위를 말한다. [본조신설 2021. 3. 23.]

제10조의3 (일회성 금융거래등의 금액) ① 법 제5조의2제1항제1호 각 목 외의 부분에서 "대통령령으로 정하는 금액"이란 다음 각 호의 구분에 따른 금액을 말한다. <개정 2008. 11. 11., 2013. 8. 6., 2015. 12. 30., 2019. 2. 26., 2021. 3. 23.>
1. 법 제2조제2호다목에 따른 거래의 경우: 3백만원 또는 그에 상당하는 다른 통화로 표시된 금액
1의2. 법 제2조제2호라목에 따른 가상자산거래(이하 "가상자산거래"라 한다)의 경

우: 1백만원에 상당하는 가상자산의 금액. 이 경우 가상자산의 현금 환산 기준은 금융정보분석원장이 정하여 고시한다.
2. 법 제5조의3에 따른 전신송금의 경우: 1백만원 또는 그에 상당하는 다른 통화로 표시된 금액
3. 그 밖의 일회성 금융거래등의 경우: 다음 각 목의 구분에 따른 금액
　가. 외국통화로 표시된 외국환거래의 경우: 1만 미합중국달러 또는 그에 상당하는 다른 통화로 표시된 금액
　나. 가목 외의 금융거래등의 경우: 1천만원
② 제1항에 따른 금융거래등의 금액을 산정할 때에 금융거래등의 대상이 되는 재산의 액면금액과 실지거래금액이 다른 경우에는 실지거래금액에 의한다. <개정 2021. 3. 23.> [본조신설 2005. 9. 27.] [제목개정 2021. 3. 23.]

제10조의8 (정보제공대상 전신송금 기준금액) 법 제5조의3제1항 각 호 외의 부분에서 "대통령령으로 정하는 금액"이란 다음 각 호의 구분에 따른 금액을 초과하는 금액을 말한다.
1. 국내송금의 경우: 원화 1백만원 또는 그에 상당하는 다른 통화로 표시된 금액
2. 해외송금의 경우: 1천 미합중국달러 또는 그에 상당하는 다른 통화로 표시된 금액

[본조신설 2013. 11. 13.] [제10조의7에서 이동, 종전 제10조의8은 제10조의9로 이동 <2021. 3. 23.>]

제10조의10 (가상자산이전 시 정보제공) 법 제6조제3항에 따라 가상자산사업자에 대하여 법 제5조의3을 적용하는 경우 그 정보 제공에 관하여는 다음 각 호에서 정하는 바에 따른다.
1. 정보제공은 금융정보분석원장이 정하여 고시하는 환산 기준에 따라 가상자산사업자가 다른 가상자산사업자에게 1백만원 이상에 상당하는 가상자산을 이전하는 경우에 할 것
2. 가상자산을 이전하는 가상자산사업자는 가상자산을 이전받는 가상자산사업자에게 다음 각 목의 정보를 제공할 것
　가. 가상자산을 보내는 고객과 가상자산을 받는 고객의 성명(법인·단체의 경우에는 법인·단체의 명칭 및 대표자 성명을 말한다)
　나. 가상자산을 보내는 고객과 가상자산을 받는 고객의 가상자산주소(가상자산의 전송 기록 및 보관 내역의 관리를 위해 전자적으로 생성시킨 고유식별번호를 말한다)
3. 금융정보분석원장 또는 가상자산을 이전받는 가상자산사업자가 요청하는 경우에는 가상자산을 보내는 고객의 주민등록번호(법인의 경우에는 법인등록번호를 말

한다) 또는 여권번호·외국인등록번호(외국인만 해당한다)를 제공할 것
4. 제2호에 따른 정보는 가상자산을 이전하는 경우에 함께 제공하고, 제3호에 따른 정보는 정보제공을 요청받은 날부터 3영업일 이내에 제공할 것
[본조신설 2021. 3. 23.]

▣ 특정 금융거래정보 보고 및 감독규정

제26조 (가상자산의 가격 산정 방식) ① 영 제10조의3제1항제1호의2에서 "가상자산의 현금 환산 기준"이란 가상자산의 매매·교환 거래체결 시점 또는 법 제2조제1호하목에 따른 가상자산사업자(이하 "가상자산사업자"라 한다)가 가상자산의 이전을 요청받거나 가상자산을 이전받은 시점에서 가상자산사업자가 표시하는 가상자산의 가액을 적용하여 원화로 환산하는 것을 말한다.
② 영 제10조의10제1호에서 "금융정보분석원장이 정하여 고시하는 환산 기준"이란 고객이 가상자산사업자에게 가상자산의 이전을 요청한 때 가상자산사업자가 표시하는 가상자산의 가액을 적용하여 원화로 환산하는 것을 말한다.

제27조 (가상자산사업자의 신고) ① 법 제7조제3항제2호 단서에서 "가상자산거래의 특성을 고려하여 금융정보분석원장이 정하는 자"란 가상자산사업자가 고객에게 제공하는 법 제2조제2호라목에 따른 가상자산거래(이하 "가상자산거래"라 한다)와 관련하여 가상자산과 금전의 교환 행위가 없는 경우 그 가상자산사업자를 말한다.
② 영 제10조의11제1항 각 호 외의 부분에서 "금융정보분석원장이 정하여 고시하는 신고서", 같은 조 제3항에서 "금융정보분석원장이 정하여 고시하는 변경신고서" 및 영 제10조의15제2항에서 "금융정보분석원장이 정하여 고시하는 갱신신고서"란 별지 제4호 서식의 가상자산사업자 신고서(변경신고서·갱신신고서)를 말한다.
③ 영 제10조의11제1항제5호에서 "금융정보분석원장이 필요하다고 정하여 고시하는 자료"란 본점의 위치와 명칭을 기재한 자료를 말한다.
④ 영 제10조의11제2항제5호에서 "금융정보분석원장이 정하여 고시하는 사항"이란 다음 각 호의 사항을 말한다.
 1. 법 제2조제1호하목에 따른 행위 중 가상자산사업자가 수행할 행위의 유형
 2. 법 제7조제3항제2호 본문에 따른 실명확인이 가능한 입출금 계정에 관한 정보
 3. 외국 가상자산사업자[본점 또는 주사무소가 외국에 있는 자(사업의 실질적 관리장소가 국내에 있지 않은 경우만 해당한다)로서 내국인을 대상으로 가상자산거래를 영업으로 하는 자를 말한다]의 경우 다음 각 목의 사항
  가. 국내 사업장의 소재지 및 연락처
  나. 국내에 거주하면서 외국 가상자산사업자를 대표할 수 있는 자의 국적 및 성명

제28조 (가상자산사업자의 조치) 영 제10조의20제5호에서 "금융정보분석원장이 정하여 고시하는 조치"란 다음 각 호의 조치를 말한다.
1. 자신의 고객과 다른 가상자산사업자의 고객 간 가상자산의 매매·교환을 중개하지 않을 것. 다만, 다른 가상자산사업자가 국내 또는 해외에서 인가·허가·등록·신고 등(이하 "인허가등"이라 한다)을 거쳐 자금세탁방지 의무를 이행하는 가상자산사업자이며, 가상자산사업자가 자신의 고객과 거래한 다른 가상자산사업자의 고객에 대한 정보를 확인할 수 있는 경우에는 중개할 수 있으며, 이 경우 다음 각 목의 사항을 이행해야 한다.
    가. 다른 가상자산사업자가 해외에서 인허가등을 받은 경우 외국 정부가 발행한 인허가등의 증표 사본을 금융정보분석원장에게 제출할 것
    나. 자신의 고객과 거래한 다른 가상자산사업자의 고객에 대한 정보를 매일 확인·기록해야 하며, 그 확인 절차 및 방법을 금융정보분석원장에게 사전에 제출할 것
2. 가상자산이 하나의 가상자산주소에서 다른 가상자산주소로 이전될 때 전송기록이 식별될 수 없도록 하는 기술이 내재되어 가상자산사업자가 전송기록을 확인할 수 없는 가상자산인지를 확인해야 하며, 이를 알게 된 경우 해당 가상자산을 취급하지 않도록 관리할 것

2. 비트코인의 개념

사토시 나카모토(Satoshi Nakamoto)
명목화폐(flatmoney)   '가상화폐(virtual Currency)'
전자적 P2P(peer to peer)   '암호화폐(Crypto Currency)'
디지털화폐(digital currency)
블록체인(block chain)
채굴(mining)

3. 비트코인의 형법상 '물건'

■ 형법

제346조 (동력) 본장의 죄에 있어서 관리할 수 있는 동력은 재물로 간주한다.

◨ 민법

제98조 (물건의 정의) 본법에서 물건이라 함은 유체물 및 전기 기타 관리할 수 있는 자연력을 말한다.

※ 참조판례 : 2002. 7. 12. 2002도745 판결

4. 비트코인의 범죄수익은닉규제법상 몰수

범죄수익은닉규제법 별표 제1호 사목에서는 형법 제247조의 죄를, 별표 제24호

[별표] 중대범죄 <개정 2020. 5. 19.> (범죄수익은닉의 규제 및 처벌 등에 관한 법률 별표)

중대범죄(제2조제1호 관련)

1. 「형법」 중 다음 각 목의 죄
   사. 제2편제23장 도박과 복표에 관한 죄 중 제246조제2항 및 제247조의 죄
24. 「정보통신망 이용촉진 및 정보보호 등에 관한 법률」 제71조제1항제2호·제3호·제5호·제6호 및 제74조제1항제2호·제6호의 죄

◨ 정보통신망 이용촉진 및 정보보호 등에 관한 법률

제74조 (벌칙) ① 다음 각 호의 어느 하나에 해당하는 자는 1년 이하의 징역 또는 1천만원 이하의 벌금에 처한다. <개정 2012. 2. 17., 2014. 5. 28.>
   2. 제44조의7제1항제1호를 위반하여 음란한 부호·문언·음향·화상 또는 영상을 배포·판매·임대하거나 공공연하게 전시한 자

가. 비트코인의 '전자문서'

◨ 전자문서 및 전자거래 기본법

제2조 (정의) 이 법에서 사용하는 용어의 뜻은 다음과 같다. <개정 2020. 6. 9.>
　　1. "전자문서"란 정보처리시스템에 의하여 전자적 형태로 작성·변환되거나 송신·수신 또는 저장된 정보를 말한다.
　　5. "전자거래"란 재화나 용역을 거래할 때 그 전부 또는 일부가 전자문서 등 전자적 방식으로 처리되는 거래를 말한다.

제3조 (적용범위) 이 법은 다른 법률에 특별한 규정이 있는 경우를 제외하고 모든 전자문서 및 전자거래에 적용한다. [전문개정 2012. 6. 1.]

5. 비트코인의 추징대상

◨ 형법

제48조 (몰수의 대상과 추징) ② 제1항 각 호의 물건을 몰수할 수 없을 때에는 그 가액(價額)을 추징한다.

6. 가상자산의 몰수 및 강제징수 현황

◨ 형법

제48조 (몰수의 대상과 추징) ① 범인 외의 자의 소유에 속하지 아니하거나 범죄 후 범인 외의 자가 사정을 알면서 취득한 다음 각 호의 물건은 전부 또는 일부를 몰수할 수 있다.
　　1. 범죄행위에 제공하였거나 제공하려고 한 물건
　　2. 범죄행위로 인하여 생겼거나 취득한 물건
　　3. 제1호 또는 제2호의 대가로 취득한 물건
② 제1항 각 호의 물건을 몰수할 수 없을 때에는 그 가액(價額)을 추징한다.
③ 문서, 도화(圖畵), 전자기록(電磁記錄) 등 특수매체기록 또는 유가증권의 일부가 몰수의 대상이 된 경우에는 그 부분을 폐기한다.

▣ 범죄수익은닉의 규제 및 처벌 등에 관한 법률

제2조 (정의) 이 법에서 사용하는 용어의 뜻은 다음과 같다. <개정 2014. 5. 28., 2014. 11. 19.>
    2. "범죄수익"이란 다음 각 목의 어느 하나에 해당하는 것을 말한다.
        가. 중대범죄에 해당하는 범죄행위에 의하여 생긴 재산 또는 그 범죄행위의 보수(報酬)로 얻은 재산

▣ 범죄수익은닉의 규제 및 처벌 등에 관한 법률 시행령

제2조 (신고 또는 공로의 범위) ② 제1항제3호에서 "은닉재산"이란 몰수·추징의 판결이 확정된 자가 은닉한 현금, 예금, 주식, 그 밖에 재산적 가치가 있는 유형·무형의 재산을 말한다. 다만, 다음 각 호의 어느 하나에 해당하는 재산은 제외한다. <개정 2021. 2. 17.>
    1. 「국세징수법」 제25조 등에 따라 국가 또는 지방자치단체의 청구에 의하여 사해행위(詐害行爲) 취소소송의 대상이 되어 있는 재산
    2. 검사가 은닉 사실을 알고 조사 또는 「국세징수법」에 따른 체납처분 절차에 착수한 재산

가. 매각

▣ 형사소송법

제477조 (재산형 등의 집행) ① 벌금, 과료, 몰수, 추징, 과태료, 소송비용, 비용배상 또는 가납의 재판은 검사의 명령에 의하여 집행한다.
② 전항의 명령은 집행력 있는 채무명의와 동일한 효력이 있다.
③ 제1항의 재판의 집행에는 「민사집행법」의 집행에 관한 규정을 준용한다. 단, 집행 전에 재판의 송달을 요하지 아니한다.
④ 제3항에도 불구하고 제1항의 재판은 「국세징수법」에 따른 국세체납처분의 예에 따라 집행할 수 있다.
⑤ 검사는 제1항의 재판을 집행하기 위하여 필요한 조사를 할 수 있다. 이 경우 제199조제2항을 준용한다.
⑥ 벌금, 과료, 추징, 과태료, 소송비용 또는 비용배상의 분할납부, 납부연기 및 납부대행기관을 통한 납부 등 납부방법에 필요한 사항은 법무부령으로 정한다.

국세징수법

제65조 (매각 방법) ① 압류재산은 공매 또는 수의계약으로 매각한다.

제2절 거래의 법률적 성격

채무불이행책임(민법 제390조)
불법행위책임(제750조)

민법

제390조 (채무불이행과 손해배상) 채무자가 채무의 내용에 좇은 이행을 하지 아니한 때에는 채권자는 손해배상을 청구할 수 있다. 그러나 채무자의 고의나 과실없이 이행할 수 없게 된 때에는 그러하지 아니하다.

제750조 (불법행위의 내용) 고의 또는 과실로 인한 위법행위로 타인에게 손해를 가한 자는 그 손해를 배상할 책임이 있다.

사기에 의한 의사표시(민법 제110조)
착오에 의한 의사표시(민법 제109조)

민법

제109조 (착오로 인한 의사표시) ① 의사표시는 법률행위의 내용의 중요부분에 착오가 있는 때에는 취소할 수 있다. 그러나 그 착오가 표의자의 중대한 과실로 인한 때에는 취소하지 못한다.
② 전항의 의사표시의 취소는 선의의 제삼자에게 대항하지 못한다.

제110조 (사기, 강박에 의한 의사표시) ① 사기나 강박에 의한 의사표시는 취소할 수 있다.
② 상대방있는 의사표시에 관하여 제삼자가 사기나 강박을 행한 경우에는 상대방이 그 사실을 알았거나 알 수 있었을 경우에 한하여 그 의사표시를 취소할 수 있다.
③ 전2항의 의사표시의 취소는 선의의 제삼자에게 대항하지 못한다.

▣ 부정경쟁방지 및 영업비밀보호에 관한 법률

제2조 (정의) 이 법에서 사용하는 용어의 뜻은 다음과 같다. <개정 2011. 12. 2., 2013. 7. 30., 2015. 1. 28., 2018. 4. 17., 2019. 1. 8.>
   2. "영업비밀"이란 공공연히 알려져 있지 아니하고 독립된 경제적 가치를 가지는 것으로서, 비밀로 관리된 생산방법, 판매방법, 그 밖에 영업활동에 유용한 기술상 또는 경영상의 정보를 말한다.
   3. "영업비밀 침해행위"란 다음 각 목의 어느 하나에 해당하는 행위를 말한다.
      가. 절취(竊取), 기망(欺罔), 협박, 그 밖의 부정한 수단으로 영업비밀을 취득하는 행위(이하 "부정취득행위"라 한다) 또는 그 취득한 영업비밀을 사용하거나 공개(비밀을 유지하면서 특정인에게 알리는 것을 포함한다. 이하 같다)하는 행위
      나. 영업비밀에 대하여 부정취득행위가 개입된 사실을 알거나 중대한 과실로 알지 못하고 그 영업비밀을 취득하는 행위 또는 그 취득한 영업비밀을 사용하거나 공개하는 행위
      다. 영업비밀을 취득한 후에 그 영업비밀에 대하여 부정취득행위가 개입된 사실을 알거나 중대한 과실로 알지 못하고 그 영업비밀을 사용하거나 공개하는 행위
      라. 계약관계 등에 따라 영업비밀을 비밀로서 유지하여야 할 의무가 있는 자가 부정한 이익을 얻거나 그 영업비밀의 보유자에게 손해를 입힐 목적으로 그 영업비밀을 사용하거나 공개하는 행위
      마. 영업비밀이 라목에 따라 공개된 사실 또는 그러한 공개행위가 개입된 사실을 알거나 중대한 과실로 알지 못하고 그 영업비밀을 취득하는 행위 또는 그 취득한 영업비밀을 사용하거나 공개하는 행위
      바. 영업비밀을 취득한 후에 그 영업비밀이 라목에 따라 공개된 사실 또는 그러한 공개행위가 개입된 사실을 알거나 중대한 과실로 알지 못하고 그 영업비밀을 사용하거나 공개하는 행위

제2조 (정의) 이 법에서 사용하는 용어의 뜻은 다음과 같다. <개정 2011. 12. 2., 2013. 7. 30., 2015. 1. 28., 2018. 4. 17., 2019. 1. 8., 2021. 12. 7.>
   2. "영업비밀"이란 공공연히 알려져 있지 아니하고 독립된 경제적 가치를 가지는 것으로서, 비밀로 관리된 생산방법, 판매방법, 그 밖에 영업활동에 유용한 기술상 또는 경영상의 정보를 말한다.
   3. "영업비밀 침해행위"란 다음 각 목의 어느 하나에 해당하는 행위를 말한다.
      가. 절취(竊取), 기망(欺罔), 협박, 그 밖의 부정한 수단으로 영업비밀을 취득하는 행위(이하 "부정취득행위"라 한다) 또는 그 취득한 영업비밀을 사용하거나 공개(비밀을 유지하면서 특정인에게 알리는 것을 포함한다. 이하 같다)하는 행위

> 나. 영업비밀에 대하여 부정취득행위가 개입된 사실을 알거나 중대한 과실로 알지 못하고 그 영업비밀을 취득하는 행위 또는 그 취득한 영업비밀을 사용하거나 공개하는 행위
> 다. 영업비밀을 취득한 후에 그 영업비밀에 대하여 부정취득행위가 개입된 사실을 알거나 중대한 과실로 알지 못하고 그 영업비밀을 사용하거나 공개하는 행위
> 라. 계약관계 등에 따라 영업비밀을 비밀로서 유지하여야 할 의무가 있는 자가 부정한 이익을 얻거나 그 영업비밀의 보유자에게 손해를 입힐 목적으로 그 영업비밀을 사용하거나 공개하는 행위
> 마. 영업비밀이 라목에 따라 공개된 사실 또는 그러한 공개행위가 개입된 사실을 알거나 중대한 과실로 알지 못하고 그 영업비밀을 취득하는 행위 또는 그 취득한 영업비밀을 사용하거나 공개하는 행위
> 바. 영업비밀을 취득한 후에 그 영업비밀이 라목에 따라 공개된 사실 또는 그러한 공개행위가 개입된 사실을 알거나 중대한 과실로 알지 못하고 그 영업비밀을 사용하거나 공개하는 행위
>
> [전문개정 2007. 12. 21.] [시행일: 2022. 6. 8.] 제2조제1호타목
> [시행일: 2022. 4. 20.] 제2조

1. 전통적 의미의 재산권을 대상

우리나라 법원의 판례는 가상통화의 재산적 가치를 인정하고 있다.

■ 범죄수익은닉규제법 시행령

제2조 (신고 또는 공로의 범위) ② 제1항제3호에서 "은닉재산"이란 몰수·추징의 판결이 확정된 자가 은닉한 현금, 예금, 주식, 그 밖에 재산적 가치가 있는 유형·무형의 재산을 말한다. 다만, 다음 각 호의 어느 하나에 해당하는 재산은 제외한다. <개정 2021. 2. 17.>
   1. 「국세징수법」 제25조 등에 따라 국가 또는 지방자치단체의 청구에 의하여 사해행위(詐害行爲) 취소소송의 대상이 되어 있는 재산
   2. 검사가 은닉 사실을 알고 조사 또는 「국세징수법」에 따른 체납처분 절차에 착수한 재산

[판례 1] 부가가치세및종합소득세부과처분취소 (대법원 2012. 4. 13. 선고 2011두30281 판결)

【판시사항】

과세관청이, 게임아이템 중개업체의 인터넷 사이트를 통해 온라인 게임 '리니지'에 필요한 게임머니를 게임제공업체나 게임이용자에게서 매수한 후 다른 게임이용자에게 매도하고 대금을 중개업체를 경유하여 지급받은 갑이 사업자로서 게임머니를 판매하면서도 매출신고를 누락하였다는 이유로 갑에게 부가가치세 부과처분을 한 사안에서, 게임머니는 구 부가가치세법상의 '재화'에 해당하고, 갑의 게임머니 매도 거래는 재화의 '공급'에 해당하며, 갑은 부가가치를 창출해 낼 수 있는 정도의 사업형태를 갖추고 계속적이고 반복적인 의사로 재화인 게임머니를 게임이용자에게 공급하였다고 봄이 타당하므로 구 부가가치세법상의 '사업자'에 해당한다고 보아 부가가치세 부과처분이 적법하다고 한 원심판단을 수긍한 사례

【참조조문】

구 부가가치세법(2008. 12. 26. 법률 제9268호로 개정되기 전의 것) 제1조 제1항 제1호, 제2항, 제2조 제1항, 제6조 제1항, 부가가치세법 시행령 제1조 제2항

【전 문】

【원고, 상고인】 원고

【피고, 피상고인】 남대구세무서장

【원심판결】 대구고법 2011. 10. 14. 선고 2011누1277 판결

【주 문】

상고를 기각한다. 상고비용은 원고가 부담한다.

【이 유】

상고이유를 판단한다.

1. 부가가치세 부과처분에 관한 상고이유에 대하여

구 부가가치세법(2008. 12. 26. 법률 제9268호로 개정되기 전의 것. 이하 같다) 제1조 제1항은 "부가가치세는 다음 각호의 거래에 대하여 부과한다."고 하면서 그 제1호로 "재화 또는 용역의 공급"을 규정하고 있고, 제1조 제2항은 " 제1항에서 재화라 함은 재산적 가치가 있는 모든 유체물과 무체물을 말한다."고 규정하고 있으며, 같은 법 시행령 제1조 제2항은 " 법 제1조 제2항에서 규정하는 무체물에는 동력·열 기타 관리할 수 있는 자연력 및 권리 등으로서 재산적 가치가 있는 유체물 이외의 모든 것을 포함한다."고 규정하고 있다. 그리고 구 부가가치세

법 제6조 제1항은 "재화의 공급은 계약상 또는 법률상의 모든 원인에 의하여 재화를 인도 또는 양도하는 것으로 한다."고 규정하고 있고, 제2조 제1항은 "영리목적의 유무에 불구하고 사업상 독립적으로 재화(제1조에 규정하는 재화를 말한다. 이하 같다) 또는 용역(제1조에 규정하는 용역을 말한다. 이하 같다)을 공급하는 자(이하 '사업자'라 한다)는 이 법에 의하여 부가가치세를 납부할 의무가 있다."고 규정하고 있다.

원심판결 이유에 의하면 원심은, 그 채택 증거를 종합하여 원고는 2004년 부가가치세 과세기간 동안 게임아이템 중개업체의 인터넷사이트를 통하여 온라인 게임인 '리니지'에 필요한 사이버 화폐인 게임머니를 게임제공업체나 게임이용자로부터 매수한 후 이를 다시 다른 게임이용자에게 매도하고, 그 대금을 게임이용자로부터 중개업체를 경유하여 지급받은 사실, 피고는 원고가 구 부가가치세법상의 납세의무자인 사업자로서 게임머니(원심판결의 판시 이유 1. 나.에 기재된 '게임아이템'은 '게임머니'를 지칭한 것으로 보인다)를 판매하면서도 이에 대한 매출신고를 누락하였다는 이유로 이 사건 부가가치세 부과처분을 한 사실 등 판시와 같은 사실을 인정한 다음, 게임머니는 구 부가가치세법상의 '재화'에 해당하고, 원고의 게임머니 매도거래는 재화의 '공급'에 해당하며, 원고는 부가가치를 창출해 낼 수 있는 정도의 사업형태를 갖추고 계속적이고 반복적인 의사로 재화인 게임머니를 게임이용자에게 공급하였다고 봄이 상당하므로 원고는 구 부가가치세법상의 '사업자'에 해당한다고 판단하였다.

앞에서 본 관련 법령규정과 기록에 비추어 살펴보면 원심의 위와 같은 판단은 정당한 것으로 수긍할 수 있고, 거기에 상고이유의 주장과 같이 구 부가가치세법상의 과세대상과 납세의무자에 관한 법리를 오해하는 등의 위법이 없다.

2. 종합소득세 부과처분에 관한 상고이유에 대하여

소득세의 과세대상인 사업소득은 영리를 목적으로 독립된 지위에서 계속적·반복적으로 행해지는 사회적 활동인 사업에서 발생하는 소득을 말한다(대법원 2010. 9. 9. 선고 2010두8430 판결 참조).

원심판결 이유에 의하면 원심은, 피고가 원고의 위와 같은 게임머니 거래에서 발생한 소득을 사업소득에 해당한다고 보고, 업종을 전자상거래업으로 하여 종합소득금액을 산정한 다음 그 세액을 산출한 방식이 적법하다고 판단하였다.

위 법리와 기록에 비추어 살펴보면 원심의 위와 같은 판단은 정당한 것으로 수긍할 수 있고, 거기에 상고이유의 주장과 같이 소득세법상의 사업소득에 관한 법리를 오해한 위법이 없다.

3. 조세법률주의, 공평과세원칙, 소급과세금지원칙, 비과세관행에 위반된다는 상고

이유에 대하여

원심판결 이유에 의하면 원심은, 원고의 게임머니 거래행위가 구 부가가치세법상 재화의 공급에 해당하는지 여부는 법률해석 문제로서 원고의 납세의무 성립 당시에도 이 사건 부가가치세 및 종합소득세 부과처분의 근거법령은 이미 존재하고 있었고 새로운 세법의 제정에 의하여 그 부과처분이 가능해진 것이 아니므로 조세법률주의나 소급과세금지원칙의 위반 여부는 문제되지 아니한다고 판단하는 한편 원고의 게임머니 거래 당시 그 거래에 대하여 과세하지 않겠다는 공적 견해의 표명이 있었다거나 비과세의 관행이 성립되었음을 인정할 아무런 증거가 없다고 판단하였다.

관련 법리와 기록에 비추어 살펴보면 원심의 위와 같은 판단은 정당한 것으로 수긍할 수 있고, 거기에 상고이유의 주장과 같이 조세법률주의, 소급과세금지원칙, 비과세관행에 관한 법리를 오해하는 등의 위법이 없다.

그리고 이 사건 부가가치세 및 종합소득세 부과처분이 공평과세원칙에 위반된다는 주장은 원고가 상고심에 이르러 비로소 내세우는 새로운 주장으로서 적법한 상고이유가 되지 못할 뿐더러, 원심의 판단에 그와 같은 위법이 있다고 할 수 없다.

4. 결론

그러므로 상고를 기각하고, 상고비용은 패소자가 부담하도록 하여 관여 대법관의 일치된 의견으로 주문과 같이 판결한다.

　　　　　　대법관　　전수안(재판장) 양창수 이상훈(주심) 김용덕

[판례 2] 아동·청소년의성보호에관한법률위반(음란물제작·배포등)·국민체육진흥법위반·전자금융거래법위반·정보통신망이용촉진및정보보호등에관한법률위반(음란물유포)·도박개장방조 (수원지방법원 2018. 1. 30. 선고 2017노7120 판결)

【판시사항】

피고인이 음란사이트를 운영하면서 회원을 모집·관리하고 대량의 음란물을 유포하는 한편, 위 사이트에 불법 인터넷 도박 사이트의 광고를 게시하여 도박개장 범행을 방조하고, 타인의 접근매체를 불법 양수하여 차명계좌를 사용하는 방법으로 회원들 및 광고주들로부터 비트코인 등을 대가로 지급받았다는 내용의 정보통신망 이용촉진 및 정보보호 등에 관한 법률 위반(음란물유포) 등의 공소사실이 유죄로 인정된 사안에서, 가상화폐인 '비트코인'이 범죄수익은닉의 규제 및 처벌 등에 관한 법률에서 규정하는 '재산'에 해당하여 몰수의 대상이 된다는 이유로, 압수된 비트코인 중 범죄수익에 해당하는 부분에 대하여 몰수를 선고한 사례

【판결요지】

피고인이 해외에 서버를 둔 음란사이트를 운영하면서 회원을 모집·관리하고 대량의 음란물을 유포하는 한편, 위 사이트에 불법 인터넷 도박 사이트의 광고를 게시하여 도박개장 범행을 방조하고, 타인의 접근매체를 불법 양수하여 차명계좌를 사용하는 방법으로 회원들 및 광고주들로부터 비트코인 등을 대가로 지급받았다는 내용의 정보통신망 이용촉진 및 정보보호 등에 관한 법률 위반(음란물유포) 등의 공소사실이 유죄로 인정된 사안에서, 범죄수익은닉의 규제 및 처벌 등에 관한 법령상 몰수의 대상이 되는 범죄수익을 이루는 '재산'이란 사회통념상 경제적 가치가 인정되는 이익 일반을 의미하는데, '비트코인'은 예정된 발행량이 정해져 있고 P2P(Peer-To-Peer) 네트워크 및 블록체인 기술에 의하여 생성, 보관, 거래가 공인되는 가상화폐로서, 무한정 생성·복제·거래될 수 있는 디지털 데이터와는 차별화되는 점, 물리적 실체가 없이 전자화된 파일 형태로 되어있다는 사정만으로 재산적 가치가 인정되지 않는다고 단정할 수 없는 점, 수사기관은 피고인이 보유하고 있던 비트코인을 특정한 다음 위 비트코인을 수사기관이 생성한 전자지갑에 이체하여 보관하는 방법으로 압수하였고, 위와 같은 이체기록이 블록체인을 통해 공시되어 있으므로 비트코인의 블록체인 정보가 10분마다 갱신된다는 점만으로 수사기관에 의해 압수된 비트코인의 동일성이 상실되었다고 보기 어려운 점, 현실적으로 비트코인에 일정한 경제적 가치를 부여하는 것을 전제로 다양한 경제활동이 이루어지고 있는 점 등을 종합하면, 비트코인은 범죄수익은닉의 규제 및 처벌 등에 관한 법률에서 규정하는 '재산'에 해당하여 몰수의 대상이 된다는 이유로, 이와 달리 본 제1심판결을 파기하고 압수된 비트코인 중 범죄수익에 해당하는 부분에 대하여 몰수

를 선고한 사례.

【참조조문】

정보통신망 이용촉진 및 정보보호 등에 관한 법률 제44조의7 제1항 제1호, 제74조 제1항 제2호, 아동·청소년의 성보호에 관한 법률 제11조 제2항, 형법 제32조, 제247조, 국민체육진흥법 제26조 제1항, 제2항 제3호, 제49조 제1호, 전자금융거래법 제6조 제3항 제1호, 제49조 제4항 제1호, 범죄수익은닉의 규제 및 처벌 등에 관한 법률 제1조, 제2조 제1호, 제2호, 제8조 제1항 제1호, [별표], 범죄수익은닉의 규제 및 처벌 등에 관한 법률 시행령 제2조 제2항

【전 문】

【피 고 인】 피고인
【항 소 인】 쌍방
【검   사】 안대희 외 1인
【변 호 인】 법무법인 바른 담당변호사 위인규
【원심판결】 수원지법 2017. 9. 7. 선고 2017고단2884 판결

【주 문】

원심판결 중 몰수 및 추징 부분을 파기한다.
압수된 증 제1 내지 4, 8 내지 18호 및 압수된 216.1249474비트코인 중 191.32333418비트코인을 각 몰수한다.
피고인으로부터 695,871,960원을 추징한다.
원심판결 중 나머지 부분에 대한 피고인과 검사의 항소를 모두 기각한다.

【이 유】

1. 항소이유의 요지
   가. 피고인(양형부당)
      원심의 형(징역 1년 6월, 성폭력 치료프로그램 이수명령 40시간, 몰수, 추징)은 너무 무거워서 부당하다.
   나. 검사
      1) 양형부당
         원심의 형은 너무 가벼워서 부당하다.
      2) 원심판결 중 몰수 및 추징 부분에 대한 사실오인 및 법리오해
         가) 몰수
            피고인으로부터 압수한 약 216.12비트코인 중 ① 약 160.96비트코인의 경우 그 주소 및 액수가 피고인이 운영하던 음란물 유포사이트(○○○○○

○○.com, 이하 '이 사건 음란사이트'라 한다)의 서버에서 발견된 후원금 비트코인의 이체 주소 및 액수와 일치하고, ② 약 10.96비트코인의 경우 그 주소가 위 후원금 비트코인의 이체 주소와 일치하며, ③ 관리자 아이디로 이체된 약 19.40비트코인의 경우 그중 약 14.25비트코인이 이 사건 음란사이트의 광고비 명목으로 이체된 것이 확인되므로 나머지 비트코인 또한 광고비 명목으로 이체된 것으로 보이고, ④ 주소, 액수, 출처가 확인되지 않은 약 24.80비트코인의 경우에도 이 사건 범행시기에 다른 비트코인과 마찬가지로 피고인의 비트코인 지갑에서 생성된 주소로 이체되었으므로 피고인이 이 사건 음란사이트 운영을 통해 취득한 것이라 할 것이다. 압수된 비트코인은 모두 특정되어 현존하고 있을 뿐만 아니라, 피고인이 이 사건 음란사이트를 운영하면서 회원들 및 광고업체로부터 후원금 및 광고수익 등 명목으로 교부받아 취득한 재산으로서 범죄수익은닉의 규제 및 처벌 등에 관한 법률에서 규정하고 있는 '범죄수익'에 해당하므로 몰수가 이루어져야 한다. 그럼에도 불구하고 압수된 비트코인을 몰수하지 아니한 원심판결에는 사실을 오인하고 법리를 오해하여 판결에 영향을 미친 위법이 있다.

나) 추징

피고인은 음란물 유포 대가로 받은 전자문화상품권 및 비트코인의 판매대금, 이 사건 음란사이트에 게시한 불법 스포츠 △△사이트 광고 등의 광고대금 등을 차명계좌로 지급받은 후 이를 현금으로 인출하여 총 1,469,832,000원을 피고인, 피고인의 가족 및 애인의 계좌에 입금하였으므로, 위 상당액이 불법수익으로서 추징되어야 한다. 그럼에도 불구하고 원심은 피고인이 스스로 범죄수익으로 인정한 340,000,000원만을 추징하였는바, 원심판결에는 사실을 오인하고 법리를 오해하여 판결에 영향을 미친 위법이 있다.

2. 피고인과 검사의 각 양형부당 주장에 대한 판단

피고인이 자신의 잘못을 인정하며 반성하고 있는 점, 일부 수익금의 취득사실을 자인하고 있는 점, 피고인에게 벌금형을 초과하는 전과가 없는 점, 이 사건 음란사이트는 회원들이 서로 파일을 공유하는 형태의 사이트로서 대부분의 음란물들은 회원들이 직접 게시하였고, 피고인은 회원들이 아동·청소년 관련 음란물을 게시하는 것을 막기 위해 금지어를 설정하는 등 나름의 노력을 기울인 점, 피고인이 실질적인 가장으로서 아버지, 여동생 등을 부양하며 가계를 책임졌던 것으로 보이는 점, 현재 피고인이 운영하던 이 사건 음란사이트와 영화·TV 프로그램 등의 공유사이트가 모두 폐쇄된 점 등은 유리한 정상이다.

그러나 피고인은 약 3년에 걸쳐 이 사건 음란사이트를 운영하면서 막대한 양의 음란물을 유포하였는바, 피고인의 범행은 정보통신망 이용환경을 저해하고 저작물의 불법적 배포 및 유통을 조장할 뿐만 아니라 여성과 아동·청소년에 대한 인식을 성적으로 왜곡하는 것으로서 사회구성원들에게 끼치는 해악이 상당하고 죄책도 무거운 점, 피고인은 해외의 서버 및 도메인을 이용하고, 추적이 어려운 전자문화상품권 내지 비트코인 등으로 수익금을 지급받거나, 다수의 차명계좌를 사용하는 등의 방법으로 자신의 범행을 은폐하였는바, 그 수법이 계획적·전문적이고 치밀하여 죄질이 좋지 못한 점, 피고인은 2015년경 이 사건 범죄의 수익금을 인출하던 중 수사기관에 적발되었음에도 인터넷 도박 사이트를 이용했다는 허위진술을 하여 가벼운 벌금형만을 받았고, 이후에도 범행을 중단하지 않은 채 이 사건 음란사이트를 운영하며 막대한 수익을 얻었던 점, 피고인은 이 사건 음란사이트를 운영하는 과정에서 인터넷 도박 사이트의 광고를 게시하는 방법으로 도박개장 범행을 방조하고, 타인의 접근매체를 불법으로 양수하는 등의 범죄들을 다수 저지른 점, 그 밖에 피고인의 나이, 성행, 환경, 사회적 유대관계 등 이 사건 변론에 나타난 모든 양형조건을 종합하면, 원심이 피고인에 대하여 선고한 형은 적정하고 원심의 양형이 너무 무겁거나 또는 너무 가벼워서 재량의 합리적인 범위를 벗어났다고 보이지 않는다. 따라서 피고인과 검사의 주장은 모두 이유 없다.

3. 몰수에 대한 판단
  가. 비트코인이 몰수의 대상에 해당하는지 여부
    1) 쟁점
      '범죄수익은닉의 규제 및 처벌 등에 관한 법률'은 이 사건 정보통신망 이용촉진 및 정보보호 등에 관한 법률 위반(음란물유포)죄를 중대범죄로 규정하고, 그 범죄행위에 의하여 생긴 재산 또는 그 범죄행위의 보수로 얻은 재산은 범죄수익으로서 몰수할 수 있다고 규정하고 있는바(위 법 제2조 제1호, 제2호, 제8조 제1항 제1호, [별표]), 여기에서 몰수의 대상으로 규정하고 있는 범죄수익에 피고인으로부터 압수한 비트코인이 해당되는지 여부가 문제 된다.
    2) 피고인의 주장
      피고인은, ① 현행법상 비트코인을 몰수할 수 있는 근거 규정이 없을 뿐만 아니라, ② 비트코인은 정부에서 그 경제적 가치를 인정하지 않고, ③ 시세가 실시간으로 급변하여 그 가치를 객관적으로 산정하는 것이 불가능하며, ④ 비트코인의 블록체인은 10분마다 거래기록이 갱신되므로, 피고인이 보관하고 있던 비트코인과 압수된 비트코인의 동일성을 인정할 수 없어 압수된 비트코인이 몰수될 수 없다고 주장한다.
3) 비트코인의 특성
원심 및 당심이 적법하게 채택·조사한 증거에 의하면, 다음과 같은 사실이 인정된다.

① 가상화폐는 '자연인 또는 법인이 교환수단으로 사용하는 경제적인 가치의 디지털 표상으로 그 경제적인 가치가 전자적으로 이전, 저장 또는 거래될 수 있는[1] 것'으로 이해된다. 비트코인은 2009년경 탄생한 비트코인 단위로 거래되는 암호화된 디지털 가상화폐로서, 기존의 가상화폐와 달리 발행이나 거래의 승인 등을 담당하는 일정한 발행기관이나 감독기관이 존재하지 않는 대신 P2P(Peer-To-Peer) 네트워크와 '블록체인' 기술을 이용하여 거래 기록의 보관, 승인 등을 네트워크 참가자들이 공동으로 수행하는 점에 그 특이성이 있다.

② 비트코인의 거래자는 자신의 비트코인을 디지털 공간에 구현된 전자지갑에 보관할 수 있으며, 보관 중인 비트코인은 일종의 계좌번호에 해당하는 '공개주소'와 비밀번호에 해당하는 '비밀키'를 통해 거래된다. 거래자가 수취자의 '공개주소'와 이체할 비트코인의 액수를 입력하면, 수취자는 '비밀키'를 입력함으로써 위 비트코인을 수취하게 되는데, 이러한 모든 비트코인 거래는 약 10분마다 생성되는 '블록(block)'에 기록되어 기존 '블록'에 덧붙여짐으로써 확정되며(거래가 미확정된 상태에서 수취자는 이체받은 비트코인을 사용할 수 없다), 이러한 거래기록의 집합을 '블록체인'이라 한다. 비트코인의 모든 거래는 일종의 공개 장부인 위 '블록체인'을 통해 네트워크상에 기록되어 공유되므로 비트코인의 복제 내지 이중사용은 사실상[2] 불가능하다.

③ 비트코인은 비트코인 거래기록들을 이용하여 일종의 수학문제를 푸는 작업이라 할 수 있는 '채굴'을 통해 생성된다. '채굴'에 참여하는 사람들은 그 채굴과정에서 비트코인 네트워크 시스템의 운영에 기여하게 되며, '채

---

[1] 유럽 은행감독청이 내린 가상화폐의 정의이다. "VCs are defined as a digital representation of value that is neither issued by a central bank or public authority nor necessarily attached to a FC, but is used by natural or legal persons as a means of exchange and can be transferred, stored or traded electronically.": European Banking Authority, "EBA Opinion on 'Virtual currencies'"(2014), p.11. 유럽 중앙은행은 가상화폐를, '가상공간의 개발자에 의해 발행되고, 가상공간의 회원 사이에 지급수단으로 수수되며, 법규에 의해 통제되지 않는 화폐'라고 정의하기도 하였다.

[2] 만약 해커가 비트코인을 복제하여 이중으로 사용하려고 하는 경우, 비트코인 시스템은 더 긴 '블록체인'을 유효한 것으로 인정하기 때문에 해커는 기존의 '블록체인'보다 더 긴 '블록체인'을 임의로 만들어야 하는데, 이는 네트워크상의 모든 컴퓨터를 합친 것보다 더 많은 컴퓨터 연산능력을 필요로 하기 때문에 사실상 불가능하다.

굴'에 성공하는 자에게는 새로 발행된 비트코인이 주어진다. 비트코인은 총 2,100만 비트코인까지만 생성될 수 있도록 자체 설계되어 있고, 이에 따라 '채굴'의 성공에 따른 비트코인 보수도 계속하여 감소하고 있다.

④ 비트코인은 앞서 본 개별적인 거래 내지 '채굴' 작업을 통해 획득하는 것 외에도 거래소를 통해 획득하는 것이 가능하며, 거래소의 중개를 통해 수요와 공급의 상대적인 규모에 의해 정해진 교환비율에 따라 법정통화로 비트코인을 구입할 수 있다.

4) 범죄수익은닉의 규제 및 처벌 등에 관한 법률에 따른 몰수의 대상

범죄수익은닉의 규제 및 처벌 등에 관한 법률은, 조직범죄·해외재산도피범죄 등 특정범죄에 의하여 발생한 범죄수익을 합법적인 수입으로 가장하거나 이를 은닉하는 행위를 규제하는 한편, 당해 범죄수익의 몰수·추징에 관하여 형법 등에 대한 특례를 규정함으로써 반사회적인 범죄행위를 사전에 예방하고 범죄를 조장하는 경제적 요인을 근원적으로 제거하기 위해 제정되었는바, 이러한 정책적 고려에서 몰수의 대상을 형법에서 규정하고 있는 '물건'에 제한하지 않고 '재산'으로 확장하였다. 한편 범죄수익은닉의 규제 및 처벌 등에 관한 법률 시행령은 '은닉재산'을 '몰수·추징의 판결이 확정된 자가 은닉한 현금, 예금, 주식, 그 밖에 재산적 가치가 있는 유형·무형의 재산'이라고 정의함으로써 간접적으로 몰수의 대상이 되는 '재산'의 개념을 제시하고 있는바(위 시행령 제2조 제2항), 이에 따르면 결국 범죄수익을 이루는 '재산'이란 사회통념상 경제적 가치가 인정되는 이익 일반을 의미한다고 할 것이다.

5) 판단

이 사건에서 압수된 비트코인의 경우, ① 예정된 발행량이 정해져 있고 P2P 네트워크 및 블록체인 기술에 의하여 그 생성, 보관, 거래가 공인되는 가상화폐로서, 무한정 생성·복제·거래될 수 있는 디지털 데이터와는 차별화되는 점, ② 온라인 게임업체가 발급하는 것으로 온라인 게임상에서 게임 아이템을 거래하는 데 사용하는 '게임머니'도 '재산적 가치가 있는 모든 유체물과 무체물'을 의미하는 구 부가가치세법상의 '재화'에 해당한다고 할 것이므로(대법원 2012. 4. 13. 선고 2011두30281 판결 참조), 물리적 실체가 없이 전자화된 파일의 형태로 되어있다는 사정만으로 재산적 가치가 인정되지 않는다고 단정할 수 없는 점, ③ 수사기관은 피고인이 진술한 전자지갑의 주소 및 '비밀키'를 근거로 피고인이 보유하고 있던 비트코인을 특정한 다음, 위 비트코인을 수사기관이 생성한 전자지갑에 이체하여 보관하는 방법으로 압수하였고, 위와 같은 이체기록이 블록체인을 통해 공시되어 있으므로, 비트코인의 블록체인 정보가 10분마다

갱신된다는 점만으로는 압수된 비트코인의 동일성이 상실되었다고 보기 어려운 점, ④ 현재 비트코인은 거래소를 통해 일정한 교환비율에 따라 법정화폐로 환전하는 것이 가능하고, 법정화폐 대신 비트코인을 지급수단으로 인정하는 비트코인 가맹점이 존재하는 등 현실적으로 비트코인에 일정한 경제적 가치를 부여하는 것을 전제로 하는 다양한 경제활동이 이루어지고 있는 점, ⑤ 미국 뉴욕지방법원이 2014년경 마약 밀거래 사이트인 '□□□□'의 서버에서 위 사이트의 운영을 통해 취득한 것으로 확인된 144,000비트코인을 몰수하여 경매를 통해 환가 처분한 다음 국고로 귀속하였던 사례가[3] 있고, 그 밖에 독일, 호주, 프랑스 등 여러 나라에서 비트코인을 몰수한 사례가 보고되고 있는 점, ⑥ 피고인도 이 사건 음란사이트를 운영하면서 회원들부터 비트코인을 지급받는 대신 회원들에게 해당 비트코인의 가치에 상응하는 포인트를 지급함으로써 이 사건 음란사이트를 이용할 수 있도록 하고, 회원들로부터 취득한 비트코인 중 일부를 현금으로 환전하여 상당한 수익을 얻었던 점, ⑦ 압수된 비트코인을 몰수하지 않은 채 피고인에게 환부하는 것은, 사실상 피고인으로 하여금 이 사건 음란사이트 운영을 통해 얻은 이익을 그대로 보유하게 하는 것인바, 이는 앞서 살펴본 범죄수익은닉의 규제 및 처벌 등에 관한 법률의 제정 취지에 비추어 보더라도 매우 불합리한 점 등을 종합하면, 이 사건에서 압수된 비트코인은 '범죄수익은닉의 규제 및 처벌 등에 관한 법률'에서 규정하고 있는 '재산'에 해당하여 몰수의 대상이 된다고 봄이 상당하다.

나. 몰수의 범위
  1) 피고인의 주장
    피고인은, ① 압수된 비트코인의 25% 이상인 약 55.16비트코인은 출처 불명인 데다가, 피고인이 합법적으로 취득한 ◇◇◇◇◇◇ 사이트 광고비 약 14.25비트코인이 포함되어 있어 이 사건 음란사이트의 운영에 따른 수익으로 보기 어렵고, ② 피고인이 후원금으로 받은 비트코인은 대부분 10,000원 내지 30,000원 상당의 비트코인(약 0.005 내지 0.04비트코인)으로 소액에 불과하므로, 하나의 주소에서 1비트코인 이상이 이체된 경우 위와 같은 후원금이 아니라 합법적인 광고비 수익을 취득한 것으로 보아야 하는데, 이러한 합법적인 수익으로 추정되는 것이 약 114.73비트코인으로 압수된 비트코인의 53%가 넘으며, ③ 압수된 비트코인에서 범죄수익으로 볼 수 있는 비트코인만을 따로 분리하여 특정하는 것이 불가능하므로 압수된 비트코인이 몰수될 수 없다고 주장한다.

---

[3] United States of America v. Ross William Ulbricht

2) 압수된 비트코인에 대한 검토

피고인은 이 사건 음란사이트의 회원들 및 광고주들에게 고유의 일회적인 비트코인 주소를 발급해준 다음, 그 주소를 통해 비트코인을 이체받는 방법으로 수익을 취득하였다. 이 사건 음란사이트의 서버에서 위와 같이 피고인이 비트코인을 이체받은 주소 및 그 액수가 기재된 목록이 확인되었는바(이하 '후원금 입금 목록'이라 한다), 이를 압수된 비트코인의 블록체인에 기록된 주소와 비교·대조한 결과 압수된 비트코인의 출처가 다음과 같이 분류되었으므로, 각각 나누어 살펴본다.

가) 후원금 입금 목록에서 그 출처가 확인되는 160.95097975비트코인

이 부분 비트코인은 압수된 비트코인의 이체 주소와 액수가 모두 이 사건 음란사이트의 후원금 입금 목록에서 확인되는 것으로서, 피고인이 이 사건 음란사이트 운영과정에서 취득한 재산으로 인정된다.

피고인은 위 비트코인 중 상당부분이 피고인이 별도로 운영하던 ◇◇◇◇◇ 사이트의 광고비 수익금에 해당한다고 주장하나, 원심 및 당심에서 적법하게 채택·조사한 증거에 의하여 인정되는 다음과 같은 사정들, 즉 ① 피고인이 이 사건 음란사이트와는 별개로 ◇◇◇◇◇◇ 사이트를 운영하며 배너 광고를 유치하였고, 그 광고비 수익을 비트코인으로 지급받았음을 뒷받침하는 것은 피고인의 진술뿐이고, 실제 위 사이트에서 광고가 이루어졌다고 볼 만한 증거는 현출되지 않은 점, ② 피고인은 이 사건 ◇◇◇◇◇◇ 사이트를 운영하면서 합법적인 광고비 수입을 얻었다고 주장하면서도, 그 수익을 구체적으로 특정하지 못하고 있을 뿐만 아니라, 그에 따른 과세자료 등도 전혀 제출하지 못하고 있는 점, ③ 피고인이 이 사건 음란사이트를 매각하기 위해 작성했던 메모에 의하면, 피고인은 이 사건 음란사이트의 메뉴를 위 ◇◇◇◇◇◇ 사이트의 메뉴와 연동하여 함께 운영하였던 것으로 보이는 점(수사기록 3권 2774-3쪽), ④ ◇◇◇◇◇◇ 사이트와 이 사건 음란사이트에서 동시에 광고를 했다는 취지로 진술한 공소외 1도 각 사이트의 광고비를 구분하거나 특정하지 못하고 있는바, 각 사이트의 광고비가 불가분적으로 결합되어 이를 구분할 수 없는 이상 그 광고비 전액이 이 사건 음란사이트의 운영수익이라고 볼 수밖에 없는 점(수사기록 3권 3128~3130쪽), ⑤ ☆☆☆☆ 사이트의 운영자인 공소외 2는 피고인이 운영하는 ▽▽▽▽ 사이트(피고인은 2016년경 위 사이트를 ◇◇◇◇◇◇ 사이트로 변경하였다)에서 광고를 하였다고 주장하였으나, 실제로는 이 사건 음란사이트에서 광고가 이루어져 그로부터 이용자들이 유입된 내역이 확인되었던 점(수사기록 4권 3209,

3220~3224쪽), ⑥ 피고인의 주장에 의하더라도 피고인은 이 사건 음란사이트의 서버에서 ◇◇◇◇◇ 사이트의 광고비 등 수익을 관리하였다는 것이므로, 양 사이트가 별개로 운영되었다고 보기는 어려운 점 등을 종합하면, 이 부분 비트코인은 피고인이 이 사건 음란사이트의 운영을 통해 취득한 수익으로 봄이 타당하므로, 피고인의 주장은 받아들이지 않는다.

나) 입금 주소가 후원금 입금 목록에서 확인되나, 그 액수가 일치하지 않는[4] 10.96243756비트코인

이 부분 비트코인은 후원금 입금 목록에 기재된 주소로 이체된 바 있으나, 그 액수가 후원금 입금 목록에 기재된 것과 일치하지 않는 경우이다. 후원금 입금 목록에 기재된 비트코인 주소는, 해당 회원이 이 사건 음란사이트의 포인트 대금을 결제하고자 하거나 이 사건 음란사이트에 광고한 광고주가 광고비를 입금하고자 하는 경우, 그때마다 자동으로 발급되는 1회용 주소로서, 위 주소를 통해 비트코인이 이체된 이상 그 비트코인은 이 사건 음란사이트를 이용할 목적으로 입금된 것으로 보는 것이 합당하고, 음란사이트의 이용을 위한 포인트 구입 내지 광고비 지급 외에 달리 위 주소로 비트코인을 입금할 만한 사정은 찾기 어려우므로, 이 부분 비트코인 역시 피고인이 이 사건 음란사이트를 운영하는 과정에서 취득한 재산에 해당한다고 할 것이다.

다) 관리자 ID로 입금된[5] 19.40991687비트코인

이 부분 비트코인은, ◎◎◎ 사이트의 운영자인 공소외 3이 광고비 명목으로 이체한 8.22030415비트코인(수사기록 3권 3157, 3158, 3166쪽), ◁◁◁ 사이트의 운영자인 공소외 4가 광고비 명목으로 이체한 6.04133911비트코인(수사기록 3권 3185~3187, 3199쪽), 그 밖에 5.14827361비트코인으로 나누어지는데, ① 공소외 3, 공소외 4는 모두 이 사건 음란사이트에 대한 광고비 명목으로 피고인에게 위 비트코인을 지급했다고 진술하고 있는 점, ② ◎◎◎ 사이트 및 ◁◁◁ 사이트의 광고가 ◇◇◇◇◇ 사이트에도 게시되었음을 입증할 수 있는 자료가 제출되지 않았고, 가사 위 광고가 이 사건 음란사이트와 ◇◇◇◇◇ 사이트에 모두 게시되었다고 하더라도 그로 인하여 수수된 광고비 중 ◇◇◇◇◇ 사이트 광고비를 명확히 구분해내지 못하는 이상

---

[4] 분석보고서 붙임 7. '압수된 비트코인의 입금 출처 확인 결과' 중 순번 2198, 2204, 2208, 3098, 3099

[5] 분석보고서 붙임 7. '압수된 비트코인의 입금 출처 확인 결과' 중 순번 34, 171, 383, 2645, 2648, 2671, 3923, 4564, 4664, 869, 3510

위 광고비 전액이 이 사건 음란사이트 운영으로 인한 수익이라고 볼 수밖에 없는 점, ③ 이 부분 비트코인의 이체 주소는 후원금 입금 목록에서도 확인되는 점 등을 고려할 때, 위 각 비트코인 모두 피고인이 이 사건 음란사이트의 운영을 통해 취득한 재산에 해당한다고 보는 것이 타당하다.

라) 후원금 입금 목록에서 확인되지 않는6) 24.80161322비트코인

이 부분 비트코인의 경우, 그 입금 경로를 3단계에 걸쳐 추적해 보아도 후원금 입금 목록에서 그 주소를 확인할 수 없으므로, 피고인이 이 부분 비트코인을 이 사건 음란사이트의 운영수익으로 취득한 비트코인과 함께 피고인의 전자지갑에 보관하고 있었다는 사정만으로는 피고인이 이를 이 사건 음란사이트 운영을 통해 취득하였다고 단정하기 어렵다. 따라서 이 부분 비트코인은 범죄수익에 해당하지 아니한다.

다. 소결

압수된 216.1249474비트코인 중 191.32333418비트코인(= 160.95097975비트코인 + 10.96243756비트코인 + 19.40991687비트코인)은 앞서 본 바와 같이 피고인이 이 사건 음란사이트의 운영을 통해 취득한 것으로서 범죄수익은닉의 규제 및 처벌 등에 관한 법률이 규정하고 있는 범죄수익에 해당하므로 이를 몰수하고, 나머지 24.80161322비트코인은 앞서 본 바와 같이 범죄수익이라고 볼 수 없으므로 몰수하지 아니한다.

4. 추징에 대한 판단

가. 검사의 주장에 대한 판단

몰수·추징의 대상이 되는지 여부나 추징액의 인정 등은 범죄구성요건사실에 관한 것이 아니어서 엄격한 증명은 필요 없지만 역시 증거에 의하여 인정되어야 함은 당연하고, 그 대상이 되는 범죄수익을 특정할 수 없는 경우에는 추징할 수 없는바(대법원 2008. 6. 26. 선고 2008도1392 판결 등 참조), 피고인 및 피고인의 친지 명의의 계좌에 현금 내지 수표로 1,469,832,000원이 입금된 사정만으로는 그 상당액이 모두 이 사건 범행으로 취득한 수익이라고 단정하기 어려우므로 이를 추징할 수 없다.

다만 원심 및 당심에서 적법하게 채택·조사한 증거에 의하면, 피고인이 이 사건 범행을 통해 아래에서 보는 바와 같이 695,871,960원(= 432,156,960원 + 49,300,000원 + 14,415,000원 + 200,000,000원) 상당의 범죄수익을 얻은 사실

---

6) 분석보고서 붙임 7. '압수된 비트코인의 입금 출처 확인 결과' 중 순번 1, 2, 4025, 4775, 4825, 5687, 5688, 5702

은 인정되므로 이를 피고인으로부터 추징한다.

나. 공소외 5로부터 지급받은 전자문화상품권 환전금(432,156,960원)

피고인은 이 사건 음란사이트를 운영하면서 회원들 및 광고주들로부터 전자문화상품권으로 포인트 수수료 내지 광고비를 지급받은 다음 환전업자인 공소외 5를 통해 위 전자문화상품권을 현금으로 환전하여 그 금원을 피고인이 사용하는 차명계좌로 송금받았다고 진술하였는바(수사기록 3권 2826, 3076~3082쪽), 공소외 5의 진술 및 계좌 거래내역에 의하면 공소외 5가 2014. 12. 23.경부터 2016. 1. 24.경까지 총 127회에 걸쳐 위 전자문화상품권의 환전금 432,156,960원을 피고인이 지정한 차명계좌로 입금한 사실이 인정된다(수사기록 3권 2982~2989쪽, 4권 3267~3275쪽).

피고인은 공소외 5가 환전금을 입금했다고 진술한 은행계좌 중에는 피고인이 알지 못하는 은행계좌가 포함되어 있으므로 위 금원을 피고인이 수취한 것이 아니라는 취지로 주장하나, ① 위 각 은행계좌들은 피고인이 사용한 대포폰 통신요금의 결제계좌이거나(수사기록 4권 3226쪽), 그 계좌의 거래내역에서 피고인이 광고주로부터 광고비를 이체받은 내역, 이 사건 음란사이트의 운영비용을 지출한 내역, 비트코인 거래소와 거래한 내역 등이 발견되므로(수사기록 3권 3135쪽, 4권 3226쪽) 피고인이 차명으로 사용한 계좌에 해당한다고 할 것인 점, ② 피고인이 이 사건 음란사이트 매각을 시도할 당시 작성한 메모에는 '비트코인으로 수익금을 지급받기 전까지 전자문화상품권을 통해 취득한 이익이 약 5억 이상이다.'라는 취지로 기재되어 있어(수사기록 3권 2774-6쪽) 피고인에게 432,156,960원을 지급하였다는 공소외 5의 진술에 부합하는 점, ③ 위 메모의 경우 피고인이 검거되기 이전에 스스로 작성한 것이어서 믿을 만한 것으로 보이는 점 등을 종합하면 공소외 5의 진술에 신빙성이 인정되므로, 피고인이 공소외 5로부터 전자문화상품권의 환전을 통해 지급받은 432,156,960원은 피고인이 이 사건 음란사이트의 운영을 통해 얻은 범죄수익에 해당한다.

다. 공소외 1, 공소외 6, 공소외 2로부터 지급받은 광고비(49,300,000원)

① 공소외 1은 2014. 10.경부터 2015. 10.경까지 성인용품을 판매하는 인터넷 쇼핑몰인 ▷▷▷ 사이트를 운영한 자로서, 2015. 2.경부터 2015. 10.경까지 피고인에게 이 사건 음란사이트에 ▷▷▷ 사이트의 배너 광고를 게시하는 대가로 광고비 19,500,000원(19,500,500원이나 송금수수료 500원은 제외)을 송금했다고 진술하였고(수사기록 3권 3126~3135쪽), ② 공소외 6은 공소외 1로부터 위 ▷▷▷ 사이트를 인수하여 2015. 10.경부터 2016. 9.경까지 이를 운영하였고, 2015. 10.경부터 2016. 4.경까지 피고인에게 광고비 21,000,000원을 송금했다고 진술하였으며(수사기록 3권 3141~3144쪽), ③ 공소외 2는 ☆☆☆☆

☆ 사이트를 운영하면서 2015. 12.경부터 2017. 4.경까지 피고인에게 광고비로 26,800,000원을 지급하였는데, 그중 8,800,000원은 계좌이체로, 나머지는 비트코인으로 각 지급하였다고 진술하였다(수사기록 4권 3205~3211, 3219쪽). 앞서 본 바와 같이 위 사이트들의 광고가 ◇◇◇◇◇ 사이트에도 게시되었을 가능성이 있다고 하더라도, 공소외 1, 공소외 6이 이 사건 음란사이트에 광고를 게시할 의도로 광고비를 지급하였고, 공소외 2가 의뢰한 광고도 실제로 이 사건 음란사이트에 게시되었으며, 피고인에게 지급한 광고비 중 ◇◇◇◇◇ 사이트 광고비를 명확하게 구분해내지 못하는 이상, 이들이 지급한 광고비가 이 사건 음란사이트의 운영과 별개의 원인으로 발생한 수익에 해당한다고 보기는 어려우므로, 피고인이 이 사건 음란사이트를 운영하면서 배너 광고를 통해 67,300,000원의 범죄수익을 얻었다고 봄이 상당하다.

다만 피고인이 비트코인의 형태로 얻은 범죄수익 18,000,000원(= 26,800,000원 - 8,800,000원)은 그것이 비트코인의 형태로 그대로 남아있다면 위 3. 나.에서 본 몰수대상에 포함되었을 것이고, 현금으로 환전되었다고 하더라도 아래 마.에서 볼 비트코인 환전액에 포함되어 추징될 것이므로, 이 부분 추징액에서는 이를 제외한다.

따라서 피고인이 공소외 1, 공소외 6, 공소외 2로부터 지급받은 광고비와 관련하여 추징대상이 되는 범죄수익은 49,300,000원(= 67,300,000원 - 18,000,000원)이다.

라. 페이팔 수익금(14,415,000원)

이 사건 음란사이트의 서버 기록에 의하면, 피고인이 2014. 8. 6.부터 2014. 8. 28.까지 위 사이트에서 페이팔(paypal) 결제를 한 회원들에게 1,441,500포인트를 지급한 내역이 확인된다(검토보고서 12쪽). 위 페이팔 후원 페이지 소스코드에 입력된 포인트 전환 비율에 의하면 회원들이 약 1,000원을 후원할 경우 100포인트가 충전되므로, 피고인이 회원들에게 제공한 포인트를 금원으로 환산할 경우 약 14,415,000원에 해당한다. 따라서 피고인이 이 사건 음란사이트를 이용한 회원들의 페이팔 결제를 통해 약 14,415,000원의 범죄수익을 얻은 사실이 인정된다.

마. 비트코인 환전액(200,000,000원)

피고인은 경찰에서 이 사건 음란사이트를 운영하면서 150,000,000원 상당의 전자문화상품권과 500,000,000원 상당의 비트코인을 취득하였는데, 그중 전자문화상품권의 경우 60,000,000원 상당을, 비트코인의 경우 200,000,000원 상당을 환전하였다는 취지로 진술하였고(수사기록 3권 2816, 2817쪽), 검찰에서는 압수된 비트코인을 제외하고 이 사건 범행으로 약 340,000,000원 상당의 이익을 얻었다는 취지로 진술하였다(수사기록 4권 3507~3513쪽).

여기에, ① 이 사건 후원금 입금 목록에서 피고인에게 지급된 것으로 확인되는 비트코인은 약 903.07비트코인으로서 후원 당시를 기준으로 하면 약 600,000,000원 이상에 해당하는바, 당시 500,000,000원 상당의 비트코인을 취득하였다는 피고인의 경찰 진술에 부합하는 점, ② 현재 압수된 비트코인은 약 216.12비트코인으로서 위 903.07비트코인과의 차액에 해당하는 비트코인은 피고인이 환전하여 취득하였을 가능성이 높은 점, ③ 앞서 살펴본 피고인의 범죄수익, 즉 전자문화상품권 환전금, 무통장 송금을 통해 지급받은 광고비, 페이팔 수익금 등을 모두 고려하더라도 그 합산액인 513,871,960원을 훨씬 넘는 금원이 피고인 및 피고인의 친지의 계좌로 입금되었고, 피고인에게 이 사건 음란사이트 및 ◇◇◇◇◇◇ 사이트를 운영하는 것 외에 다른 수입원은 없었던 점에 비추어 그 자금의 출처는 위 비트코인 환전금일 가능성이 높은 점 등의 제반 사정을 더하여 보면, 피고인이 이 사건 음란사이트를 운영하면서 비트코인의 환전을 통해 최소 약 200,000,000원 상당의 범죄수익을 취득한 사실이 인정된다.

5. 결론

그렇다면 원심판결의 몰수 및 추징 부분에 대한 검사의 항소는 위 인정 범위 내에서 이유 있으므로, 형사소송법 제364조 제6항에 의하여 원심판결 중 몰수 및 추징 부분을 파기하고, 범죄수익은닉의 규제 및 처벌 등에 관한 법률 제8조 제1항에 의하여 압수된 증 제1 내지 4, 8 내지 18호 및 압수된 216.1249474비트코인 중 191.32333418비트코인을 각 몰수하며, 범죄수익은닉의 규제 및 처벌 등에 관한 법률 제10조 제1항, 제8조 제1항에 의하여 피고인으로부터 695,871,960원을 추징하고, 원심판결 중 나머지 부분에 대한 피고인과 검사의 항소는 이유 없으므로 형사소송법 제364조 제4항에 의하여 이를 모두 기각하기로 하여 주문과 같이 판결한다(다만 형사소송규칙 제25조 제1항에 의하여 원심판결 중 범죄사실 제1항 제4행의 '한국Fdstish'를 '한국Fetish'로 정정하고, 증거의 요지에 '1. 분석보고서'를 추가한다).

판사 하성원(재판장) 김형돈 김수양

2. 빗썸, 업비트, 코인원, 코빗

범죄수익은닉의 규제 및 처벌 등에 관한 법률 제17113호로 2020. 3. 24. 일부 개정되어 현재 2021. 3. 25. 시행이다.

3. 공정거래위원회의 불공정 약관 조항 시정

◼ 약관의 규제에 관한 법률

제6조 (일반원칙) ① 신의성실의 원칙을 위반하여 공정성을 잃은 약관 조항은 무효이다.
　② 약관의 내용 중 다음 각 호의 어느 하나에 해당하는 내용을 정하고 있는 조항은 공정성을 잃은 것으로 추정된다.
　　1. 고객에게 부당하게 불리한 조항
　　2. 고객이 계약의 거래형태 등 관련된 모든 사정에 비추어 예상하기 어려운 조항
　　3. 계약의 목적을 달성할 수 없을 정도로 계약에 따르는 본질적 권리를 제한하는 조항

제7조 (면책조항의 금지) 계약 당사자의 책임에 관하여 정하고 있는 약관의 내용 중 다음 각 호의 어느 하나에 해당하는 내용을 정하고 있는 조항은 무효로 한다.
　　1. 사업자, 이행 보조자 또는 피고용자의 고의 또는 중대한 과실로 인한 법률상의 책임을 배제하는 조항
　　2. 상당한 이유 없이 사업자의 손해배상 범위를 제한하거나 사업자가 부담하여야 할 위험을 고객에게 떠넘기는 조항
　　3. 상당한 이유 없이 사업자의 담보책임을 배제 또는 제한하거나 그 담보책임에 따르는 고객의 권리행사의 요건을 가중하는 조항
　　4. 상당한 이유 없이 계약목적물에 관하여 견본이 제시되거나 품질·성능 등에 관한 표시가 있는 경우 그 보장된 내용에 대한 책임을 배제 또는 제한하는 조항

제9조 (계약의 해제·해지) 계약의 해제·해지에 관하여 정하고 있는 약관의 내용 중 다음 각 호의 어느 하나에 해당되는 내용을 정하고 있는 조항은 무효로 한다.
　　1. 법률에 따른 고객의 해제권 또는 해지권을 배제하거나 그 행사를 제한하는 조항
　　2. 사업자에게 법률에서 규정하고 있지 아니하는 해제권 또는 해지권을 부여하여 고객에게 부당하게 불이익을 줄 우려가 있는 조항
　　3. 법률에 따른 사업자의 해제권 또는 해지권의 행사 요건을 완화하여 고객에게 부당하게 불이익을 줄 우려가 있는 조항

4. 계약의 해제 또는 해지로 인한 원상회복의무를 상당한 이유 없이 고객에게 과중하게 부담시키거나 고객의 원상회복 청구권을 부당하게 포기하도록 하는 조항
5. 계약의 해제 또는 해지로 인한 사업자의 원상회복의무나 손해배상의무를 부당하게 경감하는 조항
6. 계속적인 채권관계의 발생을 목적으로 하는 계약에서 그 존속기간을 부당하게 단기 또는 장기로 하거나 묵시적인 기간의 연장 또는 갱신이 가능하도록 정하여 고객에게 부당하게 불이익을 줄 우려가 있는 조항

4. 거래와 부수적 계약

가. 부제소 합의

◼ 민법

제103조 (반사회질서의 법률행위) 선량한 풍속 기타 사회질서에 위반한 사항을 내용으로 하는 법률행위는 무효로 한다.

제104조 (불공정한 법률행위) 당사자의 궁박, 경솔 또는 무경험으로 인하여 현저하게 공정을 잃은 법률행위는 무효로 한다.

◼ 부정경쟁방지 및 영업비밀보호에 관한 법률

제2조 (정의) 이 법에서 사용하는 용어의 뜻은 다음과 같다. <개정 2011. 12. 2., 2013. 7. 30., 2015. 1. 28., 2018. 4. 17., 2019. 1. 8.>
  1. "부정경쟁행위"란 다음 각 목의 어느 하나에 해당하는 행위를 말한다
     차. 사업제안, 입찰, 공모 등 거래교섭 또는 거래과정에서 경제적 가치를 가지는 타인의 기술적 또는 영업상의 아이디어가 포함된 정보를 그 제공목적에 위반하여 자신 또는 제3자의 영업상 이익을 위하여 부정하게 사용하거나 타인에게 제공하여 사용하게 하는 행위. 다만, 아이디어를 제공받은 자가 제공받을 당시 이미 그 아이디어를 알고 있었거나 그 아이디어가 동종 업계에서 널리 알려진 경우에는 그러하지 아니하다.

> **제2조 (정의)** 이 법에서 사용하는 용어의 뜻은 다음과 같다. <개정 2011. 12. 2., 2013. 7. 30., 2015. 1. 28., 2018. 4. 17., 2019. 1. 8., 2021. 12. 7.>
> 1. "부정경쟁행위"란 다음 각 목의 어느 하나에 해당하는 행위를 말한다.
>   차. 사업제안, 입찰, 공모 등 거래교섭 또는 거래과정에서 경제적 가치를 가지는 타인의 기술적 또는 영업상의 아이디어가 포함된 정보를 그 제공목적에 위반하여 자신 또는 제3자의 영업상 이익을 위하여 부정하게 사용하거나 타인에게 제공하여 사용하게 하는 행위. 다만, 아이디어를 제공받은 자가 제공받을 당시 이미 그 아이디어를 알고 있었거나 그 아이디어가 동종업계에서 널리 알려진 경우에는 그러하지 아니하다.
> [전문개정 2007. 12. 21.] [시행일: 2022. 6. 8.] 제2조제1호타목
> [시행일: 2022. 4. 20.] 제2조

나. 착오로 인한 취소

■ 민법

제109조 (착오로 인한 의사표시) ① 의사표시는 법률행위의 내용의 중요부분에 착오가 있는 때에는 취소할 수 있다. 그러나 그 착오가 표의자의 중대한 과실로 인한 때에는 취소하지 못한다.
② 전항의 의사표시의 취소는 선의의 제삼자에게 대항하지 못한다.

제110조 (사기, 강박에 의한 의사표시) ① 사기나 강박에 의한 의사표시는 취소할 수 있다.
② 상대방있는 의사표시에 관하여 제삼자가 사기나 강박을 행한 경우에는 상대방이 그 사실을 알았거나 알 수 있었을 경우에 한하여 그 의사표시를 취소할 수 있다.
③ 전2항의 의사표시의 취소는 선의의 제삼자에게 대항하지 못한다.

(1) 가상화폐 거래로부터의 시사점 – 가치산정 기준 시기 참고

반환청구 및 반환의무 집행불능 시 이행에 갈음하는 손해배상을 함께 청구한 사례

▣ 부정경쟁방지법

제14조의4 (비밀유지명령) ① 법원은 부정경쟁행위, 제3조의2제1항이나 제2항을 위반한 행위 또는 영업비밀 침해행위로 인한 영업상 이익의 침해에 관한 소송에서 그 당사자가 보유한 영업비밀에 대하여 다음 각 호의 사유를 모두 소명한 경우에는 그 당사자의 신청에 따라 결정으로 다른 당사자(법인인 경우에는 그 대표자), 당사자를 위하여 소송을 대리하는 자, 그 밖에 해당 소송으로 인하여 영업비밀을 알게 된 자에게 그 영업비밀을 해당 소송의 계속적인 수행 외의 목적으로 사용하거나 그 영업비밀에 관계된 이 항에 따른 명령을 받은 자 외의 자에게 공개하지 아니할 것을 명할 수 있다. 다만, 그 신청 시점까지 다른 당사자(법인인 경우에는 그 대표자), 당사자를 위하여 소송을 대리하는 자, 그 밖에 해당 소송으로 인하여 영업비밀을 알게 된 자가 제1호에 규정된 준비서면의 열람이나 증거 조사 외의 방법으로 그 영업비밀을 이미 취득하고 있는 경우에는 그러하지 아니하다.
　　1. 이미 제출하였거나 제출하여야 할 준비서면 또는 이미 조사하였거나 조사하여야 할 증거에 영업비밀이 포함되어 있다는 것
　　2. 제1호의 영업비밀이 해당 소송 수행 외의 목적으로 사용되거나 공개되면 당사자의 영업에 지장을 줄 우려가 있어 이를 방지하기 위하여 영업비밀의 사용 또는 공개를 제한할 필요가 있다는 것
② 제1항에 따른 명령(이하 "비밀유지명령"이라 한다)의 신청은 다음 각 호의 사항을 적은 서면으로 하여야 한다.
　　1. 비밀유지명령을 받을 자
　　2. 비밀유지명령의 대상이 될 영업비밀을 특정하기에 충분한 사실
　　3. 제1항 각 호의 사유에 해당하는 사실
③ 법원은 비밀유지명령이 결정된 경우에는 그 결정서를 비밀유지명령을 받은 자에게 송달하여야 한다.
④ 비밀유지명령은 제3항의 결정서가 비밀유지명령을 받은 자에게 송달된 때부터 효력이 발생한다.
⑤ 비밀유지명령의 신청을 기각 또는 각하한 재판에 대하여는 즉시항고를 할 수 있다.

▣ 민법

제563조 (매매의 의의) 매매는 당사자 일방이 재산권을 상대방에게 이전할 것을 약정하고 상대방이 그 대금을 지급할 것을 약정함으로써 그 효력이 생긴다.

5. 매도인의 담보책임 관련

◼ 민법

제109조 (착오로 인한 의사표시) ① 의사표시는 법률행위의 내용의 중요부분에 착오가 있는 때에는 취소할 수 있다. 그러나 그 착오가 표의자의 중대한 과실로 인한 때에는 취소하지 못한다.
② 전항의 의사표시의 취소는 선의의 제삼자에게 대항하지 못한다.

제570조 (동전-매도인의 담보책임) 전조의 경우에 매도인이 그 권리를 취득하여 매수인에게 이전할 수 없는 때에는 매수인은 계약을 해제할 수 있다. 그러나 매수인이 계약당시 그 권리가 매도인에게 속하지 아니함을 안 때에는 손해배상을 청구하지 못한다.

6. 착오에 의한 의사표시의 취소

◼ 약관의 규제에 관한 법률

제109조 (착오로 인한 의사표시) ① 의사표시는 법률행위의 내용의 중요부분에 착오가 있는 때에는 취소할 수 있다. 그러나 그 착오가 표의자의 중대한 과실로 인한 때에는 취소하지 못한다.
② 전항의 의사표시의 취소는 선의의 제삼자에게 대항하지 못한다.

[판례 3] 주식양도대금반환등 (대법원 2016. 4. 15. 선고 2013다97694 판결)

【판시사항】

[1] 동기의 착오를 이유로 의사표시를 취소하기 위한 요건 및 당사자의 합의로 민법 제109조 제1항의 적용을 배제할 수 있는지 여부(적극)
[2] 재산권의 거래관계에서 계약의 일방 당사자가 상대방에게 신의성실의 원칙상 고지의무를 부담하는 경우
[3] 투자자가 비공개기업의 주식을 매수하는 경우, 외부감사인의 감사보고서가 정당하게 작성된 것으로 믿고 주식을 거래하거나 매수가격을 결정한 것으로 보아야 하는지 여부(적극)

[4] 감사인의 부실감사로 비공개기업의 가치 평가를 그르쳐 기업의 주식을 매수하고 손해를 입은 제3자가 구 주식회사의 외부감사에 관한 법률 제17조 제2항에 따라 감사인에게 배상을 구할 수 있는 손해액(=주식의 매입대금에서 해당 주식의 실제가치를 공제한 금액)

【참조조문】

[1] 민법 제109조 [2] 민법 제2조 [3] 구 주식회사의 외부감사에 관한 법률(2013. 12. 30. 법률 제12148호로 개정되기 전의 것) 제17조 제2항 [4] 구 주식회사의 외부감사에 관한 법률(2013. 12. 30. 법률 제12148호로 개정되기 전의 것) 제17조 제2항

【참조판례】

[1] 대법원 1999. 4. 23. 선고 98다45546 판결(공1999상, 1001)
대법원 2014. 11. 27. 선고 2013다49794 판결(공2015상, 9)
[2] 대법원 2013. 11. 28. 선고 2011다59247 판결
대법원 2014. 7. 24. 선고 2013다97076 판결(공2014하, 1658)
[3] 대법원 2007. 10. 25. 선고 2005다10364 판결
[4] 대법원 2008. 6. 26. 선고 2007다90647 판결(공2008하, 1065)

【전 문】

【원고, 상고인 겸 피상고인】 주식회사 티케이케미칼 (소송대리인 법무법인 남산 담당변호사 정미화 외 2인)

【피고, 피상고인】 아샘투자자문 주식회사 외 2인 (소송대리인 법무법인(유한) 태평양 담당변호사 안영수 외 1인)

【피고, 피상고인 겸 상고인】 이촌회계법인 (소송대리인 법무법인(유한) 세한 담당변호사 강진원 외 2인)

【원심판결】 서울고법 2013. 11. 20. 선고 2013나3868 판결

【주 문】

상고를 모두 기각한다. 상고비용 중 원고와 피고 아샘투자자문 주식회사, 한국증권금융 주식회사, 주식회사 하나은행 사이에 생긴 부분은 원고가 부담하고, 원고와 피고 이촌회계법인 사이에 생긴 부분은 각자 부담한다.

【이 유】

상고이유(상고이유서 제출기간이 경과한 후에 제출된 상고이유보충서의 기재는 상고이유를 보충하는 범위 내에서)를 판단한다.

1. 원고의 피고 아샘투자자문 주식회사, 한국증권금융 주식회사, 주식회사 하나은행

(이하 위 피고들을 '피고 아샘 등'이라고 한다)에 대한 상고이유에 관하여
가. 사기에 의한 의사표시 취소와 관련한 상고이유 주장에 관하여
원심은, 피고 아샘 등이 이 사건 계약 체결 전에 주식회사 태주(이하 '태주'라고 한다)의 부실상태를 알고도 이를 원고에게 고지하지 않은 채 태주 발행의 이 사건 주식에 관한 매각절차를 진행하여 원고를 기망하였다고 인정할 증거가 없다는 등의 이유로, 원고의 사기에 의한 의사표시 취소 주장을 배척하였다.
관련 법리와 기록에 비추어 살펴보면, 원심의 위와 같은 판단은 정당하고, 거기에 상고이유 주장과 같이 논리와 경험의 법칙을 위반하고 자유심증주의의 한계를 벗어나거나, 사기에 의한 의사표시 취소에 관한 법리를 오해하는 등의 잘못이 없다.
나. 착오로 인한 의사표시 취소와 관련한 상고이유 주장에 관하여
의사표시는 법률행위의 내용의 중요 부분에 착오가 있는 때에는 취소할 수 있고, 의사표시의 동기에 착오가 있는 경우에는 당사자 사이에 그 동기를 의사표시의 내용으로 삼았을 때에 한하여 의사표시의 내용의 착오가 되어 취소할 수 있는 것이다(대법원 1999. 4. 23. 선고 98다45546 판결 등 참조). 그리고 당사자의 합의로 착오로 인한 의사표시 취소에 관한 민법 제109조 제1항의 적용을 배제할 수 있다(대법원 2014. 11. 27. 선고 2013다49794 판결 참조).
원심은 채택 증거에 의하여 판시와 같은 사실을 인정한 다음, 원고와 피고 아샘 등 사이에 이 사건 감사보고서상의 태주의 재무제표가 실제 재무상태를 정확히 반영하고 있다는 신뢰를 바탕으로 한 원고의 동기를 이 사건 계약의 내용으로 삼았다고 인정할 증거가 없을 뿐만 아니라, 피고 아샘 등과 원고는 태주의 가치에 대한 착오, 무지, 우발채무 및 부외부채가 있음을 이유로 원고가 피고 아샘 등에게 책임을 물을 수 없다고 이 사건 계약서에 명시하였으므로(이하 위 약정을 '이 사건 면책합의'라고 한다), 이 사건 계약 체결 이후 부외부채의 발견 등으로 이 사건 감사보고서상의 태주의 재무제표가 실제 재무상태를 정확히 반영하지 못한 사정이 밝혀졌다고 하더라도 원고가 피고 아샘 등에게 착오를 이유로 취소권을 주장할 수 없다는 등의 이유로, 원고의 주장을 배척하였다.
앞서 본 법리와 기록에 비추어 살펴보면, 원심의 위와 같은 판단은 정당하고, 거기에 상고이유 주장과 같이 논리와 경험의 법칙을 위반하고 자유심증주의의 한계를 벗어나거나, 착오로 인한 의사표시 취소, 취소권 배제합의에 관한 법리를 오해하는 등의 잘못이 없다.
한편 이 사건 면책합의는 이 사건 감사보고서의 기준시점인 2010. 12. 31. 이

후에 발생한 태주의 재무상태 변동에 관하여 피고 아샘 등이 면책된다는 내용에 불과하다는 원고의 주장은 상고심에서 처음으로 주장한 것으로서 적법한 상고이유가 될 수 없다.

다. 이 사건 면책합의의 적용과 관련한 상고이유 주장에 관하여

원심은 채택 증거에 의하여 판시와 같은 사실을 인정한 다음, 피고 아샘 등이 주식회사 엘앤피아너스(이하 '엘앤피'라고 한다)의 재무적 투자자로서 엘앤피 소유의 자산에 대한 담보권을 행사함으로써 태주 발행의 주식을 취득하게 되어, 태주의 경영에는 관여하지 않았기 때문에 그 재무상황을 알 수 없어서, 이 사건 계약서에 이 사건 주식의 가치에 대해 책임을 지지 않는다고 명시한 점 등을 고려하면, 원고의 예상을 넘어 이 사건 주식의 가치가 전혀 없는 경우까지 이 사건 면책합의가 적용된다고 하더라도 신의칙에 위반된다고 볼 수 없다고 판단하였다.

관련 법리와 기록에 비추어 살펴보면, 원심의 위와 같은 판단은 정당하고, 거기에 상고이유 주장과 같이 논리와 경험의 법칙을 위반하고 자유심증주의의 한계를 벗어나거나, 면책합의의 효력에 관한 법리를 오해하는 등의 잘못이 없다.

라. 신의칙상 고지의무 위반과 관련한 상고이유 주장에 관하여

재산권의 거래관계에 있어서 계약의 일방 당사자가 상대방에게 그 계약의 효력에 영향을 미치거나 상대방의 권리 확보에 위험을 가져올 수 있는 구체적 사정을 고지하였다면 상대방이 그 계약을 체결하지 아니하거나 적어도 그와 같은 내용 또는 조건으로 계약을 체결하지 아니하였을 것임이 경험칙상 명백한 경우 그 계약 당사자는 신의성실의 원칙상 상대방에게 미리 그와 같은 사정을 고지할 의무가 있다고 하겠으나, 이때에도 상대방이 고지의무의 대상이 되는 사실을 이미 알고 있거나 스스로 이를 확인할 의무가 있는 경우 또는 거래 관행상 상대방이 당연히 알고 있을 것으로 예상되는 경우 등에는 상대방에게 위와 같은 사정을 알리지 아니하였다고 하여 고지의무를 위반하였다고 볼 수 없다(대법원 2013. 11. 28. 선고 2011다59247 판결 등 참조).

원심판결 이유와 적법하게 채택된 증거들에 의하면, ① 피고 아샘 등이 엘앤피의 재무적 투자자로서 엘앤피 소유의 자산에 대한 담보권을 행사하여 태주의 주식을 취득하였기 때문에 태주의 경영에는 관여하지 않아 그 재무상황을 알 수 없었던 점, ② 이에 피고 아샘 등은 이 사건 주식의 매각절차를 진행하면서 입찰참가자들에게 태주의 가치에 대한 매수인의 착오 또는 무지, 태주의 우발채무 및 부외부채의 존재에 대하여는 매도인들이 책임을 지지 아니함을 사전에 고지하였고, 이 사건 계약서에도 '매수인들은 태주의 가치에 대한 착오, 무지, 우발채무 및 부외부채의 존재 등의 사유로 매도인들에

대하여 책임을 물을 수 없다'고 명시한 점, ③ 피고 아샘의 직원인 소외 1이 이 사건 계약 체결 전에 태주의 대표이사인 소외 2로부터 받은 추정재무상태표는 2페이지 분량의 간단한 추정자료에 불과하여 그 진실성이나 정확성을 담보할 수 없었고, 더군다나 소외 2는 그전에 이미 피고 아샘 등에게 이 사건 주식에 대하여 주당 1,000원의 낮은 가격에 입찰참가의향서를 제출한 바 있고, 소외 1에게 여러 차례에 걸쳐 자신이 이 사건 주식을 낙찰받을 수 있도록 해달라고 지속적으로 요청한 바도 있었던 점, ④ 소외 2는 이 사건 주식을 낙찰받는 것에 실패하자, 이 사건 계약 체결 전인 2011. 7. 12. 또는 7. 13.경 원고 측의 소외 3 전무에게 태주의 감사보고서상의 재무제표와 실제 태주의 재무상태 사이에는 큰 차이가 있으니 양수도계약 체결 전에 실사하라는 취지로 알려준 점 등의 사정을 알 수 있다.

위와 같은 사정이라면, 피고 아샘 등은 태주의 재무상황을 알 수 없어 이 사건 주식의 매각절차에서 매도인들이 태주의 가치에 관한 정확성 보장을 할 수 없다고 그 위험성을 고지하였으므로, 태주의 가치를 조사·파악해야 할 책임과 이 사건 주식의 매수에 따른 위험부담은 이 사건 주식의 매수인인 원고에게 있다고 할 것이고, 소외 2가 보낸 추정재무상태표 등은 소외 2와 이해관계가 엇갈리는 피고 아샘 등의 입장에서 신빙성이 있는 자료라고 판단하기 어려웠을 뿐만 아니라 피고 아샘 등에게 그 진정성을 조사·파악하여 이를 입찰참가자들에게 알려줄 책임이 있다고 보기 어려우며, 원고도 소외 2로부터 같은 취지의 이야기를 들어 그 내용을 알고 있었으므로, 피고 아샘 등이 이 사건 계약 체결 전에 원고 등 입찰참가자에게 소외 2로부터 들은 태주의 재무상태에 관한 사정을 알리지 않았다고 하여 피고 아샘 등이 신의성실의 원칙상 요구되는 고지의무를 위반하였다고 볼 수는 없다.

같은 취지의 원심의 판단은 정당하고, 거기에 상고이유 주장과 같이 논리와 경험의 법칙을 위반하고 자유심증주의의 한계를 벗어나거나, 신의칙상 고지의무나 그 위반에 관한 법리를 오해하는 등의 잘못이 없다.

마. 불법행위와 관련한 상고이유 주장에 관하여

원심은, 피고 아샘 등이 원고를 기망하였다고 인정할 증거가 없다는 등의 이유로, 원고의 불법행위로 인한 손해배상청구를 배척하였다.

관련 법리와 기록에 비추어 살펴보면, 원심의 위와 같은 판단은 정당하고, 거기에 상고이유 주장과 같이 논리와 경험의 법칙을 위반하고 자유심증주의의 한계를 벗어나거나, 불법행위책임에 관한 법리를 오해하는 등의 잘못이 없다.

2. 원고의 피고 이촌회계법인(이하 '피고 이촌'이라고 한다)에 대한 상고이유에 관

하여

손해배상사건에서 손해부담의 공평을 기하기 위한 책임제한이나 과실상계를 하는 경우, 그 사유에 관한 사실인정이나 비율을 정하는 것은 그것이 형평의 원칙에 비추어 현저히 불합리하다고 인정되지 않는 한 사실심의 전권사항에 속한다(대법원 2014. 9. 4. 선고 2012다48190 판결 등 참조).

원심은 그 판시와 같은 사정을 들어 피고 이촌이 고의적으로 이 사건 감사보고서에 허위 또는 부실 기재를 하였다고 보기 어렵다고 판단하였는바, 거기에 상고이유 주장과 같이 논리와 경험의 법칙을 위반하고 자유심증주의의 한계를 벗어난 잘못이 없다.

또한, 원심판결의 이유를 위 법리와 기록에 비추어 살펴보면, 원심의 책임제한 사유에 관한 사실인정이나 그 비율 판단은 수긍할 수 있는 범위 내로서 형평의 원칙에 비추어 현저히 불합리하다고 볼 수 없으므로, 이를 다투는 원고의 상고이유 주장은 받아들일 수 없다.

3. 피고 이촌의 상고이유에 관하여

  가. 감사인의 주의의무 관련 주장에 관하여

　　원심은 채택 증거에 의하여 판시와 같은 사실을 인정한 다음, 피고 이촌이 태주의 제33기 회계연도(2010. 1. 1.부터 2010. 12. 31.까지)의 재무제표에 대한 회계감사를 수행하면서 그 재무제표에 허위기재 등이 있었음을 발견할 수 있는 사정이 있었음에도 이에 대하여 아무런 조치를 취하지 않고 이 사건 감사보고서에 적정의견을 표명하는 등 피고 이촌이 그 임무를 게을리하지 아니하였음을 증명하였다고 볼 수 없다고 판단하였다.

　　관련 법리와 기록에 비추어 살펴보면, 원심의 위와 같은 판단은 정당하고, 거기에 상고이유 주장과 같이 논리와 경험의 법칙을 위반하고 자유심증주의의 한계를 벗어나거나, 감사인의 주의의무에 관한 법리를 오해하는 등의 잘못이 없다.

  나. 인과관계 관련 주장에 관하여

　　비공개기업의 주식거래에서 대상 기업의 재무상태는 그 주식의 거래나 매수가격을 결정하는 가장 중요한 요인 중의 하나이고, 대상 기업의 재무제표에 대한 외부감사인의 회계감사를 거쳐 작성된 감사보고서는 대상 기업의 정확한 재무상태를 드러내는 가장 객관적인 자료이므로, 비공개기업의 주식을 매수하는 투자자로서는 감사보고서가 정당하게 작성된 것으로 믿고 그 주식을 거래하거나 그 매수가격을 결정한 것으로 보아야 한다(대법원 2007. 10. 25. 선고 2005다10364 판결 등 참조).

　　원심은 그 판시와 같은 사정을 들어, 원고가 상당한 규모의 자본잠식상태를 알았다면 태주의 미래가치만을 보고 이 사건 주식을 약 30억 원에 매수하였을 것으로는 보이지 않고, 특히 이 사건 계약의 경우 매도인들인 피고 아샘 등이 태주의 재무상태를 보장하지 않았기 때문에 원고는 이 사건 주식의 가치를 파악하기 위해 이 사건 감사보고서에 더 의존할 수밖에 없어서, 이 사건 감사보고서의 허위 또는 부실 기재가 없었다면 원고는 이 사건 계약을 체결하지 않았을 것이라고 봄이 타당하므로, 이 사건 감사보고서가 정당하게 작성되어 공표된 것으로 믿고 이 사건 주식을 취득한 것으로 보아야 한다고 판단하였다.

앞서 본 법리와 기록에 비추어 살펴보면, 원심의 위와 같은 판단은 정당하고, 거기에 상고이유 주장과 같이 논리와 경험의 법칙을 위반하고 자유심증주의의 한계를 벗어나거나, 감사보고서의 허위 또는 부실 기재와 주식 취득 사이의 인과관계에 관한 법리를 오해하는 등의 잘못이 없다.

다. 손해배상책임의 범위 관련 주장에 관하여

감사인의 부실감사로 인하여 비공개기업의 가치 평가를 그르쳐 해당 기업의 주식을 매수하여 손해를 입게 된 제3자가 구 주식회사의 외부감사에 관한 법률(2013. 12. 30. 법률 제12148호로 개정되기 전의 것) 제17조 제2항에 따라 감사인에게 손해배상을 구할 경우, 특별한 사정이 없는 한, 그 손해액은 해당 주식의 매입대금에서 해당 주식의 실제 가치, 즉 분식회계 및 부실감사가 없었더라면 형성되었을 주식의 가액을 공제한 금액이라고 할 것이다(대법원 2008. 6. 26. 선고 2007다90647 판결 등 참조).

원심은 채택 증거에 의하여, 이 사건 계약 당시의 태주의 자산가치나 수익가치 등 여러 사정을 고려하면 원고가 취득한 태주의 실제 주식가치는 0원이어서, 피고 이촌의 부실감사로 입은 원고의 손해액은 이 사건 주식을 매수한 가액이라고 판단하였다.

앞서 본 법리와 기록에 비추어 살펴보면, 원심의 위와 같은 판단은 정당하고, 거기에 상고이유 주장과 같이 논리와 경험의 법칙을 위반하고 자유심증주의의 한계를 벗어나거나, 외부감사인의 손해배상책임의 범위에 관한 법리를 오해하는 등의 잘못이 없다.

4. 결론

그러므로 상고를 모두 기각하고 상고비용 중 원고와 피고 아샘 등 사이에 생긴 부분은 원고가 부담하고, 원고와 피고 이촌 사이에 생긴 부분은 각자 부담하기로 하여, 관여 대법관의 일치된 의견으로 주문과 같이 판결한다.

대법관 권순일(재판장) 박병대 박보영(주심) 김신

[판례 4] 부당이득금반환〈파생상품 착오주문 취소 사건〉(대법원 2014. 11. 27. 선고 2013다49794 판결)

【판시사항】

[1] '자본시장과 금융투자업에 관한 법률'에 따라 거래소가 개설한 금융투자상품시장에서 이루어지는 증권이나 파생상품 거래에 민법 제109조가 적용되는지 여부(원칙적 적극)

[2] 의사표시의 착오가 표의자의 중대한 과실로 발생하였으나 상대방이 표의자의 착오를 알고 이용한 경우, 표의자가 의사표시를 취소할 수 있는지 여부(적극)

【판결요지】

[1] 민법 제109조는 의사표시에 착오가 있는 경우 이를 취소할 수 있도록 하여 표의자를 보호하면서도, 착오가 법률행위 내용의 중요 부분에 관한 것이 아니거나 표의자의 중대한 과실로 인한 경우에는 취소권 행사를 제한하는 한편, 표의자가 의사표시를 취소하는 경우에도 취소로 선의의 제3자에게 대항하지 못하도록 하여 거래의 안전과 상대방의 신뢰를 아울러 보호하고 있다. 이러한 민법 제109조의 법리는 적용을 배제하는 취지의 별도 규정이 있거나 당사자의 합의로 적용을 배제하는 등의 특별한 사정이 없는 한 원칙적으로 모든 사법(私法)상 의사표시에 적용된다.

따라서 '자본시장과 금융투자업에 관한 법률'에 따라 거래소가 개설한 금융투자상품시장에서 이루어지는 증권이나 파생상품 거래의 경우 거래의 안전과 상대방의 신뢰를 보호할 필요성이 크다고 하더라도 거래소의 업무규정에서 민법 제109조의 적용을 배제하거나 제한하고 있는 등의 특별한 사정이 없는 한 거래에 대하여 민법 제109조가 적용되고, 거래의 안전과 상대방의 신뢰에 대한 보호도 민법 제109조의 적용을 통해 도모되어야 한다.

[2] 민법 제109조 제1항 단서는 의사표시의 착오가 표의자의 중대한 과실로 인한 때에는 그 의사표시를 취소하지 못한다고 규정하고 있는데, 위 단서 규정은 표의자의 상대방의 이익을 보호하기 위한 것이므로, 상대방이 표의자의 착오를 알고 이를 이용한 경우에는 착오가 표의자의 중대한 과실로 인한 것이라고 하더라도 표의자는 의사표시를 취소할 수 있다.

【참조조문】

[1] 민법 제109조 [2] 민법 제109조

【참조판례】

[2] 대법원 1955. 11. 10. 선고 4288민상321 판결

【전 문】

【원고, 피상고인】 미래에셋증권 주식회사 외 1인 (소송대리인 법무법인 지평 담당변호사 양영태 외 2인)

【피고, 상 고 인】 유안타증권 주식회사 (소송대리인 법무법인 세종 담당변호사 강신섭 외 5인)

【원심판결】 서울고법 2013. 5. 30. 선고 2012나65647 판결

【주 문】

상고를 기각한다. 상고비용은 피고가 부담한다.

【이 유】

상고이유(상고이유서 제출기간이 지난 후에 제출된 상고이유보충서 기재는 상고이유를 보충하는 범위 내에서)를 판단한다.

1. 상고이유 제1점에 대하여

민법 제109조는 의사표시에 착오가 있는 경우 이를 취소할 수 있도록 하여 표의자를 보호하면서도, 그 착오가 법률행위의 내용의 중요 부분에 관한 것이 아니거나 표의자의 중대한 과실로 인한 경우에는 그 취소권 행사를 제한하는 한편, 표의자가 의사표시를 취소하는 경우에도 그 취소로 선의의 제3자에게 대항하지 못하도록 하여 거래의 안전과 상대방의 신뢰를 아울러 보호하고 있다.

이러한 민법 제109조의 법리는 그 적용을 배제하는 취지의 별도의 규정이 있거나 당사자의 합의로 그 적용을 배제하는 등의 특별한 사정이 없는 한 원칙적으로 모든 사법(사법)상의 의사표시에 적용된다고 보아야 한다.

따라서 「자본시장과 금융투자업에 관한 법률」에 따라 거래소가 개설한 금융투자상품시장에서 이루어지는 증권이나 파생상품 거래의 경우 그 거래의 안전과 상대방의 신뢰를 보호할 필요성이 크다고 하더라도 거래소의 업무규정에서 민법 제109조의 적용을 배제하거나 제한하고 있는 등의 특별한 사정이 없는 한 그 거래에 대하여 민법 제109조가 적용되고, 거래의 안전과 상대방의 신뢰에 대한 보호도 민법 제109조의 적용을 통해 도모되어야 한다.

원심은, 한국거래소의 파생상품시스템을 통해 이루어진 원고 미래에셋증권 주식회사(이하 '원고 미래에셋증권'이라고만 한다)와 피고 사이의 2010년 2~3월 미국 달러 선물스프레드(이하 '이 사건 선물스프레드'라고 한다) 8,700계약의 거래(이하 '이 사건 거래'라고 한다)에 대하여는 민법 제109조의 적용이 배제되어야 한다는 피고의 주장에 대하여, 이 사건 거래에 관하여 민법 제109조의 적용을 배제하는 별도의 규정이 없고, 한국거래소의 파생상품시장 업무규정 및 그 시행세칙에도 그 적용을 배제하는 취지의 규정은 없으며, 위 업무규정 및 그 시행세

칙의 호가한도 규정과 위탁매매와 관련한 착오거래 정정 규정이 이 사건 거래에 관하여 민법 제109조의 적용이 배제됨을 전제로 하고 있다고 볼 수도 없다는 이유로 이를 배척하였다.

앞서 본 법리와 기록에 비추어 살펴보면, 원심의 위와 같은 판단은 정당한 것으로 수긍이 가고, 거기에 상고이유 주장과 같이 민법 제109조의 적용 범위에 관한 법리를 오해한 위법이 없다.

2. 상고이유 제2점에 대하여

민법 제109조 제1항 단서는 의사표시의 착오가 표의자의 중대한 과실로 인한 때에는 그 의사표시를 취소하지 못한다고 규정하고 있는바, 위 단서 규정은 표의자의 상대방의 이익을 보호하기 위한 것이므로, 상대방이 표의자의 착오를 알고 이를 이용한 경우에는 그 착오가 표의자의 중대한 과실로 인한 것이라고 하더라도 표의자는 그 의사표시를 취소할 수 있다고 할 것이다(대법원 1955. 11. 10. 선고 4288민상321 판결 참조).

원심은 그 채택 증거를 종합하여, 원고 미래에셋증권의 직원 소외 1이 이 사건 거래 당일 개장 전인 08:50경 이 사건 선물스프레드 15,000계약의 매수주문을 입력하면서 주문가격란에 0.80원을 입력하여야 함에도 '.'을 찍지 않아 80원을 입력한 사실, 이 사건 거래는 복수가격에 의한 개별경쟁거래의 방법으로 이루어지는 것으로서 장중 매매거래 시 최우선매수호가부터 5개의 매수호가와 그 호가수량이 한국거래소 파생상품시스템에 실시간으로 공표되고, 이 사건 거래 당시에도 호가를 한 당사자는 공표되지 않았으나, 1계약당 80원에 이 사건 선물스프레드 15,000계약을 매수하겠다는 원고 미래에셋증권의 주문(이하 '이 사건 매수주문'이라고 한다) 내역은 거래참가자들 모두에게 공개된 사실, 이 사건 선물스프레드는 불과 1개월의 차이를 두고 있는 2개 통화선물 종목의 차액으로서 시장가격의 변동성이 적어 평소에는 전날 종가를 기준으로 0.1원 내지 0.3원의 변동이 있는데, 이 사건 거래 전날 이 사건 선물스프레드의 종가는 0.9원이었던 사실, 피고의 직원 소외 2는 이 사건 거래 당일 개장 전인 08:54경 1.1원에 이 사건 선물스프레드 332계약을 매도하겠다는 주문을 입력해두었다가 09:00:03:60 위 주문이 80원에 체결되자, 거래화면에 나온 매수호가 80원을 클릭하여 주문가격을 80원으로, 주문수량을 300계약으로 하여 09:00:08:46 매도주문을 하고, 이후 주문가격과 주문수량을 고정하여 09:00:11:88부터 09:00:15:73까지 불과 몇 초 만에 추가로 28회의 매도주문을 한 사실, 소외 2는 이 사건 거래가 있기 전까지 이 사건 선물스프레드에 대하여 하루 1,000계약 이상의 주문은 하지 않았으나, 이 사건 거래 당일에는 10,000계약의 주문을 하였던 사실 등을 인정한 다음, 피고로서는 최초에 매매계약이 80원에 체결된 후에는 이 사건 매수주문의 주문가격이 80원인 사실을 확인함으로써 그것이 주문자의 착오로 인한 것임을 충분히 알고 있었고, 이를 이용하여 다른 매도자들보다 먼저 매매계약을 체결하여 시가와의 차액을 얻을 목적으로 단시간 내에 여러 차례 매도주문을 냄으로써 이 사건 거래를 성립시켰으므로, 원고 미래에셋증권이 이 사건 매수주문을 함에 있어서 중대한 과실이 있었다고 하더라도 착오를 이유로 이를 취소할 수 있다고 판단하였다.

앞서 본 법리와 기록에 비추어 살펴보면, 원심의 위와 같은 판단은 정당한 것으로 수긍이 가고, 거기에 상고이유 주장과 같이 논리와 경험의 법칙을 위반하여 자유심증주의의 한계를 벗어나거나 민법 제109조 제1항 단서의 적용에 관한 법리를 오해한 위법이 없다.

3. 상고이유 제3점에 대하여

이 사건 매수주문이 취소됨으로써 원고 미래에셋증권이 피고에게 반환하여야 할 부당이득의 가액은 이 사건 선물스프레드 8,700계약의 객관적인 가치를 따져 산정하여야 하고 원고 미래에셋증권은 악의의 수익자이므로 그 받은 이익에 이자를 붙여 반환하여야 한다는 취지의 이 부분 상고이유 주장은 상고심에 이르러 비로소 내세우는 새로운 주장이므로 적법한 상고이유가 되지 못한다.

4. 결론

그러므로 상고를 기각하고 상고비용은 패소자가 부담하도록 하여, 관여 대법관의 일치된 의견으로 주문과 같이 판결한다.

대법관   신영철(재판장) 이상훈 김창석(주심) 조희대

7. 계약의 일방적 해제와 원상회복

◼ 민법

제544조 (이행지체와 해제) 당사자 일방이 그 채무를 이행하지 아니하는 때에는 상대방은 상당한 기간을 정하여 그 이행을 최고하고 그 기간내에 이행하지 아니한 때에는 계약을 해제할 수 있다. 그러나 채무자가 미리 이행하지 아니할 의사를 표시한 경우에는 최고를 요하지 아니한다.

제548조 (해제의 효과, 원상회복의무) ① 당사자 일방이 계약을 해제한 때에는 각 당사자는 그 상대방에 대하여 원상회복의 의무가 있다. 그러나 제삼자의 권리를 해하지 못한다.

8. 계약의 합의해제 혹은 약정해지권의 발생

◼ 민법

제390조 (채무불이행과 손해배상) 채무자가 채무의 내용에 좇은 이행을 하지 아니한 때에는 채권자는 손해배상을 청구할 수 있다. 그러나 채무자의 고의나 과실없이 이행할 수 없게 된 때에는 그러하지 아니하다.

제551조 (해지, 해제와 손해배상) 계약의 해지 또는 해제는 손해배상의 청구에 영향을 미치지 아니한다.

9. 철회권 행사

◼ 전자상거래 등에서의 소비자보호에 관한 법률

제17조 (청약철회등) ① 통신판매업자와 재화등의 구매에 관한 계약을 체결한 소비자는 다음 각 호의 기간(거래당사자가 다음 각 호의 기간보다 긴 기간으로 약정한 경우에는 그 기간을 말한다) 이내에 해당 계약에 관한 청약철회등을 할 수 있다. <개정 2016. 3. 29.>
   1. 제13조제2항에 따른 계약내용에 관한 서면을 받은 날부터 7일. 다만, 그 서면을 받은 때보다 재화등의 공급이 늦게 이루어진 경우에는 재화등을 공급받거나 재화등의 공급이 시작된 날부터 7일
   2. 제13조제2항에 따른 계약내용에 관한 서면을 받지 아니한 경우, 통신판매업자의 주소 등이 적혀 있지 아니한 서면을 받은 경우 또는 통신판매업자의 주소 변경 등의 사유로 제1호의 기간에 청약철회등을 할 수 없는 경우에는 통신판매업자의 주소를 안 날 또는 알 수 있었던 날부터 7일
   3. 제21조제1항제1호 또는 제2호의 청약철회등에 대한 방해 행위가 있는 경우에는 그 방해 행위가 종료한 날부터 7일
② 소비자는 다음 각 호의 어느 하나에 해당하는 경우에는 통신판매업자의 의사에 반하여 제1항에 따른 청약철회등을 할 수 없다. 다만, 통신판매업자가 제6항에 따른 조

치를 하지 아니하는 경우에는 제2호부터 제5호까지의 규정에 해당하는 경우에도 청약철회등을 할 수 있다. <개정 2016. 3. 29.>
1. 소비자에게 책임이 있는 사유로 재화등이 멸실되거나 훼손된 경우. 다만, 재화등의 내용을 확인하기 위하여 포장 등을 훼손한 경우는 제외한다.
2. 소비자의 사용 또는 일부 소비로 재화등의 가치가 현저히 감소한 경우
3. 시간이 지나 다시 판매하기 곤란할 정도로 재화등의 가치가 현저히 감소한 경우
4. 복제가 가능한 재화등의 포장을 훼손한 경우
5. 용역 또는 「문화산업진흥 기본법」 제2조제5호의 디지털콘텐츠의 제공이 개시된 경우. 다만, 가분적 용역 또는 가분적 디지털콘텐츠로 구성된 계약의 경우에는 제공이 개시되지 아니한 부분에 대하여는 그러하지 아니하다.
6. 그 밖에 거래의 안전을 위하여 대통령령으로 정하는 경우
③ 소비자는 제1항 및 제2항에도 불구하고 재화등의 내용이 표시·광고의 내용과 다르거나 계약내용과 다르게 이행된 경우에는 그 재화등을 공급받은 날부터 3개월 이내, 그 사실을 안 날 또는 알 수 있었던 날부터 30일 이내에 청약철회등을 할 수 있다.
④ 제1항 또는 제3항에 따른 청약철회등을 서면으로 하는 경우에는 그 의사표시가 적힌 서면을 발송한 날에 그 효력이 발생한다.
⑤ 제1항부터 제3항까지의 규정을 적용할 때 재화등의 훼손에 대하여 소비자의 책임이 있는지 여부, 재화등의 구매에 관한 계약이 체결된 사실 및 그 시기, 재화등의 공급사실 및 그 시기 등에 관하여 다툼이 있는 경우에는 통신판매업자가 이를 증명하여야 한다.
⑥ 통신판매업자는 제2항제2호부터 제5호까지의 규정에 따라 청약철회등이 불가능한 재화등의 경우에는 그 사실을 재화등의 포장이나 그 밖에 소비자가 쉽게 알 수 있는 곳에 명확하게 표시하거나 시험 사용 상품을 제공하는 등의 방법으로 청약철회등의 권리 행사가 방해받지 아니하도록 조치하여야 한다. 다만, 제2항제5호 중 디지털콘텐츠에 대하여 소비자가 청약철회등을 할 수 없는 경우에는 청약철회등이 불가능하다는 사실의 표시와 함께 대통령령으로 정하는 바에 따라 시험 사용 상품을 제공하는 등의 방법으로 청약철회등의 권리 행사가 방해받지 아니하도록 하여야 한다. <개정 2016. 3. 29.>
[전문개정 2012. 2. 17.]

10. 침해행위 대응방법

◼ 민법

제750조 (불법행위의 내용) 고의 또는 과실로 인한 위법행위로 타인에게 손해를 가한 자는 그 손해를 배상할 책임이 있다.

제3절 가상화폐 거래소 약관의 내용

1. 빗썸 서비스 이용약관

제1장 총 칙

제1조 (목적) 이 약관은 주식회사 비티씨코리아닷컴(이하: 회사)이 제공하는 빗썸 및 빗썸 관련 제반서비스(이하: 서비스)의 이용조건 및 절차에 관한 회사와 회원 간의 권리 의무 및 책임사항, 기타 필요한 사항을 규정함을 목적으로 합니다.

제2조 (약관의 명시, 설명과 개정) ① 이 약관의 내용은 회사의 서비스 회원가입 관련 사이트에 게시하거나 기타의 방법으로 이용자에게 공지하고, 이용자가 회원으로 가입하면서 이 약관에 동의함으로써 효력을 발생합니다.
② 회사는 "약관의 규제에 관한 법률", "정보통신망 이용촉진 및 정보보호 등에 관한 법률" 등 관련법을 위배하지 않는 범위에서 이 약관을 개정할 수 있습니다.
③ 회사가 약관을 개정할 경우에는 적용일자 및 개정 사유를 명시하여 현행 약관과 함께 회사 사이트의 초기화면이나 팝업화면 또는 공지사항으로 그 적용일자 7일 이전부터 공지합니다. 다만, 회원에게 불리하거나 중대한 내용의 변경의 경우에는 적용일자 30일 이전에 회원에게 알립니다.
④ 회사가 전항에 따라 개정약관을 공지하면서 회원에게 7일간의 기간 내에 의사 표시를 하지 않으면 의사표시가 표명된 것으로 본다는 뜻을 명확하게 공지하였음에도 회원이 명시적으로 거부의 의사표시를 하지 아니한 경우 회원이 개정약관에 동의한 것으로 봅니다.
⑤ 회원이 개정약관의 적용에 동의하지 않는다는 명시적 의사를 표명한 경우 회사는 개정 약관의 내용을 적용할 수 없으며, 이 경우 회원은 이용계약을 해지할 수 있습니다. 다만, 기존 약관을 적용할 수 없는 특별한 사정이 있는 경우에는 회사는 이용계약을 해지할 수 있습니다.

제3조 (약관 외 준칙) ① 회사는 서비스에 대하여 이 약관 외에 별도의 공지사항, 개별 약관, 개별 동의 사항, 이용안내, 운영정책, 세부지침 등(이하 통틀어 "세부지침"이라 합니다)을 정하여 이를 회원에게 알리거나 동의를 받을 수 있으

며, 세부지침 중 회원의 동의를 받은 내용이 이 약관과 상충할 경우에는 "세부지침"이 우선하여 적용됩니다.
② 이 약관에서 정하지 아니한 사항이나 해석에 대해서는 "세부지침" 및 관련 법령 또는 상관례에 따릅니다.

제4조 (용어의 정의) 이 약관에서 사용하는 용어의 정의는 다음과 같습니다.
1. 회원: 이 약관을 승인하고 회원가입을 하여 회사와 서비스 이용계약을 체결한 자를 말합니다.
2. 아이디(ID): 회원의 식별과 서비스 이용을 위하여 회원이 등록하는 전자우편 주소 또는 휴대전화 번호를 말합니다.
3. 비밀번호: 회원의 동일성 확인과 회원정보의 보호를 위하여 회원이 회사가 승인한 문자와 숫자의 조합대로 설정한 것을 말합니다.
4. 암호화폐: 비트코인(BTC), 이더리움(ETH) 등 블록체인에서 전자적으로 존재하는 정보로 서비스의 목적을 말합니다.
5. 원화포인트(KRW) : 회원이 회사가 제공하는 결제수단을 이용하여 충전하고 암호화폐의 거래 등에 사용하며, 현금으로의 교환이 가능한 포인트입니다. 다만, 별도의 이자가 발생하지는 않습니다.
6. 판매자: 암호화폐를 판매할 의사로 해당 암호화폐를 회사가 온라인으로 제공하는 양식에 맞추어 등록하거나 신청한 회원을 말합니다.
7. 구매자: 암호화폐를 구매할 의사로 해당 암호화폐를 회사가 온라인으로 제공하는 양식에 맞추어 등록하거나 신청한 회원을 말합니다.
8. 컨텐츠 서비스: 핀번호로 판매되는 상품권, 지류 상품권, 선불카드 등 빗썸 KRW 또는 BTC 로 구매 가능한 상품권을 제공하는 상품권몰과 암호화폐로 충전하는 선불카드 등의 유료 서비스를 말합니다.

제2장 서비스 이용 신청 및 승낙 (회원가입 및 탈퇴)

제5조 (이용계약의 성립) ① 이용자는 회사가 정한 가입 양식에 따라 회원정보를 기입한 후 이 약관에 동의한다는 의사표시를 함으로서 회원가입을 신청합니다.
② 회원가입은 회사의 승낙이 회원에게 도달한 시점으로 합니다.
③ 이용 계약은 회원ID 단위로 체결합니다. 이용계약이 성립되면, 이용신청자는 회원으로 등록됩니다.
④ 실명이 아니거나 타인의 이름, 전화번호 등의 개인정보를 도용하여 허위 가

입한 회원은 법적인 보호를 받을 수 없으며, 이에 따른 민사, 형사상의 모든 책임은 가입한 회원이 져야 합니다.
⑤ 만 19세 미만은 회사에서 제공하는 암호화폐 거래 관련 서비스 이용을 제한합니다.
⑥ 이용자가 국제자금세탁방지기구(FATF, Financial Action Task Force)에서 자금세탁방지 비협조국가로 지정한 국가 또는 지역의 국민, 시민권자, 영주권자, 거주자 등인 경우 서비스 이용이 제한될 수 있으며, 회원은 다음 각 호를 보증합니다.
  1. 비협조국가의 국민, 시민권자, 영주권자, 거주자 등이 아닐 것
  2. 비협조국가 체류 중에 서비스를 이용하지 않을 것
⑦ 제1항에 따른 신청에 있어 회사는 필요 시 관계 법령에 의하여 이용자의 종류에 따라 전문기관을 통한 실명확인 및 본인인증을 요청할 수 있습니다. 만일, 이러한 회사의 제공 요청을 거부하여 이용자 본인임이 확인되지 않아 발생하게 되는 불이익에 대하여 회사는 책임을 지지 않습니다.

제6조 (이용신청) ① 이용신청은 온라인으로 회사 소정의 가입신청 양식에서 요구하는 사항을 기록하여 신청합니다.
② 온라인 가입신청 양식에 기재하는 모든 회원 정보는 실제 데이터인 것으로 간주하며 실명이나 실제 정보를 입력하지 않은 사용자는 법적인 보호를 받을 수 없으며, 서비스 사용의 제한을 받을 수 있습니다.
③ 사실과 다른 정보, 거짓 정보를 기입하거나 추후 그러한 정보임이 밝혀질 경우 회사는 서비스 이용을 일시 정지하거나 영구정지 및 이용 계약을 해지할 수 있습니다. 이로 인하여 회사 또는 제3자에게 발생한 손해는 해당 회원이 모든 책임을 집니다.

제7조 (회원정보 사용에 대한 동의 및 이용신청의 승낙) ① 회원정보 사용에 대한 동의
  1. 회사는 회원의 개인정보를 본 이용계약의 이행과 본 이용계약상의 서비스제공을 위한 목적으로 이용합니다.
  2. 회원이 회사 및 회사와 제휴한 서비스들을 편리하게 이용할 수 있도록 하기 위해 회원 정보는 회사와 제휴한 업체에 제공될 수 있습니다. 단, 회사는 회원 정보 제공이전에 제휴 업체, 제공 목적, 제공할 회원 정보의 내용 등을 사전에 공지하고 회원의 동의를 얻어야 합니다.
  3. 회원은 회원정보 수정을 통해 언제든지 개인 정보에 대한 열람 및 수정

을 할 수 있습니다.
   4. 회원이 이용신청서에 회원정보를 기재하고, 회사에 본 약관에 따라 이용신청을 하는 것은 회사가 본 약관에 따라 이용신청서에 기재된 회원정보를 수집, 이용 및 제공하는 것에 동의하는 것으로 간주됩니다.
② 이용신청의 승낙
   1. 회사는 회원이 회사 소정의 가입신청 양식에서 요구하는 모든 사항을 정확히 기재하여 이용신청을 한 경우 회원가입을 승낙할 수 있습니다. 단, 제2호, 제3호의 경우는 회사는 승낙을 유보하거나 승낙을 거절할 수 있습니다.
   2. 회사는 다음 각 호에 해당하는 이용신청에 대하여는 승낙을 유보할 수 있습니다.
      가. 설비에 여유가 없는 경우
      나. 기술상 지장이 있는 경우
      다. 기타 회사의 사정상 이용승낙이 곤란한 경우
   3. 회사는 다음 각 호에 해당하는 이용신청에 대하여는 이를 승낙하지 아니할 수 있습니다.
      가. 이름이 실명이 아닌 경우
      나. 다른 사람의 명의를 사용하여 신청한 경우
      다. 이용 신청 시 필요내용을 허위로 기재하여 신청한 경우
      라. 사회의 안녕질서 또는 미풍양속을 저해할 목적으로 신청한 경우
      마. 회사가 정한 이용신청요건에 미비한 부분이 있었을 때

제8조 (이용계약의 중지 및 해지) ① 이용계약은 회원 또는 회사의 해지에 의해 종료됩니다.
   1. 회원이 이용계약을 해지하고자 할 때에는 자신의 자산(암호화폐와 원화 포인트) 전부를 외부로 이전한 후 회사에 해지 신청을 하여야 합니다.
   2. 회사는 회원이 아래의 사유에 해당하는 경우 상당한 기간을 정하여 최고 후 서비스 이용을 제한하거나 이용계약을 해지할 수 있습니다.
      - 타인의 서비스 ID 및 비밀번호를 도용한 경우
      - 서비스 운영을 고의로 방해한 경우
      - 가입한 이름이 실명이 아닌 경우
      - 회원이 사회적 공익을 저해할 목적으로 서비스를 이용하는 경우
      - 타인의 명예를 손상시키거나 불이익을 주는 행위를 한 경우

- 서비스의 안정적 운영을 방해할 목적으로 다량의 정보를 전송하거나 광고성정보를 전송하는 경우
- 정보통신설비의 오작동이나 정보 등의 파괴를 유발시키는 컴퓨터 바이러스 프로그램 등을 유포하는 경우
- 타인의 개인정보, 이용자ID 및 비밀번호로 부정하게 사용하는 경우
- 회사의 서비스 정보를 이용하여 얻은 정보를 회사의 사전 승낙없이 복제 또는 유통시키거나 상업적으로 이용하는 경우
- 같은 사용자가 다른 ID로 이중등록을 한 경우
- 회사, 다른 회원 또는 제3자의 지식재산권을 침해하는 경우
- 방송통신심의위원회 등 외부기관의 시정요구가 있거나 불법선거운동과 관련하여 선거관리위원회의 유권해석을 받은 경우
- 이용자에 대한 개인정보를 그 동의 없이, 수집, 저장, 공개하는 경우
- 회원의 서비스 이용이 범죄와 결부된다고 객관적으로 판단되는 경우
- 수수료 등 이익을 얻을 목적으로 타인을 대행하여 암호화폐를 거래 하는 경우
- 회원의 행위가 기타 관계 법령에 위배되는 경우

② 서비스 이용 중지 또는 제한 절차
1. 회사는 이용제한을 하고자 하는 경우에는 그 사유, 일시 및 기간을 정하여 서면(전자우편 포함) 또는 전화, 홈페이지의 메시지 기능 등의 방법을 이용하여 해당 회원 또는 대리인에게 통지합니다.
2. 다만, 회사가 긴급하게 이용을 중지해야 할 필요가 있다고 인정하는 경우에는 전항의 과정 없이 서비스 이용을 제한할 수 있습니다.
3. 서비스 이용중지를 통지 받은 회원 또는 그 대리인은 이용중지에 대하여 이의가 있을 경우 이의 신청을 할 수 있습니다.
4. 회사는 이용중지 기간 중에 그 이용중지 사유가 해소된 것이 확인된 경우에 한하여 이용중지 조치를 즉시 해제합니다.

③ 이용계약 해지
1. 회사가 서비스 이용을 중지 또는 제한 시킨 후 동일한 행위가 2회 이상 반복되거나 30일 이내에 그 사유가 시정되지 아니하는 경우 회사는 이용계약을 해지할 수 있습니다.
2. 회사가 이용계약을 해지하는 경우에는 회원등록을 말소합니다. 회사는 이 경우 회원에게 이를 통지하고, 회원등록 말소 전에 소명할 기회를 부여합니다.

제9조 (회원정보의 변경) ① 회원은 개인정보 수정화면을 통하여 언제든지 본인의 개인정보를 열람하고 수정할 수 있습니다. 다만, 서비스 관리를 위해 필요한 실명, 생년월일, 성별, 아이디 등은 수정이 불가능합니다.
② 회원은 회원가입 신청 시 기재한 사항이 변경되었을 경우 온라인으로 수정을 하거나 전자우편 기타 방법으로 회사에 대하여 그 변경사항을 알려야 합니다.
③ 제②항의 변경사항을 회사에 알리지 않아 발생한 불이익에 대하여 회사는 책임지지 않습니다.

제3장 회원의 의무

제10조 (회원 아이디와 비밀번호 관리에 대한 회원의 의무) ① 아이디와 비밀번호에 관한 모든 관리책임은 회원에게 있습니다. 회원에게 부여된 아이디와 비밀번호의 관리소홀, 부정사용에 의하여 발생하는 모든 결과에 대한 책임은 회원에게 있으며, 회사는 이에 대한 책임을 지지 않습니다. 다만, 회사의 고의 또는 과실로 인한 경우에는 그러하지 아니합니다.
② 회원은 자신의 아이디가 부정하게 사용된 사실을 알게 될 경우 반드시 회사에 그 사실을 통지하고 회사의 안내에 따라야 합니다.
③ 제②항의 경우에 해당 회원이 회사에 그 사실을 통지하지 않거나, 통지한 경우에도 회사의 안내에 따르지 않아 발생한 불이익에 대하여 회사는 책임지지 않습니다.

제11조 (정보의 제공) 회사는 유·무선전화, 전자우편, 문자서비스(LMS/SMS), SNS 등의 방법으로 다음과 같은 서비스에 대해서 이용편의를 위한 이용안내 및 상품에 관한 정보를 제공할 수 있습니다.
이 경우 회원은 언제든지 수신을 거부할 수 있습니다.
　1. 암호화폐 거래 관련 서비스
　2. 이벤트 및 행사관련 등의 서비스
　3. 기타 회사가 수시로 결정하여 회원에게 제공하는 서비스

제4장 서비스 이용 총칙

제12조 (서비스의 종류) ① 회사에서 제공하는 서비스에는 암호화폐 거래 (판매관련, 구매관련, 거래API제공, 시세정보검색 관련 서비스) 서비스, 컨텐츠 서비스 (상품권몰, 선불카드) 등이 있습니다.
② 회사가 제공하는 서비스의 종류는 회사의 사정에 의하여 수시로 변경될 수 있으며, 제공되는 서비스에 대한 저작권 및 지식재산권은 회사에 귀속됩니다.
③ 회사는 서비스와 관련하여 회원에게 회사가 정한 이용조건에 따라 계정, 아이디, 서비스, 포인트 등을 이용할 수 있는 이용권한만을 부여하며, 회원은 이를 활용한 유사 서비스 제공 및 상업적 활동을 할 수 없습니다.

제13조 (서비스 내용의 공지 및 변경) ① 회사는 서비스의 종류에 따라 각 서비스의 특성, 절차 및 방법에 대한 사항을 서비스화면을 통하여 공지하며, 회원은 회사가 공지한 각 서비스에 관한 사항을 이해하고 서비스를 이용해야 합니다.
② 회사는 상당한 이유가 있는 경우에 운영상, 기술상의 필요에 따라 제공하고 있는 개별 서비스의 전부 또는 일부를 변경할 수 있습니다. 이 경우 회사는 최소 7일전에 해당 내용을 이용자에게 알립니다.

제14조 (서비스의 유지 및 중지) ① 서비스의 이용은 회사의 업무상 또는 기술상 특별한 지장이 없는 한 연중무휴 1일 24시간을 원칙으로 합니다. 다만 정기 점검 등의 필요로 회사가 사전에 고지하여 정한 날이나 시간은 그러하지 않습니다.
② 회사는 서비스를 일정범위로 분할하여 각 범위 별로 이용가능 시간을 별도로 정할 수 있습니다. 이 경우 그 내용을 사전에 공지합니다.
③ 회사는 다음 각 호에 해당하는 경우 서비스 제공을 중지할 수 있습니다. 이 경우 회사는 불가피한 경우가 아닌 한 서비스 제공 중지를 사전 고지합니다.
  1. 서비스용 설비의 보수 등 공사로 인한 부득이한 경우
  2. 전기통신사업법에 규정된 기간통신사업자가 전기통신 서비스를 중지했을 경우
  3. 회사가 직접 제공하는 서비스가 아닌 제휴업체 등의 제3자를 이용하여 제공하는 서비스의 경우 제휴 업체등의 제3자가 서비스를 중지했을 경우
  4. 기타 불가항력적 사유가 있는 경우
④ 회사는 국가비상사태, 정전, 서비스 설비의 장애 또는 서비스 이용의 폭주

등으로 정상적인 서비스 이용에 지장이 있는 때에는 서비스의 전부 또는 일부를 제한하거나 정지 할 수 있습니다.

제15조 (회원의 결제 이용 제한) ① 회사는 다음 각호에 해당하는 경우 회원의 결제 이용을 제한할 수 있습니다.
    1. 판매자와 구매자가 동일인으로 판단되는 경우
    2. 결제서비스의 제공사 및 발행사의 요청이 있는 경우
② 위의 경우에 해당하는 경우 회사는 해당 내용을 회원에게 홈페이지 공지 등의 방법을 통해 알립니다.
③ 제한사유가 중복발생 시에는 모든 제한해지조건을 갖추었을 경우에 한해 해지 처리할 수 있습니다.

제16조 (회원의 입금 및 출금 이용제한) ① 회사는 다음 각 호에 해당하는 경우 회원의 입금 및 출금 이용을 제한하거나 지연하여 승인할 수 있습니다.
    1. 가입 회원명과 입금자명이 다르게 입금되었을 경우
    2. 회사가 정한 서비스 이용권한의 범위를 벗어난 경우
    3. 경찰, 국세청 등의 국가기관과 금융기관으로부터 회원의 계정이 불법행위에 이용된 것으로 의심된다는 정보의 제공이 있는 경우
② 위의 경우에 해당하는 경우 회사는 해당 내용을 회원에게 홈페이지 공지 등의 방법을 통해 알립니다.
③ 이용제한 및 지연 사유가 중복 발생시에는 관리자 또는 운영자가 요구하는 해제조건을 갖추었을 경우에 한해 해제 처리할 수 있습니다.

제5장 암호화폐 거래관련 서비스 이용

제17조 (암호화폐 판매/구매등록 등) ① 회사가 제공하는 서비스를 통하여 암호화폐를 판매 또는 구매하고자 하는 회원은 회사가 제공하는 등록 양식에 따라 거래를 등록하여야 합니다.
② 부가서비스의 이용
    1. 암호화폐를 판매하고자 하는 회원은 거래등록 시 보다 효과적인 판매를 위하여 회사가 제공하는 부가 서비스를 신청할 수 있습니다. 부가서비스의 구체적인 내용에 대해서는 회사가 따로 정하는 바에 의합니다.
    2. 암호화폐의 판매/구매와 관련되어 회사가 회원에게 제공하는 모든 서비

스는 각 회원 개인의 편의 증진을 위한 이용권한만을 부여하며, 서비스 이용권한의 범위를 벗어나는 모든 유사 서비스 제공 및 상업적 활용은 금지됩니다.

제18조 (거래 서비스 이용제한) 구분 제한사유 해지조건

로그인 차단
① 회원 본인의 요청이 있는 경우
② 본인확인 절차에 실패한 경우
③ 국가기관 또는 금융기관 등의 요청이 있는 경우
④ 보안비밀번호를 5회 연속 잘못 입력한 경우
⑤ 보이스피싱 등의 범죄 또는 금융사고와 관련있거나 관련성에 합리적인 의심이 드는 경우
  - 제한사유 해결
  - ④는 본인확인 후 차단을 해지

출금 차단
① 회원이 미성년자인 경우
② 회원 본인의 요청이 있는 경우
③ 국가기관 또는 금융기관 등의 요청이 있는 경우
④ 가입 후 KRW로 구매한 암호화폐의 첫 출금을 요청한 경우. 단, KRW 충전 시로부터 72시간 동안 차단
⑤ 24시간 동안 3회 이상 KRW를 충전한 경우. 단, 3회차 KRW 충전 시로부터 72시간 동안 차단
⑥ 보이스피싱 등의 범죄 또는 금융사고와 관련있거나 관련성에 합리적인 의심이 드는 경우
⑦ 법률상 원인없이 KRW나 암호화폐를 취득한 자
  - 제한사유 해결
  - ④~⑥은 오프라인 고객 센터에 방문하여 본인확인 후 차단 해지 가능

제6장 서비스 이용 수수료

제19조 (암호화폐 거래 관련 서비스 수수료의 내용) 회사는 구매자/판매자에게 인터넷을 통한 서비스를 제공하는 대가로 수수료를 부과합니다. 수수료는 회사의 홈페이지 이용방법에 명시되어 있으며, 회사 및 시장의 상황에 따라 변경될 수

있습니다.

제7장　개인정보 보호

제20조 (개인정보의 보호) 회사는 관계 법령이 정하는 바에 따라 회원의 개인정보를 보호하기 위해 노력합니다. 회원의 개인정보는 서비스의 원활한 제공을 위하여 회원이 동의한 목적과 범위 내에서만 이용됩니다. 회사는 법령에 의하거나 회원이 별도로 동의하지 아니하는 한, 회원의 개인정보를 제3자에게 제공하지 아니하며, 이에 대한 자세한 사항은 개인정보 처리방침에서 정합니다.

제8장　손해배상 및 면책조항

제21조 (회사의 면책사항 및 손해배상) ① 회사는 서비스와 관련하여 이 약관에 명시되지 않은 어떠한 사항에 대하여 보증을 하지 않습니다. 또한, 회사는 회사가 발행하거나 지급을 보증하지 아니한 암호화폐의 가치를 보증하지 않습니다.

② 회사는 천재지변, 디도스(DDos) 공격, IDC장애, 서비스 접속의 폭등으로 인한 서버 다운, 기간통신사업자의 회선 장애 등 기타 불가항력적인 사유로 서비스를 제공할 수 없는 경우에는 서비스 제공에 관한 책임이 면제됩니다. 다만, 회사의 고의 또는 과실이 있는 경우에는 그러하지 아니합니다.

③ 회사는 블록체인의 문제, 암호화폐 발행 관리 시스템 자체의 하자 또는 기술적 문제, 통신서비스 업체의 불량, 정기적인 서버점검 등으로 인하여 불가피하게 장애가 발생하였을 경우에 책임을 지지 않습니다. 다만, 회사의 고의 또는 과실이 있는 경우에는 그러하지 아니합니다.

④ 회사는 회원의 귀책사유로 인한 서비스 이용 장애나 그 결과에 대하여는 책임을 지지 않습니다. 다만, 회사의 고의 또는 과실이 있거나 회원에게 정당한 사유가 있는 경우에는 그러하지 아니합니다.

⑤ 회사는 회원간 또는 회원과 제3자 상호간에 서비스를 매개로 하여 거래 등을 한 경우에는 책임이 면제됩니다. 다만, 회사의 고의 또는 과실이 있는 경우에는 그러하지 아니합니다.

⑥ 회사는 무료로 제공되는 서비스 이용과 관련하여 관련법에 특별한 규정이 없거나 회사의 고의 또는 과실이 없는 한 책임을 지지 않습니다.

⑦ 회사는 안정적인 서비스 제공을 위해 정기적, 비정기적 또는 긴급한 서버 점검을 실시할 수 있습니다. 만약 서버 점검 완료 후 국내외 암호화폐 거래

소의 암호화폐 시세와 서비스상의 구매 / 판매 대기 주문의 암호화폐 시세가 비정상적으로 차이가 날 경우, 회사는 회원을 보호하기 위하여 내부 정책에 따라 대기 주문 건을 취소할 수 있습니다.

⑧ 누구든지 서비스 오류, 전산장애 또는 기타 사유로 인하여 제3자 소유의 암호화폐를 권한 없이 취득하거나 전송 받게 될 경우, 회사는 당사자에게 사전 통지 후 해당 암호화폐를 회수하거나 원상회복 시키는 등 필요한 조치를 취할 수 있습니다.

⑨ 회원이 회사에게 손해배상을 청구할 경우 회사는 회원과 합의하여 회원의 전자지갑으로 암호화폐 또는 원화포인트(KRW)를 지급하는 방법으로 회원의 손해를 배상할 수 있습니다.

제22조 (대리 및 보증의 부인) ① 회사는 암호화폐를 판매하거나 구매하고자 하는 회원을 대리할 권한을 갖고 있지 않으며, 회사의 어떠한 행위도 판매자 또는 구매자의 대리 행위로 간주되지 않습니다.

② 회사는 회사가 제공하는 서비스를 통하여 이루어지는 회원 간의 판매 및 구매와 관련하여 판매의사 또는 구매의사의 사실 및 진위, 적법성에 대하여 보증하지 않습니다.

③ 회사에 연결(링크)된 사이트(상품권몰, 유료컨텐츠 제공업체 등)는 회사와 계약을 통하여 제휴관계를 맺은 업체들로서 회사는 단지 제휴업체와의 연결(링크)만을 제공할 뿐이며, 제휴업체의 서비스 운영 및 관리, 물품의 판매, 배송 및 환불 등에 대한 모든 책임은 회사에 고의 또는 과실이 없는 한 제휴업체가 부담하고 회사는 일절 관여하지 않습니다.

제23조 (관할법원 및 준거법) ① 본 서비스 이용 약관은 대한민국 법률에 따라 규율되고 해석되며, 회사의 요금체계등 서비스 이용과 관련하여 회사와 회원 간에 발생한 분쟁으로 소송이 제기되는 경우 대한민국 법률이 적용됩니다.

② 서비스 이용과 관련하여 회사와 회원 간에 발생한 소송의 경우 법령에 정한 절차에따른 법원을 관할 법원으로 합니다.

부 칙

1. 이 약관은 2015년 5월 25일부터 적용됩니다.
2. 이 약관은 2015년 11월 26일부터 적용됩니다.

3. 이 약관은 2016년 6월 07일부터 적용됩니다.
4. 이 약관은 2018년 1월 01일부터 적용됩니다.
5. 이 약관은 2018년 5월 28일부터 적용됩니다.
6. 이 약관은 2018년 8월 10일부터 적용됩니다.

2. 업비트 이용약관

제1조 (목적) 이 약관은 두나무 주식회사(이하 "회사"라 합니다)가 제공하는 업비트 및 업비트 관련 제반 서비스의 이용에 대해 회사와 회원의 권리, 의무 및 책임 사항, 기타 필요한 사항을 규정함을 목적으로 합니다.

제2조 (정의) 이 약관에서 사용하는 용어의 정의는 다음과 같습니다.
1. "서비스"라 함은 단말기(PC, 휴대형 단말기 등의 각종 유무선 장치를 포함)에 상관없이, 회원이 이용할 수 있는 업비트의 디지털 자산 거래 서비스 및 이와 관련된 제반 서비스를 의미합니다.
2. "회원"이라 함은 서비스에 접속하여 이 약관에 따라 회사와 이용계약을 체결하고, 회사가 제공하는 서비스를 이용하는 고객을 말합니다.
3. "아이디(ID 또는 계정)"라 함은 회원이 본 약관 및 개인정보처리방침에 동의한 후 회사가 회원을 식별하고 서비스를 제공하기 위해 회원에게 부여한 문자 또는 숫자의 조합을 말합니다.
4. "닉네임"이라 함은 서비스 이용을 위해, 본 약관 및 개인정보처리방침에 동의한 회원이 정하고 회사가 수집하는 회원의 고유한 이름(문자와 숫자의 조합)을 말합니다.
5. "디지털 자산"이라 함은 서비스에서 거래할 수 있는 비트코인, 이더리움 등 블록체인에서 전자적으로 존재하는 정보로 서비스의 대상물을 말합니다. 회원은 회사에 대하여 계정 내 "디지털자산"의 수량 만큼의 출금 청구권을 보유합니다.
6. "KRW"라 함은 회원이 서비스 내에서 디지털 자산 거래 등에 사용할 수 있고, 현금으로 교환이 가능한 가상의 지급수단을 말합니다.
7. "외부 디지털 자산 주소"라 함은 서비스 외부에서, 회원 혹은 다른 사람이 소유하거나 사용하는 모든 디지털 자산 주소 또는 계정을 의미합니다. 외부 디지털 자산 주소는 회사에서 소유, 통제 또는 운영하지 않습니다.
8. "업비트 지갑"이라 함은 회사가 회원의 업비트 아이디와 연계된 디지털 자산을 보관하기 위해 소유 및 사용하는 디지털 자산 지갑을 의미합니다. 회원은 "업비트 지갑"을 통해 "외부 디지털 자산 주소"와 디지털 자산을 주고받을 수 있습니다.
9. "게시물"이라 함은 회원이 서비스에 게시한 부호·문자·음성·음향·화상·동

영상 등의 정보 형태의 글, 사진, 동영상 및 각종 파일과 링크 등을 의미합니다.

10. "콘텐츠"라 함은 회사가 회원에게 제공하는 부호, 문자, 도형, 색채, 음성, 음향, 이미지, 영상 등(이들의 복합체를 포함한다.) 온라인 디지털 형태의 정보나 자료를 말합니다.
11. "오픈마켓"이라 함은 "오픈마켓 사업자"가 운영하는 애플리케이션 거래 사이트를 의미합니다.
12. "오픈마켓 사업자"라 함은 서비스의 설치, 결제 기능을 제공하는 전자상거래 업체를 의미합니다.
13. "결제업체"라 함은 신용카드, 휴대폰결제 등 "오픈마켓"에서 사용 가능한 전자지급수단을 제공하는 업체를 말합니다.
14. "유료 결제"라 함은 서비스 내에서 유료로 콘텐츠 등을 구매하기 위한 결제행위를 말합니다.
15. "유료 콘텐츠"라 함은 "유료 결제"를 통해 유료로 구매한 "콘텐츠"를 의미합니다.
16. "시장"이란 회원이 본인의 의사에 따라 디지털 자산을 사고팔 수 있는 가상의 공간을 말합니다.
17. "중요 제휴사"라 함은 "회사"와 제휴 계약 등을 체결하여 "서비스"의 중요한 일부 기능(로그인 기능, 디지털 자산 거래소 연동 기능을 포함하며, 이에 한정하지 않습니다)을 제공하는 회사를 말합니다.

제3조 (약관의 게시와 개정) ① 회사는 이 약관의 내용을 회원이 쉽게 알 수 있도록 서비스 내 또는 연결화면을 통하여 게시합니다.
② 회사는 필요한 경우 관련 법령을 위배하지 않는 범위에서 이 약관을 개정할 수 있습니다.
③ 회사가 이 약관을 개정할 경우에는 개정내용과 적용 일자를 명시하여 서비스에서 적용 일자 7일 전부터 적용 일자 전날까지 공지합니다. 다만, 회원에게 불리한 변경의 경우에는 적용 일자 30일 전부터 공지합니다.
④ 회사가 전항에 따라 공지하면서 회원에게 적용 일자 전날까지 의사표시를 하지 않으면 의사표시가 표명된 것으로 본다는 뜻을 명확하게 공지하였음에도 회원이 명시적으로 거부의 의사표시를 하지 아니한 경우 회원이 개정 약관에 동의한 것으로 봅니다.
⑤ 회원은 개정 약관에 동의하지 않는 경우 적용 일자 전날까지 회사에 거부

의사를 표시하고 서비스 이용계약을 해지할 수 있습니다.

제4조 (약관의 해석) ① 회사는 이 약관 외에 별도의 운영정책을 둘 수 있습니다.
② 이 약관에서 정하지 아니한 사항이나 해석에 대해서는 운영정책, 이용안내(웹), 이용가이드(앱), 관련 법령에 따릅니다.

제5조 (이용계약 체결) ① 이용계약은 회원이 되고자 하는 자(이하 "가입 신청자"라 합니다)가 회사가 제공하는 약관의 내용에 대하여 동의를 한 다음 회사가 정한 절차에 따라 가입신청을 완료하고, 회사가 이러한 신청에 대하여 승낙함으로써 체결됩니다.
② 회사는 가입 신청자의 신청에 대하여 아래 각호에 해당하는 사유가 있는 경우에는 승낙하지 않을 수 있으며, 가입 이후에도 아래 각호의 사유가 확인될 경우에는 승낙을 취소하거나 이용계약을 해지할 수 있습니다.
  1. 가입 신청자가 이 약관에 의하여 이전에 회원자격을 상실한 적이 있는 경우
  2. 실명이 아닌 명의 또는 타인의 명의를 이용한 경우
  3. 허위 또는 잘못된 정보를 기재 또는 제공하거나, 회사가 제시하는 내용을 기재하지 않은 경우
  4. 가입 신청자의 귀책 사유로 인하여 승인할 수 없거나 기타 이 약관에서 규정한 제반 사항을 위반하며 신청하는 경우
  5. 부정한 용도 또는 별개의 영업 목적으로 서비스를 이용하고자 하는 경우
  6. 관련 법령에 어긋나거나 사회의 안녕질서 혹은 미풍양속을 저해할 수 있는 목적으로 신청한 경우
  7. 가입 신청자가 비거주 외국인이거나 만 19세 미만인 경우
③ 이용계약의 성립 시기는 회사가 계정 생성 완료를 신청 절차상에서 표시하거나 제22조의 방식에 따른 통지가 가입 신청자에게 도달한 시점으로 합니다.
④ 회사는 회원이 제공한 정보가 사실과 일치하는지 여부를 확인하기 위하여 법령에 의하여 허용된 범위에서 전문기관을 통한 실명확인 또는 본인인증을 요청할 수 있습니다.

제6조 (회원 정보의 변경) ① 회원은 서비스를 통하여 언제든지 본인의 개인정보를 열람하고 수정할 수 있습니다. 다만, 서비스 관리를 위해 필요한 아이디는 수정할 수 없습니다.

② 회원은 회원가입신청 시 기재한 사항이 변경되었을 경우 서비스에서 직접 수정하거나 고객센터를 통하여 회사에 변경 사항을 통지하여야 합니다.
③ 회원이 전항의 변경사항을 회사에 통지하지 않아 발생한 불이익에 대하여 회사는 책임을 지지 않습니다.

제7조 (회원 정보의 관리) ① 회사는 회원의 닉네임이 개인정보 유출 우려가 있거나, 회원 본인이 아닌 타인으로 오해할 소지가 있거나, 반사회적 또는 미풍양속에 어긋나거나, 제삼자의 권리를 침해하거나, 회사 및 회사의 운영자로 오인할 우려가 있는 경우, 해당 닉네임의 이용을 제한할 수 있습니다. 또한 회사는 이외의 경우라도 회사가 합리적인 판단에 의하여 필요하다고 인정하는 경우 해당 닉네임 사용을 제한할 수 있습니다.
② 회사는 회원이 등록한 계정과 비밀번호 등이 회사에 등록된 것과 일치할 경우에는 별도의 확인절차 없이 이용자를 회원으로 간주합니다.
③ 회원은 본인의 허가를 받지 않은 제삼자가 회원의 계정에 무단으로 접근하지 않도록, 비밀번호를 포함하여 계정 접근을 위해 필요한 일체의 정보를 안전하게 보관할 책임이 있습니다.
④ 회원은 계정 접근정보를 분실했거나, 도용당했거나, 제삼자에게 공개되었음을 인지한 경우 이를 즉시 회사에 통지해야 합니다. 회사는 즉시 계정 이용 중단 등의 조처를 할 수 있습니다.
⑤ 회원의 계정 비밀번호 등 접근정보가 분실, 도용 혹은 공개되어 회원에게 발생한 손해에 대하여 회사는 책임을 부담하지 아니합니다. 다만, 회사의 고의 또는 과실에 의한 경우에는 그러하지 아니합니다.

제8조 (개인정보의 보호) 회사는 정보통신망 이용촉진 및 정보보호 등에 관한 법률, 개인정보 보호법 등 관련 법령이 정하는 바에 따라 회원의 개인정보를 보호하기 위해 노력합니다. 개인정보의 보호 및 이용에 대해서는 관련 법령 및 회사의 개인정보처리방침이 적용됩니다. 다만, 회사가 제작하여 제공한 화면 이외의 외부로 링크된 화면 등에서는 회사의 개인정보처리방침이 적용되지 않습니다.

제9조 (회사의 의무) ① 회사는 관련 법령과 이 약관을 준수하며, 계속적이고 안정적으로 서비스를 제공하기 위하여 최선을 다하여 노력합니다.
② 회사는 회원이 안전하게 서비스를 이용할 수 있도록 개인정보(신용정보 포함)보호를 위해 보안시스템을 갖출 수 있으며, 개인정보처리방침을 공시하

고 준수합니다.

③ 회사는 서비스 이용과 관련하여 회원으로부터 제기된 의견이나 불만이 정당하다고 인정할 경우에는 이를 처리하여야 하며, 서비스 내 게시판, 전자우편 등을 통하여 회원에게 처리 과정 및 결과를 전달할 수 있습니다.

제10조 (회원의 의무) ① 회원은 아래의 행위를 하여서는 안 됩니다.
1. 타인의 정보도용
2. 회사가 게시한 정보의 변경
3. 회사가 정한 정보 이외의 정보(컴퓨터 프로그램 등) 등의 송신 또는 게시
4. 회사와 기타 제삼자의 저작권 등 지적 재산권에 대한 침해
5. 회사 및 기타 제삼자의 명예를 손상하거나 업무를 방해하는 행위
6. 외설 또는 폭력적인 메시지, 화상, 음성, 허위사실, 기타 공서양속에 반하는 정보를 서비스에 공개 또는 게시하는 행위
7. 회사의 사전 동의 없이 영리를 목적으로 서비스를 사용하는 행위
8. 회사의 사전 승낙 없이 에이전트(Agent), 스크립트(Script), 스파이더(Spider), 스파이웨어(Spyware), 툴바(Toolbar) 등의 자동화된 수단, 기타 부정한 방법을 통하여 서비스에 접속하는 행위, 노출횟수 및 클릭횟수를 부정하게 생성하거나 증가시키는 행위, 서비스 이용 신청을 하는 행위, 회사의 서버에 부하를 일으키는 행위
9. 다른 회원의 개인정보 및 계정정보를 수집하는 행위
10. 디지털 자산의 시세에 부당한 영향을 주는 등의 방법으로 건전한 거래질서를 교란하는 행위
11. 기타 불법적이거나 부당한 행위

② 회원은 관계 법령, 이용약관, 이용안내(웹), 이용가이드(앱) 및 서비스와 관련하여 회사가 공지하거나 통지한 사항 등을 준수하여야 하며, 기타 회사의 업무에 방해되는 행위를 하여서는 안 됩니다.

제11조 (게시물의 저작권) ① 회원이 서비스 내에 게시한 게시물의 저작권은 저작권법에 의하여 보호를 받으며, 적법한 절차와 방법으로 회사에 다음과 같이 사용할 수 있는 영구적인 라이선스를 제공합니다. 상기 라이선스의 사용 및 허용 범위는 아래와 같습니다.
1. 서비스의 운영, 향상, 개선, 신규 서비스 개발, 프로모션 등을 위하여 게시물을 사용, 편집, 저장, 복제, 수정, 공개, 전송, 공개적 실연, 공개적인

게시, 배포할 수 있는 권리
2. 게시물의 이차적 저작물 제작 및 배포할 수 있는 권리

② 서비스 홍보를 위한 목적으로 미디어, 통신사 등이 게시물의 내용을 보도, 방영하게 할 수 있는 권리회사가 전항 이외의 방법으로 회원의 게시물을 이용하고자 하는 경우에는 전화, 팩스, 전자우편 등을 통해 사전에 회원의 동의를 얻을 수 있습니다.

③ 회원이 이용계약을 해지하거나 제21조에 의해 이용계약이 해지되는 경우에도 서비스의 운영 향상, 개선, 홍보 등 제1항에 규정된 목적 범위 내에서 본 라이선스는 존속됩니다.

제12조 (게시물의 이용권) ① 회원의 게시물을 임의로 무단 사용하여 발생하는 손실이나 기타의 문제는 전적으로 회원 개인의 판단에 따른 책임이며, 회사는 이에 대하여 책임지지 않습니다.

② 회원은 타인의 초상권, 저작권 등 지적 재산권 및 기타 권리를 침해하는 목적으로 게시물을 사용할 수 없으며, 만일 타인의 권리를 침해하는 행위로 인하여 발생하는 결과에 대한 모든 책임은 회원 본인에게 있습니다.

③ 회원은 게시물을 무단으로 상업적이거나 기타 개인적인 이익을 위한 용도로 사용할 수 없습니다.

④ 회원이 게시물을 회사의 동의를 받지 않고 사용하여 회사에 피해를 준 경우, 회원은 회사에 법적인 절차에 따른 피해보상 의무가 있습니다.

제13조 (게시물의 관리) ① 회원은 타인의 저작권을 침해하는 내용 혹은 허위 사실을 게시물에 포함하여서는 아니 됩니다. 회원의 게시물이 정보통신망 이용촉진 및 정보보호 등에 관한 법률 및 저작권법 등 관련 법령에 위반되는 내용을 포함하는 경우, 권리자는 관련 법령이 정한 절차에 따라 해당 게시물의 게시중단 및 삭제 등을 요청할 수 있으며, 회사는 관련 법령에 따라 조처를 하여야 합니다.

② 회사는 전항에 따른 권리자의 요청이 없는 경우라도 권리침해가 인정될 만한 사유가 있거나, 허위 사실로 판단되거나, 기타 회사 정책 및 관련 법령에 위반될 경우에는 관련 법령에 따라 해당 게시물에 대하여 게시거부나 삭제 등의 조처를 할 수 있습니다.

제14조 (권리의 귀속) ① 서비스에 대한 저작권 및 지적 재산권은 회사에 귀속됩니다.

② 회사는 서비스와 관련하여 회원에게 회사가 정한 이용조건에 따라 서비스 등을 이용할 수 있는 이용권만을 부여하며, 회원은 이를 양도, 판매, 담보제공 등의 처분행위를 할 수 없습니다.

제15조 (서비스의 제공 등) ① 회사는 서비스를 일정 범위로 나누어 범위별로 이용 가능 시간을 별도로 지정할 수 있습니다. 다만 그 내용을 사전에 공지합니다.
② 서비스는 연중무휴, 1일 24시간 제공함을 원칙으로 합니다.
③ 회사는 컴퓨터 등 정보통신설비의 보수점검, 교체 및 고장, 통신두절 또는 운영상 합리적인 이유가 있는 경우 서비스의 제공을 일시적으로 중단할 수 있습니다. 이 경우 회사는 사전에 서비스 초기 화면이나 공지사항 게시판을 통하여 회원에게 통지합니다. 다만, 회사가 사전에 통지할 수 없는 부득이한 사유가 있는 경우 사후에 통지할 수 있습니다.
④ 회사는 서비스의 제공에 필요한 경우 점검을 할 수 있으며, 점검시간은 서비스제공화면에 공지한 바에 따릅니다.

제16조 (서비스의 변경) ① 회사는 안정적인 서비스 제공을 위하여 서비스의 내용, 운영상, 기술상 사항 등을 변경할 수 있습니다.
② 회사는 서비스를 변경할 경우 변경내용과 적용 일자를 명시하여 사전에 공지합니다. 다만, 회사가 사전에 공지할 수 없는 부득이한 사유가 있는 경우 사후에 공지할 수 있습니다.
③ 회원은 서비스 변경에 동의하지 않을 경우 회사에 거부 의사를 표시하고 이용계약을 해지할 수 있습니다.

제17조 (서비스의 이용) ① 회원이 회사가 지정하는 계좌에 현금을 입금(회원의 동의 하에 회사가 추심한 경우를 포함합니다.)하면 회사는 입금한 현금 1원당 1KRW의 비율로 계산한 수량에 해당하는 KRW를 회원의 업비트 계정에 표시합니다. 회원은 실명확인이 가능한 입출금 계정(같은 금융회사에 개설된 회사의 계좌와 회원의 계좌 사이에서만 금융거래 등을 허용하는 계정을 말합니다)을 이용한 방식으로 현금과 "KRW"를 교환(입출금)할 수 있습니다.
② 회원은 회사가 정하는 방법에 따라 디지털 자산 매매 주문을 회사에 제출하여야 합니다.
③ 회원이 디지털 자산 매매주문을 제출할 경우, 매매주문 체결을 위해 필요한 수량 이상의 KRW 또는 디지털 자산 출금 청구권을 보유하고 있어야 합니다.

④ 회사는 회원이 주문을 제출하기 전에 회원이 매수 또는 매도하려고 하는 디지털 자산의 수량, 가격 및 수수료 등을 요약한 주문확인 정보를 제공합니다. 회원은 회사가 이러한 주문확인 정보를 제공하지 못하는 경우에도 회원이 제출한 주문에는 영향을 미치지 않음에 동의합니다.

⑤ 회원은 디지털 자산의 가격 변동에 대해서 회사가 책임지지 않는 것에 동의합니다. 디지털 자산 시장의 중단 또는 제23조 제2항과 같은 어쩔 수 없는 사건이 발생한 경우 회사는 다음 중 하나 이상의 조치를 수행할 수 있으며 이러한 조치로 인해서 회원에게 발생한 손실에 대해서 회사는 책임을 지지 않습니다.
1. 서비스에 대한 접근 중단
2. 서비스 안에서의 모든 활동 중단

⑥ 회원이 보유한 KRW에 대해서 회사에 출금을 요청하면, 회사는 1 KRW 당 1원의 비율로 계산한 현금을 회원이 사전에 등록한 계좌로 지급합니다.

⑦ 회사는 현금 및 디지털 자산 입출금 시 회원이 제공한 정보가 사실과 일치하는지 여부를 확인하기 위하여 법령에 의하여 허용된 범위 내에서 직접 또는 전문기관을 통해 실명확인 또는 본인인증을 요청할 수 있습니다.

⑧ 회원은 업비트 계정 내 디지털 자산 잔액이 미체결 주문에 해당하는 금액보다 큰 경우 해당 금액에서 수수료를 제외한 금액을 외부 디지털 자산 주소로 보낼 수 있습니다. 회원이 제공하는 외부 디지털 자산 주소의 정확성에 대한 책임은 회원에게 있으며, 회사는 회원이 잘못 기재한 외부 디지털 자산 주소로 디지털 자산을 보내는 것에 대해서 책임을 지지 않습니다.

⑨ 전화번호 송금 시 발신인의 성명 및 송금액이 수신인에게 공개됩니다.

⑩ 회원은 전화번호 송금 시 상대방(다른 회원 또는 비회원)의 정보를 정확히 입력하여야 합니다. 회사는 회원의 오입력으로 인해 발생한 문제에 대하여 책임을 부담하지 않습니다.

⑪ 회사는 특정 금융거래정보의 보고 및 이용 등에 관한 법률(이하 "특금법"이라고 합니다) 및 관련 법령에서 정한 가상자산사업자의 의무 이행을 위하여 확인해야 할 회원 정보, 거래내역 등(이하 "KYC정보"라고 합니다)을 수집, 생성, 이용, 보관, 제3자(금융정보분석원, 타가상자산사업자 등 관련 법령에서 정한 기관) 제공할 수 있습니다. 회원이 서비스 가입 및 이용 과정에서 회사에게 "KYC정보"를 제공하지 않는 경우 회사는 회원의 서비스 가입 신청을 승낙하지 않거나 서비스 이용을 제한할 수 있습니다. 회사는 "KYC정보"의 종류, 제공 절차와 방법 및 인증 단계에 따른 서비스 범위 등에 관한

세부 사항을 운영정책, 이용안내 및 이용가이드에서 정할 수 있습니다.

제18조 (서비스 이용 관련 유의사항) ① 회사는 제5조 제2항 각호의 사유, 제20조 제1항 및 제2항 각호의 사유가 있거나 그와 같은 사유로 인한 회원의 피해 발생을 방지하기 위해 필요한 경우 서비스를 통해 제출된 주문을 거부하거나 거래 금액 및 다른 거래 조건에 제한을 둘 수 있습니다. 예를 들어, 서비스를 통해 설정할 수 있는 미체결 주문 수를 제한하거나 특정 지역 회원과의 거래를 제한할 수 있습니다. 이 경우 회사는 제22조에 따른 방법으로 회원에게 통지합니다.

② 회원은 서비스에 제출한 주문이 체결되기 전에만 주문을 취소할 수 있습니다. 부분적으로 체결된 주문에 대해서는 체결되지 않은 나머지 주문을 취소할 수 있습니다. 회사는 회원이 시장가로 주문을 제출한 경우 이에 대한 취소 요청을 거부할 수 있습니다.

③ 회원의 업비트 계정 내 디지털 자산이 회원이 제출한 주문을 체결시키기 위한 금액보다 부족한 경우 회사는 전체 주문을 취소하거나 회원의 업비트 계정 내 이용 가능한 디지털 자산에 해당하는 부분 주문을 이행할 수 있습니다.

④ 회사는 영업양도, 분할, 합병 등에 따른 영업의 폐지, 중요 제휴사와의 계약 만료, 당해 서비스의 현저한 수익 악화 등 경영상의 중대한 사유로 인해 서비스를 지속하기 어려운 경우에는 서비스 전부를 중단할 수 있습니다. 이 경우 다른 어쩔 수 없는 사유가 없는 한 중단 일자 30일 이전까지 중단 일자, 중단 사유, 이용자의 보유 디지털 자산 이전 방법 등을 제22조 제1항의 방법으로 회원에게 통지합니다. 단, 회사는 거래지원을 중단하는 경우라도 회원이 자신의 자산인 디지털 자산을 안전하게 이전(출금)할 수 있도록 본 약관 제18조 제5항에 따라 회원의 디지털 자산 이전(출금)을 지원합니다.

⑤ 회사는 디지털 자산 자체의 하자, 중요 제휴사의 파산·해산, "디지털 자산 거래지원 종료 사유" 발생 등 불가피한 서비스 제공 중단 사유가 있거나 관련 법령, 감독 당국 등 정부의 방침 또는 이에 준하는 사유가 있으면 서비스에서 회원이 이용할 수 있는 개별 디지털 자산의 거래지원을 종료할 수 있습니다. 회사는 디지털 자산 거래지원 종료 여부를 사전에 회원에게 알리기 위해 합리적인 노력을 기울일 것입니다. 회사가 특정 디지털 자산의 거래지원을 종료할 경우 회사는 디지털 자산 거래지원 종료 공지일로부터 적어도 30일의 기간 동안 업비트 이외 타 거래소에서 발급된 개인 지갑 등에 디지털 자산을 이전할 수 있도록 이전(출금)을 지원합니다. 회사는 구체적인

"디지털 자산 거래지원 종료 사유"를 별도의 운영정책(UPBIT->고객센터->정책고지 및 상장문의->거래지원 종료 정책)에 명시합니다.

⑥ 서비스에서 제공하는 콘텐츠는 서비스 이용을 위한 보조 자료이며, 투자 또는 거래의 권유 및 암시가 아닙니다. 회사는 콘텐츠 및 타 정보제공자가 제공하는 정보의 정확성을 보증하지 않습니다.

⑦ 회사는 운영정책에 따라 새로운 디지털 자산의 거래를 지원할 수 있습니다.

⑧ 회원은 디지털 자산 입금주소 발급 시 발급되는 주소의 디지털 자산 종류를 정확하게 확인하여야 합니다. 발급된 주소로 해당 디지털 자산과 다른 종류의 디지털 자산이 입금될 경우 정상 입금 처리되지 않습니다. 이러한 오입금에 대하여 회사의 고의, 과실이 없는 한 회사는 손해배상, 복구지원 등 일체의 책임을 부담하지 않습니다. 단, 회사는 보안상 위험 요소가 없거나 현저히 저감되었고 해당 오입금 복구지원이 기술적, 경제적으로 가능하다는 회사의 합리적인 판단이 있을 경우 해당 오입금 건을 복구지원할 수 있으며, 이 경우 복구를 요청한 회원에게 사전에 안내하고 합리적인 수준의 복구비용을 청구할 수 있습니다.

⑨ 디지털 자산 입출금 메뉴 상단 "(디지털 자산명)입출금" 표기 부분의 우측에 해당 디지털 자산이 사용하는 네트워크가 표시됩니다. "메인넷"으로 표기된 디지털 자산은 해당 디지털 자산 고유의 네트워크를 사용하는 디지털 자산입니다. 그러나 "메인넷"이 아닌 다른 문구(예시 : 가스 입출금 NEO, 골렘 입출금 ERC-20 등)가 표기된 디지털 자산은 "타 디지털 자산의 블록체인을 차용한 토큰"입니다.

⑩ "타 디지털 자산의 블록체인을 차용한 토큰"의 입금 주소 발급 시, 입금 주소는 컨트랙트 주소로 발급될 수 있습니다. 일반 지갑 주소와 달리 컨트랙트 주소 그 자체에는 개인키가 존재하지 않습니다. 따라서 컨트랙트 주소로 오입금할 경우 개인키를 이용한 일반적인 디지털 자산 오입금 복구 방식으로 복구할 수 없으며, 회사에서 다른 방식으로 복구해 드리는 것 또한 불가능합니다. 단, 회사의 고의 및 과실로 인해 오입금이 발생한 경우는 예외로 합니다.

제19조 (서비스 수수료) ① 회원은 디지털 자산 거래 서비스, 디지털 자산 입출금 서비스 등 회사가 제공하는 서비스를 이용하는 경우 이에 따른 수수료를 지급하여야 합니다. 서비스 수수료는 회사의 홈페이지 또는 애플리케이션의 "이용 가이드"에 명시되어 있습니다.

② 회사는 특정 조건에 해당하는 경우에는 서비스 수수료를 회원과의 협의에 의하여 정할 수 있습니다.

제20조 (이용제한 등) ① 회사는 다음 각호에 해당하면 회원의 서비스 로그인을 제한할 수 있습니다.
1. 비밀번호 연속 오류의 경우
2. 회원의 "KRW" 교환 행위와 관련하여 이에 이용된 회원 명의 금융회사 계좌 또는 회사 명의 금융회사 계좌가 전기통신금융사기 피해 방지 및 피해금 환급에 관한 특별법(이하 "통신사기피해 환급법"이라 합니다)에 따라 지급정지된 경우 등을 포함하여 해킹 및 사기 사고가 발생하였거나 발생한 것으로 합리적으로 의심되는 경우
3. 명의도용으로 의심되는 경우
4. 국가기관이 관련 법령에 따라 서비스 제한을 요청하는 경우
5. 수사기관이 거래 및 입출금 제한을 요청하는 경우, 자금세탁방지 관련 솔루션을 통해 알려진 경우 등을 포함하여 시세조종, 자금세탁, 불공정거래, 범죄행위 등에 관여하고 있거나 관여하고 있다고 합리적으로 의심되는 경우
6. 회원으로 가입된 이용자가 미성년자 또는 비거주 외국인으로 확인된 경우
7. 회원이 타인 명의의 계좌로 원화 입출금 거래를 하는 것으로 확인된 경우
8. 회원이 회사에게 "KYC정보"를 제공하지 않거나, 제공한 정보에 오기나 누락이 있는 경우
9. 회원과 회원의 계정 내 KRW, 디지털 자산을 각 채무자 등 대상자, 집행 대상 자산으로 하여 (가)압류 결정, (가)처분 결정, 추징보전명령, 기타 이와 유사한 법원 또는 수사기관의 결정이나 명령, 처분 등이 있는 경우
10. 서비스 오류, 전산장애 등의 사유로 회원의 계정 내 타인 소유의 KRW 또는 디지털 자산이 표시된 경우
11. 기타 각호에 준하는 사유가 발생하거나 그러한 사유 발생의 방지를 위한 조치가 필요한 경우

② 회사는 다음 각호에 해당하면 회원의 거래, 입금 및 출금 이용을 보류하거나 제한할 수 있습니다.
1. 회원으로 가입된 이용자가 미성년자 또는 비거주 외국인으로 확인된 경우
2. 회원의 "KRW" 교환 행위와 관련하여 이에 이용된 회원 명의 금융회사 계좌 또는 회사 명의 금융회사 계좌가 "통신사기피해환급법"에 따라 지

급정지된 경우 등을 포함하여 해킹 및 사기 사고가 발생하였거나 발생한 것으로 합리적으로 의심되는 경우
3. 명의도용으로 의심되는 경우
4. 국가기관이 관련 법령에 따라 서비스 제한을 요청하는 경우
5. 수사기관이 거래 및 입출금 제한을 요청하는 경우, 자금세탁방지 관련 솔루션을 통해 알려진 경우 등을 포함하여 시세조종, 자금세탁, 불공정거래, 범죄행위 등에 관여하고 있거나 관여하고 있다고 합리적으로 의심되는 경우
6. 회원이 타인 명의의 계좌로 원화 입출금 거래를 하는 확인된 경우
7. 회원이 회사에게 "KYC정보"를 제공하지 않거나, 제공한 정보에 오기나 누락이 있는 경우
8. 구매대행 등 타인을 대신하여 디지털 자산을 거래하기 위하여 입금한 경우
9. VPN을 활용하여 접속한 경우 등 회사가 회원이 실제로 접속한 IP를 확인하기 어려운 경우
10. 원화 입금 후 24시간 이내 입금액에 상당하는 디지털 자산을 출금 요청하는 등 범죄(보이스피싱 등)에 이용된 계정으로 추정되는 경우
11. 회원과 회원의 계정 내 KRW, 디지털 자산을 각 채무자 등 대상자, 집행 대상 자산으로 하여 (가)압류 결정, (가)처분 결정, 추징보전명령, 기타 이와 유사한 법원 또는 수사기관의 결정이나 명령, 처분 등이 있는 경우
12. 서비스 오류, 전산장애 등의 사유로 회원의 계정 내 타인 소유의 KRW 또는 디지털자산이 표시된 경우
13. 기타 각호에 준하는 사유에 해당하는 사유가 발생하거나 그러한 사유 발생의 방지를 위한 조치가 필요한 경우

③ 보이스피싱, 자금세탁 등 범죄에 악용될 가능성이 있는 계정(소액, 장기 미사용 계정 등)은 운영정책에 따라 보안등급이 조정될 수 있습니다.

④ 본 조의 이용제한 범위 내에서 제한의 조건 및 세부내용은 운영정책, 이용안내(웹), 이용가이드(앱) 등에서 회사가 정하는 바에 의합니다.

⑤ 본 조에 따라 서비스 이용을 제한하거나 이용계약을 해지하는 경우에는 회사는 제22조에 따른 방법으로 회원에게 통지합니다.

⑥ 회원은 본 조에 따른 이용제한 등에 대해 업비트 고객센터를 통하여 이의신청을 할 수 있습니다. 이때 이의가 정당하다고 회사가 인정하는 경우 회사는 즉시 서비스의 이용을 재개합니다.

⑦ 회사는 이용제한 사유 해당 여부를 판단하기 위하여 회원에게 자금 출처에 대한 소명을 요청할 수 있습니다.

⑧ 서비스 오류, 전산장애 등의 사유로 회원의 계정 내 타인 소유의 KRW 또는 디지털 자산이 표시된 경우, 회사는 해당 KRW 또는 디지털 자산을 회수하는 등 필요한 조치를 취할 수 있습니다.

⑨ 본 조에 따라 서비스 이용이 제한될 경우 회원의 자산 보호를 위하여 미체결주문은 취소될 수 있습니다.

⑩ 본 조는 안전한 거래환경 제공을 위하여 회사가 이용제한 조치 권한을 행사하기 위한 조건과 방법을 정함을 그 목적으로 하며, 회사에게 이용제한 조치 의무를 부여하지 않습니다.

제21조 (이용계약 해지) ① 회원은 언제든지 서비스 내 정보 관리 메뉴 또는 고객센터 등을 통하여 이용계약 해지를 신청할 수 있으며, 회사는 관련 법령이 정하는 바에 따라 이를 즉시 처리하여야 합니다.

② 회사는 회원에게 다음과 같은 사유가 발생할 경우 시간을 정하여 서비스 이용을 제한함과 동시에 시정요구를 할 수 있습니다. 시정요구에도 불구하고 상당한 기간 내에 시정되지 않거나 2회 이상 반복적으로 같은 위반행위를 하는 경우에는 이용계약을 해지할 수 있습니다.

1. 본 약관 제10조에 규정된 회원의 의무를 위반하거나 제20조에 규정된 이용제한 사유에 해당하는 경우
2. 저작권법을 위반한 불법프로그램의 제공 및 운영방해, 정보통신망 이용촉진 및 정보보호 등에 관한 법률을 위반한 불법 통신 및 해킹, 악성 프로그램의 배포, 접속 권한 초과행위 등과 같이 관련 법령을 위반한 경우
3. 회사가 제공하는 서비스의 원활한 진행을 방해하는 행위를 하거나 시도한 경우
4. 그 밖에 각호에 준하는 사유로서 본 계약을 유지할 수 없는 사유가 발생하는 경우

③ 전항에 따른 이용계약 해지 시 서비스 이용을 통해 획득한 모든 혜택이 소멸하며, 회사는 이에 대해 별도로 보상하지 않습니다.

④ 본 조에 따라 서비스 이용계약을 해지하는 경우에는 회사는 제22조에 따른 방법으로 회원에게 통지합니다.

⑤ 이용계약 해지가 완료되는 경우 관련 법령 및 개인정보처리방침에 따라 회사가 보유하여야 하는 정보를 제외한 회원의 모든 정보가 삭제됩니다.

⑥ 전항에도 불구하고 제2항에 따라 회사가 이용계약을 해지하는 경우 회사는 회원의 이의신청 접수 및 처리 등을 위하여 일정 기간 회원의 정보를 보관할 수 있으며, 해당 기간이 지난 후에 회원의 정보(단, 디지털 자산 매매내역은 제외)를 삭제합니다.

제22조 (회원에 대한 통지) ① 회사가 회원에 대하여 통지를 하는 경우 이 약관에 별도의 규정이 없는 한 회원이 제공한 전자우편주소 등으로 할 수 있습니다.
② 회사는 회원 전체에 대하여 통지를 하는 경우 7일 이상 서비스 내 게시판에 게시함으로써 전항의 통지에 갈음할 수 있습니다.

제23조 (책임 제한) ① 회사 또는 회원은 본 약관을 위반하여 상대방에게 손해를 입힌 경우에는 그 손해를 배상할 책임이 있습니다. 다만, 행위자의 고의 또는 과실이 없는 경우에는 그러하지 아니합니다.
② 다음과 같은 사유로 회원에게 손해가 발생하였을 경우, 회사가 회원의 손해 발생을 방지하기 위하여 필요한 관리자의 주의를 다하였음을 입증한 때에는 그 손해에 대하여 책임을 지지 아니합니다.
  1. 전시, 사변, 천재지변, 또는 이에 준하는 국가 비상사태 등 어쩔 수 없는 경우
  2. 정부 기관의 사실상 또는 법률상 행정처분 및 명령 등에 대한 준수로 인한 경우
  3. 전기통신사업법에 의한 기간통신사업자를 포함한 통신서비스 업체의 서비스 장애로 인한 경우
  4. 회사가 관리할 수 없는 외주 시스템의 하자 또는 이용자 측 귀책 사유로 인하여 서비스에 장애가 발생한 경우
  5. 순간적인 홈페이지 접속 증가, 일부 종목의 주문 폭주 등으로 인한 서버의 장애가 발생한 경우
  6. 서비스 내 거래시스템, 입출금 시스템, 각 디지털 자산의 네트워크(예 : 비트코인 네트워크) 장애 또는 오류가 발생한 경우
③ 본 조 제2항의 필요한 관리자의 주의란 다음 사항을 포함합니다.
  1. 정보보호 책임자 선임 및 관리
  2. 정보보호 교육
  3. 전산실(회사의 본질적인 업무인 디지털 자산 거래에 필요하거나 중요 정보를 저장하고 있는 전산장비, 통신 및 보안장비가 설치된 장소), 전산실

이 위치한 건물 내 시설, 정보 보호 시스템(정보처리시스템 내 정보를 유출, 위변조, 훼손하거나 정보처리시스템의 정상적인 서비스를 방해하는 행위로부터 정보 등을 보호하기 위한 장비 및 프로그램) 및 정보처리시스템(디지털 자산 거래를 포함하여 정보기술 부문에 사용되는 하드웨어, 소프트웨어 및 관련 장비)에 대한 보호 대책
4. 암호키(디지털 자산에 대한 처분 권한을 증명할 때 필요한 서명을 하기 위한 개인키(private key)) 관리 방안
5. 정보보안사고 대응 방안 수립
6. 정보보호 대책 및 보안사고 대응방안 등에 대한 정기적인 점검
7. 기타 정보보호 관련 법률에서 디지털 자산 취급업자가 준수하도록 정하는 사항

제24조 (대금결제) ① 유료 콘텐츠의 가격 등은 서비스 내 상점 등에서 표시된 가격에 의하나, 외화 결제 시 환율 및 수수료 등으로 인하여 구매 시점의 예상 지급 금액과 실제 청구금액이 달라질 수 있습니다.
② 회원은 오픈마켓 사업자 또는 결제업체 등이 정하는 정책, 방법 등에 따라 결제금액을 내야 합니다.
③ 결제 한도는 회사 및 오픈마켓 사업자, 결제업체의 정책, 정부의 방침 등에 따라 조정될 수 있습니다.

제25조 (청약철회) ① 회원이 구매하는 유료 콘텐츠는 청약철회가 가능한 콘텐츠와 청약철회가 불가능한 콘텐츠로 구분됩니다. 청약철회가 가능한 콘텐츠는 구매 후 7일 이내에 청약철회를 할 수 있으며, 이 기간이 지난 콘텐츠이거나 전자상거래 등에서의 소비자 보호에 관한 법률 등 기타 관련 법령에서 정한 청약철회 제한 사유에 해당하는 콘텐츠는 청약철회가 제한됩니다. 청약철회가 제한되는 콘텐츠는 제한되는 사실을 표시하거나 시험 사용할 수 있는 무료 콘텐츠를 제공합니다.
② 청약철회가 가능한 유료 콘텐츠의 경우에도 구매 후 7일이 지났거나 사용한 경우, 재화 등의 가치가 현저히 감소한 경우, 기타 회원의 청약철회가 제한될 수 있는 사유가 발생한 경우에는 청약철회가 제한될 수 있습니다.
③ 회사가 회원에게 무료로 지급한 콘텐츠(유, 무료 콘텐츠 포함), 선물 받은 유료 콘텐츠 등 회원이 직접 구매하지 않은 콘텐츠는 청약철회의 대상에서 제외됩니다.

제26조 (청약철회 등의 효과) 회사는 회원으로부터 청약철회의 신청을 받은 경우, 제24조 제1항 및 제2항에서 정하는 청약철회가 불가능한 콘텐츠가 아닌 경우만 3영업일 이내(수납확인이 필요한 경우 수납확인일로부터 3영업일 이내)에 유료 콘텐츠의 구매 대금을 환불합니다. 이 경우 회사가 환불을 지연한 때에는 그 지연 기간에 대하여 전자상거래 등에서의 소비자 보호에 관한 법률에서 정한 이율을 곱하여 산정한 지연이자를 지급합니다.

제27조 (과오납금의 환불) ① 회원이 과오납한 금액이 발생한 경우 환불이 이루어집니다. 결제과정에서 과오납금이 발생하는 경우 원칙적으로는 오픈마켓 사업자에게 환불을 요청하여야 하나, 오픈마켓 사업자의 정책·시스템 상 환불 절차의 처리 지원이 가능한 경우, 회사가 오픈마켓 사업자에게 필요한 환불절차의 이행을 요청할 수도 있습니다.
② 환불은 회원이 결제한 방법과 같은 방법으로 환불하는 것을 원칙으로 하되, 같은 방법으로 환불이 불가능할 때에는 다른 방법으로 환불할 수 있습니다.
③ 회원의 책임 있는 사유로 과오납금이 발생한 경우, 환불에 소요되는 수수료 등은 회원이 부담합니다.
④ 애플리케이션 다운로드 또는 네트워크 서비스를 이용하여 발생하는 요금(통화료, 데이터 통화료 등)은 환불대상에서 제외됩니다.

제28조 (유료 콘텐츠의 환불) ① 유료 콘텐츠와 관련하여 다음의 각호와 같은 상황에 해당된다면, 고객센터를 통한 환불을 받을 수 있습니다.
  1. 유료 콘텐츠를 구매하였으나, 구매한 콘텐츠를 이용할 수 있는 서비스가 없어 그에 대한 책임이 전적으로 회사에 있는 경우
  2. 기타 소비자 보호를 위해 회사에서 따로 정하는 경우
② 유료 콘텐츠의 환불을 원하는 회원은 회사가 정한 절차를 통해 환불을 신청해야 하며, 회사는 환불 신청이 적정한지 여부를 심사합니다.
③ 회사가 회원의 환불 신청에 대하여 환불하는 것으로 결정한 경우, 회사는 해당 회원이 환불받을 수 있는 유료 콘텐츠의 잔액을 산출하여, 산출된 잔액 중 환불 수수료 10%를 제한 나머지 금액을 환불합니다. 단 본 조 제1항 제1호와 같이 회사의 귀책 사유로 서비스를 이용하지 못한 경우, 회사는 환불 수수료를 제하지 않습니다.
④ 회사가 회원에게 무료로 지급한 콘텐츠, 선물 받은 콘텐츠 등 회원이 직접 유료로 구매하지 않은 콘텐츠는 환불대상에서 제외됩니다.

제29조 (준거법 및 재판관할) ① 회사와 회원간 발생한 분쟁에 대하여는 대한민국 법을 준거법으로 합니다.

② 회사와 회원간 발생한 분쟁에 관한 소송의 관할법원은 당사자들이 합의하여 결정하는 법원으로 하며 합의가 이루어지지 않을 때에는 민사소송법에 의한 법원으로 합니다.

부 칙

이 약관은 2021년 5월 7일부터 적용됩니다.
이전의 이용약관은 아래에서 확인하실 수 있습니다.

3. 코인원 기본약관

기 본 약 관

공고일자: 2019. 10. 28. (부분개정)
시행일자: 2019. 11. 04.

제1장 총 칙

제1조 (목적) 본 약관은, 회원(이하 특별한 표시가 없는 한 개인 회원을 의미합니다. 법인 회원의 경우 본 약관 제19조의 규정을 확인하여 주시기 바랍니다)이 주식회사 코인원(이하 '회사'라 합니다)이 제공하는 암호화폐(Crypto-Currency, 이하 '가상화폐', '가상통화' 등의 명칭을 포괄하여 '암호화폐'라 합니다) 거래 서비스를 이용하는 데에 필요한 회사와 회원 사이의 권리,의무 및 책임사항, 이용조건 및 절차 등 기본적인 사항을 규정함을 목적으로 합니다.

제2조 (약관의 명시, 효력 및 변경)
1. 본 약관의 내용은 회사가 제공하는 모바일 및 웹페이지(https://coinone.co.kr, https://coinone.com)에 게시하거나 기타의 방법으로 공지하고, 고객이 본 약관에 동의하여 회사의 회원으로 가입함으로써 효력이 발생합니다.
2. 회사는 필요한 경우 관련 법령을 위배하지 않는 범위 내에서 본 약관을 변경할 수 있습니다. 본 약관이 변경되는 경우 회사는 변경 사항을 시행일자로부터 7일 전부터 제1항의 방법으로 공지합니다.
3. 회사가 전 항에 따라 개정약관을 공지함과 동시에 공지일로부터 개정약관 시행일로부터 7일 후까지 회원이 거부의사를 표시하지 아니하면 승인한 것으로 본다는 뜻을 명확하게 고지 하였음에도 불구하고, 회원의 거부 의사표시가 없는 경우 변경된 약관을 승인한 것으로 간주합니다. 회원이 개정약관에 동의하지 않을 경우, 회원은 제12조 제1항에 따라 이용계약을 해지할 수 있고, 이와 별개로 회사는 회원을 탈퇴 처리할 수 있습니다.

제3조 (약관 외 준칙) 본 약관에 규정되지 않은 사항에 대해서는 대한민국의 관련

법령 또는 회사가 정한 서비스의 개별 이용약관, 운영정책 및 규칙 등(이하 '세부지침'이라 합니다)의 규정에 따릅니다. 또한 본 약관과 세부지침의 내용이 충돌할 경우 세부지침에 따릅니다.

제2장 계정 및 관리

제4조 (계정 생성)

1. '계정(ID)'이란 서비스에서 회원을 식별하기 위하여 미리 등록한 문자, 특수문자, 숫자 등의 조합으로 본 서비스에서는 이메일 주소로 표시합니다. 회원이 본 약관에 동의하고 회원의 계정과 비밀번호를 등록한 후 필요한 경우 회사가 요구한 이메일 주소 또는 휴대전화번호본인확인 서비스를 통하여 회원이 본인 인증 절차를 이행하면 회사가 가입을 승낙하는 절차로 생성됩니다.
2. 회원이 서비스를 이용하기 위하여 계정을 필요로 하는 경우, 회원은 자신의 진실된 정보를 기재하여 생성한 계정을 이용하여야 하고, 타인의 개인정보를 도용하거나 또는 이에 준하는 방법으로 관련 법령을 위반하여서는 아니됩니다. 회사는 회원이 제공한 정보가 사실과 일치하는지 여부를 확인하기 위하여 법령에 의하여 허용된 범위에서 전문기관을 통한 실명확인 또는 본인인증을 요청할 수 있습니다.
3. 회사는 회사가 제공하는 서비스 중 특정 서비스에 관하여는 세부지침 중 개별 서비스이용약관에 대한 별도의 동의를 요구할 수 있습니다. 이 경우 회원은 하나의 계정에서 개별 서비스 이용약관에 대하여 자유롭게 동의할 수 있고, 동의한 범위 내에서 개별 서비스를 이용할 수 있습니다.
4. 본 약관에 동의하여 서비스에 가입할 경우, 회원은 회사의 코인원 거래 서비스를 이용할 수 있습니다.

제5조 (계정 생성 거절 및 유보)

1. 회사는 아래와 같은 경우 고객의 계정 생성을 승낙하지 않을 수 있고, 특히 미성년자 또는 제한능력자는 계정을 생성할 수 없습니다.
    ① 회사가 회원의 계정을 삭제한 경우
    ② 회원이 다른 사람의 명의나 이메일 주소 등 개인정보를 이용하여 계정을 생성하려 하는 경우
    ③ 계정 생성 시 필요한 정보를 입력하지 아니하거나 허위의 정보를 입력

한 경우
④ 회원의 거주지에서 효력이 있는 대한민국 외의 법률에 따라 본 서비스 이용행위가 해당 법률의 위반을 구성하거나 구성할 현저한 위험이 있는 경우
⑤ 미성년자 또는 제한능력자가 법정대리인의 동의 없이 회원에 가입한 것으로 확인되는 경우
⑥ 회원이 서비스를 이용하는 과정에서 대한민국의 법령을 위반한 것이 확인된 경우
⑦ 전기통신금융사기 등의 도구로 활용되었거나 전기통신금융사기 등으로 인한 피해금원이 입금 또는 출금된 것으로 확인된 경우
⑧ 회원의 신청에 따른 계정이 생성되었음에도 불구하고 탈퇴를 신청하거나, 탈퇴 처리가 완료되었음에도 동일한 계정을 신청하는 등의 경우
⑨ 회원의 개인정보가 유출되었거나 유출된 것으로 판단되는 경우
⑩ 회원이 서비스를 이용하는 과정에서 발생한 회원의 불법행위로 인하여 회사에게 손해가 발생한 경우
⑪ 대한민국 정부 및 산하기관의 정책 신설, 변경, 폐지 등으로 인하여 회사가 신규 계정을 생성할 수 없는 경우
⑫ 회원의 계정 생성을 승낙하는 회사의 행위가 대한민국의 법률 위반 행위로 인식될 만한 현저한 우려가 있는 경우
2. 회원이 제1항 각 호의 어느 하나에 위반하여 계정을 생성한 것으로 판명된 때에는 회사는 즉시 회원의 서비스 이용을 중단 또는 이용 계약 해지 등의 적절한 제한을 할 수 있습니다.
3. 회사는 아래와 같은 경우 회원의 계정 신청에도 불구하고 회원의 계정 생성을 유보, 거절 할 수 있습니다.
    ① 제공 서비스 설비용량에 현실적인 여유가 없는 경우
    ② 서비스 제공을 위한 기술적인 부분에 문제가 있다고 판단되는 경우
    ③ 기타 회사가 재정적·기술적으로 유보가 필요하다고 인정하는 경우
    ④ 회원이 과거 서비스를 이용하는 과정에서 본 약관을 위반하여 이용 계약이 해지된 경우

제6조 (계정의 관리)

1. 계정은 회원 본인만 이용할 수 있고, 어떠한 경우에도 다른 사람이 회원의 계정을 이용 하도록 허락할 수 없습니다. 그리고 회원은 다른 사람이 회원

의 계정을 무단으로 사용할 수 없도록 직접 비밀번호 등을 관리하여야 합니다. 회원이 무단 사용을 발견하는 즉시, 회원은 고객센터를 통하여 회사에게 이를 통지하여야 하고, 회사는 즉시 계정의 이용중단 등의 조치를 취할 수 있습니다.
2. 회원은 서비스 내 설정 화면을 통하여 회원의 정보를 열람하고 수정할 수 있습니다. 다만, 서비스의 제공 및 관리를 위해 필요한 계정, 전화번호, 개인을 식별할 수 있는 일부 정보는 수정이 불가능할 수 있습니다. 회원은 서비스 이용 신청 시 고지한 내용에 변동이 있을 때에, 직접 서비스 내에서 변동된 정보를 수정하거나 이메일, 고객센터를 통하여 회사에 변동된 정보의 갱신을 요청하여야 하고, 최신의 정보를 유지하여야 합니다.
3. 회사는 회원이 등록한 계정과 비밀번호 등이 회사에 등록된 것과 일치할 경우에는 별도의 확인절차 없이 이용자를 회원으로 간주합니다.
4. 회사의 귀책사유 없이, 회원의 계정 정보가 제3자에 의하여 도용당하여 불법행위에 이용될 경우, 회원은 전기통신금융사기에 의한 피해자 등을 포함한 불법행위로 인하여 손해를 입은 자에 대하여 손해배상의무를 부담할 수 있으므로, 각별히 유의하시기 바랍니다.
5. 회사가 회원이 서비스 내 정보에 기재한 전자우편, 전화번호 등에게 이용계약에 따른 중요한 내용을 통지하였음에도 불구하고, 회원이 제2항에 따른 의무를 이행하지 아니함으로 인하여 발생하는 불이익은 회원이 부담하여야 합니다.
6. 회사는 대한민국 정부의 암호화폐 시장 규제의 일환으로 시행된 입출금계좌 실명제도를 준수하기 위하여 회원 1인 1계좌 1계정 정책을 시행하고 있습니다. 회원은 본인 명의의 계정을 사용하여야 하고, 회사와 별도의 합의 없이 2개 이상의 계정을 사용할 수 없습니다.

제3장 서비스의 이용

제7조 (서비스 제공 및 변경)
1. 회사는 게시판 서비스, 코인원 거래서비스 등 회원이 인터넷과 모바일로 즐길 수 있는 다양한 서비스를 제공합니다. 회원은 모바일·웹페이지 및 어플리케이션에 접속하여 서비스를 이용할 수 있습니다.
2. 회사는 회원에게 제공하는 다양한 서비스 중 서비스의 성격에 따라 관련 법령 또는 기술적인 필요가 있는 경우 개별 이용약관 등의 동의를 요청할 수

있습니다. 이 경우 회원은 자신이 동의한 이용약관에 따른 개별 서비스를 이용할 수 있습니다.

3. 회사는 더 나은 서비스를 위하여 회원에게 서비스의 이용과 관련된 각종 고지, 관리 메시지 및 기타 광고를 비롯한 다양한 정보를 서비스에 표시하거나 회원의 전자우편, SMS 등으로 직접 발송할 수 있습니다.
4. 회사는 서비스 이용 중 개별 프로그램을 포함하여 시스템 오류가 발생하는 경우, 회사는 해당 오류로 인하여 발생한 잘못된 정보 등을 삭제하고 실제의 정보를 복원 또는 표시할 수 있고, 경우에 따라서 해당 오류가 발생하기 직전의 특정 시각 거래정보로 초기화 될 수 있습니다. 이때, 시스템 오류 발생 인지 시점에 표시된 잘못된 정보가 변경될 경우, 이는 오류가 수정되어 실제 정보가 표시되는 것이므로, 회원은 실제 정보에 따른 서비스에 근거하여 권리를 행사하거나 의무를 부담할 수 있습니다.
5. 회원이 서비스를 이용하는 과정에서 발생하는 통신 및 금융비용은 회원이 이용하고 있는 통신 및 금융서비스의 이용 대가로, 회사와 아무런 관련이 없습니다.

제8조 (서비스 이용 방법 및 주의점)

1. 회원은 서비스를 자유롭게 이용할 수 있으나, 아래와 같은 범위 내에서 서비스 이용이 제한될 수 있습니다.
    ① 회원은 회사의 서비스 제공을 방해할 수 없고, 회사가 허용하는 방법 이외의 다른 방법을 이용하여 서비스를 이용할 수 없습니다.
    ② 다른 서비스 이용자의 정보를 무단으로 수집, 이용하는 행위, 서비스를 회원의 사업 또는 영업 목적으로 이용하는 행위(단, 회사와 별도의 계약을 체결한 경우에 한하여 예외적으로 허용될 수 있습니다), 공서양속 및 법령에 위반되는 내용의 정보 등을 발송하거나 게시하는 행위, 범죄 행위, 계정 정보 대여 또는 양도, 담보의 제공 행위는 금지됩니다.
    ③ 회사의 동의 없이 서비스 또는 이에 포함된 소프트웨어의 일부를 복사, 수정, 배포, 판매, 양도, 대여, 담보제공하거나 타인에게 그 이용을 허락하는 행위와 소프트웨어를 역설계하거나 소스 코드의 추출을 시도하는 등 서비스를 복제, 분해 또는 모방하거나 기타 변형하는 행위도 금지됩니다.
    ④ 회원은 대한민국의 법령, 회원이 거주하는 거주지를 관할하는 법령에 위반되는 행위를 할 수 없습니다.

2. 회원은 서비스의 이용권한, 서비스 이용에 따른 회사와의 채권·채무, 기타 계약상 지위를 타인에게 대여·양도·증여하거나 담보로 제공할 수 없고, 이로 인한 불이익이 발생하는 경우 회사는 책임지지 아니합니다.
3. 회원이 관련 법령, 회사의 모든 약관 또는 정책을 준수하지 않는 경우, 회사는 회원의 위반행위 등을 조사하거나 회원의 서비스 이용을 잠시 또는 계속하여 중단할 수 있고, 회원의 서비스 재가입에 제한을 둘 수 있습니다.
4. 회사는 법령에서 정하는 기간 동안 회원이 서비스를 이용하기 위하여 로그인 혹은 접속한 기록이 없는 경우 회원이 등록한 전자우편, SMS 등 기타 유효한 수단으로 통지 후 회원의 정보를 파기하거나 분리 보관할 수 있고, 이로 인하여 서비스 이용을 위한 필수적인 정보가 부족할 경우 이용계약이 해지될 수 있습니다. 또한, 회원이 서비스에 일정 기간 이상 로그인하지 아니할 경우 회원의 계정이 도용당하는 등의 사정으로 인하여 회원에게 발생할 수 있는 피해를 예방하기 위하여, 회사는 회원의 서비스 이용에 필요한 추가 정보를 요구할 수 있고, 특히 12개월 이상 로그인하지 아니할 경우 회사는 제17조 제4항의 규정에 따라 계정 정지에 따른 절차에 착수할 수 있습니다.
5. 회원이 회사의 서비스 이용이 현지 법률에 위반되거나 위반될 염려가 있는 장소에 거주하고 있는 경우, 자신의 서비스 이용에 따른 불이익이 발생할 수 있음을 확인하여야 합니다. 특히, 회사가 회원이 거주하고 있는 장소를 확인한 결과 회원의 서비스 이용이 현지 법률의 위반을 구성하거나 구성할 염려가 있는 경우(회원의 서비스 이용에 대한 대한민국 내·외의 수사기관의 수사가 개시되는 경우 등), 제17조 제4항의 규정에도 불구하고 회사는 즉시 계정정지에 따른 절차에 착수할 수 있습니다.
6. 법원의 명령, 수사기관의 수사협조 요청, 정부기관이 회원의 계정 및 전자지갑의 동결을 서면으로 요청하는 경우, 제17조 제4항의 규정에도 불구하고 회사는 회원의 동의 없이 해당 계정 및 전자지갑 등을 동결함과 동시에 계정 정지에 따른 절차에 착수할 수 있습니다.

제9조 (권리의 귀속 및 저작물의 이용)
1. 회원은 사진, 글, 정보, (동)영상, 서비스에 대한 의견이나 제안 등 콘텐츠(이하 '게시물' 이라 합니다)를 회사가 허용한 방법에 의하여 서비스에 게시할 수 있습니다.
2. 회사는 회원의 게시물이 법령 및 서비스 정책에 위반된다고 판단할 경우,

이를 삭제하거나 게시를 거부할 수 있습니다. 다만, 회사가 모든 게시물을 검토할 의무가 있는 것은 아니므로, 회원의 권리가 침해되는 게시물을 발견한 경우 회원은 회사에게 해당 게시물 검토를 요청할 수 있습니다.
3. 회원이 법령 및 서비스 정책에 위반되는 내용의 콘텐츠를 표현한 게시물을 게시하는 경우, 이로 인하여 발생하는 모든 법률상 또는 법률 외의 책임은 회원이 단독으로 부담합니다. 회원이 다른 회원의 콘텐츠를 사용하기 위하여는 콘텐츠 소유자로부터 별도의 허락을 받아야 합니다.

제10조 (유료 서비스의 이용)

1. 회사는 무료로 서비스를 제공하고 있으나, 일부 서비스의 경우 유료로 제공할 수 있습니다. 예를 들면, 회원은 무료로 게시물을 게시할 수 있으나 코인원 거래서비스를 이용하는 경우 서비스 이용에 따른 대가를 회사에게 지급하여야 합니다.
2. 회원이 회사가 제공하는 유료서비스를 이용하는 경우 회원은 회사가 정하는 방법으로 서비스 이용에 따른 대가를 지급하여야 합니다. 만일 정기적인 결제가 이루어지는 서비스의 경우 회원이 직접 해당 서비스의 이용을 중단하고 정기 결제의 취소를 요청하지 않는 한 매월 결제가 이루어집니다.
3. 회사는 결제의 이행을 위하여 필요한 회원의 개인정보를 추가적으로 요구할 수 있고, 회원은 회사가 요구하는 개인정보를 정확하게 제공하여야 합니다.
4. 회원이 회원의 귀책사유로 이용요금의 환불을 요청하는 경우라 하더라도, 회사가 제공하는 유료서비스가 결제 후 1회의 이용만으로 서비스의 이용이나 구매가 완료되는 서비스인 경우 해당 서비스를 이용한 후에는 환불이 불가능합니다. 또한, 회원이 본 약관을 위반하여 회사가 회원의 서비스 이용을 제한하거나 계약을 해지하는 경우 회사는 회원에게 환불을 할 의무가 없습니다.
5. 제4항의 규정에도 불구하고 회사는 아래 각 호의 경우에 회원이 결제한 금원을 환불합니다.
    ① 회사의 귀책사유로 인하여 회원이 서비스를 전혀 이용하지 못한 경우
    ② 회원이 요청한 서비스가 전혀 제공되지 않은 경우
6. 회원은 이용요금에 대하여 이의를 제기할 수 있습니다. 단, 이용요금에 관한 이의는 그 사유 발생을 안 날로부터 1월, 그 사유가 발생한 날로부터 3월 이내에 제기하여야 합니다. 만일, 위 기간 내에 이의를 제기하지 아니하는 경우 회원의 이의와 관련된 권리는 소멸합니다.

7. 회사는 과·오금이 발생한 경우 또는 전액 환불의 경우 이용대금의 결제와 동일한 방법으로 환불합니다. 다만, 동일한 방법으로 환불이 불가능하거나 서비스의 중도해지로 인한 부분 환불 등의 경우에는 회사가 정하는 별도의 방법으로 환불합니다.
8. 본 약관의 규정과 서비스 개별약관의 내용이 충돌하는 경우 각 개별약관의 규정에 따릅니다.

제11조 (서비스의 이용, 변경 및 종료)

1. 회사는 서비스를 365일, 24시간 쉬지 않고 제공하기 위하여 최선의 노력을 다합니다. 다만, 장비의 유지 및 보수를 위한 정기·임시 점검 또는 다른 상당한 이유로 서비스의 제공이 일시 중단될 수 있고, 이때에는 미리 서비스 제공 화면에 공지합니다. 만일, 회사로서도 예측할 수 없는 이유로 서비스가 중단된 때에는 회사가 상황을 파악하는 즉시 최대한 빠른 시일내에 서비스를 복구하도록 노력합니다.
2. 회사의 서비스 제공을 위하여 계약한 회사의 협력사와의 계약 종료 및 변경, 신규서비스 개시 등의 사유로 서비스의 내용이 변경되거나 서비스가 종료될 수 있습니다. 회사는 서비스 변경 사항 또는 종료에 관하여 서비스 초기 화면이나 개별 서비스의 화면 또는 공지사항 란에 게시합니다.

제12조 (이용계약 해지)

1. 회원이 서비스의 이용을 원하지 아니하거나 본 약관에 동의하지 아니하는 경우, 회원은 언제든지 서비스 내 제공되는 메뉴 또는 고객센터를 이용하여 서비스 이용계약의 해지를 신청할 수 있고, 회사는 법령이 정하는 바에 따라 이를 처리하여 회원을 탈퇴 처리합니다. 단, 회사는 회원의 신청에 따른 서비스 이용계약 해지를 처리하는 과정에서 회사의 고의 또는 과실 없이 회원에게 발생하는 손해에 대하여 책임을 부담하지 아니합니다.
2. 회원이 본 약관상 의무 또는 서비스 개별약관에서 정한 의무를 포함하여 총 2회 이상 의무를 위반한 경우, 회사가 제공하는 서비스의 전부 또는 일부의 중단 또는 이용 제한의 조치가 이루어졌음에도 불구하고 그 중단 또는 이용 제한의 해제조건이 성취되지 아니하는 경우, 회원의 본 약관 위반으로 인하여 이용계약을 유지하기 어려운 경우에 회사는 제17조 제4항에서 정한 절차에 착수하거나 사전에 이용계약 해지 예정임을 통지하고 이용계약을 해지할 수 있습니다.

3. 이용계약이 해지되는 경우, 회사는 법령 및 개인정보처리방침에 따라 회원의 정보를 보유하는 경우를 제외하고 회원의 정보를 삭제합니다. 이 경우 회원은 회사가 보유하고 있는 회원 정보의 제공을 요청할 수 없습니다.
4. 유료서비스 이용계약을 이용한 경우 회원은 본 약관 제10조에서 규정한 바에 따라 환불을 받을 수 있을 뿐, 이 외의 방법으로 환불을 요청할 수 없습니다. 다만, 서비스 개별약관에 본 약관과 다른 계약해지 방법 및 효과를 규정하고 있는 경우 각 개별약관의 규정에 따릅니다.
5. 이용계약이 해지된 경우라도 회원은 다시 회사에 대하여 이용계약의 체결을 신청할 수 있습니다. 다만, 다시 이용계약을 체결함에 있어 시간적 제한 및 본 약관 상의 제한 등이 따를 수 있습니다.

제13조 (개인정보의 보호) 회원의 개인정보는 서비스의 원활한 제공을 위하여 회원이 동의한 목적과 범위 내에서만 이용됩니다. 회사는 법령에 의하거나 회원이 별도로 동의하지 아니하는 한, 회원의 개인정보를 제3자에게 제공하지 아니합니다. 이에 대한 자세한 사항은 개인정보처리방침에서 정합니다.

제4장 서비스의 설명

제14조 (용어의 정의) 본 장에서 사용되는 용어의 정의는 아래와 같고(본 장 외에도 문맥이 허용하는 한 본 약관에서 사용된 용어는 제14조의 정의에 따릅니다), 본 조에서 정의되지 아니한 용어의 정의는 회사가 영위하고 있는 사업의 동종업계에서 통용되는 용어 및 이에 준하는 용어의 정의에 따릅니다. 단, 암호화폐에 관한 대한민국 내 법령상 정의가 존재하지 아니하는 경우, 본 조에 의한 용어의 정의는 암호화폐의 법적 성질 및 이에 대하여 확립되지 아니한 법률해석을 보증하는 것이 아니고, 본 약관이 적용되는 당사자 사이의 분쟁이라 하더라도 대한민국 내 정부기관 및 사법기관은 본 약관에서 규정한 용어의 정의에 기속되지 아니함을 유의하시기 바랍니다.
1. 암호화폐: 비트코인(BTC), 이더리움(ETH), 이더리움 클래식(ETC) 등 기반 블록체인 네트워크에서 전자적으로 존재하는 정보로, 코인원 거래서비스에서 거래되는 대상
2. KRW 포인트(KRW): 서비스를 이용하기 위하여 서비스 내에서 사용되고, 회원이 회사의 서비스를 이용하는 동안 현금으로 교환이 가능한 회사가 인정한 가상의 지급수단

3. 전자지갑: KRW 포인트 및 암호화폐의 이용자를 식별할 수 있는 고유 정보로서, 회사가 회원의 계정에게 이용을 허락하는 고유 정보

제15조 (코인원 거래서비스의 내용)
1. 회사는 회원이 회사의 모바일·웹페이지 및 어플리케이션에서 비트코인(BTC), 이더리움(ETH), 이더클래식(ETC) 및 이에 준하는 암호화폐(이하 비트코인(BTC), 이더리움(ETH), 이더클래식(ETC) 및 이에 준하는 암호화폐를 통칭하여 '암호화폐'라 합니다)를 거래할 수 있는 서비스(이하 '코인원 거래서비스'라 합니다)를 제공합니다.
2. 회사는 코인원 거래서비스에 부수하여 아래 각 호에 해당하는 서비스를 제공할 수 있습니다.
   ① 암호화폐 관련 정보
   ② 전자지갑의 잔고, 체결내역, 주문가능범위 등 전자지갑의 정보 제공
   ③ 암호화폐 매매주문
   ④ 암호화폐의 전송 서비스
   ⑤ 기타 회사가 제공하는 서비스
3. 회사는 회원이 제1항의 서비스를 이용할 수 있도록 회원에게 아래 각 호의 전자지갑을 이용할 수 있는 서비스를 제공합니다.
   ① KRW 거래지갑
   ② 회사가 제공하는 암호화폐의 전자지갑 중 회원이 이용을 신청한 전자지갑
4. 회원은 회사가 제공하는 서비스에서 허용하는 방법으로 코인원 거래서비스를 이용하여야 합니다.
5. 회사는 코인원 거래서비스에 부가하는 별도의 서비스를 제공할 수 있고, 이에 관한 사항은 서비스 개별 약관에서 규정합니다.
6. 회사는 회사의 사정 및 관련 법령의 제·개정 등에 따라 불가피한 경우, 코인원 거래서비스의 내용을 변경하거나 중단할 수 있습니다. 코인원 거래서비스가 중단되는 경우에도 회사는 회원 계정의 각 전자지갑 중 KRW 거래지갑에 보관되어 있는 KRW 포인트에 관하여 제18조 제1항에 따른 의무를 부담합니다.

제15조의 2 (크로스 해외송금 서비스의 내용) 삭제 (2018. 01. 26.)

제15조의 3 (노드 서비스의 내용)
1. 회사는 블록체인의 특성에 따라 코인원 거래소에서 보관하고 있는 특정 암호화폐로 해당 암호화폐의 블록체인에서 요구하는 특정한 활동에 참여하여 해당 참여로부터 발생하는 보상을 회원에게 제공하는 서비스(이하 '노드 서비스'라 함)를 제공합니다.
2. 노드 서비스는 회원이 특정 암호화폐를 코인원 거래소에서 보유하였을 때에 해당 암호화폐의 블록체인상 규칙에 따라 발생할 수 있는 보상을 제공받을 수 있도록 회사가 제공하는 서비스로, 회사는 어떠한 경우에도 회원에게 노드 서비스와 관련하여 원금·출자금 기타 이에 준하는 금전의 지급을 보장하거나 수익을 약정하지 아니합니다.
3. 회사는 암호화폐 별로 노드 서비스에 관한 세부적인 사항을 달리 적용할 수 있고, 이에 관하여는 회사의 모바일·웹페이지 및 어플리케이션 중 노드 서비스 이용에 관한 사항에 공시합니다.
4. 본 약관 또는 노드 서비스 이용에 동의한 회원의 암호화폐는 노드 서비스의 대상이 되는 모든 암호화폐에 대하여 일괄적으로 노드 서비스에 참여하게 되며, 향후 노드 서비스 대상 암호화폐가 변동되었을 경우에도 마찬가지로 일괄적으로 노드 서비스에 참여하게 됩니다.
5. 암호화폐의 정책에 따라 노드 서비스에 참여하는 암호화폐의 입출금 기능에 일정기간 제약이 있을 수 있으나, 회사는 그러한 경우 회원의 암호화폐 중 일부 수량을 노드 서비스에 참여시키지 아니하고 회원의 통상적인 출금 요청에 대하여 즉시 조치 할 수 있도록 준비합니다.
6. 회사는 회사의 사정 및 관련 법령의 제·개정, 노드 서비스 관련 블록체인의 변경 등과 같이 불가피한 경우, 노드 서비스의 내용을 변경하거나 중단할 수 있습니다.

제16조 (코인원 거래서비스의 이용 방법 및 이용 대가)
1. 회사는 회원 간에 합의된 거래 가격(시장가, 지정가를 포함합니다)에 따라 암호화폐를 거래할 수 있는 서비스를 제공합니다.
2. 회원은 회사가 제공하는 서비스의 사용 방법에 따라, 전자지갑에 보유 중인 암호화폐에 대하여 일정한 희망가격을 지정(또는 시장가격을 지정)하는 방법으로 매도 또는 매수 주문을 입력하고, 입력된 주문에 상응하는 내용으로 다른 회원과의 거래 의사가 합치되는 즉시 회원간의 매매계약이 체결됩니다. 이때, 통신 기술상의 장애 등으로 인하여 매매계약이 체결되었음에도 불구하고 회원의 단말기에는 매매계약의 체결 결과의 반영이 일시적으로 지연될 수 있으므로, 원활한 통신 환경에서 서비스를 이용하여 주시기 바랍니다.

3. 회원은 회사가 제공하는 서비스의 사용 방법에 따라, 전자지갑에 보유 중인 암호화폐를 제3자에게 전송하거나 제3자로부터 전자지갑으로 전송받을 수 있습니다. 이 경우에는 해당 암호화폐가 소속된 블록체인 내에서의 필요한 절차를 이행하는 데에 요구되는 시간이 도과한 후에 거래가 완료됩니다. 회사는 회원이 지정하는 전자지갑에 암호화폐를 전송하는 업무를 수행할 뿐, 암호화폐의 전송은 회사와 무관한 블록체인 네트워크에서 이루어지고, 그 과정에서 채굴자에게 지급될 예상 수수료를 회원으로부터 지급받아 채굴자가 요구하는 수수료를 지급하며 채굴자에게 지급하는 수수료는 전송 대기 수요 및 채굴 공급수요에 따라 변동(채굴 난이도가 상승하거나 전송의 대기 수요가 채굴공급을 상회할 경우 채굴자는 더 높은 수수료를 지급하는 블록체인을 먼저 채굴합니다)됩니다.
4. 회사는 아래와 같은 사정이 발생한 경우 제2항 및 제3항의 매매 등 거래를 직권으로 취소하고 원상회복할 수 있습니다.

취소사유	조치	비고
회원의 코인원 거래서비스의 비정상적 이용	비정상적 이용행위와 직접적으로 관련된 개별 거래 내역의 취소 및 원상회복	
회원 외의 제3자의 해킹 또는 이에 준하는 상황의 발생	해킹 또는 이에 준하는 상황이 발생한 시점 이후 발생한 모든 거래 내역의 취소 및 원상회복	
코인원 거래서비스 시스템의 오류	해당 시스템 오류 발생 시점 이후 발생한 모든 거래 내역의 취소 및 원상회복	
통신사업자 및 보안사업자의 귀책 사유로 인한 서비스 장애 발생	해당 서비스 장애 발생 시점 이후 발생한 모든 거래 내역의 취소 및 원상회복	
회원의 부당한 이익을 얻기 위한 시세조종 등의 행위, 시장의 질서를 교란하는 행위 또는 범죄를 위하여 거래를 하는 것으로 의심되는 행위 발생	해당 행위에 이용된 계정의 전체 거래내역의 취소 및 원상회복	이 경우, 회원의 계정 이용 권한이 취소되고, 회사는 회원이 보유한 모든 암호화폐 잔고를 임의로 청산할 수 있습니다. 이때에 회사의 조치에 따라 회원에게 발생하는 손실 또는 이익에 대하여 회사는 어떠한 경우에도 책임을 부담하지 않습니다.

5. 회원은 회사에게 코인원 거래서비스 이용에 따른 대가를 지급하여야 합니다. 코인원 거래서비스 이용에 따른 대가는 회사의 모바일·웹페이지 및 어플리케이션 중 코인원 거래서비스 이용방법에 명시되어 있고, 회사는 시장 및 회사의 상황에 따라 언제든지 이용에 따른 대가를 수정하여 공시하고, 공시일에 지정한 효력 발생일부터 수정된 내용의 대가를 수익할 수 있습니다.

제16조의 2 (크로스 해외송금. 서비스의 이용 방법 및 이용 대가) 삭제 (2018. 01. 26.)

제16조의 3 (노드 서비스의 이용 방법 및 대가)

1. 회사는 특정 암호화폐의 블록체인에서 구현된 기능에 따라 회원이 코인원 거래소의 전자지갑에 보관하는 암호화폐를 이용하여 블록체인에 참여할 수 있도록 노드 서비스를 제공합니다.
2. 회사는 노드 서비스에 참여하기 위하여 코인원 거래소 전자지갑에 보유된 특정 암호화폐 전체를 활용할 수 있습니다.
3. 회원은 코인원 거래소 내 회원의 전자지갑에 보관된 특정 암호화폐를 보유함으로써 해당 암호화폐에 관한 코인원의 노드 서비스 제공에 동의합니다. 단, 회사는 노드 서비스 관련 블록체인의 성격에 따라 별도의 동의를 받은 회원에 한하여 노드 서비스를 제공할 수 있습니다.
4. 회원은 코인원 거래소의 전자지갑에 보관 중인 암호화폐를 코인원 거래소의 전자지갑이 아닌 전자지갑으로 이동하는 방법 또는 회사가 안내하는 방법(노드 서비스 관련 블록체인의 성격에 따름)으로 회사가 제공하는 노드 서비스를 거부할 수 있습니다.
5. 회사는 아래와 같은 사정이 발생한 경우 노드 서비스로 인하여 지급된 보상을 직권으로 취소하고 원상회복할 수 있습니다.

보상금 지급 중단 사유	조치	비고
회원의 노드 서비스의 비정상적 이용	비정상적 이용행위와 직접적으로 관련된 보상 지급 취소 및 원상회복	
노드 서비스 관련 블록체인 시스템 오류	① 해당 시스템 오류로 인해 오지급된 보상의 지급 취소 및 원상회복 ② 해당 시스템 오류가 해결될 때까지 보상금 지급 보류(지연손해금은 지급하지 아니합니다)	블록체인상의 결정에 따르는 것을 원칙으로 하되 해당 결정이 관련 법령에 위반될 경우 관련 법령의 규정을 준수함

통신사업자 및 보안 사업자의 귀책사유로 인한 서비스 장애 발생	① 해당 장애로 인해 오지급된 보상의 지급 취소 및 원상회복 ② 해당 장애 오류 해결 시까지 보상금 지급 보류	
노드 서비스상 최소 화폐단위 미만의 보상	절사하여 계산	
노드 서비스 시스템의 오류	① 해당 시스템 오류로 인해 오지급된 보상의 지급 취소 및 원상회복 ② 해당 시스템 오류 해결 시까지 보상금 지급 보류	

6. 회사는 회원에게 노드 서비스 제공에 따른 비용을 회원에게 지급할 보상에서 공제할 수 있습니다. 회사는 노드 서비스 제공에 따른 비용 등에 관한 공제 내용에 관하여 회사의 모바일·웹페이지 및 어플리케이션 중 노드 서비스 이용에 관한 사항에 공시합니다. 회사는 시장 및 회사의 상황에 따라 언제든지 비용 및 공제 내용을 수정하여 공시하고, 공시일에 지정한 효력 발생일부터 수정된 내용의 비용 및 공제를 적용할 수 있습니다.

제17조 (서비스 이용 제한 및 유의사항)

1. 회사는 아래의 기준에 따라 회원의 서비스 이용을 제한할 수 있습니다. 이 경우 회사는 그 사유, 일시 및 기간을 정하여 회원이 기재한 정보에 따른 전자우편, SMS 등의 방법으로 통지하고, 회원은 회사의 서비스 이용 제한에 대하여 통지일로부터 7일간 이의를 신청할 수 있습니다.

구분	정지사유	해제조건	정지효력
서비스 제한(로그인 외 서비스 이용 불가)	• 명의(연락처) 미확인 • 회원이 미성년자 또는 민법상 제한능력자임이 확인된 경우 • 해킹·사기 사고 발생(긴급제한 요청 시 해당내용으로 간주) • 사고회원 관련자(또는 관련된 것으로 의심할 만한 합리적 이유가 있는 자) • 결제보안 연속 오류 • 탈퇴 신청 • 범죄 행위에 이용되는 경우	정지사유 해결 또는 관리자 판단	로그인 이외의 일체의 거래 중단, KRW 포인트 입금 및 출금 중단

	• 부당한 이익을 얻기 위하여 시세조종 등의 행위, 시장의 질서를 교란하는 행위 등을 하는 경우 • 기타 관리자가 정상적인 서비스 제공에 심각한 장애(DDos, 인증받지 아니한 방법으로의 접속, 채굴에 따른 트래픽발생 등을 포함하고, 이에 제한되지 아니합니다)를 유발하는 것으로 판단하는 경우		
로그인제한	• 비밀번호 연속 오류 • 해킹·사기 사고 발생 • 명의 도용으로 의심되는 경우 • 법원 및 정부기관의 요청이 있는 경우 • 거래 과정에서 발생한 오류 정보의 확인 요청을 거부하는 등 부정 이용 행위가 있는 것으로 의심되는 현저한 사정이 있는 경우 • 동일한 명의의 사용자가 계정을 2개 이상 신청·보유·사용하는 것으로 확인되는 경우 • 회원이 제3자에게 계정의 이용을 허락하거나 계정을 대여하는 등 실제 이용자와 회원의 명의가 일치하지 아니한 것으로 의심되는 경우	정지사유 해결 또는 관리자 판단	로그인 불가
일부 서비스(암호화폐출금, KRW 환전 등 제한)	• 본인 인증 절차의 이행을 전제하는 서비스임에도 불구하고 회사가 요청하는 본인 인증 절차를 이행하지 아니하는 경우 • 자금세탁방지 의무 위반 및 통신사기 등 범죄에 이용되었거나, 부정한 이용 또는 비정상적인 거래를 위하여 서비스를 이용하는 것으로 의심되는 현저한 사정이 있는 경우 • 회사의 서비스 고객지원과정에서 회원이 누적하여 3회 이상 회사의 직원 또는 회사의 업무처리를 위탁받은 자에게 폭언·고성 등의 행위를 하고, 이로 인하여 회사의 직원 또는 회사의 업무처리를 위탁받은 자가 원활한 고객 지원이 불가능하다고 판단하는 경우 • 회사의 서비스 고객지원과정에서 안내된 절차를 이행하지 아니하거나, 회원	정지사유 해결 또는 관리자 판단	관리자가 지정한 서비스 이용 제한

	의 서비스 요청에 따라 회사가 필요로 하는 회사의 요청을 거부하는 경우 • 회원이 제3자에게 계정의 이용을 허락하거나 계정을 대여하는 등 실제 이용자와 회원의 명의가 일치하지 아니한 것으로 의심되는 경우 • 서비스 이용 정책 변경에 따른 유예기간이 도과되었음에도 불구하고 변경된 정책에 따른 서비스를 이용하기 위한 회원 정보 등이 충족되지 아니한 경우 • 대한민국의 정부기관 및 금융회사에서 회원의 계정이 자금세탁방지 의무를 위반하였거나 통신사기 등 범죄에 이용된 것으로 통지하는 경우 • 법원의 판결, 결정, 명령 및 수사기관의 수사 협조에 따라 회사의 회원에 대한 서비스 제공이 중단되는 경우		

2. 코인원 거래서비스의 유의사항은 아래와 같습니다. 회원은 아래의 유의사항을 확인하고 자신의 비용과 책임하에 서비스를 이용하여야 합니다.

① 코인원 거래서비스는 회원 간의 암호화폐 거래를 중개하는 서비스로, 회사는 어떠한 경우에도 일체의 암호화폐의 가치 및 환금성을 보증하지 아니하고, 회원이 암호화폐를 거래함으로 인하여 회원에게 발생하는 경제적인 이해관계는 전적으로 회원이 부담하여야 합니다.

② 회사가 회원에게 제공하는 암호화폐의 시세는 프로그램 또는 시스템상의 오류, 정보비대칭, 국내외 통신 환경상의 제약 등 기술적인 한계로 인하여 실제의 거래 시세와 일시적으로 불일치할 수 있습니다. 다만, 회사는 회원에게 제공하는 암호화폐의 시세의 정합성을 제고하기 위하여 최선의 노력을 다하고 있습니다.

③ 회사는 회사가 보유하고 있는 회원의 개인정보의 진실성을 보증하지 아니합니다. 다만, 회사는 회원이 회사에게 제공한 정보가 진실되지 아니한 점을 확인하는 즉시 해당 회원의 코인원 거래서비스 이용 중단 및 이에 상응하는 조치를 취할 의무가 있습니다.

④ 회원은 회원의 계정이 제3자로부터 도용당할 경우 법령에 의한 책임을 부담할 수 있습니다.

⑤ 회사는 코인원 거래서비스를 이용하는 모든 거래행위에 대하여 최소 이용단위 금액을 설정하고, 그 금액 미만에 해당하는 암호화폐 또는 KRW 포인트는 절사할 수 있습니다. 이 경우 회사는 절사된 금액에 대한 어떠한 보상도 지급하지 아니합니다.

⑥ 대한민국을 포함한 세계 각국의 법률, 대한민국을 포함한 세계 각국의 정책, 유권해석, 경제환경 등에 따라 매우 큰 변동성이 있을 수 있습니다. 특히, 암호화폐의 거래에 대한 법률행위의 해석은 국가별로 상이하여 법정화폐와 다른 특유의 위험성이 내재되어 있으므로, 회원은 반드시 이 점에 주의하여야 합니다.

⑦ 대한민국은 암호화폐의 법적 지위를 공식적으로 인정하고 있지 않고, 특히 암호화폐 거래를 금융거래로 인정하고 있지 않습니다. 따라서 대한민국의 정책 변경에 따라 암호화폐의 법적 지위 및 가치 변동이 발생할 수 있습니다.

⑧ 회원이 이용 중인 통신서비스는 회사의 거래 서비스와 아무런 관련이 없습니다. 즉, 회원은 이용 중인 통신서비스의 속도, 상태 등을 반드시 확인하여야 하고, 통신상태가 원활하지 아니하는 경우에는 불의의 사고를 예방하기 위하여 거래행위를 자제할 필요가 있습니다.

⑨ 암호화폐 거래서비스를 비롯한 각종 온라인 거래는 첨단범죄집단의 목표가 되고 있습니다. 회사는 회사의 거래서비스의 보안을 위하여 최선을 다하고 있으나, 실제 발생하는 해킹사고의 대부분은 회원 개인이 이용 중인 와이파이 네트워크의 해킹, 비밀번호 등 계정 정보 관리상의 과실, 클라우드 서비스에 기록된 개인정보의 해킹 등으로 인한 2차 사고입니다. 이러한 점을 감안하여 반드시 첨단범죄의 발생을 예방할 필요가 있습니다.

⑩ 코인원 거래서비스는 연중무휴로 제공되고 있기 때문에, 회사는 거래 시스템의 정합성을 유지함으로써 회원의 서비스 이용 과정에서 발생할 수 있는 불편함을 최소화하고 있습니다. 이에 회사는 부득이하게 서비스 제공을 위하여 회사의 서버를 점검하고 있고, 정기점검 및 임시점검의 경우 사전에 공지함으로써 회원의 예측 가능성을 높이고 있습니다.

⑪ 제10호에도 불구하고, 회사가 예상하지 못한 사유로 인하여 긴급하게 회사의 서버를 점검할 필요가 있습니다. 이 경우, 회사는 긴급점검을 할 수 있고, 긴급점검 과정에서 코인원모바일·웹사이트 접속이 불가할 경우, 점검의 사유 및 점검 진행 경과를 회사의 트위터 계정(https://twitter.com/Coino

neSupport)을 통하여 공지합니다.
⑫ 회사는 제11호의 긴급 점검 중 암호화폐의 시세가 급변하거나 예상하지 못한 사정이 발생하여 회원에게 손해가 발생하는 것으로 판단될 때에, 일정 시간동안 접수된 주문을 취소할 수 있도록 하는 등의 방법으로 회원의 손해를 최소화할 수 있습니다.

3. 삭제(2018. 01. 26.)
4. 회사가 회원의 계정 사용을 제한하는 경우, 회원은 회사에 대하여 아래와 같은 의무를 부담합니다.
    ① 계정 정지 시 회사는 계정에 대한 자체 조사를 실시하며, 회원은 회사의 조사에 적극적으로 협력해야 합니다.
    ② 계정 정지 시 회원은 계정에 KRW 포인트 충전 또는 인출을 할 수 없으며, 각종 전자지갑을 통한 거래를 할 수 없습니다.
    ③ 계정에 대한 자체 조사 종료 후 회사는 재량에 따라 7일간의 사전 통지 후, 회원 계정 사용을 제한할 수 있고, 회사는 이 같은 결정에 대한 이유를 통지하며, 회원은 이에 대한 소명 절차를 가질 수 있습니다.
    ④ 회원은 제3호의 7일간의 통지기간 동안 전자지갑에서 보유한 암호화폐 잔고를 청산할 수 있습니다. 해당 기간 만료 후에는 회사는 계정 내 잔여 암호화폐 잔고를 회사의 거래서비스 내 청산 시점의 시가에 따라 강제청산하고 회원 계정에 남아있는 나머지 KRW 포인트를 회원정보에 등록된 환급 주소로 반환합니다.
    ⑤ 회원은 회원의 환급 주소를 포함한 KRW 포인트 출금과 관련하여 정확한 세부 정보를 코인원에 제공하여야 합니다. 만일, KRW 포인트 출금 시 회원이 잘못된 정보를 제공하여 회사가 이를 믿고 출금을 이행한 경우와 같이, 회원의 잘못된 정보 제공으로 인하여 발생한 손해에 대하여 회사는 책임을 부담하지 아니합니다.

제18조 (KRW 포인트)

1. 회사는 회원에게 KRW 포인트에 관하여 1KRW 포인트당 1원(대한민국 내 법정통화, KRW)의 비율에 따른 교환을 보증합니다. 단, 회원의 귀책사유로 인하여 이용계약이 해지되거나 회원이 회사가 제공하는 서비스를 이용하여 대한민국의 법령을 위반하는 행위를 하는 경우에는 그러하지 아니합니다.
2. 회원은 회사가 요구하는 정보를 제공하고 회사가 회원을 위하여 개설하는 가상금융계좌에 현금을 지급하는 경우에 한하여 회사로부터 해당 현금에

해당하는 KRW 포인트를 회원계정의 KRW 전자지갑으로 지급받습니다.
3. 회원은 언제든지 계정의 KRW 전자지갑 내 KRW 포인트에 해당하는 현금을 회사가 정하는 방법에 따라 회사로부터 지급받을 수 있습니다. 단, 회사는 회원 계정의 KRW 전자지갑 내 KRW 포인트에 관하여 이자 또는 이에 준하는 금전을 지급할 의무가 없습니다.
4. 회사는 어떠한 경우에도 회원의 동의 없이 회원이 보유하고 있는 KRW 포인트를 이용 하지 아니합니다.
5. 회사는 회사의 정책상 이벤트 등으로 회원에게 KRW 포인트를 임의로 부여할 수 있습니다. 이 경우 회원은 회사가 별도의 대가를 받지 않고 부여한 KRW 포인트에 관하여 제1항의 보증을 요구하거나 제3항의 방법으로 지급을 요구할 수 없습니다.
6. 회사는 다음 각 호에 해당하는 경우 회원의 KRW 포인트 환전을 제한할 수 있고, 제한사실 및 제한 사유를 회원에게 통지합니다.
    ① 법원 및 정부기관의 서면에 의한 요청이 있는 경우
    ② 회원의 1일 출금 한도를 초과하여 환전을 신청하는 경우
    ③ 회원이 범죄를 하거나 범죄로 인한 수익을 은닉하는 것으로 의심되는 경우
    ④ 회원의 계정이 도용당한 것으로 의심되는 경우
    ⑤ 회원의 이용내역 중 실제 거래가 없음에도 불구하고 허위의 정보가 생성되었거나 실제 거래 내역과 다른 정보가 기재되어 있는 경우
    ⑥ 법원의 명령, 수사기관의 요청, 정부기관의 요청이 있는 경우

제5장 법인회원의 특칙

제19조 (법인회원의 특칙)
1. 본 약관은 회원이 개인의 지위에서 회사의 서비스를 이용함을 전제하여 작성되었습니다. 회사의 서비스를 이용하고자 하는 회원이 법인인 경우, 법인회원은 반드시 제2항의 절차를 이행하여야 합니다. 이를 준수하지 아니할 경우, 회사는 법인회원에 대하여 본 약관 제8조 제1항 제2호 등의 사유를 이유로 제17조 제4항에 따른 절차에 착수할 수 있습니다.
2. 법인회원은 회사의 이메일(corpsupport@coinone.co.kr)에 아래와 같은 정보를 제공하여 법인회원으로 가입하고자 하는 의사를 표시하여야 합니다.

필수기재사항	첨부서류(전자서류 가능)
1. 법인명 2. 대표자명 3. 회원 계정(이메일) 4. 연락가능 전화번호 5. 회사의 웹 주소(홈페이지 등) 6. 사업 주거래 고객층 7. 암호화폐 거래목적 8. 암호화폐 예상 거래 방향 9. 1일 평균(예상) 거래 금액(원화) 10. 1일 평균(예상) KRW 포인트 입출금액	1. 사업자등록증 2. 법인 정관 3. 코인원 신규계좌등록 승인 이사회 결의안 4. 주주명부 5. 주거래은행 통장사본 6. 대표자 및 실무자(회원 계정 이메일의 사용자 포함) 각 신분증 사진 7. 사업소개서 8. 유사수신행위 금지에 대한 동의서약서

3. 회사는 제2항에 따른 정보를 제공받은 후, 법인회원과의 별도 계약을 체결하거나 이에 준하는 방법으로 법인회원과의 관계에서 본 약관의 전부 또는 일부의 적용을 배제하거나 본 약관에 우선하는 내용의 약정을 체결할 수 있습니다. 특히, 법인회원은 회사에게 수수료, 출금액 한도, 기타 부가서비스 등(이에 한정하지 아니합니다)의 내용이 본 약관과 상이하게 적용될 수 있으며, 이는 회사와 법인회원 간의 약정에 따릅니다.
4. 법인회원과 회사 사이의 계약관계는 법인회원과 회사가 체결한 계약의 내용이 본 약관의 내용에 우선하여 적용됩니다.

제6장 기 타

제20조 (손해배상 및 특약)

1. 회사는 법령상 허용되는 한도 내에서 서비스와 관련하여 본 약관에 명시되지 않은 어떠한 구체적인 사항에 대하여도 약정이나 보증을 하지 않습니다. 또한, 회사는 회사가 발행하지 아니한 암호화폐의 완전성 또는 회사가 지급을 보증하지 아니한 어떠한 형태의 물건 또는 암호화폐의 가치를 보증하지 아니합니다. 또한 회원이 작성하는 등의 방법으로 서비스에 게재된 정보, 자료, 사실의 신뢰도, 정확성 등에 대해서는 보증을 하지 않습니다.
2. 회사는 회사의 고의 또는 과실로 인하여 회원이 손해를 입게 될 경우 대한민국의 법령에 따라 회원에게 발생하는 손해를 배상합니다. 단, 전시·사변·홍수·지진 기타 이에 준하는 천재지변 또는 회사가 대한민국 정부기관의 사실상 또는 법률상 행정처분 및 명령 등을 이행하기 위하여 회원에게 서

비스를 제공할 수 없는 등 회사의 귀책사유가 없는 불가항력으로 인하여 회원에게 발생한 손해는 배상하지 아니합니다.
3. 회원이 회사에게 제공한 정보가 사실과 다를 경우, 회사는 언제든지 서비스의 제공을 중단하고 본 약관에 의한 계약 전체 또는 일부를 해지할 수 있으며, 이로 인하여 회사에게 손해가 발생한 경우 그 손해의 배상을 청구할 수 있습니다.
4. 회원이 회사에게 본 조에 의하여 손해의 배상을 청구할 경우, 회사는 회원이 희망하는 경우에 한하여 회원이 최종적으로 보유한 것으로 확인되는 전자지갑 내 암호화폐 또는 KRW포인트를 지급하는 방법으로 회원의 손해를 배상할 수 있습니다.
5. 회원의 불법행위로 인하여, 회사에게 손해가 발생할 경우, 회사는 회원에게 법률상 손해배상청구권을 행사할 수 있습니다. 그러므로 반드시 법령을 준수하여 회사의 서비스를 이용하여 주시기 바랍니다.

제21조 (통지 및 공지) 회사는 본 약관 및 서비스 이용에 관한 중요한 사항을 서비스 초기화면 또는 공지사항 란에 수시로 게시하는 방법으로 공지하고, 필요한 경우 계정에 등록된 이메일 또는 SMS를 발송하는 방법으로 통지할 수 있습니다.

제22조 (분쟁의 해결) 본 약관 또는 서비스는 대한민국 법령에 의하여 규정되고 이행되고, 회원의 국적 및 주거지와 관계 없이 분쟁의 해결에 따른 준거법은 대한민국의 법령으로 합니다. 다만, 대한민국 내에서 암호화폐 등에 관한 법령 또는 대법원 판결이 없는 경우, 대한민국 외에서의 선례 또는 유력한 견해가 본 약관 또는 서비스의 분쟁에 관한 준거법령의 효력을 가질 수 있습니다. 서비스 이용과 관련하여 회사와 회원 간의 분쟁이 발생하면 당사자 사이의 해결을 위하여 노력하되, 그럼에도 불구하고 해결되지 아니하면 대한민국의 민사소송법에 따른 관할 법원에 소를 제기할 수 있고, 대한민국 외의 법원 또는 사법기관, 중재기관 외 기타 이에 준하는 기관에 대한 소 제기는 허용되지 아니하며, 회원 또한 이에 동의하여야 합니다.

<부 칙>

제1조 (시행일) 이 약관은 2019년 11월 4일부터 적용됩니다

4. 코빗 이용약관

이 용 약 관

제1장 총 칙

제1조 (목적) 이 약관은 주식회사 코빗(이하 "회사")이 제공하는 Korbit거래소 (www.korbit.co.kr, 이하 "거래소") 및 관련 제반 서비스의 이용조건 및 절차에 관하여 회사와 회원 간의 권리 의무 및 책임사항, 기타 필요한 사항을 규정함을 목적으로 합니다.

제2조 (용어의 정의) 본 약관에서 사용하는 용어의 정의는 다음과 같습니다.
1. "서비스"라 함은 구현되는 전자적 장치와 상관없이 회사가 거래소를 통해 회원에게 제공하는 가상자산 거래지원 서비스 및 이와 관련된 제반 서비스를 의미합니다.
2. "회원"이라 함은 본 약관을 승인하고 거래소에 회원가입하여 회사와 사이에 "서비스 이용계약"(이하 "이용계약"이라고만 합니다)을 체결한 자를 의미합니다.
3. "가상자산"이라 함은 분산원장 및 암호화 기술을 바탕으로 발행되어 일정한 네트워크에서 기록, 사용될 수 있는 전자정보로서 거래소에서 거래의 대상이 될 수 있는 비트코인(BTC), 이더리움(ETH) 등을 의미합니다.
4. "아이디(ID 또는 계정)"라 함은 회원의 식별과 서비스 이용을 위하여 회원이 정하고 회사가 승인하는 문자 또는 숫자의 조합을 의미합니다.
5. "비밀번호"라 함은 회원이 부여받은 아이디와 일치되는 회원임을 확인하고 비밀보호를 위해 회원 자신이 정한 문자 또는 숫자의 조합을 말합니다.
6. "매도자"라 함은 가상자산을 매도할 의사로 해당 가상자산을 회사가 온라인으로 제공하는 양식에 맞추어 등록하거나 신청한 회원을 말합니다.
7. "매수자"라 함은 가상자산을 매수할 의사로 해당 가상자산을 회사가 온라인으로 제공하는 양식에 맞추어 등록하거나 신청한 회원을 말합니다.
8. "개인정보 보호법령"이라 함은 개인정보보호법, 정보통신망 이용촉진 및 정보보호 등에 관한 법률, 신용정보의 이용 및 보호에 관한 법률 및 위

법률들의 하위법령과 고시를 의미합니다.
9. "OTP"라 함은 회원이 서비스 이용 시 보안을 위해 사용하는 일회용 비밀번호로서 OTP 생성 어플리케이션에 의해 생성되는 것을 의미합니다.
10. "입금 지갑주소"라 함은 회사가 회원에게 생성하는 것으로서 회원이 거래소 내 회원 계정으로 가상자산을 전송받을 때 사용하는 주소를 의미합니다.
11. "외부 가상자산 지갑주소"라 함은 회사가 통제 또는 운영하지 아니하는 것으로서 회원 또는 제3자가 거래소 외에서 가상자산을 보관하기 위하여 보유하는 가상자산 지갑주소 또는 타 거래소가 생성한 가상자산 입금주소를 의미합니다.
12. "전자적 장치"라 함은 회원이 서비스를 이용하는 데 필요한 장치로서 컴퓨터, 휴대용 단말기 등 각종 유무선 장치를 의미합니다.
13. "api서비스"라 함은 회원이 제작한 프로그램 등을 거래소 시스템에 연결하여 가상자산매도, 매수 주문 등의 기능을 실행할 수 있도록 하는 서비스를 의미합니다.
14. "실명확인계좌인증"이라 함은 회원이 회사와 사이에 별도 계약을 체결한 금융기관을 통해 실명확인계좌를 개설하고, 동 계좌를 거래소에 등록하는 것을 의미합니다.
15. "krw 포인트"라 함은 거래소가 제공하는 서비스에서 사용되는 가상의 포인트로서 현금으로 환불이 가능한 것을 의미합니다.
16. "하드포크"라 함은 블록체인 소프트웨어 업데이트 과정에서 체인이 분기되어 이전 블록체인과 호환되지 아니하는 새로운 블록체인이 생기는 것을 의미하고, 이 과정에서 새로운 가상자산이 생성될 수 있습니다
17. "에어드랍"이라 함은 특정 가상자산을 보유한 지갑에 대하여 일정한 조건에 따라 새로운 가상자산을 지급하는 것을 의미합니다.
18. "멀티브로커 서비스"라 함은 회원이 거래소에서 가상자산 매매 주문을 하고, 회사가 동 회원을 위하여 해외 가상자산 거래소에서 동 주문을 이행하는 것을 의미합니다.

제3조 (약관의 명시, 설명과 개정) ① 본 약관의 내용은 회사가 제공하는 웹페이지 및 모바일에 게시하거나 기타의 방법으로 사용자에게 공지하고, 이용자가 회원으로 가입하면서 이 약관에 동의함으로써 효력이 발생합니다.
② 회사는 "약관의 규제에 관한 법률", "정보통신망 이용촉진 및 정보보호 등

에 관한 법률" 등 관련법을 위배하지 않는 범위에서 본 약관을 개정할 수 있습니다.
③ 회사가 약관을 개정할 경우에는 적용일자 및 개정사유를 명시하여 현행약관과 함께 회사 사이트의 초기화면이나 팝업화면 또는 공지사항란에 그 적용일자 7일 이전부터 적용일자 전일까지 공지합니다. 다만 그 개정이 회원에게 불리한 경우에는 적용일자 30일 전에 공지합니다.
④ 회사가 전항에 따라 개정약관을 웹페이지 또는 모바일에 게시하거나 통지하면서 회원에게 "약관 개정 내용이 게시되거나 통지된 후 7일 내에 약관 개정에 이의를 제기하지 아니하는 경우 약관 개정에 동의한 것으로 본다."는 취지를 명확하게 고지하였음에도, 회원이 명시적으로 거부의 의사표시를 하지 아니한 경우 회원이 개정약관에 동의한 것으로 봅니다. 다만 본 조 제3항 단서의 경우에는 30일의 의사표시 기간을 부여해야 합니다.
⑤ 회원이 개정약관의 적용에 동의하지 않는다는 명시적 의사를 표명한 경우 회사는 개정 약관의 내용을 적용할 수 없으며, 이 경우 회사 또는 회원은 이용계약을 해지할 수 있습니다. 회원은 본 조 제4항에서 정한 기간 내에도 언제든지 해지할 수 있습니다.

제4조 (약관 외 준칙) ① 회사는 서비스 전부 또는 일부에 대하여 이 약관 외에 별도의 공지사항, 개별 약관, 개별 동의사항, 이용안내, 운영정책, 세부지침 등(이하 "세부지침"이라 합니다)을 정하여 이를 회원에게 알리거나 동의를 받을 수 있으며, 세부지침의 내용이 이 약관과 상충할 경우에는 세부지침이 우선하여 적용됩니다.
② 이 약관 및 세부지침에서 정하지 아니한 사항과 이 약관의 해석에 관하여는 "약관의 규제 등에 관한 법률" 및 관련 법령의 규정과 일반 상관례에 의합니다.

제2장 이용계약의 체결 (회원가입)

제5조 (서비스 이용신청) ① 회원이 되고자 하는 자(이하 "가입신청자"라 합니다)는 본 약관에 동의하고, 웹페이지 또는 모바일에서 회사가 정한 절차에 따라 서비스 가입 및 이용신청(이하 "가입신청"이라 합니다)을 할 수 있습니다.
② 가입신청자가 법인인 경우 해당 법인은 회사에 다음 각 호의 첨부서류를 제출하여 가입 신청을 하여야 합니다.

1. 가입신청서(코빗 가입 이메일 주소, 법인명, 사업자등록번호, 법인 전화번호, 법인 주소지, 법인 대표자명, 법인 대표자 연락처, 대리인이 있는 경우 대리인 이름 및 연락처, 법인계정 사용 목적, 예상 월 거래량, 예상 일일 출금한도 등 기재)
2. 사업자등록증
3. 법인등기부등본(말소사항 포함)
4. 법인 명의 통장 사본
5. 최근 2년간 재무제표
6. 납세증명서
7. 주주명부(주주의 이름, 생년월일, 주소 포함)
8. 법인 지분의 25/100 이상을 보유한 자의 신분증(최대 지분 보유자 또는 법인을 사실상 지배하는 자의 신분증으로 대체 가능)
9. 법인 대표자 신분증
10. 거래에 이용할 휴대폰의 최근 3개월간 요금명세서
11. 대리인이 있는 경우 위임장 및 대리인 본인 신분증
12. 그 외 가입신청을 위하여 회사가 요구하는 서류

③ 가입신청자는 자신의 명의로 서비스 가입 및 이용신청을 하여야 하고, 실명이 아닌 명의를 사용하거나 타인의 정보를 도용하여서는 아니되며, 이에 따른 민사, 형사상의 모든 책임은 가입한 회원이 져야 합니다.

④ 회사는 가입신청자가 제공한 정보가 사실과 일치하는지 여부를 확인하기 위하여 법령에 의해 허용된 범위에서 전문기관을 통한 실명확인 또는 본인인증을 가입신청자에게 요청할 수 있습니다.

제6조 (이용계약의 체결) ① 이용계약은 제5조 제1항 또는 제2항에 따른 가입신청자의 가입신청에 대하여 회사가 승낙함으로써 체결됩니다. 다만 법인회원의 경우 본 약관의 전부 또는 일부의 적용을 배제하거나, 본 약관에 우선하는 내용의 약정을 별도로 체결할 수 있습니다.

② 이용계약의 성립 시기는 회사의 승낙이 회원에게 도달한 시점으로 합니다.

③ 가입신청자가 만 19세 미만인 경우 회사는 가입신청을 승낙하지 아니합니다.

④ 회사는 다음 각 호의 하나에 해당하는 가입신청에 대하여 이를 승낙하지 아니하거나 승낙을 유보할 수 있으며, 가입 이후에도 아래 각 호의 사유가 확인될 경우에는 승낙을 취소하거나 이용계약을 해지할 수 있습니다.

1. 가입신청자의 이름이 실명이 아니거나, 가입신청자가 타인의 명의를 이

용한 경우
2. 가입신청자가 가입신청 시 필요 내용을 기재하지 아니하거나 허위로 기재하는 경우
3. 가입신청자가 법령을 위반하거나, 사회의 안녕질서 또는 미풍양속을 저해할 목적으로 신청한 경우
4. 가입신청자가 가입신청 전에 회사와 사이에 서비스 이용계약을 체결하였으나, 본 약관 제24조에 의하여 동 이용계약이 해지된 사실이 있는 경우
5. 가입신청자가 중복하여 가입신청을 하는 경우
6. 가입신청자가 회사가 정한 이용신청요건을 갖추지 못하는 경우
7. 가입신청자가 국제자금세탁방지기구(FATF, Financial Action Task Force)에서 자금 세탁방지 요주의 국가로 지정한 국가 또는 지역의 국민, 시민권자, 영주권자, 거주자 등인 경우
8. 가입신청자가 부정한 용도 또는 별개의 영업 목적으로 서비스를 이용하고자 하는 경우
9. 서비스 제공을 위해 필요한 설비에 여유가 없거나, 기술상 지장이 있는 경우
10. 국가기관의 정책상 회사가 일시적으로 신규가입을 유보할 필요가 있는 경우
11. 기타 본 약관에 위배되는 등 회사의 합리적인 판단에 따라 이용승낙이 곤란한 경우

제7조 (회원의 개인정보 사용에 대한 동의) ① 회사가 회원의 개인 식별이 가능한 개인정보를 수집하는 때에는 당해 회원의 동의를 받습니다.
② 회사는 회원의 개인정보를 본 이용계약의 이행과 본 이용계약상의 서비스 제공을 위한 목적으로 이용합니다. 회사는 관계 법령이 정하는 바에 따라 회원의 개인정보를 보호하기 위해 노력하며, 개인정보의 보호 및 사용에 대해서는 관하여 개인정보보호법령 및 회사의 개인정보처리방침을 따릅니다.
③ 회사는 회원의 동의 없이 회원의 개인정보를 목적 외의 용도로 이용하거나, 제3자에게 이를 제공할 수 없습니다. 단, 다음 각 호의 경우 또는 개인정보보호법령상 가능한 경우는 예외로 합니다.
1. 다른 법령에 특별한 규정이 있는 경우
2. 수사기관 또는 법원 등이 수사 또는 재판 등을 이유로 자료제공을 요청하는 경우(법적인 절차에 따라 제공할 수 있습니다)

④ 회사는 회원에게 회사의 서비스 또는 회사와 제휴한 업체의 서비스에 관한 정보(이하 "서비스 정보"라 합니다)를 우편, 전자우편 또는 SMS를 통해 전송할 수 있습니다. 다만 회원이 웹페이지 또는 모바일의 가입신청 또는 회원정보수정 메뉴에서 서비스 정보의 수신거부를 하는 경우 회사는 회원에게 서비스 정보를 전송하지 아니합니다.

제8조 (회원정보의 변경) ① 회원은 웹페이지 또는 모바일을 통하여 언제든지 본인의 개인정보를 열람하고 수정할 수 있습니다. 다만, 서비스 관리를 위해 필요한 실명, 아이디 등은 수정이 불가능합니다.
② 회원은 회원가입신청 시 기재한 사항이 변경되었을 경우 온라인으로 수정을 하거나 전자우편 기타 방법으로 회사에 대하여 그 변경사항을 알려야 합니다.
③ 제2항의 변경사항을 회사에 알리지 않아 발생한 불이익에 대하여 회사는 책임지지 않습니다.

제3장 회원의 의무 및 회원에 대한 통지

제9조 (회원 아이디와 비밀번호 관리에 대한 회원의 의무) ① 아이디, 비밀번호 및 OTP에 관한 모든 관리책임은 회원에게 있으며, 회원은 아이디, 비밀번호 및 OTP를 타인에게 양도, 대여할 수 없습니다. 회사의 귀책사유에 의하지 아니한 아이디, 비밀번호의 유출, 양도, 대여로 인한 손실이나 손해에 대하여 회사는 책임을 지지 않습니다.
② 회원은 자신의 아이디, 비밀번호 및 OTP가 부정하게 사용된 사실을 알게 될 경우 반드시 회사에 그 사실을 통지하고 회사의 안내에 따라야 합니다.
③ 제2항의 경우에 해당 회원이 회사에 그 사실을 통지하지 않거나, 통지한 경우에도 회사의 안내에 따르지 않아 발생한 불이익에 대하여 회사는 책임지지 않습니다.

제10조 (회원에 대한 통지) ① 본 약관에 별도 규정이 없는 한 회사는 회원이 제공한 이메일주소, (휴대)전화번호, 주소, 서비스 로그인 시 동의창, 서비스 연결화면 등의 수단으로 회원에게 통지할 수 있습니다.
② 회사는 회원 전체에 대한 통지의 경우 7일 이상 회사의 게시판에 게시하고, 이로써 본조 제1항의 통지에 갈음할 수 있습니다.

③ 회원은 회사에 실제로 연락이 가능한 이메일, (휴대)전화번호, 주소 등의 정보를 제공하고 해당 정보들을 최신으로 유지하여야 하며 회사의 통지를 확인하여야 합니다. 회사는 회원이 본 조에 의한 통지를 확인하지 않아 발생한 손해에 대해서 책임지지 않습니다.

제4장 서비스 이용 총칙

제11조 (서비스의 종류) ① 회사가 회원에게 제공하는 서비스의 종류는 다음 각 호와 같습니다.
 1. 로그인 서비스
 2. 현금 및 가상자산 입출금 서비스
 3. 가상자산 거래지원 서비스
 4. 가상자산 시세정보 제공 서비스
 5. 가상자산 거래내역 조회 서비스
 6. 가상자산 보관 서비스
 7. Api 서비스
 8. 멀티브로커 서비스
 9. 기타 회사가 제공하는 서비스
② 회사가 제공하는 서비스의 종류 및 내용은 회사의 사정에 의하여 변경, 교체 또는 종료 될 수 있습니다.
③ 회사는 전자적 장치에 따라 서비스의 내용을 다르게 제공할 수 있습니다.

제12조 (서비스 내용 및 변경의 공지) ① 회사는 서비스의 종류에 따라 각 서비스의 특성, 절차 및 방법에 대한 사항을 서비스 화면을 통하여 공지하며, 회원은 회사가 공지한 각 서비스에 관한 사항을 이해하고 서비스를 이용해야 합니다.
② 회사는 서비스 내용이 변경, 교체 또는 종료되는 경우, 이를 본 약관 제10조의 방법으로 회원들에게 통지하며, 회원이 동 통지 내용을 조회하지 않아 입은 손해에 대하여는 책임지지 않습니다.

제13조 (서비스의 유지 및 중지) ① 서비스의 이용은 회사의 업무상 또는 기술상 특별한 지장이 없는 한 연중무휴 1일 24시간을 원칙으로 합니다. 다만 정기 점검 등의 필요로 회사가 정한 날이나 시간은 그러하지 않습니다.
② 회사는 서비스를 일정범위로 분할하여 각 범위 별로 이용가능 시간을 별도

로 정할 수 있습니다. 이 경우 회사는 회원들에게 사전에 그 내용을 본 약관 제10조의 방법으로 통지합니다.

③ 회사는 다음 각 호의 하나에 해당하는 경우 서비스 제공을 중지할 수 있습니다.
1. 서비스용 설비의 보수 등 공사로 인한 부득이한 경우
2. 전기통신사업법에 규정된 기간통신사업자가 전기통신 서비스를 중지했을 경우
3. 회사가 직접 제공하는 서비스가 아닌 제휴업체 등의 제3자를 이용하여 제공하는 서비스의 경우 제휴업체등의 제3자가 서비스를 중지했을 경우
4. 기타 불가항력적 사유가 있는 경우

④ 회사는 국가비상사태, 정전, 서비스 설비의 장애 또는 서비스 이용의 폭주, 해킹 등으로 정상적인 서비스 이용에 지장이 있는 때에는 서비스의 전부 또는 일부를 제한하거나 정지할 수 있습니다.

제14조 (서비스 이용제한) ① 회사는 회원에게 다음 각 호의 사유가 발생한 경우 그 즉시 회원에 대하여 서비스의 이용의 전부 또는 일부를 제한함과 동시에 시정 요구를 할 수 있습니다.
1. 명의 또는 연락처가 확인되지 아니하거나, 가입한 이름이 실명이 아닌 경우
2. 타인의 아이디 및 비밀번호를 도용한 경우
3. 서비스 운영을 고의로 방해한 경우
4. 해킹, 사기 등 범죄에 연루되었거나 연루되었다고 의심되는 경우
5. 회원으로 가입된 이용자가 만 19세 미만인 경우
6. 가상자산 매도자와 매수자가 동일인으로 판단되는 경우
7. 국가기관이 관련 법령에 따라 서비스 제한을 요청하는 경우
8. 회원이 타인 명의의 계좌로 원화 입출금 거래를 하고 있는 것으로 확인된 경우
9. 시세조정, 자금세탁, 불공정거래, 범죄행위 등에 관여하고 있거나, 관여하고 있다고 합리적으로 의심되는 경우
10. 공공질서 및 미풍양속에 저해되는 내용을 고의로 유포시킨 경우
11. 회원이 국익 또는 사회적 공익을 저해할 목적으로 서비스를 이용하거나, 이용할 것을 계획한 경우
12. 타인의 명예를 손상시키거나 불이익을 주는 행위를 하는 경우

13. 서비스의 안정적 운영을 방해할 목적으로 다량의 정보를 전송하거나 광고성 정보를 전송하는 경우
14. 정보통신설비의 오작동이나 정보 등의 파괴를 유발시키는 컴퓨터 바이러스 프로그램 등을 유포하는 경우
15. 아이디, 비밀번호 등 타인의 개인정보를 부정하게 사용하는 경우
16. 회사의 서비스 정보를 이용하여 얻은 정보를 회사의 사전 승낙없이 복제 또는 유통시키거나 상업적으로 이용하는 경우
17. 회원이 회사의 홈페이지와 게시판에 음란물을 게재하거나 음란사이트 링크하는 경우
18. 같은 이용자가 다른 ID로 이중등록을 한 경우
19. 회사 또는 제3자의 지적재산권을 침해하는 경우
20. 방송통신심의위원회 등 외부기관의 시정요구가 있거나 불법선거운동과 관련하여 선거 관리위원회의 유권해석을 받은 경우
21. 회사가 최근 서비스 이용일부터 연속하여 1년 동안 회사의 서비스를 이용하지 않은 회원에 대하여 이용계약을 해지한다는 통지를 하였음에도 통지 도달일로부터 30일 이내에 서비스 이용에 대한 의사표현을 하지 않은 경우
22. 다른 회원의 개인정보를 그 동의 없이, 수집, 저장, 공개하는 경우
23. 매수의사 없이 가상자산의 매수 신청을 한 후 매수거부하는 경우
24. 회사의 서비스 정보를 통하여 얻은 정보로 직거래를 유도하는 경우
25. 복제품, 해킹된 가상자산, 매도목적이 아닌 가상자산을 등록하는 경우
26. 회사의 서비스 제공에 반드시 필요한 절차를 이행하지 아니하는 경우
27. 관계 법령에 위배되는 행위
28. 기타 정상적인 서비스 진행에 심각한 장애를 유발하는 경우
29. 회원이 로그인을 위하여 입력한 비밀번호가 5회 연속 틀린 경우
30. 회원이 본인확인이 되지 않는 경우

② 회사는 본 조 제1항에 따라 회원의 서비스 이용의 전부 또는 일부를 제한하는 경우 회원에게 서비스 이용제한의 사유, 내용, 일시 및 기간을 본 약관 제10조의 방법을 통해 통지하고, 동시에 소명기회를 제공하며, 회원이 합리적인 소명을 하는 경우에는 그 즉시 서비스 이용제한을 해제하여야 합니다. 다만 회사가 긴급하게 회원의 서비스 이용을 제한해야 할 필요가 있다고 판단하는 경우에는 본 조 제2항의 절차 없이 서비스 이용의 전부 또는 일부를 제한할 수 있습니다.

③ 서비스 이용제한의 통지를 받은 회원은 서비스 이용제한에 대하여 이의가 있을 경우 이의 신청을 할 수 있습니다.
④ 회사는 회원의 서비스 이용제한 기간 중 그 이용제한 사유가 해소된 것이 확인되는 경우 이용제한을 즉시 해제합니다.
⑤ 회사는 사기 등 범죄로 인해 영득한 자금 및 해당 자금으로 구입한 가상자산에 대해서는 금융당국 또는 금융기관의 요청에 따라 해당 자금 및 가상자산을 환수하여 피해자에게 지급할 수 있다.

제15조 (서비스 수수료 등) ① 회사는 회원에게 서비스를 제공하는 대가로 수수료를 부과합니다. 각 서비스별 수수료는 회사의 홈페이지에 명시되어 있으며, 회사 및 시장의 상황에 따라 변경될 수 있습니다.
② 회사가 회원에게 서비스를 제공하는 과정에서 취득하게 되는 수수료 외의 수입은 수수료와 마찬가지로 회사가 서비스를 제공하는 대가로서의 성질을 가지며, 회원은 이에 대한 반환을 청구할 수 없습니다.
③ 회사는 회원으로부터 서비스 수수료로 수취한 가상자산을 거래소 내에서 회원에게 매도 할 수 있습니다. 다만 회사는 동 가상자산의 매도가 거래소의 시세에 영향을 주지 아니하도록 최선의 노력을 다하여야 합니다.

제5장 서비스 이용 각칙

제16조 (현금 입출금 서비스) ① 회원은 실명확인계좌인증을 완료한 경우에 한하여 해당 실명확인계좌를 통해 거래소에 현금을 입금할 수 있습니다.
② 회원이 거래소에 현금을 입금함과 동시에 동 현금은 1원당 1KRW 포인트 비율로 KRW 포인트로 전환됩니다.
③ 회원은 실명확인계좌인증을 완료한 경우에 한하여 해당 실명확인계좌를 통해 KRW 포인트를 현금으로 환불하여 출금할 수 있습니다. 다만 1일 출금 한도는 회원등급에 따라 달라질 수 있습니다.
④ 회사는 서비스 정기점검, 시세조정·자금세탁·불공정거래·범죄행위 등의 방지를 위한 모니터링, 회원등급별 출금 한도와 같은 운영 정책에 따라 회원의 현금 입금 및 출금을 제한할 수 있습니다.

제17조 (KRW 포인트) ① 회사는 가상자산의 거래가 종료되었을 때 매도대금을 매도자에게 KRW 포인트로 적립함을 원칙으로 합니다.

② 회사는 이벤트 등으로 회원에게 임의적으로 KRW 포인트를 부여할 수 있습니다.
③ 제2항에 의하여 부여된 KRW 포인트는 회사 사정으로 인하여 포인트 적용이 취소될 수도 있습니다.
④ 제2항에 의하여 부여된 KRW 포인트에 대하여 회사는 현금 환불을 제한 또는 금지할 수 있습니다. 그 경우에도 가상자산 매수를 위한 사용은 가능합니다.
⑤ 회원 탈퇴 시 또는 서비스 이용계약 해지시 KRW 포인트는 전액 환불 됨을 원칙으로 합니다. 다만 1원 이하의 KRW 포인트는 환불되지 아니할 수 있습니다.
⑥ 회원 탈퇴 시 또는 서비스 이용계약 해지 시, 제2항에 의하여 부여된 KRW 포인트는 전액 삭제됩니다.
⑦ 회사는 KRW포인트에 대한 금융이자 지급 의무가 없습니다.

제18조 (가상자산 입출금 서비스) ① 회원은 거래소에서 입금지갑주소를 발급받아 동 주소를 통해 회사가 입금 서비스를 제공하는 가상자산을 입금할 수 있습니다.
② 회원은 거래소에 보관 중인 가상자산 중 회사가 출금 서비스를 제공하는 가상자산을 외부 가상자산 지갑주소로 출금할 수 있습니다. 다만 1일 출금 한도는 회원등급에 따라 달라질 수 있습니다.
③ 회원은 다음 각 호의 사항을 이해하고, 가상자산 입출금 서비스를 이용하여야 합니다.
  1. 회원의 가상자산 입출금 신청에 따른 가상자산 전송은 회사와 무관하게 해당 가상자산이 속한 블록체인 네트워크에서 이루어집니다.
  2. 회원의 가상자산 입출금 신청에 따른 가상자산 전송은 해당 가상자산이 속한 블록체인 네트워크에서 필요한 절차를 이행하는 데 요구되는 시간이 경과한 후 완료됩니다.
  3. 회사는 회원이 가상자산 입출금 서비스를 이용함에 있어서 필요한 최소 입출금 수량을 설정할 수 있고, 이때 최소 입출금 수량은 회사의 운영 정책에 따라 수시로 변경될 수 있습니다.
④ 가상자산이 속한 블록체인 네트워크상에서 하드포크 또는 에어드랍 등이 발생하는 경우, 회사는 하드포크 또는 에어드랍 등의 시점을 전후하여 해당 가상자산의 입출금 또는 거래를 제한할 수 있습니다.
⑤ 회사는 본 조 제4항의 경우 외에도 서비스 정기점검, 시세조정·자금세탁·불

공정거래·범죄행위 등의 방지를 위한 모니터링, 회원등급별 출금 한도와 같은 운영 정책에 따라 회원의 가상자산 입출금 또는 거래를 제한할 수 있습니다.

제19조 (가상자산 거래지원 서비스) ① 회원은 KRW 포인트를 단위로 회사가 거래소 내에서 거래지원 서비스를 제공하는 가상자산을 매도 또는 매수할 수 있습니다. 다만 회사는 회원이 가상자산 거래지원 서비스를 이용함에 있어서 필요한 최소 거래 수량을 설정할 수 있고, 이때 최소 거래 수량은 회사의 운영정책에 따라 수시로 변경될 수 있습니다.
② 가상자산 거래지원 서비스를 통해 가상자산을 매도 또는 매수하고자 하는 회원은 회사가 제공하는 양식에 따라 매도 또는 매수 주문을 전자적 장치를 통해 등록하여야 합니다.
③ 회사는 본 조 제2항의 등록된 매도 또는 매수 주문이 체결되는 즉시 체결 내역을 회원의 거래내역 및 자산내역에 반영합니다. 그러나 회원의 가상자산 거래내역이 해당 가상자산이 속한 블록체인 네트워크에 기록되지는 아니합니다.
④ 회원은 본 조 제2항의 등록된 매도 또는 매수 주문이 체결된 후에는 동 주문을 수정 또는 취소할 수 없습니다.
⑤ 본 조 제2항의 등록된 매도 또는 매수 주문은 회원이 취소할 때까지 유효합니다. 다만 제11조 제2항에 따른 "서비스"의 전부 또는 일부의 종료로 인하여 거래지원이 종료되는 가상자산의 경우, 해당 가상자산에 관한 회원의 등록된 매도 또는 매수 주문은 거래지원 종료일까지 체결되지 아니하면 자동취소됩니다.
⑥ 가상자산을 매도하고자 하는 회원은 주문등록 시 효과적인 매도를 위하여 회사가 제공하는 부가 서비스를 신청할 수 있습니다. 부가서비스의 구체적인 내용에 대해서는 회사가 따로 정하는 바에 의합니다.
⑦ 본조 제6항에 따라 신청한 부가서비스를 취소하기 위해서는 이미 부가서비스를 통해 얻은 이익 또는 회사의 손해를 배상하여야 합니다.

제20조 (가상자산의 보관 등) ① 회사는 회원이 서비스를 통해 취득하는 가상자산을 회사가 관리하는 가상자산 지갑에 보관합니다.
② 가상자산이 속한 블록체인 네트워크상에서 하드포크가 발생하는 경우, 회사는 하드포크 발생 후 분기된 블록체인 네트워크의 안정성 및 분기된 블록

체인 네트워크에서 새로 생성되는 가상자산의 가치 등을 검토한 후 새로 생성되는 가상자산의 지급, 입출금 및 거래 지원 여부를 결정합니다.
③ 특정 가상자산과 관련하여 에어드랍이 발생하는 경우, 회사는 에어드랍되는 가상자산이 속한 블록체인 네트워크의 안정성 및 에어드랍되는 가상자산의 가치를 검토한 후 에어드랍되는 가상자산의 지급, 입출금 및 거래 지원 여부를 결정합니다.
④ 특정 가상자산과 관련하여 상장폐지가 발생하는 경우, 회사는 상장폐지를 공지한 날의 분기말일까지 출금되지 않은 가상자산을 KRW 포인트로 교환하여 보관할 수 있습니다.
⑤ 회사는 제4항의 가상자산 교환에 따라 회원에게 수수료를 부과할 수 있습니다.
⑥ 제4항 및 제5항의 구체적인 사항은 홈페이지 또는 이메일을 통하여 회원에게 공지합니다.

제6장 멀티브로커 서비스에 대한 특칙

제21조 (멀티브로커 서비스의 이용) ① 회원이 멀티브로커 서비스를 이용하는 경우 본 장의 멀티브로커 서비스에 대한 특칙이 다른 조항에 우선하여 적용됩니다. 다만 멀티브로커 서비스와 관련하여 본 장에 명시되지 아니한 사항에 대해서는 본 약관의 다른 조항에 따릅니다.
② 멀티브로커 서비스를 통해 가상자산을 매도 또는 매수하고자 하는 회원은 회사가 제공하는 양식에 따라 매도 또는 매수 주문을 전자적 장치를 통해 등록하여야 합니다.
③ 회사는 본 조 제2항의 등록된 매도 또는 매수 주문에 따라 해외 가상자산 거래소에서 매매거래의 주문을 이행하고, 동 주문이 체결되는 즉시 체결내역을 회원의 거래내역 및 자산내역에 반영합니다.

제22조 (가상자산의 보관 및 이에 대한 책임) ① 회사는 회원이 멀티브로커 서비스를 통해 취득하는 가상자산을 해외 가상자산 거래소의 회사 계정에서 보관 및 관리할 수 있습니다.
② 본 조 제1항의 해외 가상자산 거래소가 파산하거나, 동 거래소에 해킹 등의 사고가 발생하여 멀티브로커 서비스를 이용하는 회원에게 손해가 발생한 경우 회사는 동 회원에게 그 손해를 배상합니다.

제23조 (불가항력으로 인한 면책) ① 회사는 천재지변, 사변 이에 준하는 불가항력의 사유로 인하여 멀티브로커 서비스를 제공할 수 없거나, 멀티브로커 서비스가 지연되는 경우 이에 대한 책임을 지지 아니합니다.

② 회사는 멀티브로커 서비스와 관련하여 다음 각 호의 경우 이에 대한 책임을 지지 아니합니다. 다만 다음 각 호에 관하여 회사의 고의 또는 과실이 있는 때에는 법에 따른 상당한 범위 내에서 회사의 책임이 면제되지 아니합니다.

1. 해외 가상자산 거래소의 서비스 장애 또는 정책 변경으로 인하여 멀티브로커 서비스를 통한 가상자산 매매거래가 중단되는 경우
2. 해외 가상자산 거래소의 서비스 장애 또는 정책 변경으로 인하여 멀티브로커 서비스를 통해 취득한 가상자산의 출금이 중단되는 경우

제7장 이용계약의 종료

제24조 (이용계약의 해지) ① 회원이 이용계약을 해지하고자 할 때에는 회원 본인 혹은 법인회원의 담당자가 회사에 해지 신청을 하여야 합니다.

② 본 약관 제14조 제1항에 따른 서비스 이용제한 후 동일한 행위가 2회 이상 반복되거나 30일 이내에 그 사유가 시정되지 아니하는 경우 회사는 그 즉시 이용계약을 해지할 수 있습니다. 이 때 해지는 회사가 회원에게 이용계약 해지의 의사표시를 한 때에 효력이 발생합니다.

③ 회사가 이용계약을 해지하는 경우에는 회원등록을 말소합니다. 회사는 이 경우 회원에게 이를 통지하고, 회원등록 말소 전에 소명할 기회를 부여합니다.

④ 본 조 제1항 또는 제2항에 의한 이용계약 해지의 경우, 회원은 회사에 보관 중인 자산을 모두 회사 외의 계정, 계좌 또는 지갑으로 이전하여야 합니다.

⑤ 본 약관 제20조 제3항 또는 제4항에 따라 하드포크 후 새로 생성되는 가상자산 또는 에어드랍되는 가상자산의 지급이 결정된다고 하더라도, 회사는 본 조에 의해 이용계약이 해지된 회원에 대해서는 동 가상자산을 지급하지 아니합니다.

제8장 손해배상 및 면책조항

제25조 (손해배상) 회사 또는 회원은 본 약관을 위반하여 상대방에게 손해를 입힌

경우에는 그 손해를 배상할 책임이 있습니다. 다만, 회사는 회사의 고의 또는 과실없이 회원에게 발생한 손해에 대해 책임을 지지 않습니다.

제26조 (면책조항) ① 회사는 본 약관에 명시되지 않은 어떠한 사항에 대하여도 약정이나 보증을 하지 않으며, 회사가 발행하지 아니하거나 회사가 지급을 보증하지 아니한 가상자산의 완전성 및 가치를 보증하지 않습니다.
② 회사는 다음과 같은 사유로 회원에게 손해가 발생하였을 경우 책임을 지지 않습니다. 다만, 본 항 제2호 내지 제6호의 경우 회사의 고의 또는 과실이 경합한 때에는 법에 따른 상당한 범위 내에서 그에 따른 책임이 면제되지 않습니다.
  1. 전시, 사변, 천재지변 또는 이에 준하는 국가 비상 사태 등 불가항력적인 경우
  2. 이용자의 고의 또는 과실로 인하여 손해가 발생한 경우
  3. 전기통신사업법에 의한 기간통신사업자를 포함한 통신서비스업체의 서비스 장애로 인한 경우
  4. 이용자의 귀책사유로 인하여 서비스에 장애가 발생한 경우
  5. 가상자산 발행 관리 시스템 또는 가상자산이 속한 블록체인상의 하자로 인하여 서비스에 장애가 발생한 경우
  6. 전산장애 또는 순간적인 홈페이지 접속 증가, 일부 종목의 주문 폭주 등으로 인한 서버의 장애가 발생한 경우
③ 회사는 회원이 본 약관에서 정한 규칙을 위반하여 가상자산 거래를 하는 등 회원의 행위 및 회원의 귀책사유로 인해 발생한 분쟁에 대해서 책임을 지지 않습니다. 회사의 제휴사에 의해 발생한 피해는 제휴사의 약관에 준하며 제휴사와 회원사 사이에 분쟁 해결하는 것을 원칙으로 합니다.
④ 회사는 안정적인 서비스 제공 및 보안을 위하여 정기적으로 또는 긴급한 서버점검을 할 수 있습니다. 정기 서버점검의 경우에는 회사 홈페이지를 통하여 서비스가 중단되기 24시간전에 공지를 해야 하며, 긴급한 서버점검의 경우에는 회사가 할 수 있는 가장 빠른 시점에 공지를 해야 합니다.
⑤ 회사는 전산장애, 순간적인 홈페이지 접속 증가, 일부 종목의 주문 폭주 등으로 서버의 장애가 예상되는 경우 필요 최소한의 범위에서 주문 접수정지, 거래중단, 입출금중단 등 필요한 조치를 할 수 있습니다. 다만, 회사는 회원의 거래가 원활하게 이루어질 수 있도록 서버성능 관리, 시스템 보안책임자 선임, 전산실 관리, 설비 관리, 정보보호, 비상대책 수립 등 최선의 노력을

다하여야 합니다.

제27조 (이용권리의 양도 등) 회원은 서비스 이용권한, 서비스 이용에 따른 회사와의 채권·채무, 기타 계약상 지위를 제3자에게 어떤 형태로든 양도할 수 없습니다.

제28조 (대리 및 보증의 부인) ① 회사는 가상자산을 매도하거나 매수하고자 하는 회원을 대리할 권한을 갖고 있지 않으며, 회사의 어떠한 행위도 매도자 또는 매수자의 대리 행위로 간주되지 않습니다.
② 회사는 회사가 제공하는 서비스를 통하여 이루어지는 회원간의 매도 및 매수와 관련하여 매도의사 또는 매수의사의 사실 및 진위, 적법성에 대하여 보증하지 않습니다. 회사와 회원 간의 특정 가상자산에 대한 직거래에서 회사의 어떠한 행위도 매도자 또는 매수자의 대리 행위로 간주되지 않습니다.
③ 회사는 링크된 사이트가 독자적으로 제공하는 재화와 관련한 회원의 거래에 대해서 보증 책임을 지지 않는다는 뜻을 링크된 사이트 초기화면 또는 연결되는 시점의 팝업화면으로 명시한 경우에는 그 거래에 대한 보증 책임을 지지 않습니다. 다만 링크된 사이트가 명백히 불법적인 경우 등 링크된 사이트를 통한 회원의 거래에 대하여 회사의 고의 또는 과실이 인정되는 경우 회사는 법에 따른 상당한 범위 내에서 그에 따른 손해를 배상할 책임을 부담합니다.
④ 회사는 어떠한 가상자산에 대해서도 그 가치나 지급을 보증하지 아니합니다.

제29조 (관할법원 및 준거법) ① 회사와 회원 간에 발생한 분쟁에 관한 소송은 제소 당시의 회원의 주소에 의하고, 주소가 없는 경우에는 거소를 관할하는 지방법원의 전속관할로 합니다. 다만, 제소 당시 회원의 주소 또는 거소가 분명하지 않거나 외국 거주자의 경우에는 민사소송법상의 관할법원에 제기합니다.
② 서비스 이용과 관련하여 회사와 회원 간의 소송에는 대한민국법을 적용합니다.

<부 칙>

① 이 약관은 2020년 7월 15일부터 적용됩니다.
② 2020년 3월 31일부터 시행되던 종전의 약관은 본 약관으로 대체합니다.

제7장 관련판례

[판례 1] 손해배상(기)〈네이트·싸이월드 회원들의 개인정보 유출로 인한 손해배상청구사건〉(대법원 2018. 1. 25. 선고 2015다24904, 24911, 24928, 24935 판결)

【판시사항】

[1] 정보통신서비스 제공자가 구 정보통신망 이용촉진 및 정보보호 등에 관한 법률 제28조 제1항이나 정보통신서비스 이용계약에 따른 개인정보의 안전성 확보에 필요한 보호조치를 취하여야 할 법률상 또는 계약상 의무를 위반하였는지 판단하는 기준

[2] 정보통신서비스 제공자가 '개인정보의 기술적·관리적 보호조치 기준'(방송통신위원회 고시 제2011-1호)에서 정하고 있는 기술적·관리적 보호조치를 다한 경우, 개인정보의 안전성 확보에 필요한 보호조치를 취하여야 할 법률상 또는 계약상 의무를 위반하였다고 볼 수 있는지 여부(원칙적 소극) 및 정보통신서비스 제공자가 위 고시에서 정하고 있는 기술적·관리적 보호조치를 다하였더라도 위법행위로 평가되거나 민법 제760조 제3항에 따른 책임을 부담하게 되는 경우

[3] 인터넷상에서 포털서비스사업을 하는 갑 주식회사가 제공하는 온라인 서비스에 가입한 회원들의 개인정보가 해킹사고로 유출되었는데, 서비스 이용자인 을 등이 갑 회사를 상대로 손해배상을 구한 사안에서, 정보통신서비스 제공자가 정보처리시스템에 접속한 개인정보취급자로 하여금 작업 종료 후 로그아웃을 하도록 하는 것은 보호조치 의무에 해당하지만, 위와 같은 보호조치의 미이행과 해킹사고의 발생 사이에 상당인과관계가 인정되지 아니하여 갑 회사의 손해배상책임이 인정되지 않는다고 한 사례

【판결요지】

[1] 구 정보통신망 이용촉진 및 정보보호 등에 관한 법률(2012. 2. 17. 법률 제11322호로 개정되기 전의 것, 이하 '구 정보통신망법'이라고 한다) 제28조 제1항은 정보통신서비스 제공자가 개인정보를 취급할 때에는 개인정보의 분실·도난·누출·변조 또는 훼손을 방지하기 위하여 대통령령으로 정하는 기준에 따라 그 각호의 기술적·관리적 보호조치를 하여야 한다고 규정하고 있다. 이어 위 조항은 그 각호로 '1. 개인정보를 안전하게 취급하기 위한 내부관리계획의 수립·시행 2. 개인정보에 대한 불법적인 접근을 차단하기 위한 침입차단시스템 등 접근 통제장치의 설치·운영 3. 접속기록의 위조·변조 방지를 위한 조치 4. 개인정보를 안전

하게 저장·전송할 수 있는 암호화기술 등을 이용한 보안조치 5. 백신 소프트웨어의 설치·운영 등 컴퓨터바이러스에 의한 침해 방지조치 6. 그 밖에 개인정보의 안전성 확보를 위하여 필요한 보호조치'를 규정하고 있다. 그리고 구 정보통신망법 제28조 제1항의 위임을 받은 구 정보통신망 이용촉진 및 정보보호 등에 관한 법률 시행령(2011. 8. 29. 대통령령 제23104호로 개정되기 전의 것) 제15조는 정보통신서비스 제공자가 취하여야 할 개인정보의 안전성 확보에 필요한 위와 같은 기술적·관리적 조치를 보다 구체적으로 규정하고 있다. 따라서 정보통신서비스 제공자는 구 정보통신망법 제28조 제1항 등에서 정하고 있는 개인정보의 안전성 확보에 필요한 기술적·관리적 조치를 취하여야 할 법률상 의무를 부담한다.

나아가 정보통신서비스 제공자가 정보통신서비스를 이용하려는 이용자와 정보통신서비스 이용계약을 체결하면서, 이용자로 하여금 이용약관 등을 통해 개인정보 등 회원정보를 필수적으로 제공하도록 요청하여 이를 수집하였다면, 정보통신서비스 제공자는 위와 같이 수집한 이용자의 개인정보 등이 분실·도난·누출·변조 또는 훼손되지 않도록 개인정보 등의 안전성 확보에 필요한 보호조치를 취하여야 할 정보통신서비스 이용계약상의 의무를 부담한다.

그런데 정보통신서비스가 '개방성'을 특징으로 하는 인터넷을 통하여 이루어지고 정보통신서비스 제공자가 구축한 네트워크나 시스템과 운영체제 등은 불가피하게 내재적인 취약점을 내포하고 있어서 이른바 '해커' 등의 불법적인 침입행위에 노출될 수밖에 없고, 완벽한 보안을 갖춘다는 것도 기술의 발전 속도나 사회 전체적인 거래비용 등을 고려할 때 기대하기 쉽지 않다. 또한 해커 등은 여러 공격기법을 통해 정보통신서비스 제공자가 취하고 있는 보안조치를 우회하거나 무력화하는 방법으로 정보통신서비스 제공자의 정보통신망 및 이와 관련된 정보시스템에 침입하고, 해커의 침입행위를 방지하기 위한 보안기술은 해커의 새로운 공격방법에 대하여 사후적으로 대응하여 이를 보완하는 방식으로 이루어지는 것이 일반적이다. 이처럼 정보통신서비스 제공자가 취해야 할 개인정보의 안전성 확보에 필요한 보호조치에 관해서는 고려되어야 할 특수한 사정이 있다.

그러므로 정보통신서비스 제공자가 구 정보통신망법 제28조 제1항이나 정보통신서비스 이용계약에 따른 개인정보의 안전성 확보에 필요한 보호조치를 취하여야 할 법률상 또는 계약상 의무를 위반하였는지 여부를 판단함에 있어서는, 해킹 등 침해사고 당시 보편적으로 알려져 있는 정보보안의 기술 수준, 정보통신서비스 제공자의 업종·영업규모와 정보통신서비스 제공자가 취하고 있던 전체적인 보안조치의 내용, 정보보안에 필요한 경제적 비용 및 효용의 정도, 해킹기술의 수준과 정보보안기술의 발전 정도에 따른 피해 발생의 회피 가능성, 정보통신서비스 제공자가 수집한 개인정보의 내용과 개인정보의 누출로 인하여 이용자가 입게 되는 피해의 정도 등의 사정을 종합적으로 고려하여 정보통신서비스 제공자가 해킹 등 침해사고 당시 사회통념상 합리적으로 기대 가능한 정도의 보호조치를 다하였는지 여부를 기준으로 판단하여야 한다.

[2] 구 정보통신망 이용촉진 및 정보보호 등에 관한 법률 시행령(2011. 8. 29. 대통령령 제23104호로 개정되기 전의 것) 제15조 제6항은 "방송통신위원회는 제1항부터 제5항까지의 규정에 따른 사항과 법 제28조 제1항 제6호에 따른 그 밖에 개인정보의 안전성 확보를 위하여 필요한 보호조치의 구체적인 기준을 정하여 고시하여야 한다."라고 규정하고 있다. 이에 따라 방송통신위원회가 마련한 '개인정보의 기술적·관리적 보호조치 기준'(방송통신위원회 고시 제2011-1호, 이하 '고시'라고 한다)은 해킹 등 침해사고 당시의 기술 수준 등을 고려하여 정보통신서비스 제공자가 구 정보통신망 이용촉진 및 정보보호 등에 관한 법률(2012. 2. 17. 법률 제11322호로 개정되기 전의 것) 제28조 제1항 등에 따라 준수해야 할 기술적·관리적 보호조치를 구체적으로 규정하고 있다. 그러므로 정보통신서비스 제공자가 고시에서 정하고 있는 기술적·관리적 보호조치를 다하였다면, 특별한 사정이 없는 한 정보통신서비스 제공자가 개인정보의 안전성 확보에 필요한 보호조치를 취하여야 할 법률상 또는 계약상 의무를 위반하였다고 보기는 어렵다.

다만 고시는 정보통신서비스 제공자가 반드시 준수해야 할 최소한의 기준을 정한 것으로 보는 것이 타당하다. 따라서 정보통신서비스 제공자가 고시에서 정하고 있는 기술적·관리적 보호조치를 다하였다고 하더라도, 정보통신서비스 제공자가 마땅히 준수해야 한다고 일반적으로 쉽게 예상할 수 있고 사회통념상으로도 합리적으로 기대 가능한 보호조치를 다하지 아니한 경우에는 위법행위로 평가될 수 있다. 나아가 정보통신서비스 제공자가 고시에서 정하고 있는 기술적·관리적 보호조치를 다하였다고 하더라도, 불법행위에 도움을 주지 말아야 할 주의의무를 위반하여 타인의 불법행위를 용이하게 하였고 이러한 방조행위와 불법행위에 의한 피해자의 손해 발생 사이에 상당인과관계가 인정된다면 민법 제760조 제3항에 따른 책임을 면할 수 없다.

[3] 인터넷상에서 포털서비스사업을 하는 갑 주식회사가 제공하는 온라인 서비스에 가입한 회원들의 개인정보가 해킹사고로 유출되었는데, 서비스 이용자인 을 등이 갑 회사를 상대로 손해배상을 구한 사안에서, 정보통신서비스 제공자가 정보처리시스템에 접속한 개인정보취급자로 하여금 작업 종료 후 로그아웃을 하도록 하는 것은, 비록 '개인정보의 기술적·관리적 보호조치 기준'(방송통신위원회 고시 제2011-1호)에서 정하고 있는 기술적·관리적 보호조치에는 해당하지 않으나, 정보통신서비스 제공자가 마땅히 준수해야 한다고 일반적으로 쉽게 예상

할 수 있고 사회통념상으로도 합리적으로 기대 가능한 보호조치에 해당하므로, 정보통신서비스 제공자가 이러한 보호조치를 미이행하여 정보처리시스템에 접속권한이 없는 제3자가 손쉽게 시스템에 접속하여 개인정보의 도난 등의 행위를 할 수 있도록 하였다면 이는 불법행위에 도움을 주지 말아야 할 주의의무를 위반한 것으로써 이러한 방조행위와 피방조자의 불법행위 사이에 상당인과관계가 인정된다면 공동불법행위자로서 책임을 면할 수 없는데, 해킹사고 당시 해커가 이미 키로깅을 통하여 DB 서버 관리자의 아이디와 비밀번호를 획득한 상태였기 때문에 갑 회사의 DB 기술팀 소속 직원이 자신의 컴퓨터에서 로그아웃을 하였는지 여부와 무관하게 언제든지 게이트웨이 서버를 거쳐 DB 서버에 로그인을 할 수 있었던 것으로 보이므로, 위와 같은 보호조치의 미이행과 해킹사고의 발생 사이에 상당인과관계가 인정되지 아니하여 갑 회사의 손해배상책임이 인정되지 않는다고 한 사례.

【참조조문】

[1] 구 정보통신망 이용촉진 및 정보보호 등에 관한 법률(2012. 2. 17. 법률 제11322호로 개정되기 전의 것) 제28조 제1항, 구 정보통신망 이용촉진 및 정보보호 등에 관한 법률 시행령(2011. 8. 29. 대통령령 제23104호로 개정되기 전의 것) 제15조, 민법 제390조 [2] 구 정보통신망 이용촉진 및 정보보호 등에 관한 법률(2012. 2. 17. 법률 제11322호로 개정되기 전의 것) 제28조 제1항, 구 정보통신망 이용촉진 및 정보보호 등에 관한 법률 시행령(2011. 8. 29. 대통령령 제23104호로 개정되기 전의 것) 제15조, 민법 제390조, 제750조, 제760조 제3항 [3] 구 정보통신망 이용촉진 및 정보보호 등에 관한 법률(2012. 2. 17. 법률 제11322호로 개정되기 전의 것) 제28조 제1항, 제32조, 구 정보통신망 이용촉진 및 정보보호 등에 관한 법률 시행령(2011. 8. 29. 대통령령 제23104호로 개정되기 전의 것) 제15조, 민법 제390조, 제750조, 제760조 제3항

【참조판례】

[1][2] 대법원 2015. 2. 12. 선고 2013다43994, 44003 판결(공2015상, 453)
[2] 대법원 2007. 6. 14. 선고 2005다32999 판결(공2007하, 1045)

【전 문】

【원고(선정당사자), 상고인】 원고(선정당사자) 1 외 3인 (소송대리인 법무법인 민후 담당변호사 최주선)

【피고, 피상고인】 에스케이커뮤니케이션즈 주식회사 (소송대리인 변호사 강지현 외 5인)

【원심판결】 서울고법 2015. 3. 20. 선고 2013나20047, 20054, 20061, 20078 판결

【주 문】

상고를 모두 기각한다. 상고비용은 원고(선정당사자)들과 선정자들이 부담한다.

【이 유】

상고이유(상고이유서 제출기간이 지난 후에 제출된 상고이유보충서 기재는 상고이유를 보충하는 범위 내에서)를 판단한다.

1. 변론재개신청을 위법하게 배척하였다는 주장에 관하여

   가. 당사자가 변론종결 후 주장·증명을 제출하기 위하여 변론재개신청을 한 경우 당사자의 변론재개신청을 받아들일지 여부는 원칙적으로 법원의 재량에 속한다. 그러나 변론재개신청을 한 당사자가 변론종결 전에 그에게 책임을 지우기 어려운 사정으로 주장·증명을 제출할 기회를 제대로 얻지 못하였고, 그 주장·증명의 대상이 판결의 결과를 좌우할 수 있는 관건적 요증사실에 해당하는 경우 등과 같이, 당사자에게 변론을 재개하여 그 주장·증명을 제출할 기회를 주지 않은 채 패소의 판결을 하는 것이 민사소송법이 추구하는 절차적 정의에 반하는 경우에는 법원은 변론을 재개하고 심리를 속행할 의무가 있다(대법원 2010. 10. 28. 선고 2010다20532 판결 등 참조).

   나. 기록에 의하면, 다음과 같은 사정을 알 수 있다.

   (1) 원고(선정당사자, 이하 '원고'라고 한다) 1이 서울중앙지방검찰청 검사장을 상대로 이 사건 해킹사고 관련 수사기록에 대한 정보공개거부처분의 취소를 구하는 소를 제기하였는데 원심 변론종결 이후에야 위 처분을 일부 취소하는 판결이 확정되었다.

   (2) 이에 따라 비로소 열람·등사가 가능하게 된 수사기록 중 일부를 증거로 제출하기 위하여 원고들이 변론재개신청을 하였다.

   (3) 또한 원고들은 제1심 공동피고 주식회사 안랩(이하 '안랩'이라고 한다)의 직원이 작성한 보안관제 일일보고서, 피고가 경찰에 제출한 트래픽 관련 자료, 피고의 데이터베이스 기술팀 소속 직원인 소외 1의 경찰 진술조서 등을 참고자료로 제출하였다. 그러면서 이 사건 해킹사고 당시 평소의 임계치를 훨씬 뛰어넘는 대용량의 파일 유출이 실시간으로 감지되어 안랩이 이를 즉시 피고에게 보고한 사실, 소외 1에게 게이트웨이 서버의 접근권한이 없었다는 사실을 주장·증명하고자 하였다.

   (4) 그러나 원심은 변론을 재개하지 아니하고 원심판결을 선고하였다.

   다. 이러한 사정을 앞에서 본 법리에 비추어 살펴본다.

   원고들은 원심 변론종결 이후에야 비로소 위 보안관제 일일보고서 등 수사기록을 열람·등사할 수 있게 되었으므로, 원고들에게 책임을 지우기 어려운

사정으로 주장·증명을 제출할 기회를 제대로 얻지 못하였다고 할 것이다. 그러나 아래와 같은 사정을 종합하여 보면 그 주장·증명의 대상이 판결의 결과를 좌우할 수 있는 관건적 요증사실에 관한 것이라고 보기 어렵고, 달리 원고들에게 변론을 재개하여 그 주장·증명을 제출할 기회를 주지 않은 채 패소의 판결을 하는 것이 민사소송법이 추구하는 절차적 정의에 반한다고 볼만한 사정을 찾아보기 어렵다.

(1) 원고들은 원심 변론종결 전에 이미 이 사건 해킹사고 당시 파일전송 프로토콜(File Transfer Protocol, 인터넷을 통해 컴퓨터 간에 파일을 송수신하는 데 사용되는 통신규약, 이하 'FTP'라고 한다)에 의한 파일전송 등으로 대용량 트래픽이 발생하였다는 주장과 소외 1에게는 게이트웨이 서버의 접근권한이 없다는 주장을 하였다.

(2) 위 보안관제 일일보고서는, 이 사건 해킹사고 당시인 2011. 7. 26. 05:40 경부터 같은 날 05:50경까지 ○○빌딩 하단의 트래픽이 평소보다 15배가량 증가하였고, 이는 파일전송에 의한 트래픽 증가로 추측되며, 트래픽 증가 시작 시점인 21번 FTP를 이용한 통신을 확인할 필요가 있다는 취지로 기재되어 있다.

(3) 그러나 이 사건 해킹사고 당시 해커는 네이트·싸이월드 이용자들의 개인정보가 저장되어 있는 피고의 데이터베이스 서버(이하 '이 사건 DB'라고 한다)에 침입하여 이용자들의 개인정보를 덤프 파일로 생성·압축하였기에 그 파일 용량이 10GB 정도에 불과하였다. 또한, 해커가 위 파일을 게이트웨이 서버에 내려받은 후 FTP를 이용하여 소외 1·소외 2의 컴퓨터로 내려받고 다시 이를 외부로 전송한 시점이 위 일일보고서에 기재된 트래픽 증가 시점과 일치하지도 않는다.

(4) 한편 소외 1의 경찰 진술조서 중 본인이 관리하는 데이터베이스 서버는 게이트웨이 서버를 통해 접근하는 서버가 아니라는 취지의 진술기재 부분도 있다.

(5) 그러나 위 진술조서 중에는 소외 1이 본인이 관리하는 데이터베이스가 수백 대여서 이름 등을 기억하지 못한다는 취지의 진술기재 부분도 있다. 또한 원심은 "이 사건 DB 서버와 연결된 게이트웨이 서버에는 이글루스 DB 서버도 연결되어 있었고 소외 1은 이글루스 DB 서버를 담당하고 있었기 때문에 소외 1의 컴퓨터에서는 위 게이트웨이 서버에 접근할 수 있었다."라고 사실인정을 하였다. 그런데 위 진술조서 작성 당시 소외 1이 이글루스 DB 서버에 접근권한이 있었는지 여부 등에 관하여는 직접적으로 신문이 이루어지지 않았다.

라. 따라서 원고들의 변론재개신청이 변론을 재개하고 심리를 속행하여야 할 예

외적인 요건을 갖추었다고 볼 수 없으므로, 이를 받아들이지 아니한 원심의 조치에 상고이유 주장과 같은 법령 위반 또는 절차 위반의 위법이 있다고 할 수 없다.

2. 석명 또는 지적의무를 위반하였다는 주장에 관하여
   가. 이 부분 상고이유의 요지는 다음과 같다.
      원심은 별지 1. 선정자 목록의 전체 순번 1 내지 117, 1800 내지 2241, 2653 내지 2827, 2855 내지 2882 기재 각 선정자들(이하 '일부 선정자들'이라고 한다)의 개인정보가 유출되었다는 취지의 통지 또는 확인내역이 누락되었다는 점에 관하여 원고들에게 의견진술의 기회를 주지 않았다. 그런데도 일부 선정자들의 개인정보가 이 사건 해킹사고로 인하여 유출되었다는 사실을 인정할 증거가 없다는 이유로 일부 선정자들의 청구를 기각하였다. 따라서 민사소송법 제136조 제4항에 따른 석명 또는 지적의무를 다하지 않은 위법이 있다.
   나. 당사자가 부주의 또는 오해로 인하여 증명하지 아니한 것이 분명하거나 쟁점이 될 사항에 관하여 당사자 사이에 명시적인 다툼이 없는 경우에는 법원은 석명을 구하고 증명을 촉구하여야 한다. 만일 당사자가 전혀 의식하지 못하거나 예상하지 못하였던 법률적 관점을 이유로 법원이 청구의 당부를 판단하려는 경우에는 그 법률적 관점에 대하여 당사자에게 의견진술의 기회를 주어야 한다. 그처럼 하지 않고 예상외의 재판으로 당사자 일방에게 불의의 타격을 가하는 것은 석명의무를 다하지 아니하여 심리를 제대로 하지 아니한 위법한 것이 된다(대법원 2008. 9. 11. 선고 2006다50338 판결 등 참조).
   다. 기록에 의하면, 원고들이 이 사건 소 제기 당시 개인정보 유출에 관한 증거자료를 갖춘 선정자들과 그렇지 아니한 선정자들을 구분하여 당사자선정서를 제출한 사실, 피고가 청구기각판결을 구하는 답변서를 제출한 이래 줄곧 원고들 주장사실을 전면적으로 부인해 온 사실을 알 수 있다. 따라서 부주의 또는 오해로 인하여 증명하지 아니한 것이 분명하다거나 쟁점이 될 사항에 관하여 당사자 사이에 명시적인 다툼이 없는 경우에 해당한다고 보기 어렵다. 그러므로 원심이 원고들에게 일부 선정자들의 개인정보가 유출되었다는 취지의 통지 또는 확인내역이 누락되었다는 점에 관하여 석명을 구하거나 증명을 촉구하지 않았다고 하더라도 상고이유 주장과 같이 석명 또는 지적의무를 위반한 위법이 있다고 볼 수 없다.

3. 나머지 상고이유 주장에 관하여
   가. (1) 구 정보통신망 이용촉진 및 정보보호 등에 관한 법률(2012. 2. 17. 법률 제11322호로 개정되기 전의 것, 이하 '구 정보통신망법'이라고 한다) 제

28조 제1항은 정보통신서비스 제공자가 개인정보를 취급할 때에는 개인정보의 분실·도난·누출·변조 또는 훼손을 방지하기 위하여 대통령령으로 정하는 기준에 따라 그 각호의 기술적·관리적 보호조치를 하여야 한다고 규정하고 있다. 이어 위 조항은 그 각호로 '1. 개인정보를 안전하게 취급하기 위한 내부관리계획의 수립·시행 2. 개인정보에 대한 불법적인 접근을 차단하기 위한 침입차단시스템 등 접근 통제장치의 설치·운영 3. 접속기록의 위조·변조 방지를 위한 조치 4. 개인정보를 안전하게 저장·전송할 수 있는 암호화기술 등을 이용한 보안조치 5. 백신 소프트웨어의 설치·운영 등 컴퓨터바이러스에 의한 침해 방지조치 6. 그 밖에 개인정보의 안전성 확보를 위하여 필요한 보호조치'를 규정하고 있다. 그리고 구 정보통신망법 제28조 제1항의 위임을 받은 구 정보통신망 이용촉진 및 정보보호 등에 관한 법률 시행령(2011. 8. 29. 대통령령 제23104호로 개정되기 전의 것, 이하 '구 정보통신망법 시행령'이라고 한다) 제15조는 정보통신서비스 제공자가 취하여야 할 개인정보의 안전성 확보에 필요한 위와 같은 기술적·관리적 조치를 보다 구체적으로 규정하고 있다. 따라서 정보통신서비스 제공자는 구 정보통신망법 제28조 제1항 등에서 정하고 있는 개인정보의 안전성 확보에 필요한 기술적·관리적 조치를 취하여야 할 법률상 의무를 부담한다.

나아가 정보통신서비스 제공자가 정보통신서비스를 이용하려는 이용자와 정보통신서비스 이용계약을 체결하면서, 이용자로 하여금 이용약관 등을 통해 개인정보 등 회원정보를 필수적으로 제공하도록 요청하여 이를 수집하였다면, 정보통신서비스 제공자는 위와 같이 수집한 이용자의 개인정보 등이 분실·도난·누출·변조 또는 훼손되지 않도록 개인정보 등의 안전성 확보에 필요한 보호조치를 취하여야 할 정보통신서비스 이용계약상의 의무를 부담한다.

(2) 그런데 정보통신서비스가 '개방성'을 특징으로 하는 인터넷을 통하여 이루어지고 정보통신서비스 제공자가 구축한 네트워크나 시스템과 그 운영체제 등은 불가피하게 내재적인 취약점을 내포하고 있어서 이른바 '해커' 등의 불법적인 침입행위에 노출될 수밖에 없고, 완벽한 보안을 갖춘다는 것도 기술의 발전 속도나 사회 전체적인 거래비용 등을 고려할 때 기대하기 쉽지 않다. 또한 해커 등은 여러 공격기법을 통해 정보통신서비스 제공자가 취하고 있는 보안조치를 우회하거나 무력화하는 방법으로 정보통신서비스 제공자의 정보통신망 및 이와 관련된 정보시스템에 침입하고, 해커의 침입행위를 방지하기 위한 보안기술은 해커의 새로운 공격방법에 대하여 사후적으로 대응하여 이를 보완하는 방식으로 이루어지는 것이 일

반적이다. 이처럼 정보통신서비스 제공자가 취해야 할 개인정보의 안전성 확보에 필요한 보호조치에 관해서는 고려되어야 할 특수한 사정이 있다. 그러므로 정보통신서비스 제공자가 구 정보통신망법 제28조 제1항이나 정보통신서비스 이용계약에 따른 개인정보의 안전성 확보에 필요한 보호조치를 취하여야 할 법률상 또는 계약상 의무를 위반하였는지 여부를 판단함에 있어서는, 해킹 등 침해사고 당시 보편적으로 알려져 있는 정보보안의 기술 수준, 정보통신서비스 제공자의 업종·영업규모와 정보통신서비스 제공자가 취하고 있던 전체적인 보안조치의 내용, 정보보안에 필요한 경제적 비용 및 그 효용의 정도, 해킹기술의 수준과 정보보안기술의 발전정도에 따른 피해 발생의 회피 가능성, 정보통신서비스 제공자가 수집한 개인정보의 내용과 개인정보의 누출로 인하여 이용자가 입게 되는 피해의 정도 등의 사정을 종합적으로 고려하여 정보통신서비스 제공자가 해킹 등 침해사고 당시 사회통념상 합리적으로 기대 가능한 정도의 보호조치를 다하였는지 여부를 기준으로 판단하여야 한다.

(3) 특히 구 정보통신망법 시행령 제15조 제6항은 "방송통신위원회는 제1항부터 제5항까지의 규정에 따른 사항과 법 제28조 제1항 제6호에 따른 그 밖에 개인정보의 안전성 확보를 위하여 필요한 보호조치의 구체적인 기준을 정하여 고시하여야 한다."라고 규정하고 있다. 이에 따라 방송통신위원회가 마련한 「개인정보의 기술적·관리적 보호조치 기준」(방송통신위원회 고시 제2011-1호, 이하 '이 사건 고시'라고 한다)은 해킹 등 침해사고 당시의 기술 수준 등을 고려하여 정보통신서비스 제공자가 구 정보통신망법 제28조 제1항 등에 따라 준수해야 할 기술적·관리적 보호조치를 구체적으로 규정하고 있다. 그러므로 정보통신서비스 제공자가 이 사건 고시에서 정하고 있는 기술적·관리적 보호조치를 다하였다면, 특별한 사정이 없는 한 정보통신서비스 제공자가 개인정보의 안전성 확보에 필요한 보호조치를 취하여야 할 법률상 또는 계약상 의무를 위반하였다고 보기는 어렵다(대법원 2015. 2. 12. 선고 2013다43994, 44003 판결 등 참조).

(4) 다만 이 사건 고시는 정보통신서비스 제공자가 반드시 준수해야 할 최소한의 기준을 정한 것으로 보는 것이 타당하다. 따라서 정보통신서비스 제공자가 이 사건 고시에서 정하고 있는 기술적·관리적 보호조치를 다하였다고 하더라도, 정보통신서비스 제공자가 마땅히 준수해야 한다고 일반적으로 쉽게 예상할 수 있고 사회통념상으로도 합리적으로 기대 가능한 보호조치를 다하지 아니한 경우에는 위법행위로 평가될 수 있다. 나아가 정보통신서비스 제공자가 이 사건 고시에서 정하고 있는 기술적·관리적 보호조치를 다하였다고 하더라도, 불법행위에 도움을 주지 말아야 할 주의

의무를 위반하여 타인의 불법행위를 용이하게 하였고 이러한 방조행위와 불법행위에 의한 피해자의 손해 발생 사이에 상당인과관계가 인정된다면 민법 제760조 제3항에 따른 책임을 면할 수 없다(대법원 2007. 6. 14. 선고 2005다32999 판결 등 참조).
나. 원심은 다음과 같은 이유를 들어 '정보통신서비스 제공자인 피고가 이 사건 고시 제4조 제4항, 제5항 등에서 정하고 있는 기술적·관리적 보호조치를 다 하지 아니하였고, 개인정보의 안전성 확보에 필요한 보호조치를 취하여야 할 법률상 또는 계약상 의무를 위반하였다'는 원고들의 주장을 배척하였다.
(1) 이 사건 고시 제4조 제4항의 기술적·관리적 보호조치에 관하여
  (가) 이 사건 고시 제4조 제4항은 "정보통신서비스 제공자 등은 개인정보취급자가 정보통신망을 통해 외부에서 개인정보처리시스템에 접속이 필요한 경우에는 공인인증서 등 안전한 인증수단을 적용하여야 한다."라고 규정하고 있다.
  (나) 장소적으로 떨어져 있는 두 개의 전산 네트워크 사이를 가상사설전산망(Virtual Private Network, 공중망을 활용하여 암호화된 패킷이나 배타적인 경로를 구성하여 사설망처럼 안전한 통신을 보장하는 가상 네트워크기술, 이하 'VPN'이라고 한다) 등의 전용선을 통하여 연결하고 있으면 이 네트워크 전체를 하나의 내부망으로 볼 수 있다. 이러한 내부망의 한쪽 네트워크에서 다른 쪽 네트워크로 접속하는 것은 이 사건 고시 제4조 제4항에 규정된 '외부에서 개인정보처리시스템에 접속하는 경우'에 해당하지 않는다.
  (다) 개인정보취급자인 소외 2 등의 컴퓨터는 피고의 사옥인 서울 서대문구 △△동 소재 □□빌딩에, 이 사건 DB 서버 등은 서울 성동구 ○○동 소재 인터넷데이터센터(Internet Data Center, 이하 'IDC'라고 한다)에 있으나, 피고는 □□빌딩의 네트워크와 IDC를 VPN으로 연결하고 있다.
  (라) 따라서 인터넷망 외부에서 직접 개인정보처리시스템인 ○○동 IDC에 접속한 것이 아니라 □□빌딩에 있는 직원 소외 1·소외 2의 컴퓨터에 침입한 후 그 컴퓨터에서 정상적인 접속경로와 같이 VPN을 통하여 IDC에 있는 이 사건 DB 서버에 접속한 이 사건 해킹사고에는 이 사건 고시 제4조 제4항이 적용되지 않는다.
(2) 이 사건 고시 제4조 제5항의 기술적·관리적 보호조치에 관하여
  (가) 구 정보통신망법 시행령 제15조 제2항 제2호는 개인정보처리시스템에 대한 불법적인 접근을 차단하기 위한 침입차단시스템 및 침입탐지시스템의 설치·운영을 보호조치의 하나로 규정하고 있다.

(나) 이에 따라 이 사건 고시 제4조 제5항은 정보통신서비스 제공자 등은 정보통신망을 통한 불법적인 접근 및 침해사고 방지를 위해 '개인정보처리시스템에 대한 접속권한을 IP 주소 등으로 제한하여 인가받지 않은 접근을 제한(제1호)'하고, '개인정보처리시스템에 접속한 IP 주소 등을 재분석하여 불법적인 개인정보유출시도를 탐지(제2호)'하는 기능을 포함한 시스템을 설치·운영하여야 한다고 규정하고 있다.

(다) 위 각 규정의 내용 및 취지에 비추어 보면 이 사건 DB 서버에서 대량으로 유출되는 정보를 실시간으로 모니터링하는 기능이나 사용자 컴퓨터에 저장된 전자문서 및 데이터가 외부로 유출되는 것을 탐지 또는 차단하고 이를 감시 및 추적하는 기능을 갖춘 디엘피 솔루션(Data Loss Prevention Solution, 기밀 또는 중요 정보의 유출을 차단·예방하는 활동을 구현한 하드웨어 또는 소프트웨어, 이하 'DLP 솔루션'이라고 한다)을 설치·운영해야 하는 것까지 규정한 것으로 보기는 어렵다.

(라) 또한 피고가 준수해야 할 정보통신망 관련 법령상의 개인정보 보호를 위한 기술적·관리적 보호조치에 개인정보처리시스템에서 대량으로 유출되는 정보를 실시간으로 모니터링하는 보호조치가 포함되어 있다고 보기는 어렵다.

(마) 설령 피고가 대용량 트래픽과 FTP 파일전송에 대하여 실시간으로 모니터링을 하거나 DLP 솔루션을 설치·운영할 의무가 있었다고 하더라도, 원고들이 제출한 증거만으로는 피고가 침입탐지시스템과 DLP 솔루션을 통하여 트래픽과 FTP 파일전송을 실시간 모니터링하여 이상 징후를 탐지해야 할 기술적·관리적 보호조치를 위반하였다고 인정하기에 부족하고 달리 이를 인정할 증거가 없다.

(3) 이 사건 고시 제4조 제5항 제1호에 관하여
(가) 이 사건 DB 서버에 접속하기 위해서는 VPN을 통해 먼저 게이트웨이 서버에 접속해야 한다. 그런데 피고는 게이트웨이 서버에 접속 가능한 IP 주소를 DB 서버에 접속할 권한이 있는 직원들이 사용하는 컴퓨터의 IP 주소로 한정시키고, DB 서버에 접속 가능한 IP 주소는 게이트웨이 서버의 IP 주소로 한정시키는 방법으로 허용되지 않은 IP 주소를 통해 게이트웨이 서버나 DB 서버에 접근할 수 없도록 조치를 취하고 있었다.

(나) 이 사건 해커는 이미 키로깅(keylogging, 사용자가 키보드로 컴퓨터에 입력하는 내용을 몰래 가로채는 해킹 기법)을 통하여 이 사건 DB 서버 관리자인 소외 2의 아이디와 비밀번호를 취득하고 게이트웨이

서버부터는 이를 이용하여 접속하였다. 따라서 피고에게 게이트웨이 서버 이후의 단계에서 해당 접속행위가 애초 소외 1의 컴퓨터로부터 시작되었다는 것까지 인식하여 이를 막을 의무가 있었다거나 피고가 개인정보에 대한 불법적인 접근을 차단하기 위한 기술적·관리적 보호조치를 위반하였다고 볼 수는 없다.

(4) 개인정보처리자가 퇴근 시 로그아웃을 하지 않거나 자동 로그아웃 기능을 설정하지 않은 점에 관하여

 (가) 원고들이 제출한 증거만으로는 이 사건 해킹사고 당시 DB 서버 관리자가 작업종료 후 로그아웃을 하여야 한다거나 자동 로그아웃 시간을 설정할 의무가 있었다고 인정하기에 부족하고, 달리 이를 인정할 아무런 증거가 없다.

 (나) 해커는 이미 키로깅을 통하여 이 사건 DB 서버 관리자인 소외 2의 아이디와 비밀번호를 획득한 상태였기 때문에 소외 1이 자신의 컴퓨터에서 로그아웃을 하였는지 여부와 무관하게 언제든지 소외 2의 아이디와 비밀번호를 이용하여 게이트웨이 서버를 거쳐 이 사건 DB 서버에 로그인을 할 수 있었던 것으로 보인다.

 (다) 따라서 소외 1이 퇴근 시 자신의 업무용 컴퓨터에서 로그아웃을 하지 아니하고 자동 로그아웃 기능을 설정하지 않았다고 하여 정보통신망 관련 법령상의 기술적·관리적 보호조치를 위반한 과실이 있다거나 이 사건 해킹사고의 발생과 사이에 상당인과관계가 있다고 볼 수는 없다.

(5) FTP를 사용한 점에 관하여

 (가) 피고의 개인정보보호 업무지침서 제26조 제4항은 "개인정보 접근 PC에 대한 NULL session 접근이 불가능하도록 보안설정을 하고, telnet 및 ftp 서비스 등 보안상 취약한 서비스는 제공하지 않도록 한다."라고 규정하고 있다(NULL session 접근이란 사용자인증을 거치지 않고 시스템에 접근하는 것을 말한다).

 (나) 구 정보통신망법 제45조에 따른 정보보호지침 제2조는 보호조치의 구체적인 내용으로 [별표 1] 2.2.8.(접근통제 및 보안설정 관리)항에서 불필요한 프로토콜 및 서비스 제거 등 보안설정을 규정하고 있다. 그러나 위 규정에 따라 불필요한 프로토콜 등을 제거해야 하는 대상은 주요정보통신서비스 제공자 및 인터넷접속역무 제공자, 집적정보통신시설 사업자이다. 그런데 피고는 위 각 사업자에 해당하지 않으므로, 결국 피고로서는 DB 서버 관리자의 컴퓨터에서 FTP 프로그램을 삭제해야 할 법령상 의무를 부담하지 아니한다.

(다) 피고의 개인정보보호 업무지침서 제26조 제4항은 개인정보 접근 PC에서 FTP 서비스를 제공하는 행위, 즉 개인정보 접근 PC를 FTP 서버로 설정하는 행위를 금지하고 있다. 그런데 이 사건 해킹사고는 개인정보 접근 PC를 FTP 클라이언트로 사용하여 개인정보를 전송한 것이므로, 이 사건 해킹사고와 관련하여 개인정보보호 업무지침서 제26조 제4항을 위반하였다고 볼 수 없다.

(라) FTP 프로그램이 아니더라도 네이트온 등의 메신저, 대용량 웹 메일 서비스, 웹서버 업로드, 간이 전자우편 전송 프로토콜(Simple Mail Transfer Protocol) 등 다양한 프로그램이나 방식을 이용하여 대량정보 전송이 가능한 이상 피고가 FTP 프로그램을 사용했다는 사실만으로 어떠한 주의의무를 위반하였다고 단정하기도 어렵다.

다. 먼저 개인정보처리자가 퇴근 시 로그아웃을 하지 않거나 자동 로그아웃 기능을 설정하지 않은 점에 관한 원심의 판단을 살펴본다. 앞에서 본 법리에 비추어 보면, 정보통신서비스 제공자가 정보처리시스템에 접속한 개인정보취급자로 하여금 작업 종료 후 로그아웃을 하도록 하는 것은, 비록 이 사건 고시에서 정하고 있는 기술적·관리적 보호조치에는 해당하지 않으나, 정보통신서비스 제공자가 마땅히 준수해야 한다고 일반적으로 쉽게 예상할 수 있고 사회통념상으로도 합리적으로 기대 가능한 보호조치에 해당한다. 또한, 정보통신서비스 제공자가 이러한 보호조치를 미이행하여 정보처리시스템에 접속 권한이 없는 제3자가 손쉽게 위 시스템에 접속하여 개인정보의 도난 등의 행위를 할 수 있도록 하였다면 이는 불법행위에 도움을 주지 말아야 할 주의의무를 위반한 것이다. 만약 이러한 방조행위와 피방조자의 불법행위 사이에 상당인과관계가 인정된다면 공동불법행위자로서 책임을 면할 수 없다.

따라서 원심판단 중 이 사건 고시에 위와 같은 보호조치를 할 의무가 규정되어 있지 않다는 이유만으로 정보통신서비스 제공자가 위와 같은 보호조치 의무를 부담하지 않는 것처럼 판시한 부분은 부적절하다. 그러나 원심판결 이유를 기록에 비추어 살펴보면, 해커는 이미 키로깅을 통하여 이 사건 DB 서버 관리자인 소외 2의 아이디와 비밀번호를 획득한 상태였기 때문에 소외 1이 자신의 컴퓨터에서 로그아웃을 하였는지 여부와 무관하게 언제든지 소외 2의 아이디와 비밀번호를 이용하여 게이트웨이 서버를 거쳐 이 사건 DB 서버에 로그인을 할 수 있었던 것으로 보인다. 따라서 원심이 결론적으로 위와 같은 보호조치의 미이행과 관련한 원고들의 주장을 배척한 것에 상고이유 주장과 같이 민법 제750조의 불법행위 및 상당인과관계에 관한 법리를 오해하여 판결에 영향을 미친 잘못이 없다.

또한 앞에서 본 법리와 기록에 비추어 살펴보면, 원심의 나머지 판단 부분 역시 상고이유 주장과 같이 이 사건 고시의 해석 등을 그르친 잘못이 없다.

4. 결론
그러므로 상고를 모두 기각하고, 상고비용은 패소자들이 부담하기로 하여, 관여 대법관의 일치된 의견으로 주문과 같이 판결한다.

[[별 지] 선정자 명단: 생략]

대법관   김신(재판장) 박상옥 이기택(주심) 박정화

[판례 2] 아동·청소년의성보호에관한법률위반(음란물제작·배포등), 국민체육진흥법위반, 전자금융거래법위반, 정보통신망이용촉진및정보보호등에관한법률위반(음란물유포), 도박개장방조 (수원지방법원 2017. 9. 7. 선고 2017고단2884 판결)

【피고인】 안○ (**년생, 남), 기타
【항소인】 쌍방
【검사】 안대희(기소), 정덕채(공판)
【변호인】 법무법인 담당변호사
【원심판결】 수원지방법원 2017. 9. 7. 선고 2017고단2884 판결
【판결선고】 2018. 1. 30.

【주 문】
원심판결 중 몰수 및 추징 부분을 파기한다.
압수된 증 제1 내지 4, 8 내지 18호 및 압수된 216.1249474비트코인 중 191.32333418비트코인을 각 몰수한다.
피고인으로부터 695,871,960원을 추징한다.
원심판결 중 나머지 부분에 대한 피고인과 검사의 항소를 모두 기각한다.

【이 유】
1. 항소이유의 요지
  가. 피고인(양형부당)
    원심의 형(징역 1년 6월, 성폭력 치료프로그램 이수명령 40시간, 몰수, 추징)

은 너무 무거워서 부당하다.
나. 검사
1) 양형부당
원심의 형은 너무 가벼워서 부당하다.
2) 원심판결 중 몰수 및 추징 부분에 대한 사실오인 및 법리오해
가) 몰수
피고인으로부터 압수한 약 216.12비트코인 중 ① 약 160.96비트코인의 경우 그 주소 및 액수가 피고인이 운영하던 음란물 유포사이트(******.com, 이하 '이 사건 음란사이트'라 한다)의 서버에서 발견된 후원금 비트코인의 이체 주소 및 액수와 일치하고, ② 약 10.96비트코인의 경우 그 주소가 위 후원금 비트코인의 이체 주소와 일치하며, ③ 관리자 아이디로 이체된 약 19.40비트코인의 경우 그 중 약 14.25비트코인이 이 사건 음란사이트의 광고비 명목으로 이체된 것이 확인되므로 나머지 비트코인 또한 광고비 명목으로 이체된 것으로 보이고, ④ 주소, 액수, 출처가 확인되지 않은 약 24.80비트코인의 경우에도 이 사건 범행시기에 다른 비트코인과 마찬가지로 피고인의 비트코인 지갑에서 생성된 주소로 이체되었으므로 피고인이 이 사건 음란사이트 운영을 통해 취득한 것이라 할 것이다. 압수된 비트코인은 모두 특정되어 현존하고 있을 뿐만 아니라, 피고인이 이 사건 음란사이트를 운영하면서 회원들 및 광고업체로부터 후원금 및 광고수익 등 명목으로 교부받아 취득한 재산으로서 범죄수익은닉의 규제 및 처벌 등에 관한 법률에서 규정하고 있는 '범죄수익'에 해당하므로 몰수가 이루어져야 한다. 그럼에도 불구하고 압수된 비트코인을 몰수하지 아니한 원심판결에는 사실을 오인하고 법리를 오해하여 판결에 영향을 미친 위법이 있다.
나) 추징
피고인은 음란물 유포 대가로 받은 전자문화상품권 및 비트코인의 판매대금, 이 사건 음란사이트에 게시한 불법 스포츠 ○○사이트 광고 등의 광고대금 등을 차명계좌로 지급받은 후 이를 현금으로 인출하여 총 1,469,832,000원을 피고인, 피고인의 가족 및 애인의 계좌에 입금하였으므로, 위 상당액이 불법수익으로서 추징되어야 한다. 그럼에도 불구하고 원심은 피고인이 스스로 범죄수익으로 인정한 340,000,000원만을 추징하였는바, 원심판결에는 사실을 오인하고 법리를 오해하여 판결에 영향을 미친 위법이 있다.

2. 피고인과 검사의 각 양형부당 주장에 대한 판단

피고인이 자신의 잘못을 인정하며 반성하고 있는 점, 일부 수익금의 취득사실을 자인하고 있는 점, 피고인에게 벌금형을 초과하는 전과가 없는 점, 이 사건 음란사이트는 회원들이 서로 파일을 공유하는 형태의 사이트로서 대부분의 음란물들은 회원들이 직접 게시하였고, 피고인은 회원들이 아동·청소년 관련 음란물을 게시하는 것을 막기 위해 금지어를 설정하는 등 나름의 노력을 기울인 점, 피고인이 실질적인 가장으로서 아버지, 여동생 등을 부양하며 가계를 책임졌던 것으로 보이는 점, 현재 피고인이 운영하던 이 사건 음란사이트와 영화TV 프로그램 등의 공유사이트가 모두 폐쇄된 점 등은 유리한 정상이다.

그러나 피고인은 약 3년에 걸쳐 이 사건 음란사이트를 운영하면서 막대한 양의 음란물을 유포하였는바, 피고인의 범행은 정보통신망 이용환경을 저해하고 저작물의 불법적 배포 및 유통을 조장할 뿐만 아니라 여성과 아동·청소년에 대한 인식을 성적으로 왜곡하는 것으로서 사회구성원들에게 끼치는 해악이 상당하고 죄책도 무거운 점, 피고인은 해외의 서버 및 도메인을 이용하고, 추적이 어려운 전자문화상품권 내지 비트코인 등으로 수익금을 지급받거나, 다수의 차명계좌를 사용하는 등의 방법으로 자신의 범행을 은폐하였는바, 그 수법이 계획적·전문적이고 치밀하여 죄질이 좋지 못한 점, 피고인은 2015.경 이 사건 범죄의 수익금을 인출하던 중 수사기관에 적발되었음에도 인터넷 도박 사이트를 이용했다는 허위진술을 하여 가벼운 벌금형만을 받았고, 이후에도 범행을 중단하지 않은 채 이 사건 음란사이트를 운영하며 막대한 수익을 얻었던 점, 피고인은 이 사건 음란사이트를 운영하는 과정에서 인터넷 도박 사이트의 광고를 게시하는 방법으로 도박개장 범행을 방조하고, 타인의 접근매체를 불법으로 양수하는 등의 범죄들을 다수 저지른 점, 그 밖에 피고인의 나이, 성행, 환경, 사회적 유대관계 등 이 사건 변론에 나타난 모든 양형조건을 종합하면, 원심이 피고인에 대하여 선고한 형은 적정하고 원심의 양형이 너무 무겁거나 또는 너무 가벼워서 재량의 합리적인 범위를 벗어났다고 보이지 않는다. 따라서 피고인과 검사의 주장은 모두 이유 없다.

3. 몰수에 대한 판단

가. 비트코인이 몰수의 대상에 해당하는지 여부

1) 쟁점

'범죄수익은닉의 규제 및 처벌 등에 관한 법률'은 이 사건 정보통신망이용촉진및정보보호등에관한법률위반(음란물유포)죄를 중대범죄로 규정하고, 그 범죄행위에 의하여 생긴 재산 또는 그 범죄행위의 보수로 얻은 재산은 범죄수익으로서 몰수할 수 있다고 규정하고 있는바(위 법 제2조 제1

호, 제2호, 제8조 제1항 제1호, 별표), 여기에서 몰수의 대상으로 규정하고 있는 범죄수익에 피고인으로부터 압수한 비트코인이 해당되는 지 여부가 문제된다.

2) 피고인의 주장

피고인은, ① 현행법상 비트코인을 몰수할 수 있는 근거규정이 없을 뿐만 아니라, ② 비트코인은 정부에서 그 경제적 가치를 인정하지 않고, ③ 시세가 실시간으로 급변하여 그 가치를 객관적으로 산정하는 것이 불가능하며, ④ 비트코인의 블록체인은 10분마다 거래기록이 갱신되므로, 피고인이 보관하고 있던 비트코인과 압수된 비트코인의 동일성을 인정할 수 없어 압수된 비트코인이 몰수될 수 없다고 주장한다.

3) 비트코인의 특성

원심 및 당심이 적법하게 채택·조사한 증거에 의하면 다음과 같은 사실이 인정된다.

① 가상화폐는 '자연인 또는 법인이 교환수단으로 사용하는 경제적인 가치의 디지털 표상으로 그 경제적인 가치가 전자적으로 이전, 저장 또는 거래될 수 있는 것[1]'으로 이해된다. 비트코인은 2009.경 탄생한 비트코인 단위로 거래되는 암호화된 디지털 가상화폐로서, 기존의 가상화폐와 달리 발행이나 거래의 승인 등을 담당하는 일정한 발행기관이나 감독기관이 존재하지 않는 대신 P2P(Peer-To-Peer) 네트워크와 '블록체인' 기술을 이용하여 거래 기록의 보관, 승인 등을 네트워크 참가자들이 공동으로 수행하는 점에 그 특이성이 있다.

유럽 ○○은행은 가상화폐를, '가상공간의 개발자에 의해 발행되고, 가상공간의 회원 사이에 지급수단 으로 수수되며, 법규에 의해 통제되지 않는 화폐'라고 정의하기도 하였다.

② 비트코인의 거래자는 자신의 비트코인을 디지털 공간에 구현된 전자지갑에 보관할 수 있으며, 보관 중인 비트코인은 일종의 계좌번호에 해당하는 '공개주소'와 비밀번호에 해당하는 '비밀키'를 통해 거래된다. 거래자가 수취자의 '공개주소'와 이체할 비트코인의 액수를 입력하면, 수취자는 '비밀키'를 입력함으로써 위 비트코인을 수취하게 되는데, 이러한 모든 비트코인 거래는 약 10분마다 생성되는 '블록(block)'

---

[1] 유럽 은행감독청이 내린 가상화폐의 정의이다. "VCs are defined as a digital representation of value that is neither issued by a central bank or public authority nor necessarily attached to a FC, but is used by natural or legal persons as a means of exchange and can be transferred, stored or traded electronically. " : European Banking Authority, "EBA Opinion on 'Virtual currencies'"(2014), p.11.

에 기록되어 기존 '블록'에 덧붙여짐으로써 확정되며(거래가 미확정된 상태에서 수취자는 이체 받은 비트코인을 사용할 수 없다), 이러한 거래기록의 집합을 '블록체인'이라 한다. 비트코인의 모든 거래는 일종의 공개 장부인 위 '블록체인'을 통해 네트워크상에 기록되어 공유되므로 비트코인의 복제 내지 이중사용은 사실상 불가능하다[2].

③ 비트코인은 비트코인 거래기록들을 이용하여 일종의 수학문제를 푸는 작업이라 할 수 있는 '채굴'을 통해 생성된다. '채굴'에 참여하는 사람들은 그 채굴과정에서 비트코인 네트워크 시스템의 운영에 기여하게 되며, '채굴'에 성공하는 자에게는 새로 발행된 비트코인이 주어진다. 비트코인은 총 2,100만 비트코인까지만 생성될 수 있도록 자체 설계되어 있고, 이에 따라 '채굴'의 성공에 따른 비트코인 보수도 계속하여 감소하고 있다.

④ 비트코인은 앞서 본 개별적인 거래 내지 '채굴' 작업을 통해 획득하는 것 외에도 거래소를 통해 획득하는 것이 가능하며, 거래소의 중개를 통해 수요와 공급의 상대적인 규모에 의해 정해진 교환비율에 따라 법정통화로 비트코인을 구입할 수 있다.

4) 범죄수익은닉의 규제 및 처벌 등에 관한 법률에 따른 몰수의 대상

범죄수익은닉의 규제 및 처벌 등에 관한 법률은, 조직범죄·해외재산도피 범죄 등 특정범죄에 의하여 발생한 범죄수익을 합법적인 수입으로 가장하거나 이를 은닉하는 행위를 규제하는 한편, 당해 범죄수익의 몰수·추징에 관하여 형법 등에 대한 특례를 규정함으로써 반사회적인 범죄행위를 사전에 예방하고 범죄를 조장하는 경제적 요인을 근원적으로 제거하기 위해 제정되었는바, 이러한 정책적 고려에서 몰수의 대상을 형법에서 규정하고 있는 '물건'에 제한하지 않고 '재산'으로 확장하였다. 한편, 범죄수익은닉의 규제 및 처벌 등에 관한 법률 시행령은 '은닉재산'을 '몰수·추징의 판결이 확정된 자가 은닉한 현금, 예금, 주식, 그 밖에 재산적 가치가 있는 유형·무형의 재산'이라고 정의함으로써 간접적으로 몰수의 대상이 되는 '재산'의 개념을 제시하고 있는바(위 시행령 제2조 제2항), 이에 따르면 결국 범죄수익을 이루는 '재산'이란 사회통념상 경제적 가치가 인정되는 이익 일반을 의미한다고 할 것이다.

5) 판단

---

[2] 만약 해커가 비트코인을 복제하여 이중으로 사용하려고 하는 경우, 비트코인 시스템은 더 긴 '블록체인'을 유효한 것으로 인정하기 때문에 해커는 기존의 '블록체인'보다 더 긴 '블록체인'을 임의로 만들어야 하는데, 이는 네트워크상의 모든 컴퓨터를 합친 것보다 더 많은 컴퓨터 연산능력을 필요로 하기 때문에 사실상 불가능하다.

이 사건에서 압수된 비트코인의 경우, ① 예정된 발행량이 정해져 있고 P2P 네트워크 및 블록체인 기술에 의하여 그 생성, 보관, 거래가 공인되는 가상화폐로서, 무한정 생성·복제·거래될 수 있는 디지털 데이터와는 차별화되는 점, ② 온라인 게임업체가 발급하는 것으로 온라인 게임상에서 게임 아이템을 거래하는 데 사용하는 '게임머니'도 '재산적 가치가 있는 모든 유체물과 무체물'을 의미하는 구 부가가치세법상의 '재화'에 해당한다고 할 것이므로(대법원 2012. 4. 13. 선고 2011두30281 판결 참조), 물리적 실체가 없이 전자화된 파일의 형태로 되어있다는 사정만으로 재산적 가치가 인정되지 않는다고 단정할 수 없는 점, ③ 수사기관은 피고인이 진술한 전자지갑의 주소 및 '비밀키'를 근거로 피고인이 보유하고 있던 비트코인을 특정한 다음, 위 비트코인을 수사기관이 생성한 전자지갑에 이체하여 보관하는 방법으로 압수하였고, 위와 같은 이체기록이 블록체인을 통해 공시되어 있으므로, 비트코인의 블록체인 정보가 10분마다 갱신된다는 점만으로는 압수된 비트코인의 동일성이 상실되었다고 보기 어려운 점, ④ 현재 비트코인은 거래소를 통해 일정한 교환비율에 따라 법정화폐로 환전하는 것이 가능하고, 법정화폐 대신 비트코인을 지급수단으로 인정하는 비트코인 가맹점이 존재하는 등 현실적으로 비트코인에 일정한 경제적 가치를 부여하는 것을 전제로 하는 다양한 경제활동이 이루어지고 있는 점, ⑤ 미국 뉴욕지방법원이 2014. 경 마약 밀거래 사이트인 '□'의 서버에서 위 사이트의 운영을 통해 취득한 것으로 확인된 144,000비트코인을 몰수하여 경매를 통해 환가 처분한 다음 국고로 귀속하였던 사례가 있고[3], 그 밖에 독일, 호주, 프랑스 등 여러 나라에서 비트코인을 몰수한 사례가 보고되고 있는 점, ⑥ 피고인도 이 사건 음란사이트를 운영하면서 회원들부터 비트코인을 지급받는 대신 회원들에게 해당 비트코인의 가치에 상응하는 포인트를 지급함으로써 이 사건 음란사이트를 이용할 수 있도록 하고, 회원들로부터 취득한 비트코인 중 일부를 현금으로 환전하여 상당한 수익을 얻었던 점, ⑦ 압수된 비트코인을 몰수하지 않은 채 피고인에게 환부하는 것은, 사실상 피고인으로 하여금 이 사건 음란사이트 운영을 통해 얻은 이익을 그대로 보유하게 하는 것인바, 이는 앞서 살펴 본 범죄수익은닉의 규제 및 처벌 등에 관한 법률의 제정 취지에 비추어 보더라도 매우 불합리한 점 등을 종합하면, 이 사건에서 압수된 비트코인은 '범죄수익은닉의 규제 및 처벌 등에 관한 법률'에서 규정하고 있는 '재산'에 해당하여 몰수의 대상이 된다고 봄이 상당하다.

---

[3] United States of America v. Ross William Ulbricht

나. 몰수의 범위
　1) 피고인의 주장
　　피고인은, ① 압수된 비트코인의 25% 이상인 약 55.16비트코인은 출처 불명인 데다가, 피고인이 합법적으로 취득한 A 사이트 광고비 약 14.25비트코인이 포함되어 있어 이 사건 음란사이트의 운영에 따른 수익으로 보기 어렵고, ② 피고인이 후원금으로 받은 비트코인은 대부분 10,000원 내지 30,000원 상당의 비트코인(약 0.005 내지 0.04비트코인)으로 소액에 불과하므로, 하나의 주소에서 1비트코인 이상이 이체된 경우 위와 같은 후원금이 아니라 합법적인 광고비 수익을 취득한 것으로 보아야 하는데, 이러한 합법적인 수익으로 추정되는 것이 약 114.73비트코인으로 압수된 비트코인의 53%가 넘으며, ③ 압수된 비트코인에서 범죄수익으로 볼 수 있는 비트코인만을 따로 분리하여 특정하는 것이 불가능하므로 압수된 비트코인이 몰수될 수 없다고 주장한다.
　2) 압수된 비트코인에 대한 검토
　　피고인은 이 사건 음란사이트의 회원들 및 광고주들에게 고유의 일회적인 비트코인 주소를 발급해준 다음, 그 주소를 통해 비트코인을 이체받는 방법으로 수익을 취득하였다. 이 사건 음란사이트의 서버에서 위와 같이 피고인이 비트코인을 이체받은 주소 및 그 액수가 기재된 목록이 확인되었는바(이하 '후원금 입금 목록'이라 한다), 이를 압수된 비트코인의 블록체인에 기록된 주소와 비교·대조한 결과 압수된 비트코인의 출처가 다음과 같이 분류되었으므로, 각각 나누어 살펴본다.
　　가) 후원금 입금 목록에서 그 출처가 확인되는 160.95097975비트코인
　　　이 부분 비트코인은 압수된 비트코인의 이체 주소와 액수가 모두 이 사건 음란 사이트의 후원금 입금 목록에서 확인되는 것으로서, 피고인이 이 사건 음란사이트 운영 과정에서 취득한 재산으로 인정된다.
　　　피고인은 위 비트코인 중 상당부분이 피고인이 별도로 운영하던 A 사이트의 광고비 수익금에 해당한다고 주장하나, 원심 및 당심에서 적법하게 채택·조사한 증거에 의하여 인정되는 다음과 같은 사정들, 즉 ① 피고인이 이 사건 음란사이트와는 별개로 A 사이트를 운영하며 배너 광고를 유치하였고, 그 광고비 수익을 비트코인으로 지급받았음을 뒷받침하는 것은 피고인의 진술뿐이고, 실제 위 사이트에서 광고가 이루어졌다고 볼 만한 증거는 현출되지 않은 점, ② 피고인은 이 사건 A 사이트를 운영하면서 합법적인 광고비 수입을 얻었다고 주장하면서도, 그 수익을 구체적으로 특정하지 못하고 있을 뿐만 아니라, 그에 따른 과세자료 등도 전혀 제출하지 못하고 있는 점, ③ 피

고인이 이 사건 음란사이트를 매각하기 위해 작성했던 메모에 의하면, 피고인은 이 사건 음란사이트의 메뉴를 위 A 사이트의 메뉴와 연동하여 함께 운영하였던 것으로 보이는 점(수사기록 3권 2774-3쪽), ④ A 사이트와 이 사건 음란사이트에서 동시에 광고를 했다는 취지로 진술한 임○○도 각 사이트의 광고비를 구분하거나 특정하지 못하고 있는바, 각 사이트의 광고비가 불가분적으로 결합되어 이를 구분할 수 없는 이상 그 광고비 전액이 이 사건 음란사이트의 운영수익이라고 볼 수밖에 없는 점(수사기록 3권 3128 ~ 3130쪽), ⑤ B 사이트의 운영자인 이○○은 피고인이 운영하는 C 사이트(피고인은 2016.경 위 사이트를 A 사이트로 변경하였다)에서 광고를 하였다고 주장하였으나, 실제로는 이 사건 음란사이트에서 광고가 이루어져 그로부터 이용자들이 유입된 내역이 확인되었던 점(수사기록 4권 3209, 3220 ~ 3224쪽), ⑥ 피고인의 주장에 의하더라도 피고인은 이 사건 음란사이트의 서버에서 A 사이트의 광고비 등 수익을 관리하였다는 것이므로, 양 사이트가 별개로 운영되었다고 보기는 어려운 점 등을 종합하면, 이 부분 비트코인은 피고인이 이 사건 음란사이트의 운영을 통해 취득한 수익으로 봄이 타당하므로, 피고인의 주장은 받아들이지 않는다.

나) 입금 주소가 후원금 입금 목록에서 확인되나, 그 액수가 일치하지 않는 10.96243756비트코인[4]

이 부분 비트코인은 후원금 입금 목록에 기재된 주소로 이체된 바 있으나, 그 액수가 후원금 입금 목록에 기재된 것과 일치하지 않는 경우이다. 후원금 입금 목록에 기재된 비트코인 주소는, 해당 회원이 이 사건 음란사이트의 포인트 대금을 결제하고자 하거나 이 사건 음란사이트에 광고한 광고주가 광고비를 입금하고자 하는 경우, 그 때마다 자동으로 발급되는 1회용 주소로서, 위 주소를 통해 비트코인이 이체된 이상 그 비트코인은 이 사건 음란사이트를 이용할 목적으로 입금된 것으로 보는 것이 합당하고, 음란 사이트의 이용을 위한 포인트 구입 내지 광고비 지급 외에 달리 위 주소로 비트코인을 입금할 만한 사정은 찾기 어려우므로, 이 부분 비트코인 역시 피고인이 이 사건 음란사이트를 운영하는 과정에서 취득한 재산에 해당한다고 할 것이다.

다) 관리자 ID로 입금된 19.40991687비트코인[5]

---

[4] 분석보고서 붙임7. '압수된 비트코인의 입금 출처 확인 결과' 중 순번 2198, 2204, 2208, 3098, 3099

[5] 분석보고서 붙임7. '압수된 비트코인의 입금 출처 확인 결과' 중 순번 34, 171, 383, 2645, 2648, 2671, 3923, 4564, 4664, 869, 3510

이 부분 비트코인은, D 사이트의 운영자인 박○○이 광고비 명목으로 이체한 8.22030415비트코인(수사기록 3권 3157, 3158, 3166쪽), E 사이트의 운영자인 신○○이 광고비 명목으로 이체한 6.04133911비트코인(수사기록 3권 3185 ~ 3187, 3199쪽), 그 밖에 5.14827361비트코인으로 나누어지는데, ① 박○○, 신○○은 모두 이 사건 음란사이트에 대한 광고비 명목으로 피고인에게 위 비트코인을 지급했다고 진술하고 있는 점, ② D 사이트 및 E 사이트의 광고가 A 사이트에도 게시되었음을 입증할 수 있는 자료가 제출되지 않았고, 가사 위 광고가 이 사건 음란사이트와 A 사이트에 모두 게시되었다고 하더라도 그로 인하여 수수된 광고비 중 A 사이트 광고비를 명확히 구분해내지 못하는 이상 위 광고비 전액이 이 사건 음란사이트 운영으로 인한 수익이라고 볼 수밖에 없는 점, ③ 이 부분 비트코인의 이체 주소는 후원금 입금 목록에서도 확인되는 점 등을 고려할 때, 위 각 비트코인 모두 피고인이 이 사건 음란사이트의 운영을 통해 취득한 재산에 해당한다고 보는 것이 타당하다.

라) 후원금 입금 목록에서 확인되지 않는 24.80161322비트코인[6]

이 부분 비트코인의 경우, 그 입금 경로를 3단계에 걸쳐 추적해 보아도 후원금 입금 목록에서 그 주소를 확인할 수 없으므로, 피고인이 이 부분 비트코인을 이 사건 음란사이트의 운영수익으로 취득한 비트코인과 함께 피고인의 전자지갑에 보관하고 있었다는 사정만으로는 피고인이 이를 이 사건 음란사이트 운영을 통해 취득하였다고 단정하기 어렵다. 따라서 이 부분 비트코인은 범죄수익에 해당하지 아니한다.

다. 소결

압수된 216.1249474비트코인 중 191.32333418비트코인(= 160.95097975비트코인 + 10.96243756비트코인 + 19.40991687비트코인)은 앞서 본 바와 같이 피고인이 이 사건 음란사이트의 운영을 통해 취득한 것으로서 범죄수익은닉의 규제 및 처벌 등에 관한 법률이 규정하고 있는 범죄수익에 해당하므로 이를 몰수하고, 나머지 24.80161322비트코인은 앞서 본 바와 같이 범죄수익이라고 볼 수 없으므로 몰수하지 아니한다.

4. 추징에 대한 판단

가. 검사의 주장에 대한 판단

---

[6] 분석보고서 붙임7. 압수된 비트코인의 입금 출처 확인 결과' 중 순번 1, 2, 4025, 4775, 4825, 5687, 5688, 5702

몰수·추징의 대상이 되는지 여부나 추징액의 인정 등은 범죄구성요건사실에 관한 것이 아니어서 엄격한 증명은 필요 없지만 역시 증거에 의하여 인정되어야 함은 당연하고, 그 대상이 되는 범죄수익을 특정할 수 없는 경우에는 추징할 수 없는바(대법원 2008. 6. 26. 선고 2008도1392 판결 등 참조), 피고인 및 피고인의 친지 명의의 계좌에 현금 내지 수표로 1,469,832,000원이 입금된 사정만으로는 그 상당액이 모두 이 사건 범행으로 취득한 수익이라고 단정하기 어려우므로 이를 추징할 수 없다.

다만, 원심 및 당심에서 적법하게 채택·조사한 증거에 의하면, 피고인이 이 사건 범행을 통해 아래에서 보는 바와 같이 695,871,960원(= 432,156,960원 + 49,300,000원 + 14,415,000원 + 200,000,000원) 상당의 범죄수익을 얻은 사실은 인정되므로 이를 피고인으로부터 추징한다.

나. 박○○로부터 지급받은 전자문화상품권 환전금(432,156,960원)

피고인은 이 사건 음란사이트를 운영하면서 회원들 및 광고주들로부터 전자문화상품권으로 포인트 수수료 내지 광고비를 지급받은 다음 환전업자인 박○○를 통해 위 전자문화상품권을 현금으로 환전하여 그 금원을 피고인이 사용하는 차명계좌로 송금받았다고 진술하였는바(수사기록 3권 2826, 3076 ~ 3082쪽), 박○○의 진술 및 계좌 거래내역에 의하면 박○○가 2014. 12. 23.경부터 2016. 1. 24.경까지 총 127회에 걸쳐 위 전자문화상품권의 환전금 432,156,960원을 피고인이 지정한 차명계좌로 입금한 사실이 인정된다(수사기록 3권 2982 ~ 2989쪽, 4권 3267 ~ 3275쪽).

피고인은 박○○가 환전금을 입금했다고 진술한 은행계좌 중에는 피고인이 알지 못하는 은행계좌가 포함되어 있으므로 위 금원을 피고인이 수취한 것이 아니라는 취지로 주장하나, ① 위 각 은행계좌들은 피고인이 사용한 대포폰 통신요금의 결제계좌이거나(수사기록 4권 3226쪽), 그 계좌의 거래내역에서 피고인이 광고주로부터 광고비를 이체받은 내역, 이 사건 음란사이트의 운영비용을 지출한 내역, 비트코인 거래소와 거래한 내역 등이 발견되므로(수사기록 3권 3135쪽, 4권 3226쪽) 피고인이 차명으로 사용한 계좌에 해당한다고 할 것인 점, ② 피고인이 이 사건 음란사이트 매각을 시도할 당시 작성한 메모에는 '비트코인으로 수익금을 지급받기 전까지 전자문화상품권을 통해 취득한 이익이 약 5억 이상이다.'는 취지로 기재되어 있어(수사기록 3권 2774-6쪽) 피고인에게 432,156,960원을 지급하였다는 박○○의 진술에 부합하는 점, ③ 위 메모의 경우 피고인이 검거되기 이전에 스스로 작성한 것이어서 믿을 만한 것으로 보이는 점 등을 종합하면 박○○의 진술에 신빙성이 인정되므로, 피고인이 박○○로부터 전자문화상품권의 환전을 통해 지급받은 432,156,960원은 피고인이 이 사건 음란사이트의 운영을 통해 얻은 범죄수익에 해당한다.
다. 임○○, 나○○, 이○○으로부터 지급받은 광고비(49,300,000원)
① 임○○는 2014. 10.경부터 2015. 10.경까지 성인용품을 판매하는 인터넷 쇼핑몰인 F 사이트를 운영한 자로서, 2015. 2.경부터 2015. 10.경까지 피고인에게 이 사건 음란사이트에 F 사이트의 배너 광고를 게시하는 대가로 광고비 19,500,000원(19,500,500원이나 송금수수료 500원은 제외)을 송금했다고 진술하였고(수사기록 3권 3126 ~ 3135쪽), ② 나○○는 임○○로부터 위 F 사이트를 인수하여 2015. 10.경부터 2016. 9.경까지 이를 운영하였고, 2015. 10.경부터 2016. 4.경까지 피고인에게 광고비 21,000,000원을 송금했다고 진술하였으며(수사기록 3권 3141 ~ 3144쪽), ③ 이○○은 B 사이트를 운영하면서 2015. 12.경부터 2017. 4.경까지 피고인에게 광고비로 26,800,000원을 지급하였는데, 그 중 8,800,000원은 계좌이체로, 나머지는 비트코인으로 각 지급하였다고 진술하였다(수사기록 4권 3205 ~ 3211, 3219쪽).
앞서 본 바와 같이 위 사이트들의 광고가 A 사이트에도 게시되었을 가능성이 있다고 하더라도, 임○○, 나○○가 이 사건 음란사이트에 광고를 게시할 의도로 광고비를 지급하였고, 이○○이 의뢰한 광고도 실제로 이 사건 음란사이트에 게시되었으며, 피고인에게 지급한 광고비 중 A 사이트 광고비를 명확하게 구분해내지 못하는 이상, 이들이 지급한 광고비가 이 사건 음란사이트의 운영과 별개의 원인으로 발생한 수익에 해당한다고 보기는 어려우므로, 피고인이 이 사건 음란사이트를 운영하면서 배너 광고를 통해 67,300,000원의 범죄수익을 얻었다고 봄이 상당하다.
다만, 피고인이 비트코인의 형태로 얻은 범죄수익 18,000,000원(= 26,800,000원 - 8,800,000원)은 그것이 비트코인의 형태로 그대로 남아있다면 위 3.나.에서 본 몰수대상에 포함되었을 것이고, 현금으로 환전되었다고 하더라도 아래 마.에서 볼 비트코인 환전액에 포함되어 추징될 것이므로, 이 부분 추징액에서는 이를 제외한다.
따라서 피고인이 임○○, 나○○, 이○○으로부터 지급받은 광고비와 관련하여 추징대상이 되는 범죄수익은 49,300,000원(= 67,300,000원 - 18,000,000원)이다.
라. G수익금(14,415,000원)
이 사건 음란사이트의 서버 기록에 의하면, 피고인이 2014. 8. 6. 부터 2014. 8. 28.까지 위 사이트에서 G결제를 한 회원들에게 1,441,500포인트를 지급한 내역이 확인된다(검토보고서 12쪽). 위 G후원 페이지 소스코드에 입력된 포인트 전환 비율에 의하면 회원들이 약 1,000원을 후원할 경우 100포인트가 충전되므로, 피고인이 회원들에게 제공한 포인트를 금원으로 환산할 경우 약

14,415,000원에 해당한다. 따라서 피고인이 이 사건 음란사이트를 이용한 회원들의 G결제를 통해 약 14,415,000원의 범죄수익을 얻은 사실이 인정된다.

마. 비트코인 환전액(200,000,000원)

피고인은 경찰에서 이 사건 음란사이트를 운영하면서 150,000,000원 상당의 전자 문화상품권과 500,000,000원 상당의 비트코인을 취득하였는데, 그 중 전자문화상품권 의 경우 60,000,000원 상당을, 비트코인의 경우 200,000,000원 상당을 환전하였다는 취지로 진술하였고 (수사기록 3권 2816, 2817쪽), 검찰에서는 압수된 비트코인을 제외하고 이 사건 범행으로 약 340,000,000원 상당의 이익을 얻었다는 취지로 진술하였다(수사기록 4권 3507 ~ 3513쪽).

여기에, ① 이 사건 후원금 입금 목록에서 피고인에게 지급된 것으로 확인되는 비트코인은 약 903.07비트코인으로서 후원 당시를 기준으로 하면 약 600,000,000원 이상에 해당하는바, 당시 500,000,000원 상당의 비트코인을 취득하였다는 피고인의 경찰 진술에 부합하는 점, ② 현재 압수된 비트코인은 약 216.12비트코인으로서 위 903.07비트코인과의 차액에 해당하는 비트코인은 피고인이 환전하여 취득하였을 가능성이 높은 점, ③ 앞서 살펴본 피고인의 범죄수익, 즉 전자문화상품권 환전금, 무통장 송금을 통해 지급받은 광고비, G수익금 등을 모두 고려하더라도 그 합산액인 513,871,960원을 훨씬 넘는 금원이 피고인 및 피고인의 친지의 계좌로 입금되었고, 피고인에게 이 사건 음란사이트 및 A 사이트를 운영하는 것 외에 다른 수입원은 없었던 점에 비추어 그 자금의 출처는 위 비트코인 환전금일 가능성이 높은 점 등의 제반 사정을 더하여 보면, 피고인이 이 사건 음란사이트를 운영하면서 비트코인의 환전을 통해 최소 약 200,000,000원 상당의 범죄수익을 취득한 사실이 인정된다.

5. 결론

그렇다면, 원심판결의 몰수 및 추징 부분에 대한 검사의 항소는 위 인정범위 내에서 이유 있으므로, 형사소송법 제364조 제6항에 의하여 원심판결 중 몰수 및 추징 부분을 파기하고, 범죄수익은닉의 규제 및 처벌 등에 관한 법률 제8조 제1항에 의하여 압수된 증 제1 내지 4, 8 내지 18호 및 압수된 216.1249474비트코인 중 191.32333418비트코인을 각 몰수하며, 범죄수익은닉의 규제 및 처벌 등에 관한 법률 제10조 제1항, 제8조 제1항에 의하여 피고인으로부터 695,871,960원을 추징하고, 원심판결 중 나머지 부분에 대한 피고인과 검사의 항소는 이유 없으므로 형사소송법 제364조 제4항에 의하여 이를 모두 기각하기로 하여 주문과 같이 판결한다(다만, 형사소송규칙 제25조 제1항에 의하여 원심판결 중 범죄사실 제1항 제4행의 '한국Fdstish'를 '한국Fetish'로 정정하고, 증거의 요지에 '1. 분석보고서'를 추가한다).

판사 하성원(재판장), 김형돈, 김수양

[판례 3] 사기·특정경제범죄가중처벌등에관한법률위반(횡령)·업무상횡령·업무상배임·사전자기록등위작·위작사전자기록등행사·범죄수익은닉의규제및처벌등에관한법률위반·공정증서원본불실기재·불실기재공정증서원본행사·상법위반〕〈형법 제232조의2에서 정한 사전자기록 '위작'의 의미〉(대법원 2020. 8. 27. 선고 2019도11294 전원합의체 판결)

【판시사항】

[1] 전자기록에 관한 시스템에 '허위'의 정보를 입력한다는 것의 의미
[2] 사전자기록등위작죄에서 말하는 '사무처리를 그르치게 할 목적'의 의미
[3] 법인이 컴퓨터 등 정보처리장치를 이용하여 전자적 방식에 의한 정보의 생성·처리·저장·출력을 목적으로 전산망 시스템을 구축하여 설치·운영하는 경우, 위 시스템에 제공되어 정보의 생성·처리·저장·출력이 이루어지는 전자기록 등 특수매체기록이 법인의 임직원과의 관계에서 '타인'의 전자기록 등 특수매체기록에 해당하는지 여부(적극)
[4] 공전자기록등위작죄에서 말하는 전자기록의 '위작'에, 전자적 방식에 의한 정보의 생성·처리·저장·출력을 목적으로 구축하여 설치·운영하는 시스템의 설치·운영 주체와의 관계에서 전자기록의 생성에 관여할 권한이 없는 사람이 전자기록을 작출하거나 전자기록의 생성에 필요한 단위정보의 입력을 하는 경우 외에 시스템의 설치·운영 주체로부터 각자의 직무 범위에서 개개의 단위정보의 입력 권한을 부여받은 사람이 그 권한을 남용하여 허위의 정보를 입력함으로써 시스템 설치·운영 주체의 의사에 반하는 전자기록을 생성하는 경우도 포함되는지 여부(적극) / 위 법리는 사전자기록등위작죄에서 행위의 태양으로 규정한 '위작'에 대해서도 마찬가지로 적용되는지 여부(적극)

【판결요지】

[1] 전자기록에 관한 시스템에 '허위'의 정보를 입력한다는 것은 입력된 내용과 진실이 부합하지 아니하여 그 전자기록에 대한 공공의 신용을 위태롭게 하는 경우를 말한다.
[2] 형법 제232조의2에서 말하는 '사무처리를 그르치게 할 목적'이란 위작 또는 변

작된 전자기록이 사용됨으로써 전자적 방식에 의한 정보의 생성·처리·저장·출력을 목적으로 구축·설치한 시스템을 운영하는 주체인 개인 또는 법인의 사무처리를 잘못되게 하는 것을 말한다.

[3] 법인이 컴퓨터 등 정보처리장치를 이용하여 전자적 방식에 의한 정보의 생성·처리·저장·출력을 목적으로 전산망 시스템을 구축하여 설치·운영하는 경우 위 시스템을 설치·운영하는 주체는 법인이고, 법인의 임직원은 법인으로부터 정보의 생성·처리·저장·출력의 권한을 위임받아 그 업무를 실행하는 사람에 불과하다. 따라서 법인이 설치·운영하는 전산망 시스템에 제공되어 정보의 생성·처리·저장·출력이 이루어지는 전자기록 등 특수매체기록은 그 법인의 임직원과의 관계에서 '타인'의 전자기록 등 특수매체기록에 해당한다.

[4] [다수의견] 형법 제227조의2의 공전자기록등위작죄는 사무처리를 그르치게 할 목적으로 공무원 또는 공무소의 전자기록 등 특수매체기록을 위작 또는 변작한 경우에 성립한다. 대법원은, 형법 제227조의2에서 위작의 객체로 규정한 전자기록은 그 자체로는 물적 실체를 가진 것이 아니어서 별도의 표시·출력장치를 통하지 아니하고는 보거나 읽을 수 없고, 그 생성 과정에 여러 사람의 의사나 행위가 개재됨은 물론 추가 입력한 정보가 프로그램에 의하여 자동으로 기존의 정보와 결합하여 새로운 전자기록을 작출하는 경우도 적지 않으며, 그 이용 과정을 보아도 그 자체로서 객관적·고정적 의미를 가지면서 독립적으로 쓰이는 것이 아니라 개인 또는 법인이 전자적 방식에 의한 정보의 생성·처리·저장·출력을 목적으로 구축하여 설치·운영하는 시스템에서 쓰임으로써 예정된 증명적 기능을 수행하는 것이므로, 위와 같은 시스템을 설치·운영하는 주체와의 관계에서 전자기록의 생성에 관여할 권한이 없는 사람이 전자기록을 작출하거나 전자기록의 생성에 필요한 단위정보의 입력을 하는 경우는 물론 시스템의 설치·운영 주체로부터 각자의 직무 범위에서 개개의 단위정보의 입력 권한을 부여받은 사람이 그 권한을 남용하여 허위의 정보를 입력함으로써 시스템 설치·운영 주체의 의사에 반하는 전자기록을 생성하는 경우도 형법 제227조의2에서 말하는 전자기록의 '위작'에 포함된다고 판시하였다. 위 법리는 형법 제232조의2의 사전자기록등위작죄에서 행위의 태양으로 규정한 '위작'에 대해서도 마찬가지로 적용된다. 그 이유는 다음과 같다.

(가) 법 해석의 목표는 어디까지나 법적 안정성을 저해하지 않는 범위 내에서 구체적 타당성을 찾는 데에 두어야 한다. 그리고 그 과정에서 가능한 한 법률에 사용된 문언의 통상적인 의미에 충실하게 해석하는 것을 원칙으로 하고, 나아가 법률의 입법 취지와 목적, 제·개정 연혁, 법질서 전체와의 조화, 다른 법령과의 관계 등을 고려하는 체계적·논리적 해석방법을 추가적으로 동원함으로써, 법 해석의 요청에 부응하는 타당한 해석이 되도록 하

여야 할 것이다. 형벌법규는 문언에 따라 엄격하게 해석·적용하여야 하고 피고인에게 불리한 방향으로 확장해석하거나 유추해석을 하여서는 안 되는 것이지만, 문언이 가지는 가능한 의미의 범위 안에서 규정의 입법 취지와 목적 등을 고려하여 문언의 논리적 의미를 분명히 밝히는 체계적 해석을 하는 것은 죄형법정주의의 원칙에 어긋나지 않는다.

(나) 일반 국민은 형법 제20장에서 규정하고 있는 문서죄와 전자기록죄의 각 죄명에 비추어 형법 제227조의2와 제232조의2에서 정한 '위작(위작)'이란 '위조(위조)'와 동일한 의미로 받아들이기보다는 '위조(위조)'에서의 '위(위)'와 '허위작성(허위작성)'에서의 '작(작)'이 결합한 단어이거나 '허위작성(허위작성)'에서 '위작(위작)'만을 추출한 단어로 받아들이기 쉽다. 형법에서의 '위작'의 개념은 형법이 그에 관한 정의를 하지 않고 있고, 해당 문언의 사전적 의미만으로는 범죄구성요건으로서의 적절한 의미 해석을 바로 도출해 내기 어려우므로, 결국은 유사한 다른 범죄구성요건과의 관계에서 체계적으로 해석할 수밖에 없다. 따라서 형법 제232조의2에서 정한 '위작'의 포섭 범위에 권한 있는 사람이 그 권한을 남용하여 허위의 정보를 입력함으로써 시스템 설치·운영 주체의 의사에 반하는 전자기록을 생성하는 행위를 포함하는 것으로 보더라도, 이러한 해석이 '위작'이란 낱말이 가지는 문언의 가능한 의미를 벗어났다거나, 피고인에게 불리한 유추해석 또는 확장해석을 한 것이라고 볼 수 없다.

(다) 전자기록의 작성·수정·열람·삭제 등(이하 '작성 등'이라고 한다)을 위해 시스템이 요구하는 본인확인 절차를 거친 사람은 특별한 사정이 없는 한 해당 전자기록의 작성 등을 할 권한이 있다. 그런데 전자기록은 작성명의인을 특정하여 표시할 수 없고, 생성 과정에 여러 사람의 의사나 행위가 개재됨은 물론 개개의 입력한 정보가 컴퓨터 등 정보처리장치에 의하여 자동으로 기존의 정보와 결합하여 가공·처리됨으로써 새로운 전자기록이 만들어지므로 문서죄에서와 같은 작성명의인이란 개념을 상정하기 어렵다. 이러한 전자기록의 특성 이외에도 사전자기록등위작죄를 사문서위조죄와 비교해 보면 두 죄는 범행의 목적, 객체, 행위 태양 등 구성요건이 서로 다르다. 이러한 사정을 종합적으로 고려하면, 형법 제232조의2가 정한 사전자기록등위작죄에서 '위작'의 의미를 작성권한 없는 사람이 행사할 목적으로 타인의 명의를 모용하여 문서를 작성한 경우에 성립하는 사문서위조죄의 '위조'와 반드시 동일하게 해석하여 그 의미를 일치시킬 필요는 없다.

(라) 1995. 12. 29. 법률 제5057호로 공포되어 1996. 7. 1.부터 시행된 개정 형법의 입법 취지와 보호법익을 고려하면, 컴퓨터 등 전산망 시스템을 이용하는 과정에 필연적으로 수반되는 사전자기록 등 특수매체기록 작성 등에

관하여 권한 있는 사람이 그 권한을 남용하여 허위의 정보를 입력함으로써 시스템 설치·운영 주체의 의사에 반하는 전자기록을 생성하는 행위를 '위작'의 범위에서 제외하여 축소해석하는 것은 입법자의 의사에 반할 뿐만 아니라 과학기술의 발전과 시대적·사회적 변화에도 맞지 않는 법 해석으로서 받아들일 수 없다.

(마) 동일한 법령에서의 용어는 법령에 다른 규정이 있는 등 특별한 사정이 없는 한 동일하게 해석·적용되어야 한다. 공전자기록등위작죄와 사전자기록등위작죄는 행위의 객체가 '공전자기록'이냐 아니면 '사전자기록'이냐만 다를 뿐 다른 구성요건은 모두 동일하고, 두 죄 모두 형법 제20장(문서에 관한 죄)에 규정되어 있다. 나아가 형법은 사문서의 경우 유형위조(제231조)만을 처벌하면서 예외적으로 무형위조(제233조)를 처벌하고 있는 반면, 공문서의 경우에는 유형위조(제225조)뿐만 아니라 별도의 처벌규정을 두어 무형위조(제227조)를 함께 처벌하고 있다. 그런데 전자기록등위작죄를 문서위조죄에 대응하는 죄로 보아 권한 있는 사람이 그 권한을 남용하여 허위의 정보를 입력함으로써 시스템 설치·운영 주체의 의사에 반하는 사전자기록을 생성하는 행위에 대하여 사전자기록등위작죄로 처벌할 수 없는 것으로 해석한다면, 이에 상응하여 권한 있는 사람이 그 권한을 남용하여 허위의 정보를 입력함으로써 시스템 설치·운영 주체의 의사에 반하는 공전자기록을 생성하는 행위에 대하여도 형법 제227조의2에서 정한 공전자기록등위작죄로 처벌할 수 없는 것으로 해석해야 한다. 이는 권한 있는 사람의 허위공문서작성을 처벌하고 있는 형법과도 맞지 않아 부당하다. 특히 전산망 시스템의 구축과 설치·운영에는 고도의 기술성·전문성·신뢰성을 요하므로 허위의 전자기록을 작성한 경우에는 처벌할 필요성이 문서에 비해 훨씬 더 크다.

(바) 사전자기록등위작죄가 성립하기 위해서는 '위작' 이외에도 '사무처리를 그르치게 할 목적'과 '권리·의무 또는 사실증명에 관한 타인의 전자기록 등 특수매체기록'이란 구성요건을 충족해야 한다. 형법 제232조의2에 정한 전자기록과 '사무처리를 그르치게 할 목적'에 관한 판례의 법리에 따르면 해당 전자기록이 시스템에서 쓰임으로써 예정된 증명적 기능을 수행하는 경우에 해당하지 않거나, 위 시스템을 설치·운영하는 주체의 의사에 반하더라도 사무처리를 그르치게 할 목적이 없다면 사전자기록등위작죄는 성립하지 않는다. 따라서 형법 제232조의2에서 정한 '위작'의 개념에 권한 있는 사람이 그 권한을 남용하여 허위의 정보를 입력함으로써 시스템 설치·운영 주체의 의사에 반하는 전자기록을 생성하는 행위를 포함하더라도 처벌의 범위가 지나치게 넓어져 죄형법정주의의 원칙에 반하는 것으로 볼

수도 없다.
(사) 문서죄에 관한 우리나라 형법과 일본 형법은 그 체계가 유사하고, 일본 형법 제161조의2 제1항이 규정한 사전자적기록부정작출죄의 '부정작출'에 권한 있는 사람이 그 권한을 남용하여 허위의 전자적기록을 생성하는 경우를 포함할 경우 문서죄와의 체계가 맞지 않게 되는 문제점도 동일하다. 그럼에도 일본 형법 제161조의2가 신설될 당시의 입법 자료에 따르면 '데이터를 입력할 권한을 갖는 사람으로서 진실한 데이터를 입력할 의무가 있는 사람이 그 권한을 남용하여 시스템 설치자의 의사에 반하여 허위의 데이터를 입력하는 행위'도 '부정작출'에 해당하는 것으로 보았다. 이러한 일본의 태도는 우리가 형법 제232조의2에서의 '위작'의 개념을 해석하면서 참고할 수 있다.

[대법관 이기택, 대법관 김재형, 대법관 박정화, 대법관 안철상, 대법관 노태악의 반대의견] 다수의견의 취지는 사전자기록 등(이하 '전자기록 등'을 '전자기록'이라고만 한다)의 '위작'에 유형위조는 물론 권한남용적 무형위조도 포함된다는 것으로, 이는 '위작'이라는 낱말의 사전적 의미에 맞지 아니할 뿐만 아니라 유형위조와 무형위조를 엄격히 구분하고 있는 형법 체계에서 일반인이 예견하기 어려운 해석이어서 받아들이기 어렵다. 구체적인 이유는 아래와 같다.

(가) 헌법은 국가형벌권의 자의적인 행사로부터 개인의 자유와 권리를 보호하기 위하여 범죄와 형벌을 법률로 정하도록 하고 있다(헌법 제13조 제1항). 국민의 기본권을 제한하거나 의무를 부과하는 법률은 명확하여야 하고, 특히 형벌에 관한 법률은 국가기관이 자의적으로 권한을 행사하지 않도록 무엇보다 명확하여야 한다. 다시 말하면, 형벌법규는 어떠한 행위를 처벌할 것인지 일반인이 예견할 수 있어야 하고 그에 따라 자신의 행위를 결정할 수 있도록 구성요건을 명확하게 규정할 것을 요구한다. 건전한 상식과 통상적 법감정을 가진 사람으로 하여금 자신의 행위를 결정해 나가기에 충분한 기준이 될 정도의 의미와 내용을 가지고 있다고 볼 수 없는 형벌법규는 죄형법정주의의 명확성원칙에 위배되어 위헌이 될 수 있으므로, 불명확한 규정을 헌법에 맞게 해석하기 위해서는 이 점을 염두에 두어야 한다. 그리고 형벌법규의 해석은 엄격하여야 하고, 문언의 가능한 의미를 벗어나 피고인에게 불리한 방향으로 해석하는 것은 죄형법정주의의 내용인 확장해석금지에 따라 허용되지 않는다.

우리 형법에는 '위작'에 관한 정의 규정이 없다. 전자기록과 관련하여 '위작'이란 용어는 일반 국민이 흔히 사용하는 단어도 아니다. 따라서 수범자인 일반 국민은 '위작'의 사전적인 정의 또는 '위작'이란 용어가 사용된 형법을 통해서는 '위작'이 무엇을 뜻하는지 전혀 예측할 수 없다. 이러한 사정 등을 고려하면 형법 제232조의2에서 정한 '위작'의 개념은 위 조항이 규정되어 있는 형법 제20장 '문서에 관한 죄'와 관련지어 체계적으로 그리고 헌법합치적으로 해석하여야 한다.

형법은 문서에 관한 유형위조의 행위 태양을 위조·변조라고 규정하고 있다. 공·사전자기록의 위작·변작은 이러한 형법 조문의 위조·변조와 대응한다. 그리고 사문서위조죄(제231조)와 사전자기록위작죄(제232조의2)를 비교해 볼 때 두 죄는 행위의 객체가 종이 문서이냐 아니면 전자기록이냐에 따른 차이를 제외하면 구성요건의 형식이 실질적으로 동일하고 법정형도 동일하다. 일반인으로서는 정의 규정도 없는 상태에서 사전에도 없고 일상적으로 사용되지도 않는 '전자기록 등 특수매체기록의 위작'이라는 용어의 의미를 알 수 없고, 다만 형법의 문서에 관한 죄의 장에 함께 규정되어 있는 점으로 보아 문서위조와 유사한 의미라고 짐작할 수 있을 뿐이다.

다수의견과 같이 '위작'의 의미를 위조의 '위'와 허위작성의 '작'이 결합한 단어로서 유형위조와 무형위조를 포괄하는 의미라고 보는 태도는 문서에 관한 형법 조문의 대응 관계, 유형위조와 무형위조를 준별하고 있는 형법의 체계, 그리고 문서에 관한 죄에 대한 일반인의 관념에 비추어 받아들일 수 없다.

사전자기록위작죄에서 '사무처리를 그르치게 할 목적'은 초과주관적 구성요건으로서 사문서위조죄에서의 '행사할 목적'보다 처벌대상을 한정하는 것이다. 그런데 이를 근거로 형법 제232조의2에서의 '위작'에 허위작성을 포함시켜 처벌범위를 넓히는 것은 형법이 고의 외에 초과주관적 구성요건을 규정한 취지에 반할 뿐만 아니라 처벌범위의 확장에 따라 일반 국민의 법적 안정성을 침해할 우려가 크다. 그 밖에도 주관적 구성요건과 객관적 구성요건은 증명 방법에 차이가 있어 주관적 구성요건의 존재가 인정되지 않는다는 이유로 범죄 혐의를 벗어나는 것은 여간 어려운 일이 아니다.

이처럼 사전자기록위작죄의 구성요건의 형식과 내용, 그 법정형, 사문서위조죄에 관한 형법의 태도, 그에 대한 일반 국민들의 확립된 관념 등에 비추어 보면, 형법 제232조의2에서 정한 '위작'은 유형위조만을 의미하는 것으로 해석하여야 한다. 이렇게 해석하는 것이 불명확성에 따른 위헌 소지를 제거하는 헌법합치적 해석이라고 할 수 있다. 그런데 사문서위조와 사전자기록위작을 달리 규율할 합리적 이유가 없음에도, 유형위조만을 처벌하는 사문서위조와 달리 사전자기록위작에 대해서는 형법 제232조의2에서의 '위작'에 무형위조를 포함한다고 해석하는 것은 불명확한 용어를 피고인에게 불리하게 해석하는 것일 뿐만 아니라 합리적 이유 없이 문언의 의미를 확장하여 처벌범위를 지나치게 넓히는 것이어서, 형사법의 대원칙인 죄형법정주의의 원칙에 반한다.
(나) 형법 제232조의2에서 정한 '위작'에 다수의견이 말하는 것처럼 허위의 전자기록 작성을 포함하는 것이 입법자의 의사였다고 하더라도, 입법자의 의사는 법 해석에 있어 고려되어야 할 여러 가지 요소 중 하나에 불과한 것이어서, 법원이 '위작'의 개념을 입법자의 의사와 달리 해석하더라도 형벌법규의 해석방법을 벗어난 것이 아니다. 사법부의 역할은 법이 무엇인지 선언하는 것이고, 잘못된 입법은 새로운 입법을 통하여 해결하는 것이 정도(정도)이다. 잘못된 입법에 대해 문언의 통상적인 의미를 벗어나 새로운 의미를 창설하는 수준의 해석을 통하여 처벌의 범위를 확대함으로써 입법의 불비를 해결하는 것은 바람직한 태도가 아니다.
(다) 전자기록의 허위작성 행위에 대한 처벌의 공백이 있다는 이유로 불명확한 규정을 확대해석하는 것은 죄형법정주의의 원칙에 어긋난다. 처벌의 필요성이 있다면 적절한 입법을 통하여 해결할 일이지 불명확한 규정을 확대해석함으로써 해결하려는 것은 타당하다고 할 수 없다. 특히 공전자기록과 사전자기록에서 말하는 '위작'을 동일한 의미로 해석하여야 한다는 점을 받아들인다고 하더라도, 공전자기록의 무형위조를 처벌할 필요가 있다고 하여 사전자기록의 무형위조도 함께 처벌되는 결과를 받아들여야 한다는 것은 동의하기 어렵다. 사법부의 역할은 개인의 기본권을 수호하는 일이고, 시대적 상황에 따라 처벌의 필요성이 있다는 이유로 명확하지 않은 처벌규정을 확장해석하는 방법으로 사회를 규율하겠다는 태도는 사법부의 본분을 넘어서는 것이다.
(라) 우리 형법에서 전자기록 관련 범죄의 행위 태양은 '위작'인 반면, 일본 형법에서는 '부정작출(부정작출)'로 되어 있어 용어가 서로 다르다. 일본 형법은 '작출'이라는 용어를 사용하여 무형위조를 포함하는 의미를, 그리고 그 앞에 '부정'이라는 용어를 추가하여 권한을 남용하는 행위라는 의미를 부여하고 있으므로, 법문 자체에서 권한남용적 무형위조라는 해석을 도출할 수 있다. 이처럼 행위 태양에 관한 용어가 서로 다른 점에 비추어 볼 때, '위작'의 개념을 '부정작출'이란 용어를 사용하고 있는 일본 형법과 동일하게 해석할 수 없다.
(마) 우리 형법이 사문서의 무형위조를 처벌하지 않는 것은 공문서와 달리 사적 자치의 영역에는 국가의 형벌권 행사를 최대한 자제하기 위함이다. 이러한 형법의 태도는 문서가 아닌 전자기록에도 그대로 적용될 수 있다. 회사는 그 영업을 함에 있어 진실에 부합하는 전자기록 이외에도 부득이한 상황에서 진실에 일부 부합하지 않는 허위내용이 담긴 전자기록을 작성하는 경우도 얼마든지 있을 수 있다. 그런데 허위내용이 담긴 사전자기록이

라는 이유만으로 그 작성권자가 누구인지와 상관없이 모두 '위작'에 해당하는 것으로 해석한다면 수사기관은 압수수색 과정에서 당초 수사 중인 피의사실과 관련된 증거를 발견하지 못하더라도 허위내용이 담긴 사전자기록을 발견하여 별건 수사에 활용하는 등 수사권 남용을 초래할 위험이 있다. 이 경우 회사의 경영활동이 위축될 수 있음은 쉽게 예상할 수 있다. 따라서 무형위조와 유형위조에 관한 일반인의 관념이 변화되지 않은 상태에서 형법 제232조의2에서의 '위작'에 사문서위조죄에서의 '위조'와 달리 무형위조를 포함한다고 해석하는 것은 이러한 점에서도 문제가 된다.

요컨대, 형법 제232조의2에서 정한 '위작'이란 전자기록의 생성에 관여할 권한이 없는 사람이 전자기록을 작성하거나 전자기록의 생성에 필요한 단위정보를 입력하는 경우만을 의미한다고 해석하여야 한다.

(바) 다수의견은 사전자기록의 허위작성을 처벌대상으로 삼으면서도 권한을 남용한 경우로 제한함으로써 '위작'에 관한 부당한 확대해석을 경계하고 있는 것으로 보인다. 이것은 사전자기록위작죄에서 '위작'이라는 하나의 용어로 유형위조와 무형위조를 모두 처벌하게 되는 부당성을 완화하기 위한 절충적 태도라고 볼 수 있으나, 형법 규정상으로는 권한남용적 허위작성이라는 해석을 도출할 근거가 충분하지 않다.

(사) 대리인과 달리 주식회사의 대표이사는 회사의 행위를 대신하는 것이 아니라 회사의 구성부분, 즉 기관으로서 회사의 행위 자체를 하는 것이다. 이 경우 회사는 의사결정기관을 통해 결정된 회사의 의사를 대표이사를 통해 실현하고, 대표이사의 행위가 곧 회사의 행위이므로, 회사의 의사에 반하는 대표이사의 의사 및 행위를 상정하기 어렵다. 따라서 사전자기록위작죄에서 말하는 '위작'의 의미를 다수의견과 같이 보더라도, 대표이사가 당해 회사가 설치·운영하는 시스템의 전자기록에 허위의 정보를 입력한 것은 회사의 의사에 기한 회사의 행위로서 시스템 설치·운영 주체인 회사의 의사에 반한다고 할 수 없어 권한남용 행위에 해당한다고 보기도 어렵다.

【참조조문】

[1] 형법 제232조의2 [2] 형법 제232조의2 [3] 형법 제232조의2 [4] 헌법 제12조 제1항, 제13조 제1항, 형법 제225조, 제227조, 제227조의2, 제231조, 제232조의2, 제233조

【참조판례】

[1] 대법원 2015. 6. 11. 선고 2015도1978 판결
대법원 2015. 10. 29. 선고 2015도9010 판결

[2] 대법원 2008. 6. 12. 선고 2008도938 판결(공2008하, 1010)
[4] 대법원 2005. 6. 9. 선고 2004도6132 판결(공2005하, 1191)
대법원 2009. 4. 23. 선고 2006다81035 판결(공2009상, 724)
대법원 2009. 12. 24. 선고 2007두20089 판결
대법원 2013. 4. 11. 선고 2010도1388 판결(공2013상, 891)
대법원 2016. 3. 10. 선고 2015도17847 판결(공2016상, 596)
대법원 2016. 11. 10. 선고 2016도6299 판결
대법원 2017. 12. 7. 선고 2017도10122 판결(공2018상, 239)
헌법재판소 2016. 11. 24. 선고 2015헌가23 전원재판부 결정(헌공242, 1825)

【전 문】

【피 고 인】 피고인 1 외 1인
【상 고 인】 피고인들
【변 호 인】 변호사 김희란 외 4인
【원심판결】 서울고법 2019. 7. 23. 선고 2019노396 판결

【주 문】

상고를 모두 기각한다.

【이 유】

상고이유(상고이유서 제출기한이 지난 후에 제출된 피고인 2의 각 상고이유 보충서 기재는 상고이유를 보충하는 범위 내에서)를 판단한다.
1. 사전자기록등위작 및 위작사전자기록등행사 부분에 관하여
   가. 사건의 개요 및 쟁점
      1) 이 부분 공소사실의 요지는 다음과 같다.
         피고인 1은 가상화폐 거래소 운영업체인 공소외 1 주식회사(이하 '공소외 1 회사'라고 한다)의 대표이사로서 회사 업무 전반을 총괄하였고, 피고인 2는 공소외 1 회사의 사내이사로서 회사의 자금 등을 관리하였다.
         피고인들은 2018. 1. 5.경 공소외 1 회사라는 상호로 인터넷상 가상화폐 거래소(이하 '이 사건 거래소'라고 한다)를 개장하면서, 마치 많은 회원들이 공소외 1 회사가 구축·설치하여 위 거래소에서 사용 중인 가상화폐 거래시스템(이하 '이 사건 거래시스템'이라고 한다)을 이용해 매매주문을 내고 그에 따라 매매거래가 활발히 이뤄지는 것처럼 꾸미기 위하여, 위 거래시스템상 차명계정을 생성하고, 그 차명계정에 실제 보유하고 있지도 않은 원화(KRW)와 가상화폐(이하 '원화 등'이라고 한다)를 보유하고 있는 것처럼 원화 포인트와 가상화폐 포인트(이하 '원화 포인트 등'이라고 한

다)를 허위 입력한 다음, 속칭 '봇 프로그램' 내지 '마켓메이킹 프로그램'으로 불리는 자동주문 프로그램을 이용하여 위 차명계정을 주문자로 하고 위와 같이 허위 입력한 원화 포인트 등에 대한 매매주문을 내기로 모의하였다.

　가) 피고인들은 이 사건 거래소 개장 직전인 2018. 1. 5. 08:18경 '봇 프로그램'의 구동을 위하여 필요한 차명계정과 원화 포인트 등을 생성시키기 위하여 이 사건 거래시스템의 관리자 계정에 접속한 다음 회원아이디 '(회원아이디명 1 생략)', 계정명 '피고인 1' 등으로 된 차명계정(ID) 5개를 생성한 후 총 30회에 걸쳐 위 차명계정에 계정별로 원화 포인트 등의 보유량 정보를 조작 입력하여 각 위작하고, 이를 위 거래시스템상 표시하여 각 행사하였다.

　나) 피고인들은 이 사건 거래시스템상 생성한 차명계정과 허위 입력한 원화 포인트 등을 이용해 매매주문을 내던 중 시스템에 과부하가 걸리는 등 부작용이 생기자 이러한 문제를 완화하기 위하여 '봇 프로그램'을 일부 보완하는 한편 더 많은 차명계정을 생성해 원화 포인트 등을 이용한 매매주문을 내기로 마음먹고, 2018. 1. 19. 10:51경 위 관리자계정에 접속한 다음 회원아이디 '(회원아이디명 2 생략)', 계정명 '공소외 2' 등으로 된 차명계정 10개를 새롭게 생성한 후 총 60회에 걸쳐 위 차명계정에 계정별로 원화 포인트 등의 보유량 정보를 조작 입력하여 각 위작하고, 이를 위 거래시스템상 표시하여 각 행사하였다.

2) 원심은 다음과 같이 판단하였다.

피고인들이 공소외 1 회사의 사전자기록인 이 사건 거래시스템상 차명계정에 원화 포인트 등을 입력한 것은 허위의 정보를 입력한 것에 해당하고, 이는 피고인들이 그 권한을 남용하여 위 거래시스템의 설치·운영주체인 공소외 1 회사의 의사에 반하는 전자기록을 생성한 것으로서 권리·의무 또는 사실증명에 관한 타인의 전자기록을 위작한 것이므로 사전자기록의 위작에 해당한다.

3) 피고인들은 다음과 같이 주장한다.

　가) 차명계정의 명의인들은 공소외 1 회사에 차명계정에 입력된 원화 포인트 등에 상응하는 원화 등의 출금을 청구할 수 있는 권리를 가지고 있으므로, 피고인들이 차명계정에 입력한 원화 포인트 등은 '허위'의 정보에 해당하지 않는다.

　나) 피고인들은 투기세력에 의한 시세조작을 막고 이 사건 거래소의 안정적인 운영을 위해 차명계정에 원화 포인트 등을 입력한 것이므로, 피고인들에게는 '사무처리를 그르치게 할 목적'이 없었다.

다) 피고인 1은 공소외 1 회사의 대표이사 지위에서 이 사건 거래시스템 상 차명계정에 원화 포인트 등을 입력한 것이므로 위 거래시스템은 '타인'의 전자기록에 해당하지 않는다.

라) 정보입력 권한을 부여받은 사람이 사전자기록에 입력한 정보가 허위이더라도 이는 형법 제232조의2의 사전자기록등위작죄에서 정한 '위작'에 해당하지 않는다.

나. '허위'의 정보 해당 여부

1) 전자기록에 관한 시스템에 '허위'의 정보를 입력한다는 것은 입력된 내용과 진실이 부합하지 아니하여 그 전자기록에 대한 공공의 신용을 위태롭게 하는 경우를 말한다(대법원 2015. 6. 11. 선고 2015도1978 판결, 대법원 2015. 10. 29. 선고 2015도9010 판결 등 참조).

2) 원심판결 이유와 적법하게 채택된 증거에 의하면 다음의 사실과 사정을 알 수 있다.

가) 공소외 1 회사는 가상화폐거래에 관한 정보를 전자적 방식에 의해 생성·처리·저장·출력할 수 있도록 인터넷과 연결된 이 사건 거래시스템을 구축하여 이 사건 거래소를 개설하였다. 이 사건 거래소에서 가상화폐거래를 하고자 하는 고객들은 공소외 1 회사 이용약관이 정한 바에 따라 아이디(이메일 주소), 실명 및 비밀번호 등을 비롯한 회원정보를 기재한 후 약관에 동의한다는 의사표시를 하여야 하고, 그 후 고객들은 휴대폰 등을 통한 본인확인 절차를 거쳐 가상화폐의 입출금 및 거래를 할 수 있다. 한편 이 사건 거래시스템은 고객들이 이 사건 거래소 은행계좌나 전자지갑(이하 '이 사건 거래소 은행계좌 등'이라고 한다)에 원화 등을 입금하면 그에 상응하는 원화 포인트 등이 자동적으로 생성되는 구조로, 위 거래시스템의 관리자이더라도 고객들이 이 사건 거래소 은행계좌 등에 실제 입금한 원화 등과 그에 상응하여 고객들 계정에 나타나는 원화 포인트 등에 불일치가 있는 것과 같은 예외적인 상황이 아닌 한 원화 포인트 등 생성에 관여할 수 없다.

나) 공소외 1 회사가 공소외 3 주식회사에 의뢰하여 설치한 '가상화폐 거래소 웹사이트 솔루션'에는 관리자가 포인트를 수기 입력할 때 "포인트 수기입력은 거래내역, 전산내역 등이 안 맞을 경우에만 입력하는 기능으로 긴급상황 시에만 사용해 주십시오."라는 내용의 팝업창이 뜨게 되어 있는데, 피고인들이 실제 입금 없이 원화 포인트 등을 차명계정에 입력할 당시에는 위와 같은 긴급상황이 존재하지 아니하였다.

다) 이 사건 거래소의 고객들은 자신들 명의의 계정에 표시된 원화 포인트 등에 상응하는 원화 등의 출금을 공소외 1 회사에 청구할 수 있는

권리를 가지는 반면, 피고인들이 생성한 차명계정의 명의인들은 이 사건 거래소 은행계좌 등에 원화 등을 입금한 적이 없어 공소외 1 회사에 대하여 해당 차명계정에 입력된 원화 포인트 등에 상응하는 원화 등의 출금을 청구할 수 있는 권리를 가지지 않았다.
3) 위와 같은 사실과 사정을 앞에서 본 법리에 비추어 보면, 피고인들이 이 사건 거래소 은행계좌 등에 원화 등을 실제 입금하지 않았음에도 차명계정에 원화 포인트 등을 입력한 행위는 공소외 1 회사가 설치·운영하는 이 사건 거래시스템상 차명계정에 '허위'의 정보를 입력한 것에 해당한다고 봄이 타당하다.

다. '사무처리를 그르치게 할 목적' 인정 여부
1) 형법 제232조의2에서 말하는 '사무처리를 그르치게 할 목적'이란 위작 또는 변작된 전자기록이 사용됨으로써 전자적 방식에 의한 정보의 생성·처리·저장·출력을 목적으로 구축·설치한 시스템을 운영하는 주체인 개인 또는 법인의 사무처리를 잘못되게 하는 것을 말한다(대법원 2008. 6. 12. 선고 2008도938 판결 참조).
2) 원심판결 이유와 적법하게 채택된 증거에 의하면 다음의 사실과 사정을 알 수 있다.
   가) 이 사건 거래소에서 가상화폐거래를 하는 고객들은 모두 실제 입금한 원화 등에 상응하는 원화 포인트 등을 보유하고 있으므로 거래상대방 역시 자신들과 마찬가지로 이 사건 거래소 은행계좌 등에 원화 등을 입금한 일반인이라는 전제하에 가상화폐거래를 하였다.
   나) 이 사건 거래소에서 이루어진 거래 중에는 피고인들이 허위의 원화 포인트 등을 입금한 차명계정을 통해 이루어진 거래도 있었는데, 일반 고객들은 이러한 사정을 알지 못하였다.
   다) 고객들의 주된 관심사는 가상화폐거래 종료 후 보유하게 되는 원화 포인트 등을 실제 원화 등으로 전환하여 출금이 가능한지 여부였다. 그런데 고객들이 이 사건 거래소에 원화 포인트 등에 상응하는 원화 등이 실재하지 않는다는 것을 알았다면, 그리고 실질적인 거래상대방이 피고인들이라는 사실을 알았다면 이 사건 거래소를 신뢰하지 않아 위 거래소에서 가상화폐거래를 하지 않았을 것이다.
   라) 한편 이 사건 거래소는 고객들의 가상화폐거래 등에 따른 수수료 취득을 주된 수익으로 하였다. 그런데 고객들이 위와 같은 이유로 이 사건 거래소에서 가상화폐거래를 하지 않는다면 이 사건 거래소 운영에 따른 공소외 1 회사의 수익은 현저히 줄어들었을 것임은 분명하다.
   마) 또한 고객들이 피고인들의 행위를 이유로 공소외 1 회사를 상대로 민

사상 불법행위에 따른 손해배상청구를 할 경우 그에 따른 책임은 종국적으로 공소외 1 회사가 부담하게 된다. 그리고 피고인들이 이 사건 거래시스템의 관리자 계정에 접속해 실제 입금 없이 원화 포인트 등을 차명계정에 입력할 경우 당초 거래시스템이 예상하지 못한 장애가 발생할 가능성도 있었다.

    3) 위와 같은 사실과 사정을 앞에서 본 법리에 비추어 보면, 피고인들의 행위는 이 사건 거래시스템의 운영 목적과 취지 등에 반하는 것으로서 피고인들에게는 공소외 1 회사의 사무처리를 그르치게 할 목적이 있었다고 봄이 타당하다.

라. '타인'의 전자기록 해당 여부

    1) 법인이 컴퓨터 등 정보처리장치를 이용하여 전자적 방식에 의한 정보의 생성·처리·저장·출력을 목적으로 전산망 시스템을 구축하여 설치·운영하는 경우 위 시스템을 설치·운영하는 주체는 법인이고, 법인의 임직원은 법인으로부터 정보의 생성·처리·저장·출력의 권한을 위임받아 그 업무를 실행하는 사람에 불과하다. 따라서 법인이 설치·운영하는 전산망 시스템에 제공되어 정보의 생성·처리·저장·출력이 이루어지는 전자기록 등 특수매체기록은 그 법인의 임직원과의 관계에서 '타인'의 전자기록 등 특수매체기록에 해당한다.

    2) 원심판결 이유를 위 법리와 적법하게 채택된 증거에 비추어 살펴보면, 공소외 1 회사가 설치·운영하는 이 사건 거래시스템에서 생성·처리·저장·출력되는 전자기록은 공소외 1 회사의 임직원인 피고인들과의 관계에서 '타인'의 전자기록에 해당한다.

마. '위작' 해당 여부

    1) 형법 제227조의2의 공전자기록등위작죄는 사무처리를 그르치게 할 목적으로 공무원 또는 공무소의 전자기록 등 특수매체기록을 위작 또는 변작한 경우에 성립한다. 대법원은, 형법 제227조의2에서 위작의 객체로 규정한 전자기록은 그 자체로는 물적 실체를 가진 것이 아니어서 별도의 표시·출력장치를 통하지 아니하고는 보거나 읽을 수 없고, 그 생성 과정에 여러 사람의 의사나 행위가 개재됨은 물론 추가 입력한 정보가 프로그램에 의하여 자동으로 기존의 정보와 결합하여 새로운 전자기록을 작출하는 경우도 적지 않으며, 그 이용 과정을 보아도 그 자체로서 객관적·고정적 의미를 가지면서 독립적으로 쓰이는 것이 아니라 개인 또는 법인이 전자적 방식에 의한 정보의 생성·처리·저장·출력을 목적으로 구축하여 설치·운영하는 시스템에서 쓰임으로써 예정된 증명적 기능을 수행하는 것이므로, 위와 같은 시스템을 설치·운영하는 주체와의 관계에서 전자기록의

생성에 관여할 권한이 없는 사람이 전자기록을 작출하거나 전자기록의 생성에 필요한 단위정보의 입력을 하는 경우는 물론 시스템의 설치·운영 주체로부터 각자의 직무 범위에서 개개의 단위정보의 입력 권한을 부여받은 사람이 그 권한을 남용하여 허위의 정보를 입력함으로써 시스템 설치·운영 주체의 의사에 반하는 전자기록을 생성하는 경우도 형법 제227조의2에서 말하는 전자기록의 '위작'에 포함된다고 판시하였다(대법원 2005. 6. 9. 선고 2004도6132 판결). 위 법리는 형법 제232조의2의 사전자기록등위작죄에서 행위의 태양으로 규정한 '위작'에 대해서도 마찬가지로 적용된다(대법원 2016. 11. 10. 선고 2016도6299 판결). 이와 같은 위작에 관한 대법원의 법리는 타당하므로 이 사건에서도 적용할 수 있다. 그 이유는 다음과 같다.

가) 법은 원칙적으로 불특정 다수인에 대하여 동일한 구속력을 갖는 사회의 보편타당한 규범이므로 이를 해석할 때에는 법의 표준적 의미를 밝혀 객관적 타당성이 있도록 하여야 하고, 가급적 모든 사람이 수긍할 수 있는 일관성을 유지함으로써 법적 안정성이 손상되지 않도록 하여야 한다. 또한 실정법이란 보편적이고 전형적인 사안을 염두에 두고 규정되기 마련이므로 사회현실에서 일어나는 다양한 사안에 대하여 구체적 사안에 맞는 가장 타당한 해결이 될 수 있도록, 즉 구체적 타당성을 가지도록 해석할 것도 요구된다. 요컨대, 법 해석의 목표는 어디까지나 법적 안정성을 저해하지 않는 범위 내에서 구체적 타당성을 찾는 데에 두어야 한다. 그리고 그 과정에서 가능한 한 법률에 사용된 문언의 통상적인 의미에 충실하게 해석하는 것을 원칙으로 하고, 나아가 법률의 입법 취지와 목적, 제·개정 연혁, 법질서 전체와의 조화, 다른 법령과의 관계 등을 고려하는 체계적·논리적 해석방법을 추가적으로 동원함으로써, 앞에서 본 법 해석의 요청에 부응하는 타당한 해석이 되도록 하여야 할 것이다(대법원 2009. 4. 23. 선고 2006다81035 판결 참조).

형벌법규는 문언에 따라 엄격하게 해석·적용하여야 하고 피고인에게 불리한 방향으로 확장해석하거나 유추해석을 하여서는 안 되는 것이지만, 문언이 가지는 가능한 의미의 범위 안에서 규정의 입법 취지와 목적 등을 고려하여 문언의 논리적 의미를 분명히 밝히는 체계적 해석을 하는 것은 죄형법정주의의 원칙에 어긋나지 않는다(대법원 2013. 4. 11. 선고 2010도1388 판결, 대법원 2017. 12. 7. 선고 2017도10122 판결 등 참조).

나) 국립국어원의 표준국어대사전은 '위작'을 '다른 사람의 작품을 흉내

내어 비슷하게 만드는 일 또는 그 작품', '저작권자의 승낙을 얻지 아니하고, 그의 저작물을 똑같이 만들어 발행하는 일'로 정의하고 있다. 그런데 형법 제20장(문서에 관한 죄)에는 제225조에서 공문서위조죄를, 제227조에서 허위공문서작성죄를, 제227조의2에서 공전자기록등위작죄를, 제231조에서 사문서위조죄를, 제232조의2에서 사전자기록등위작죄를 각 규정하고 있다. 일반 국민은 형법 제20장에서 규정하고 있는 문서죄와 전자기록죄의 각 죄명에 비추어 형법 제227조의2와 제232조의2에서 정한 '위작(僞作)'이란 '위조(僞造)'와 동일한 의미로 받아들이기보다는 '위조(僞造)'에서의 '위(僞)'와 '허위작성(虛僞作成)'에서의 '작(作)'이 결합한 단어이거나 '허위작성(虛僞作成)'에서 '위작(僞作)'만을 추출한 단어로 받아들이기 쉽다. 형법에서의 '위작'의 개념은 형법이 그에 관한 정의를 하지 않고 있고, 해당 문언의 사전적 의미만으로는 범죄구성요건으로서의 적절한 의미 해석을 바로 도출해 내기 어려우므로, 결국은 유사한 다른 범죄구성요건과의 관계에서 체계적으로 해석할 수밖에 없다. 따라서 형법 제232조의2에서 정한 '위작'의 포섭 범위에 권한 있는 사람이 그 권한을 남용하여 허위의 정보를 입력함으로써 시스템 설치·운영 주체의 의사에 반하는 전자기록을 생성하는 행위를 포함하는 것으로 보더라도, 이러한 해석이 '위작'이란 낱말이 가지는 문언의 가능한 의미를 벗어났다거나, 피고인에게 불리한 유추해석 또는 확장해석을 한 것이라고 볼 수 없다.

다) 시스템 관리자는 시스템 설치·운영자의 원활한 업무 수행을 위하여 시스템을 유지·관리하는 사람으로서 시스템을 유지·관리하기 위해 시스템 설치·운영자로부터 위임받은 권한 범위 내에서 해당 시스템에 접속하여 전자기록의 작성·수정·열람·삭제 등(이하 '작성 등'이라고 한다)을 할 수 있다. 이와 달리 이용자는 시스템 설치·운영자가 제공하는 시스템을 이용하는 사람으로서 시스템이 허용한 범위 내에서 제한적으로만 해당 시스템에 접속하여 정보자원을 활용하거나 전자기록의 작성 등을 할 수 있다.

형법 제232조의2에서 정한 사전자기록등위작죄는 전자기록 등 특수매체기록에 대한 공공의 신용을 보호법익으로 하는 범죄이다. 위 형벌 규정이 보호하고자 하는 전자기록 내용의 진정성에 대한 공공의 신용은 권한 없는 사람이 전자기록의 작성 등에 관여한 경우뿐만 아니라, 권한이 있는 사람이 그 권한을 남용하여 허위의 정보를 입력하는 경우에도 위험성이 발생될 수 있다. 나아가 시스템 관리자라고 하더라도 그가 시스템 설치·운영자로부터 부여받은 권한을 초월하거나 남용하여 전자기록의 작성 등을 한 경우에는 위 형벌규정이 보호하고자 하는 법익이 침해된다고 보기에 충분하다.

전자기록의 작성 등을 위해 시스템이 요구하는 본인확인 절차를 거친 사람은 특별한 사정이 없는 한 해당 전자기록의 작성 등을 할 권한이 있다. 그런데 전자기록은 작성명의인을 특정하여 표시할 수 없고, 생성 과정에 여러 사람의 의사나 행위가 개재됨은 물론 개개의 입력한 정보가 컴퓨터 등 정보처리장치에 의하여 자동으로 기존의 정보와 결합하여 가공·처리됨으로써 새로운 전자기록이 만들어지므로 문서죄에서와 같은 작성명의인이란 개념을 상정하기 어렵다. 이러한 전자기록의 특성 이외에도 사전자기록등위작죄를 사문서위조죄와 비교해 보면 두 죄는 범행의 목적, 객체, 행위 태양 등 구성요건이 서로 다르다. 이러한 사정을 종합적으로 고려하면, 형법 제232조의2가 정한 사전자기록등위작죄에서 '위작'의 의미를 작성권한 없는 사람이 행사할 목적으로 타인의 명의를 모용하여 문서를 작성한 경우에 성립하는 사문서위조죄의 '위조'와 반드시 동일하게 해석하여 그 의미를 일치시킬 필요는 없다.

라) 정부는 1992. 7. 7. 전부개정 형식의 형법개정법률안을 국회에 제출하면서 제309조에서 공전자기록위작·변작죄를, 제315조에서 사전자기록위작·변작죄를 두었다. 그러나 전부개정 형식의 위 형법개정법률안은 개정내용 중에 의견이 대립되는 부분이 많이 있을 뿐만 아니라 형법의 전부개정에 따른 혼란이 야기될 우려가 있다는 이유 등으로 1995. 12. 2. 폐기되었다. 다만 국회 법제사법위원장은 사회변화에 맞추어 시급히 개정되어야 할 부분을 발췌·정리하여 1995. 12. 1. 형법중개정법률안(대안)을 제안하였고, 위 형법중개정법률안(대안)이 1995. 12. 2. 의결됨으로써 1995. 12. 29. 법률 제5057호로 공포되어 1996. 7. 1.부터 시행되었다(이하 '개정 형법'이라고 한다). 위와 같은 개정 과정에서 당초 정부가 제안한 제309조는 개정 형법 제227조의2로, 제315조는 개정 형법 제232조의2로 의결·신설되었다. 한편 정부가 1992. 10. 작성한 '형법개정법률안 제안이유서'에는 제309조 및 제315조에서의 '위작'이란 '권한 없이 전자기록 등을 만드는 경우뿐 아니라 허위내용의 전자기록을 만드는 경우를 포함한다'고 기재되어 있고, 국회 법제사법위원회가 1993. 3. 작성한 '형법개정법률안심사자료'에도 동일한 내용이 기재되어 있다. 그리고 1995년 형법 개정 당시 국회에서 '위작'의 개념과 관련하여 추가로 논의되었다고 볼 자료는 없다. 이러한 형법 개정 과정에 따르면 비록 정부의 전부개정 형식의 형법개정법률안이 폐

기되었더라도, 형법 제232조의2에서의 '위작'에 '허위의 전자기록을 만드는 경우'도 포함한다는 것이 입법자의 의사였음은 명확하다.

개정 형법에서는 공전자기록등위작죄(형법 제227조의2)와 사전자기록등위작죄(제232조의2)가 신설된 이외에도 제140조 제3항이 신설되어 '공무원이 그 직무에 관하여 봉함 기타 비밀장치한 문서, 도화 또는 전자기록 등 특수매체기록을 기술적 수단을 이용하여 그 내용을 알아낸 자'도 공무상비밀표시무효죄로 처벌받게 되었고, 제314조 제2항이 신설되어 '컴퓨터 등 정보처리장치 또는 전자기록 등 특수매체기록을 손괴하거나 정보처리장치에 허위의 정보 또는 부정한 명령을 입력하거나 기타 방법으로 정보처리에 장애를 발생하게 하여 사람의 업무를 방해한 자'도 업무방해죄로 처벌받게 되었으며, 제316조 제2항이 신설되어 '봉함 기타 비밀장치한 사람의 편지, 문서, 도화 또는 전자기록 등 특수매체기록을 기술적 수단을 이용하여 그 내용을 알아낸 자'도 비밀침해죄로 처벌받게 되었다. 이와 함께 형법 제141조 제1항(공용서류 등의 무효), 제228조(공정증서원본 등의 불실기재) 제1항, 제323조(권리행사방해), 제366조(재물손괴등)에서의 행위의 객체에 '전자기록 등 특수매체기록'이 추가되었다. 개정 형법은 1953년 형법 제정 이래 정치·경제·사회 등 모든 영역의 발전과 윤리의식의 변화로 발생한 법규범과 현실과의 괴리를 해소하고, 우리 사회의 산업화·정보화의 추세에 따른 컴퓨터범죄 등 신종범죄에 효율적으로 대처하여 국민생활의 안정을 도모함과 아울러 현행규정의 시행상 나타난 일부 미비점을 개선·보완하려는 것이 주된 개정 이유였다. 그런데 컴퓨터 등 정보처리장치를 이용한 범죄는 과학기술과 정보통신이 획기적으로 발전함에 따라 전자기록등위작죄가 신설된 당시에 비해 더 한층 많이 발생하고 있고, 그 형태도 매우 다양할 뿐만 아니라 과학기술의 발전 속도에 비추어 앞으로도 계속 증가할 것으로 예측된다. 개정 형법의 입법 취지와 보호법익을 고려하면, 컴퓨터 등 전산망 시스템을 이용하는 과정에 필연적으로 수반되는 사전자기록 등 특수매체기록 작성 등에 관하여 권한 있는 사람이 그 권한을 남용하여 허위의 정보를 입력함으로써 시스템 설치·운영 주체의 의사에 반하는 전자기록을 생성하는 행위를 '위작'의 범위에서 제외하여 축소해석하는 것은 입법자의 의사에 반할 뿐만 아니라 과학기술의 발전과 시대적·사회적 변화에도 맞지 않는 법 해석으로서 받아들일 수 없다.

마) 동일한 법령에서의 용어는 법령에 다른 규정이 있는 등 특별한 사정이 없는 한 동일하게 해석·적용되어야 한다(대법원 2009. 12. 24. 선고

2007두20089 판결 등 참조).
공전자기록등위작죄와 사전자기록등위작죄는 행위의 객체가 '공전자기록'이냐 아니면 '사전자기록'이냐만 다를 뿐 다른 구성요건은 모두 동일하고, 두 죄 모두 형법 제20장(문서에 관한 죄)에 규정되어 있다. 대법원은 이미 공전자기록등위작죄에서의 '위작'의 의미에 관하여, 시스템의 설치·운영 주체로부터 각자의 직무 범위에서 개개의 단위정보의 입력 권한을 부여받은 사람이 그 권한을 남용하여 허위의 정보를 입력함으로써 시스템 설치·운영 주체의 의사에 반하는 전자기록을 생성하는 경우도 형법 제227조의2에서 말하는 전자기록의 '위작'에 포함된다고 판시해 왔고(위 대법원 2004도6132 판결, 대법원 2007. 7. 27. 선고 2007도3798 판결, 대법원 2011. 5. 13. 선고 2011도1415 판결, 대법원 2014. 7. 24. 선고 2012도1379 판결 등 참조), 사전자기록등위작죄에서도 같은 취지의 판시를 하였다(위 대법원 2016도6299 판결). 이처럼 대법원은 형법상 '위작'의 의미에 관하여 명확하고 일관된 입장을 취하여 왔고, 이러한 법리가 죄형법정주의의 원칙에 반한다거나 입법 취지에 부합하지 않는다고 볼 만한 근거는 찾을 수 없다.

나아가 형법은 사문서의 경우 유형위조(제231조)만을 처벌하면서 예외적으로 무형위조(제233조)를 처벌하고 있는 반면, 공문서의 경우에는 유형위조(제225조)뿐만 아니라 별도의 처벌규정을 두어 무형위조(제227조)를 함께 처벌하고 있다. 그런데 전자기록등위작죄를 문서위조죄에 대응하는 죄로 보아 권한 있는 사람이 그 권한을 남용하여 허위의 정보를 입력함으로써 시스템 설치·운영 주체의 의사에 반하는 사전자기록을 생성하는 행위에 대하여 사전자기록등위작죄로 처벌할 수 없는 것으로 해석한다면, 이에 상응하여 권한 있는 사람이 그 권한을 남용하여 허위의 정보를 입력함으로써 시스템 설치·운영 주체의 의사에 반하는 공전자기록을 생성하는 행위에 대하여도 형법 제227조의2에서 정한 공전자기록등위작죄로 처벌할 수 없는 것으로 해석해야 한다. 이는 권한 있는 사람의 허위공문서작성을 처벌하고 있는 형법과도 맞지 않아 부당하다.

특히 전산망 시스템의 구축과 설치·운영에는 고도의 기술성·전문성·신뢰성을 요하므로 허위의 전자기록을 작성한 경우에는 처벌할 필요성이 문서에 비해 훨씬 더 크다.

바) 사전자기록등위작죄가 성립하기 위해서는 '위작' 이외에도 '사무처리를 그르치게 할 목적'과 '권리·의무 또는 사실증명에 관한 타인의 전자기록 등 특수매체기록'이란 구성요건을 충족해야 한다. 형법 제232

조의2에 정한 전자기록과 '사무처리를 그르치게 할 목적'에 관한 판례 (위 대법원 2004도6132 판결, 위 대법원 2008도938 판결 등 참조)의 법리에 따르면 해당 전자기록이 시스템에서 쓰임으로써 예정된 증명적 기능을 수행하는 경우에 해당하지 않거나, 위 시스템을 설치·운영하는 주체의 의사에 반하더라도 사무처리를 그르치게 할 목적이 없다면 사전자기록등위작죄는 성립하지 않는다. 따라서 형법 제232조의2에서 정한 '위작'의 개념에 권한 있는 사람이 그 권한을 남용하여 허위의 정보를 입력함으로써 시스템 설치·운영 주체의 의사에 반하는 전자기록을 생성하는 행위를 포함하더라도 처벌의 범위가 지나치게 넓어져 죄형법정주의의 원칙에 반하는 것으로 볼 수도 없다.

사) 우리나라 형법과 유사하게 '사람[인]의 사무처리를 그르칠 목적으로 그 사무처리용으로 제공하는 권리·의무 또는 사실증명에 관한 전자적 기록을 부정하게 작출한 자'를 처벌하는 일본 형법도 우리나라 형법과 동일하게 공문서에 대해서는 유형위조(제155조)와 무형위조(제156조)를 모두 처벌하면서도 사문서에 대해서는 원칙적으로 유형위조(제159조)만을 처벌하고, 예외적으로 의사의 허위진단서 등 작성을 처벌(제160조)하고 있다. 즉 문서죄에 관한 우리나라 형법과 일본 형법은 그 체계가 유사하고, 일본 형법 제161조의2 제1항이 규정한 사전자적기록부정작출죄의 '부정작출'에 권한 있는 사람이 그 권한을 남용하여 허위의 전자적기록을 생성하는 경우를 포함할 경우 문서죄와의 체계가 맞지 않게 되는 문제점도 동일하다. 그럼에도 일본 형법 제161조의2가 신설될 당시의 입법 자료에 따르면 '데이터를 입력할 권한을 갖는 사람으로서 진실한 데이터를 입력할 의무가 있는 사람이 그 권한을 남용하여 시스템 설치자의 의사에 반하여 허위의 데이터를 입력하는 행위'도 '부정작출'에 해당하는 것으로 보았다. 이러한 일본의 태도는 우리가 형법 제232조의2에서의 '위작'의 개념을 해석하면서 참고할 수 있다.

2) 원심판결 이유와 적법하게 채택된 증거에 의하면 다음의 사실과 사정을 알 수 있다.

가) 피고인 1은 이 사건 거래시스템의 관리자로서 관리자 계정에 접근할 권한은 있다. 그러나 피고인 1의 위와 같은 권한은 관리자로서 위 거래시스템의 오류 등으로 고객들이 이 사건 거래소 은행계좌 등에 실제 입금한 원화 등과 그에 상응하여 고객들 계정에 나타나는 원화 포인트 등이 불일치하는 경우와 같은 예외적인 상황에서 위 거래시스템을 유지·관리하기 위한 제한적인 범위 내에서만 접근할 권한이 있다

는 것에 불과하다. 그런데 피고인 1은 위 거래시스템을 유지·관리하기 위해서가 아니라 봇 프로그램을 통해 이 사건 거래소에서의 가상화폐거래가 활발히 이루어지고 있는 외관을 만들기 위해 원화 등의 실제 입금 없이 차명계정에 원화 포인트 등을 입력하였다.

나) 이 사건 거래소에서 가상화폐거래를 하고자 하는 고객들은 공소외 1 회사 이용약관이 정한 바에 따라 아이디(이메일 주소), 실명 및 비밀번호 등을 비롯한 회원정보를 기재하고 약관에 동의한다는 의사표시를 하는 등 이 사건 거래소에 회원가입을 한 다음, 휴대폰 등을 통한 본인확인 절차를 거쳐 가상화폐거래 및 입출금을 할 수 있다. 그리고 이 사건 거래시스템은 고객들이 이 사건 거래소 은행계좌 등에 원화 등을 입금하면 그에 상응하는 원화 포인트 등이 자동적으로 생성되는 구조로, 위 거래시스템의 관리자이더라도 고객들이 이 사건 거래소 은행계좌 등에 실제 입금한 원화 등과 그에 상응하여 고객들 계정에 나타나는 원화 포인트 등에 불일치가 있는 것과 같이 예외적인 경우가 아닌 한 원화 포인트 등 생성에 관여할 수 없다. 그럼에도 피고인들은 피고인 1이 위 거래시스템의 관리자로서 관리자 계정에 접근할 권한이 있음을 이용하여 공소외 1 회사 이용약관이 정한 절차를 전혀 거치지 아니한 채 2차례에 걸쳐 합계 15개의 차명계정을 생성하고, 원화 포인트 등을 입력하였다.

다) 이 사건 거래시스템은 계정별로 보유한 원화 포인트 등을 인식하는데, 피고인들은 공소외 1 회사 명의 계정이 아닌 차명계정에 원화 포인트 등을 입력하였다. 차명계정 명의인들이 이 사건 거래소 은행계좌 등에 원화 등을 실제 입금하지 않아 공소외 1 회사에 대하여 실제 원화 포인트 등을 원화 등으로 출금해 줄 것을 요청할 수 있는 권리를 가지지 않았더라도, 차명계정의 명의인들은 형식적으로나마 원화 포인트 등을 이용하여 가상화폐거래를 하거나 원화 포인트 등에 상응하는 원화 등을 공소외 1 회사에 출금해 줄 것을 요청할 수 있는 권리를 외관상 보유하게 되었다. 그 결과 공소외 1 회사는 차명계정의 명의인들이 공소외 1 회사의 의사에 반하여 원화 포인트 등을 이용하여 가상화폐거래를 하거나 출금 요청을 할 경우 이에 따른 위험을 부담하게 되었다.

라) 이 사건 거래시스템상 계정별 보유량은 이 사건 거래소에 회원으로 가입한 고객들이 이 사건 거래소 은행계좌 등에 입금한 원화 등에 상응하여 생성된 원화 포인트 등을 이용해 가상화폐거래를 한 결과이다. 고객들은 위 거래시스템상 표시된 가상화폐의 매도·매수가격을

믿고 해당 가상화폐를 매수·매도하고, 매도·매수가격은 위 거래시스템 상 현재가격으로 표시된다. 따라서 이 사건 거래시스템에서 차명계정을 개설하고 허위의 원화 포인트 등을 입력하여 가상화폐거래를 하는 것은 위 거래시스템상 표시되는 매도·매수가격 및 현재가격 등에 영향을 미치게 된다. 이러한 행위는 이 사건 거래소에서 가상화폐거래를 하는 고객들의 신뢰를 저버리는 것이다.

3) 위와 같은 사실과 사정을 앞에서 본 법리에 비추어 보면, 피고인들이 이 사건 거래소 은행계좌 등에 원화 등의 실제 입금 없이 이 사건 거래시스템에서 생성한 차명계정에 원화 포인트 등을 입력한 행위는 이 사건 거래시스템을 설치·운영하는 공소외 1 회사와의 관계에서 그 권한을 남용하여 허위의 정보를 입력함으로써 공소외 1 회사의 의사에 반하는 전자기록을 생성한 경우로서 형법 제232조의2에서 정한 '위작'에 해당한다.

바. 소결론

원심은 판시와 같은 이유로 피고인들에 대한 공소사실 중 사전자기록등위작 및 위작사전자기록등행사 부분을 유죄로 판단하였다. 원심의 판단에 상고이유와 같이 필요한 심리를 다하지 않은 채 논리와 경험의 법칙을 위반하여 자유심증주의의 한계를 벗어나거나 관련 법리를 오해한 위법이 없다.

2. 나머지 부분에 관하여

원심은 판시와 같은 이유로 피고인들에 대한 공소사실 중 제1심판결 주문 무죄 부분과 위 사전자기록등위작 및 위작사전자기록등행사 부분을 제외한 나머지 공소사실에 대하여 유죄로 판단하였다. 원심판결 이유를 관련 법리와 적법하게 채택된 증거에 비추어 살펴보면, 원심의 판단에 상고이유와 같이 필요한 심리를 다하지 않은 채 논리와 경험의 법칙을 위반하여 자유심증주의의 한계를 벗어나거나 특정경제범죄 가중처벌 등에 관한 법률 위반(횡령)죄의 불법영득의사 및 기수시기, 사기죄의 성립, 기망행위와 처분행위 사이의 인과관계, 공소사실의 특정 등에 관한 법리를 오해한 위법이 없다.

3. 결론

그러므로 상고를 모두 기각하기로 하여, 주문과 같이 판결한다. 이 판결에는 피고인들에 대한 사전자기록등위작 및 위작사전자기록등행사 부분에 관하여 대법관 이기택, 대법관 김재형, 대법관 박정화, 대법관 안철상, 대법관 노태악의 반대의견이 있는 외에는 관여 법관의 의견이 일치하였다.

4. 대법관 이기택, 대법관 김재형, 대법관 박정화, 대법관 안철상, 대법관 노태악의

반대의견

가. 사전자기록등위작죄에서 정한 위작의 개념

다수의견은, 형법 제232조의2의 사전자기록등(이하 '전자기록 등'을 '전자기록'이라고만 한다)위작죄에서 정한 '위작'에 전자기록의 생성에 관여할 권한이 없는 사람이 전자기록을 작출하거나 전자기록의 생성에 필요한 단위정보를 입력하는 경우는 물론, 전자시스템의 설치·운영 주체로부터 단위정보의 입력 권한을 부여받은 사람이 그 권한을 남용하여 허위의 정보를 입력하는 경우도 포함된다고 한다.

다수의견의 취지는 사전자기록의 '위작'에 유형위조는 물론 권한남용적 무형위조도 포함된다는 것으로, 이는 '위작'이라는 낱말의 사전적 의미에 맞지 아니할 뿐만 아니라 유형위조와 무형위조를 엄격히 구분하고 있는 형법 체계에서 일반인이 예견하기 어려운 해석이어서 받아들이기 어렵다. 그 구체적인 이유는 아래와 같다.

1) 헌법은 국가형벌권의 자의적인 행사로부터 개인의 자유와 권리를 보호하기 위하여 범죄와 형벌을 법률로 정하도록 하고 있다(헌법 제13조 제1항). 국민의 기본권을 제한하거나 의무를 부과하는 법률은 명확하여야 하고, 특히 형벌에 관한 법률은 국가기관이 자의적으로 권한을 행사하지 않도록 무엇보다 명확하여야 한다. 다시 말하면, 형벌법규는 어떠한 행위를 처벌할 것인지 일반인이 예견할 수 있어야 하고 그에 따라 자신의 행위를 결정할 수 있도록 구성요건을 명확하게 규정할 것을 요구한다.

건전한 상식과 통상적 법감정을 가진 사람으로 하여금 자신의 행위를 결정해 나가기에 충분한 기준이 될 정도의 의미와 내용을 가지고 있다고 볼 수 없는 형벌법규는 죄형법정주의의 명확성원칙에 위배되어 위헌이 될 수 있으므로(헌법재판소 2016. 11. 24. 선고 2015헌가23 전원재판부 결정 등 참조), 불명확한 규정을 헌법에 맞게 해석하기 위해서는 이 점을 염두에 두어야 한다. 그리고 형벌법규의 해석은 엄격하여야 하고, 문언의 가능한 의미를 벗어나 피고인에게 불리한 방향으로 해석하는 것은 죄형법정주의의 내용인 확장해석금지에 따라 허용되지 않는다(대법원 2016. 3. 10. 선고 2015도17847 판결 참조).

가) 법령에서 쓰인 용어에 관해 정의 규정이 없는 경우에는 원칙적으로 사전적인 정의 등 일반적으로 받아들여지는 의미에 따라야 한다. 그런데 우리 형법에는 '위작'에 관한 정의 규정이 없다.

국립국어원의 표준국어대사전은 '위작'을 '다른 사람의 작품을 흉내 내어 비슷하게 만드는 일 또는 그 작품', '저작권자의 승낙을 얻지 아니하고, 그의 저작물을 똑같이 만들어 발행하는 일'로 정의하고 있을 뿐 전자기록과 관련하여 '위작'의 의미를 정하고 있지 않다. 그리고 전자기록과 관련하여 '위작'이란 용어는 일반 국민이 흔히 사용하는 단어도 아니다. 따라서 수범자인 일반 국민은 '위작'의 사전적인 정의 또는 '위작'이란 용어가 사용된 형법을 통해서는 '위작'이 무엇을 뜻하는지 전혀 예측할 수 없다. 이러한 사정 등을 고려하면 형법 제232조의2에서 정한 '위작'의 개념은 위 조항이 규정되어 있는 형법 제20장 '문서에 관한 죄'와 관련지어 체계적으로 그리고 헌법합치적으로 해석하여야 한다.

나) 형법은 공문서에 대해서는 제225조에서 작성권한 없는 사람의 위조, 즉 유형위조를 처벌하고 있고, 제227조에서 작성권한 있는 사람의 허위작성, 즉 무형위조를 처벌하고 있다. 반면에 사문서에 대해서는 원칙적으로 제231조에서 작성권한 없는 사람의 위조, 즉 유형위조만을 처벌하면서, 예외적으로 제233조에서 허위진단서 등의 작성을 처벌하고 있을 뿐 다른 무형위조는 처벌하지 않고 있다.

대법원도 일반 사문서의 무형위조에 대해서는 사문서위조죄가 성립하지 않는다는 입장을 명확히 하여 왔다(대법원 1974. 6. 25. 선고 73다2008 판결, 대법원 1985. 10. 22. 선고 85도1732 판결, 대법원 2002. 11. 8. 선고 2002도3738 판결 등). 이에 따라 수범자인 일반 국민 역시 사문서에 대해서는 유형위조와 무형위조를 구별하고, 공문서와 달리 사문서의 경우에는 원칙적으로 유형위조만 처벌된다는 확고한 관념을 가지고 있다.

형법은 문서에 관한 유형위조의 행위 태양을 위조·변조라고 규정하고 있다. 공·사전자기록의 위작·변작은 이러한 형법 조문의 위조·변조와 대응한다. 그리고 사문서위조죄(제231조)와 사전자기록위작죄(제232조의2)를 비교해 볼 때 두 죄는 행위의 객체가 종이 문서이냐 아니면 전자기록이냐에 따른 차이를 제외하면 구성요건의 형식이 실질적으로 동일하고 법정형도 동일하다. 일반인으로서는 정의 규정도 없는 상태에서 사전에도 없고 일상적으로 사용되지도 않는 '전자기록 등 특수매체기록의 위작'이라는 용어의 의미를 알 수 없고, 다만 형법의 문서에 관한 죄의 장에 함께 규정되어 있는 점으로 보아 문서위조와 유사한 의미라고 짐작할 수 있을 뿐이다.

따라서 다수의견과 같이 '위작'의 의미를 위조의 '위'와 허위작성의 '작'이 결합한 단어로서 유형위조와 무형위조를 포괄하는 의미라고 보는 태도는 문서에 관한 형법 조문의 대응 관계, 유형위조와 무형위조를 준별하고 있는 형법의 체계, 그리고 문서에 관한 죄에 대한 일반인의 관념에 비추어 받아들일 수 없다.

다) 다수의견은 사전자기록위작죄가 성립하기 위해서는 '위작' 이외에도 '사무처리를 그르치게 할 목적' 등을 충족해야 하므로, 형법 제232조의 2에서 정한 '위작'에 무형위조를 포함하더라도 처벌의 범위가 지나치게 넓어져 죄형법정주의의 원칙에 반하는 것으로 볼 수 없다고 한다.

그러나 사전자기록위작죄에서 '사무처리를 그르치게 할 목적'은 초과주관적 구성요건으로서 사문서위조죄에서의 '행사할 목적'보다 처벌대상을 한정하는 것이다. 그런데 이를 근거로 형법 제232조의2에서의 '위작'에 허위작성을 포함시켜 처벌범위를 넓히는 것은 형법이 고의 외에 초과주관적 구성요건을 규정한 취지에 반할 뿐만 아니라 처벌범위의 확장에 따라 일반 국민의 법적 안정성을 침해할 우려가 크다. 그 밖에도 주관적 구성요건과 객관적 구성요건은 증명 방법에 차이가 있어 주관적 구성요건의 존재가 인정되지 않는다는 이유로 범죄 혐의를 벗어나는 것은 여간 어려운 일이 아니다.

따라서 주관적 구성요건의 해석을 통해 '위작'의 의미 확대를 통제할 수 있다는 것도 받아들이기 어렵다.

라) 이처럼 사전자기록위작죄의 구성요건의 형식과 내용, 그 법정형, 사문서위조죄에 관한 형법의 태도, 그에 대한 일반 국민들의 확립된 관념 등에 비추어 보면, 형법 제232조의2에서 정한 '위작'은 유형위조만을 의미하는 것으로 해석하여야 한다. 이렇게 해석하는 것이 불명확성에 따른 위헌 소지를 제거하는 헌법합치적 해석이라고 할 수 있다. 그런데 사문서위조와 사전자기록위작을 달리 규율할 합리적 이유가 없음에도, 유형위조만을 처벌하는 사문서위조와 달리 사전자기록위작에 대해서는 형법 제232조의2에서의 '위작'에 무형위조를 포함한다고 해석하는 것은 불명확한 용어를 피고인에게 불리하게 해석하는 것일 뿐만 아니라 합리적 이유 없이 문언의 의미를 확장하여 처벌범위를 지나치게 넓히는 것이어서, 형사법의 대원칙인 죄형법정주의의 원칙에 반한다고 할 것이다.

2) 다수의견은, 형법 개정 당시 입법자의 의사도 형법 제232조의2에서 정한 '위작'에 무형위조를 포함하고 있음을 확인할 수 있고, 전자기록의 경우에는 문서의 경우와 달리 무형위조를 처벌할 필요성이 크므로 '위작'에 무형위조도 포함되는 것으로 해석하지 않으면 처벌의 공백이 생긴다고 하고 있다.

가) 다수의견은, 1995년 형법 개정 과정을 살펴보면 형법 제232조의2에서의 '위작'에 '허위의 전자기록을 만드는 경우'도 포함하겠다는 것이

입법자의 의사였음이 명확하다고 한다.

정부가 작성한 '형법개정법률안 제안이유서'나 국회 법제사법위원회가 작성한 '형법개정법률안심사자료'에 위와 같은 내용이 있음은 인정된다. 그러나 형법 개정요강에서는 일본 형법과 같이 '전자적기록부정작출죄'를 신설하기로 의견이 일치되었다가 그 후 행위 태양이 '위작·변개'를 거쳐 최종적으로 '위작·변작'으로 확정되었는데, 이를 변경한 이유에 관한 자료나 국회 공청회 과정에서 형법 제232조의2에서 정한 '위작'이 무엇을 뜻하는지에 대한 진지한 논의가 이루어졌다는 자료를 찾을 수 없다. 이러한 사정에 비추어, 위와 같은 자료만으로는 개정 당시 입법자의 의사가 명확하였다고 볼 수 없다.

형벌법규의 해석에서도 문언의 가능한 의미 안에서 입법 취지와 목적 등을 고려한 법률 규정의 체계적 연관성에 따라 문언의 논리적 의미를 분명히 밝히는 체계적·논리적 해석방법은 규정의 본질적 내용에 가장 접근한 해석을 위한 것으로서 죄형법정주의의 원칙에 부합한다(대법원 2018. 5. 11. 선고 2018도2844 판결 참조). 그리고 법 해석은 법적 안정성을 해치지 아니하는 범위 내에서 구체적 타당성을 찾는 방향으로 이루어져야 한다. 이를 위해서는 가능한 한 법률에 사용된 문언의 통상적인 의미에 충실하게 해석하는 것을 원칙으로 하면서, 법률의 입법 취지와 목적, 제·개정 연혁, 법질서 전체와의 조화, 다른 법령과의 관계 등을 고려하는 체계적·논리적 해석방법을 추가적으로 동원함으로써 타당성 있는 법 해석의 요청에 부응하여야 한다(대법원 2015. 3. 26. 선고 2014도13345 판결 참조). 법 해석이란 입법자의 의사를 쫓는 것이 아니라 위와 같은 여러 가지 사항을 고려하여 구체적 타당성을 찾아가는 과정이다.

형법 제232조의2에서 정한 '위작'에 다수의견이 말하는 것처럼 허위의 전자기록 작성을 포함하는 것이 입법자의 의사였다고 하더라도, 입법자의 의사는 법 해석에 있어 고려되어야 할 여러 가지 요소 중 하나에 불과한 것이어서, 법원이 '위작'의 개념을 입법자의 의사와 달리 해석하더라도 형벌법규의 해석방법을 벗어난 것이 아니다. 사법부의 역할은 법이 무엇인지 선언하는 것이고, 잘못된 입법은 새로운 입법을 통하여 해결하는 것이 정도(正道)이다. 잘못된 입법에 대해 문언의 통상적인 의미를 벗어나 새로운 의미를 창설하는 수준의 해석을 통하여 처벌의 범위를 확대함으로써 입법의 불비를 해결하는 것은 바람직한 태도가 아니다.

나) 또한 다수의견은, 공전자기록위작죄와 사전자기록위작죄에서 '위작'이

라는 용어는 동일하게 해석할 수밖에 없는데, 사전자기록의 무형위조를 '위작'으로 보지 않을 경우 공전자기록의 무형위조도 처벌되지 않는 결과가 발생하여 처벌의 필요성이 있는 행위에 대한 규제의 공백이 생기고 공문서의 무형위조에 해당하는 허위공문서작성죄를 처벌하는 형법의 태도와 맞지 않아 부당하다고 한다.

그러나 전자기록의 허위작성 행위에 대한 처벌의 공백이 있다는 이유로 불명확한 규정을 확대해석하는 것은 앞에서 본 바와 같이 죄형법정주의의 원칙에 어긋난다. 처벌의 필요성이 있다면 적절한 입법을 통하여 해결할 일이지 불명확한 규정을 확대해석함으로써 해결하려는 것은 타당하다고 할 수 없다. 특히 공전자기록과 사전자기록에서 말하는 '위작'을 동일한 의미로 해석하여야 한다는 점을 받아들인다고 하더라도, 공전자기록의 무형위조를 처벌할 필요가 있다고 하여 사전자기록의 무형위조도 함께 처벌되는 결과를 받아들여야 한다는 것은 동의하기 어렵다. 사법부의 역할은 개인의 기본권을 수호하는 일이고, 시대적 상황에 따라 처벌의 필요성이 있다는 이유로 명확하지 않은 처벌규정을 확장해석하는 방법으로 사회를 규율하겠다는 태도는 사법부의 본분을 넘어서는 것이다.

3) 가) 일본 형법 제161조의2는 제1항에서 사전자적기록부정작출죄를, 같은 조 제2항에서 공전자적기록부정작출죄를 규정하고 있다. 다수의견은, 일본 형법 제161조의2가 신설될 당시의 입법 자료에 따르면 '데이터를 입력할 권한을 갖는 사람으로서 진실한 데이터를 입력할 의무가 있는 사람이 그 권한을 남용하여 시스템 설치자의 의사에 반하여 허위의 데이터를 입력하는 행위'도 '부정작출'에 해당하는 것으로 보고 있고, 이러한 일본의 태도는 우리 형법 제232조의2에서 정한 '위작'의 개념을 해석하는 데 참고할 수 있다고 한다.

그러나 우리 형법에서 전자기록 관련 범죄의 행위 태양은 '위작'인 반면, 일본 형법에서는 '부정작출(부정작출)'로 되어 있어 용어가 서로 다르다. 일본 형법은 '작출'이라는 용어를 사용하여 무형위조를 포함하는 의미를, 그리고 그 앞에 '부정'이라는 용어를 추가하여 권한을 남용하는 행위라는 의미를 부여하고 있으므로, 법문 자체에서 권한남용적 무형위조라는 해석을 도출할 수 있다. 이처럼 행위 태양에 관한 용어가 서로 다른 점에 비추어 볼 때, '위작'의 개념을 '부정작출'이란 용어를 사용하고 있는 일본 형법과 동일하게 해석할 수 없다.

나) 우리 형법의 문서위조죄에 해당하는 독일 형법 제267조(문서위조) 제1항은 "법적 거래 시 기망을 하기 위해 문서를 위조하거나 진정한 문

서를 변조한 자 또는 위조·변조된 문서를 행사한 자는 5년 이하의 자유형 또는 벌금형에 처한다."라고 규정하고 있는데, 위 규정은 우리 형법과 동일하게 문서의 유형위조에만 적용되는 것으로 해석되고 있다. 그리고 우리 형법 제227조의2, 제232조의2에 해당하는 독일 형법 제269조(증명에 중요한 데이터의 위조) 제1항은 "법적 거래 시 기망을 하기 위해 증명에 중요한 데이터를 그것을 인식할 때에 위조된 문서 또는 변조된 문서가 되도록 저장하거나 변경한 자 또는 그렇게 저장되거나 변경된 데이터를 행사한 자는 5년 이하의 자유형 또는 벌금형에 처한다."라고 규정하고 있는데, 독일 학계 및 연방대법원은 제269조는 제267조에 대응하여 규정된 것으로 데이터의 유형위조에만 적용되는 것으로 해석하고 있다.

한편 권한 있는 사람으로 하여금 허위의 데이터를 입력하도록 하거나 권한 있는 사람이 허위의 데이터를 입력한 경우를 처벌하기 위해, 독일 형법 제271조(간접적 허위문서작성) 제1항은 "권리 또는 법률관계에 관한 중요한 의사표시, 협의내용 또는 사실이, 실제로는 전혀 표시되거나 발생한 적이 없거나 어떤 사람에 의해 그에게 인정되지 않는 자격으로 표시되거나 발생하였거나 다른 사람에 의해 표시되거나 발생하였음에도 불구하고, 공문서, 공적 장부, 공적 데이터 또는 공적 등록부에 위 의사표시 등이 표시되거나 이루어진 것처럼 작성 또는 저장되도록 한 자는 3년 이하의 자유형 또는 벌금형에 처한다."라고 규정하고 있고, 제348조(직무상 허위문서작성) 제1항은 "공문서를 작성할 권한이 있는 공무원이 그 권한 범위 내에서 법률상 중요한 사실을 허위로 작성하거나 공적 등록부, 공적 장부 또는 공적 데이터에 허위로 등록하거나 기재한 때에는 5년 이하의 자유형 또는 벌금형에 처한다."라고 규정하고 있다. 위와 같은 독일 형법 규정에 따르면 행위의 객체는 '공적 데이터'에 한정될 뿐 '사적 데이터'까지 포함되는 것은 아니다.

다) 우리 형법이 사문서의 무형위조를 처벌하지 않는 것은 공문서와 달리 사적 자치의 영역에는 국가의 형벌권 행사를 최대한 자제하기 위함이다. 이러한 형법의 태도는 문서가 아닌 전자기록에도 그대로 적용될 수 있다. 회사는 그 영업을 함에 있어 진실에 부합하는 전자기록 이외에도 부득이한 상황에서 진실에 일부 부합하지 않는 허위내용이 담긴 전자기록을 작성하는 경우도 얼마든지 있을 수 있다. 그런데 허위내용이 담긴 사전자기록이라는 이유만으로 그 작성권자가 누구인지와 상관없이 모두 '위작'에 해당하는 것으로 해석한다면 수사기관은 압수

수색 과정에서 당초 수사 중인 피의사실과 관련된 증거를 발견하지 못하더라도 허위내용이 담긴 사전자기록을 발견하여 별건 수사에 활용하는 등 수사권 남용을 초래할 위험이 있다. 이 경우 회사의 경영활동이 위축될 수 있음은 쉽게 예상할 수 있다. 따라서 무형위조와 유형위조에 관한 일반인의 관념이 변화되지 않은 상태에서 형법 제232조의2에서의 '위작'에 사문서위조죄에서의 '위조'와 달리 무형위조를 포함한다고 해석하는 것은 이러한 점에서도 문제가 된다.

4) 요컨대, 형법 제232조의2에서 정한 '위작'이란 전자기록의 생성에 관여할 권한이 없는 사람이 전자기록을 작성하거나 전자기록의 생성에 필요한 단위정보를 입력하는 경우만을 의미한다고 해석하여야 한다.

나. 사전자기록위작죄의 구성요건과 권한남용

다수의견은, 피고인들의 행위는 공소외 1 회사로부터 각자의 직무 범위에서 개개의 단위정보의 입력 권한을 부여받은 피고인들이 그 권한을 남용하여 허위의 정보를 입력한 경우에 해당한다고 한다. 그러나 이 점에 대해서도 아래와 같은 이유로 수긍하기 어렵다.

1) 다수의견은 사전자기록의 허위작성을 처벌대상으로 삼으면서도 권한을 남용한 경우로 제한함으로써 '위작'에 관한 부당한 확대해석을 경계하고 있는 것으로 보인다. 공전자기록위작죄와 사전자기록위작죄에서 공통으로 사용하고 있는 '위작'을 통일적으로 해석하여야 하는 관계로 양자는 무형위조에 관하여 동일하게 허위성과 권한남용의 요건을 모두 갖추었을 때 죄의 성립을 인정하는 취지라고 할 수 있다.

그런데 형법의 문서에 관한 죄에서 공문서의 경우에는 허위작성이 있으면 처벌대상이 되고 권한남용의 요건은 필요 없다. 그럼에도 공전자기록위작죄에서는 권한남용을 별개의 구성요건으로 삼고 있는데, 일본 형법에서와 같은 '부정'이라는 표현이 없는 우리의 형법 규정상으로는 이와 같이 해석할 근거가 없다. 그리고 사문서의 경우에는 허위작성을 원칙적으로 처벌대상으로 하고 있지 않다. 그럼에도 사전자기록위작죄에서는 허위작성을 처벌대상으로 하면서 다만 권한남용의 요건을 부가하고 있는 것이 된다. 이것은 사전자기록위작죄에서 '위작'이라는 하나의 용어로 유형위조와 무형위조를 모두 처벌하게 되는 부당성을 완화하기 위한 절충적 태도라고 볼 수 있으나, 형법 규정상으로는 권한남용적 허위작성이라는 해석을 도출할 근거가 충분하지 않다.

2) 나아가 다수의견에 따르면, 사전자기록위작죄의 처벌대상인 무형위조의 성립요건은 권한을 남용하여 허위의 정보를 입력함으로써 전자시스템 설치·운영 주체의 의사에 반하는 전자기록을 생성하는 것이다. 이 경우 입

력 정보의 허위성이 인정되면 권한남용도 인정된다는 것이 아니라 허위성과 권한남용은 별개의 구성요건 요소로서 각각 인정되어야 한다는 취지로 보인다.

그런데 주식회사는 법인으로서 독립된 권리주체이기는 하지만 자연인처럼 그 자체가 활동을 할 수 없기 때문에, 회사의 의사를 결정하고 그 의사에 따라 활동하기 위해서는 일정한 조직이 반드시 필요하고, 그 조직으로 기관을 두고 있다. 일반적으로 주식회사의 의사결정기관은 주주총회와 이사회, 업무집행기관은 대표이사, 감독기관은 감사 등이다. 주식회사의 대표이사는 일반적 권한으로서 회사의 영업에 관한 재판상 또는 재판외의 모든 행위를 할 권한을 가진다(상법 제389조 제3항, 제209조 제1항). 따라서 대리인과 달리 대표이사는 회사의 행위를 대신하는 것이 아니라 회사의 구성부분, 즉 기관으로서 회사의 행위 자체를 하는 것이다. 이 경우 회사는 의사결정기관을 통해 결정된 회사의 의사를 대표이사를 통해 실현하고, 대표이사의 행위가 곧 회사의 행위이므로, 회사의 의사에 반하는 대표이사의 의사 및 행위를 상정하기 어렵다.

따라서 사전자기록위작죄에서 말하는 '위작'의 의미를 다수의견과 같이 보더라도, 대표이사가 당해 회사가 설치·운영하는 시스템의 전자기록에 허위의 정보를 입력한 것은 회사의 의사에 기한 회사의 행위로서 시스템 설치·운영 주체인 회사의 의사에 반한다고 할 수 없어 권한남용 행위에 해당한다고 보기도 어렵다.

다. 결론

피고인들의 행위는 형법 제232조의2에서 정한 '위작'에 해당하지 않는다. 그런데도 피고인들의 행위가 '위작'에 해당한다고 본 원심의 판단에는 형법 제232조의2에서 정한 '위작'의 의미에 관한 법리를 오해함으로써 판결에 영향을 미친 위법이 있다. 그러므로 이 부분과 관련한 원심판결을 파기하고 사건을 다시 심리·판단하도록 원심법원에 환송하여야 한다.

이상과 같은 이유로 다수의견에 찬성할 수 없음을 밝힌다.

대법원장 김명수(재판장)   대법관 권순일 박상옥 이기택 김재형 박정화 안철상(주심) 민유숙 김선수 이동원 노정희 김상환 노태악

가상화폐와 관련된 형사범죄

▣ 형법

제355조 (횡령, 배임) ① 타인의 재물을 보관하는 자가 그 재물을 횡령하거나 그 반환을 거부한 때에는 5년 이하의 징역 또는 1천500만원 이하의 벌금에 처한다. <개정 1995. 12. 29.>
② 타인의 사무를 처리하는 자가 그 임무에 위배하는 행위로써 재산상의 이익을 취득하거나 제삼자로 하여금 이를 취득하게 하여 본인에게 손해를 가한 때에도 전항의 형과 같다.

[판례 4] 아동·청소년의성보호에관한법률위반(음란물제작·배포등)·국민체육진흥법위반·전자금융거래법위반·정보통신망이용촉진및정보보호등에관한법률위반(음란물유포)·도박개장방조 (대법원 2018. 5. 30. 선고 2018도3619 판결)

【판시사항】

[1] 범죄수익은닉의 규제 및 처벌 등에 관한 법률에 정한 중대범죄에 해당하는 범죄행위에 의하여 취득한 것으로 재산적 가치가 인정되는 무형재산을 몰수할 수 있는지 여부(적극)

[2] 피고인이 음란물유포 인터넷사이트를 운영하면서 정보통신망 이용촉진 및 정보보호 등에 관한 법률 위반(음란물유포)죄와 도박개장방조죄에 의하여 비트코인(Bitcoin)을 취득한 사안에서, 피고인의 정보통신망 이용촉진 및 정보보호 등에 관한 법률 위반(음란물유포)죄와 도박개장방조죄는 범죄수익은닉의 규제 및 처벌 등에 관한 법률에 정한 중대범죄에 해당하며, 비트코인은 재산적 가치가 있는 무형의 재산이라고 보아야 하고, 몰수의 대상인 비트코인이 특정되어 있다는 이유로, 피고인이 취득한 비트코인을 몰수할 수 있다고 본 원심판단이 정당하다고 한 사례

【판결요지】

[1] 범죄수익은닉의 규제 및 처벌 등에 관한 법률(이하 '범죄수익은닉규제법'이라 한다)은 국제적 기준에 맞는 자금세탁방지 제도를 마련하고 범죄수익의 몰수·추징에 관한 특례를 규정함으로써 특정범죄를 조장하는 경제적 요인을 근원적으로 제거하여 건전한 사회질서의 유지에 이바지함을 목적으로 제정된 법률이

다. 특정범죄를 직접 처벌하는 형법 등을 보충함으로써 중대범죄를 억제하기 위한 형사법 질서의 중요한 일부를 이루고 있다.

범죄수익은닉규제법은 "중대범죄에 해당하는 범죄행위에 의하여 생긴 재산 또는 그 범죄행위의 보수로 얻은 재산"을 범죄수익으로 규정하고[제2조 제2호 (가)목], 범죄수익을 몰수할 수 있다고 규정한다(제8조 제1항 제1호). 그리고 범죄수익은닉규제법 시행령은 "은닉재산이란 몰수·추징의 판결이 확정된 자가 은닉한 현금, 예금, 주식, 그 밖에 재산적 가치가 있는 유형·무형의 재산을 말한다."라고 규정하고 있다(제2조 제2항 본문).

위와 같은 범죄수익은닉규제법의 입법 취지 및 법률 규정의 내용을 종합하여 보면, 범죄수익은닉규제법에 정한 중대범죄에 해당하는 범죄행위에 의하여 취득한 것으로 재산적 가치가 인정되는 무형재산도 몰수할 수 있다.

[2] 피고인이 음란물유포 인터넷사이트를 운영하면서 정보통신망 이용촉진 및 정보보호 등에 관한 법률(이하 '정보통신망법'이라 한다) 위반(음란물유포)죄와 도박개장방조죄에 의하여 비트코인(Bitcoin)을 취득한 사안에서, 범죄수익은닉의 규제 및 처벌 등에 관한 법률(이하 '범죄수익은닉규제법'이라 한다) [별표] 제1호 (사)목에서는 형법 제247조의 죄를, [별표] 제24호에서는 정보통신망법 제74조 제1항 제2호의 죄를 중대범죄로 규정하고 있어 피고인의 정보통신망법 위반(음란물유포)죄와 도박개장방조죄는 범죄수익은닉규제법에 정한 중대범죄에 해당하며, 비트코인은 경제적인 가치를 디지털로 표상하여 전자적으로 이전, 저장 및 거래가 가능하도록 한, 이른바 '가상화폐'의 일종인 점, 피고인은 위 음란사이트를 운영하면서 사진과 영상을 이용하는 이용자 및 음란사이트에 광고를 원하는 광고주들로부터 비트코인을 대가로 지급받아 재산적 가치가 있는 것으로 취급한 점에 비추어 비트코인은 재산적 가치가 있는 무형의 재산이라고 보아야 하고, 몰수의 대상인 비트코인이 특정되어 있다는 이유로, 피고인이 취득한 비트코인을 몰수할 수 있다고 본 원심판단이 정당하다고 한 사례.

【참조조문】

[1] 범죄수익은닉의 규제 및 처벌 등에 관한 법률 제1조, 제2조 제1호, 제2호 (가)목, 제8조 제1항 제1호, 범죄수익은닉의 규제 및 처벌 등에 관한 법률 시행령 제2조 제2항 [2] 형법 제32조, 제247조, 정보통신망 이용촉진 및 정보보호 등에 관한 법률 제44조의7 제1항 제1호, 제74조 제1항 제2호, 범죄수익은닉의 규제 및 처벌 등에 관한 법률 제2조 제1호, 제2호 (가)목, 제8조 제1항, 제2항, [별표] 제1호 (사)목, 제24호, 범죄수익은닉의 규제 및 처벌 등에 관한 법률 시행령 제2조 제2항

【전 문】

【피 고 인】 피고인
【상 고 인】 피고인 및 검사
【변 호 인】 법무법인 신광 외 3인
【원심판결】 수원지법 2018. 1. 30. 선고 2017노7120 판결

【주 문】

상고를 모두 기각한다.

【이 유】

상고이유를 판단한다.
1. 피고인의 상고이유에 대하여
   가. 피고인으로부터 압수한 비트코인(Bitcoin)을 몰수할 수 없다는 주장에 관한 판단
      1) 범죄수익은닉의 규제 및 처벌 등에 관한 법률(이하 '범죄수익은닉규제법'이라 한다)은 국제적 기준에 맞는 자금세탁방지 제도를 마련하고 범죄수익의 몰수·추징에 관한 특례를 규정함으로써 특정범죄를 조장하는 경제적 요인을 근원적으로 제거하여 건전한 사회질서의 유지에 이바지함을 목적으로 제정된 법률이다. 특정범죄를 직접 처벌하는 형법 등을 보충함으로써 중대범죄를 억제하기 위한 형사법 질서의 중요한 일부를 이루고 있다.
      2) 범죄수익은닉규제법은 "중대범죄에 해당하는 범죄행위에 의하여 생긴 재산 또는 그 범죄행위의 보수로 얻은 재산"을 범죄수익으로 규정하고[제2조 제2호 (가)목], 범죄수익을 몰수할 수 있다고 규정한다(제8조 제1항 제1호). 그리고 범죄수익은닉규제법 시행령은 "은닉재산이란 몰수·추징의 판결이 확정된 자가 은닉한 현금, 예금, 주식, 그 밖에 재산적 가치가 있는 유형·무형의 재산을 말한다."라고 규정하고 있다(제2조 제2항 본문).
      3) 위와 같은 범죄수익은닉규제법의 입법 취지 및 법률 규정의 내용을 종합하여 보면, 범죄수익은닉규제법에 정한 중대범죄에 해당하는 범죄행위에 의하여 취득한 것으로 재산적 가치가 인정되는 무형재산도 몰수할 수 있다.
      4) 한편 범죄수익은닉규제법 [별표] 제1호 (사)목에서는 형법 제247조의 죄를, [별표] 제24호에서는 정보통신망 이용촉진 및 정보보호 등에 관한 법률(이하 '정보통신망법'이라 한다) 제74조 제1항 제2호의 죄를 중대범죄로 규정하고 있다. 따라서 피고인의 정보통신망법 위반(음란물유포)죄와 도박개장방조죄는 범죄수익은닉규제법에 정한 중대범죄에 해당한다.
      5) 피고인이 범죄수익은닉규제법에 정한 중대범죄에 해당하는 정보통신망법 위반(음란물유포)죄와 도박개장방조죄에 의하여 취득한 비트코인은 재산

적 가치가 있는 무형의 재산이라고 보아야 한다. 그 이유는 다음과 같다. ① 비트코인은 경제적인 가치를 디지털로 표상하여 전자적으로 이전, 저장 및 거래가 가능하도록 한, 이른바 '가상화폐'의 일종이다. ② 피고인은 음란물유포 인터넷사이트인 "OOOOOOO.com"(이하 '이 사건 음란사이트'라 한다)을 운영하면서 사진과 영상을 이용하는 이용자 및 이 사건 음란사이트에 광고를 원하는 광고주들로부터 비트코인을 대가로 지급받아 재산적 가치가 있는 것으로 취급하였다.

6) 이 사건 몰수의 대상인 비트코인은 특정되어 있다.

7) 따라서 피고인이 범죄수익은닉규제법에 정한 중대범죄에 의하여 취득한 비트코인을 몰수할 수 있다고 본 원심의 판단은 앞서 본 법리에 따른 것으로서 정당하고, 원심의 판단에 상고이유 주장과 같이 몰수의 대상에 관한 법리를 오해한 잘못이 없다.

나. 원심의 몰수 및 추징액 판단이 부당하다는 주장에 관한 판단

1) 범죄수익은닉규제법 제8조 제2항은 "제1항에 따라 몰수할 수 있는 재산(이하 '몰수대상재산'이라 한다)이 몰수대상재산 외의 재산과 합쳐진 경우 그 몰수대상재산을 몰수하여야 할 때에는 합쳐짐으로써 생긴 재산 중 몰수대상재산(합쳐지는 데에 관련된 부분만 해당한다)의 금액 또는 수량에 상당하는 부분을 몰수할 수 있다."라고 규정하고 있다. 피고인이 보유하고 있던 비트코인 중 중대범죄에 의하여 취득한 금액에 상당하는 부분만 몰수하는 것이 가능하다.

2) 원심은 몰수 및 추징액에 관하여 다음과 같이 판단하였다. ① 피고인으로부터 임의제출받아 압수한 216.1249474비트코인(BTC) 중 191.32333418비트코인(BTC)은 범죄수익은닉규제법에 정한 중대범죄인 이 사건 음란사이트의 운영과 관련한 범죄행위에 의하여 취득한 것이므로, 범죄수익에 해당하여 이를 몰수한다. ② 피고인 및 피고인의 친지 명의의 예금계좌에 현금 또는 수표로 입금된 금액 중 695,871,960원도 같은 범죄행위로 취득한 범죄수익인데 몰수할 수 없는 때에 해당하므로, 이를 추징한다.

3) 원심판결 이유를 관련 법리와 적법하게 채택한 증거들에 비추어 살펴보면, 원심의 판단에 상고이유 주장과 같이 논리와 경험의 법칙을 위반하여 자유심증주의의 한계를 벗어나거나 몰수와 추징의 증명책임과 증명의 정도에 관한 법리를 오해한 잘못이 없다.

2. 검사의 상고이유에 대하여

원심은 피고인이 범죄수익은닉규제법에 정한 중대범죄의 범죄행위에 의하여 비트코인 형태로 취득하였다가 현금으로 환전한 2억 원을 범죄수익으로 인정하여

이를 추징하였다. 원심판결 이유를 관련 법리와 기록에 비추어 살펴보면, 원심의 판단에 상고이유 주장과 같이 추징액 산정에 관한 법리를 오해한 잘못이 없다.

3. 결론

상고를 모두 기각하기로 하여, 관여 대법관의 일치된 의견으로 주문과 같이 판결한다.

대법관 조희대(재판장) 김창석 김재형 민유숙(주심)

[판례 5] 특정경제범죄가중처벌등에관한법률위반(배임), 특정경제범죄가중처벌등에관한법률위반(사기), 사기, 사전자기록등위작, 위작사전자기록등행사, 업무상횡령 (서울고등법원 2020. 2. 6. 선고 2018노3017 판결)

사 건   2018노3017 가. 특정경제범죄가중처벌등에관한법률위반(배임)
　　　　　　　　　　 나. 특정경제범죄가중처벌등에관한법률위반(사기)
　　　　　　　　　　 다. 사기
　　　　　　　　　　 라. 사전자기록등위작
　　　　　　　　　　 마. 위작사전자기록등행사
　　　　　　　　　　 바. 업무상횡령

피고인 1. 가. 나. 다. 라. 마. A
　　　　 2. 가. 나. 다. 라. 마. B
　　　　 3. 다. 바. C

항소인 피고인들 및 검사

검 사   정대정(기소), 김효진(공판)
변호인 법무법인(유한) D(피고인들을 위하여)
　　　　 담당변호사 E, F, G, H, I, J
　　　　 법무법인 K(피고인 C을 위하여)
　　　　 담당변호사 L

원심판결   서울남부지방법원 2018. 10. 18. 선고 2018고합182 판결

판결선고   2020. 2. 6.

주   문

1. 피고인 A
   가. 원심판결 중 피고인 A에 대한 유죄 부분을 파기한다.
   나. 피고인 A을 징역 3년에 처한다.
      다만, 이 판결 확정일부터 4년간 위 형의 집행을 유예한다.
      피고인 A에 대하여 280시간의 사회봉사를 명한다.
      피고인 A으로부터 별지 몰수대상 채권목록 기재 각 채권을 몰수한다.
   다. 원심판결 중 피고인 A에 대한 무죄 부분에 관한 검사의 항소를 기각한다.
2. 피고인 B
   가. 원심판결 중 피고인 B에 대한 유죄 부분을 파기한다.
   나. 피고인 B을 징역 2년 6월에 처한다.
      다만, 이 판결 확정일부터 3년간 위 형의 집행을 유예한다.
      피고인 B에 대하여 200시간의 사회봉사를 명한다.
      피고인 B으로부터 별지 몰수대상 채권목록 기재 각 채권을 몰수한다.
   다. 원심판결 중 피고인 B에 대한 무죄 부분에 관한 검사의 항소를 기각한다.
3. 피고인 C
   피고인 C의 항소 및 검사의 피고인 C에 대한 항소를 각 기각한다.

이   유

1. 항소이유의 요지
   가. 피고인 A, B의 항소이유 요지
      1) 사실오인 내지 법리오해
         원심은 아래와 같이 사실을 오인하거나 관련 법리를 오해하여 피고인 A, B에 대한 공소사실 중 사전자기록등위작, 위작사전자기록등행사, 가상화폐 매수로 인한 특정경제범죄 가중처벌 등에 관한 법률(이하 '특정경제범죄법'이라고 한다) 위반(사기) 내지 사기, 특정경제범죄법 위반(배임) 부분을 모두 유죄로 판단하고, 별지 몰수대상 채권목록 기재 각 채권을 몰수하였다.
         가) 사전자기록등위작,

위작사전자기록등행사 부분
(1) 위작의 개념에 포섭될 수 없다는 주장

　피고인 A, B에 대한 이 부분 공소사실은 '피고인 A이 인터넷 가상화폐 거래소[상호 'M(M)', 이하 'M 거래소'라고 한다]를 운영하는 주식회사 N7)(이하 'N'이라고 한다)의 대표이사로서 피고인 B과 공모하여 또는 단독으로, 실제 N 계좌에 현금을 입금하지 아니하고 M 거래소 시스템(이하 '거래시스템'이라고 한다)에서 피고인 B 계정(ID : O, 이하 같다) 또는 P 계정(ID : Q, 이하 같다)에 거액의 KRW 포인트를 입력하였다.'라는 사실을 전제로 하고 있다.

　형법은 사문서에 관한 죄에서 원칙적으로 권한 없는 사람이 타인의 명의로 문서를 작성하는 이른바 유형위조행위를 처벌하고, 권한 있는 사람이 허위 내용의 문서를 작성하는 이른바 무형위조행위의 경우 예외적으로 진단서 등에 한하여 처벌하고 있다. 이러한 형법의 입법취지, 사전자기록 등이 사문서에 포섭되지 않아 사전자기록등위작죄와 위작사전자기록등행사죄가 신설된 점 등을 죄형법정주의, 유추해석금지의 원칙에 비추어 살펴보면, 사전자기록등위작죄와 위작사전자기록등행사죄에서의 '위작'에 무형위조행위까지 포함된다고 해석할 수 없다. 그런데 피고인 A, B에 대한 이 부분 공소사실은 위와 같은 피고인 A의 무형위조행위가 '위작'에 해당한다는 잘못된 해석을 전제로 하였다.

(2) 허위의 정보 입력행위로 볼 수 없다는 주장

　설령 그렇지 않다고 하더라도, 피고인 B 계정 또는 P 계정은 실질적으로 N의 차명계정이어서 해당 계정의 KRW 포인트 입력을 위한 N 계좌로의 현금 입금은 불필요하였다. 당시 N는 해당 계정에 입력된 KRW 포인트에 상응하는 유동자산을 보유하고 있었기 때문에, 해당 계정을 통한 N의 가상화폐 매수에 따라 KRW 포인트를 취득한 고객들의 출금요청에 응할 의사나 능력이 있었다. 따라서 피고인 A, B에 대한 이 부분 공소사실에서 전제된 피고인 A의 위 KRW 포인트 입력행위를 허위의 정보를 입력한 위작행위로 볼 수 없다.

(3) 사무처리를 그르치게 할 목적이 없었다는 주장

　피고인 A, B은 N의 이익을 보호하기 위해 경영상 판단 아래 주주

---

7) 주식회사 N는 원심판결 선고일 이후 주식회사 R으로 상호를 변경하였으나, 이 판결에서는 편의상 변경 전 상호를 기재하기로 한다.

전원의 동의를 거쳐 위와 같은 KRW 포인트 입력행위를 하였으므로, N의 사무처리를 그르치게 할 목적이 있었다고 볼 수 없다.
나) 가상화폐 매수로 인한 특정경제범죄법 위반(사기) 내지 사기 부분
 (1) 기망행위에 해당하지 않는다는 주장
  피고인 A, B이 공모하여 거래시스템에서 실제 현금의 입금 없이 피고인 B 계정에 충전한 KRW 포인트를 이용하여 가상화폐 매수주문을 제출한 행위 및 피고인 A이 단독으로 거래시스템에서 실제 현금의 입금 없이 P 계정에 충전한 KRW 포인트를 이용하여 가상화폐 매수주문을 제출한 행위는, 이에 상응하는 가상화폐 매도주문을 제출한 고객들(이하 '피해자 고객들'이라고 한다)에 대한 기망행위에 해당하지 않는다.
  피해자 고객들의 신뢰 대상은 거래시스템을 통한 계약체결로 취득하는 매수주문자의 KRW 포인트가 N에 대한 현금 입금을 거쳐 생성되었다는 점이 아니라, 그러한 KRW 포인트에 관하여 N에 출금요청을 하면 현금화할 수 있다는 점이다. 그러한 KRW 포인트가 N에 대한 현금 입금 없이 생성되었다고 하더라도 N에 대한 출금요청을 통해 현금화하는데 아무런 문제가 없다면 위 고객들의 신뢰에 반한다고 볼 수 없다. 그런데 피고인 B 계정 또는 P 계정은 N의 차명계정이고, N는 자산보유 상태에 비추어 위와 같이 현금의 입금 없이 위 계정들에 충전된 KRW 포인트가 가상화폐 거래를 통해 피해자 고객들에게 이전되는 경우 해당 KRW 포인트에 대한 피해자 고객들의 출금요청에 응할 의사와 능력이 있었다. 고객들은 대부분 시세차익을 얻기 위해 가상화폐 거래를 하므로, 이러한 목적을 달성할 수 있다면 거래상대방의 정체, 거래경위, 거래의도 등을 상관하지 않는다. 위와 같이 현금의 입금 없이 KRW 포인트를 충전한 피고인 B 계정 또는 P 계정에서의 매수주문에 상응하는 매도주문을 제출한 피해자 고객들은 계약체결을 통해 원하는 대금 상당액으로서 현금화할 수 있는 KRW 포인트를 취득할 수 있었으므로 매수주문에 관한 정보를 알았더라도 거래를 계속하였을 것이다.
  사기죄에서 기망행위는 사람을 속여 착오에 빠뜨리는 것을 말하는데, 위와 같은 피고인 A, B의 공동행위 및 피고인 A의 단독행위는 현금 입금 없이 피고인 B 계정 또는 P 계정에 충전된 KRW 포인트를 이용하여 거래시스템에 매수주문을 한 것일 뿐 피해자 고객들을 대상으로 기망하지 않았다.

(2) 기망행위로 인한 착오, 처분행위가 없었다는 주장

위와 같은 피고인 A, B의 매수주문 제출행위를 기망행위로 볼 수 있다고 하더라도, 거래시스템상 매도주문과 매수주문은 서로 독립적으로 이루어지므로, 위 피고인들의 기망행위로 인하여 피해자 고객들이 착오에 빠져 매도주문을 하였다고 볼 수 없다. 나아가 피해자 고객들은 매도주문 자체로 가상화폐에 대한 직접적인 처분효과를 발생시키지 못하고 거래시스템상 독자적으로 이루어지는 매칭절차를 통해 매매계약이 체결됨으로써 비로소 가상화폐가 처분되므로, 피해자 고객들의 매도주문을 사기죄에서의 처분행위로 볼 수 없다.

또한 매도주문을 제출한 피해자 고객들은 거래시스템을 통해 매매계약이 체결되면 가상화폐 포인트가 감소함과 동시에 동일한 가액의 KRW 포인트를 취득하므로 재산상 손해가 없다.

(3) 기망의 고의가 없었다는 주장

피고인 A, B는 정부의 가상화폐 거래소 규제 정책으로 발생한 M 거래소의 거래량감소, 시세 하락을 정상화시켜 고객들의 손해를 방지하기 위해 N의 차명계정인 피고인 B 계정 또는 P 계정을 통해 KRW 포인트를 충전하여 피해자 고객들로부터 가상화폐를 매수하였고, 당시 N의 자산상태에 비추어 위 매매거래로 피해자 고객들에게 이전된 KRW 포인트를 현금화할 의사와 능력이 있었으므로, 기망의 고의를 인정할 수 없다.

다) 특정경제범죄법 위반(배임) 부분

(1) 임무위배행위에 해당하지 않는다는 주장

피고인 A은 피해자 N의 대표이사로서 피고인 B과 함께 또는 단독으로 거래시스템에서 피해자 N의 차명계정인 피고인 B 계정 또는 P 계정으로 회사의 자산 범위 내에서 실제 현금의 입금 없이 KRW 포인트를 입력하여 고객들로부터 가상화폐를 매수하였으므로, 매수한 가상화폐는 피해자 N의 자유로운 처분이 가능한 고유자산이 되었다. 이어서 피고인 A은 피고인 B과 함께 또는 단독으로 위와 같이 매수한 가상화폐를 위 각 계정에서 출고하여 s, T, U 등 다른 가상화폐 거래소(이하 다른 거래소를 특정하는 경우를 제외하고 '타 거래소'라고 통칭한다)의 피고인 B 계정 또는 P 계정으로 보내 처분하고 그에 따른 수익을 모두 피해자 N에 반환하였다. 따라서 위 과정에서 피고인 B 계정 또는 P 계정에 현금의 입금 없이 이루어진 KRW 포인트 입력행위 및 위 각 계정에서 매

수한 가상화폐를 출고한 행위를 피고인 A의 임무위배행위로 볼 수 없다.

특히 피고인 B 계정 또는 P 계정은 피해자 N의 지배, 관리 아래 피고인 A, B의 사적 이익이 아닌 피해자 N의 이익을 위해서 사용되었다. 재무팀장 V은 원심에서 이에 부합하는 진술을 하였다. 당시 정부의 가상화폐 거래소 규제 정책, 법인계정 개설의 어려움 등이 있던 상황에서 경영판단 아래 소규모 주식회사의 특성상 상법에 규정된 의사결정절차 없이 모든 주주들 및 이사들의 동의를 받아 위와 같은 거래가 이루어졌으므로, 모든 직원들이 알 수는 없었다.

(2) 구체적, 현실적 손해 발생 위험이 존재하지 않았다는 주장

피고인 B 계정을 통한 M 거래소 및 타 거래소에서의 가상화폐 거래는 위 두 거래소의 가상화폐 시세 차이를 이용해 수익이 발생하도록 알고리즘 기반의 자동화된 프로그램 매매로 설계되어 실행된 재정거래였으므로, 경제적인 관점에서 구체적, 현실적 손해 발생 위험이 없었다.

P 계정을 통한 M 거래소 및 타 거래소에서의 가상화폐 거래는 위와 같은 프로그램 매매가 아니었지만 타 거래소에서 M 거래소의 매수시세보다 높은 가격으로 매도하였으므로, 경제적인 관점에서 구체적, 현실적 손해 발생 위험이 없었다.

(3) 배임의 고의 내지 불법이득의사가 없었다는 주장

피고인 A, B 및 관련자들은 수사 초기에 의도적으로 피해자 N의 차명계정인 피고인 B 계정 또는 P 계정을 숨기지 않았다.

피고인 B 계정을 통해 타 거래소로 이체된 가상화폐는 압수수색 전날인 2018. 3. 11.까지 충전된 KRW 포인트인 440억 원을 상회하는 수량이 피해자 N로 반환되었다. 이러한 반환행위는 당초의 계획대로 M 거래소에서 매수한 가상화폐를 타 거래소로 이체한 후 매도하여 수익을 얻은 다음 타 거래소에서 이체받았던 수량만큼 가상화폐를 다시 매수하여 회복하는 형식으로 이루어진 것이고, 회계실사 등을 위해 일시적으로 이루어진 것은 아니었다. 다만 매매차익에 해당하는 현금도 반환하려고 하였으나 몰수보전조치로 말미암아 반환하지 못하였다.

P 계정은 피고인 B 계정과 달리 재무팀장 V의 통제 아래 M 거래소에서 매수한 가상화폐를 타 거래소로 이체한 후 매도하여 현금화한 다음 이를 피해자 N로 반환하기 위해 사용되었고, 피고인 A

의 사적 이익을 위해 사용되지 않았다. 다만 피고인 A은 이체지연으로 인해 시세차익을 얻지 못하는 경우를 대비하기 위해 우선 타 거래소의 P 계정에 본인 소유의 가상화폐를 이체하였고 나중에 이를 반환받았다.

위와 같이 피고인 B 계정 또는 P 계정을 통한 거래이익은 피고인 A, B에게 귀속되지 않았고, 특히 위 피고인들이 개인적으로 설립하는 법인의 자본금으로 사용되지 않았다.

이러한 점들에다가 앞서 주장한 바와 같이 피고인 B 계정 또는 P 계정을 통해 가상화폐 거래를 하게 된 경위 등을 종합하면, 피고인 A, B에게 배임의 고의 내지 불법이득의사가 있었다고 볼 수 없다.

라) 몰수 부분

앞서 주장한 바와 같이 S, T, U에 개설된 피고인 B의 계정은 N의 차명계정이므로, 위 계정과 관련된 이 사건 공소사실 기재 범죄가 성립되지 않고 별지 몰수대상 채권목록 기재 각 채권을 가지는 주체는 N이지 피고인 B이 아니다.

설령 원심의 유죄 판단이 정당하고 피고인 B이 별지 몰수대상 채권목록 기재 각 채권을 가지는 주체라고 하더라도, 위 채권은 범죄수익은닉의 규제 및 처벌 등에 관한 법률(이하 '범죄수익은닉규제법'이라고 한다)에서 몰수할 수 없다고 규정된 재산에 관한 죄에 의한 범죄피해재산에 해당한다. 한편 사전자기록등위작죄, 위작사전자기록등행사죄에 의하여 생성된 것은 허위의 사전자기록일 뿐이므로, 위 채권이 재산에 관한 죄 외에 독자적 법익을 함께 침해하여 생긴 재산이라고 볼 수 없다.

나아가 원심의 몰수 선고는 비례의 원칙에도 반한다.

따라서 원심의 몰수 선고는 어느 모로 보나 위법하다.

2) 양형부당

원심이 피고인 A에 대하여 선고한 형(징역 3년, 집행유예 4년, 벌금 30억 원, 사회봉사 300시간, 몰수) 및 피고인 B에 대하여 선고한 형(징역 2년 6월, 집행유예 3년, 벌금 20억 원, 사회봉사 200시간, 몰수)은 각 너무 무거워서 부당하다.

나. 피고인 C의 항소이유 요지

원심이 피고인 C에 대하여 선고한 형(징역 6월, 집행유예 2년, 사회봉사 100시간)은 너무 무거워서 부당하다.

다. 검사의 항소이유 요지

1) 원심판결 중 피고인들에 대한 무죄 부분에 관한 사실오인 내지 법리오해
: 피고인들에 대한 공소사실 중 AA 계좌를 통한 예탁금 입금으로 인한 사기 부분

피고인들은 AB의 승인을 받지 못한다면 언제든지 계좌사용이 중단된다는 사정을 알고 있었던 점, 정상적인 집금계좌 사용 여부는 고객들의 투자 여부를 결정하는 중요한 사항인 점, 고객들은 피고인들의 공지를 통해 정상적인 실명확인절차를 거친 입금으로 인식한 점 등을 종합하여 보면, 이 부분 공소사실은 충분히 인정된다.

그럼에도 불구하고 원심은 이 부분 공소사실을 무죄로 판단하였다.

2) 양형부당

원심이 피고인들에 대하여 선고한 위 각 형은 너무 가벼워서 부당하다.

2. 원심판결 중 피고인 A, B에 대한 유죄 부분 판단

  가. 공소장변경에 의한 직권판단

이 부분에 관한 피고인 A, B과 검사의 항소이유 주장을 판단하기에 앞서 직권으로 살펴본다.

검사는 이 법원에서 이 부분 공소사실을 원심 판시 해당 범죄사실과 동일하게 변경하는 내용의 공소장변경허가신청을 하였고, 이 법원은 이를 허가함으로써 그 심판대상이 변경되었다.

따라서 원심판결 중 피고인 A, B에 대한 유죄 부분은 더 이상 유지될 수 없게 되었다.

다만, 원심판결 중 피고인 A, B에 대한 유죄 부분에 위와 같이 직권으로 파기할 사유가 있다 하더라도, 앞서 본 피고인 A, B의 사실오인 내지 법리오해 주장은 여전히 이 법원의 판단대상이 되므로, 아래에서 항을 달리하여 이를 살펴보기로 한다.

  나. 피고인 A, B의 사실오인 내지 법리오해 주장 판단

    1) 인정사실

      가) N의 설립 및 피고인 A, B의 지위

        ① N는 가상화폐의 매매거래 중개 등 관련 서비스를 제공하는 M 거래소 운영을 목적으로 2017. 4. 14. 자본금 7,000만 원으로 설립된 법인이다.

        ② N의 설립 당시 주주구성은, 대표이사인 피고인 A(지분비율 30%), 처 W 명의로 출자한 피고인 B(지분비율 20%), 서버를 비롯한 거래시스템을 담당하는 중국 법인 X(대표자 Y, 지분비율 49%), 운영이사인 피고인 C(지분비율 1%)이다.

③ 피고인 B은 2018. 1.경부터 N에서 근무하였고 2018. 3.경부터는 재무담당이사로 재직하고 있다.

나) 고객의 M 거래소 이용방식
① 고객은 M 거래소 홈페이지를 방문하여 회원가입신청을 하는 방법으로 거래시스템에서 사용할 계정(ID 및 비밀번호)을 생성한다.
② 고객은 자신의 계정을 통해 거래시스템에 접속하여 가상화폐를 매수하기 위해 KRW 포인트를 충전하거나, 가상화폐를 매도하기 위해 가상화폐 포인트를 충전한다.

구체적으로, 고객은 공지된 N 계좌로 충전을 원하는 KRW 포인트 상당 현금을 이체하고 거래시스템을 통해 해당 금액에 관한 입금요청을 하면, N 담당직원이 고객의 입금요청 금액과 실제 고객으로부터 이체된 금액의 동일성 확인을 거쳐 고객의 계정에 해당 금액 상당의 KRW 포인트를 입력하여 거래시스템에 표시되도록 하고, 이후 고객은 자신의 계정에 충전된 KRW 포인트를 확인하게 된다.

마찬가지로 고객은 M 거래소에서 매도하려는 가상화폐를 N 전자지갑으로 입고하면, N 담당직원이 확인을 거쳐 고객의 계정에 해당 수량 상당의 가상화폐 포인트를 입력하여 거래시스템에 표시되도록 하고, 이후 고객은 자신의 계정에 충전된 가상화폐 포인트를 확인하게 된다.

③ 고객은 거래시스템의 매수주문 화면에서 매수하려는 가상화폐의 단가와 수량을 입력한 후 '매수' 아이콘을 클릭하는 방법으로 매수주문을 한다. 거래시스템상 매수주문 화면에 거래가능 금액으로 보유하는 KRW 포인트가 나타나고, 고객이 가상화폐 매수단가를 입력하는 경우 위 거래가능 금액의 한도 내에서 입력된 단가로 매수할 수 있는 가상화폐 최대수량이 자동으로 계산되어 나타나게 되어 있다.

마찬가지로 고객은 매도주문 화면에서 보유하고 있는 가상화폐 포인트 한도 내에서 매도하려는 가상화폐의 단가와 수량을 입력한 후 '매도' 아이콘을 클릭함으로써 매도주문을 한다.

④ 거래시스템은 고객의 매수주문과 매도주문을 비교하여 단가와 수량이 일치되는 경우 해당 매수주문 고객과 매도주문 고객 사이의 매매계약을 체결시키면서 매수고객의 계정에서 대금에 상응하는 KRW 포인트를 감소시키고 매수한 가상화폐 수량에 상응하는 가상화폐 포인트를 증가시키고, 반대로 매도고객의 계정에서 대금에

상응하는 KRW 포인트를 증가시키고 매도한 가상화폐 수량에 상응하는 가상화폐 포인트를 감소시킨다.

⑤ 고객은 거래시스템을 통해 자신의 계정에 보유하는 KRW 포인트 또는 가상화폐 포인트의 한도 내에서 현금 출금요청 또는 가상화폐 출고요청을 하면 N 담당직원의 확인을 거쳐 고객이 지정한 금융계좌 또는 전자지갑으로 요청한 현금 또는 가상화폐 실물을 이체받거나 입고받는다.

다) 2017. 12.경 정부의 가상화폐 거래소 규제 정책

정부는 2017. 12.경 가상화폐 거래소 규제 정책 등을 발표하였다. 이에 따라 금융기관은 가상화폐 거래소 운영법인 계좌를 통한 고객예탁금 입금을 금지하였다. 이러한 조치로 말미암아 M 거래소는 N 계좌를 통해 고객으로부터 가상화폐 거래를 위한 신규자금을 입금 받을 수 없게 되어 거래량이 급감하였고, 이에 가상화폐 시세가 타 거래소와 비교하여 낮게 형성되는 바람에 고객들의 이탈도 늘어나 거래량이 더욱 감소하는 등 악순환이 계속되었다.

라) 피고인 A, B의 공동행위

① 피고인 A, B은 N 계좌에 현금을 이체하지 않고 거래시스템을 통해 M 거래소에 개설된 피고인 B 계정에 KRW 포인트를 충전한 후, 충전한 KRW 포인트로 N 고객들로부터 가상화폐를 매수한 다음, 매수한 가상화폐를 타 거래소에 개설된 피고인 B 계정으로 출고하여 거기서 매도하기로 모의하였다.

② 이에 따라 피고인 A은 2018. 1. 1.경부터 2018. 1. 4.경까지 실제로 현금을 입금하지 않고 중국에 있는 N 서버담당자를 통해 거래시스템에서 피고인 B 계정에 300억 원 상당의 KRW 포인트를 입력하여 표시되게 하였고, 2018. 1. 11.경 같은 방법으로 피고인 B 계정에 140억 원 상당의 KRW 포인트를 입력하여 표시되게 하였다.

③ 피고인 B은 2018. 1. 1.경 M 거래소에서 피고인 B 계정에 위와 같이 입력되어 표시된 KRW 포인트로 가상화폐 매수주문을 제출하는 방법으로 고객으로부터 가상화폐를 매수한 것을 비롯하여 그 무렵부터 2018. 1. 22.경까지 같은 방법으로 원심 판시 별지 범죄일람표 1 기재와 같이 총 7,657회에 걸쳐 고객들로부터 합계 382억 9,645만 1,860원 상당의 가상화폐를 매수하였다.

④ 피고인 B은 위와 같이 M 거래소에서 가상화폐를 매수한 다음 매수한 가상화폐에 관한 출고요청을 하는 방법으로 2018. 1. 1.경 M 거래소 전자지갑에 보관되어 있는 비트코인(BTC) 60개를 T에 개

설된 피고인 B 계정으로 입고한 것을 비롯하여 그 무렵부터 2018. 1. 22.경까지 같은 방법으로 원심 판시 별지 범죄일람표 2 기재와 같이 총 84회에 걸쳐 합계 382억 9,645만 1,860원 상당의 가상화폐를 타 거래소에 개설된 피고인 B 계정으로 입고하였다.

마) 피고인 A의 단독행위

① 피고인 A은 N 계좌에 현금을 이체하지 않고 거래시스템을 통해 M 거래소에 개설된 Z(N 직원이자 피고인 A의 사촌동생)의 여자친구인 P 계정에 KRW 포인트를 충전한 후, 충전한 KRW 포인트로 N 고객들로부터 가상화폐를 매수한 다음, 매수한 가상화폐를 타 거래소에 개설된 P 계정으로 출고하여 거기서 매도하기로 마음먹었다.

② 피고인 A은 2018. 1. 23.경부터 2018. 2. 4.경까지 실제로 현금을 입금하지 않고 중국에 있는 N 서버담당자를 통해 거래시스템에서 P 계정에 70억 원 상당의 KRW 포인트를 입력하여 표시되게 하였다.

③ 피고인 A은 P으로 하여금 2018. 1. 23.경 M 거래소에서 P 계정에 위와 같이 입력되어 표시된 KRW 포인트로 가상화폐 매수주문을 제출하는 방법으로 고객으로부터 가상화폐를 매수하게 한 것을 비롯하여 그 무렵부터 2018. 2. 21.경까지 같은 방법으로 원심 판시 별지 범죄일람표 4 기재와 같이 총 984회에 걸쳐 고객들로부터 합계 70억 347원 상당의 가상화폐를 매수하였다.

④ 피고인 A은 P을 통해 위와 같이 M 거래소에서 가상화폐를 매수한 다음 매수한 가상화폐에 관한 출고요청을 하는 방법으로 2018. 1. 24.경 N의 전자지갑에 보관되어 있는 비트코인(BTC) 59.21790개를 T에 개설된 P 계정으로 입고한 것을 비롯하여 그 무렵부터 2018. 2. 21.경까지 원심 판시 별지 범죄일람표 5 기재와 같이 총 9회에 걸쳐 합계 69억 9,268만 9,852원 상당의 가상화폐를 T에 개설된 P 계정으로 입고하였다.

2) 사전자기록등위작, 위작사전자기록등행사 부분

가) 관련 법리

형법 제227조의2는 공전자기록등위작·변작죄에 관하여 "사무처리를 그르치게 할 목적으로 공무원 또는 공무소의 전자기록 등 특수매체기록을 위작 또는 변작한 자는 10년 이하의 징역에 처한다."라고 규정하고 있다.

공전자기록등위작죄에서 '위작'이란 전자기록 등에 관한 시스템 설치

· 운영 주체와의 관계에서 전자기록 등의 생성에 관여할 권한 없는 사람이 전자기록 등을 작출하거나 전자기록 등의 생성에 필요한 단위 정보를 입력하는 경우는 물론이고, 시스템 설치 · 운영 주체로부터 각자의 직무범위에서 개개의 단위정보를 입력할 권한을 부여받은 사람이 그 권한을 남용하여 허위의 정보, 즉 진실에 반하는 내용을 입력함으로써 시스템 설치 · 운영 주체의 의사에 반하는 전자기록 등을 생성하는 경우도 포함한다. 그리고 '사무처리를 그르치게 할 목적'이란 위작된 전자기록 등이 사용됨으로써 시스템 설치 · 운영 주체의 사무처리를 잘못되게 하는 것을 말한다(대법원 2005. 6. 9. 선고 2004도6132 판결, 대법원 2011. 5. 13. 선고 2011도1415 판결, 대법원 2013. 11. 28. 선고 2013도9003 판결 등 참조).

공전자기록등위작죄에 관한 위와 같은 법리는 사전자기록등위작죄의 경우에도 마찬가지로 적용된다(대법원 2005. 10. 28. 선고 2005도6344 판결, 대법원 2016. 11. 10. 선고 2016도6299 판결 참조).

나) 원심의 판단

원심은 적법하게 채택하여 조사한 증거들에 의하여 인정되는 다음과 같은 사정들을 종합하여, 피고인 A, B은 공모하여 거래시스템에서 피고인 B 계정에 마치 440억 원의 현금을 입금한 것처럼 허위의 KRW 포인트를 입력함으로써, 피고인 A은 단독으로 거래시스템에서 P 계정에 마치 70억 원의 현금을 입금한 것처럼 허위의 KRW 포인트를 입력함으로써, 권리 · 의무 또는 사실증명에 관한 N의 전자기록을 위작한 다음 위작한 전자기록을 행사하였으며, 당시 위 피고인들에게 가상화폐 거래소 운영에 관한 N의 사무처리를 그르치게 할 목적도 인정된다고 판단하였다.

① 전자기록은 문서와는 달리 가시성, 가독성이 없을 뿐만 아니라 새롭게 입력한 데이터가 프로그램에 의하여 기존의 데이터와 함께 처리, 가공되어 새로운 전자기록이 형성되는 경우가 적지 않다. 전자기록의 형성에는 여러 사람의 의사나 행위가 관계되는 등으로 문서의 작성 과정과는 다른 특징들이 존재한다. 그러면서도 데이터 입력에 관한 상급 감독자 내지는 시스템의 설치 · 운영 주체의 별도 결재나 승인절차가 없는 등 그 작성자나 완성이라는 개념을 생각하기 어렵다. 이와 같이 문서와는 다르게 그 형성과정에 고도의 전문성, 기술성, 신뢰성을 요하고 동시에 명의인이 누구인지 특정하기 어려운 전자기록의 특성을 감안할 때 시스템 설치 · 운영 주체의 의사에 반하여 권한 없이 허위의 정보를 입력하는 경우뿐만 아니라

권한이 있더라도 허위의 정보를 입력하여 그 행위가 권한을 일탈, 남용하는 것으로 평가될 수 있는 경우에는 형법 제232조의2에 규정된 사전자기록등위작죄에서 '위작'의 개념에 포함되는 것으로 해석함이 타당하다.

② 피고인 A은 N의 대표이사로서 회사의 업무처리 전반에 대한 포괄적인 의사결정 권한을 가지고 있는데 여기에는 거래시스템에 대한 부분도 포함된다. 그러나 거래시스템 설치·운영주체는 어디까지나 피고인 A과 별개의 법인격을 가진 회사인 N이고, 피고인 A은 N의 기관에 불과하다. 한편 피고인 B은 고객들의 예탁금입금을 위한 가상계좌를 개설하거나, M 거래소에서 반출한 가상화폐를 타 거래소들을 통해 거래하거나, 회계 실사 등에 대비하여 재무 관련 업무를 수행하였을 뿐 거래시스템에 관하여는 권한을 가지고 있지 않았다.

③ N는 고객들에게 KRW 포인트의 충전 방법에 관하여, 반드시 계좌를 통한 현금 입금의 방식에 의할 것을 안내하고 이를 강제하고 있다. 현금 이외의 재산을 N에 이전하거나 담보로 제공하는 방법으로 KRW 포인트를 충전할 수 있는 서비스는 제공하고 있지 않다. 따라서 설령 피고인 A, B이 N 대표이사이거나 M 거래소 계정의 명의자라 하더라도 위와 다른 방법으로 KRW 포인트를 충전할 수 있다고 보아서는 안 된다. 또한 KRW 포인트가 그 자체로 N와 고객들 사이의 권리관계를 표시한 것이기는 하나 그 포인트가 각 계정별로 현출되기에 앞서서는 절차적으로 실제 현금의 입금 및 그에 따른 입금신청의 과정을 거쳐야 한다. 따라서 이 사건에서 피고인 B 계정 또는 P 계정에 입력된 KRW 포인트에 상응하는 금액 상당의 현금이 실제로 입금되지 않은 이상 해당 KRW 포인트 부분의 전자기록은 진실에 반한다.

④ 사전자기록등위작죄 및 위작사전자기록등행사죄에서 말하는 '위작'의 개념에는 시스템 관리·운영 주체로부터 부여받은 권한을 일탈, 남용하여 허위의 전자기록을 형성하는 행위도 포함된다. 그런데 피고인 A은 대표이사로서 N로부터 거래시스템에 접속하여 그 내부의 정보를 입력 내지 변경하거나 그와 같이 지시할 수 있는 권한을 부여받기는 하였으나, 이는 현금이나 가상화폐의 오입금, 오출금이 발생한 경우처럼 인위적인 정보의 입력, 변경이 필요할 때에만 행사할 수 있다고 보아야 하지, N가 고객들과의 관계에서 미리 정해놓은 것과는 다른 방법으로 KRW 포인트를 충전하는 것까지 위 권

한 범위에 포함된다고 볼 수는 없다.
⑤ 그런데 피고인 A, B은 현금의 입금 없이 거래시스템의 피고인 B 계정 또는 P 계정에 KRW 포인트를 충전함으로써 가상화폐 매수주문 등 정보의 정확성과 신뢰성에 심각한 악영향을 미쳤을 뿐만 아니라, 이를 이용하여 고객들로부터 가상화폐를 매수한 후 이를 타 거래소에 반출하여 매도함으로써 별도의 범죄를 저지른 이상 N의 입장에서 이를 정당하거나 정상적인 사무처리라고 볼 수 없다. 결국 위 피고인들에게는 N의 사무처리를 그르치게 할 목적도 있었다고 인정된다.

다) 이 법원의 판단

원심이 든 위와 같은 사정에다가 원심과 이 법원이 적법하게 채택하여 조사한 증거들에 의하여 인정되는 아래와 같은 사정을 보태어 보면, 원심의 위와 같은 판단은 정당하다. 따라서 피고인 A, B의 이 부분 사실오인 내지 법리오해 주장은 이유 없다.

① 많은 사람들의 관여 아래 개개의 데이터 결합 등을 거쳐 완성되는 특성을 지닌 전자기록 등에서 문서의 작성자에 대응하는 존재는 시스템의 설치·운영 주체라고 볼 수 있다. 이러한 점에 비추어 보면, 사전자기록등위작죄에서 '위작'은 공전자기록등위작죄와 마찬가지로 시스템 설치·운영 주체의 의사에 반하여 전자기록 등을 생성하는 것을 의미한다고 봄이 타당하다. 따라서 권한 없는 사람이 전자기록 등을 생성하는 경우뿐만 아니라 권한 있는 사람이라도 그 권한을 일탈, 남용하여 시스템 설치·운영 주체의 의사에 반하는 전자기록 등을 생성하는 경우도 '위작'의 개념에 포섭될 수 있다.

② 피고인 A, B의 사실오인 내지 법리오해 주장 중 아래 특정경제범죄법 위반(배임) 부분의 판단에서 보는 바와 같이, 피고인 A이 피고인 B과 공동으로 또는 단독으로 거래시스템상 현금의 입금 없이 거액의 KRW 포인트를 입력한 피고인 B 계정 또는 P 계정이 N의 차명계정이라고 볼 수 없고, 나아가 위와 같은 KRW 포인트 입력행위가 N의 이익을 위한 경영상 판단에 따른 행위로 정당화될 수도 없다. 이와 다른 전제사실을 기초로 현금의 입금이 수반하지 않더라도 허위의 KRW 포인트 입력행위라 할 수 없고, N의 사무처리를 그르치게 할 목적이 인정되지 않는다는 주장은 받아들일 수 없다.

③ 거래시스템의 설치·운영 주체인 N와 N의 주주는 별개의 법인격이므로, 설령 모든 주주들의 동의를 거쳤다고 하더라도 거래시스템이 정한 KRW 포인트 입력방식, 즉 N 계좌로 현금을 이체받아 그

금액 상당의 KRW 포인트를 입력하는 방식과 다른 KRW 포인트 입력행위를 정당한 N의 사무처리로 보기 어렵다. 그런데 피고인 A은 N의 대표이사로서 거래시스템이 정한 KRW 포인트 입력방식을 잘 알고 있었는데도 피고인 B과 공동하여 또는 단독으로 위와 같이 다른 방식으로 피고인 B 계정 또는 P 계정에 KRW 포인트를 입력하였으므로 N의 사무처리를 그르치게 할 목적을 인정할 수 있다.

3) 가상화폐 매수로 인한 특정경제범죄법 위반(사기) 내지 사기 부분
  가) 관련 법리
    ① 가상화폐는 경제적인 가치를 디지털로 표상하여 전자적으로 이전, 저장 및 거래가 가능하도록 한 재산적 가치 있는 무형의 재산으로 보아야 하므로, 사기죄의 객체인 재산상 이익에 해당한다(대법원 2018. 5. 30. 선고 2018도3619 판결 참조).
    ② 사기죄는 다른 사람을 기망하여 그로 인한 하자있는 의사에 터잡아 재물의 교부를 받거나 재산상의 이득을 취득함으로써 성립한다. 사기죄의 요건으로서 기망은 널리 재산상 거래관계에서 서로 지켜야 할 신의와 성실의 의무를 저버리는 모든 적극적 또는 소극적 행위를 말하고, 반드시 법률행위의 중요부분에 관한 것임을 요하지 않으며, 상대방을 착오에 빠지게 하여 행위자가 희망하는 재산적 처분행위를 하도록 하기 위한 판단의 기초사실에 관한 것이면 충분하다. 어떤 행위가 다른 사람을 착오에 빠지게 한 기망행위에 해당하는가의 여부는 거래의 상황, 상대방의 지식, 경험, 직업 등 행위 당시의 구체적 사정을 고려하여 일반적·객관적으로 판단해야 한다(대법원 1992. 3. 10. 선고 91도2746 판결, 대법원 1995. 9. 15. 선고 95도707 판결 등 참조).
    ③ 사기죄에서 처분행위라 함은 재산적 처분행위로서 피해자가 자유의사로 직접 재산상 손해를 초래하는 작위에 나아가거나 또는 부작위에 이른 것을 말한다(대법원 2007. 7. 12. 선고 2005도9221 판결 등 참조).
    ④ 사기죄의 본질은 기망행위에 의한 재물이나 재산상 이익의 취득에 있는 것이고 상대방에게 현실적으로 재산상 손해가 발생함을 요건으로 하지 아니한다(대법원 1985. 11. 26. 선고 85도490 판결 등 참조).
  나) 원심의 판단
    원심은 적법하게 채택하여 조사한 증거들에 의하여 인정되는 아래와 같은 사정들을 종합하여, 피고인 A, B은 공모하여 거래시스템에서 피

고인 B 계정에 허위 충전된 KRW 포인트를 이용하여, 피고인 A은 단독으로 거래시스템에서 P 계정에 허위 충전된 KRW 포인트를 이용하여 각 거짓된 매수주문을 제출하고, 이러한 사정을 알지 못한 피해자 고객들로부터 가상화폐를 매수함으로써 그 상당의 재산상 이익을 취득하였으며, 위 피고인들에게는 모두 편취 범의가 인정된다고 판단하였다.

(1) 피고인 A, B의 기망행위

① M 거래소의 고객들은 아래와 같이 거래소에 제출된 매수주문의 진정성에 대하여 신뢰를 가지고 있는데, 피고인 A, B이 진실에 반하여 허위 충전된 KRW 포인트를 이용하여 가상화폐의 매매거래를 성사시켰다면 그 자체로 적극적인 기망행위가 있었다고 볼 수 있다.

㉮ 고객들이 M 거래소에서 가상화폐 매수주문을 제출하려면 그에 상응하는 현금 입금에 기초한 KRW 포인트가 있어야 하고 매수주문의 범위도 보유하고 있는 KRW 포인트 범위로 한정된다. 나아가 최대금액은 일반 고객이 홈페이지를 통해 충전할 경우 5억 원으로 제한된다[8]. 따라서 비록 고객들이 M 거래소 홈페이지에서 가상화폐 매수주문 제출자의 정체나 제출자의 계정에 보유하고 있는 KRW 포인트의 액수를 구체적으로 인식할 수는 없더라도, 최소한 이미 제출된 매수주문이 실제 입금된 현금에 따라 부여된 KRW 포인트에 근거한 것이라는 신뢰를 가지고 있다.

㉯ 앞서 본 원칙적인 KRW 포인트 충전방법에 의하면 M 거래소에서는 가상화폐에 대한 신용거래가 불가능하다는 것을 명시하고 있고(현금 이외의 자산을 이전하거나 담보로 제공하는 등의 방법으로는 KRW 포인트를 충전할 수 없으므로 아무리 많은 자산을 보유한 고객이더라도 이를 반드시 현금화하는 절차가 필요하다), 고객들은 이에 대한 신뢰를 가지고 있다. 또 고객이 M 거래소에 입금한 현금은 궁극적으로 고객들 전부에 대한 현금 출금 재원으로 활용되어야 하는 것이어서 여기에 실제로 현금이 들어오는지, 들어온다면 얼마가 들어오는지 여부에 대한 고객들의 신뢰는 보호되어야 한다.

② 일반거래의 경험칙상 피해자 고객들은 피고인 A, B이 진실에

---

[8] 공판기록 1389면

반하여 허위 충전된 KRW 포인트를 이용하여 가상화폐의 매수주문을 제출하였고, 나아가 그러한 KRW 포인트 충전이 사전자기록등위작죄, 위작사전자기록등행사죄에 해당된다는 것을 알았다면 가상화폐의 거래를 하지 않았을 것임이 명백하다.

㉮ N를 운영하는 피고인 A, B이 특정 계정에 KRW 포인트를 임의로 현금 입금 없이 허위 충전하여 매수주문을 제출할 수 있다면 그러한 매수주문의 수량에 아무런 제한이 없어 이를 통해 M 거래소의 가상화폐 시세에 충분한 영향을 미칠 수 있다. 위 피고인들도 일관되게 하락한 M 거래소의 시세를 상승시키기 위해 그러한 행위를 하였다고 주장하였다. 그런데 N를 포함하여 가상화폐 거래소를 통해 거래하는 고객들의 대부분은 가상화폐를 재화, 용역에 대한 결제수단보다는 가격변동에 따른 시세차익을 얻을 투자대상으로 삼고 거래하고 있다.

㉯ 특히 국내에는 N 이외에도 여러 가상화폐 거래소들이 경쟁적으로 운영되고 있으므로 피해자 고객들에게는 선택할 수 있는 대안들이 많았다.

③ 피고인 A, B이 허위 충전한 KRW 포인트로 매수한 가상화폐는 곧바로 타 거래소에 개설된 피고인 B 계정이나 P 계정으로 이체됨으로써 배임행위에 사용되었는데, 만일 피해자 고객들이 위와 같은 의도를 알았더라면 그러한 매수주문에 응하지 아니하였을 것임이 명백하다. 나아가 가상화폐의 타 거래소로의 반출은 M 거래소에서 거래되는 가상화폐 수량의 감소를 의미하여 그 자체로 거래활성화에는 부정적인 영향을 미칠 수밖에 없다.

(2) 피해자 고객들의 착오, 처분행위

① 고객이 거래시스템에서 가상화폐 매도주문을 제출하여 매매계약이 체결되는 경우, 본인 계정의 가상화폐 포인트는 감소하는 반면 매수주문을 제출한 거래상대방 계정의 가상화폐 포인트는 증가하고 이러한 가상화폐 포인트의 증감은 서로 정확하게 상응하는 관계에 있다. 따라서 피해자 고객들이 매도주문을 제출하여 위와 같은 결과를 발생시키는 일련의 행위는 사기죄에서의 처분행위에 해당하고, 허위의 매수주문 제출방식으로 이루어진 기망행위와의 인과관계도 인정된다.

② 한편, 거래시스템상 피고인 A, B이 허위 충전에 따른 매수주문을 제출하기 이전에 이미 제출된 피해자 고객들의 매도주문으

로 매매가 체결된 경우도 있을 것이다. 그러나 사기죄에서의 처분행위는 작위에 의한 것뿐만 아니라 부작위에 의한 것도 포함되는데, 위와 같은 경우 허위의 KRW 포인트 충전에 따른 매수주문에 응하지 않았을 피해자 고객들로서는 그와 같은 사정을 사전에 알았더라면 이미 제출한 매도주문을 철회하거나 해당 가상화폐를 반출하는 등의 조치를 취함으로써 매매체결 및 포인트 변동을 막을 기회가 있었다. 그럼에도 피해자 고객들이 위 피고인들에게 속아 착오에 빠진 나머지 그와 같은 조치를 취하지 못한 것은 부작위에 의한 처분행위라고 평가할 수 있고 기망행위와의 인과관계도 있다.

③ 한편, 피해자에게 현실적으로 재산상 손해가 발생하였는지 여부는 사기죄의 구성요건에 해당하지 않다. 따라서 피해자 고객들 중에 충전된 KRW 포인트 상당의 현금을 인출하지 못한 사람이 없어 재산상 손해를 본 고객이 없다는 사정은 양형요소에 불과하다.

(3) 피고인 A, B의 고의

① 이 사건 범행기간 동안 N 고객들이 보유한 KRW 포인트에 비해 N가 보유한 현금자산과 타 거래소의 피고인 B 계정 또는 P 계정에서 보유한 KRW 포인트의 합계가 거의 대부분(2018. 1. 5. 제외) 다액이었던 것으로 보이고, 그 밖에 위 각 계정에서 보유하고 있는 가상화폐도 상당히 존재하였던 것으로 보인다. 그러나 이러한 수치만으로 각 범행 당시 N에서 피해자 고객들의 현금 출금요청에 응하여 이를 변제할 의사나 능력이 있었다고 보기는 어렵다.

㉮ 피고인 A, B이 현금 출금 재원이라고 주장하는 현금성 자산의 상세를 살펴보면 범행기간인 2018. 1. 1.부터 2018. 2. 21.까지 N의 현금자산은 거의 일정하였고 그 비율도 타 거래소에 대한 피고인 B, P의 KRW 포인트에 비해 매우 적은 편이었다. 따라서 위 피고인들이 주장하는 현금성 자산의 대부분은 위 계정으로 보유한 타 거래소에 대한 KRW 포인트인데 우선 이는 사기 범행으로 취득한 가상화폐를 매도하여 취득한 것이고 그 결과물은 배임행위에 사용된 것이므로 사기 범행 당시의 변제자력 여부를 판단함에 있어 고려하는 것은 부당하다. 설령 일련의 매수 및 매도 과정에서 앞선매수, 매도로 취득한 KRW 포인트가 그 이후에 이루어지는 가상화폐 매도, 매수 시의 현

금자산에 포함되는 것으로 볼 수 있다고 하더라도 위 포인트는 어디까지나 타 거래소에 대하여 금전의 지급을 구할 수 있는 권리에 불과할 뿐이어서 타 거래소의 재정상태나 고객예탁금의 보관방법, 출금 요청 시 출금이 원활한 정도, 타 거래소 사이트의 안정성 등에 따라 그 가치가 변동될 수 있어 그 액면가액 그대로 실제 현금과 동일시할 수 있는 것도 아니다.

㉮ 타 거래소에 대한 KRW 포인트의 대부분은 피고인 B 계정에 있었다. 피고인 A은 검찰 2회 조사에서, ⓐ N에 피고인 B 계정으로 충전된 440억 원에 상당하는 자산이 있었음에도 이를 매각하여 충전하지 않은 까닭을 묻는 검사의 질문에 특별한 답변을 하지 못하였고, ⓑ AA 계좌를 사용하여 고객들로부터 입금을 받을 무렵 피고인 B 및 P 계정에 상당한 원화를 보유하고 있어 이를 재원으로 하여 고객들의 출금에 충분히 응할 수 있었다는 취지로 진술하면서도, 피고인 B 계정에 있는 원화는 거래량을 늘리려는 목적이 컸기 때문에 고객들의 출금에 응하기 위해 N 계좌에 바로 입금하지 않은 것은 사실이고 그 부분은 자신의 판단이 잘못되었다는 취지로 진술하였다[9]. 이러한 진술에 비추어 보면 피고인 A, B이 피해자 고객들로부터 매수한 가상화폐를 타 거래소에서 거래하는 것에 우선하여, 피해자 고객들의 현금 출금요청에 응할 진정할 의사가 있었다고 보기 어렵다. 그렇다면 위 KRW 포인트는 실질적으로 범행 당시 피해자 고객들에 대한 출금재원으로 활용될 여지가 없었다.

㉯ 타 거래소의 피고인 B 계정 또는 P 계정에 있던 가상화폐는 그 자체로 사기 범행으로 인해 취득한 것이고, 배임행위의 결과물이며, 가격변동의 가능성이 있으므로 앞서 본 타 거래소에 대한 KRW 포인트와 마찬가지로 이를 가상화폐를 매도한 피해자 고객들에 대한 출금재원에 포함시키는 것은 부당하다.

㉰ 그밖에 N 자체의 가상화폐 자산은 가격변동의 가능성이 있을 뿐만 아니라 이는 가상화폐 포인트를 갖고 있는 고객들에 대하여 반환되어야 할 부분까지 포함되어 있는 것이다. 한편 오출금 등으로 인한 가상화폐 반환채권은 임의 반환이 이루어지지 않는 이상 소 제기 등 절차를 거쳐야 비로소 출금재원으로 활용될 수 있는 것이어서 위 각 자산들은 출금재원에 포함

---

9) 증거기록 3314, 3315, 3337면

시키기 부적당하거나 적어도 그 전부를 출금재원이라고 볼 수는 없다.

② M 거래소 내 거래활성화로 인한 가상화폐 시세 상승을 통해 피해자 고객들의 이익을 도모한 것이어서 사기죄가 성립할 수 없다는 취지의 피고인 A, B 및 변호인 주장도 다음과 같은 이유로 받아들이기 어렵다.

㉮ 고객들과 N 간의 상담 내역들에 비추어 보면 고객들이 적극적으로 N에 거래소 내 시세관리를 요청한 사실은 있다. 그러나 고객들은 N가 2017. 12. 중순경 자체적으로 입금을 제한하였음에도 입금을 재개하지 않음에 따라 거래소 내 시세가 하락하게 된 것에 대해 항의하고 입금재개를 통해 시세를 상승시켜 달라는 취지의 요구를 하였을 뿐, N 측에서 직접 거래 당사자로 참여하여 매수주문을 제출하는 방법까지 요구한 것은 아니었다. 고객들이 특정 계정의 KRW 포인트를 허위로 충전한 뒤 매수주문을 제출하는 방식의 시세 관리를 요구한 것은 더욱 아니다.

㉯ 위와 같은 상담 과정에서 상담 직원들은 일관하여 N는 거래소 내 시세에 직접 관여하지는 않는다는 취지로 설명하고 있다.

㉰ N가 고객들에 대한 관계에서 거래소 시세의 하락을 방지할 주의의무를 가진다고 보기도 어렵다. N의 약관이나 홈페이지 어디에도 N가 고객들에게 거래소 시세 변화로 인한 손실을 보장하거나 원금을 보전하여 준다는 내용은 전혀 없다.

③ 고객들의 불만을 해소하고 고객들의 이익을 위한 행위였다는 피고인 A, B의 논리에 따르면, 위 피고인들이 이러한 동기와 거래방법 일체를 고객들에게 공개(예컨대 정부의 가상화폐 거래 규제로 인하여 입금이 제한되어 발생하는 시세하락을 N가 자체보유한 자산을 '담보'삼아 직접 가상화폐를 매수함으로써 고객들의 이익을 보호하려 한다는 취지의 공고)하지 않은 까닭을 설명하기 어렵다. 만일 이와 같이 조치하였다면 N로서는 고객들의 불만을 보다 수월하게 잠재울 수 있었고, 나아가 이를 통해 고객들의 이익을 위해 애쓰는 거래소라는 인상을 줄 수도 있었을 것으로 보인다. 그럼에도 위 피고인들이 이를 고객들에게 제대로 알리지 않았는데, 그 이유는 이와 같은 사실을 공지할 경우 고객들이 거래소에서 이탈할 것을 예상하였기 때문으

로 보인다.
다) 이 법원의 판단
원심이 든 위와 같은 사정들에다가 원심과 이 법원이 적법하게 채택하여 조사한 증거들에 의하여 인정되는 아래와 같은 사정들을 보태어 보면, 원심의 위와 같은 판단은 정당하다. 따라서 피고인 A, B의 이 부분 사실오인 내지 법리오해 주장은 이유 없다.
(1) 피고인 A, B의 기망행위를 인정하는 추가적인 사정
① N는 홈페이지의 『N 이용방법 - 입금하기』 항목에서 고객들에게 '현금의 출금은 입금 시점부터 72시간이 지난 후 가능하다.'라는 주의사항을 공지하고 있다[10]. 한편 N는 2017. 12. 21. 내부적 사정으로 고객들의 입금을 중단하는 조치를 취한 후 2017. 12. 26. 홈페이지를 통해 고객들에게 '2017. 12. 20. 입금한 고객은 입금처리를 하고 2017. 12. 21. 입금중단 이후 입금한 고객은 일괄 환불처리를 할 예정이다.'라는 진행상황을 알리면서 '고객의 자산은 금융기관에 안전하게 예치 중에 있다.'라고 공지하였다. 이러한 N의 공지사항에 의하면, N 고객들은 자신들의 계정에 보유된 KRW 포인트의 출금이 원칙적으로 해당 KRW 포인트 생성 당시 N에 입금된 같은 금액 상당의 현금에 기초하는 것이라는 점을 신뢰하고 있다고 볼 수 있다. 따라서 피해자 고객들은 자신들의 매도주문에 상응하는 매수주문 제출자의 KRW 포인트가 현금 입금에 기초하여 생성되었고 그렇기 때문에 매매계약 체결 후 취득한 KRW 포인트를 현금화할 수 있다는 신뢰를 가지고 있었다고 볼 수 있다. 이러한 피해자 고객들의 신뢰는 가상화폐의 거래목적이 시세차익을 얻는 것이었더라도 달라지지 아니한다.
② N의 고객들은 거래시스템을 통해 N에 실제 현금을 입금하거나 가상화폐를 입고한 다음, 거래를 원하는 가상화폐의 수량과 금액을 입력하고 '매수' 또는 '매도' 아이콘을 클릭하여 주문을 제출하는 방법으로, 거래상대방이 될 다른 고객들에 대하여 입력한 정보대로 가상화폐를 매수하거나 매도하겠다는 의사표시를 하고 서로 상응하는 의사표시를 한 고객을 찾아 매매계약을 체결한다. 즉 N 고객들은 거래시스템을 거래수단으로 이용하여 가상화폐 거래를 한다. 따라서 피고인 A, B이 거래시스템에서

---

[10] 추가 증거기록 2권 178면

고객들의 신뢰에 반하여 피고인 B 계정 또는 P 계정에 현금의 입금 없이 KRW 포인트가 생성되도록 조작한 후 가상화폐 매수주문을 제출하는 행위는 피해자 고객들을 대상으로 한 기망행위에 해당한다.

(2) 피해자 고객들의 착오, 처분행위를 인정하는 추가적인 사정

① N는 거래시스템의 매수주문 또는 매도주문 화면에서 고객들에게 실시간으로 일정 범위 내에서 그 당시까지 제출되어 있으나 아직 매매계약이 체결되지 않은 해당 주문별 가상화폐의 단가와 수량 등 매수주문 호가정보 및 매도주문 호가정보를 제공하고 있고[11], 고객들은 위와 같이 제공받은 이미 제출된 주문들의 호가정보를 토대로 거래를 원하는 가상화폐의 단가와 수량을 정하여 매수주문 또는 매도주문을 하여 매매계약을 체결한다. 따라서 거래시스템상 매수주문과 매도주문이 서로 독립적으로 이루어진다고 볼 수 없다.

② 이 사건에서 피고인 A, B의 현금 입금 없이 KRW 포인트가 입력된 피고인 B 계정 또는 P 계정을 통한 매수주문과 피해자 고객들의 매도주문은 거래시스템상 제공되는 주문호가정보를 통해 상호 대응하여 이루어진 결과 매매계약의 체결로 나아갔다고 보인다. 그러므로 위와 같은 피고인 A, B의 기망행위와 피해자 고객들의 착오 사이에 인과관계를 인정할 수 있다.

③ 피해자 고객들은 거래시스템을 이용하여 매도하고자 하는 가상화폐의 단가와 수량을 입력한 매도주문을 제출함으로써 위 조건으로 가상화폐를 매도하겠다는 처분의사를 표시하였고, 피고인 B 계정 또는 P 계정을 통해 이에 상응하는 매수주문을 제출한 피고인 A, B과 매매계약을 체결하고 N에 보관중인 해당 수량의 가상화폐를 이전하였으므로, 피해자 고객들의 처분행위도 인정된다.

(3) 피고인 A, B의 고의를 인정하는 추가적인 사정

① 피고인 A, B의 사실오인 내지 법리오해 주장 중 아래 특정경제범죄법 위반(배임) 부분의 판단에서 보는 바와 같이, 이 부분 범행에 사용된 피고인 B 계정 또는 P 계정이 N의 차명계정이라고 볼 수 없다.

---

[11] 추가 증거기록 2권 176면, 피고인 A, B의 변호인이 2019. 5. 9. 이 법원에 제출한 M 거래소 이용방법 한다.

② 따라서 피고인 B 계정 또는 P 계정이 N의 차명계정임을 전제로 당시 N가 위 각 계정에서 피해자 고객들의 계정으로 이전된 현금 입금 없는 KRW 포인트의 출금요청에 응할 의사나 능력이 있었기 때문에 피고인 A, B에게 기망의 고의를 인정하기 어렵다는 취지의 주장은 받아들이기 어렵다.

4) 특정경제범죄법 위반(배임) 부분
  가) 관련 법리
    ① 업무상배임죄는 타인의 사무를 처리하는 자가 그 임무에 위배하는 행위로서 재산상의 이익을 취득하거나 제3자로 하여금 이를 취득하게 하여 본인에게 손해를 가함으로써 성립한다. 이 경우 그 임무에 위배하는 행위라 함은 처리하는 사무의 내용, 성질 등 구체적 상황에 비추어 법률의 규정, 계약의 내용 혹은 신의칙상 당연히 할 것으로 기대되는 행위를 하지 않거나 당연히 하지 않아야 할 것으로 기대하는 행위를 함으로써 본인과 사이의 신임관계를 저버리는 일체의 행위를 포함한다. 행위자가 가사 본인을 위한다는 의사를 가지고 행위를 하였다고 하더라도 그 목적과 취지가 법령이나 사회상규에 위반된 위법한 행위로서 용인할 수 없는 경우에는 그 행위의 결과가 일부본인을 위하는 측면이 있다고 하더라도 이는 본인과의 신임관계를 저버리는 행위로서 업무상배임죄의 성립을 인정함에 영향이 없다(대법원 2002. 7. 22. 선고 2002도1696 판결 등 참조).
    ② 업무상배임죄에서 본인에게 재산상 손해를 가한다 함은 총체적으로 보아 본인의 재산 상태에 손해를 가하는 경우, 즉 본인의 전체적 재산가치의 감소를 가져오는 것을 말하는 것으로, 현실적인 손해를 가한 경우뿐만 아니라 재산상 실해 발생의 위험을 초래한 경우도 포함된다. 그리고 재산상 손해의 유무에 대한 판단은 법률적 판단에 의하지 아니하고 경제적 관점에서 파악하여야 한다. 한편 재산상 손해가 발생하였다고 평가될 수 있는 재산상 실해 발생의 위험이란 본인에게 손해가 발생할 막연한 위험이 있는 것만으로는 부족하고 경제적인 관점에서 보아 본인에게 손해가 발생한 것과 같은 정도로 구체적·현실적인 위험이 있는 경우를 의미한다. 일단 손해의 위험을 발생시킨 이상 나중에 피해가 회복되었다고 하여도 업무상배임죄의 성립에 영향을 주는 것은 아니다(대법원 2007. 3. 15. 선고 2004도5742 판결, 대법원 2015. 9. 10. 선고 2015도6745 판결, 대법원 2015. 11. 26. 선고 2014도17180 판결 등 참조).

③ 업무상배임죄의 고의는 업무상 타인의 사무를 처리하는 자가 본인에게 재산상의 손해를 가한다는 의사와 자기 또는 제3자의 재산상 이득의 의사가 임무에 위배된다는 인식과 결합되어 성립된다. 이와 같은 업무상배임죄의 주관적 요소로 되는 사실(고의, 동기 등의 내심적 사실)은 피고인이 본인의 이익을 위하여 문제가 된 행위를 하였다고 주장하면서 범의를 부인하고 있는 경우에는 사물의 성질상 고의와 상당한 관련성이 있는 간접사실을 증명하는 방법에 의하여 입증할 수밖에 없다. 무엇이 상당한 관련성이 있는 간접사실에 해당할 것인지는 정상적인 경험칙에 바탕을 두고 치밀한 관찰력이나 분석력에 의하여 사실의 연결상태를 합리적으로 판단하는 방법에 의하여야 한다. 피고인이 본인의 이익을 위한다는 의사도 가지고 있었다 하더라도 위와 같은 간접사실에 의하여 본인의 이익을 위한다는 의사는 부수적일 뿐이고 이득 또는 가해의 의사가 주된 것임이 판명되면 업무상배임죄의 고의가 있었다고 보아야 한다(대법원 1988. 11. 22. 선고 88도1523 판결 등 참조).

④ 경영상 판단과 관련하여 경영자에게 배임의 고의와 불법이득의사가 있었는지 여부를 판단함에 있어서도, 문제된 경영상의 판단에 이르게 된 경위와 동기, 판단 대상인 사업의 내용, 기업이 처한 경제적 상황, 손실 발생의 개연성과 이익 획득의 개연성 등의 여러 사정을 고려하여 볼 때 자기 또는 제3자가 재산상 이익을 취득한다는 인식과 본인에게 손해를 가한다는 인식하의 의도적 행위임이 인정되는 경우에 한하여 배임죄의 고의를 인정하여야 하고, 그러한 인식이 없는데도 본인에게 손해가 발생하였다는 결과만으로 책임을 묻거나 단순히 주의의무를 소홀히 한 과실이 있다는 이유로 책임을 물어서는 아니 된다. 그러나 한편 경영자의 경영상 판단에 관한 위와 같은 사정을 모두 고려하더라도 법령의 규정, 계약 내용 또는 신의성실의 원칙상 구체적 상황과 자신의 역할·지위에서 당연히 하여야 할 것으로 기대되는 행위를 하지 않거나 하지 않아야 할 것으로 기대되는 행위를 함으로써 재산상 이익을 취득하거나 제3자로 하여금 이를 취득하게 하고 본인에게 손해를 가하였다면 그에 관한 고의 내지 불법이득의사는 인정된다(대법원 2011. 10. 27. 선고 2009도14464 판결 등 참조).

⑤ 회사의 임원이 그 임무에 위배되는 행위로 재산상 이익을 취득하거나 제3자로 하여금 이를 취득하게 하여 회사에 손해를 가한 때에는 이로써 업무상배임죄가 성립하며, 위와 같은 임무위배행위에

대하여 사실상 주주의 양해를 얻었다고 하여 본인인 회사에게 손해가 없었다거나 또는 배임의 범의가 없었다고 볼 수 없다(대법원 2006. 11. 9. 선고 2004도7027 판결 등 참조).

나) 원심의 판단

원심은 적법하게 채택하여 조사한 증거들에 의하여 인정되는 다음과 같은 사정들을 종합하여, 피고인 A은 피해자 N의 사무를 처리하는 사람으로서 부여된 임무를 위배하여 피고인 B과 공모하여 또는 단독으로, 앞서 본대로 M 거래소에 개설된 피고인 B 계정 또는 P의 계정에 KRW 포인트를 허위로 충전하고 이를 이용하여 고객들로부터 가상화폐를 매수한 다음, 매수한 가상화폐를 마치 정상적으로 취득한 것처럼 타 거래소에 개설된 피고인 B 계정 또는 P 계정으로 이체함으로써, 이체된 가상화폐 상당의 재산상 이익을 취득하고 피해자 N에 같은 금액 상당의 재산상 손해를 가하였으며, 피고인 A, B에게는 배임의 고의 및 불법이득의사가 모두 인정된다고 판단하였다.

(1) 임무위배행위

① 피고인 A은 피해자 N의 대표이사로서 거래시스템상 고객의 계정에 해당 고객이 입금한 현금 금액이나 입고한 가상화폐 개수를 그대로 반영하여 입력하고, 고객이 매도한 가상화폐를 적절하게 관리, 보관하면서 외부로 유출하지 말아야 할 업무상 임무를 부담한다. 그럼에도 피고인 A은 피고인 B과 함께 또는 단독으로 M 거래소의 개인 계정에 KRW 포인트를 허위 충전한 다음 가상화폐를 매수하고 이를 타 거래소의 개인 계정으로 이체하였다.

㉮ 피해자 N가 2017. 10. 9. 작성하여 2017. 10. 30. 개정을 거쳐 시행하고 있는 자산 및 예치금 관리 규정에서는 피해자 N가 보유하고 있는 가상화폐를 회사나 임직원이 임의로 처분할 수 없고 일정 수량 이상을 콜드월렛(또는 하드월렛, 네트워크에 연결되지 않은 오프라인 상의 가상화폐 저장매체)에 분리, 보관하여야 함을 명시하고 있다. 한편 위 규정의 작성, 개정 및 시행시점은 정부의 가상화폐 규제 및 가상화폐에 대한 분리, 보관을 강화하는 내용의 AC 자율규제안 제정 이전이다. 이에 대하여 피고인 A, B 및 변호인은 위 규정이 2018. 3.경 작성되었고 기재되어 있는 작성일자 및 개정일자는 소급된 것이라고 주장하나 이를 뒷받침할 자료가 없고, 설령 소급되었더라도 2017. 10.경부터 규정 마련을 준비하여 왔다는 것이어서 피해자 N가 기

㉯ 피해자 N는 2018. 2. 9. 홈페이지와 이메일을 통하여 게시, 고지한 입금 재개 관련 공고문에서도 "고객의 KRW 입금 계정은 N 운영계정과 완전히 분리되어 있고, 암호화폐의 핫월렛 자산과 콜드월렛 자산은 분명히 구분되어 있습니다."라고 기재하여 고객들이 거래소에 입고한 가상화폐와 회사 고유의 가상화폐가 구분되어 관리되고 있 6) 증거기록 1942~1949면

7) 제8조(암호화폐 관리규정)

④ 회사의 '핫월렛'에 접근하여 화폐를 입출금하거나 조정할 수 있는 권한은 임직원에게 없으며, 문제로 보여지는 사안이나 기타 특별한사항의 경우 기술, 개발팀과 대표이사혹은 임원이 접근할 수 있다. 접근은 하되 보유화폐에 대하여 임의적으로 처분할 수 있는 권한은 없다.

⑤ '핫월렛' 내부에 보관되어 있는 코인의 잔액은 고객예치금과 거래소 고유 자산(수수료 등)이 포함되어 있다. 재무담당부서 및 책임자는 고객의 예치금 잔액 코인의 수량과 법인 소유의 수수료분을 확인하고 기록하고 분류하여야 한다.

제9조(암호화폐 분리 보관 방법 및 접근 권한 규정)

① 회사에서 보관하는 암호화폐의 경우 최소 70% 이상을 교환의무 이행을 위해 콜드월렛(콜드스토리지) 등 강화된 보안기준이 적용되는 별도의 실물 암호화폐 월렛(지급)에 보관하여야음을 고객들에게 적극적으로 알렸다.12) N 약관13) 제19조에서 '가상화폐 보관', '회원이 보유하고 있던'이라는 표현이 사용되었는데,14) 표준국어대사전에 의하면 보관의 문리적 의미는 "물건을 '맡아서' 간직하고 관리함"이다.

㉰ 가상화폐 거래소들로 구성된 AC에서 정부의 가상화폐 규제 흐름에 맞추어 이 사건 범행 이전인 2017. 12. 15.에 처음 마련한 자율규제안은, 이후 2018. 4. 17. 일부 수정되어 시행되고 있다. 자율규제안 작성에는 피해자 N도 관여하였고 피고인 A은 대표이사로서 자율규제안에 관한 설명 및 기자간담회에도 참석하였으며

---

12) 증거기록 596, 601면

13) 증거기록 378~387면

14) 제19조(가상화폐 보관에 관한 내용) 1. 회사는 6개월 이상 접속이 없는 회원을 대상으로 보유하고 있는 가상화폐 또는 출금하지 않은 가상화폐를 예기치 않은 사고로부터 보다 안전하게 보관하기 위하여 당시 시세로 현금 화 하여 보관할 수 있습니다. 2. 회사는 6개월 이상 미 접속한 회원이 보유하고 있던 가상화폐의 반환 요구 시 보관하고 있는 상태로 반환하여 줍니다.

재무팀장 V은 자율규제안을 보관하고 있었다.15) 자율규제안은 장래를 향하여 적용되는 것이기는 하나 시행 당시까지 각 거래소들의 운영 방식 및 고객들과 형성한 법률관계의 내용이 반영될 수밖에 없다. 그런데 자율규제안에도 가상화폐의 70% 이상을 콜드월렛에 보관하는 것을 의무화하고, 거래소의 고유자산인 가상화폐와 고객들이 거래소에 입고한 가상화폐를 별도로 분리, 보관해야 한다는 내용이 포함되어 있다.16)

(2) 피해자 N의 재산상 손해

① 피고인 A, B과 극소수의 직원이 거래시스템에서 KRW 포인트 허위충전을 통해 가상화폐를 매수하고 매수한 가상화폐를 피고인 B 또는 P의 타 거래소 계정으로 이체시켜 거래한 사실을 알고 있었고, 그러한 거래의 세부사항에 관해서는 오직 위 피고인들만이 알고 있었다. 위 일련의 행위들에 대해 피해자 N 내부의 공식적인 의사결정도 제대로 이루어지지 않았다. 이로 인해 피고인 B 계정 또는 P 계정은 전적으로 위 피고인들의 지배, 관리 아래 있었을 뿐 피해자 N는 위 계정들을 지배, 관리하지 못하였다. 결국 위 각 계정에 이체된 가상화폐 상당의 재산상 이익은 위 피고인들에게 귀속되었고, 피해자 N는 같은 금액 상당의 재산상 손해를 입은 것으로 평가할 수 있다.

㉮ 피고인 A, B을 제외하고, 허위의 KRW 포인트 충전을 통해 매수한 가상화폐를 피고인 B 또는 P의 타 거래소 계정으로 이체하여 거래한다는 사실을 알고 있던 피해자 N의 직원은 재무팀장 V(피고인 B 및 P 계정 모두에 대하여)과 피고인 A의 사촌이자 P의 남자친구였던 Z(P 계정에 대하여) 정도였다. 그런데 피고인 A, B의 주장대로 위 계정들을 이용한 타 거래소에서의 거래가 정부의 가상화폐 거래 규제로 인해 어려워진 피해자 N를 살리기 위한 과정이었다면, 이는 회사의 존폐를 결정할 수 있는 중요한 업무인데 전 직원들에게 이러한 사실을 알리지 않은 이유를 설명하기 어렵다.

㉯ 나아가 V, Z이 타 거래소에서 이루어진 가상화폐 거래에 대해 아는 내용도 매우 추상적인 정도에 그쳤다. 특히 V은 원심에서의 증언에도 불구하고 아래와 같은 사정에 비추어 보면

---

15) 증거기록 3103~3111면
16) 증거기록 3106면

피고인 B 계정을 활용한 거래에 대해 사후적으로 인지하게 된 것으로 보인다.

ⓐ V은 검찰에서 참고인조사를 받기 전 2018. 3. 16. 작성한 진술서[17]에, 개인 계정을 이용한 가상화폐 위탁매매에 대한 관리는 위탁매매가 이루어지는 계정 명의자와 본인이 한다는 취지로 기재하면서 본인, AD, AE 계정을 통한 매매에 대해서는 확정적으로 그 기간을 기재한 반면, 피고인 B 계정을 통한 매매에 대해서는 날짜를 확정적으로 기재하지 못하였을 뿐만 아니라 금액 또한 허위 충전된 440억 원에 크게 미치지 못하는 100억 원 정도라고 기재하였다.

ⓑ V은 검찰에서 1회 조사를 받을 때 '2018. 2. 초중순경 N 운영팀으로부터 이상한 내역이 있다고 알려 와서 관리자 계정을 통해 확인했더니 100억 단위의 입금신청내역이 존재하였고, 해당 계정주는 피고인 B으로 확인하였다. 그래서 대표인 피고인 A, 이사인 피고인 B에게 물어보니 거래소 운영을 위한 여러 가지 내부 논의한 방안 중 하나라며 "P 방식과 비슷하다."라는 취지로 이야기해서 제가 다시 물어보니 "미리 말을 못해서 미안하다, 여분의 코인을 다른 코인으로 바꾸거나 현금화할 것이다."라는 취지로 이야기를 했다. 제가 "왜 그렇게 많은 금액을 한꺼번에 했냐."라고 물어봤더니 피고인 A이 "N 거래 활성화를 위해서 했고, 실제 보유분이 그 정도 된다."고 했다. 제가 피고인 A에게 정산상 문제가 생기지 않게 해결을 해달라고 요청을 했다.'라는 취지로 진술하였다.

ⓒ V은 검찰에서 2회 조사를 받을 때 '저는 얼마의 금액의 코인이 외부로 출금되었는지 당시에도 몰랐고, 지금도 모른다. 440억 원의 충전이 된 사실도 어제 검찰 조사 후 회사에 들어가서 정확한 금액을 알게 되었다. 이러한 충전을 사전에 협의한 사실은 없다. 대표인 피고인 A은 사전협의를 했다고 믿고 있을 것 같다. 2018. 2. 초순경금액이 얼마가 나갔는지는 모르지만 코인이 나간 사실을 알고 2018. 2. 중순경 3월 말정산을 위해 반환요청을 지속적으로 하였다. 저는 실제 얼마가 나갔는지, 얼마 들어왔는지 알지 못한다. 처음에 코인이 외부로 나갈 때 어떻게, 얼마 나갔는지 모른 상태에서 이사인 피고인 B이

---

[17] 증거기록 1547~1553면

관련 자료를 주면 그걸 검토해서 정산을 할 수 있었다. 그런데 압수수색 이전에는 피고인 B이 "얼마 들어왔다. 얼마 남았다." 정도의 수준으로 이야기만 했을 뿐 자료는 주지 않았다. 그래서 정산을 못하고 있었다. 일일별로 보고가 되지도 않았다. 제가 안 것도 한참 이후였고, 그 이후에도 얼마가 들어온다는 이야기만 하면 그대로 처리하였다. 저희도 시세차익을 보려고 가상화폐를 출고하여 거래하는 경우 그 위험성을 알고 있다. 저희도 2017. 8.경 트레이딩 팀 운영에 관하여 협의했었는데, 법인 자산과 고객예탁금으로 운영하는 경우 시세변동이 너무 심하여 수익이 어떻게 날지 예측하기 어려워 트레이딩 팀을 운영하지 않기로 하였다.'라는 취지로 진술하였다. ⓓ V은 원심에서 증인으로 출석하여 '가상화폐 거래소 규제 이후 M 거래소를 살릴 방안 가운데 하나로서 현금 입금 없이 KRW 포인트를 충전하여 가상화폐를 매수한 뒤 이를 타 거래소에서 거래하는 것을 피고인 A 등과 의논하여 사전에 알고 있었다.'는 취지로 검찰에서의 진술을 번복하였다.

그러나 V은 원심에서도 '피고인 B 계정을 통한 거래를 알게 된 후에도 거래가 워낙 복잡하고 커서 실시간 관리 내지 정산은 불가능했고 사후 모든 내역을 받아야만 맞출 수 있는 상황이었으며, 2018. 3.경 이후에야 모든 내역을 받아 정산하기 시작하였다.'는 취지로 검찰에서의 진술과 같은 맥락으로 진술한 점, 피고인 A의 진술에 의하더라도 V은 피고인 B 계정을 활용한 가상화폐 거래에 대해 알기는 하였으나, 구체적으로 KRW 포인트의 충전이 언제, 누구의 계정으로, 얼마가, 어떻게 충전될 것인지에 대해서조차 정확히 알지 못하였다는 것인 점 등에 비추어 보면 위 원심 진술은 앞서 본 바와 같이 대체로 일관되고 구체적인 검찰 진술을 배척하고 믿을 정도로 신빙성이 있지는 않다.

ⓔ V과 피고인 A은 AF 메신저를 통해 피해자 N의 고객예탁금 계좌의 잔고와 그에 따른 출금 가능성, 오입금 또는 오출금 고객들에 대한 대응방안, 사무실 이전, 직원 급여 등 다양한 회사 업무에 관하여 보고, 지시를 하였음을 확인할 수 있고 그 내용들은 상당히 구체적이며 관련 서류 파일을 주고받기도 하였다. 두 사람 사이의 위 메신저 내역에 피고인 B 계정을 통한 가상화폐 거래에 관하여 구체적인 대화를 주고받거나 관련된

자료를 교환한 내역은 전혀 드러나지 않고 단지 그 의미가 불분명한 추상적인 대화가 오고간 정도에 그친다.

㉢ 한편 P 계정을 통한 거래와 관련하여, V은 당시 피고인 A에게 "어제 그제 어드민에서 한화 나간 것 없던데 z이 여친분(P) 어떻게 나갔어요?"라고 질문하였던 것에 비추어 보면 그 세부사항을 전부 알지는 못하였던 것으로 파악된다. V은 원심에서도 'P 계정을 통해 발생한 수익분에 대해서는 피고인 A이 알려주지 않고 반환도 하지 않아 당시 정산을 하지 못하였다.'는 취지로 진술하였다.[18]

피고인 A의 수행비서 역할을 하였던 Z은 '피고인 A의 지시에 따라 P에게 계정을 활용해도 되겠냐고 요청하여 P 계정을 사용하게 되었다. 거래방식은 피고인 A의 구체적인 지시 없이 P이 그날의 시세를 보고 알아서 매수가격 및 개수를 정하였다. 피고인 A의 어머니 AE 계좌로 1억 3,500만 원이 송금된 것은 피고인 A이 자신에게 AE의 계좌번호를 알려주어 돈을 송금하라고 했고 자신은 위 번호를 P에게 알려주어 돈이 이체된 것이다.'라는 취지로 진술하였다.[19]

㉣ 피고인 A, B 및 변호인은 피고인 B 계정 또는 P 계정이 피해자 N의 차명계정으로 위 각 계정을 통한 M 거래소와 타 거래소에서의 거래는 모두 피해자 N가 지배, 관리한 거래라는 취지로 주장한다.

그러나 아래와 같은 사정들에 비추어 보면, 위 주장을 받아들이기 어렵다.

ⓐ 이를 뒷받침할 수 있는 증거는 피해자 N가 거래 이전에 피고인 B과 P으로부터 피해자 N의 자산을 임의사용하지 않고 회사의 지시에 따라 이행하겠다는 취지의 동의서를 받거나 위탁매매계약서를 작성한 사실이 있다는 피고인 A 및 V, P의 각 진술밖에 없고, 실제로 작성되었다는 동의서나 계약서가 수사과정에서 제출되지도 않았다. 다만 P에 대한 검찰 조사 내용을 살펴보면 P이 보관하고 있던 2018. 2. 5.자 위탁매매계약서가 압수된 것으로 보이기는 하는데,[20] 설령 위 계약서를 작성한

---

[18] 공판기록 1337~1338면
[19] 증거기록 3262~3268면
[20] 증거기록 1665면

것이 사실이라고 하더라도 위 계약서의 작성일자는 피고인 B 계정을 통한 범행이 종료한 이후 및 P 명의 계정을 통한 범행이 시작된 이후인 2018. 2. 5.이다. 피고인 A 진술에 의하더라도 위탁매매계약서는 2018. 2. 7. 변호사로부터 계약서 작성의 필요성에 관한 자문을 받은 이후에야 사후적으로 작성하였다는 것이다.21) 설령 피해자 N가 위와 같은 계약을 체결하였다고 하더라도 피고인 B이나 P이 위탁취지에 반하는 행위를 하는 경우 사후적으로 형사고소, 손해배상청구 등을 할 수 있을 뿐이어서 그것만으로 피해자 N가 회사 차원에서 피고인 B 계정 또는 P 계정을 지배, 관리하고 있었다고 평가하기는 부족하다.
ⓑ 마케팅팀장인 AD은 '2017. 8.경 피고인 C으로부터 N에 가상화폐가 부족하여 회사 방침에 따라 N 자금을 입금시켜 T에서 가상화폐를 사와야 하니 은행 계좌와 T 계정을 빌려달라는 부탁을 받았다. 이에 동의하여 위 계좌 및 계정을 통해 가상화폐를 매수하여 N로 이체하는 거래를 진행하였다. 위 거래과정에서 피고인 C과 계정을 공유하였고 가상화폐를 N로 이체할 때는 항상 피고인 C과 함께 했었다.'라고 진술하였다.22) 피고인 C도 같은 취지로 진술하였다.23) 이와 같이 AD의 계좌 및 계정이 이용된 방식과 피고인 B 계정 또는 P 계정이 활용된 방식은 상당히 다르다.
ⓒ 피고인 A, B 및 변호인의 주장대로 피고인 B 계정 또는 P 계정에서 이루어지는 거래내역이 거래소 내 전산시스템이나 블록체인 네트워크에 기록되기 때문에 피고인 B이나 P이 가상화폐를 임의로 처분하더라도 사후에 기록을 통해서 이를 충분히 확인할 수 있다고 하더라도, 앞서 본 위탁매매계약서의 경우와 마찬가지로 전산상의 거래기록은 사후적인 책임추궁의 수단은 될 수 있을지언정 그러한 기록만으로 피해자 N가 위 각 계정을 지배, 관리하였다고 볼 수 없다.
ⓓ 피해자 N는 거래시스템의 설치·운영 주체로서의 권한을 행사하여 피고인 B 계정 또는 P 계정을 통한 M 거래소 내의 거래를 수시로 확인하는 것이 가능하였으나, 실제로 운영팀 등

---

21) 공판기록 1756면
22) 증거기록 1734~1739면
23) 증거기록 1837면

에서 그와 같이 하지 않았다. 나아가 피해자 N는 타 거래소에서 이루어지는 피고인 B 계정 또는 P 계정을 통한 거래에 대해서 관리자로서의 권한을 행사할 수도 없으므로 일단 가상화폐가 타 거래소 계정에 이체되면 피해자 N의 지배, 관리는 더욱 어려워진다.

ⓒ 피고인 B 계정 또는 P 계정을 통한 구체적인 가상화폐 거래는 전적으로 피고인 B과 P에게 일임되었다.

㉣ 피고인 A, B은 위와 같이 KRW 포인트를 허위로 충전한 뒤 고객들로부터 매수한 440억 원, 70억 원 상당의 가상화폐를 회사 밖으로 반출하여 거래하도록 하였음에도 회사 내부에서 주주총회 등 상법상의 절차를 거치지 않았음은 물론 그에 대한 법률검토조차 하지 않았다.

② 피고인 A, B의 피고인 B 계정 또는 P 계정을 통한 위와 같은 거래로 말미암아 피해자 N에게 손해가 발생할 막연한 위험에 그쳤다고 볼 수는 없고, 적어도 경제적인 관점에서는 손해가 발생한 것과 같은 정도의 구체적인 위험이 초래되었다고 판단된다. ㉮ 피고인 A, B은 지금까지 있었던 가상화폐 시세 하락률의 최대치, 타 거래소와 M 거래소 사이의 시세차이, 컴퓨터 프로그램을 통해 이루어지는 API 거래24)의 즉시성·정확성·자동성, 피고인 B의 전문성 등을 들어 피고인 B 계정을 통한 거래는 무위험 거래라고 주장한다.

그러나 아래와 같은 사정들을 종합하면 위 주장을 받아들이기 어렵다.

ⓐ API 샘플코드는 피해자 N를 포함하여 여러 가상화폐 거래소 운영법인들이 고객들에게 무료로 배포할 정도로 대중적인 프로그램이고, 이 코드를 이용하여 어떻게 프로그램을 제작하여 거래할 것인지는 전적으로 프로그램 제작자의 역량에 달려 있는 것으로 보인다. 따라서 API 거래라는 이유만으로 해당 거래를 무위험 거래라고 단정할 수 없다.

ⓑ 피고인 A, C의 검찰 진술에 의하더라도 피해자 N는 이 사건 범행 이전인 2017. 12. 말경까지 피고인 A의 아버지인 AG의 U 거래소 계정과 M 거래소 계정을 연동하여 API 거래를 하였는데 매매 주문이 실패한 경우가 자주 발생하여 손해가

---
24) 응용프로그램 인터페이스(Application Programming Interface)를 이용한 자동거래 방식을 말한다.

100억 원에 달하였고 이에 AG 계정을 통한 API 거래를 중단하였다.

ⓒ 다만 이 사건 범행의 경우 다년간 해외 투자은행 등에서 트레이더로 근무하였고 컴퓨터 프로그래밍에 관하여도 일정 수준 이상의 지식을 보유한 것으로 보이는 피고인 B이 자신의 경력, 관련 지식, 기술 등을 이용하여 프로그래밍을 마친 뒤 API 거래를 진행한 것이어서 위 AG 계정을 통한 API 거래와는 양상이 다소 다르기는 하다. ⓓ 그러나 이와 같이 1인의 전문금융투자자의 역량에만 의존할 경우 금융사고의 발생을 배제하기 어렵고, 이와 같은 사례는 이미 관련 제도와 법령이 자리잡아 적절한 규제가 이루어지는 국내·외의 금융투자업 시장에서도 드물지 않게 목격되고 있는 이상 아직 관련 법령도 제정되지 않은 가상화폐 거래에 있어서 그러한 위험성을 배제하기는 어렵다.

ⓔ 가상화폐 거래소를 통한 거래는 다른 많은 위험요인들을 내포하고 있다. 이 사건에서 전제되고 있는 것과 같이 정부의 가상화폐 규제 내용이 언제든지 바뀌어 거래소에 불이익이 발생할 수 있고, 이 밖에도 거래소에 대한 해킹, 거래소 및 그 운영주체의 재정상태 불량이나 이로 인한 도산 등 가상화폐 시장의 전반적인 미성숙성으로 인해 피고인 B의 전문성이나 API 거래 방식만으로는 감당하기 어려운 외부적인 요인들이 얼마든지 있다.

ⓕ 피고인 B 스스로도 검찰 1회 조사를 받을 때 매수한 가상화폐를 타 거래소로 반출함에 있어 회수를 위한 안전장치를 둔 것이 있느냐는 질문에 아무런 답변을 하지 못하였다.25)

㉯ 피고인 A, B 및 변호인은 피고인 B이 가상화폐 거래를 하는 과정에서 피해자 N 내 현금성 자산의 규모를 파악하고 이를 토대로 거래에 임하였다는 취지로 주장한다.

그러나 피고인 B은 2018. 2. 초순경에야 피해자 N의 자산 내역을 볼 수 있는 권한을 부여받았다는 사정을 고려할 때 과연 피고인 B이 자신의 계정에 이체된 가상화폐와 KRW 포인트 이외에 피해자 N의 다른 자산들까지 제대로 고려하여 가상화폐 거래를 한 것인지 의문이다.

---

25) 증거기록 2989-2990면

㉰ P은 피고인 B과는 달리 단지 가상화폐 거래 경험이 있었을 뿐 금융과 관련한 특별한 경험, 지식 등을 가지고 있지도 않은 음악인이었음에도 P 계정을 이용한 거래는 전적으로 P의 수작업에 맡겨졌다. 따라서 위 거래는 피고인 B 계정을 활용한 거래에 비해 더욱 취약하였다.

③ P 계정은 피고인 A의 사적인 이익을 위해 전적으로 피고인 A의 지배, 관리 아래 활용되었던 것으로 볼 수 있다.

㉮ 피고인 B 계정과는 달리 P 계정에는 고객들로부터 매수한 가상화폐 이외에 피고인 A의 개인 소유 가상화폐{비트코인(BTC) 60개, 퀀텀(QTUM) 5,000개}도 포함되어 함께 타 거래소에서 매매되었다. 이에 대해 피고인 A 및 변호인은 실시간 재정거래를 위해서는 P의 타 거래소 계정에서 매도할 가상화폐가 필요하였기 때문이라고 주장한다. 그러나 피고인 B 계정을 이용한 가상화폐 매매의 경우에는 위와 같은 조치가 이루어지지 않았다. 오히려 피고인 B은 거래에 앞서 자신의 계정들에 있던 현금 및 가상화폐를 모두 비웠다.[26]

㉯ V의 진술에 의하면 피해자 N 내에서는 현금 확보를 위해 타 거래소에서 가상화폐를 매도하는 계정으로 V이나 AG, AE, AD 등 피고인 A의 가족이나 직원들의 계정을 사용하여 왔다. 그럼에도 이 거래에서만 Z의 여자친구에 불과한 P 계정이 활용된 이유를 쉽게 이해하기 어렵다.

㉰ 위 V 등의 계정을 활용한 이전 거래에서와는 달리 P 계정에는 앞서 본대로 KRW 포인트 허위 충전이 이루어졌다. V은 원심에서 'N에서 당시 현금 대신에 가상화폐를 많이 소유하고 있었기 때문에 이를 매도할 방법을 찾던 중 P 계정을 활용하게 된 것이다.'라는 취지로 진술하였다[27]. 이에 의하면 P 계정에도 KRW 포인트를 허위 충전할 필요 없이 피해자 N에서 보유하고 있던 가상화폐를 이체하는 것만으로 현금을 확보하는 데 특별한 어려움이 없었을 것이다.

㉱ P 계정을 활용한 거래 과정에서 취득한 현금은 약 71억 5,000만 원이었는데 이 가운데 허위 충전된 KRW 포인트 상당액인 70억 원만이 2018. 1. 24.부터 2018. 3. 7.까지 사이에 피

---

26) 공판기록 1748면, 2018. 8. 20.자 변호인 의견서 26면
27) 공판기록 1342면

해자 M 거래소에 귀속되었고, 이를 제외한 나머지 약 1억 5,000만 원 중 1억 3,500만 원은 2018. 1. 31.부터 2018. 2. 2.까지 피고인 A의 어머니인 AE의 계좌로 송금되었다. 이에 대해 피고인 A은 자신의 해외출장으로 인해 정산이 늦어진 것에 불과하다는 취지로 주장하나, 피고인 A은 피고인 C 및 V 등과 해외 출장 시에도 AF 메신저를 통해 업무에 관한 논의를 실시간으로 진행하였던 것으로 확인되는 이상 위 주장은 받아들이기 어렵다(당시 피해자 N에서 출금 재원의 확보가 회사 내 중요한 문제였기 때문에 이와 관련된 P 계정을 통한 거래는 위와 같이 메신저로 연락을 나눌 정도의 중요성이 있었다고 판단된다).

㈔ V은 P 계정으로부터 70억 원의 현금이 N로 다시 입금된 것은 확인하였으나, 2018. 3.경 정산을 위해 P에게 내역을 받아볼 때까지 AE에게 이체된 1억 3,500만 원을 포함한 나머지 1억 5,000만 원 가량의 돈에 대해서는 알지 못하였다[28]. 그리고 V은 위 1억 3,500만 원을 P 계정에 옮긴 피고인 A 개인 소유의 가상화폐에 대한 판매 대가로 알고 있었는데, 이후 정산과정에서 피고인 A이 옮겼던 위 가상화폐들을 이미 가상화폐 형태로 반환받았음을 확인하고 피고인 A에게 위 1억 3,500만 원에 대한 정산을 요구하여 검찰의 압수수색 이후인 2018. 3. 15.에야 피고인 A으로부터 정산받았다[29].

㈕ 피고인 A은 자신이 이체했던 비트코인 60개보다 많은 67.5개를 가져갔다가 나중에서야 V의 정산요청에 따라 초과분을 피해자 N에 반환하였다[30]. 피고인 A은 P 계정에 있던 비트코인 4.3개를 특별한 이유 없이 Z에게 가지라면서 이체해주었다[31].

㈖ 피고인 A과 Z의 AF 메신저 대화에 의하면 피고인 A은 2018. 2. 5.경 Z에게 P 계정을 통해 가상화폐 거래를 마친 뒤 남은 수익은 '당연히' 남겨 놓을 것을 지시하였다.[32] 앞서 본 AE 계좌로의 송금도 피고인 A의 지시에 따른 것이었다[33]. 이

---

28) 증거기록 2947면
29) 증거기록 3011면, 공판기록 1374면
30) 증거기록 3290면
31) 증거기록 3270면
32) 증거기록 3328면

와 같이 피고인 A은 피해자 N의 고객들로부터 매수한 가상화폐 매도분과 자기 개인 소유 가상화폐의 매도분을 구분하여 수익 정산을 지시하지도 않았다.

(3) 배임의 고의 및 불법이득의사

① 지금까지 살펴본 사정들에 더하여 다음의 사정들을 종합해보면, 피고인 A, B에게 배임의 고의와 불법이득의사가 있었음이 충분히 인정된다.

㉮ 피고인 A과 V, P은 수사 초기에 피고인 B 계정 또는 P 계정을 통한 거래의 존재나 피고인 A의 관여를 은닉하였다. 피고인 A은 수사과정에서 최초로 작성한 2018. 3. 12.자 진술서34)에 AG, AE, AD, V, AH 등의 계정을 통해 가상화폐 매매를 하여 M거래소 내에서의 거래를 활성화시켰다는 취지로 기재하면서도, 피고인 B 계정 또는 P 계정은 회사를 위한 위탁매매에 사용하지 않았다며 명시적으로 배제하는 기재를 하였다. V은 같은 날 작성한 진술서35)에서 피고인 B 계정 또는 P 계정이 N를 위한 거래에 사용되었다는 언급을 전혀 하지 않았다. P도 2018. 3. 16. 작성한 진술서36)에서 자신의 계정을 통한 거래 과정에 피고인 A이 관여하였다는 것을 전혀 언급하지 않았다.

㉯ 피고인 B이 2018. 1. 25.부터 일부 가상화폐를 피해자 N로 반환한 사실은 인정된다. 그러나 그로부터 얼마 지나지 않은 2018. 2. 2.경부터 위 피고인은 다시 M 거래소에서 가상화폐를 매수하였고 이후로도 2018. 2. 26.부터 2018. 3. 14.까지 계속 매수주문을 제출하였다.

㉰ 이 사건 범행 이후 피해자 N의 입장에서는 피고인 B 계정에 있는 가상화폐가 회사 운영에 있어 상당히 긴요하였음에도 위 계정에서의 가상화폐 반환은 상당히 지체되었다. 피해자 N에 대한 가상화폐 반환이 임시적으로 이루어진 것에 불과하다고 볼만한 사정도 존재한다.

ⓐ 피고인 B 계정에 있던 가상화폐의 최종적인 반환은 V의 독촉 후에야 이루어졌다37). 한편 피고인 C의 휴대폰 메모내

---

33) 증거기록 2947면
34) 증거기록 1234면
35) 증거기록 1236~1239면
36) 증거기록 1542~1544면

역에서 2018. 2. 8.자로 '금조2부'라는 메시지가 발견되었고, 피고인 A과 그 가족들이 AG에 대한 압수수색이 들어올 것임을 미리 알고 가상화폐의 하드월렛 보관을 도모하는 내용의 AF 대화 시점도 같은 날이었다[38]. 피고인 B과 V의 AF 대화내역을 보더라도 가상화폐가 피해자 N로 반환된 것은 회계실사 및 감사에 대비하기 위한 것이기도 했다. 피고인 A은 2018. 1. 하순경에 있었던 금융정보분석원(FIU)의 문제가 있는 거래소 발표 내용에 대해서 알고는 있었다고 보인다. 그렇다면 설령 피고인 A의 주장과 같이 발표대상인 회사가 피해자 N라고 생각하지는 않았다고 하더라도 자신의 가상화폐 임의반출 행위가 문제될 수 있음을 미필적으로나마 인식하였을 것으로 판단된다[39]. 이러한 사정들을 종합하면 피고인 A, B의 가상화폐 반환을 자의에 의한 것이라고 평가하기 어렵다.

ⓑ V은 피고인 A에게 AF 메신저로 "그거 다시 지갑으로 환원 안시킬거라면서요. 그러면 진짜 문제될 수 있어요."라는 메시지를 발송하였다.[40] 여기서 '그거'가 지칭하는 것은 피고인 B 계정으로 반출된 가상화폐로 해석된다. 이 부분은 그 어의나 맥락상 피고인 A, B 및 변호인의 주장이나 V의 원심 진술과 같이 오입금, 오출금에 대한 것이라고는 보이지 않는다.

ⓒ 고객들의 출금요청에 따른 인출이 지연되고 있을 때에도, 피고인 A, B은 피고인 B 계정에 이체한 가상화폐를 현금화하여 이를 피해자 N에 입금하는 방식으로 출금재원으로 활용할 수 있었을 것임에도 그와 같이 하지 않고 있다가 2018. 2. 10.경부터 2. 12.경에 이르러서야 15억 원을 피해자 N에 반환하였을 뿐이다.[41] 이와 관련하여 피고인 A은 '피고인 B 계정에 한화 잔고가 충분하였기 때문에 고객들에 대한 현금 출금에 문제는 없었을 것이다.'라고 진술하면서도, 앞서 본대로 '판단 착오로 피고인 B 계정으로부터 한화를 N에 입금시

---

37) 증거기록 3016면
38) 추가 증거기록 1권 9, 32~44면
39) 증거기록 3319면, 추가 증거기록 1권 13~31면
40) 증거기록 3281면
41) 증거기록 3292면

키지 않고 재정거래를 계속하도록 했었다.'라는 취지로 진술하였다.[42] 이러한 사정은 피고인 A, B이 처음부터 반환시점이나 그 여부를 결정하지 않은 상태에서 가상화폐를 인출하였고 따라서 위 피고인들에게는 가상화폐를 피해자 N로 반환할 확실한 의사가 없었음을 뒷받침한다. 실제로 위 피고인들이 체포될 때까지 타 거래소의 피고인 B 계정에 있던 약 45억 원 상당의 현금은 피해자 N로 반환되지도 않았다.

② 피고인 A, B이 개인주주로서 투자회사(AI)를 설립하고, 인큐베이터 회사(R)를 설립하려고 했던 과정에서 피고인 B 계정을 통한 가상화폐 거래로 얻은 이익이 사용된 것으로 보인다.

③ 설령 피고인 A, B에게 어느 정도 피해자 N를 위한다는 의사가 있었더라도, 가상화퍼 반출행위 이전에 사전자기록등위작, 위작사전자기록등행사, 사기 범행이 저질러졌고 가상화폐 반출 이후의 거래로 인한 수익이 위 피고인들에게 귀속되었던 이상 이러한 일련의 행위는 그 목적이나 취지가 법령이나 사회상규에 비추어 용인할 수 없는 경우에 해당되므로 업무상배임죄의 성립에는 영향이 없다. 그리고 타 거래소의 피고인 B 계정 또는 P 계정으로 가상화폐가 반출된 이후 가상화폐 거래를 통해 오히려 수익을 보았다거나 결과적으로 가상화폐가 전부 반환되었다는 사정은 범행 이후의 사정에 불과하여 업무상배임죄의 성부에 영향을 주지 아니한다.

④ 피고인 A, B은 KRW 포인트 충전, 가상화폐 매수, 타 거래소 계정으로의 이체까지 모든 과정에 대해 중국 주주가 동의하였다고 주장한다. 그러나 위와 같은 주장이 사실이더라도 주식회사와 주주는 별개의 법인격을 가졌으므로 중국 주주의 동의만으로 업무상배임죄가 성립되지 않는다고 할 수 없다.

⑤ 피고인 A, B의 행위는 경영상 판단이라는 이유만으로 정당화될 수 없다. 위 피고인들이 이 사건 각 범행으로 나아감에 있어 정부의 가상화폐 거래 규제라는 요소가 개입되었고, 다른 한편 위 피고인들은 피고인 B 계정을 활용한 거래를 할 때 피고인 B의 개인적인 역량과 API 거래 방식을 이용함으로써 손해발생을 최소화하기 위해 노력한 것으로 보이기는 한다. 그러나 먼저 가상화폐 거래소 사업과 같은 새로운 시장의 경우 형성 초기에는 정부 규제가 이루어지지 않다가 차츰 규제가 강화, 구체화되는 것은 시장참

---

[42] 증거기록 3337면

여자로서 마땅히 예상하고 감수하여야 할 요소이다. 이처럼 새롭게 규제가 도입되는 경우 누가 먼저 정부의 규제 방침을 예상하고 그에 대해 법의 테두리 내에서 효율적인 규제회피 혹은 규제충족 방안을 마련하느냐가 시장 참여자들 사이의 성패를 좌우하는 경쟁요소라고 할 수 있다. 그런데 위 피고인들은 앞서 본대로 새롭게 이루어지는 규제에 대한 대응방안으로 피해자 N의 전자기록을 위작하여 고객들로부터 편취한 가상화폐를 개인들의 타 거래소 계정으로 반출하여 수익을 올리기로 하는 선택을 하면서도 피해자 N의 입장에서 아무런 법적인 보호장치나 회수장치를 마련하지 않은 채 오로지 개인적인 친분관계 등에 의존하였고, 상법상 요구되는 절차의 외관조차 형성하지 않았으며, 그 과정에서 회사 본인을 위한다는 의사는 없었거나 부수적이었다. 이러한 사정들을 종합하면 위 피고인들의 행위를 합리적이고 합법적인 경영상 판단이었다고 평가할 수는 없다.

다) 이 법원의 판단

원심이 위와 같이 상세하게 든 사정들에다가 원심과 이 법원이 적법하게 채택하여 조사한 증거들에 의하여 인정되는 다음과 같은 사정들을 보태어 보면 원심의 위와 같은 판단은 정당하다. 따라서 피고인 A, B의 이 부분 사실오인 내지 법리오해 주장은 이유 없다.

① 피고인 A, B의 변호인은 이 법원에 피해자 N와 피고인 A 사이에 작성일자를 2018. 2. 6.로 기재하여 작성된 가상통화 위탁매매계약서(증 제39호증의 1), 피해자 N와 피고인 B 사이에 작성일자를 2018. 2. 7.로 기재하여 작성된 가상통화 위탁매매계약서(증 제39호증의 2), 피해자 N와 P 사이에 작성일자를 2018. 2. 5.로 기재하여 작성된 가상통화 위탁매매계약서(증 제39호증의 3)를 제출하였다. 위 각 가상통화 위탁매매계약서의 내용은 모두 동일한데, 그 중 제3조에서 위탁매매의 방법에 관하여 피해자 N의 요청에 따라 피해자 N로부터 매입대금을 지급받아 제3자로부터 가상통화를 매입하여 이를 인도하거나, 피해자 N로부터 가상통화를 인도받아 제3자에게 가상통화를 매도한 후 매매대금을 피해자 N에게 지급한다고 정하고 있다.

그런데 M 거래소에 개설된 피고인 B 계정 또는 P 계정을 통한 거래방식은 위 각 가상통화 위탁매매계약서가 정한 위탁매매방법이 아니라 거래시스템에 현금의 입금 없이 허위 KRW 포인트를 입력한 후 이를 이용하여 매수주문을 제출하는 방법으로 고객들로부터 가상화폐를 매수하는 것이었다.

피고인 B 계정 또는 P 계정을 통한 거래가 개시된 후 사후적으로 그러한 거래의 실질적인 지배, 관리 주체가 피해자 N라는 점을 명확히 하기 위해 위와 같은 위탁매매계약서를 작성하였다면, 법적 분쟁의 소지를 없애기 위해 그 동안 이루어졌던 거래방식을 보다 구체적으로 명시하는 것이 자연스럽다.

이러한 점에 비추어 보면, 위 각 가상통화 위탁매매계약서는 위 피고인들이 주장하는 바와 같이 이 사건 범행에 사용된 피고인 B 계정 또는 P 계정이 피해자 N의 차명계정일지도 모른다는 합리적인 의심을 불러일으키는 증거라고 보기 어렵다.

② 피고인 A, B의 변호인이 이 법원에 제출한 증 제43호증 등에 비추어 보면, 위 피고인들이 개인적으로 회사를 설립하는 과정에서 자본금 등으로 피고인 B 계정을 통한 가상화폐 거래로 얻은 이익을 사용하였다는 취지로 인정한 원심의 설시 부분은 잘못되었다고 보인다. 그러나 피고인 B 계정의 지배, 관리 상황 등 나머지 사정들만으로도 위 피고인들의 배임의 고의 및 불법이득의사가 인정된다.

5) 몰수 부분

가) 관련 법리

범죄수익은닉규제법 제8조 제3항이 범죄수익 등의 재산이 재산에 관한 죄 등에 의한 범죄피해재산인 경우에는 이를 몰수할 수 없다고 규정하고 있으나, 이는 재산에 관한 죄 등 외에 독자적 법익을 함께 침해한 경우까지 적용되는 것은 아니라고 보아야 한다(대법원 2017. 10. 26. 선고 2017도8600 판결 등 참조).

나) 원심의 판단

원심은, 별지 몰수대상 채권목록 기재 각 채권에 관하여, 범죄수익은닉규제법 제8조 제3항에서 정한 범죄피해재산에 해당하나 위 법에 규정된 중대범죄인 사전자기록등 위작죄 등 별개의 독자적 법익을 함께 침해한 경우에 해당하여 몰수할 수 있다는 이유로 위 법 제8조 제1항에 의하여, 피고인 A, B으로부터 몰수한다는 형을 선고하였다.

다) 이 법원의 판단

관련 규정 및 원심과 이 법원이 적법하게 채택하여 조사한 증거들에 의하여 인정되는 아래와 같은 사정들을 종합하여 보면, 원심의 몰수형 선고는 정당하다. 따라서 피고인 A, B의 이 부분 주장은 이유 없다.

① 별지 몰수대상 채권목록 기재 각 채권은 s, T, U 거래소에 개설된 피고인 B 계정에서 KRW 포인트 등 형태로 표시되어 있는 위 각

거래소 운영법인에 대한 현금반환채권이다.
② 별지 몰수대상 채권목록 기재 각 채권은 피고인 A, B의 공동범행, 즉, M 거래소에 개설된 피고인 B 계정 관련 사전자기록등위작, 위작사전자기록등행사, 피해자 고객들에 대한 특정경제범죄법 위반(사기) 내지 사기, 피해자 N에 대한 특정경제범죄법위반(배임)이라는 일련의 범행에 따라, S, T, U 거래소에 개설된 피고인 B 계정으로 이체된 가상화폐를 해당 거래소에서 매도하여 얻은 KRW 포인트 등에 기초한 현금반환채권이다.
③ 앞서 판단한 바와 같이 M 거래소에 개설된 피고인 B 계정을 N의 차명계정으로 볼 수 없는 것과 동일한 이유로, S, T, U 거래소에 개설된 피고인 B 계정 역시 N의 차명계정으로 볼 수 없으므로, 별지 몰수대상 채권목록 기재 각 채권을 가지는 사람은 위 각 공동범행의 공범자 중 1인인 피고인 B이다.
④ 피고인 A, B은 공모하여, 정부의 가상화폐 거래소 규제 등으로 M 거래소의 가상화폐 시세가 타 거래소의 시세보다 낮게 형성되던 상황에서, M 거래소에 개설된 피고인 B 계정을 이용하여 거래시스템에서 실제 현금 입금 없이 KRW 포인트를 충전하여 고객들로부터 가상화폐를 매수한 다음, 이를 타 거래소에 개설된 피고인 B 계정으로 이체 후 매도하여 시세차익을 얻기 위해 위와 같은 일련의 범행을 저질렀다.
⑤ 별지 몰수대상 채권목록 기재 각 채권은 위와 같은 재산상 부정한 이익을 취득하기 위해 일련의 과정을 거쳐 실행된 사전자기록등위작, 위작사전자기록등행사, 피해자 고객들에 대한 특정경제범죄법 위반(사기) 내지 사기, 피해자 N에 대한 특정경제범죄법 위반(배임) 범행으로 생긴 재산, 즉 M 거래소에 개설된 피고인 B 계정을 통해 고객들로부터 매수하여 타 거래소에 개설된 피고인 B 계정으로 이체된 가상화폐를 타 거래소에서 처분하여 얻은 재산에 해당한다.
⑥ 범죄수익은닉규제법 제2조 제1호, [별표] 제1의 마.목, 거.목, 제18목에 의하면, 위 범행 중 사전자기록등위작, 위작사전자기록등행사, 특정경제범죄법 위반(사기) 내지사기 중 이득액 3억 원 이상 5억 원 미만 부분, 특정경제범죄법 위반(배임) 범행은 범죄수익은닉규제법이 규정한 중대범죄에 해당하므로, 별지 몰수대상 채권목록 기재 각 채권은 범죄수익은닉규제법 제2조 제3호가 정하는 위 각 중대범죄의 범죄수익에서 유래한 재산으로 볼 수 있다.

⑦ 결국 별지 몰수대상 채권목록 기재 각 채권은 범죄수익은닉규제법 제8조 제3항에 몰수할 수 없다고 규정된 재산에 관한 중대범죄의 범죄피해재산에 해당되면서 그 이외의 중대범죄인 사전자기록등위작죄, 사전자기록등위작행사죄의 범죄수익 등에도 해당되므로, 앞서 본 법리에 따라 범죄수익은닉규제법 제8조 제1항에 의하여 몰수할 수 있다.

⑧ 한편 앞서 본 바와 같은 위 각 범죄의 동기, 별지 몰수대상 채권목록 기재 각 채권의 성질, 위 채권을 가지는 피고인 B이 위 각 범죄에서 담당한 역할 및 가담 정도, 편취한 가상화폐의 대가 지급, 외부로 반출된 가상화폐의 반환 등의 방법으로 피해회복이 이루어졌다고 보여 위 채권이 범죄피해회복을 위해 사용될 가능성이 적은 점 등 이 사건 기록에 나타난 모든 사정들을 참작하여 보면, 피고인 A, B에게 별지 몰수대상 채권목록 기재 각 채권에 대한 몰수형을 선고하는 것이 비례의 원칙에 반한다고 보기 어렵다.

다. 소결론

피고인 A, B의 사실오인 내지 법리오해 주장은 모두 이유 없으나, 원심판결 중 피고인 A, B에 대한 유죄 부분은 이 법원의 공소장변경허가결정에 따라 직권으로 파기되어야 한다.

3. 원심판결 중 피고인 C에 대한 유죄 부분 판단

가. 피고인 C과 검사의 양형부당 주장 판단

피고인 C의 이 사건 범행 요지는, 피고인 C이 피해자 N의 운영이사로서 위 피해회사로부터 API 거래를 위한 가상화폐 매수자금 명목으로 6,000만 원을 송금받아 업무상 보관하던 중 임의로 사용하여 횡령하였다는 것이다.

피고인 C은 피해자 N의 임원으로서 본분을 다하지 않고 피해자 N의 재산에 손해를 가하는 이 사건 범행을 저질렀다. 피고인 C이 횡령한 금액이 적지 않다. 이상은 피고인 C에게 불리한 정상이다.

피고인 C은 깊이 반성하는 태도를 보이고 있다. 피고인 C은 피해자 N에게 피해를 회복하고 원만히 합의하였다. 피고인 C은 초범이다. 이상은 피고인 C에게 유리한 정상이다.

위와 같은 사정들과 피고인 C의 연령, 성행, 환경 등 이 사건 변론에 나타난 모든 양형조건 및 대법원 양형위원회의 양형기준에 의한 권고형량의 범위를 종합하여 보면, 원심의 양형이 너무 무겁거나 가벼워서 부당하다고 보이지 않는다.

나. 소결론

원심판결 중 피고인 C에 대한 유죄 부분에 관한 피고인 C 및 검사의 항소는 각 이유 없다.

4. 원심판결 중 피고인들에 대한 무죄 부분 판단
  가. 검사의 사실오인 내지 법리오해 주장 판단
    1) 이 부분 공소사실의 요지

N는 온라인상으로 가상화폐의 매매, 중개 등 관련 서비스를 제공하는 인터넷 가상화폐 거래소[상호 'M(M)'] 운영을 목적으로 2017. 4. 14. 자본금 7,000만 원으로 설립된 법인으로 피고인 A은 N의 대표이사이고, 피고인 B은 N의 실질적인 공동대표이며, 피고인 C은 N의 운영이사이다.

대한민국 정부가 2017. 12. 13.경 가상화폐거래 규제대책의 일환으로 『이용자의 실명확인, 암호키 분산 보관, 고객자산의 별도 예치 등의 규제 대책』을, 2017. 12. 28.경 가상통화 관련 금융권 점검회의를 개최하여 『실명확인 입출금 서비스 전환 실시 등의 대응조치』를 발표하였고, 2018. 1. 23.경 『가상통화 투기근절을 위한 특별대책』 중 금융부분의 일환으로 『가상통화 관련 자금세탁방지 가이드라인』을 공표하면서 '2018. 1. 30.자로 가상통화 거래소에 이용자 개인의 실명 은행계좌를 등록하여야만 가상통화 거래를 할 수 있는 실명확인 입출금 계정 서비스'를 실시하도록 조치하였다.

이로 인해 금융기관들이 2017. 12. 하순경부터 가상화폐 거래소들의 고객예탁금집금계좌에 대한 사용정지조치 등을 통해 신규 고객들의 가입이나 기존 고객들의 신규자금 유입을 막으면서 N도 2017. 12. 하순경부터는 기존에 고객예탁금 집금계좌로 사용해오던 기업은행과 AJ, AK에 개설된 법인계좌의 신규 입금이 전면 정지되어 그때부터 신규 예탁금 입금이 전혀 없는 상황이 지속되었고, 2018. 1. 22.경에는 기업은행 법인계좌가, 2018. 1. 31.경에는 AL은행 법인계좌가 각각 지급정지되어 위 계좌들에 보관 중인 고객예탁금의 출금조차 막히게 됨으로써, 2018. 2. 초순경에는 N의 고객예탁금 집금계좌들 중 유일하게 AM조합계좌만 출금 용도로만 사용가능한 상황에 처하게 되었다.

한편, 정부의 가상화폐 거래소 규제정책에 불안감을 느낀 N 고객들이 2017. 12. 22. 1,594회에 걸쳐 합계 57억 원 상당의 고객예탁금을 인출한 것을 비롯하여 2018. 1. 5.경까지 하루 평균 2,000회 이상 합계 50~100억 원 상당이 인출되었고, 그 이후에도 매일 500~1,000회에 걸쳐 고객예탁금이 인출되는 등 고객들의 예탁금 출금 요청이 쇄도하여 2017. 12. 22.경 1,626억 원 상당에 이르던 N의 고객예탁금 잔고가 2018. 2. 8. 00:00경에는 41억 900만 원 상당으로 급감하였을 뿐만 아니라 2018. 2. 8. 06:51경 기준 실제 인출이 가능한 AM조합계좌의 현금 잔고는 20만 원 상당에 불과하는 등 고객들의 출금요청에 제대로 응할 수 없어 신규 자금의 유입이 절실한 상황이었다.

또한, N는 위와 같이 신규 유입 자금이 없는데다가 기존 고객들이 예탁금을 출금하여 N를 떠나는 바람에 가상화폐 거래량이 급격히 감소하여 N 내에서의 가상화폐 시세가 당시 국내의 다른 대형 가상화폐 거래소의 시세보다 낮은 상태가 되었고, 그로 인해 N 기존 고객들의 추가 이탈 우려가 매우 높아져 가상화폐 거래소로서의 영업 자체가 곤란하게 될 처지였기에 이러한 처지를 타개하기 위해서라도 역시 신규 자금 유입에 의한 거래 활성화가 절실한 상황이었다.

이에 피고인들은 N의 실명확인 고객예탁금 집금계좌를 개설하여 신규 예탁금을 입금받기 위해 1, 2차 금융기관들을 상대로 접촉하는 등 집금계좌 개설을 위해 여러시도를 하였지만 모두 거절을 당하게 되자 AB 측과 사전 협의 없이 2018. 2. 2.경 재무팀 직원인 AN로 하여금 AB 여의도지점에 일단 계좌개설 신청을 하고, 2018. 2. 5. 목적을 법인자금 운영(급여 및 비용관리)이라고 허위 고지하고 N 명의의 계좌(계좌번호 AO)를 개설하도록 한 다음 마치 위 계좌가 금융당국의 『가상통화 관련 자금세탁방지 가이드라인』에 따라 AB 측과의 협의를 통해 개설한 N의 실명확인 고객예탁금 집금계좌인 것처럼 고객들을 속여 일단 위 계좌로 신규 예탁금을 입금받아 이를 기존 고객들에 대한 인출금으로 사용하기로 공모하였다.

피고인들은 2018. 2. 9.경 N 사무실에서 N 인터넷 홈페이지 게시와 고객들에 대한 이메일 안내 등을 통하여 불상의 N 고객들에게 "N 한화 입금 재개예정 안내"라는 제목으로 '고객 자산 보호를 위해 일시적으로 실명확인 입금 TEST를 진행한다.'는 취지의 안내를 하여 마치 N가 AB 측과의 협의를 통해 금융당국의 『가상통화 관련 자금세탁방지 가이드라인』에 따른 실명확인 고객예탁금 집금계좌를 신규 개설하였고, 위 계좌에 예탁금을 입금하면 이제 N에서 정상적인 가상화폐 거래가 가능하여 거래가 활성화될 것처럼 고객들을 기망하였고, 나아가 N는 위와 같이 2017. 12. 하순부터 신규 예탁금 입금이 전혀 없었던 상황에서 고객들의 계속된 대량 인출 사태로 인해 2월 초순경에는 출금할 자금이 없어 고객들의 출금요청에 제대로 응하지 못하는 사정이었음에도 고객들에게 그런 사정을 숨긴 채, 오히려 2018. 2. 10.경에는 N 인터넷 홈페이지 공지사항란에 '출금시스템 점검에 따른 출금 지연'이라고 허위 내용을 게시하는 등 고객들을 기망하였다.

그러나 사실은 피고인들은 2018. 2. 5.경 AB으로부터 위 계좌개설 목적 확인을 위한 EDD 제출을 요구받고, 다음날 재무팀 직원인 AN로 하여금 법인자금 운영(급여 및 비용관리) 목적의 계좌개설이라고 허위 기재한 서류를 제출하도록 하였고, 같은 달 8.경 다시 AB 담당자가 재무팀장인 V을 통해 재차 '법인 자체 자금 운용 목적의 계좌사용은 가능하지만 가상화폐 거래 목적으로는 안 된다.'는 점을 고지하였기에 위 계좌를 가상화폐 거래를 위한 고객예탁금을 입금용으로 사용하는 것이 발각될 경우 언제든지 계좌 폐쇄조치가 되리라는 정을 알고 있었다.

그럼에도 불구하고, 피고인들은 공모하여 위와 같이 '실명확인 입금 TEST'를 빙자하여 이에 속은 N 고객들로 하여금 증권사 영업이 끝난 2018. 2. 9.(금) 저녁부터 예탁금을 입금하게 하여 2018. 2. 9. 21:19경 피해자 AP으로부터 N 명의 위 AA 계좌로 1억 원을 송금 받은 것을 비롯하여 그 무렵부터 원심판결문에 첨부된 별지 범죄일람표 3 기재와 같이 총 20,534회에 걸쳐 20,534명의 피해자들로부터 합계 336억 7,353만 5,860원을 송금 받아 이를 편취하였다.

2) 원심의 판단

원심은 이 사건 기록에 의하여 인정되는 아래와 같은 사정들을 종합하여, 피고인들이 AB에 N 명의의 계좌를 개설한 다음 피해자들로부터 예탁금을 송금받아 그 용도에 따라 사용한 이상 위 계좌를 가상화폐 거래를 위한 목적으로 사용할 의도가 있었고, 이 부분 공소사실 기재 안내문과 공지사항이 피해자들로 하여금 착오에 빠지게 할 정도의 기망행위에 이르렀다고 평가하기 어려우며, 피해자들이 이 부분 공소사실 기재와 같은 사정을 어느 정도 인식하였거나 이를 미리 알지 못하였다 하더라도 위 계좌로 송금하지 않았을 객관적 사정도 인정되지 않으므로, 피고인들의 기망행위를 인정하기 어렵다고 보아 피고인들에 대하여 무죄를 선고하였다.

① 피고인들이 AA 계좌를 개설한 뒤 그 개설경위 등에 대하여 고객들에게 제대로 알리지 않은 채 현금을 입금받은 것인지는 의문이다. 먼저 위 계좌를 통한 고객들의 입금 당시 N가 고객들에게 게시한 공지사항의 내용과 이에 대한 해석에 의할 때 그러하다.

㉮ N는 2018. 2. 9.자로 운영부서 차원에서 홈페이지에 고객 공지사항을 게시하였고 같은 내용을 각 고객들의 이메일로도 발송하였는데, 그 구체적인 내용은 다음과 같다[43].

"N는 대한민국 블록체인 산업의 건강한 성장을 위해 작년 12월부

---

[43] 증거기록 595면 이하

터 자발적으로 입금과 마케팅을 중단했습니다. 하지만 50만 고객의 불편이 지속되었고 고객의 자산보호를 위해 일시적으로 실명확인 입금 TEST를 진행하기로 결정했습니다. 2월 9일21:00부터 실명 확인 입금 TEST를 진행합니다. 반드시 아래 사항을 준수하시길 바랍니다."

㉴ 당시 정부의 가상화폐 거래 규제가 본격화되어 N를 포함한 많은 거래소들이 집금계좌로 활용할 수 있는 계좌를 확보하지 못해 운영에 어려움을 겪고 있는 상황이었고 그로 인해 고객들의 신규 입금 및 가상화폐 거래도 제한되고 있었다. 따라서 고객들의 입장에서도 위 공지사항 내용을 받아들임에 있어서 'N가 향후 입금을 재개할 예정인데 그에 앞서 해당 계좌가 실제로 정부 가이드라인 규제에 따른 실명확인이 가능한 계좌로 활용될 수 있을 것인지에 대한 시험운용을 하겠다.'는 취지로 이해하였을 것으로 보인다. 그렇다면 고객들로서도 AA 계좌가 경우에 따라서는 정부가 요구하는 실명확인 서비스 요건을 충족시키지 못하여 집금계좌로 활용되지 못할 가능성을 충분히 인식하였을 것이다.

㉵ N는 AA 계좌를 통해 고객들로부터 입금을 받던 중인 2018. 2. 10. 경 원화 출금이 지연되는 것에 대하여 다음과 같은 내용의 공지사항을 기재하였다.
"원화 출금 지연 안내, 출금시스템 개선작업으로 원화 출금은 월요일 오전 10시재개 예정입니다. 암호화폐 송금 서비스는 정상적으로 이용하실 수 있습니다."
위 공지사항 내용과 달리 당시 고객들의 출금이 지연되었던 것은 증권사인 AA 계좌가 주말에는 출금이 제한되었기 때문이었다 (2018. 2. 10.은 토요일이었다). 따라서 출금시스템 개선작업으로 출금이 지연된다는 취지의 위 공지 내용은 실제 출금 지연 원인과는 다소 다른 내용이기는 하다. 그러나 N로서도 증권사 계좌를 실제로 집금계좌로 활용한 경우는 처음이었고 이로 인해 증권사 계좌의 출금이 주말에는 제한된다는 사정을 인식하지 못하여 출금이 지연되는 문제가 발생하였던 이상 '출금시스템 개선작업으로 인한 출금 지연'이라는 표현을 거래관행이나 신의칙에 비추어 사기죄가 인정될 정도로 허위사실을 고지하였다고 평가하기는 어렵다.

② N의 집금계좌에 현금을 입금한 뒤 KRW 포인트를 충전하여 이를 이용해 가상화폐를 매수하는 것은 M 거래소를 이용하는 고객들이 적극적으로 원하던 것이었다. 그런데 이 부분 공소사실 기재 행위를 통해

고객들은 위와 같이 원했던 바를 이루었다.

㉮ N 고객들과 상담원들의 상담 대화내역들에 의하면 고객들은 대체로 2017. 12.경 N의 자발적인 입금 중단 후 정부의 가상화폐 거래 규제가 더하여지면서 N가 입금을 재개하지 못하자 이로 인한 거래소 내 가상화폐 시세의 하락 등에 불만을 가지고 조속한 입금재개를 요구해왔다. 결국 고객들에게는 가상화폐를 매수하는데 필요한 KRW 포인트의 취득이 중요하였을 뿐 현금이 입금되는 상대 계좌의 개설경위 등은 큰 관심사는 아니었다.

㉯ N는 AB으로부터 집금계좌 사용에 대한 항의를 받고 계좌 입출금 정지 및 계좌 동결 조치가 된 직후인 2018. 2. 12. 15:00경 위 계좌에 입금된 약 340억 원 전액을 N의 집금계좌로 활용 중이던 AM 조합 계좌로 이체하였다[44]. 이후 위 돈을 활용한 KRW 포인트 충전 및 가상화폐 매수, 현금 출금은 정상적으로 이루어졌고(검사가 제출한 증거들에 의하더라도 AA 계좌에 입금한 돈을 돌려받지 못하거나 그 돈으로 가상화폐를 매수하지 못한 사람이 확인되지 않는다), 출금이 상당히 이루어진 이후로도 위 AM조합계좌에는 2018. 4. 13. 기준 약 7,80억 원 가량의 현금이 남아있던 것으로 보인다[45].

③ M 거래소에서 이루어지는 가상화폐 거래의 구조상 고객들이 집금계좌로 입금한 돈은 고객들의 출금 요청에 대한 변제 재원으로 활용된다. 따라서 고객들로서도 자신들이 입금한 돈이 출금 요청을 한 다른 고객들에게 지급되는 것을 당연히 인식하였을 것이어서 이와 관련하여 고객들이 착오에 빠졌다고 보기도 어렵다.

④ 증권사 계좌를 집금계좌로 사용하는 것은 당시 정부의 규제 방침에 의하더라도 명시적으로 금지되었다고 볼 수 없고, 입금계좌의 명의자나 계좌번호가 그대로 확인되는 AA 계좌의 특성까지 고려하면 실명확인을 요하는 정부의 규제 취지에 부분적으로나마 부합하는 측면도 있었다. 여기에 N에서 AA 계좌를 개설하게 된 경위나 N가 마련한 자체적인 실명확인 절차 등이 존재하였던 사정들까지 더해보면 피고인들의 행위가 정부의 규제 방침을 위반한 행위라거나 피고인들에게 그에 관한 적극적인 의도가 있었다고 평가하기도 어렵다.

㉮ 정부가 이 부분 공소사실 기재와 같이 2017. 12. 13.경부터 가상화

---

[44] 증거기록 878, 906~907면
[45] 증거기록 3205, 3303면

폐 거래에 대한 규제 방침들을 차례로 내놓기는 하였으나 2018. 1. 30. 가이드라인을 공표할 때까지는 정부가 요구하는 실명확인이 가능한 집금계좌가 구체적으로 어떠한 형태를 취하여야 하는지 그 기준이 형성되는 과정이었다. 당시 언론 기사나 보도자료 등을 통해 확인되는 정부나 금융당국의 입장도 자신들은 가상화폐 거래소에 대한 실명확인 계좌 신규발급을 막고 있는 것이 아니며 단지 은행이 자율적으로 결정하는 것이라면서 고객확인 등 내부통제 절차, 시스템 안정성, 고객보호장치, 자금세탁 방지절차 등을 점검해 위 각 의무를 준수할 능력이 되는 거래소만 집금계좌를 신규로 발급받을 수 있다는 것이었다. 따라서 당시 정부의 공식적인 입장이 명확하지 않았다고 평가할 여지도 있다. 한편 정부의 가이드라인에서도 고객들이 시중 은행 계좌를 통하여 예탁금을 입금하고자 할 경우의 구체적인 방법론에 대하여 설명하고 있을 뿐, 증권사 계좌를 활용한 고객예탁금 입금을 명시적으로 금하고 있지도 않다. 결국 N에서 AA 계좌를 집금계좌로 활용한 것이 탈법적인 행위라고 평가할 수는 있을지언정 전적으로 위법한 행위라고 평가하기는 어렵다. 한편 고객들도 정부의 가이드라인 내용을 인식하고 있었을 것이므로 AA 계좌가 정부의 가이드라인에 완전히 부합하지 않음을 알았을 것으로 보인다.

㉯ 2017. 12. 13.부터 2018. 1. 30.까지 공표된 공소사실 기재 정부의 대책, 대응조치, 가이드라인 등은 기본적으로 은행을 포함한 금융회사 등을 그 대상으로 삼고 있고, 만일 가상화폐 거래소까지 수범자의 범위를 확장하고 피고인들의 행위가 위 가이드라인을 위반한 것으로 평가하더라도 그로 인해 N가 고객들로부터 입금을 받는 행위의 사법상 효력까지 부정된다고 볼 수 없다.

㉰ AQ이 2018. 1. 23. N에 발송한 이메일[46])에 의하면 AQ이 피고인 A에게 증권사 계좌를 활용함으로써 정부의 가이드라인을 준수할 수 있으니 이에 대한 검토를 바란다고 제안한 사실을 알 수 있다. 다만 위 이메일 내용에 의하면 AQ은 위와 같은 제안을 AB 소속으로 한 것은 아니었으나, AQ이 AB 디지털전략팀 과장이라는 명함까지 소지한 상태였고(피고인들이 AQ을 AB 기술팀 직원이라고 받아들인 것도 이 때문인 것으로 보인다), 이후 N와 AB 여의도지점 사이에 실제로 집금계좌 목적을 전제로 한 계좌 개설 논의가

---

46) 증 제12호증

진행되었던 것으로 보인다. 비록 이후 AB에서 컴플라이언스 부서의 검토 결과에 따라 최종적으로 집금계좌 활용을 거절하였으나, AB 내부에서 집금계좌 활용에 관한 논의가 진행되었다는 피고인들 및 변호인의 주장은 근거가 있다.

㉴ N는 거래소 운영을 시작할 무렵부터 AR 주식회사와 사이에 본인인증 및 계좌 확인 서비스 이용계약을 체결하여 고객들이 회원가입 당시부터 본인 확인 및 계좌에 관한 인증절차를 거치도록 하고 이러한 절차를 거친 계좌를 통한 입금에 대해서만 정상 승인 처리를 해주었다47). 한편 N 약관에서는 실명이 아닌 서비스 이용신청에 대해서는 N가 승낙을 유보할 수 있고[약관 제7조 2. ③ 가)], 실명이 아닌 회원이 발견되는 경우에는 서비스 이용을 제한하거나 이용을 해지할 수 있도록 정하고 있다[약관 제8조 1. 제2항 (가)]. 이와 같이 N는 정부의 규제 방침에 부합할 수 있도록 나름의 노력을 하고 있었던 것으로 보인다. 다른 한편 위와 같은 사정에 의하면 2018. 2. 9.자 공지사항 가운데 "N는 AS을 통한 개인 휴대전화와 은행계좌의 실명 여부를 확인합니다. 한화(KRW) 입금은 오직 N에서 실명인증된 계좌로만 입금이 가능하며 N는 해당 금융기관을 통해 자금세탁 방지 의무를 준수합니다."라는 부분을 전적으로 허위라고 보기 어렵다.

⑤ V과 AB 직원의 전화통화 녹취서48) 내용이나 재무팀 직원으로서 직접 AB에 계좌개설신청을 한 AN의 진술, 피고인 A의 진술 등을 종합하면 N가 AA 계좌를 집금계좌로 사용하는 과정에서 기망이나 위계로 평가할 수 있는 행위들이 다소간 이루어졌다. 그러나 이는 AB에 대한 것으로 볼 수 있을지언정 그러한 사실만으로 고객들에 대해 기망행위가 있었다고 평가할 수는 없다. 또 피고인들이 계좌 개설 및 사용 과정에서 있었던 이러한 세부사정들을 낱낱이 고객들에게 알릴 의무가 있다거나 이를 알리지 않은 것을 거래관행 내지 신의칙상 기망행위라고 평가할 수도 없다.

⑥ 피고인들이나 V의 각 진술 및 당시 N의 각 계좌 잔고내역, V의 AF 메시지 등에 의하면 이 부분 공소사실 기재 행위 당시 수시로 N 직원들이나 AE 등 관련자들의 계좌로부터 N의 집금계좌에 돈이 입금되었고 이것이 고객들에 대한 출금재원으로 활용되었다. 이는 다소 임시방

---

47) 증 제14, 15호증
48) 증거기록 3231~3239면

편적인 성격을 가지기는 하지만 적어도 위 행위 당시까지 이로 인해 고객들에 대한 출금이 완전히 제한되었다는 사정은 드러나지 않는다. 이에 비추어 보면 AA 계좌를 이용함으로써 N가 보다 안정적으로 출금 업무를 수행하는 정도를 넘어, 해당 계좌를 이용하지 않고서는 곧바로 고객들에 대한 출금이 전면 제한되는 정도에까지 이르렀다고 단정하기는 어려울 것이다.

3) 이 법원의 판단

원심이 위와 같이 든 사정들에다가 이 법원에서 피고인들의 기망행위를 합리적인 의심 없이 인정할 만한 추가적인 증거가 제출되지 아니한 점 등 이 사건 기록에 나타나는 모든 사정들을 종합하여 살펴보면, 원심의 판단을 수긍할 수 있다.

따라서 검사의 사실오인 내지 법리오해 주장은 이유 없다.

나. 소결론

원심판결 중 피고인들에 대한 무죄 부분에 관한 검사의 항소는 이유 없다.

5. 결론

가. 피고인 A

원심판결 중 피고인 A에 대한 유죄 부분은 위에서 본 직권파기사유가 있으므로 피고인 A의 양형부당 주장 및 검사의 피고인 A에 대한 양형부당 주장에 관한 판단을 생략한 채 형사소송법 제364조 제2항에 의하여 이 부분을 파기하고, 다시 변론을 거쳐 아래와 같이 판결한다.

원심판결 중 피고인 A에 대한 무죄 부분에 관한 검사의 항소는 이유 없으므로 형사소송법 제364조 제4항에 의하여 이를 기각한다.

나. 피고인 B

원심판결 중 피고인 B에 대한 유죄 부분은 위에서 본 직권파기사유가 있으므로 피고인 B의 양형부당 주장 및 검사의 피고인 B에 대한 양형부당 주장에 관한 판단을 생략한 채 형사소송법 제364조 제2항에 의하여 이 부분을 파기하고, 다시 변론을 거쳐 아래와 같이 판결한다.

원심판결 중 피고인 B에 대한 무죄 부분에 관한 검사의 항소는 이유 없으므로 형사소송법 제364조 제4항에 의하여 이를 기각한다.

다. 피고인 C

피고인 C과 검사의 피고인 C에 대한 항소는 각 이유 없으므로 형사소송법 제364조 제4항에 의하여 이를 기각한다.

[피고인 A, B에 대하여 다시 쓰는 판결 이유]

범죄사실 및 증거의 요지

이 법원이 인정하는 범죄사실 및 그에 대한 증거의 요지는 원심판결의 각 해당란 기재와 같으므로 형사소송법 제369조에 의하여 이를 그대로 인용한다.

법령의 적용

1. 범죄사실에 대한 해당법조 및 형의 선택

   가. 피고인 A

   각 형법 제232조의2(사전자기록등위작의 점, 계정별로 포괄하여, 피고인 B과 공모한 부분은 형법 제30조 추가, 징역형 선택), 각 형법 제234조, 제232조의2(위작사전자기록등행사의 점, 계정별로 포괄하여, 피고인 B과 공모한 부분은 형법 제30조 추가, 징역형 선택), 구 특정경제범죄법(2017. 12. 19. 법률 제15256호로 개정되기 전의 것, 이하 같다) 제3조 제1항 제1호, 형법 제347조 제1항, 제30조(이득액 50억 원 이상 사기의 점, 포괄하여, 유기징역형 선택), 각 구 특정경제범죄법 제3조 제1항 제2호, 형법 제347조 제1항, 제30조(이득액 5억 원 이상 50억 원 미만 사기의 점, 피해자별로 포괄하여), 각 형법 제347조 제1항(이득액 5억 원 미만 사기의 점, 피해자별로 사기범행이 2회 이상인 경우 포괄하여, 피고인 B과 공모한 부분은 형법 제30조 추가, 징역형 선택), 각 구 특정경제범죄법 제3조 제1항 제1호, 형법 제356조, 제355조 제2항(업무상배임의 점, 계정별로 포괄하여, 피고인 B과 공모한 부분은 형법 제30조 추가, 유기징역형 선택)

   나. 피고인 B

   형법 제232조의2, 제30조(사전자기록등위작의 점, 포괄하여, 징역형 선택), 형법 제234조, 제232조의2, 제30조(위작사전자기록등행사의 점, 포괄하여, 징역형 선택), 구 특정경제범죄법 제3조 제1항 제1호, 형법 제347조 제1항, 제30조(이득액 50억 원 이상 사기의 점, 포괄하여, 유기징역형 선택), 각 구 특정경제범죄법 제3조 제1항 제2호, 형법 제347조 제1항, 제30조(이득액 5억 원 이상 50억 원 미만 사기의 점, 피해자별로 포괄하여), 각 형법 제347조 제1항, 제30조(이득액 5억 원 미만 사기의 점, 피해자별로 사기범행이 2회 이상인 경우 포괄하여, 징역형 선택), 구 특정경제범죄법 제3조 제1항 제1호, 형법 제356조, 제355조 제2항, 제30조(업무상배임의 점, 포괄하여, 유기징역형 선택)

   1. 경합범가중

      가. 피고인 A

      형법 제37조 전단, 제38조 제1항 제2호, 제50조[형과 범정이 가장 무

거운 피고인 B 계정을 이용한 특정경제범죄법 위반(배임)죄에 정한 형에 경합범가중]

나. 피고인 B

형법 제37조 전단, 제38조 제1항 제2호, 제50조[형과 범정이 가장 무거운 특정경제범죄법 위반(배임)죄에 정한 형에 경합범가중]

1. 작량감경(피고인 A, B)

   각 형법 제53조, 제55조 제1항 제3호(아래 양형의 이유 중 위 피고인들에게 유리한 정상 참작)

1. 집행유예(피고인 A, B)

   각 형법 제62조 제1항(아래 양형의 이유 중 위 피고인들에게 유리한 정상 거듭 참작)

1. 사회봉사명령(피고인 A, B)

   각 형법 제62조의2 제1항

1. 몰수(피고인 A, B)

   각 범죄수익은닉규제법 제8조 제1항

양형의 이유

1. 법률상 처단형의 범위

   가. 피고인 A : 징역 2년 6월 ~ 22년 6월

   나. 피고인 B : 징역 2년 6월 ~ 22년 6월

2. 피고인 A, B의 양형기준상 권고형의 범위

   가. 제1범죄 : 특정경제범죄법 위반(사기)죄, 사기죄[49]

   [유형의 결정] 일반사기 > 제5유형(300억 원 이상)

   [특별양형인자] 불특정 또는 다수의 피해자를 대상으로 하거나 상당한 기간에 걸쳐 반복적으로 범행한 경우, 범행수법이 매우 불량한 경우(가중요소), 손해발생의 위험이 크게 현실화되지 아니한 경우, 범행 당시 판례 또는 통설에 의하여 객관적으로 행위규범이나 금지규정이 정립되었다고 보기 어려워 기망행위의 정도가 약한 경우, 처벌불원 또는 상당부분 피해회복된 경우(감경요소)

   [권고영역 및 권고형의 범위] 감경영역, 징역 3년 4월 ~ 9년[50]

---

49) 동종범죄이므로 각 이득액을 합산한 금액을 기준으로 유형을 정한다. 이 부분 범죄에 수반 된 사전자기록등위작죄, 위작사전자기록등행사죄는 다수범죄로 취급하지 않고 양형인자로 만 취급한다.

50) 동종경합 합산 결과 1단계 상승으로 형량범위 하한의 1/3 감경한다.

나. 제2범죄 : 특정경제범죄법 위반(배임)죄[51]
　　　[유형의 결정] 횡령·배임범죄 > 제5유형(300억 원 이상)
　　　[특별양형인자] 범행수법이 매우 불량한 경우(가중요소), 손해발생의 위험이 크게 현실화되지 아니한 경우, 범행 당시 판례 또는 통설에 의하여 객관적으로 행위규범이나 금지규정이 정립되었다고 보기 어려워 임무위반 정도가 경미한 경우, 처벌불원 또는 상당부분 피해회복된 경우(감경요소)
　　　[권고영역 및 권고형의 범위] 특별감경영역, 2년 ~ 7년
다. 다수범죄 처리기준에 따른 권고형의 범위 : 징역 3년 4월 ~ 12년 6월[52]

3. 선고형의 결정

　피고인 A : 징역 3년, 집행유예 4년, 사회봉사 280시간, 몰수
　피고인 B : 징역 2년 6월, 집행유예 3년, 사회봉사 200시간, 몰수

　피고인 A, B의 이 사건 범행 요지는, ① 피고인 A은 N의 대표이사로서 피고인 B과 공모하여 거래시스템에서 M 거래소에 개설된 피고인 B 계정에 실제 현금 입금 없이 440억 원 상당의 KRW 포인트를 입력하여 표시한 다음 가상화폐 매수주문을 하여 피해자 고객들로부터 약 382억 원 상당의 가상화폐를 편취한 후 이를 타 거래소에 개설된 피고인 B 계정으로 이체하여 재산상 이익을 취득하고 피해자 N에게 같은 금액 상당의 재산상 손해를 가하였고, ② 피고인 A은 N의 대표이사로서 단독으로 거래시스템에서 M 거래소에 개설된 P 계정에 실제 현금 입금 없이 70억 원 상당의 KRW 포인트를 입력하여 표시한 다음 가상화폐 매수주문을 하여 피해자 고객들로부터 약 70억 원 상당의 가상화폐를 편취한 후 이를 타 거래소에 개설된 P 계정으로 이체하여 재산상 이익을 취득하고 피해자 N에게 같은 금액 상당의 재산상 손해를 가하였다는 것이다.

　피고인 A, B은 가상화폐 거래소를 운영하는 N의 업무를 처리하는 과정에서 거래시스템을 정상적으로 관리하고 불특정 다수인 고객들과 N의 이익을 위해 노력하여야 하는데도 불구하고 이 사건 범행을 저질러 가상화폐 거래소에 대한 신뢰를 크게 훼손시켰다. 이 사건 각 범행은 M 거래소와 타 거래소 사이의 가상화폐 시세차이를 이용한 거래로 이득을 얻기 위해 계획된 바에 따라 일련의 과정으로 실행되었다. 이 사건 사기, 업무상배임 범행으로 인한 이득액이 상당하다. 이상은 피고인 A, B에게 불리한 정상이다.

　반면 피고인 A, B은 이 사건 범행 이후 반출한 가상화폐 거래로 인한 손실을 방지하기 위해 노력하였다. 이 사건 사기 범행으로 편취한 가상화폐의 대가가 피해자 고객들에게 정상적으로 지급되었고, 이 사건 업무상배임 범행으로 외부로

---

51) 피고인 A의 경우 각 이득액을 합산한 금액을 기준으로 유형을 정한다.
52) 제1범죄 상한 + 제2범죄 상한의 1/2

반출된 가상화폐가 모두 피해자 N에 반환되었다고 보인다. 피고인 A, B은 가상화폐 거래소에 관한 규율이 정립되지 못한 상태에서 예상하지 못한 정부의 규제로 말미암아 이 사건 범행에 이르게 된 측면도 있어 범행경위에 일부 참작할 사정이 있다. 피고인 A, B은 각 이종 범죄로 1회 벌금형 처벌을 받은 전력만 있을 뿐 동종 전과가 없다. 피고인 A, B의 가족들과 N의 직원들을 비롯한 지인들이 선처를 탄원하고 있다. 이상은 피고인 A, B에게 유리한 정상이다.

위와 같은 사정들과 피고인 A, B의 연령, 성행, 환경 등 이 사건 변론에 나타난 모든 양형조건을 종합하여, 양형기준상 권고형의 하한을 다소 벗어나 주문과 같이 형을 정한다.

재판장 판사 　 김형두
　　　　판사 　 김승주
　　　　판사 　 박성윤

별지 생략

[판례 6] 방문판매등에관한법률위반 (서울중앙지방법원 2019. 1. 10. 선고 2018노1266 판결)

사　　건	2018노1266 방문판매등에관한법률위반
피 고 인	A
항 소 인	피고인
검　　사	이상록(기소), 강성기(공판)
변 호 인	법무법인 클라스 담당변호사 김상순, 박민선
원심판결	서울중앙지방법원 2018. 4. 27. 선고 2018고단138 판결
판결선고	2019. 1. 10.

주　문

피고인의 항소를 기각한다.

이 유

1. 항소이유의 요지 (사실오인 및 법리오해)

   'J'은 이를 이용하여 특정 인터넷 사이트에서 상품을 구입할 수 있는 등 재산적 가치가 있는 물건으로 '재화'에 해당한다. 따라서 피고인의 행위는 방문판매 등에 관한 법률(이하 '방문판매법'이라 한다) 제24조 제1항의 '재화 등의 거래 없이 금전거래를 하거나 재화 등의 거래를 가장하여 사실상 금전거래만을 하는 행위'라고 볼 수 없다.

2. 판단

   가. 관련 법리

   방문판매법 제24조 제1항에서 정한 '재화 등의 거래 없이 금전거래를 하거나 재화 등의 거래를 가장하여 사실상 금전거래만을 하는 행위'란 재화 등을 주고받지 아니하고 오로지 금전수수만을 하거나, 재화 등의 거래를 빙자하여 외형상으로는 재화 등의 거래가 있는 것처럼 보이나 실제로는 재화 등의 거래가 없거나 매우 미미한 정도로만 이루어져 그 실질적 목적은 금전의 수수에만 있는 경우를 의미한다(헌법재판소 2012. 4. 24. 선고 2009헌바329 전원재판부 결정 참조).

   다만 '재화 등'에 관하여 방문판매법 제2조 제1호는 '재화 또는 용역'이라고 정의하면서도 그 의미가 무엇인지에 관하여 달리 규정을 두고 있지 않은데, 부가가치세법 제2조 제1호는 재산 가치가 있는 물건 및 권리를 '재화'로 규정하고 있고, 부가가치세법 시행령 제2조는 '물건'에 관하여 상품, 제품, 원료, 기계, 건물 등 모든 유체물과 전기, 가스, 열 등 관리할 수 있는 자연력이라고 정의하고 있으며(제1항), '권리'에 관하여서는 광업권, 특허권, 저작권 등 제1항에 따른 물건 외에 재산적 가치가 있는 모든 것이라고 정의하고 있다(제2항). 이때 재화인지를 판단하기 위한 재산적 가치의 유무는 거래 당사자의 주관적인 평가가 아닌 재화의 경제적 효용가치에 의하여 객관적으로 결정하여야 한다(대법원 2018. 4. 12. 선고 2017두65524 판결 참조).

   나. 구체적 판단

   피고인과 원심 변호인이 원심에서도 같은 취지로 주장하였고, 원심은 판결문 5면에서 그 주장과 판단을 자세하게 설시하여 배척하였다. 원심이 적법하게 채택하여 조사한 증거들에 의하여 인정되는 그 설시와 같은 사정들에다가 이들 증거에 의하여 인정되는 다음과 같은 사정들을 종합하여 보면, 피고인이 '재화 등의 거래 없이 금전거래를 하거나 재화 등의 거래를 가장하여 사실상 금전거래만을 하는 행위'를 하였다고 충분히 인정할 수 있고, 이와 같이 보더라도 죄형법정주의나 무죄추정의 원칙에 반한다고 볼 수 없으며, 피고인이 당심에서 제출한 증거들은 위 인정에 방해가 되지 아니한다. 따라서 피고인의 사실오인 및 법리오해 주장은 받아들일 수 없다.

① J과 관련하여, 원심 공동피고인 C, 투자자 S, G의 국내 조직인 속칭 H 그룹의 1번 사업자 겸 H 그룹 회장인 I 등은 수사기관에서 J이 국내에서 통용 또는 실물거래를 하는 데 사용할 수 없거나 사용이 극히 제한되어 있다는 취지로 진술하였다(증거기록 중 사경 작성 제1권 45면, 132면, 사경 작성 제2권 619면). 나아가 피고인이 당심에서 J을 사용하여 물품을 구입할 수 있는 온라인 쇼핑몰로 언급한 'AH'는 이 사건 다단계 유사조직을 통한 거래가 종료된 이후에야 비로소 개설된 것으로 보인다. 따라서 G은 그 자체로 거래의 객체가 된다고 볼 수 없고, 다른 재화로 교환할 수 있는 가능성 또한 극히 제한된 것으로 판단된다.

② 이 사건 사업 구조는 투자자들이 회원 가입을 하여 일정 금액을 납입하면 속칭'L'이 전산상 지급되고, 그 토큰이 분할하여 증가하면 나중에 J을 발행받을 수 있으며, G 사이트에서 이를 매도신청하면 현금으로 환전할 수 있다는 것이다. 이러한 구조에 따르면 회원으로 가입한 투자자들은 투자금의 대가로 L을 받고, L으로 J을 채굴하여 코인 가격이 상승하면 수익을 얻을 수 있다는 것에 불과하여 이를 두고 투자자들이 객관적인 경제 가치가 있거나 현실적으로 자유롭게 이용할 수 있는 물건 또는 권리를 받았다고 인정하기 어렵다. 또한 정상적인 재화라면 피고인 주장과 같이 L이 분할되어 숫자가 계속적으로 증가하는 것은 사실상 불가능할 것으로 보인다.

③ 가상화폐의 법적성질에 관하여 논란이 있는데, 우리 대법원은 가상화폐인 비트코인의 몰수 여부가 문제된 사건에서 재산적 가치가 있는 무형의 재산이라는 취지로 판시하였고(대법원 2018. 5. 30. 선고 2018도3619 판결 참조), 유럽사법재판소는 비트코인의 구입과 판매에 부가가치세가 부과될 것인지가 문제된 사건에서 비트코인을 거래의 객체로 보기 어렵고 단지 지급수단(means of payment)의 기능을 가진다고 보았다[53]. 현재 가상화폐의 구조상 일상적인 거래를 통해 획득하기가 어렵고, 개인의 입장에서 채굴을 통해 충분한 수량의 가상화폐를 얻는 것은 매우 어렵기 때문에 이를 이용하기 위해서는 사실상 거래소를 통하여 전통적인 통화와 교환하는 과정을 거치게 된다. 따라서 가상화폐가 교환의 매개로서의 기능을 일부 가진다고 하더라도 유체물이 아니고, 그 실체가 네트워크상에 분산되어 저장된 암호화 코드의 연속이라는 점에서 볼 때 관리가능한 자연력

---

53) AI, C-264/14 (2015).

도 아니므로, 그 자체로서 재화에 해당한다고 보기는 어렵다.

④ 위와 같은 사정들을 종합해 보면, 피고인이 I 등과 공모하여 다단계 유사조직을 이용하여 투자자들에게 지급하는 J이 부가가치세법 제2조 제1호에서 정한 재산 가치가 있는 물건 또는 권리로서 '재화'에 해당한다고 볼 수 없으므로, 결국 피고인은 사실상 금전거래만을 하였다고 봄이 상당하다.

3. 결론

그렇다면 피고인의 항소는 이유 없으므로 형사소송법 제364조 제4항에 따라 이를 기각하기로 하여 주문과 같이 판결한다.

재판장 판사 안동범
판사 표현덕
판사 류경은

[판례 7] 유사수신행위의규제에관한법률위반, 방문판매등에관한법률위반 (서울중앙지방법원 2019. 1. 9. 선고 2018노2816 판결)

사　　건	2018노2816 가. 유사수신행위의규제에관한법률위반 　　　　　　나. 방문판매등에관한법률위반
피 고 인	1. A 2. B 3. C 4. D 5. E 6. F 7. G 8. H 9. I
항 소 인	피고인들
검　　사	김용자(기소), 김영주(공판)
변 호 인	법무법인 동백(피고인 A을 위하여)

담당변호사 김웅우, 최유라
법무법인 삼정(피고인 B을 위하여)
담당변호사 이상철
변호사 황규경(피고인 C, G, I을 위하여)
변호사 엄세용(피고인 D을 위하여)
변호사 김구(피고인 E, F을 위하여)
변호사 김평진(피고인 H을 위하여)

원심판결   서울중앙지방법원 2018. 9. 5. 선고 2016고단9377, 2016고단9490(병합) 판결
판결선고   2019. 1. 9.

주 문

원심판결 중 피고인 A, B, D, E, F, G, I에 대한 부분 및 피고인 H에 대한 유죄 부분을 파기한다.
피고인 A, B을 각 징역 1년, 피고인 D, E, F을 각 징역 1년 6개월, 피고인 G, H, I을 각 징역 10개월에 처한다.
다만 피고인 G, H, I에 대하여는 이 판결 확정일부터 2년간 위 각 형의 집행을 유예한다.
피고인 G, H, I에게 각 80시간의 사회봉사를 명한다.
피고인 C의 항소를 기각한다.

이 유

1. 항소이유의 요지
   가. 사실오인 및 법리오해(피고인 A, B을 제외한 피고인들)
      1) K 관련(2016고단9377 사건 및 2016고단9490 사건 범죄사실 제1항)
         가) 공통(피고인 C, D, E, F, G, H, I)
            (1) 유사수신행위의규제에관한법률위반죄 관련
               ① K은 금전이 아닌 재화이므로, 다른 사람들로 하여금 K을 J에 투자하게 하였더라도 이는 자금을 조달한 행위에 해당하지 않는다.
               ② K은 가격 변동이 큰 재화이므로, 설령 피고인들이 다른 사람들에게 '투자한 K보다 많은 수량의 K을 받을 수 있다.'는 취지로

설명하였다고 하더라도 이를 원금보장 약정을 한 것으로 평가할 수 없다.
  (2) 방문판매등에관한법률위반죄 관련
    ① K은 재화이므로, K을 주고받은 이 사건 J 관련 투자는 재화 또는 용역의 거래 없이 혹은 재화 또는 용역의 거래를 가장하여 금전거래를 한 것에 해당하지 않는다.
    ② 새로운 투자자를 유치한 경우 J이 지급하기로 약속한 추가 K은, 투자 유치 자체에 대한 대가가 아니라 연합채굴 방식에서 채굴이 대형화·효율화됨에 따라 추가로 생산된 K을 기여도에 따라 분배하는 것이다. 따라서 다단계 판매조직 등을 이용한 경우에 해당하지 않는다.
나) 피고인 C
피고인 C은 단순 투자자로서 R에게 J의 사업을 소개하였을 뿐, 원금을 보장하며 투자를 권유한 사실이 없고 J의 회장이나 다른 공동피고인들과 공모한 사실도 없다. 또한 피고인 C은 R 한 명에게만 J의 사업을 소개하였을 뿐이므로, 불특정 다수인으로부터 자금을 조달하였다고 할 수도 없다.
다) 피고인 D, E, F
  (1) 위 피고인들은 K의 개념 등 일반적인 내용을 설명해 주었을 뿐 J의 사업에 대한 투자자를 모집한 사실이 없고, J의 회장 등과 공모한 사실도 없다.
  (2) 위 피고인들은 2014. 7. 30. 이후 J과 관련한 추가 계약을 하지 않겠다고 알리고 주변 사람들에게도 추가 계약을 하지 않도록 하였으므로, 적어도 위 시기 이후의 범행은 위 피고인들과 무관하다.
라) 피고인 G, I
위 피고인들은 V 등에게 J의 사업을 소개했을 뿐 투자를 권유하여 자금을 조달한 사실이 없고, 다단계 판매조직 등을 이용한다는 고의도 없었다.
마) 피고인 H
  (1) 원심 별지 범죄일람표(1) 기재 각 일시 및 금액은 U, V 등이 국내 가상화폐 거래소에서 K을 구매한 내역에 불과하고, 이것만으로는 위 사람들이 K을 J에 지급한 일시 및 금액이 특정되었다고 볼 수 없어 범죄일시 및 금액이 특정되거나 증명되지 않았다.
  (2) 피고인 H은 J 사업의 단순 투자자로서 2014. 11.초부터 N에 사무실을 열고 K 관련 사무실을 연구하였을 뿐 V 등에게 투자를 권유

한 사실이 없고, J의 회장 등과 공모하지도 않았다.
(3) 원심판결은 피고인 H이 내용 부인하여 증거능력이 없는 피고인 H에 대한 경찰 피의자신문조서의 일부 진술기재를 증거로 채택, 거시하여 채증법칙을 위반하였다.
2) 주식회사 X 관련(피고인 D, E, F : 2016고단9490 사건 범죄사실 제2항)
가) 피고인 D
피고인 D은 단순 투자자일 뿐 피고인 E, F에게 공모, 가담한 바 없다.
나) 피고인 E, F
위 피고인들은 단순 투자자일 뿐 Y, Z과 공모한 사실이 없고, 주식회사 X의 수원지사를 운영하거나 W, AB 등에게 투자를 권유한 사실도 없다.
나. 양형부당(피고인들 모두)
원심의 형(피고인 A, B : 징역 1년 6개월, 피고인 D, E, F : 징역 2년, 피고인 C, G, H, I : 징역 10개월, 집행유예 2년, 사회봉사 80시간)은 너무 무거워서 부당하다.

2. K 관련 부분에 대한 판단
  가. 기초사실
    원심 및 당심이 적법하게 채택하여 조사한 증거들에 의하면 다음의 사실이 인정된다.
    1) J 사업의 개요
      미국에 있는 J이라는 회사는 채굴기 연합채굴 방식으로 K을 채굴하는 업체를 표방하였고, 홍콩에 있는 L이라는 회사는 K 거래사이트를 운영하였다. 이들이 내세운 'J-L K 채굴사업(이하 '이 사건 사업'이라 한다)'은, ① 투자자가 J에 자신의 계좌를 개설한 다음 K 채굴기 임대료 명목으로 K을 해당 계좌에 입고시키면 ② J이 이를 인출하여 취득한 후, ③ 그 때부터 1년간 위 K 개수에 상응하는 성능의 채굴기로 K을 채굴하여 이를 1일당 투자된 K의 0.66% 내지 0.85%의 비율로 투자자의 J 계좌에 입고시키고, ④ 투자자는 위 입고된 K을 홍콩 L 거래소에 개설한 계좌로 인출한 후 다시 이를 자국에 있는 K 계좌로 옮겨 자국 내 거래소에서 환전하면 된다는 내용이었다.
    2) 피고인 A, B의 회사 설립 및 투자자 모집 등 활동
      가) 피고인 A은 2014. 1.경 J 및 홍콩 L의 관계자들로부터 이 사건 사업에 참여할 것을 권유받고, 2014. 2.경 AR 등과 함께 이 사건 사업에 투자할 목적으로 AV 주식회사를 설립하였다.

나) AV 주식회사는 2014. 3.경 최초로 이 사건 사업을 국내에 소개하고 직접 이 사건 사업의 투자자를 모집하거나 J과 홍콩 L이 주관한 국내 사업설명회의 홍보 및 진행을 담당하는 등의 활동을 하였고, 이 과정에서 피고인 A을 통하여 이 사건 사업에 투자하게 된 피고인 B도 함께 투자자를 모집하였다.

다) 2014. 5.경 위 AR이 별건으로 구속되자, 피고인 A, B 등은 2014. 6.경 새로이 L 주식회사를 설립하고 피고인 A이 대표이사를 맡았으며 피고인 B은 이사로서 마케팅 등 대외 업무를 담당하였다. L 주식회사는 J과 홍콩 L이 주관하는 국내외의 사업설명회 등을 홍보하고 국내에서 위 행사 참가자를 모집하는 등의 활동을 하였다.

라) 피고인 A, B은 2014. 10. 20.경에 이르러서 L 주식회사의 상호를 O 주식회사로 변경하였다(이하에서는 시기 구분 없이 'L 주식회사'라 한다).

3) 피고인들 및 관련자들의 이 사건 사업 투자 경위

가) ① 피고인 C과 피고인 D, E, F은 피고인 A, B의 소개로 이 사건 사업에 투자하게 되었다. ② 피고인 G은 피고인 F, E의 소개로, 피고인 I은 피고인 G의 소개로 각 이 사건 사업에 투자하게 되었다. ③ 피고인 H은 피고인 B의 소개로 이 사건 사업에 투자를 시작하게 되었고, 피고인 E의 설명을 듣고 추가로 투자를 진행하였다.

나) ① R은 피고인 C으로부터 이 사건 사업을 소개받고 투자하게 되었다. ② U는 피고인 I, G으로부터 이 사건 사업을 처음 소개받고 투자를 시작하게 되었고, AM, AO는 U를 통해 투자하게 되었다. ③ V는 피고인 I, G으로부터 이 사건 사업을 처음 소개받고 투자를 시작하게 되었고, AI은 V를 통해 투자하게 되었다. ④ W, AB은 피고인 D, E, F으로부터 이 사건 사업을 소개받고 투자를 시작하게 되었고, BF, BG, BH은 W과 AB을 통해 투자하게 되었다.

나. 피고인들의 공통 주장에 대한 판단

1) 인정사실

AJ센터 소개 자료(순번 2)를 비롯하여 원심 및 당심이 적법하게 채택하여 조사한 증거들에 의하면 다음의 사실이 인정된다.

가) J 및 피고인 A, B이 투자자들에게 제시·설명한 이 사건 사업의 수익 구조는 다음과 같다.

○ 투자 수익
- 'S' 프로그램은 K 30개를 투자하여 일 평균 0.66%의 K을 지급받아 연 수익률이 143%에 달한다.
- 'T' 프로그램은 K 90개를 투자하여 일 평균 0.85%의 K을 지급받아 연 수익률이 225%에 달한다.
- 100%의 ROI(투자수익률)로 100일 이내에 빠른 투자 회수가 가능하며, S은 5개월, T은 4개월이면 원금을 회수한다.
○ 마케팅 수익
- 새로운 투자자를 추천하면 위 투자자의 채굴기는 추천한 투자자의 채굴기 하위로 3개의 라인(채굴구역)을 형성하며, 이는 해당 채굴구역에 속한 채굴기 수에 따라 최대 채굴구역(대실적), 2개 채굴구역(중실적), 최소 채굴구역(소실적)으로 분류된다.
- 새로운 투자자를 추천하여 '추천인' 또는 '후원인'으로 등록된 투자자들은 각 단계의 하위 투자자(채굴기)들에 의해 형성된 모든 2대 채굴구역(중실적)에서 채굴된 K의 15~20%, 모든 최소 채굴구역(소실적)에서 채굴된 K의 25~30%를 공동으로 배당받는다.

　　나) J은 투자자가 일정 규모 이상의 투자를 하기 위해서는 하위 투자자를 모집하여 후원인 또는 추천인으로 등록되어야만 가능하도록 조건을 두고, 신규 투자자들의 가입 시에는 추천인 및 후원인을 등록하도록 하였다.

　2) 구체적 판단

　　가) '자금의 조달' 및 '금전거래' 해당 여부

　　　K은 경제적인 가치를 디지털로 표상하여 전자적으로 이전, 저장 및 거래가 가능하도록 한 이른바 '가상화폐'의 일종이다(대법원 2018. 5. 30. 선고 2018도3619판결). 이와 같은 K의 성질, 이 사건 투자자들은 오로지 이 사건 사업에 투자할 목적으로 K을 구매하면서 그 구매 자금을 투자금으로 인식하였던 점, 이 사건 사업의 수익 실현 절차는 K의 취득만이 아니라 취득한 K을 실물 화폐로 환전하는 것까지 예정하고 있는 점 등을 종합하면, 이 사건 사업은 투자금 및 수익금을 산정하거나 수수하는 단위 내지 매개로서 K을 활용하였을 뿐 그 실질은 금전의 거래라고 봄이 타당하다. 따라서 이 사건 사업에 대한 투자 모집은 유사수신행위의 규제에 관한 법률 제2조에 정한 '자금을 조달'하는 행위에 해당하고, 또한 방문판매 등에 관한 법률 제24조 제1항 제1호에 정한 '재화등의 거래 없이 금전거래를 하거나 재화등의 거래를 가장하여 사실상 금전거래만을 하는 행위'에 해당한다.

나) '출자금의 전액 또는 초과금액의 지급을 약정'한 것인지 여부

원심이 적절하게 설시한 바와 같이, 이 사건 사업은 투자한 K을 초과하는 수량의 K을 수익으로 지급한다는 내용이고, 이 사건 사업에서 K은 출자금을 산정하는 단위이므로, 결국 위 내용은 장래에 출자금의 전액 또는 이를 초과하는 금액을 지급할 것을 약정한 것으로 봄이 타당하다. K의 시세 변동은 이 사건 투자의 내용 및 성패와는 무관한 별개의 사정이고 당사자들도 이를 잘 알고 있었으므로, 시세 변동의 가능성을 근거로 이 사건 사업의 내용을 평가할 수는 없다. 게다가 이 사건 사업 설명에는 '100%의 투자수익률로 4~5개월 내에 원금을 회수한다.'는 취지의 내용이 명시적으로 포함되어 있기도 하였다. 이상을 종합하면, 이 사건 사업에 대한 투자는 출자금의 전액 또는 이를 초과하는 금액을 지급할 것이라는 약정이 전제되어 있는 것이라고 보아야 한다.

다) '다단계판매조직 또는 이와 비슷하게 단계적으로 가입한 자로 구성된 조직'을 이용하였는지 여부

(1) 다단계판매조직이란 ① 판매업자에 속한 판매원이 특정인을 해당 판매원의 하위 판매원으로 가입하도록 권유하는 모집방식이 있고, ② 이에 따른 판매원의 가입이 3단계 이상 단계적으로 이루어지며, ③ 판매업자가 판매원에게 다른 판매원의 거래실적 등과 관련한 경제적 이익을 지급하는 조직을 말하며(방문판매 등에 관한 법률 제2조 제5호, 제9호), '이와 비슷하게 단계적으로 가입한 자로 구성된 조직'은 위 다단계판매조직에는 해당하지 아니하지만 다단계판매의 개념적 구성요소를 상당 부분 갖춘 조직으로서 다단계판매조직으로서의 실질을 유지하고 있는 조직을 의미한다(헌법재판소 2012. 4. 24. 선고 2009헌바329 결정 등 참조).

(2) 이 사건 사업의 경우, ① 투자자가 새로운 투자자를 모집하여 추천인 또는 후원인으로 등록될 수 있을 뿐 아니라 일정 규모 이상의 투자를 하기 위해서는 새로운 투자자의 모집이 필수적인 조건으로 요구되고, ② 새로 모집된 투자자는 위 추천인 또는 후원인의 하위 투자자로 등록되며 그 상하 관계는 여러 단계에 걸쳐 제한 없이 생성될 수 있고, ③ 하위 투자자가 등록되면 그 투자자가 수익하는 K의 일정 비율에 해당하는 수당이 추천인 또는 후원인에게 지급된다. 이에 비추어 보면 이 사건 사업은 위에서 본 다단계판매의 개념적 구성요소를 상당 부분 갖추고 있어, 다단계판매조직으로서의 실질을 가지고 있다고 볼 수밖에 없다.

(3) 피고인들은, K 연합채굴의 특성상 새로운 투자로 인하여 채굴기가 추가되면 채굴의 효율성이 높아지므로 이 사건 사업에서 추천인 또는 후원인에게 주는 수당은 채굴 효율화로 인하여 추가로 생산된 K을 분배하는 것일 뿐 투자자 모집의 대가가 아니라고 주장한다. 그러나 채굴의 효율화에 따른 추가 수익이 있다면 이는 상·하위 투자자의 구분 없이 해당 채굴에 참여한 모든 투자자에게 채굴 기여도에 따라 분배되는 것이 합리적임에도, 이를 추천인 또는 후원인에 해당하는 투자자들에게만 분배한다는 것은 투자자 모집과 관련한 대가를 지급하는 것이라고 볼 수밖에 없다.

라) 소결

따라서 피고인들의 이 부분 주장은 이유 없다.

다. 피고인 C의 주장에 대한 판단

1) 관련 법리

2인 이상이 범죄에 공동 가공하는 공범관계에서 공모는 법률상 어떤 정형을 요구하는 것이 아니고 2인 이상이 공모하여 어느 범죄에 공동 가공하여 그 범죄를 실현하려는 의사의 결합만 있으면 되는 것으로서, 비록 전체의 모의과정이 없었다고 하더라도 수인 사이에 순차적으로 또는 암묵적으로 상통하여 그 의사의 결합이 이루어지면 공모관계가 성립하고, 이러한 공모가 이루어진 이상 실행행위에 직접 관여하지 아니한 자라도 다른 공모자의 행위에 대하여 공동정범으로서의 형사책임을 진다(대법원 2007. 6. 1. 선고 2007도2144 판결 등 참조).

2) 구체적 판단

R이 원심 법정에서 한 진술을 비롯하여 원심 및 당심이 적법하게 채택하여 조사한 증거들에 의하면, ① 피고인 C은 2014. 4.경 피고인 A, B으로부터 앞서 본 바와 같은 이 사건 사업의 수익 구조 등에 관한 설명을 듣고 이 사건 사업에 투자한 사실, ② 이후 피고인 C은 2014. 6.말경부터 R에게 위와 같은 내용이 포함된 PPT 자료와 자신의 수익 현황 등을 보여 주면서 'K은 앞으로 가격이 급등할 것이다. S 프로그램의 경우 연 수익률 143%로 5개월 정도면 원금을 회수할 수 있다.'는 등의 취지로 말하여 투자를 권유한 사실, ③ 이에 따라 R이 이 사건 사업에 투자하기 시작한 사실을 인정할 수 있다.

이와 같은 사실관계를 위 법리에 비추어 보면, 피고인 C은 실질적으로 다단계조직을 이용한 금전거래이자 불특정 다수인으로부터 원금을 보장하고 자금을 조달하는 이 사건 사업의 내용 및 수익구조를 잘 알고 있으면서도 R로 하여금 이 사건 사업에 투자하도록 함으로써, J의 회장 등 및 피고인 A, B의 범행에 순차적·암묵적으로 공모·가담하였다고 봄이 타당하다. 이와 같이 보는 이상, 피고인 C이 R 1명에 대하여만 투자 권유를 하였다고 할지라도 피고인 A, B과 함께 유사수신행위의규제에관한법률위반죄의 공동정범의 죄책을 부담함에 지장이 없다.

3) 소결

따라서 피고인 C의 이 부분 주장은 이유 없다.

라. 피고인 D, E, F의 주장에 대한 판단

1) U, AM, AO, W, AB, BF, BG, BH 관련 부분(원심 별지 범죄일람표(1) 순번 14, 15, 28 및 별지 범죄일람표(2) 부분)

피고인 D이 검찰 피의자신문에서 한 진술, 피고인 E, F이 각 경찰 피의자신문에서 한 진술, U가 원심 법정에서 한 진술, 피고인 I, G이 경찰 피의자신문에서 한 진술, W이 경찰 조사 당시 한 진술, BF가 F에 대한 제2회 경찰 피의자신문(대질)에서 한 진술을 비롯하여 원심 및 당심이 적법하게 채택하여 조사한 증거들에 의하면, ① 피고인 D, E, F이 2014. 4.경 피고인 A, B으로부터 위와 같은 이 사건 사업의 수익 구조 등에 관한 설명을 듣고 이 사건 사업에 투자한 사실, ② 이후 위 피고인들은 2014. 5.경부터 수원시 팔달구 P에 사무실을 열고 이 사건 사업에 대한 투자 설명 및 투자자 모집 활동을 하면서, U, AM, W, AB, BF에게 이 사건 사업의 수익구조를 설명하고 심지어 K 구매 및 입고 절차를 대행해주기까지 하는 등 적극적으로 투자를 권유한 사실, ③ 이에 따라 위 U, AM, W, AB, BF 및 이들을 통해 이 사건 사업을 소개받은 AO, BG, BH이 이 사건 사업에 투자하게 된 사실을 인정할 수 있다. 그렇다면 위 피고인들은 실질적으로 다단계 조직을 이용한 금전거래이자 불특정 다수인으로부터 원금을 보장하고 자금을 조달하는 이 사건 사업의 내용 및 수익구조를 잘 알고 있으면서도 위 U 등으로 하여금 이 사건 사업에 투자하도록 함으로써, J의 회장 등 및 피고인 A, B 등의 범행에 순차적·암묵적으로 공모·가담하였다고 봄이 타당하다.

따라서 위 피고인들의 이 부분 주장은 이유 없다.

2) V, AI 관련 부분(원심 별지 범죄일람표(1) 순번 16 내지 27 부분)

공모공동정범에 있어서 공모자 중의 1인이 다른 공모자가 실행행위에 이르기 전에 그 공모관계에서 이탈한 때에는 그 이후의 다른 공모자의 행위에 관하여는 공동정범으로서의 책임을 지지 않는다(대법원 1995. 7. 11. 선고 95도955 판결 등 참조).

U 및 피고인 G, H, F이 원심 법정에서 한 진술 및 W이 경찰 조사 당시 한 진술에 의하면, 피고인 D, E, F이 2014. 8. 28.경 마카오에서 개최된 J

과 홍콩 L의 투자설명회에 다녀온 후 이 사건 사업에 대한 투자 모집을 중단하고 피고인 G, H을 포함한 주변 사람들에게도 그와 같은 취지를 고지한 사실을 인정할 수 있다. 그렇다면 이로써 위 피고인들은 이 사건 사업에 관한 공모관계에서 이탈하였다고 할 것이므로, 그 이후인 2014. 9. 12.부터 피고인 G, I, H에 의하여 이루어진 V 및 AI의 투자에 대하여는 공동정범으로서의 책임을 지지 않는다고 봄이 타당하다.

그럼에도 불구하고 위 피고인들에 대하여 이 부분에 대해서도 유죄를 인정한 원심판결은 사실오인의 잘못이 있다고 할 것이고, 이를 지적하는 위 피고인들의 이 부분 주장은 이유 있다.

마. 피고인 G, I의 주장에 대한 판단

피고인 G이 원심 법정에서 한 진술, 피고인 G, I이 각 경찰 피의자신문에서 한 진술, V, U가 원심 법정에서 한 진술을 비롯하여 원심 및 당심이 적법하게 채택하여 조사한 증거들에 의하면, ① 피고인 G, I은 2014. 6.경 피고인 D, E, F으로부터 위와 같은 이 사건 사업의 수익 구조 등에 관한 설명을 듣고 이 사건 사업에 투자한 사실, ② 이후 위 피고인들은 주변 지인 등에게 이 사건 사업을 소개하고 투자를 모집하는 등의 활동을 하면서, 2014. 7.경 U에게 이 사건 사업의 수익 구조를 설명하면서 투자를 권유하고 U, AM으로 하여금 피고인 D, E, F의 수원 사무실에서 추가 설명을 듣도록 한 사실, ③ 또한 2014. 8.경부터는 V에게 이 사건 사업의 수익 구조를 설명하고 K이 단가가 1,000만원까지 상승할 것이며 연 수익이 10억 원까지도 가능하다는 등의 이야기를 하는 등으로 투자를 적극 권유하였으며, V의 지인인 AI에게도 위와 같은 내용을 설명하고 심지어 1억 1,000만 원 가량을 받아 K 구매 및 입고를 대행해주기까지 하는 등 투자를 적극 권유한 사실, ④ 이에 따라 위 U, V, AI 및 U를 통해 이 사건 사업을 소개받은 AM, AO가 이 사건 사업에 투자하게 된 사실을 인정할 수 있다. 그렇다면 위 피고인들은 실질적으로 다단계 조직을 이용한 금전거래이자 불특정 다수인으로부터 원금을 보장하고 자금을 조달하는 이 사건 사업의 내용 및 수익구조를 잘 알고 있으면서도 위 U 등으로 하여금 이 사건 사업에 투자하도록 함으로써, J의 회장 등 및 피고인 A, B 등의 범행에 순차적·암묵적으로 공모·가담하였다고 봄이 타당하다.

따라서 위 피고인들의 이 부분 주장은 이유 없다.

바. 피고인 H의 주장에 대한 판단

1) 공소사실의 특정 여부

형사소송법 제254조 제4항에서 범죄의 일시·장소와 방법을 명시하여 공소사실을 특정하도록 한 취지는 법원에 대하여 심판의 대상을 한정하고 피고인에게 방어의 범위를 특정하여 그 방어권 행사를 용이하게 하기 위한 데 있다고 할 것이므로, 공소제기된 범죄의 성격에 비추어 그 공소의 원인이 된 사실을 다른 사실과 구별할 수 있을 정도로 그 일시, 장소, 방법, 목적 등을 적시하여 특정하면 족하고, 그 일부가 다소 불명확하더라도 그와 함께 적시된 다른 사항들에 의하여 그 공소사실을 특정할 수 있고, 그리하여 피고인의 방어권 행사에 지장이 없다면 공소제기의 효력에는 영향이 없다(대법원 2010. 4. 29. 선고 2010도2556 판결 등 참조).

원심 별지 범죄일람표(1) 기재 각 일시 및 금액이 각 투자자들이 K 거래소에서 K을 구매한 내역이라고 하더라도, 해당 부분에 기재된 다른 사항들에 의하여 위 각 일시 무렵 각 피고인들이 해당 투자자로 하여금 위 각 금액에 상당하는 K을 J에 투자하게 하였다는 공소사실을 특정할 수 있고, 피고인들의 방어권 행사에 지장이 있다고도 볼 수 없다. 따라서 이 부분 공소사실이 특정되지 않았다고 보기 어렵고, 공소제기의 효력에도 영향이 없다. 피고인 H의 이 부분 주장은 이유 없다.

2) V, AI 부분에 관한 공모·가담 여부

가) V, R이 원심 법정에서 한 진술, 피고인 I, E, F이 각 경찰 피의자신문에서 한 진술을 비롯하여 원심 및 당심이 적법하게 채택하여 조사한 증거들에 의하면, ① 피고인 H은 2014. 7.경 피고인 B 및 피고인 E으로부터 위와 같은 이 사건 사업의 수익 구조 등에 관한 설명을 듣고 이 사건 사업에 투자한 사실, ② 이후 피고인 H은 2014. 9.경 서울 강남구 BI건물에 사무실을 열고 피고인 G, I과 함께 이 사건 사업의 투자자를 모집하는 활동을 하면서, 피고인 G, I이 데려온 V에게 2014. 9.경부터 이 사건 사업에 관한 설명 및 투자 권유를 한 사실, ③ 이에 따라 V 및 V를 통해 이 사건 사업을 소개받은 AI이 이 사건 사업에 추가적인 투자를 한 사실을 인정할 수 있다. 그렇다면 피고인 H은 실질적으로 다단계 조직을 이용한 금전거래이자 불특정 다수인으로부터 원금을 보장하고 자금을 조달하는 이 사건 사업의 내용 및 수익구조를 잘 알고 있으면서도 위 V 등으로 하여금 이 사건 사업에 추가 투자하도록 함으로써, J의 회장 등 및 다른 피고인들의 범행에 순차적·암묵적으로 공모·가담하였다고 봄이 타당하다.

나) 다만, V가 원심 법정에서 한 진술에 의하더라도 V가 이 사건 사업에 투자한 것은 이 사건 사업이 완전히 중단된 2014. 12. 5. 이전에만 이루어졌다고 보인다. 그렇다면 피고인 H 등이 V로 하여금 2014. 12. 28.에 각 120만 원, 50만 원씩 K을 구입하여 그 무렵 이를 J에 투자하도록 하였다는 취지의 원심 별지 범죄일람표(1) 순번 22, 24 부분은

위와 같은 사실에 부합하지 않고, 달리 이를 인정할 증거가 없다. 그럼에도 불구하고 이 부분에 대해서도 유죄를 인정한 원심판결은 사실오인의 잘못이 있다고 할 것이고, 이를 지적하는 피고인 H의 주장은 이유 있다.

3) 채증법칙 위반 여부

한편, 피고인 H이 내용 부인하여 증거능력이 없는 피고인 H에 대한 경찰 피의자신문조서의 일부 진술기재를 유죄의 증거로 채택, 거시한 원심판결은 채증법칙을 위반한 잘못이 있다. 이를 지적하는 피고인 H의 주장은 이유 있다.

사. 피고인 A, B, G, I에 대한 직권판단

피고인을 위하여 원심판결을 파기하는 경우에 파기의 이유가 항소한 공동피고인에게 공통되는 때에는 그 공동피고인에 대하여도 원심판결을 파기하여야 한다(형사소송법 제364조의2). 그런데 피고인 A, B, G, I에 대한 공소사실 중 원심 별지 범죄일람표(1) 순번 22, 24 부분의 경우, 앞서 본 바와 같이 피고인 H에 대하여 사실오인의 파기사유가 있고 그 파기사유는 위 피고인들에 대해서도 공통된다 할 것이므로, 원심판결 중 위 피고인들에 대한 부분 역시 더 이상 유지될 수 없다.

3. 주식회사 X 관련 부분에 대한 판단

원심 및 당심이 적법하게 채택하여 조사한 증거들에 의하면, ① 피고인 E, F이 2014. 9.경 주식회사 X 한국지사의 운영자인 Y, 1번 사업자인 Z, 상위 투자자인 AF로부터 주식회사 X의 사업 내용에 관한 설명을 듣고 투자 권유를 받은 사실, ② 이에 피고인 D, E, F은 2014. 9. 17. 주식회사 X에 구좌를 개설하여 투자하고 그 때부터 2014. 10. 30.경까지 주식회사 X에 대한 투자자를 모집하면서 W, AB에게 위 사업을 설명하고 투자를 권유한 사실, ③ 이에 따라 W, AB 및 이들을 통해 주식회사 X의 사업을 소개받은 BG, BH, BJ, BK, BL, BF, BM, BN, BO, BP이 위 사업에 투자하게 된 사실을 인정할 수 있다. 그렇다면 위 피고인들은 Y, Z 등과 공모하여 위 W, AB 등으로 하여금 이 사건 사업에 투자하도록 하였다고 봄이 타당하다. 위 피고인들의 이 부분 주장은 이유 없다.

4. 피고인 C의 양형부당 주장에 대한 판단

피고인 C이 범행에서 주도적인 역할을 하지는 않은 점, 형사처벌을 받은 전력이 없는 점, 피고인 C에 의해 투자하게 된 R이 피고인 C의 처벌을 원하지 않는 점은 피고인에게 유리한 사정이다.

그러나 피고인 C이 모집한 투자금액이 고액인 점, 그 중 상당 부분이 투자자의 손실로 귀결된 점은 피고인 C에게 불리한 사정이다. 이러한 사정들과 피고인 C의 연령, 성행, 환경, 범행의 경위, 범행 전후의 정황 등 여러 양형조건을 종합하여 보면, 원심의 형이 너무 무거워서 부당하다고 보이지는 않는다. 피고인 C의 이 부분 주장은 이유 없다.

5. 결론

그렇다면 피고인 D, E, F, H의 항소이유는 일부 이유 있고, 피고인 A, B, G, I에 대하여도 위와 같은 직권파기사유가 존재하므로, 위 피고인들의 양형부당 주장에 관한 판단을 생략한 채 형사소송법 제362조 제2항, 제6항, 제364조의2에 따라 원심판결 중 위 피고인들에 대한 부분(피고인 H에 대하여는 유죄 부분)을 파기하고 변론을 거쳐 다시 아래와 같이 판결한다. 한편 피고인 C의 항소는 이유 없으므로 형사소송법 제364조 제4항에 따라 기각한다.

【피고인 C을 제외한 나머지 피고인들에 대하여 다시 쓰는 판결 이유】

범죄사실 및 증거의 요지

이 법원이 인정하는 범죄사실과 그에 대한 증거의 요지는, 1) 원심 범죄사실 중 [2016고단9377] 부분의 '2. 피고인 A, B, D, E, F, H, G, I의 공동범행' 부분을 다음과 같이 변경하고, 2) 증거의 요지 중 ① 피고인 A, B에 대한 부분에서 피고인 B, F, H에 대한 각 경찰 피의자신문조서를 삭제하고 ② 피고인 H에 대한 부분에서 피고인 H에 대한 경찰 피의자신문조서의 일부 진술기재, A, I에 대한 각 경찰 피의자신문조서를 삭제하는 외에는 모두 원심판결의 각 해당란 기재와 같으므로, 형사소송법 제369조에 따라 이를 그대로 인용한다.

[변경된 범죄사실]

2. 피고인 A, B, D, E, F, G, I의 공동범행

  가. 유사수신행위의규제에관한법률위반

      피고인 D, E, F, G, I은 2014. 7. 8.경부터 2014. 7. 10.경 사이에 수원시 팔달구 P 건물 2층 사무실에서 U에게 K 채굴사업에 관하여 설명하면서 제1의 가항과 같이 설명하여 U로 하여금 2014. 7. 10. 한국의 K 거래사이트에서 18,000,000원 상당의 K을 구입하여 'J'의 계좌로 보내게 한 것을 비롯하여 원심 별지 범죄일람표(1) 순번 제14, 15, 28번 기재와 같이 2014. 7. 10.부터 2014. 8. 4.까지 총 3회에 걸쳐 합계 54,000,000원 상당의 K을 구입하여 'J'의 계좌로 보내게 하였다.

      이로써 피고인들은 'J'사의 회장 등 성명불상자들과 공모하여 인가·허가 등을 받지 아니하고 불특정 다수인으로부터 자금을 조달하는 것을 업으로 하기 위하여 장래에 출자금의 전액 또는 이를 초과하는 금액을 지급할 것을

약정하고 출자금을 받았다.
나. 방문판매등에관한법률위반

누구든지 다단계 판매조직 또는 이와 비슷하게 단계적으로 가입한 자로 구성된 조직을 이용하여 재화 등의 거래 없이 금전거래를 하거나 재화 등의 거래를 가장하여 사실상 금전거래만을 하여서는 아니 된다.

그럼에도 피고인들은 공모하여, 제2의 가항 기재 일시, 장소에서 제1의 가항의 사업설명 내용 중 ③번과 같은 내용으로 설명하면서, 특정인을 기존 사업자의 하위 사업자로 가입하도록 권유하고 사업자의 가입이 3단계 이상 단계적으로 이루어지며 사업자에게 추천수당 및 후원수당 등을 지급하는 사실상의 다단계 판매조직을 이용하여, 그 자체로는 사용 또는 소비의 대상이 될 수 없고 사실상 금전 또는 금전적인 가치가 전자적 방법으로 저장되어 발행되는 증표 또는 그 증표에 관한 정보라 할 수 있는 가상화폐인 K을 발행 및 교부함으로써, 원심 별지 범죄일람표(1) 순번 제14, 15, 28번 기재와 같이 총 3회에 걸쳐 합계 54,000,000원 상당의 K을 취득하였다.

이로써 피고인들은 'J'사의 회장 등 성명불상자들과 공모하여 다단계 판매조직 또는 다단계 유사조직을 이용하여 재화 또는 용역의 거래 없이 금전거래만을 하거나 재화 또는 용역의 거래를 가장하였다.

3. 피고인 A, B, H, G, I의 공동범행
    가. 유사수신행위의규제에관한법률위반

피고인 H, G, I은 2014. 9. 12.경부터 2014. 12. 1.경 사이에 서울 강남구 BI건물 BQ호 사무실 등지에서 V에게 K 채굴사업에 관하여 설명하면서 제1의 가항과 같이 설명하여 V로 하여금 2014. 9. 12. 한국의 K 거래사이트에서 44,000,000원 상당의 K을 구입하여 'J'의 계좌로 보내게 한 것을 비롯하여, 원심 별지 범죄일람표(1) 순번 제16번 내지 21번, 제23번, 제25번 내지 27번 기재와 같이 2014. 9. 12.부터 2014. 12. 1.까지 총 10회에 걸쳐 합계 279,641,592원 상당의 K을 구입하여 'J'의 계좌로 보내게 하였다.

이로써 피고인들은 'J'사의 회장 등 성명불상자들과 공모하여 인가·허가 등을 받지 아니하고 불특정 다수인으로부터 자금을 조달하는 것을 업으로 하기 위하여 장래에 출자금의 전액 또는 이를 초과하는 금액을 지급할 것을 약정하고 출자금을 받았다.

나. 방문판매등에관한법률위반

누구든지 다단계 판매조직 또는 이와 비슷하게 단계적으로 가입한 자로 구성된 조직을 이용하여 재화 등의 거래 없이 금전거래를 하거나 재화 등의 거래를 가장하여 사실상 금전거래만을 하여서는 아니 된다.

그럼에도 피고인들은 공모하여, 제3의 가항 기재 일시, 장소에서 제1의 가항의 사업설명 내용 중 ③번과 같은 내용으로 설명하면서, 특정인을 기존 사업자의 하위 사업자로 가입하도록 권유하고 사업자의 가입이 3단계 이상 단계적으로 이루어지며 사업자에게 추천수당 및 후원수당 등을 지급하는 사실상의 다단계 판매조직을 이용하여, 그 자체로는 사용 또는 소비의 대상이 될 수 없고 사실상 금전 또는 금전적인 가치가 전자적 방법으로 저장되어 발행되는 증표 또는 그 증표에 관한 정보라 할 수 있는 가상화폐인 K을 발행 및 교부함으로써, 원심 별지 범죄일람표(1) 순번 제16번 내지 21번, 제23, 제25번 내지 27번 기재와 같이 총 10회에 걸쳐 합계 279,641,592원 상당의 K을 취득하였다.

이로써 피고인들은 'J'사의 회장 등 성명불상자들과 공모하여 다단계 판매조직 또는 다단계 유사조직을 이용하여 재화 또는 용역의 거래 없이 금전거래만을 하거나 재화 또는 용역의 거래를 가장하였다.

법령의 적용

1. 범죄사실에 대한 해당법조 및 형의 선택
   피고인들 : 유사수신행위의 규제에 관한 법률 제6조 제1항, 제3조, 형법 제30조(유사수신행위의규제에관한법률위반의 점, 포괄하여), 방문판매 등에 관한 법률 제58조 제1항 제4호, 제24조 제1항 제1호, 형법 제30조(방문판매등에관한법률위반의 점, 포괄하여), 각 징역형 선택
1. 경합범가중
   피고인들 : 형법 제37조 전단, 제38조 제1항 제2호, 제50조(형이 더 무거운 방문판매등에관한법률위반죄에 정한 형에 경합범가중)
1. 집행유예
   피고인 G, H, I : 형법 제62조 제1항
1. 사회봉사명령
   피고인 G, H, I : 형법 제62조의2

양형의 이유

1. 피고인 A
   피고인이 이 사건 사업을 국내에 도입하고 투자자를 모집하기 시작하는 등 주도적인 역할을 한 점, 그로 인하여 결과적으로 이 사건 사업에 투자하게 된 사람들이 많고 그 투자금액도 고액인 점, 그 중 상당 부분이 투자자들의 손실로 귀결된 점은 피고인에게 불리한 사정이다.
   다만, 피고인이 당심에 이르러 범행을 인정하고 반성하는 점, 동종 범죄로 처벌받은 전력이 없는 점은 피고인에게 유리한 사정이다.

위와 같은 사정에 더하여, 피고인의 연령, 성행, 환경, 범행의 경위, 범행 전후의 정황 등 여러 양형요소를 종합하여 주문과 같이 형을 정한다.

2. 피고인 B

피고인이 이 사건 사업의 초기 투자자로서 공동피고인들을 비롯한 여러 투자자를 모집하는 등 주도적인 역할을 한 점, 그로 인하여 결과적으로 이 사건 사업에 투자하게 된 사람들이 많고 그 투자금액도 고액인 점, 그 중 상당 부분이 투자자들의 손실로 귀결된 점은 피고인에게 불리한 사정이다.

다만 피고인이 원심에서부터 이 사건 범행을 인정하고 반성하는 점, 동종 범죄로 처벌받은 전력이 없는 점은 피고인에게 유리한 사정이다.

위와 같은 사정에 더하여, 피고인의 연령, 성행, 환경, 범행의 경위, 범행 전후의 정황 등 여러 양형요소를 종합하여 주문과 같이 형을 정한다.

3. 피고인 D, E, F

피고인들은 이 사건 K 사업에 투자한 후 사무실을 개설하여 적극적으로 투자자를 모집하였고, 연이어 주식회사 X 관련 사업의 투자자를 모집하는 등 각 범행에서 큰 역할을 담당하였다. 피고인들의 투자자 모집으로 인하여 위 각 사업들에 투자하게 된 사람들이 많고 그 투자금액도 고액이며, 그 중 상당 부분이 투자자들의 손실로 귀결되었다. 이는 피고인들에게 불리한 사정이다.

다만 피고인들이 동종 범죄로 처벌받은 전력이 없는 점, 주요 투자자인 AB이 피고인 E과 D의 처벌을 원하지 않고 W은 피고인 D의 처벌을 원하지 않는 점, 주식회사 X의 투자자들은 피고인들의 공범인 Y 등으로부터 투자금의 상당 부분을 회수한 것으로 보이는 점은 피고인들에게 유리한 사정이다.

위와 같은 사정에 더하여, 피고인들의 연령, 성행, 환경, 범행의 경위, 범행 전후의 정황 등 여러 양형요소를 종합하여 주문과 같이 형을 정한다.

4. 피고인 G, I

피고인들이 형사처벌을 받은 전력이 없는 점, 가담의 정도나 역할이 비교적 무겁지 않은 점은 피고인들에게 유리한 사정이다.

그러나 피고인들이 모집에 관여한 투자자 및 투자금액이 적지 않고 그 중 상당 부분이 투자자들의 손실로 귀결된 점, 공동피고인들이 투자 모집을 중단한 이후에도 이를 지속하여 결과적으로 투자자들의 피해를 확대시킨 점은 피고인들에게 불리한 사정이다.

위와 같은 사정에 더하여, 피고인들의 연령, 성행, 환경, 범행의 경위, 범행 전후의 정황 등 여러 양형요소를 종합하여 주문과 같이 형을 정한다.

5. 피고인 H

피고인이 동종 범죄로 처벌받은 전력이 없는 점, 가담의 정도나 역할이 비교적 무겁지 않은 점은 피고인에게 유리한 사정이다.

그러나 피고인이 모집에 관여한 투자금액이 작지 않고 그 중 상당 부분이 투자자들의 손실로 귀결된 점, 공동피고인들이 투자 모집을 중단한 이후 이를 주도적으로 지속하여 결과적으로 투자자들의 피해를 확대시킨 점은 피고인에게 불리한 사정이다.

위와 같은 사정에 더하여, 피고인의 연령, 성행, 환경, 범행의 경위, 범행 전후의 정황 등 여러 양형요소를 종합하여 주문과 같이 형을 정한다.

무죄 부분

1. 피고인 D, E, F

   가. 이 부분 공소사실의 요지

   (1) 유사수신행위의규제에관한법률위반

   피고인 D, E, F은 G, I, H과 함께 2014. 9. 12.경부터 2014. 12. 28.경 사이에 수원시 팔달구 P건물 2층 사무실에서 V에게 K 채굴사업에 관하여 설명하면서 원심 범죄사실 제1의 가항과 같이 설명하여 V로 하여금 2014. 9. 12. 한국의 K 거래사이트에서 44,000,000원 상당의 K을 구입하여 'J'의 계좌로 보내게 한 것을 비롯하여, 원심 별지 범죄일람표(1) 순번 제16번 내지 제27번 기재와 같이 2014. 9. 12.부터 2014. 12. 28.까지 총 12회에 걸쳐 합계 281,341,592원 상당의 K을 구입하여 'J'의 계좌로 보내게 하였다. 이로써 위 피고인들은 A, B, G, I, H 및 'J'사의 회장 등 성명불상자들과 공모하여 인가·허가 등을 받지 아니하고 불특정 다수인으로부터 자금을 조달하는 것을 업으로 하기 위하여 장래에 출자금의 전액 또는 이를 초과하는 금액을 지급할 것을 약정하고 출자금을 받았다.

   (2) 방문판매등에관한법률위반

   누구든지 다단계 판매조직 또는 이와 비슷하게 단계적으로 가입한 자로 구성된 조직을 이용하여 재화 등의 거래 없이 금전거래를 하거나 재화 등의 거래를 가장하여 사실상 금전거래만을 하여서는 아니 된다.

   그럼에도 피고인 D, E, F은 A, B, G, I, H과 공모하여, 위 가.(1)항 기재 일시, 장소에서 원심 범죄사실 제1의 가항의 사업설명 내용 중 ③번과 같은 내용으로 설명하면서, 특정인을 기존 사업자의 하위 사업자로 가입하도록 권유하고 사업자의 가입이 3단계 이상 단계적으로 이루어지며 사업자에게 추천수당 및 후원수당 등을 지급하는 사실상의 다단계 판매조직을 이용하여, 그 자체로는 사용 또는 소비의 대상이 될 수 없고 사실상 금전 또는 금전적인 가치가 전자적 방법으로 저장되어 발행되는 증표 또는 그 증표에 관한 정보라 할 수 있는 가상화폐인 K을 발행 및 교부함으로써, 원심 별지 범죄일람표(1) 순번 제16번 내지 제27번 기재와 같이 총

12회에 걸쳐 합계 281,341,592원 상당의 K을 각각 취득하였다.

이로써 위 피고인들은 A, B, G, I, H 및 'J'사의 회장 등 성명불상자들과 공모하여 다단계 판매조직 또는 다단계 유사조직을 이용하여 재화 또는 용역의 거래 없이 금전거래만을 하거나 재화 또는 용역의 거래를 가장하였다.

나. 판단

이 부분 공소사실은 위 2.라.2)에서 본 바와 같은 이유로 범죄의 증명이 없는 경우에 해당한다. 따라서 형사소송법 제325조 후단에 의하여 무죄를 선고하여야 할 것이나, 이와 각 포괄일죄의 관계에 있는 판시 범죄사실 [2016고단9377]의 제2항 기재 유사수신행위의규제에관한법률위반죄 및 방문판매등에관한법률위반죄를 유죄로 인정하는 이상 따로 주문에서 무죄를 선고하지 아니한다.

2. 피고인 A, B, G, H, I

가. 이 부분 공소사실의 요지

(1) 유사수신행위의규제에관한법률위반

피고인 H, G, I은 2014. 9. 12.경부터 2014. 12. 28.경 사이에 수원시 팔달구 P건물 2층 사무실에서 V에게 K 채굴사업에 관하여 설명하면서 원심 범죄사실 제1의 가항과 같이 설명하여, V로 하여금 2014. 12. 28. 한국의 K 거래사이트에서 원심 별지 범죄일람표(1) 순번 제22, 24번과 같이 총 2회에 걸쳐 합계 1,700,000원 상당의 K을 구입하여 'J'의 계좌로 보내게 하였다.

이로써 피고인들은 'J'사의 회장 등 성명불상자들과 공모하여 인가·허가 등을 받지 아니하고 불특정 다수인으로부터 자금을 조달하는 것을 업으로 하기 위하여 장래에 출자금의 전액 또는 이를 초과하는 금액을 지급할 것을 약정하고 출자금을 받았다.

(2) 방문판매등에관한법률위반

누구든지 다단계 판매조직 또는 이와 비슷하게 단계적으로 가입한 자로 구성된 조직을 이용하여 재화 등의 거래 없이 금전거래를 하거나 재화 등의 거래를 가장하여 사실상 금전거래만을 하여서는 아니 된다.

그럼에도 피고인 H은 위 가.(1)항 기재 일시, 장소에서 원심 범죄사실 제1의 가항의 사업설명 내용 중 ③번과 같은 내용으로 설명하면서, 특정인을 기존 사업자의 하위 사업자로 가입하도록 권유하고 사업자의 가입이 3단계 이상 단계적으로 이루어지며 사업자에게 추천수당 및 후원수당 등을 지급하는 사실상의 다단계 판매조직을 이용하여, 그 자체로는 사용 또는 소비의 대상이 될 수 없고 사실상 금전 또는 금전적인 가치가 전자적 방법으로 저장되어 발행되는 증표 또는 그 증표에 관한 정보라 할 수 있는 가상화폐인 K을 발행 및 교부함으로써, 원심 별지 범죄일람표(1) 순번 제22, 24번 기재와 같이 총 2회에 걸쳐 합계 1,700,000원 상당의 K을 취득하였다.

이로써 피고인들은 'J'사의 회장 등 성명불상자들과 공모하여 다단계 판매조직 또는 다단계 유사조직을 이용하여 재화 또는 용역의 거래 없이 금전거래만을 하거나 재화 또는 용역의 거래를 가장하였다.

나. 판단

이 부분 공소사실은 위 2.바.2)나)에서 본 바와 같은 이유로 범죄의 증명이 없는 경우에 해당한다. 따라서 형사소송법 제325조 후단에 의하여 무죄를 선고하여야 할 것이나, 이와 각 포괄일죄의 관계에 있는 판시 범죄사실 [2016고단9377]의 제3항 기재 유사수신행위의규제에관한법률위반죄 및 방문판매등에관한법률위반죄를 유죄로 인정하는 이상 따로 주문에서 무죄를 선고하지 아니한다.

재판장 판사 김종호
판사 김규화
판사 장지웅

[판례 8] **특정경제범죄가중처벌등에관한법률위반(배임), 특정경제범죄가중처벌등에관한법률위반(사기), 사기, 사전자기록등위작, 위작사전자기록등행사, 업무상횡령 (서울남부지방법원 2018. 10. 18. 선고 2018고합182 판결)**

사 건   2018고합182
가. 특정경제범죄가중처벌등에관한법률위반(배임)
나. 특정경제범죄가중처벌등에관한법률위반(사기)
다. 사기
라. 사전자기록등위작
마. 위작사전자기록등행사
바. 업무상횡령

피고인   1. 가.나.다.라.마. A
        2. 가.나.다.라.마. B
        3. 다.바. C

검사   정대정(기소), 김효진, 이수현(공판)

변호인   법무법인 D(피고인들 모두를 위하여)
        담당변호사 E, F, G, H, I, J
        법무법인 K(피고인 A, B을 위하여)
        담당변호사 L, M, N, O
        법무법인 P(피고인 A, B을 위하여)
        담당변호사 Q
        법무법인 R(피고인 B을 위하여)
        담당변호사 S, T, U, V, W

판결선고   2018. 10. 18.

주 문

피고인 A을 징역 3년 및 벌금 30억 원에, 피고인 B을 징역 2년 6개월 및 벌금 20억 원에, 피고인 C을 징역 6개월에 각 처한다.
피고인 A, B이 위 각 벌금을 납입하지 아니하는 경우 피고인 A을 780일간, 피고인 B을 520일간 각 노역장에 유치한다.

다만 이 판결 확정일부터, 피고인 A에 대하여 4년간, 피고인 B에 대하여 3년간, 피고인 C에 대하여 2년간 위 각 징역형의 집행을 유예한다.

피고인 A에 대하여 300시간, 피고인 B에 대하여 200시간, 피고인 C에 대하여 100시간의 각 사회봉사를 명한다.

피고인 A, B으로부터 별지 몰수대상 채권목록 기재 각 채권을 몰수한다.

피고인 A, B에 대하여 위 각 벌금에 상당한 금액의 가납을 명한다.

이 사건 공소사실 중 피고인들에 대한 유진투자증권 계좌를 통한 예탁금 편취로 인한 각 사기의 점은 무죄.

이 판결 중 피고인들에 대한 무죄부분의 요지를 공시한다.

이 유

범 죄 사 실[54]

[모두사실-가상화폐(Virtual Currency)[55] 거래소 운영 방식]

가상화폐 거래소는 자체 약관 등에 근거하여 불특정 다수의 고객[56]들로부터 매매대상물(현금과 가상화폐)을 입금 또는 이체받아 보관하고 있는 상태에서 매매 주문의 접수, 체결, 청산을 통해 가상화폐 매매를 중개, 청산 및 출금(출고)[57]해 주는 사업체로 '가상화폐 매매 내지 유통 시장'을 개설하는 기능을 하고 있다. 통상 가상화폐 거래소에서는 고객들로 하여금 먼저 고객이 가상화폐 거래소에 회원가입 신청을 하여 거래소 시스템상에 계정(ID 및 비밀번호)을 생성하고 지정된 은행계좌에 현금을 입금하거나 거래소 전자지갑에 가상화폐를 이체하도록 한 뒤, 위와 같이 현금과 가상화폐가 입금, 이체되면 거래시스템 상 해당 계정별로 입금된 현금액과 이체된 가상화폐량을 그대로 반영하여 KRW 포인트 및 가상화폐 포인트를 충전해주어 시스템 내에서 고객 간에 가상화폐거래를 할 수 있도록 하고, 고객이 계정에 보유하고 있는 KRW 포인트, 가상화폐 포인트에 대해서 언제든지 출금 또는 출고 요

---

54) 피고인들의 방어권 행사에 지장을 주지 않는 범위 내에서 공소사실을 일부 수정하였다.

55) 비트코인을 필두로 하여 블록체인 기술로 개발된 전자기록상의 화폐 또는 통화들을 지칭하는 명칭은 공소장 기재와 같은 '가상화폐(virtual Currency)' 이외에도 '가상통화', '암호화폐(Crypto Currency)', '암호통화', '디지털화폐(Digital Currency)', '디지털통화' 등 매우 다양하다. 대법원 2018. 5. 30. 선고 2018도3619 판결에서 비트코인을 이른바 '가상화폐'라고 지칭하였고 사용하는 용어에 따라 이하에서 이루어질 판단이 달라지지도 않으므로, 이 판결에서는 약관, 규정 등의 문구를 그대로 인용하는경우를 제외하고는 공소장 및 위 대법원 판결에 따라 '가상화폐'라는 용어를 사용하기로 한다.

56) X 거래소 홈페이지에서 회원가입 신청을 하여 승인을 받은 사람들로 공소장에는 이용자, 회원 등이라고도 표현되어 있으나이하에서는 '고객'이라고 통칭한다.

57) 현금의 경우 출금 및 입금, 가상화폐의 경우 출고 및 입고 또는 이체라는 표현을 문맥에 맞게 적절히 사용한다.

청을 할 경우 그 계정의 잔여 포인트 범위 내에서 지급 또는 이체해야 할 의무를 부담한다. 한편 가상화폐 거래소 고객 입장에서는 자신들의 매매대상물 잔고 및 계약체결 내역이 실제 금융계좌나 블록체인 네트워크에 기록되지 않은 채 오로지 거래소 자체의 전산시스템에 기록·처리·보관되는 방식으로 운영되므로, 고객들로서는 거래소가 제공하는 거래시스템에 게시되는 정보를 그대로 믿고 그 정보에 기초하여 가상화폐 매매 주문, 계약 체결, 출고 여부를 결정할 수밖에 없는 상황이다.

[범죄사실]
주식회사 X는 온라인상으로 가상화폐의 매매거래 중개 등 관련 서비스를 제공하는 인터넷 가상화폐 거래소[상호 'X(X)', 이하 위 회사를 지칭할 때는 'X' 또는 '회사'로, X에서 운영하는 거래소를 지칭할 때는 'X 거래소' 또는 '거래소'라고만 한다] 운영을 목적으로 2017. 4. 14. 자본금 7,000만 원으로 설립된 법인이다. 피고인 A은 X의 대표이사, 피고인 C은 X의 운영이사이고, 피고인 B은 처 Y 명의로 출자한 X의 대주주(지분비율 20%)로서 '파트너' 직함을 보유한 상태에서 X 및 타 거래소(BA, BB, AZ 등 주로 국내 대형 가상화폐 거래소들을 말한다, 이하에서는 거래소를 특정해야 하는 경우를 제외하고는 타 거래소라고 통칭한다)에 개설된 자신의 계정을 통해 실제 가상화폐 매매 행위를 한 사람으로 2018. 1.경부터 X에서 근무하였고 같은 해 3.경부터는 재무담당이사로 재직하고 있다.

1. 피고인 A, B의 공동범행

    피고인들은 2017. 4. 14.경부터 2018. 2.경까지 사이에 피고인 A이 X 거래소를 운영하면서, 고객들이 X에 회원가입을 하고 자신의 계정을 만들어 가상화폐 거래를 하기 위해 은행에 개설된 X의 법인 계좌에 현금을 입금하거나 X의 전자지갑에 가상화폐를 입고한 뒤 X 거래소를 통해 가상화폐 매매를 하면 X 시스템 상 고객들 계정의 KRW 포인트와 가상화폐 포인트는 그 매매내용이 반영되어 즉시 증감 변동되지만, 고객들이 현금이나 가상화폐의 출금, 출고 요청을 하여 X 법인계좌에 보관된 현금이나 X 전자지갑에 보관된 가상화폐를 실제로 외부로 반출할 때까지는 상당한 시간적 간격이 있고, 피고인 A이 X의 대표이사로서 현금이나 가상화폐 오출금, 오입금의 문제 해결 등을 위해 중국에 있는 X 거래소 서버관리자에게 요청하면 그곳에서 거래시스템에 접속하여 고객 계정의 KRW 및 가상화폐 포인트를 조작할 수 있음을 기회로 삼아 피고인들은 X의 시스템을 조작하여 KRW 포인트를 임의로 늘린 다음 이를 이용하여 수익을 취득하기로 마음먹었다. 2017. 12.경 정부의 가상화폐 거래소 규제 정책 등이 발표되고, 이에 따라 금융기관에서 가상화폐 거래소의 법인 계좌를 통한 고객예탁금 입금을 금지하여 X의 법인계좌로 가상화폐 거래를 위한 신규 자금을 입금 받을 수 없게 됨에 따라 X

거래소의 가상화폐 거래량이 급감하였고, 이로 인해 X 거래소의 가상화폐 시세가 국내의 다른 대형 가상화폐 거래소들과 비교하여 낮게 형성되는 바람에 고객들의 이탈이 늘어나 거래량이 더욱 감소하는 등 거래소 운영과정에서 악순환이 계속되었다. 이에 피고인들은 X의 다른 직원들 몰래 X 거래소에 개설된 피고인 B 계정(ID : Z)에 마치 수백억 원의 예탁금이 현금으로 실제 입금된 것처럼 위 계정의 KRW 포인트를 임의로 조작하고 이를 토대로 거래소에서 매수주문을 제출하여 그러한 정을 알지 못하는 X의 다른 고객들을 기망함으로써 그들로부터 가상화폐를 매수하는 방법으로 X 거래소의 가상화폐 시세를 인위적으로 끌어올리는 한편, 위와 같이 고객들로부터 매수한 가상화폐를 X보다 높은 시세가 형성되어 있는 타 거래소에 개설된 피고인 B 계정으로 이체한 후 그곳에서 매각하여 수익을 얻기로 공모하였다.

가. 사전자기록등위작 및 동행사

피고인들은 공모하여 2018. 1. 1.부터 같은 달 4.경까지 서울 영등포구 AA빌딩 13층에 있는 X 사무실에서 인터넷 가상화폐 거래소를 운영하는 X의 사무처리를 그르치게 할 목적으로, 중국에 있는 X 서버담당자로 하여금 거래시스템에 접속하여 실제로 현금의 입금이 이루어지지 않았음에도 마치 피고인 B이 X 법인계좌에 300억 원의 현금을 입금하여 그에 따라 충전된 것처럼 거래시스템 상 피고인 B 계정에 300억 원 상당의 KRW 포인트가 입력되도록 하였고, 같은 달 11. 19:17:46경 같은 방법으로 피고인 B 계정에 140억 원 상당의 KRW 포인트가 입력되도록 함으로써 권리·의무 또는 사실증명에 관한 X의 전자기록을 각 위작하고, 위 각 일시경 거래시스템 상의 피고인 B 계정에 위와 같이 위작된 KRW 포인트가 표시되게 함으로써 위작된 전자기록을 각 행사하였다.

나. 특정경제범죄가중처벌등에관한법률위반(사기) 및 사기

X 거래소의 고객 자산 잔고 및 계약체결내역은 실제 블록체인 기술에 기반하지 않은 채 거래소 자체의 전산시스템에만 기록·보관되고 이를 X에서 전적으로 관리하고 있으므로 고객들로서는 매도, 매수 주문이나 각 가상화폐별 시세 등 X 거래소가 제공하는 거래시스템에 게시되는 정보를 그대로 믿고 그 정보에 기초하여 가상화폐 매매 주문의 제출, 매매계약 체결 여부 및 자산의 출고여부를 결정할 수밖에 없다. X는 홈페이지의 『X 이용방법 - 입금하기』 항목에서 "현금 및 가상화폐 입금에 대하여 X 법인 계좌에 입금하는 금원과 동일하게 입금 요청해야만 지연 없이 승인된다."고 고지하고 있고, 『X 이용방법 - 거래하기』 에서 "거래를 원하는 수량의 최대수량을 누르면 가지고 있는 현금 및 가상화폐로 거래할 수 있는 최대수량이 선택되어 거래된다."고 고지하고 있다. 따라서 X의 고객들로서는 X 거래소에 다른 고객이

제출한 가상화폐 매수주문에 대하여 상대방이 매수주문의 기초가 된 현금을 실제로 X 법인계좌에 입금하여 충전한 KRW 포인트를 토대로 매수주문을 제출하였다고 믿고 그에 따라 거래를 하게 된다.

피고인들은 2017. 12. 하순경 위 X 사무실에서 고객들이 X 거래시스템에 게시되는 정보를 그대로 믿고 가상화폐 매매계약을 체결한다는 사정을 알고, 앞서 본대로 실제 현금 입금 없이 피고인 B 계정에 KRW 포인트를 충전하고 이를 이용하여 X 거래소에서 매수주문을 제출하여 고객들로부터 가상화폐를 매수한 뒤 이를 타 거래소에 있는 피고인 B 계정으로 출고하여 거래하기로 마음먹었다.

피고인들은 2018. 1. 1.경 X 사무실에서 제1의 가.항과 같이 위작, 행사된 KRW 포인트를 이용하여 X 거래소에서 가상화폐 매수주문을 제출하였다. 그러나 사실 위 KRW 포인트는 앞서 본대로 실제 현금 입금 없이 이루어진 위작된 것이었다.

피고인들은 공모하여 위와 같이 위작된 KRW 포인트로 매수주문을 제출하는 방법으로 피해자 AB을 기망하여 이에 속은 위 피해자로부터 2018. 1. 1.경부터 2018. 1. 21.경까지 시가 합계 5,061,364,555원 상당의 가상화폐인 비트코인(BTC) 및 이더리움(ETH)을 매수함으로써 동액 상당의 재산상 이익을 취득한 것을 비롯하여 그 무렵부터 2018. 1. 22.경까지 같은 방법으로 별지 범죄일람표 1 기재와 같이 총 7,657회에 걸쳐 총 7,060명의 피해자들로부터 합계 382억 9,645만 1,860원 상당의 가상화폐를 매수함으로써 동액 상당의 재산상 이익을 취득하였다.

다. 특정경제범죄가중처벌등에관한법률위반(배임)

X 거래소는 고객이 가상화폐 거래를 위한 현금과 가상화폐를 입금, 입고하면 가상화폐 거래소에 개설된 해당 고객 계정의 KRW 포인트와 가상화폐 포인트에 해당 고객이 입금, 입고한 현금액과 가상화폐 갯수를 그대로 반영하여 입력하고 있고, 고객들 계정에 입력된 KRW 포인트와 가상화폐 포인트에 상응하는 현금과 가상화폐에 대해서는 언제든지 고객들의 출금 또는 출고 요청에 응하여야 한다.

따라서 고객이 실제로 현금을 입금한 사실이 없음에도 전자기록을 위작하는 방법으로 특정 고객 계정의 KRW 포인트를 증가시키면 그만큼 피해자 X(이하 문맥상 '피해자'는 생략한다)는 실제 자산의 증가가 없음에도 해당 고객에 대하여 현금 출금 의무를 부담하게 되어 결국 해당 거래소의 손해로 귀속될 염려가 있다. 또, 회사의 장부상 아무런 기재나 통제수단도 없이 개인들에게 가상화폐의 처분 등을 맡길 경우 가상화폐의 보유자와 거래내역을 쉽게 확인할 수 없는 가상화폐의 거래 특성상 법인의 가상화폐를 유용 및 유실할 우려가 높고, 가상화폐의 극심한 가격 변동성 등으로 인해 X나 그 고객들에게 손해가 발생할 위험이 매우 높다.

피고인 A은 X의 대표이사로서 X 거래소를 운영함에 있어 고객들이 실제로 입금한 현금액이 X 전산시스템상 고객들의 계정에 정확하게 반영되도록 하여 관리하여야 하고, 실제 현금의 입금이 없음에도 임의로 KRW 포인트를 조작하여 입력하는 일이 없도록 하고, 아무런 통제장치 없이 개인 명의 등으로 법인의 가상화폐 등이 유출되는 일을 막아 X에게 손해가 발생하지 않도록 방지하여야 할 업무상 임무가 있었다.

그럼에도 피고인들은 공모하여 위 제1의 가, 나항 기재와 같이 피고인 B의 X 계정에 합계 440억 원의 현금이 입금된 것처럼 KRW 포인트를 위작, 행사한 후 2018. 1. 1.경부터 1. 25.경까지 불상의 장소에서 X 거래시스템을 이용하는 다른 고객들로부터 시가 221억 원 상당의 비트코인(BTC) 1,344개, 시가 122억 원 상당의 이더리움(ETH) 9,629개, 시가 37억 원 상당의 퀀텀(QTUM) 60,501개 등 합계 382억 9,645만 1,860원 상당의 가상화폐를 매수한 다음 마치 정상적으로 취득한 가상화폐인 것처럼 출고요청을 하는 방법으로 2018. 1. 1.경 X의 전자지갑에 보관되어 있는 시가 10억 3,800만 원 상당의 비트코인(BTC) 60개를 BA에 개설된 피고인 B의 계정으로 이체한 것을 비롯하여 그 무렵부터 2018. 1. 22.경까지 같은 방법으로 별지 범죄일람표 2[58]에 기재된 것과 같이 총 84회에 걸쳐 합계 382억 9,645만 1,860원 상당의 가상화폐를 X로부터 타 거래소에 개설된 피고인 B의 계정으로 이체하여 동액 상당의 재산상 이익을 취득하고, X에게 동액 상당의 재산상 손해를 가하였다.

2. 피고인 A의 단독범행

피고인은 앞서 본대로 2017. 12. 22.경 정부의 가상화폐 거래소 규제 정책 등이 발표되고, 이에 따라 금융기관에서 가상화폐 거래소의 법인 계좌를 통한 고객들의 입금을 금지하여 그 무렵 고객들의 입금이 중지되고 반대로 고객들의 현금 인출이 이어져 X거래소의 운영에 어려움이 생기자, 제1항과 같은 방법으로 X 직원이자 피고인의 사촌동생인 AC의 여자친구 AD의 X 계정(Ⅲ : AE)에 실제 현금이 입금되지 않았음에도 마치 수십억 원의 현금이 입금된 것처럼 위 계정의 KRW 포인트를 임의로 조작하고, 이를 토대로 X 거래소에서 매수주문을 제출하여 그러한 정을 알지 못하는 X의 다른 고객들을 기망하여 그들로부터 가상화폐를 매수한 다음, 이를 BA 거래소에 개설된 AD의 계정으로 이체한 뒤 매도하여 수익을 얻기로 마음먹었다.

---

[58] 피고인들의 변호인 법무법인 K가2018. 10. 5.자 변호인 의견서[2], 참고자료 1로 제출한 수정된 범죄일람표를 반영하여, 공소장에 첨부된 범죄일람표 2를 일부 수정하였다.

가. 사전자기록등위작 및 동행사

피고인은 2018. 1. 23.부터 같은 해 2. 4.경까지 위 X 사무실에서 인터넷 가상화폐거래소 운영에 관한 X의 사무처리를 그르치게 할 목적으로, 중국에 있는 X 서버담당자로 하여금 거래시스템에 접속하여 실제 현금의 입금이 이루어지지 않았음에도 마치 AD이 X 법인계좌에 70억 원의 현금을 입금하여 그에 따라 충전된 것처럼 거래시스템상의 AD 계정에 70억 원 상당의 KRW 포인트가 입력되도록 함으로써 권리·의무 또는 사실증명에 관한 X의 전자기록을 위작하고, 위 일시경 거래시스템 상의 AD 계정에 위와 같이 위작된 KRW 포인트가 표시되게 함으로써 위작된 전자기록을 행사하였다.

나. 사기

X 거래소의 고객 자산 잔고 및 계약체결내역은 실제 블록체인 기술에 기반하지 않은 채 거래소 자체의 전산시스템에만 기록·보관되고 이를 X에서 전적으로 관리하고 있으므로 고객들로서는 매도, 매수 주문이나 각 가상화폐별 시세 등 X 거래소가 제공하는 거래시스템에 게시되는 정보를 그대로 믿고 그 정보에 기초하여 가상화폐 매매 주문의 제출, 매매계약 체결 여부 및 자산의 출고여부를 결정할 수밖에 없다. X는 홈페이지의 『X 이용방법 - 입금하기』 항목에서 "현금 및 가상화폐 입금에 대하여 X 법인 계좌에 입금하는 금원과 동일하게 입금 요청해야만 지연 없이 승인된다."고 고지하고 있고, 『X 이용방법 - 거래하기』 에서 "거래를 원하는 수량의 최대수량을 누르면 가지고 있는 현금 및 가상화폐로 거래할 수 있는 최대수량이 선택되어 거래된다."고 고지하고 있다. 따라서 X의 고객들로서는 X 거래소에 다른 고객이 제출한 가상화폐 매수주문에 대하여 상대방이 매수주문의 기초가 된 현금을 실제로 X 법인계좌에 입금하여 충전한 KRW 포인트를 토대로 매수주문을 제출하였다고 믿고 그에 따라 거래를 하게 된다.

피고인은 2018. 1. 하순경 X 사무실에서 고객들이 X 거래시스템에 게시되는 정보를 그대로 믿고 가상화폐 매매계약을 체결한다는 사정을 알고, 앞서 본 대로 실제 현금 입금 없이 AD 계정에 KRW 포인트를 충전하고 이를 이용하여 X 거래소에서 매수주문을 제출하여 고객들로부터 가상화폐를 매수한 뒤 이를 BA 거래소에 있는 AD 계정으로 출고하여 거래하기로 마음먹었다.

피고인은 2018. 1. 23.경 X 사무실에서 제2의 가.항과 같이 위작, 행사된 KRW 포인트를 이용하여 X 거래소에서 가상화폐 매수주문을 제출하였다. 그러나 사실 위 KRW 포인트는 앞서 본대로 실제 현금 입금 없이 이루어진 위작된 것이었다.

피고인은 위와 같이 위작된 KRW 포인트로 매수주문을 제출하는 방법으로 성명불상의 피해자를 기망하여 이에 속은 위 피해자로부터 같은 날 시가

2,428,685원 상당의 비트코인(BTC) 0.1999개를 매수함으로써 동액 상당의 재산상 이익을 취득한 것을 비롯하여 그 무렵부터 2018. 2. 21.경까지 같은 방법으로 별지 범죄일람표 4 기재와 같이 총 984회에 걸쳐 총 984명의 피해자들로부터 합계 70억 347원 상당의 가상화폐를 매수함으로써 동액 상당의 재산상 이익을 취득하였다.

다. 특정경제범죄가중처벌등에관한법률위반(배임)

X 거래소는 고객이 가상화폐 거래를 위해 현금과 가상화폐를 입금, 입고하면 가상화폐 거래소에 개설된 해당 고객 계정의 KRW 포인트와 가상화폐 포인트에 해당 고객이 입금, 입고한 현금액과 가상화폐 갯수를 그대로 반영하여 입력하고 있고, 고객들 계정에 입력된 KRW 포인트와 가상화폐 포인트에 상응하는 현금과 가상화폐에 대해서는 언제든지 고객들의 출금 또는 출고 요청에 응하여야 한다.

따라서 고객이 실제로 현금을 입금한 사실이 없음에도 전자기록을 위작하는 방법으로 특정 고객 계정의 KRW 포인트를 증가시키면 그만큼 X는 실제 자산의 증가가 없음에도 해당 고객에 대하여 현금 출금 의무를 부담하게 되어 결국 해당 거래소의 손해로 귀속될 염려가 있다. 또, 회사의 장부상 아무런 기재나 통제수단도 없이 개인들에게 가상화폐의 처분 등을 맡길 경우 가상화폐의 보유자와 거래내역을 쉽게 확인할 수 없는 가상화폐의 거래 특성상 법인의 가상화폐를 유용 및 유실할 우려가 높고, 가상화폐의 극심한 가격 변동성 등으로 인해 X나 그 고객들에게 손해가 발생할 위험이 매우 높다. 피고인은 X의 대표이사로서 X 거래소를 운영함에 있어 고객들이 실제로 입금한 현금액이 X 전산시스템상 고객들의 계정에 정확하게 반영되도록 하여 관리하여야 하고, 실제 현금의 입금이 없음에도 임의로 KRW 포인트를 조작하여 입력하는 일이 없도록 하며, 아무런 통제장치 없이 개인 명의 등으로 법인의 가상화폐 등이 유출되는 일을 막아 X에게 손해가 발생하지 않도록 방지하여야 할 업무상 임무가 있었다.

그럼에도 피고인은 위 제2의 가, 나항 기재와 같이 AD의 X 계정에 70억 원의 현금이 입금된 것처럼 KRW 포인트를 위작, 행사한 후 2018. 1. 23.부터 같은 해 2. 21.까지 불상의 장소에서 X 거래시스템을 이용하는 다른 고객들로부터 시가 67억 7,840만 3,886원 상당의 비트코인(BTC) 644.5691개, 시가 2억 2,159만 6,586원 상당의 퀀텀(QTUM) 5,000개 등 합계 70억 347원 상당의 가상화폐를 매수한 다음 마치 정상적으로 취득한 가상화폐인 것처럼 출고요청을 하는 방법으로 2018. 1. 24.경 X의 전자지갑에 보관되어 있는 비트코인(BTC) 59.21790개를 BA에 개설된 AD의 계정으로 이체한 것을 비롯하여 그 무렵부터 2018. 2. 21.경까지 별지 범죄일람표 5에 기재된 것과 같이 총 9회에 걸쳐 합계 69억 9,268만 9,852원 상당의 가상화폐를 X로부터 BA에 개설된 AD의 계정으로 이체하여 동액 상당의 재산상 이익을 취득하고, X에게 동액 상당의 재산상 손해를 가하였다.

3. 피고인 C의 단독범행

피고인은 X의 운영이사로서 2017. 8. 7.경 불상의 장소에서 X의 API 거래를 위한 가상화폐 매수 자금 명목으로 X로부터 피고인 명의의 우리은행 계좌(계좌번호 AF)로 6,000만 원을 송금 받아 이를 X를 위하여 업무상 보관하던 중 2017. 8. 19.경 불상의 장소에서 피고인의 택시비로 32,580원을 사용하는 등 그 무렵부터 2017. 12.경까지 피고인의 생활비 등으로 위 돈 6,000만 원을 임의로 사용하여 업무상 보관하고 있던 X의 재물을 횡령하였다.

증거의 요지

1. 피고인들의 일부 법정진술
1. 증인 AG의 일부 법정진술
1. 피고인들에 대한 각 검찰 피의자신문조서(피고인 A은 1, 2회, 피고인 B은 1 내지 3회, 피고인 C은 1회) 중 각 일부 진술기재
1. AG에 대한 각 검찰 진술조서(1 내지 3회) 중 각 일부 진술기재
1. 피고인 C 및 AD, AH, AI에 대한 각 검찰 진술조서
1. 피고인 A, B 및 AG이 작성한 각 진술서 중 일부 기재
1. 피고인 C 및 AD이 작성한 각 진술서
1. 수사보고(주식회사 X 법인등기부 첨부) - 법인등기부등본, 수사보고(X 이용약관, 개인정보처리방침 첨부) - 이용약관, - X 공고문 및 이메일, - BA 재무실사보고서 및 감사보고서, - 주주명부, 수사보고(AD 실체 확인 보고) 중 결론 이하를 제외한 나머지 부분 - AD 명의 우리은행 계좌 거래내역 - AD 명의 BA 계정 입출고내역, -AD 명의 X 원화 입출금 내역 - AD 명의 X 코인 입출금 내역, 수사보고(AD 명의 계정을 이용한 업무상배임의 사용처 확인 보고) 중 결론 이하를 제외한 나머지 부분 - AD 명의 BA 거래내역 - AD 명의 우리은행 계좌 거래내역 - AJ 명의 해당일 계좌 거래내역, - B 명의 X 원화 입출금 내역 - B 명의 X 코인 입출금 내역, - B 명의 X 매매내역(별책 1-3) - B 명의 BB 코인 입출금 내역 - B 명의 BA 코인 입출금 내역, - B 이력서 파일 - 국민건강보험 가입내역 - USB, BNP Paribas, Bank of America 네이버 검색자료, - C, AH 위챗 문자메시지 내용 발췌, - AK, A 간의 WeChat 대화, 수사보고(X 내부규정 첨부 - 자산 및 예치금 관리 규정, 내부 회계규정) - 내부 회계관리 규정 - 자산 및 예치금

관리규정, - A-AG 2018. 1. 30. ~3. 2. 위챗 대화내용 - B-AG 2018. 2. 5., 3. 5. ~ 3. 11. 위챗 대화 내용, 수사보고(X 한국블록체인협회 자율규제 참여관련), 수사보고(AD BA 거래내역 분석) - AD 명의 BA 계정 거래내역, 수사보고(범죄수익 확인보고), 수사보고(A의 AD 계정 사용목적 확인보고) - AC,A 위챗 메시지, 수사보고(X 법인 계좌 별도 사용 확인) - A, B, AL의 위챗 대화 - X 법인계정 회원 정보, 수사보고(피고인들이 검찰 수사 인식시점 보고) - 1. 23.자 금융위 관련 기사 및 보도자료 - C 휴대폰 메모 출력물 -A, AM, AK의 위챗대화 내용 출력물 - AM, AK의 카카오톡 대화 내용, 수사보고(피고인 B의 관여 등) - C, A 위챗 메시지 - X 회사소개 자료(공개) - X 회사소개 자료(비공개), 수사보고(허위 충전관련 위챗 메시지) - A 위챗 발췌(번역), - B 위챗, 카카오톡 출력물 - A, AG 이메일 출력물, 수사보고(접견 녹취록 첨부 보고) - 녹취록, 수사보고(X의 공고사항) - X 이용방법③ 입금하기 - X 이용방법④ 거래하기- 2017. 12. 26.자 공고

법령의 적용

1. 범죄사실에 대한 해당법조 및 형의 선택
   ○ 피고인 A : 각 형법 제232조의2, 제234조(사전자기록 등 위작 및 위작 사전자기록 등 행사의 점, 판시 범죄사실 중 제1의 가.항에 대하여는 형법 제30조 추가, 각 징역형 선택), 각 특정경제범죄 가중처벌 등에 관한 법률 부칙, 구 특정경제범죄 가중처벌 등에 관한 법률(2017. 12. 19. 법률 제15256호로 개정되기 전의 것, 이하에서는 개정일자 및 법률번호를 생략한다) 제3조 제1항 제1호, 제2호, 제2항, 각 형법 제347조 제1항(피해자별로 사기범행이 2회 이상인 경우 포괄하여, 이득액 50억 원 이상 사기, 이득액 5억 원 이상 50억 원 미만 사기, 일반 사기의 점, 판시 범죄사실 중 제1의 나.항에 대하여는 형법 제30조 추가, 이득액 50억 원 이상 사기의 점에 대하여 유기징역형, 일반 사기의 점에 대하여 징역형을 각 선택하고, 이득액 50억 원 이상 및 이득액 5억 원 이상 50억 원 미만 각 사기의 점에 대하여 각 이득액 이하의 벌금형을 병과), 각 특정경제범죄 가중처벌 등에 관한 법률 부칙, 구 특정경제범죄 가중처벌 등에 관한 법률 제3조 제1항 제1호, 제2항, 형법 제356조, 제355조 제2항(포괄하여, 이득액 50억 원 이상 업무상 배임, 판시 범죄사실 중 제1의 다.항에 대하여는 형법 제30조 추가, 유기징역형을 선택하고 이득액 이하의 벌금형을 병과)
   ○ 피고인 B : 각 형법 제232조의2, 제234조, 제30조(사전자기록 등 위작 및 위작 사전자기록 등 행사의 점, 각 징역형 선택), 각 특정경제범죄 가중처벌 등에 관한 법률 부칙, 구 특정경제범죄 가중처벌 등에 관한 법률 제3조 제1항 제1

호, 제2호, 제2항, 형법 제347조 제1항, 제30조(피해자별로 사기범행이 2회 이상인 경우 포괄하여, 이득액 50억 원 이상 사기, 이득액 5억 원 이상 50억 원 미만 사기, 일반 사기의 점, 이득액 50억 원 이상 사기의 점에 대하여 유기징역형, 일반 사기의 점에 대하여 징역형을 각 선택하고, 이득액 50억 원 이상 및 이득액 5억 원 이상 50억 원 미만 각 사기의 점에 대하여 각 이득액 이하의 벌금형을 병과), 특정경제범죄 가중처벌 등에 관한 법률 부칙, 구 특정경제범죄 가중처벌 등에 관한 법률 제3조 제1항 제1호, 제2항, 형법 제356조, 제355조 제2항, 제30조, 제33조 본문(포괄하여, 이득액 50억 원 이상 업무상배임의 점, 유기징역형을 선택하고 이득액 이하의 벌금형을 병과)[59]

○ 피고인 C : 형법 제356조, 제355조 제1항(징역형 선택)

1. 경합범가중

   피고인 A, B : 각 형법 제37조 전단, 제38조 제1항 제2호, 제50조[각 형이 가장 무거운 피고인 B 계정을 이용한 특정경제범죄가중처벌등에관한법률위반(배임)죄에 정한 징역형과 벌금형에 각 경합범가중, 다만 벌금형에 대하여는 피고인별로 인정되는 판시 각 죄의 다액을 합산한 범위 내에서]

1. 작량감경

   피고인 A, B : 각 형법 제53조, 제55조 제1항 제3호, 제6호(아래 양형의 이유 중 피고인들에게 유리한 사정 참작)

1. 노역장유치

   피고인 A, B : 각 형법 제70조 제1항, 제2항, 제69조 제2항

1. 집행유예

   피고인들 : 각 형법 제62조 제1항, 제2항(각 징역형에 대하여 아래 양형의 이유 중 피고인들에게 유리한 사정 거듭 참작)

1. 사회봉사명령

   피고인들 : 각 형법 제62조의2 제1항

1. 몰수

   피고인 A, B : 각 범죄수익은닉의 규제 및 처벌 등에 관한 법률 제8조 제1항[이 사건 몰수대상 채권은 같은 조 제3항에서 정한 범죄피해재산에 해당하나, 이 사건은 재산에 관한 죄 외에 같은 법 제2조 제1호, [별표] 제1의 (가)목, 제2호 (가)목의 중대범죄인 사전자기록등위작죄 등 별개의 독자적 법익을 함께 침해한 경우에 해당하므로 위 조항에도 불구하고 몰수할 수 있다(대법원 2017. 10. 26. 선

---

[59] 특정경제범죄 가중처벌 등에 관한 법률 제3조 제1항은 형법 제356조의 업무상배임죄 뿐만 아니라 형법 제355조 제2항의 단순 배임죄를 저지른 경우에도 가중처벌하도록 규정하고 있으므로 신분관계 없는 공범인 피고인 B도 특정경제범죄 가중처벌등에 관한 법률 제3조 제1항 제1호에 의하여 처단한다(대법원 2011. 5. 26. 선고 2011도2150 판결 등 참조).

고 2017도8600 판결 등 참조)]
1. 가납명령
   피고인 A, B : 각 형사소송법 제334조 제1항

양형의 이유

1. 법률상 처단형의 범위
   가. 피고인 A : 징역 2년 6개월 ~ 22년 6개월, 벌금 2만5,000원 ~ 27,517,131,105원60)
   나. 피고인 B : 징역 2년 6개월 ~ 22년 6개월, 벌금 2만5,000원 ~ 24,020,968,179원61)
   다. 피고인 C : 징역 1개월 ~ 10년
2. 양형기준상 권고형의 범위
   가. 피고인 A, B : 각 징역 3년 4개월 ~ 12년 6개월
      1) 제1범죄(사기)
         [권고형의 범위]
         일반사기 > 제5유형(300억 원 이상) > 감경영역(3년 4개월 ~ 9년)
         ※ 동종경합 합산 결과 유형 1단계 상승하여 형량범위 하한의 1/3을 감경
         [특별감경인자] : 범행 당시 판례 또는 통설에 의하여 객관적으로 행위규범이나 금지규정이 정립되었다고 보기 어려워 기망행위의 정도가 약한 경우, 손해발생의 위험이 크게 현실화되지 아니한 경우, 처벌불원 또는 상당 부분 피해회복된 경우
         [특별가중인자] : 불특정 또는 다수의 피해자를 대상으로 하거나 상당한 기간에 걸쳐 반복적으로 범행한 경우, 사전자기록등위작 등의 방법을 적극적으로 동원하여 범행수법이 매우 불량한 경우(사기범죄를 저지르면서 문서 등의 위조 또는 변조 범행이 수반된 경우에는 다수범죄로 취급하지

---

60) 산식 : [피고인 B 계정을 이용한 특정경제범죄가중처벌등에관한법률위반(배임)죄의 이득액 38,296,451,860원 + 각 특정경제범죄가중처벌등에관한법률위반(사기)죄의 이득액 5,061,364,555원(범죄일람표 1 순번 1) + 1,010,719,238원(범죄일람표 1 순번 2) + 615,504,309원(범죄일람표 1 순번 3) + 1,643,185,731원(범죄일람표 1 순번 4) + 837,031,169원(범죄일람표 1 순번 5) +577,679,497원(범죄일람표 1 순번 6) + AD 계정을 이용한 특정경제범죄가중처벌등에관한법률위반(배임)죄의 이득액6,992,689,852원] / 2 (원 미만 버림)

61) 산식 : [피고인 B 계정을 이용한 특정경제범죄가중처벌등에관한법률위반(배임)죄의 이득액 38,296,451,860원 + 각 특정경제범죄가중처벌등에관한법률위반(사기)죄의 이득액 5,061,364,555원(범죄일람표 1 순번 1) + 1,010,719,238원(범죄일람표 1 순번 2) + 615,504,309원(범죄일람표 1 순번 3) + 1,643,185,731원(범죄일람표 1 순번 4) + 837,031,169원(범죄일람표 1 순번 5) +577,679,497원(범죄일람표 1 순번 6)] / 2 (원 미만 버림)

아니하고 문서 등에 관한 범행을 양형인자로만 취급한다)
  2) 제2범죄(횡령·배임)
  [권고형의 범위]
  제5유형(300억원 이상) > 감경영역(2년 ~ 7년)
  [특별감경인자] : 손해발생의 위험이 크게 현실화되지 아니한 경우, 범행 당시 판례 또는 통설에 의하여 객관적으로 행위규범이나 금지규정이 정립되었다고 보기 어려워 임무위반 정도가 경미한 경우, 처벌불원 또는 상당부분 피해회복된 경우
  [특별가중인자] : 범행수법이 매우 불량한 경우
  ※ 특별감경인자가 특별가중인자보다 2개 이상 많으므로 형량범위 하한을 1/2까지 감경
  ※ 다수범죄 처리기준에 따른 최종 형량범위 : 징역 3년 4개월 ~ 12년 6개월
 나. 피고인 C : 징역 1개월 ~ 10개월
  [권고형의 범위] : 제1유형(1억원 미만) > 감경영역(1개월 ~ 10개월)
  [특별감경인자] : 처벌불원 또는 상당부분 피해회복된 경우

3. 선고형의 결정
  아래와 같은 피고인들에게 유리하거나 불리한 정상에 피고인들의 나이, 성행, 경력, 가족관계, 환경, 범행 동기, 수단 및 결과, 범행 후 정황, 범죄경력 등 이 사건 기록과 변론에 나타난 모든 양형 사정을 참작하여 피고인들에 대한 각 형을 정한다.
 가. 피고인 A : 징역 3년, 집행유예 4년, 벌금 30억 원[62], 사회봉사 300시간, 몰수
  피고인 B : 징역 2년 6개월, 집행유예 3년, 벌금 20억 원, 사회봉사 200시간, 몰수○ 유리한 정상 : 피고인들은 각 1회의 이종 벌금 전과만 있다. 피고인들은 범행 이후에도 반출한 가상화폐에 손실이 발생하지 않도록 노력하였고, 편취한 가상화폐의 대가가 고객들에게 정상 지급되었으며, 외부로 유출된 가상화폐와 거래로 발생한 수익도 모두 X에 반환되었거나 몰수보전처분에 의해 확보되어 있다. 피고인들이 범행으로 나아가게 된 데에는 정부의 가상화폐 거래 규제로 인하여 가상화폐 거래소간에 발생한 시세차이도 한 요인이

---

[62] 피고인 A이 타 거래소로 반출한 가상화폐를 이용하여 거래함으로써 얻은 수익금액, 위 수익금의 사용처와 X로의 사후 반환여부 및 그 액수, 수익 중 일부가 몰수되는 사정, 위 피고인의 범행 가담정도와 X에 대한 지분 비율 등을 두루 고려하여 벌금액수를 산정하였다. 피고인 B에 대하여도 같다.

되었다.
○ 불리한 정상 : 피고인들은 수사기관에서부터 자신들의 잘못을 극구 부인하고 있다. 피고인들의 편취 수법이 매우 불량하고, 사기, 배임으로 인한 피해액이 매우 크고, 피해자도 다수여서 죄질 및 범정이 모두 나쁘다. 피고인들은 가상화폐 거래소의 우월적 지위를 이용하여, 피고인 A은 X의 대표이사로서 범행을 기획, 실행, 집행하였고, 피고인 B은 금융전문가로서 위 범행에 가담하여 피고인들 모두 책임이 무겁다. 피고인들의 범행으로 고객들의 가상화폐 거래소에 대한 신뢰가 크게 훼손되었고 그로 인해 국내 가상화폐 거래시장에도 악영향을 미쳤다.

나. 피고인 C : 징역 6개월, 집행유예 2년, 사회봉사 100시간
○ 유리한 정상 : 피고인은 자신의 잘못을 모두 인정하고 반성하고 있다. 피고인은 지연손해금을 포함한 횡령금액 전부를 X에 반환하였고, X는 피고인에 대한 처벌을 원하지 않고 있다.
○ 불리한 정상 : 피고인이 횡령한 금액이 6,000만 원으로 적지 않다.

피고인 A, B 및 그 변호인들의 주장에 대한 판단

1. 주장의 요지
  가. 공통 사항
   피고인들은 정부의 가상화폐 규제에 따라 X가 운영하는 가상화폐 거래소에서 거래되는 가상화폐의 시세가 비교적 낮게 형성되고 매수세가 감소하여 고객들의 가상화폐 매도가 원활하게 이루어지지 않게 되자 이를 해결하여 회사의 이익 및 고객들의 이익을 보호하기 위해 X 주주들의 동의를 얻어 X의 차명 계정인 피고인 B과 AD 계정을 사용하여 이 부분 공소사실 기재 각 행위들을 한 것일 뿐이다. 피고인들은 고객들이 매도한 가상화폐를 이용해 수익을 취득하거나 개인적인 이익을 위해 유용하기로 공모하지 않았고, X의 사무처리를 그르치게 할 목적이나 고객들로부터 가상화폐를 편취하거나 X에 손해를 가할 의사도 없었다. 결과적으로 고객들이나 회사에 손해가 발생하지 않았다.
  나. 각 공소사실에 대한 주장
   1) 피고인 B의 지위 부분
    피고인 B의 지위에 관련하여, 피고인 B의 X 재직기간(2018. 1.경 ~ 2018. 3.경)과 담당업무 및 역할[입사 직후에는 가상계좌 개설업무를 수행하다가 2018. 3.경부터 재무담당이사로서 회계실사를 대비하여 예치금 분리와 X의 현금 및 가상화폐 보유비율을 조정(균형유지)하는 업무수행] 등에 비

추어 피고인 B은 X의 실질적인 공동대표로 볼 수 없으므로 이를 전제로 한 피고인 B의 범행 가담을 인정할 수 없다.
2) 사전자기록등위작 및 동행사 부분
    가) 피고인들은 피고인 B 명의의 신한은행 계좌에서 X의 고객예탁금 계좌로 440억 원이 입금된 것처럼 허위의 입금내역을 조작 입력한 적이 없다.
    나) 피고인들은 X 전산시스템을 설치, 운영, 관리하는 주체이거나 그에 관한 권한을 가진 사람들이므로 피고인들에 대한 관계에서 피고인 B 및 AD 계정의 KRW 포인트 잔고 부분 전자기록을 타인의 전자기록이라고 볼 수 없다.
    다) KRW 포인트를 충전한 것은 시스템 설치 운영자인 X의 의사에 따라 고객들로부터 가상화폐를 매수하기 위해 스스로에 대한 채권, 채무를 일으켜 이를 전산시스템에 입력한 것으로 진실한 사실을 입력한 것이고, X의 이사들 및 주주들도 모두 동의한 사안이다.
    라) 설령 KRW 포인트 충전을 허위 내용의 입력으로 보더라도 권한 있는 피고인 A이 허위의 내용을 입력하는 무형위작은 형법 제232조의2에서 정한 전자기록 위작의 개념에 포함되지 않는다.
    마) 피고인들은 앞서 본대로 시스템 운영주체인 X의 진정한 의사에 따라 X 거래소기능의 저하 방지, 고객들의 불만 해소를 위해 경영상의 판단으로 이 부분 공소사실 기재 행위를 한 것이지 X의 사무처리를 그르치게 할 목적이 없었다.
3) 가상화폐 편취로 인한 특정경제범죄가중처벌등에관한법률위반(사기) 및 사기 부분
    가) 피고인 B 및 AD 계정에 충전된 KRW 포인트를 허위라고 볼 수 없고, 충전된 KRW 포인트를 통하여 X가 고객들로부터 가상화폐를 매수한 경우 피고인 B 및 AD 계정에 충전된 KRW 포인트는 감소하고 고객들의 KRW 포인트가 증가하여 고객들은 포인트 금액 상당의 현금출금채권을 정상적으로 보유하게 된다. X는 고객들이 KRW 포인트에 대한 출금요청을 할 경우 이를 지급할 의사가 있었고, X 내부의 현금자산과 피고인 B 및 AD 계정으로 보유하고 있던 타 거래소에 대한 KRW 포인트 등 전체 현금자산이 충분하여 고객들에게 현금을 지급할 능력도 있었으며, 결과적으로 고객들의 출금요청에 대해 전부 지급이 이루어져 손해를 입은 고객들도 없다. 다른 한편 피고인 B은 충전된 KRW 포인트를 일시에 사용하지 않았고, 타 거래소의 본인 계정에서 보유하고 있는 KRW 포인트와 X가 보유한 현금성 자산 규

모를 고려하여 고객들로부터 가상화폐를 매수한 뒤 타 거래소에서 재정거래(Arbitrage trading, 거래소 간에 형성되는 가상화폐 시세의 차이를 이용하여, 시세가 낮은 거래소에서 가상화폐를 매수한 뒤 이를 상대적으로 시세가 높은 거래소에서 매도하여 차익을 얻는 형태의 거래)를 한 것이었다. 이러한 사정들에 비추어 볼 때 피고인들이 고객들을 기망하였거나 고객들이 속아 착오에 빠져 가상화폐를 매도하는 처분행위를 하였다고 볼 수 없고, 피고인들에게는 사기의 고의나 불법이득의사도 없었다. 한편 피고인 A이 AD 계정으로 가상화폐 거래를 하여 얻은 수익을 X에 반환한 것이 늦어진 이유는 정산에 다소 시간이 소요되었기 때문일 뿐 그 수익을 피고인 A이 개인적으로 착복하려 했던 것은 아니다.
  - 나) 가상화폐 거래소에서의 거래는 매도인, 매수인 사이에 거래소가 거래당사자로 참여하는 방식으로 이루어지고, 거래소를 통해 가상화폐를 매도하려는 고객은 매수인이 누구인지, 매수인이 얼마의 호가를 한 사람인지, 매수인이 얼마의 KRW 포인트를 보유하고 있는지에 대해 알 수도 없고 이는 거래 여부를 결정함에 고려할 요소도 아니다. 한편 고객들이 거래소에 제출한 매도 주문은 매수 주문과는 독립적으로, 선후관계없이 이루어지는 것이다. 따라서 고객들이 피고인 B 및 AD 계정으로 제출된 매수 주문을 보고 위 각 계정에 현금입금 없이 충전된 KRW 포인트가 진실한 것이라고 믿은 상태에서 가상화폐를 매도하였다고 볼 수 없고, 만일 피고인들의 행위를 기망으로 보더라도 그것과 고객들의 처분행위 사이에 인과관계가 없다. 한편 고객이 가상화폐를 거래소에 입고할 때 해당 가상화폐는 거래소가 관리하는 전자지갑으로 이전되고 이후에는 거래소 전산 시스템 상의 거래만 이루어지는 가상화폐 거래 구조에 비추어 고객들의 가상화폐 매도시점에 처분행위가 있었다고 볼 수도 없다.
  - 다) X 거래소를 이용한 가상화폐 거래 과정에서 고객들은 X에 대한 채권의 일종인 KRW 포인트를 매매하는 것이고 X에게 고객들이 예탁한 현금 전액을 보관하거나 그 지급을 준비하여야 할 의무가 없는 이상 현금 입금 없이 KRW 포인트가 충전되었음을 전제로 한 피고인들의 사기범행은 성립할 수 없다.
4) 특정경제범죄가중처벌등에관한법률위반(배임) 부분
  - 가) 피고인들의 배임행위가 구체적으로 무엇인지 공소장 기재만으로 분명하지 않아 공소사실이 특정되었다고 볼 수 없다.
  - 나) 피고인들은 X의 운영을 정상화하기 위해, 고객들로부터 매수한 가상

화폐를 타 거래소에서 매도하여 얻은 원금 및 초과 수익(그 형태는 현금이 아닌 가상화폐)을 X에 반환할 생각으로 공소사실 기재 행위를 한 것이고 다소 시일이 소요되었을 뿐 실제로 X에 가상화폐가 반환되어 충전된 KRW 포인트가 삭제되었다. 따라서 피고인들에게 배임의 고의나 불법이득의사가 없었다.

다) 피고인들은 X의 기관으로서 X의 자산 범위 내에서 X의 차명계정인 피고인 B 및 AD 계정에 KRW 포인트를 충전한 것이고 위와 같은 충전 경위에 비추어 각 계정에 충전된 KRW 포인트에 기한 출금 요청이 이루어질 염려도 없었다. X가 고객들로부터 가상화폐를 매수하여 고객들 계정에 충전된 KRW 포인트 상당액에 대한 현금지급의무를 부담하게 되었으나 X는 그에 상응하는 가상화폐를 취득하였다. 피고인들은 위와 같이 매수한 가상화폐를 타 거래소에 개설된 피고인 B 계정을 통해 타 거래소에서 재정거래를 하여 X를 위한 수익을 얻고자 하였다. 위 재정거래는 응용프로그램 인터페이스(Application Programming Interface)를 이용한 자동거래 방식(이하 'API 거래'라고 한다)으로 이루어졌을 뿐만 아니라, 당시 X와 타 거래소 간의 가상화폐 시세 차이, 시세의 급락가능성과 그 정도 등을 고려할 때 손해발생의 위험이 전혀 없는 거래였다. 한편 피고인 A이 AD 계정을 이용하여 가상화폐 거래를 한 것은 회사에 유입될 현금을 확보하기 위함이었다. 위와 같은 재정거래로 취득한 가상화폐 또는 현금은 모두 X에 이체 또는 입금되었고 재정거래로 발생한 초과수익 중 일부도 모두 X에 귀속되었으며 일부는 몰수보전처분에 의해 묶여있을 뿐이다. 한편 X 및 타 거래소의 전산기록이나 블록체인 네트워크 상에는 가상화폐 이체 내역이 모두 남고 피고인 B이 X의 대주주로서 그가 가진 사회적 지위 등을 고려할 때 피고인 B은 자기 계정에 있는 현금과 가상화폐를 횡령할 가능성도 없다. 결국 피고인들의 행위로 회사에 재산상 손해나 손해발생의 위험이 생기지 않았고 고객들도 손해를 보지 않았다.

라) 피고인들이 X 이외에 X의 고유 자산을 위탁받아 운용하는 회사(AN)를 설립하였고, 블록체인 관련 인큐베이팅 회사(AO)를 설립하려고 하였으나 이는 회사 내부에서 공식적으로 진행된 사업확장의 일환이었고 2017. 8.경부터 2018. 5.경까지 X의 재무팀장(자금관리, 운영자금 지출관리, 현금 및 가상화폐 등 고객자산과 X 고유자산을 분리하여 정산하는 업무를 담당)으로 근무한 AG을 포함한 직원들도 그 사정을 모두 알고 있었다. 한편 이 과정에서 피고인들은 위 회사들을 X의 자

회사로 설립하고자 하였으나 결과적으로 AN에 대하여 피고인들이 개인 주주가 되었는데, 이는 X 중국 주주(정확히는 홍콩에 있는 회사 X 리미티드와 그 회사의 중국 주주들을 의미하는데, 이하에서는 편의상 '중국 주주'라고만 한다)의 회사에 대한 지배권을 희석하기 위함이었다. 위 각 회사들은 피고인들 개인의 이익을 위하여 설립되었거나 설립이 추진된 것이 아니므로 이와 달리 피고인들이 가상화폐 거래를 통해 얻은 수익으로 위 회사들을 설립하여 사적인 이익을 추구한 것이라는 검사의 주장은 부당하다.

마) 피고인들이 피고인 B 및 AD 계정으로 고객들로부터 가상화폐를 매수한 것을 사기 범행이라고 볼 경우 그 매매거래가 취소되지 않는 한 피고인 B 및 AD은 이체된 가상화폐의 적법한 권리자여서 이들이 가상화폐를 타 거래소 계정으로 이체하는 행위를 배임행위로 평가할 수 없다.

바) KRW 포인트는 반드시 현금이 입금되어야만 표시되는 것이 아니어서 피고인들에게 현금입금이 되는 경우에만 KRW 포인트를 충전, 표시하여야 할 의무가 있는 것은 아니고, X로서는 고객들에게 충전된 KRW 포인트 상당의 현금출금의무를 부담할 의사를 가지고 있었으므로 충전된 KRW 포인트를 허위의 표시라고 볼 수도 없어 배임행위의 전제가 된 피고인들의 진실사실 입력의무나 그 위반행위가 있었다고 볼 수 없다. 한편 X에게는 고객들이 예탁한 현금 전액을 보관하거나 그 지급을 준비하여야 할 의무가 없고 실제로 고객들에 대한 현금출금이 이루어지지 않은 경우도 없으므로 배임행위의 또 다른 전제인 피고인들의 출금요청 이행의무나 그 위반행위도 없었다.

2. 판단

가. 가상화폐 거래소와 고객 사이의 매매대상물(현금과 가상화폐)에 관한 법률관계

가상화폐 거래소의 약관과 현금 및 가상화폐의 성질, 가상화폐 거래소의 기능에 비추어 보면 가상화폐 거래소와 고객 사이의 매매대상물(현금과 가상화폐)에 관한 일반적인 법률관계는 다음과 같다.

먼저, 고객이 현금을 가상화폐 거래소가 금융기관에 개설한 법인계정에 입금하면 그 현금에 대한 소유권은 금융기관에 이전되고, 가상화폐 거래소는 금융기관에 대하여 예금청구권을 취득하게 되며, 고객은 가상화폐 거래소에 대하여 현금 출금청구권을 취득하게 된다. 그리고 고객이 가상화폐를 가상화폐 거래소의 전자지갑에 입고하면 가상화폐에 대한 소유 내지 처분권은 가상화폐 거래소로 이전되고, 고객은 가상화폐 거래소에 대하여 가상화폐 출고청구

권을 취득하게 된다.
　한편 고객은 가상화폐 거래소에 가상화폐 매매를 위하여 매매대상물을 입금, 입고한 것이고, 가상화폐 거래소는 가상화폐 매매를 중개, 청산, 출금(출고)해주어야 하므로 가상화폐 거래소는 고객에 대하여 매매대상물을 중개, 청산하면서 고객으로부터 출금, 출고 요청을 받을 때까지 이를 사용하지 말고 보관하다가 고객으로부터 언제든지 반환요청이 있을 경우 이를 반환할 의무를 부담한다. 다만 가상화폐 거래소인 X와 고객 사이에서 매매대상물의 소유 내지 처분권이 누구에게 귀속되는지, X가 구체적으로 어떤 의무를 부담하는지, 그리고 그러한 의무를 위반한 경우 어떤 책임을 부담하는지에 관하여는 관련 법령이 아직 마련되어 있지 아니하므로 구체적인 사안에서 기존 법령의 해석과 당사자 사이의 계약관계에 비추어 판단할 수밖에 없다.

나. 피고인 B의 X 내의 지위 및 범행 가담에 관하여

　이 법원이 적법하게 채택하여 조사한 증거들에 의하여 인정되는 다음과 같은 사실 및 사정들을 종합하면 피고인 B이 X의 실질적인 공동대표로서의 지위에는 이르지 못하였다고 하더라도 회사 내에서의 역할이나 지위에 비추어 보면, 피고인 B이 피고인 A과의 판시 각 공동범행에 공동정범으로서 가담한 것은 충분히 인정된다. 따라서 피고인 B 및 그 변호인들의 이 부분 주장은 받아들이지 않는다.

1) 피고인 B의 X 내의 지위

○ 피고인 B은 미국 유수의 대학교에서 응용수학, 금융공학을 전공하고 수년간 국제적인 투자은행에서 금융관련 업무에 종사한 사람으로 이 사건 범행에 가담하기 직전까지 높은 급여를 받고 있었다고 진술하였는데, 피고인 B이 위와 같은 기존의 지위를 포기하고 X의 업무에 관여하여 이 사건 범행으로 나아가게 된 사정을 고려할 때 피고인 B은 X 내지 피고인 A으로부터 X 내에서 상당한 지위를 보장받았을 것으로 보이고, 설령 피고인 B에게 그와 같은 구체적인 직위가 부여되지는 않았더라도 피고인 B이 382억 원을 넘는 가치의 가상화폐를 전적으로 자기 명의로 이를 운영할 수 있게 되었던 이상 이 사건 범행 무렵 피고인 B은 X 내에서의 지위나 역할이 상당히 컸다고 판단할 수밖에 없다.

○ 피고인 C이 작성한 것으로 보이는 2017. 11. 22.자 회사소개서(대외비) 문서(검사제출 추가증거 순번 183)에는 피고인 B이 재무담당이사(CFO)로 기재되어 있다. 이에 대하여 피고인 B은 X가 금융권과의 파트너십을 체결하는 과정에서 X의 금융 관련 전문성을 강조하기 위해 피고인 C이 자신의 허락을 받지 않고 임의 기재한 것이고 자신이 이

에 수차 항의하여 기재를 삭제하였다는 취지로 주장하고 있다. 그러나 위와 같은 표시 내용은 피고인 B에게 회사 운영에 관한 법률적인 책임의 근거가 될 수 있음에도 운영이사인 C이 피고인들의 승낙도 없이 이를 임의로 기재하였다고 보기는 어렵다.

○ 한편 피고인 B은 X 설립 당시 자신의 부인인 Y 명의로 전체 지분의 20% 상당을 출자한 대주주로서 X 사업의 흥망에 따른 경제적 이해관계가 상당하였고, X에 입사한 이후 결과적으로 위 회사소개서 기재내용과 같이 재무담당이사로 취임하였으며, 입사 이전부터도 'Partner'라는 직함이 기재된 명함을 사용하였다(수사기록 951쪽). 피고인들과 C 및 피고인 A의 여동생 AM 등의 위챗 대화 내역(수사기록 1866쪽 이하)에 의하면 피고인 B은 입사 이전에도 회사 설립 무렵부터 결산 방법 등에 관해 상당한 정도의 금융 관련 조언을 했던 것으로 보이고, 2017. 8.경 무렵에도 트레이딩 업무를 수행하였던 것으로 보인다. 이러한 사정들에 의하면 피고인 B은 입사 이전에도 X 내에서 그 지위나 역할이 상당한 수준이었을 것으로 보인다.

○ X 기술책임자(CTO)로 근무하는 AP은 2017. 11.경부터 피고인 B이 피고인 A과 공동 대표의 지위에 있다고 진술하기도 하였다(수사기록 1244쪽). X 운영팀 팀장인 AI도 피고인 B을 임원으로 알고 있었고 회사가 AA로 이전한 이후에는 임원 사무실을 피고인들이 함께 이용하였다고 진술하였다(수사기록 3206쪽).

○ 한편, 위 위챗 메신저를 통한 대화 과정에서 피고인 A은 다른 임직원인 C과 AM 앞에서 피고인 B을 'B이사'라고 부르고 있다. 이에 대해 피고인 B은 자신이 외국계 투자은행에 근무할 때 이사(vice president) 지위에 있었기 때문에 위와 같이 불린 것이라고 주장하지만, 경험칙상 대표이사인 피고인 A이 다른 임직원들과의 대화 과정에서 단지 전 직장에서의 호칭만을 이유로 피고인 B을 위와 같이 지칭하였다고 보기는 어렵다.

2) 피고인 B의 범행가담

○ 피고인들의 각 진술 및 둘 사이의 위챗 대화 내역에 의하면 피고인 B은 이 사건 범행 이전부터도 X 거래소에서 자신의 계정을 개설하여 가상화폐 거래를 한 경험이 있으므로, 이러한 사정에 비추어 보면 피고인 B은 현금 입금 없이는 KRW 포인트의 충전이 불가능함에도 불구하고 피고인 A과 사이에 피고인 A이 중국 측 서버관리자를 통해 KRW 포인트를 허위로 충전하여 주면 이를 통해 고객들로부터 가상화폐를 매수한 뒤 이를 타 거래소의 자기 계정으로 옮겨 재정거래를 하

기로 공모하였다고 인정된다. 피고인 B이 KRW 포인트 충전 행위를 직접 지시하거나 실행하지는 않은 것으로 보이기는 하나 피고인 B의 인식 정도나 공모 내용의 구체성, 이후 실제로 공모 내용에 따른 가상화폐 거래가 이루어졌던 사정 등을 종합할 때 피고인 B에게 사전자기록등위작 및 동행사죄에 대한 공모 내지 기능적 행위지배는 충분히 인정된다.

○ 또, 피고인들 및 AG의 각 진술 및 이들 사이의 위쳇 대화 내역에 의하면 피고인 B이 허위 충전된 KRW 포인트를 이용한 가상화폐 매수 및 타 거래소에서의 매도행위를 직접 수행한 것은 명백히 인정된다. 따라서 피고인 A과의 공동범행인 특정경제범죄가중처벌등에관한법률위반(사기)죄 및 사기죄와 특정경제범죄가중처벌등에관한법률위반(배임)죄에 대한 피고인 B의 기능적 행위지배도 충분히 인정된다.

다. 사전자기록등위작 및 동행사 부분

1) 관련 법리

형법 제227조의2는 "사무처리를 그르치게 할 목적으로 공무원 또는 공무소의 전자기록 등 특수매체기록을 위작 또는 변작한 자는 10년 이하의 징역에 처한다."고 규정하고 있는데, 여기에서 정하는 전자기록의 "위작"이란 전자기록에 관한 시스템을 설치·운영하는 주체와의 관계에서 전자기록의 생성에 관여할 권한이 없는 사람이 전자기록을 작출하거나 전자기록의 생성에 필요한 단위 정보의 입력을 하는 경우는 물론이고, 시스템의 설치·운영 주체로부터 각자의 직무 범위에서 개개의 단위 정보의 입력 권한을 부여받은 사람이 그 권한을 남용하여 허위의 정보를 입력함으로써 시스템 설치·운영 주체의 의사에 반하는 전자기록을 생성하는 경우도 포함하는데, 여기서 '허위의 정보'라고 함은 진실에 반하는 내용을 의미하며, "사무처리를 그르치게 할 목적"이란 위작 또는 변작된 전자기록이 사용됨으로써 시스템을 설치·운용하는 주체의 사무처리를 잘못되게 하는 것을 말한다(대법원 2010. 7. 8. 선고 2010도3545 판결, 대법원 2011. 5. 13. 선고 2011도1415 판결, 대법원 2013. 11. 28. 선고 2013도9003 판결 등 참조). 이러한 법리는 공전자기록등위작죄에 관한 것이기는 하나 사전자기록등위작죄의 경우에도 마찬가지로 적용된다. 전자기록은 문서와는 달리 가시성, 가독성이 없을 뿐만 아니라 새롭게 입력한 데이터가 프로그램에 의하여 기존의 데이터와 함께 처리, 가공되어 새로운 전자기록이 형성되는 경우가 적지 않고, 전자기록의 형성에는 여러 사람의 의사나 행위가 관계되는 등으로 문서의 작성 과정과는 다른 특징들이 존재한다. 그러면서도 데이터 입력에 관한 상급 감독자 내지는 시스템의 설치·운영 주체의 별도 결재나 승인절차가 없는 등 그 작성자나 완성이라는 개념을 생각하기 어렵다. 이와 같이 문서와는 다르게 그 형성과정에 고도의 전문성, 기술성, 신뢰성을 요하고 동시에 명의인이 누구인지 특정하기 어려운 전자기록의 특성을 감안할 때 시스템 설치·운영 주체의 의사에 반하여 권한 없이 허위의 정보를 입력하는 경우뿐만 아니라 권한이 있더라도 허위의 정보를 입력하여 그 행위가 권한을 일탈, 남용하는 것으로 평가될 수 있는 경우에는 형법 제232조의2에서 정하는 '위작'의 개념에 포함되는 것으로 해석함이 타당하다.

2) 구체적 판단

이 법원이 적법하게 채택하여 조사한 증거들에 의하여 인정되는 다음의 사실 및 사정들을 앞선 법리에 비추어 보면 판시 제1의 가.항 범죄사실은 피고인들이 공모하여, 판시 제2의 가.항 범죄사실은 피고인 A이 단독으로, 피고인 A의 권한을 일탈, 남용하여 피고인 B 및 AD의 X 거래소 계정에 마치 각각 440억 원 및 70억 원의 현금을 입금한 것처럼 허위의 KRW 포인트를 입력함으로써 권리·의무 또는 사실증명에 관한 X의 전자기록을 위작하고, 행사하였으며 피고인들에게는 인터넷 가상화폐 거래소 운영에 관한 X의 사무처리를 그르치게 할 목적도 인정된다. 따라서 피고인들 및 변호인들의 이 부분 주장은 모두 받아들이지 않는다.

○ 피고인 A은 X의 대표이사로서 회사의 업무처리 전반에 대한 포괄적인 의사결정권한을 가지고 있는데 여기에는 전산시스템에 대한 부분도 포함된다. 그러나 X 전산시스템 관리운영주체는 어디까지나 위 피고인과는 별개의 법인격을 가진 회사이고, 위 피고인은 회사의 기관에 불과하다. 한편 피고인 B은 뒤에서 보는대로 가상계좌를 개설하거나, X에서 반출한 가상화폐를 타 거래소들을 통해 거래하거나, 회계 실사 등에 대비하여 재무관련 업무를 수행하였을 뿐 전산시스템에 관하여는 권한을 가지고 있지 않았다. 따라서 어느 면에서 보나 피고인들에 대한 관계에서 위 전자기록은 타인의 전자기록에 해당한다.

○ X에서는 고객들에게 KRW 포인트의 충전 방법에 관하여, 반드시 계좌를 통한 현금 입금의 방식에 의할 것을 안내하고 이를 강제하고 있다. 현금 이외의 재산을 X 측에 이전하거나 담보로 제공하는 방법으로 KRW 포인트를 충전할 수 있는 서비스는 제공하고 있지 않다. 따라서 설령 피고인들이 회사 대표이사이거나 계정의 명의자라 하더라도 위와 다른 방법으로 KRW 포인트를 충전할 수 있다고 보아서는 안 된다. 또KRW 포인트가 그 자체로 회사와 고객들 사이의 권리관계를 표시한 것이기는 하나 그 포인트가 각 계정별로 현출되기에 앞서서는

절차적으로 실제 현금의 입금 및 그에 따른 입금신청의 과정을 거쳐야 한다. 따라서 이 사건에서 위 각 금액 상당의 현금이 실제로 입금되지 않은 이상 KRW 포인트 부분의 전자기록은 진실에 반한다.
- ○ 앞선 법리에서 살펴본대로 사전자기록등위작 및 동행사죄에서 말하는 '위작'의 개념에는 시스템 관리·운영 주체로부터 부여받은 권한을 일탈, 남용하여 허위의 전자기록을 형성하는 행위도 포함된다. 그런데 피고인 A은 대표이사로서 X로부터 거래시스템에 접속하여 그 내부의 정보를 입력 내지 변경하거나 그와 같이 지시할 수 있는 권한을 부여받기는 하였으나, 이는 판시 범죄사실에 기재된 것과 같이 현금이나 가상화폐의 오입금, 오출금이 발생한 경우처럼 인위적인 정보의 입력, 변경이 필요할 때에만 행사할 수 있다고 보아야 하지, X에서 고객들과의 관계에서 미리 정해놓은 것과는 다른 방법으로 KRW 포인트를 충전하는 것까지 위 권한 범위에 포함된다고 볼 수는 없다. 피고인들은 중국 주주와 사이에 의사합치가 있어 결국 회사의 의사에도 부합하는 행위였다고도 주장하나, 설령 그러한 의사합치가 있다고 하더라도 시스템 관리·운영 주체는 어디까지나 회사인 이상 권한의 존부나 범위를 판단함에 있어서는 주주들의 입장이 아닌 회사의 입장에서 판단하여야 한다. 결국 판시 범죄사실과 같은 피고인 B 및 AD 계정의 KRW 포인트 충전은 피고인 A이 가진 권한 범위를 넘거나 이를 남용하여 이루어진 것으로 봄이 옳다.
- ○ 형법 제232조의2에서 말하는 사무처리를 그르치게 할 목적은 시스템 설치·운영주체의 정당하거나 정상적인 사무처리 이외의 하자 있는 처리를 하게 하는 일체의 경우를 의미한다고 해석된다. 그런데 피고인들은 현금의 입금 없이 KRW 포인트를 충전함으로써 가상화폐 매수주문 등 정보의 정확성과 신뢰성에 심각한 악영향을 미쳤을 뿐만 아니라, 이를 이용하여 고객들로부터 가상화폐를 매수한 후 이를 타 거래소에 반출하여 매도함으로써 별도의 범죄를 저지른 이상 X의 입장에서 이를 정당하거나 정상적인 사무처리라고 볼 수 없다. 결국 피고인들에게는 X의 사무처리를 그르치게 할 목적도 있었다고 인정된다.

라. 특정경제범죄가중처벌등에관한법률위반(사기) 및 사기 부분[63]
  1) 관련 법리
    가) 사기죄의 객체는 타인이 점유하는 타인의 재물 및 재산상 이익이다. 여기서 재산상 이익이란 일반적으로 재물 이외의 모든 경제적 가치가

---

[63] 판시 범죄사실 제1의 나.항 및 제2의 나.항에 대하여 함께 판단한다.

있는 재산을 의미한다. 비트코인은 경제적인 가치를 디지털로 표상하여 전자적으로 이전, 저장 및 거래가 가능하도록 한, 이른바 '가상화폐'의 일종으로 재산적 가치가 있는 무형의 재산이라고 보아야 한다(대법원 2018. 5. 30. 선고 2018도3619 판결 참조). 피고인들은 가상화폐 거래소인 X를 통하여 가상화폐를 거래하였고, X에서는 KRW 잔고 내지 가상화폐 잔고에 대하여 언제든지 고객이 지급 요청할 경우 그 잔고 범위 내에서 지급할 의무를 부담하므로 위 거래소에서 취급한 가상화폐는 재산상 가치가 있는 무형의 재산으로 사기죄의 객체인 재산상 이익에 해당한다.

나) 사기죄의 요건으로서의 기망은 널리 재산상의 거래관계에서 서로 지켜야 할 신의와 성실의 의무를 저버리는 모든 적극적 또는 소극적 행위를 말하는 것으로서, 반드시 법률행위의 중요부분에 관한 것임을 요하지 않고, 상대방을 착오에 빠지게 하여 행위자가 희망하는 재산적 처분행위를 하도록 하기 위한 판단의 기초 사실에 관한 것이면 충분하고, 어떤 행위가 다른 사람을 착오에 빠지게 한 기망행위에 해당하는가의 여부는 거래의 상황, 상대방의 지식, 경험, 직업 등 행위 당시의 구체적 사정을 고려하여 일반적·객관적으로 판단해야 한다(대법원 1992. 3. 10. 선고 91도2746 판결, 대법원 1999. 2. 12. 선고 98도3549 판결, 대법원 2004. 4. 9. 선고 2003도7828 판결, 대법원 2007. 10. 25. 선고 2005도1991 판결 등 참조). 그리고 소극적 행위로서의 부작위에 의한 기망은 법률상 고지의무 있는 자가 일정한 사실에 관하여 상대방이 착오에 빠져 있음을 알면서도 그 사실을 고지하지 아니함을 말하는 것으로서 일반거래의 경험칙상 상대방이 그 사실을 알았더라면 당해 법률행위를 하지 않았을 것이 명백한 경우에는 신의칙에 비추어 그 사실을 고지할 법률상 의무가 인정된다(대법원 2004. 5. 27. 선고 2003도4531 판결 등 참조).

다) 사기죄는 타인을 기망하여 그로 인한 하자 있는 의사에 기하여 재물의 교부를 받거나 재산상의 이득을 취득함으로써 성립되는 범죄로서 그 본질은 기망행위에 의한 재산이나 재산상 이익의 취득에 있는 것이고 상대방에게 현실적으로 재산상 손해가 발생함을 요건으로 하지 아니한다(대법원 1985. 11. 26. 선고 85도490 판결, 대법원 1998. 11. 10. 선고 98도2526 판결, 대법원 2004. 4. 9. 선고 2003도7828 판결 등 참조).

라) 사기죄는 타인을 기망하여 착오를 일으키게 하고 그로 인한 처분행위를 유발하여 재물·재산상의 이득을 얻음으로써 성립하고, 여기서 처

분행위라 함은 재산적 처분행위로서 피기망자가 자유의사로 직접 재산상 손해를 초래하는 작위에 나아가거나 또는 부작위에 이른 것을 말하므로, 피기망자가 착오에 빠진 결과 채권의 존재를 알지 못하여 채권을 행사하지 아니하였다면 그와 같은 부작위도 재산의 처분행위에 해당한다(대법원 2007. 7. 12. 선고 2005도9221 판결).

2) 구체적 판단

이 법원이 적법하게 채택하여 조사한 증거들에 의하여 인정되는 다음의 사실 및 사정들을 위 법리에 비추어 보면 판시 제1의 나.항 범죄사실은 피고인들이 공모하여, 판시 제2의 나.항 범죄사실은 피고인 A이 단독으로, X 거래소에서 앞서 본대로 허위 충전된 KRW 포인트를 이용하여 각 거짓된 매수주문을 제출하고, 이러한 사정을 알지 못한 고객들로부터 가상화폐를 매수함으로써 동액 상당의 재산상 이익을 취득하였으며, 피고인들에게는 모두 편취 범의가 인정된다. 따라서 피고인들 및 변호인들의 이 부분 주장은 모두 받아들이지 않는다.

○ X 거래소의 고객들은 아래와 같이 거래소에 제출된 매수주문의 진정성에 대하여 신뢰를 가지고 있는데, 피고인들이 진실에 반하여 허위 충전된 KRW 포인트를 이용하여 가상화폐의 매매거래를 성사시켰다면 그 자체로 적극적인 기망행위가 있었다고 볼 수 있다.

▷ X 거래소의 고객들이 거래소에서 가상화폐 매수주문을 제출하려면 그에 상응하는 KRW 포인트가 있어야 하고 매수주문의 범위도 보유하고 있는 KRW 포인트 범위로 한정된다. 나아가 최대금액은 일반 고객이 홈페이지를 통해 충전할 경우 5억 원으로 제한된다(AG 녹취서 58쪽). 따라서 비록 고객들이 X 거래소 홈페이지 상에서 가상화폐 매수주문 제출자의 정체나 제출자의 계정에 보유하고 있는 KRW 포인트의 액수를 구체적으로 인식할 수는 없더라도, 최소한 기 제출된 매수주문이 실제 입금된 현금에 따라 부여된 KRW 포인트에 근거한 것이라는 신뢰를 가지고 있다.

▷ 앞서 본 원칙적인 KRW 포인트 충전방법에 의하면 X 거래소에서는 가상화폐에 대한 신용거래가 불가능하다는 것을 명시하고 있고(현금 이외의 자산을 이전하거나 담보로 제공하는 등의 방법으로는 KRW 포인트를 충전할 수 없으므로 아무리 많은 자산을 보유한 고객이더라도 이를 반드시 현금화하는 절차가 필요하다) 고객들은 이에 대한 신뢰를 가지고 있다. 또 고객이 거래소에 입금한 현금은 궁극적으로 고객들 전부에 대한 현금 출금 재원으로 활용되어야 하는 것이어서 여기에 실제로 현금이 들어오는지, 들어온다면 얼마가

들어오는지 여부에 대한 고객들의 신뢰는 보호되어야 한다.
○ 다음으로, 일반거래의 경험칙상 고객들은 피고인들이 진실에 반하여 허위 충전된 KRW 포인트를 이용하여 가상화폐의 매수주문을 제출하였고, 더구나 앞서 본대로 피고인들의 KRW 포인트 충전이 형법상 범죄인 사전자기록등위작 및 동행사죄에 해당된다는 것을 알았다면 해당 거래소에서 가상화폐의 거래를 하지 않았을 것임이 명백하다.64) 그 근거는 다음과 같다.
  ▷ X의 운영진인 피고인들이 특정 계정의 KRW 포인트를 임의로 허위 충전하여 매수주문을 제출할 수 있다면 피고인들이나 회사는 아무런 제한없이 매수주문을 제출할 수 있고(계정별 한도가 있더라도 직원들이나 피고인들의 가족 계정은 언제든지 사용할 수 있다) 이를 통해 거래소 내에서의 시세에 충분한 영향을 미칠 수 있다. 피고인들도 일관되게 하락한 X 거래소의 시세를 상승시키기 위해 이 사건 범죄를 저질렀다고 주장하고 있다. 이러한 경우에는 이와 같은 주문 제출을 통해 X 거래소나 임직원들이 의도적으로 시세를 조작하는 행위까지 할 가능성도 있다. 그런데 X를 포함하여 가상화폐 거래소를 통해 거래하는 고객들의 대부분은 가상화폐를 재화, 용역에 대한 결제수단보다는 가격변동에 따른 시세차익을 얻을 투자대상으로 삼고 거래에 임하고 있다.
  ▷ 특히 국내에는 X 이외에도 여러 가상화폐 거래소들이 경쟁적으로 운영되고 있으므로 고객들에게는 선택할 수 있는 대안들이 많았다.
○ 또한, 뒤에서 보는대로(상세한 내용은 아래 마.항에 기재된 것과 같다) 피고인들이 저지른 일련의 행위에 대해서는 회사 차원에서 제대로 통제가 이루어지지 않았는데 고객들이 이러한 밀행성 내지 위법가능성을 알았더라면 가상화폐 거래로 나아가지 않았을 것임이 명백하다.
  ▷ X 회사 내에서 피고인들의 행위에 대해 알고 있었던 직원들은 AG과 AC 밖에 없고 이들이 알게 된 시점 또한 KRW 포인트의 허위 충전 및 가상화폐 매수가 이루어진 이후였을 뿐만 아니라 구체적이고 세부적인 매수방법, 규모, 금액 등에 대해서는 이후로도 제대로 알지 못하였다.
  ▷ 피고인들의 일련의 행위 과정에서 주주총회 등 X 내부의 의사결정 과정이 제대로 이루어지지 않았다. 그렇다면 이로 인해 향후 사법

---

64) 위와 같은 위작 범죄의 결과물인 전자기록은 형법 제48조 제1, 3항에 따라 법원에 의해 강제로 몰수, 폐기될 가능성도 있다.

적인 효력 측면에서 고객들이 충전된 KRW 포인트에 기한 현금을 출금하는데 문제가 발생할 수 있다.

○ 또, 피고인들이 허위 충전한 KRW 포인트로 매수한 가상화폐는 곧바로 피고인 B이나 AD의 타 거래소 계정으로 이체됨으로써 배임행위에 사용되었는데, 만일 고객들이 제출된 매수주문이 위와 같은 의도에 기한 것임을 알았더라면 그러한 매수주문에 응하지 아니하였을 것임이 명백하다. 고객들로서는 앞서 본 고객이 거래소에 입금한 현금과 마찬가지로 자신들이 매도하는 가상화폐 역시 X 거래소의 변제(출고)재원으로 활용되리라는 인식을 하고 있었을 것이기 때문이다. 나아가 가상화폐의 타 거래소로의 반출은 X 거래소 내에서 거래되는 가상화폐 수량의 감소를 의미하여 그 자체로 거래소 내 거래 활성화에는 부정적인 영향을 미칠 수밖에 없다.[65]

○ 또, 고객들로서는 거래소를 운영하는 X 회사나 그 임직원이 그 명의 또는 계산으로 매매거래의 당사자가 된 것을 알았더라면 그러한 거래로 나아가지 아니하였을 것임이 명백하다. 그 이유는 다음과 같은데, 가상화폐 거래소가 가상화폐 거래의 중개에 그치지 않고 일방 당사자가 되는 경우에는 고객의 이익보다는 거래소의 이익이 우선시될 가능성을 배제할 수 없기 때문이다.

▷ X가 고객들과 사이에 서비스 이용계약을 체결하는 첫 단계에서 제시하는 약관(수사기록 378쪽 이하) 제12조(서비스의 종류) 제1항에서는 "회사에서 제공하는 서비스에는 가상화폐 거래 (판매관련, 구매관련, 거래API제공, 시세 정보검색 관련 서비스) 서비스 등이 있습니다."라고 규정하고 있는데 X는 고객들 사이의 가상화폐 매도, 매수행위 및 이를 뒷받침하는 부차적인 서비스만을 제공한다는 취지로 해석될 뿐 여기에서 X 스스로가 거래당사자로 참여한다는 의미를 발견할 수 없다.

▷ X 내부규정인 내부 회계관리 규정이나 자산 및 예치금 관리규정에도 X 측이 자신들이 운영하는 거래소 내부에서 거래 당사자가 되는 것을 전제로 한 내용은 없다.▷ 피고인 A은 X는 물론 타 거래소에서도 법인 명의 계정이 개설되지 않는다고 진술하였고(피고인 A 녹

---

[65] 2018. 8. 20.자 변호인 제출 참고자료 14번 중 (4) 대화내역에서 익명의 고객이 "그리고 코인간 시세차익이 유독 X가 심한데 X측에서 시세조정후 타사 이동거래할려고 조정해둔건지 도무지 이해가 안가네요?"라는 말을 한 것이 확인되는데, 이에 비추어 보면 적어도 고객들이 X가 자체적으로 보유하고 있던 가상화폐를 타 거래소로 이전하여 거래하는 것을 희망하지는 않았을 것이라 추단할 수 있다.

취서 12, 22쪽, 한편 변호인의 최초 의견서에도 코빗, 고팍스 등 다른 가상화폐 거래소가 X의 법인 계정 개설을 허락하지 않았다는 취지의 기재가 있다, 2018. 5. 29.자 의견서 50쪽 각주 27), 피고인 A이 다른 거래소인 코빗에 법인계정(계좌) 개설을 요청하였다가 명시적으로 거절된 내역도 존재하는데(증 제11호증) 이는 X를 포함한 가상화폐 거래소들의 운영 방침이 거래소 측에서 직접 당사자로 참여하는 거래를 허용하지 않고 있는 것으로 볼 수 있다.

▷ X의 약관에 있는 다음의 조항들은 차명 계정의 개설 및 이용이 금지됨을 명시하고 있다. 따라서 이를 본 고객들로서는 적어도 X나 그 임직원이 자신의 명의나 계산으로 가상화폐 거래를 하였을 것이라 예상하기도 어려웠을 것이다.

- 제7조(회원정보 사용에 대한 동의 및 이용신청의 승낙)
2. 이용신청의 승낙
③ 회사는 다음 각 호에 해당하는 이용신청에 대하여는 이를 승낙하지 아니할 수 있습니다.
나) 다른 사람의 명의를 사용하여 신청한 경우
- 제8조(이용계약이 중지 및 해지)
1. ② 회사는 회원이 다음 각 호의 하나에 해당하는 행위를 하였을 경우 시간을 정하여 서비스 이용을 또는 제한하거나 이용계약을 해지할 수 있습니다.
(가) 다음 각 호와 같은 위반행위가 있는 경우
·가입한 이름이 실명이 아닌 경우
·본 약관을 포함하여 기타 회사가 정한 이용조건에 위반한 경우

▷ X 거래소는 매도, 매수 주문의 제출, 체결, 청산 등 한국거래소와 그 회원인 금융투자업자, 예탁결제원을 통해 이루어지는 주식거래와 유사한 외관을 형성하여 운영되고 있다. 따라서 위와 같은 외관을 접하고 거래에 참여하는 고객들로서는 최소한 거래소 개설주체인 X나 그 임직원이 한국거래소와 마찬가지로 거래에 따른 시세차익을 얻기 위한 목적에서 직접 거래에 참여하지는 않으리라고 인식하였을 것으로 보이고 이는 보호될 필요가 있다.

○ 고객이 거래소에 가상화폐 매도주문을 제출하여 매매가 체결될 경우 이에 따라 매도 고객의 가상화폐 포인트는 감소하는 반면 매수 고객의 가상화폐 포인트는 증가하는데, 위 포인트의 증감은 서로 정확하게 상응하는 관계에 있으므로 매도 고객이 매도주문을 제출하여 매매계약이 체결되도록 하고 이로 인해 자신의 가상화폐 포인트는 감소함과

동시에 상대방의 가상화폐 포인트가 증가하도록 하는 일련의 행위는 사기죄에서의 처분행위에 해당하고, 허위의 매수주문 제출 방식으로 이루어진 기망행위와의 인과관계도 인정된다. 한편 X 거래소의 운영 방식상 피고인들이 허위 충전에 따른 매수주문을 제출하기 이전에 이미 제출된 매도주문으로 매매가 체결된 경우도 있을 것이다. 그러나 앞선 법리에서 살펴본 대로 사기죄에서의 처분행위는 작위에 의한 것뿐만 아니라 부작위에 의한 것도 포함되는데, 위와 같은 경우 허위의 KRW 포인트 충전에 따른 매수주문에 응하지 않았을 고객들로서는 그와 같은 사정을 사전에 알았더라면 이미 제출한 매도 주문을 철회하거나 해당 가상화폐를 반출하는 등의 조치를 취함으로써 매매체결 및 포인트 변동을 막을 기회가 있었다. 그럼에도 고객들이 피고인들에게 속아 착오에 빠진 나머지 그와 같은 조치를 취하지 못한 것은 부작위에 의한 처분행위라고 평가할 수 있고 기망행위와의 인과관계도 있다.

○ 한편, 이 사건 범행 기간 동안 X 전체 고객들이 보유한 KRW 포인트에 비해 X가 보유한 현금자산과 피고인 B과 AD 계정에서 보유한 타 거래소에 대한 KRW 포인트, 즉 현금성 자산의 합계가 거의 대부분(2018. 1. 5.을 제외) 다액이었던 것으로 보이고, 그 밖에 위 각 계정에서 보유하고 있는 가상화폐도 상당히 존재하였던 것으로 보인다(증 제1-1 내지 2-2호증 및 2018. 7. 27.자 증거자료제출서 2쪽). 그러나 이러한 각종 자산의 수치만으로 각 범행 당시 X에서 고객들의 현금 출금에 응하여 이를 변제할 의사나 능력이 있었다고 보기는 어렵다. 그 이유는 다음과 같다.

▷ 피고인들이 현금 출금 재원이라고 주장하는 현금성 자산의 상세를 살펴보면 판시 범죄사실 일자인 2018. 1. 1.부터 2018. 2. 21.까지 X의 현금자산은 거의 일정하였고 그 비율도 타 거래소에 대한 KRW 포인트에 비해 매우 적은 편이었다. 따라서 피고인들이 주장하는 현금성 자산의 대부분은 위 계정으로 보유한 타 거래소에 대한 KRW 포인트인데 우선 이는 사기 범행으로 취득한 가상화폐를 매도하여 취득한 것이고 그 결과물은 배임행위에 사용된 것이므로 사기 범행 당시의 변제자력 여부를 판단함에 있어 고려하는 것은 부당하다. 설령 일련의 매수 및 매도 과정에서 앞선 매수, 매도로 취득한 KRW 포인트가 그 이후에 이루어지는 가상화폐 매도, 매수 시의 현금자산에 포함되는 것으로 볼 수 있다고 하더라도 위 포인트는 어디까지나 타 거래소에 대하여 금전의 지급을 구할 수 있는 권

리에 불과할 뿐이어서 타 거래소의 재정상태나 고객예탁금의 보관 방법, 출금 요청 시 출금이 원활한 정도(X도 순간적인 현금 부족으로 인해 고객들의 출금 요청에 적시에 응하지 못하여 고객들로부터 항의를 받는 등 상당한 곤란을 겪었다), 타 거래소 사이트의 안정성(예컨대 해킹이나 서버오류 등으로 인해 KRW 포인트가 감소할 가능성) 등에 따라 그 가치가 변동될 수 있어 그 액면가액 그대로 실제 현금과 동일시할 수 있는 것도 아니다.

▷ 위 타 거래소에 대한 KRW 포인트의 대부분은 피고인 B 계정에 있었는데 피고인 A은 검찰 2회 조사에서 ① X에 피고인 B 계정으로 충전된 440억 원에 상당하는 자산이 있었음에도 이를 매각하여 충전하지 않은 까닭을 묻는 검사의 질문에 특별한 답변을 하지 못하였고, ② 유진투자증권 계좌를 사용하여 고객들로부터 입금을 받을 무렵 피고인 B 및 AD 계정에 상당한 원화를 보유하고 있어 이를 재원으로 하여 고객들의 출금에 충분히 응할 수 있었다는 취지로 진술하면서도, 피고인 B 계정에 있는 원화는 거래량을 늘리려는 목적이 컸기 때문에 고객들의 출금에 응하기 위해 X 계좌에 바로 입금하지 않은 것은 사실이고 그 부분은 자신의 판단이 잘못되었다는 취지로 진술하였다(수사기록 3314, 3315, 3337쪽). 이러한 진술 내용에 비추어 보면 피고인들이 고객들로부터 매수한 가상화폐를 타 거래소에서 거래하는 것에 우선하여, 고객들의 현금 출금요청에 응할 진정할 의사가 있었다고 보기도 어렵고 그렇다면 위 KRW 포인트는 실질적으로 범행 당시 고객들에 대한 출금재원으로 활용될 여지가 없었다.

▷ 피고인 B 및 AD 계정에 있던 가상화폐는 그 자체로 사기 범행으로 인해 취득한 것이고, 배임행위의 결과물이며, 가격변동의 가능성이 있으므로 앞서 본 타 거래소에 대한 KRW 포인트와 마찬가지로 이를 가상화폐를 매도한 고객들에 대한 출금재원에 포함시키는 것은 부당하다.

▷ 그밖에 X 자체의 가상화폐 자산은 가격변동의 가능성이 있을 뿐만 아니라 이는 가상화폐 포인트를 갖고 있는 고객들에 대하여 반환되어야 할 부분까지 포함되어 있는 것이고, 한편 오출금 등으로 인한 가상화폐 반환채권은 임의 반환이 이루어지지 않는 이상 소 제기 등 절차를 거쳐야 비로소 출금재원으로 활용될 수 있는 것이어서 위 각 자산들은 출금재원에 포함시키기 부적당하거나 적어도 그 전부를 출금재원이라고 볼 수는 없다.

○ 거래소 내의 거래활성화를 통한 가상화폐 시세 상승을 통해 고객들의 이익을 도모한 것이어서 사기 범죄가 성립할 수 없다는 취지의 피고인들 및 변호인들 주장도 다음과 같은 이유로 받아들이기 어렵다.
  ▷ 고객들과 X 간의 상담 내역들에 비추어 보면 고객들이 적극적으로 X에 거래소 내 시세관리를 요청한 사실은 있다. 그러나 고객들은 X가 2017. 12. 중순경 자체적으로 입금을 제한하였음에도 입금이 재개되지 않음에 따라 거래소 내 시세가 하락하게 된 것에 대해 항의하고 입금재개를 통해 시세를 상승시켜 달라는 취지의 요구를 하였을 뿐, X 측에서 직접 거래당사자로 참여하여 매수주문을 제출하는 방법까지 요구한 것은 아니었다. 고객들이 특정 계정의 KRW 포인트를 허위로 충전한 뒤 매수주문을 제출하는 방식의 시세 관리를 요구한 것은 더욱 아니다.
  ▷ 위와 같은 상담 과정에서 상담 직원들은 일관하여 X는 거래소 내 시세에 직접 관여하지는 않는다는 취지로 설명하고 있다.
  ▷ X가 고객들에 대한 관계에서 거래소 시세의 하락을 방지할 주의의무를 가진다고 보기도 어렵다. X의 약관이나 홈페이지 어디에도 X가 고객들에게 거래소 시세 변화로 인한 손실을 보장하거나 원금을 보존하여 준다는 내용은 전혀 없다. 따라서 위법한 수단을 동원하면서까지 거래소 내 시세를 끌어올려야 할 의무는 없다.
  ▷ 고객들이 매도한 가상화폐를 타 거래소로 이체 후 거래하여 수익을 얻더라도 이는 X나 주주들에게 귀속되는 것이지 고객들은 이에 관하여 직접적인 이해관계가 없다.
○ 고객들의 불만을 해소하고 고객들의 이익을 위해 판시 범죄를 저지른 것이라는 피고인들의 논리에 따르면, 피고인들은 이러한 동기와 거래방법 일체를 고객들에게 공개(예컨대 정부의 가상화폐 거래 규제로 인하여 입금이 제한되어 발생하는 시세하락을 X가 자체 보유한 자산을 '담보'삼아 직접 가상화폐를 매수함으로써 고객들의 이익을 보호하려 한다는 취지의 공고)하지 않은 까닭을 설명하기 어렵다. 만일 이와 같이 조치하였다면 X로서는 고객들의 불만을 보다 수월하게 잠재울 수 있었고, 나아가 이를 통해 고객들의 이익을 위해 애쓰는 거래소라는 인상을 줄 수도 있었을 것으로 보인다. 그럼에도 피고인들이 이를 고객들에게 제대로 알리지 않았는데, 그 이유는 이와 같은 사실을 공지할 경우 고객들이 거래소에서 이탈할 것을 예상하였기 때문으로 보인다.
○ 피고인들 및 변호인들 주장과 달리 피고인 B은 고객들로부터 매수한 가상화폐를 운영하는 과정에서 X의 현금자산 등 전반적인 자산 상태를

엄밀하게 확인하고 그 범위 내에서 거래한 것으로 보이지도 않는다. 피고인 B과 AG 사이의 위챗 대화 내역(수사기록 2015쪽 이하)에 의하면, 피고인 B은 재무담당이사로서 회계법인 및 농협은행의 실사, 감사 등에 앞서 자산을 정리하는 과정인 2018. 3. 5. 내지 3. 7.경까지도 회사 내 현금 자산의 부족분이 발생하였는지(위 피고인은 AG에게 2018 3. 5.경에야 현금 부족분 13,068,997,777원이 존재한다는 사실을 보고받았다), 회사의 수익 범위나 원화잔고가 어느 정도인지(위 피고인이 발송한 메시지 내용은 다음과 같다 : "2월 수익이 그렇게 많나요. 계속 거래량이 적었는데", "우리의 수익금은 그럼 어디 간거죠㎡", "원화가 마이너스, 올해하면 거의 60억원 마이너스, 어디 간거죠㎡")에 대해서 잘 알지 못하였던 것으로 보인다. 반대로 X 차원에서 피고인 B에게 가상화폐 운영을 뒷받침하기 위한 자료로 X 내 현금자산의 규모 등을 정기적으로 알려준 내역도 보이지 않는다(피고인들은 피고인 A이 피고인 B에게 구두로 그때그때 알려주었다고 주장하나, 운영되는 가상화폐 규모에 비추어 구두 고지를 통해 자산 상태가 적절히 알려졌으리라고 보이지 않고, 이에 관한 메신저 대화내역조차 찾아보기 어렵다).

○ 한편, 앞선 법리에서 본대로 피해자에게 재산상 손해가 발생하였는지 여부는 사기죄의 구성요건에 해당하지 않는 이상 고객들 중에 충전된 KRW 포인트 상당의 현금을 인출하지 못한 사람이 없어 재산상 손해를 본 고객이 없다는 사정은 양형요소에 불과하다. 또, 뒤의 마.항에서 보는 것과 같이 피고인 A이 AD 계정을 이용하여 가상화폐거래를 한 전반적인 경위나 그에 따라 발생한 수익분(현금, 가상화폐)이 타 계좌나 타 전자지갑으로 반출된 것 등에 비춰보면, 피고인 A이 AD의 BA 계정을 실질적으로 지배하면서 거기에서 나오는 수익을 특별한 정산없이 임의로 자신이나 자신의 어머니 AJ 또는 AC 등에게 귀속시켰음을 알 수 있다. 따라서 위 수익을 사후적으로 반환하였고 정산에 시간이 소요되어 반환이 늦어진 것일 뿐이기 때문에 AD 계정을 활용한 가상화폐 매수행위를 사기로 볼 수 없다는 피고인 A 및 변호인들의 주장도 받아들일 수 없다.

마. 특정경제범죄가중처벌등에관한법률위반(배임) 부분[66]
1) 관련 법리
가) 배임죄에 있어서 '타인의 사무를 처리하는 자'라 함은 타인과의 내부적인 관계에서 신의성실의 원칙에 비추어 타인의 사무를 처리할 신임

---

[66] 판시 범죄사실 제1의 다.항 및 제2의 다.항에 대하여 함께 판단한다.

관계에 있게 되어 그 관계에 기하여 타인의 재산적 이익 등을 보호·관리하는 것이 신임관계의 전형적·본질적 내용이 되는 지위에 있는 사람을 말한다(대법원 1991. 3. 27. 선고 91도262 판결, 대법원 2005. 3. 25. 선고 2004도6890 판결, 대법원 2012. 5. 10. 선고 2010도3532 판결 등 참조).

나) 주식회사와 주주는 별개의 법인격을 가진 존재로서 동일인이라 할 수 없으므로 1인 주주나 대주주라 하여도 그 본인인 주식회사에 손해를 끼치는 임무위배행위를 한 경우에는 배임죄가 성립하고, 회사의 임원이 그 임무에 위배되는 행위로 재산상 이익을 취득하거나 제3자로 하여금 이를 취득하게 하여 회사에 손해를 가한 때에는 이로써 배임죄가 성립하며, 위와 같은 임무위배행위에 대하여 주주의 양해를 사실상 얻었다고 하더라도 배임죄의 죄책을 면할 수 없다(대법원 2004. 5. 14. 선고 2001도4857 판결, 대법원 2006. 11. 9. 선고 2004도7027 판결, 대법원 2011. 9. 29. 선고 2011도1764 판결 등 참조).

다) 업무상배임죄는 타인의 사무를 처리하는 자가 그 임무에 위배하는 행위로서 재산상의 이익을 취득하거나 제3자로 하여금 이를 취득하게 하여 본인에게 손해를 가함으로써 성립하는바, 이 경우 그 임무에 위배하는 행위라 함은 처리하는 사무의 내용, 성질 등 구체적 상황에 비추어 법률의 규정, 계약의 내용 혹은 신의칙상 당연히 할 것으로 기대되는 행위를 하지 않거나 당연히 하지 않아야 할 것으로 기대하는 행위를 함으로써 본인과 사이의 신임관계를 저버리는 일체의 행위를 포함하는 것으로 그러한 행위가 법률상 유효한가 여부는 따져볼 필요가 없고, 행위자가 가사 본인을 위한다는 의사를 가지고 행위를 하였다고 하더라도 그 목적과 취지가 법령이나 사회상규에 위반된 위법한 행위로서 용인할 수 없는 경우에는 그 행위의 결과가 일부 본인을 위하는 측면이 있다고 하더라도 이는 본인과의 신임관계를 저버리는 행위로서 배임죄의 성립을 인정함에 영향이 없으며, 금융기관인 회사가 대출을 함에 있어 대출을 받는 자로부터 충분한 담보를 제공받는 등 상당하고도 합리적인 채권회수조치를 취하지 아니한 채 만연히 대여해 주었다면, 그와 같은 자금대여는 타인에게 이익을 얻게 하고 회사에 손해를 가하는 행위로서 회사에 대하여 배임행위가 된다(대법원 2002. 7. 22. 선고 2002도1696 판결, 대법원 2003. 2. 11. 선고 2002도5679 판결, 대법원 2004. 7. 22. 선고 2003도3524 판결 등 참조).

라) 주식회사의 대표이사는 법령과 정관의 규정에 따라 주식회사의 재산상 손해를 방지하고 성실하게 주식회사를 위하여 최선의 이익이 되도

록 직무를 수행하여야 할 선관주의의무 내지 충실의무를 부담하므로, 대표이사가 그 의무를 위반하여 자신이나 타인의 이익을 위해 업무를 처리함에 따라 주식회사에 손해가 발생한 경우에는 대표이사로서 당연히 할 것으로 기대되는 행위를 하지 아니하고 주식회사와의 신임관계를 저버리는 행위를 한 것으로서 배임죄에서의 임무 위배에 해당한다(대법원 2009. 10. 15. 선고 2009도5655 판결, 대법원 2012. 11. 15. 선고 2010도11382 판결, 대법원 2013. 7. 11. 선고 2011도5337 판결 등 참조).

마) 업무상배임죄에 있어 본인에게 재산상의 손해를 가한다는 것은 총체적으로 보아 본인의 재산상태에 손해를 가하는 경우, 즉 본인의 전체적 재산가치의 감소를 가져오는 것을 말하는 것으로, 현실적인 손해를 가한 경우뿐만 아니라 재산상 실해 발생의 위험을 초래한 경우도 포함하며, 재산상 손해의 유무에 관한 판단은 경제적 관점에서 파악하여야 한다(대법원 2007. 3. 15. 선고 2004도5742 판결, 대법원 2012. 10. 11. 선고 2010도2986 판결 등 참조). 그런데 재산상 손해가 발생하였다고 평가될 수 있는 재산상 실해 발생의 위험이란 본인에게 손해가 발생할 막연한 위험이 있는 것만으로는 부족하고 경제적인 관점에서 보아 본인에게 손해가 발생한 것과 같은 정도로 구체적인 위험이 있는 경우를 의미한다(대법원 2015. 9. 10. 선고 2015도6745 판결 등 참조). 한편 일단 재산상 손해의 위험성을 발생시킨 이상 사후에 담보를 취득하였거나 피해가 회복되었다 하여도 업무상배임죄의 성립에 영향을 주지 아니한다(대법원 2009. 7. 23. 선고 2009도3712 판결, 대법원 2013. 6. 27. 선고 2013도1526 판결 등 참조).

바) 특정경제범죄 가중처벌 등에 관한 법률 제3조 제1항 소정의 '이득액'이란 거기에 열거된 범죄행위로 인하여 취득하거나 제3자로 하여금 취득하게 한 불법영득의 대상이 된 재물이나 재산상 이익의 가액을 말하는데, 궁극적으로 그와 같은 이득을 실현한 것인지 여부는 영향이 없다고 할 것이다(대법원 1990. 10. 16. 선고 90도1815 판결, 대법원 2003. 9. 5. 선고 2003도1859 판결, 대법원 2004. 6. 25. 선고 2003도7243 판결 등 참조).

사) 업무상배임죄의 고의는 업무상 타인의 사무를 처리하는 자가 본인에게 재산상의 손해를 가한다는 의사와 자기 또는 제3자의 재산상의 이득의 의사가 임무에 위배된다는 인식과 결합되어 성립되는 것이며, 이와 같은 업무상배임죄의 주관적 요소로 되는 사실(고의, 동기 등의 내심적 사실)은 피고인이 본인의 이익을 위하여 문제가 된 행위를 하

였다고 주장하면서 범의를 부인하고 있는 경우에는 사물의 성질상 고의와 상당한 관련성이 있는 간접사실을 증명하는 방법에 의하여 입증할 수밖에 없다. 무엇이 상당한 관련성이 있는 간접사실에 해당할 것인지는 정상적인 경험칙에 바탕을 두고 치밀한 관찰력이나 분석력에 의하여 사실의 연결상태를 합리적으로 판단하는 방법에 의하여야 하며, 피고인이 본인의 이익을 위한다는 의사도 가지고 있었다 하더라도 위와 같은 간접사실에 의하여 본인의 이익을 위한다는 의사는 부수적일 뿐이고 이득 또는 가해의 의사가 주된 것임이 판명되면 업무상배임죄의 고의가 있었다고 할 것이다(대법원 2002. 6. 28. 선고 2000도3716 판결, 대법원 2009. 2. 26. 선고 2008도522 판결, 대법원 2013. 4. 11. 선고 2012도14446 판결 등 참조).

아) 사기죄에 있어서의 불법영득의 의사라고 함은 타인의 물건을 일시적으로 그 경제적 용법에 따라 이용 또는 처분하려는 의사까지도 포함한다고 보아야 할 것이고, 반드시 그 물건을 영구적으로 보유할 의사가 있어야 하는 것이 아니다(대법원 1966. 3. 15. 선고 66도132 판결 참조). 또한 업무상횡령죄에서 불법영득의 의사라 함은 자기 또는 제3자의 이익을 꾀할 목적으로 업무상의 임무에 위배하여 보관하는 타인의 재물을 자기의 소유인 경우와 같이 처분하는 의사를 말하고, 사후에 이를 반환하거나 변상·보전하려는 의사가 있다 하더라도 불법영득의 의사를 인정함에 아무런 지장이 없다(대법원 2000. 2. 8. 선고 99도3982 판결, 대법원 2000. 12. 8. 선고 99도214 판결, 대법원 2001. 6. 15. 선고 99도2378 판결 등 참조). 이와 같은 법리는 배임죄에 있어서 불법이득의사를 판단함에 있어서도 달리 볼 이유가 없다.

자) 경영상 판단과 관련하여 경영자에게 배임의 고의와 불법이득의 의사가 있었는지 여부를 판단함에 있어서도, 문제된 경영상의 판단에 이르게 된 경위와 동기, 판단대상인 사업의 내용, 기업이 처한 경제적 상황, 손실 발생의 개연성과 이익 획득의 개연성 등의 여러 사정을 고려하여 볼 때 자기 또는 제3자가 재산상 이익을 취득한다는 인식과 본인에게 손해를 가한다는 인식하의 의도적 행위임이 인정되는 경우에 한하여 배임죄의 고의를 인정하여야 하고, 그러한 인식이 없는데도 본인에게 손해가 발생하였다는 결과만으로 책임을 묻거나 단순히 주의의무를 소홀히 한 과실이 있다는 이유로 책임을 물어서는 아니된다. 그러나 한편, 배임죄에서 말하는 임무위배행위는 처리하는 사무의 내용, 성질 등 구체적 상황에 비추어 법령의 규정, 계약 내용 또는 신의성실의 원칙상 당연히 하여야 할 것으로 기대되는 행위를 하지

않거나 당연히 하지 않아야 할 것으로 기대되는 행위를 함으로써 본인과 맺은 신임관계를 저버리는 일체의 행위를 말하므로, 경영자의 경영상 판단에 관한 위와 같은 사정을 모두 고려하더라도 법령의 규정, 계약 내용 또는 신의성실의 원칙상 구체적 상황과 자신의 역할·지위에서 당연히 하여야 할 것으로 기대되는 행위를 하지 않거나 하지 않아야 할 것으로 기대되는 행위를 함으로써 재산상 이익을 취득하거나 제3자로 하여금 이를 취득하게 하고 본인에게 손해를 가하였다면 그에 관한 고의 내지 불법이득의 의사는 인정된다고 할 것이다(대법원 2011. 10. 27. 선고 2009도14464 판결, 대법원 2014. 6. 26. 선고 2014도753 판결 등 참조).

2) 구체적 판단

이 법원이 적법하게 채택하여 조사한 증거들에 의하여 인정되는 다음의 사실 및 사정들을 앞선 법리에 비추어 보면, 피고인 A은 X의 사무를 처리하는 자로서 부여된 임무를 위배하여 판시 제1의 다.항 범죄사실은 피고인들이 공모하여, 판시 제2의 다.항 범죄사실은 피고인 A이 단독으로, 앞서 본대로 X에 개설된 피고인 B과 AD의 계정에 KRW 포인트를 허위로 충전하고, 이를 이용하여 고객들로부터 가상화폐를 매수한 다음, 그 가상화폐를 마치 정상적으로 취득한 것처럼 피고인 B 및 AD의 각 타 거래소 계정으로 이체함으로써, 이체된 가상화폐 상당의 재산상 이익을 취득하고, X에게 동액 상당의 재산상 손해를 가하였으며 피고인들에게는 배임의 고의 및 불법이득의사가 모두 인정된다. 따라서 피고인들 및 변호인들의 이 부분 주장도 모두 받아들이지 않는다.

가) 피고인 A은 X의 대표이사로서 가상화폐 거래소의 전산시스템상 개설된 고객들 계정에 해당 고객이 입금하거나 입고한 현금액과 가상화폐 개수를 그대로 반영하여 입력되도록 하고, X에 대한 관계에서 고객들이 거래소를 통해 매도한 가상화폐를 적절하게 관리, 보관하면서 거래소 외부로 유출하지 말아야 할 업무상 임무를 부담한다. 그럼에도 피고인들은 X의 개인 계정에 KRW 포인트를 허위 충전한 다음 가상화폐를 매수하고 이를 타 거래소의 개인 계정으로 이체함으로써 임무에 위배하는 행위를 저질렀다. 그 근거는 다음과 같다.

○ X가 2017. 10. 9. 작성하여 2017. 10. 30. 개정을 거쳐 시행하고 있는 자산 및 예치금 관리 규정(수사기록 1942쪽 이하)에서는 X가 보유하고 있는 가상화폐를 회사나 회사 임직원이 임의로 처분할 수 없고 일정 수량 이상을 콜드월렛(또는 하드월렛, 네트워크에 연결되지 않은 오프라인 상의 가상화폐 저장매체)에 분리 보관하

여야 함을 명시하고 있다. 한편 위 규정의 작성, 개정 및 시행시점은 정부의 가상화폐 규제 및 뒤에서 보는 가상화폐에 대한 분리보관을 강화하는 내용의 한국블록체인협회 자율규제안제정 이전이다[이에 대해 피고인들 및 변호인들은 위 규정이 2018. 3.경에 작성된 것으로 위 작성 및 개정일자는 소급된 것이라고 하는데(2018. 8. 27.자 검사 제출 증거에 대한 의견서 5쪽) 이를 뒷받침할 자료가 없고, 설령 소급되었더라도 2017. 10.경부터 규정 마련을 준비하여 왔다는 것이어서 X가 기존에 거래소를 운영하는 과정에서 지켜왔던 방침이 그와 같았다고 볼 수 있다].

▷ 제8조(암호화폐 관리규정)

④ 회사의 '핫월렛'에 접근하여 화폐를 입출금하거나 조정할 수 있는 권한은 임직원에게 없으며, 문제로 보여지는 사안이나 기타 특별한 사항의 경우 기술, 개발팀과 대표이사 혹은 임원이 접근할 수 있다. 접근은 하되 보유화폐에 대하여 임의적으로 처분할 수 있는 권한은 없다.

⑤ '핫월렛' 내부에 보관되어 있는 코인의 잔액은 고객예치금과 거래소 고유자산(수수료 등)이 포함되어 있다. 재무담당부서 및 책임자는 고객의 예치금 잔액 코인의 수량과 법인 소유의 수수료분을 확인하고 기록하고 분류하여야 한다.

▷ 제9조(암호화폐 분리 보관 방법 및 접근 권한 규정)

① 회사에서 보관하는 암호화폐의 경우 최소 70^86 이상을 교환의무 이행을 위해 콜드월렛(콜드스토리지) 등 강화된 보안기준이 적용되는 별도의 실물 암호화폐 월렛(지급)에 보관하여야 한다.

○ X는 2018. 2. 9.자 홈페이지와 이메일을 통하여 게시, 고지한 입금 재개 관련 공고문에서도 "고객의 KRW 입금 계정은 X 운영계정과 완전히 분리되어 있고, 암호화폐의 핫월렛 자산과 콜드월렛 자산은 분명히 구분되어 있습니다."라고 기재하여 고객들이 거래소에 입고한 가상화폐와 회사 고유의 가상화폐가 구분되어 관리되고 있음을 고객들에게 적극적으로 알렸다(수사기록 596, 601쪽). 또 X 약관 제19조에는 다음과 같이 '가상화폐 보관', '회원이 보유하고 있던'이라는 표현이 사용되었는데, 표준국어대사전에 의하면 보관의 문리적 의미는 "물건을 '맡아서' 간직하고 관리함"이다.

▷ 제19조(가상화폐 보관에 관한 내용)

1. 회사는 6개월 이상 접속이 없는 회원을 대상으로 보유하고 있는 가상화폐 또는 출금하지 않은 가상화폐를 예기치 않은 사고로부터 보다 안전하게

보관하기 위하여 당시 시세로 현금화 하여 보관할 수 있습니다.
2. 회사는 6개월 이상 미 접속한 회원이 보유하고 있던 가상화폐의 반환 요구시 보관하고 있는 상태로 반환하여 줍니다.
   ○ 국내 4대 가상화폐 거래소 중 하나로 일컬어지는 BA에서는 회사 홈페이지를 통해 체계적이고 안전하게 고객들의 자산이 관리, 보관됨을 증명하는 것을 골자로 하는 재무실사 보고서를 고객들에게 공개하였는데. 위 보고서에는 BA에서 거래되고 있는 총 6종의 가상화폐는 회사가 보유한 전자지갑에 보관되고 있고, 위 전자지갑의 출금은 회원의 가상화폐 출고나 회사 측의 수수료 출금에 의해서만 발생하며, 재무실사일 기준 회사가 보유한 전자지갑에는 회원계좌에 있는 각 회원별 가상화폐 수량보다 많은 수량이 보관되어 있다는 취지가 기재되어 있다(수사기록 719쪽). 이처럼 X뿐만 아니라 타 거래소에서도 고객들의 자산(매매대상물)과 회사 고유자산의 엄밀한 구분 및 고객들의 자산(매매대상물)에 대한 관리, 유지는 중요한 문제이고, 이는 가상화폐 거래소를 운영하는 보통의 고객들 입장에서도 주된 관심사 가운데 하나라고 볼 수 있다.
   ○ 가상화폐 거래소들로 구성된 한국블록체인협회에서 정부의 가상화폐 규제 흐름에 맞추어 이 사건 범행 이전인 2017. 12. 15.에 처음 마련한 자율규제안은, 이후 2018. 4. 17. 일부 수정되어 시행되고 있는데 자율규제안 작성에는 X도 관여하였고 피고인 A은 대표이사로서 자율규제안에 관한 설명 및 기자간담회에도 참석하였으며 AG은 자율규제안을 보관하고 있었다(수사기록 3103쪽 이하). 자율규제안은 장래를 향하여 적용되는 것이기는 하나 시행 당시까지 각 거래소들의 운영 방식 및 고객들과 형성한 법률관계의 내용이 반영될 수밖에 없다. 그런데 자율규제안에도 가상화폐의 70% 이상을 콜드월렛에 보관하는 것을 의무화하고, 거래소의 고유자산인 가상화폐와 고객들이 거래소에 입고한 가상화폐를 별도로 분리, 보관해야 한다는 내용이 포함되어 있다(수사기록 3106쪽).
   ○ 피고인들은 KRW 포인트 충전 및 가상화폐 매수, 타 계정으로의 이체까지 모든 과정에 대해 중국 주주가 모두 동의하였다고 주장하나, 설령 피고인들 주장이 사실이더라도 앞선 법리에서 본 바와 같이 주식회사와 주주들은 별개의 법인격을 가졌으므로 중국 주주의 동의만으로 피고인들의 행위가 업무상배임죄가 되지 않는다고 할 수 없다.
   ○ 설령 피고인들에게 어느 정도 X나 그 고객들을 위한다는 의사가

있었더라도, 가상화폐 반출행위에 앞서 사전자기록등위작 및 동행 사죄와 사기죄의 범행이 저질러졌고 뒤에서 보는 대로 가상화폐 반출 이후의 거래로 인한 수익이 피고인들에게 귀속되었던 이상 이러한 일련의 행위는 그 목적이나 취지가 법령이나 사회상규에 비추어 용인할 수 없는 경우에 해당되므로 업무상배임죄의 성립에는 영향이 없다. 또 타 거래소의 피고인 B이나 AD 계정으로 가상화폐가 반출된 이후 가상화폐 거래를 통해 오히려 수익을 보았다거나 결과적으로 가상화폐가 전부 반환되었다는 사정은 이 사건 범행 이후의 사정에 불과하여 업무상배임죄의 성부에 영향을 주지 아니한다.

나) KRW 포인트 허위충전과 가상화폐 매수, 그리고 매수한 가상화폐를 피고인 B 및 AD의 타 거래소 계정으로 이체시켜 거래한 사실에 대해서는 피고인들과 극소수의 X 직원만이 이를 알고 있었고, 거래의 세부적인 사항에 대해서는 오직 피고인들만이 알고 있었다. 또 위 일련의 행위들에 대해 회사 내부의 공식적인 의사결정도 제대로 이루어지지 않았다. 이로 인해 피고인 B 및 AD 계정은 전적으로 피고인들의 지배, 관리 하에 있었을 뿐 X는 위 계정들을 지배, 관리하지 못하였다. 결국 위 각 계정에 이체된 가상화폐 상당의 재산상 이익은 피고인들에게 귀속되었고, X는 동액 상당의 재산상 손해를 입은 것으로 평가할 수 있다. 이와 같이 판단한 근거는 다음과 같다.

○ 피고인들을 제외하고, 허위의 KRW 포인트 충전을 통해 매수한 가상화폐를 피고인 B 및 AD의 타 거래소 계정으로 이체하여 거래한다는 사실을 알고 있던 X의 직원들은 AG(피고인 B 및 AD 계정 모두에 대하여)과 AC(AD 계정에 대하여)밖에 없었다. 그런데 피고인들이 주장하는대로 위 계정들을 이용한 타 거래소에서의 거래가 정부의 가상화폐 거래 규제로 인해 어려워진 회사를 살리기 위한 과정이었다면 이는 회사의 존폐를 결정할 수 있는 중요한 업무인데(AG도 검찰에서 정부의 가상화폐 거래규제로 인해 거래소의 문을 닫아야 하는지에 관한 회사 내 논의가 있었다는 취지로 진술한 바 있다), 회사 내 전 직원들에게도 이러한 사실을 알리지 않은 이유를 설명하기 어렵다.

○ 나아가 AG, AC이 타 거래소에서 이루어진 가상화폐 거래에 대해 아는 내용도 매우 추상적인 정도에 그쳤고, 특히 AG은 법정 증언에도 불구하고 아래와 같은 사정에 비추어 보면 피고인 B 계정을 활용한 거래에 대해 사후적으로 인지하게 된 것으로 보인다.

▷ 우선 AG은 참고인 조사를 받기 이전인 2018. 3. 16.경 작성한 진술서(수사기록 1549쪽 이하)에서, 개인 계정을 이용한 가상화폐 위탁매매에 대한 관리는 위탁매매가 이루어지는 계정 명의자와 본인이 한다는 취지로 진술하면서 본인, AH, AJ 계정을 통한 매매에 대해서는 확정적으로 그 기간을 진술하고 있는데 반해, 피고인 B 계정을 통한 매매에 대해서는 날짜를 확정적으로 진술하지 못하고 있음은 물론 금액 또한 허위 충전된 440억 원에 크게 미치지 못하는 100억 원 정도라고 진술하고 있어 위 진술서 작성 당시까지도 피고인 B 계정을 통한 거래의 구체적인 사항을 제대로 파악하지 못하고 있었던 것으로 보인다. 한편 위 진술서에서 AD 계정을 활용한 가상화폐 거래에 대해서는 언급이 없다.
▷ AG은 검찰 1회 조사시 피고인 B 계정에 KRW 포인트가 충전된 사실을 알게 된 경위와 관련하여 다음과 같이 진술하였는데 이를 통해 X의 전반적인 자산을 관리하여야 하는 AG이 피고인들의 범행사실을 전혀 알지 못하고 가상화폐 이체 및 거래가 개시된 이후에야 알게 되었음을 알 수 있다.

- "2018. 2. 초중순경 X 운영팀으로부터 이상한 내역이 있다고 알려와서 관리자 계정을 통해 확인했더니 100억 단위의 입금 신청내역이 존재하였고, 해당 계정주는 B으로 확인하였습니다. 그래서 A 대표와 B 이사에 물어보니 거래소 운영을 위한 여러 가지 내부 논의한 방안 중 하나라며 'AD 방식과 비슷하다'는 취지로 이야기해서 제가 다시 물어보니 '미리 말을 못해서 미안하다, 여분의 코인을 다른 코인으로 바꾸거나 현금화할 것이다'라는 취지로 이야기를 했습니다. 그리고 제가 '왜 그렇게 많은 금액을 한꺼번에 했냐'라고 물어봤더니 A 대표가 'X 거래 활성화를 위해서 했고, 실제 보유분이 그 정도된다'고 했습니다"

- "(B 계정에 440억 원의 한화가 시스템 상으로 충전된 것을 사전에 협의한 것 아닌지를 묻는 질문에) 몰랐습니다. 정확한 시기는 모르지만 그 이후에 운영팀에서 내역이 이상하다고 하여서 확인을 하였고, A 대표와 B 이사에게 물어보자 위와 같이 한화 충전된 이유에 대해서는 구체적으로 이야기를 하지 않았습니다. 그리고 제가 A 대표에게 정산상 문제가 생기지 않게 해결을 해달라고 요청을 했습니다"

▷ AG의 검찰 2회 진술도 아래와 같이 같은 취지이고, 그 진술 중

에는 이 사건 범행 이전에 이미 회사 내부에서 거래소에 보관된 가상화폐를 트레이딩하는 업무를 할 것인지 여부를 논의하였는데 결과적으로 시세 변동으로 인한 위험성 등이 염려되어 하지 않기로 결정되었다는 내용도 있다(수사기록 3011-3012쪽).

- "저는 얼마의 금액의 코인이 외부로 출금되었는지 당시에도 몰랐고, 지금도 모릅니다. 440억원의 충전이 된 사실도 어제 검찰 조사 후 회사에 들어가서 정확한 금액을 알게 되었습니다. 이거 또한 실제 440억 원이 충전되었다는 사실도 확실하다고 말할 수 없습니다."
- "(피고인 A, B과 440억 원 충전에 대해) 사전에 협의한 사실은 없습니다. A 대표는 사전협의를 했다고 믿고 있을 것 같습니다"
- "(피고인 B 계정으로 반출된 가상화폐의 반환 과정에 대해) 2018. 2.초순경 금액이 얼마가 나갔는지는 모르지만 코인이 나간 사실을 알고 2.중순경 3월말 정산을 위해 반환 요청을 지속적으로 하였습니다. …그러나 저는 실제 얼마가 나갔는지, 얼마 들어왔는지 알지 못합니다. …처음에 코인이 외부로 나갈 때 어떻게, 얼마 나갔는지 모른 상태에서 B 이사가 관련 자료를 주면 그걸 검토해서 정산을 할 수 있습니다. 그런데 압수수색 이전에는 B 이사가 '얼마 들어왔다, 얼마 남았다' 정도의 수준으로 이야기만했을 뿐 자료는 주지 않았습니다. 그래서 정산을 못하고 있었습니다."
- "(진술인에게 일일별로 보고가 되었는지에 관하여) 아닙니다. 제가 안 것도 한 참 이후였고, 그 이후에도 얼마가 들어온다는 이야기만 하면 그대로 처리를 하였습니다."
- "(출금한 가상화폐를 시세차익을 보려고 거래하면 너무 위험한 거래로 보이는데 어떠한지) 저희도 그런 위험성을 알고 있습니다. 저희도 2017. 8.경 트레이딩 팀을 운영하는 것을 협의했었는데, 법인 자산과 고객예탁금으로 운영하는 경우 시세 변동이 너무 심하여 수익이 어떻게 날지 예측하기 어려워 트레이딩 팀을 운영하지 않기로 하였습니다"

▷ 다만 AG은 법정에 증인으로 출석해서는 가상화폐 거래소 규제 이후 X 거래소를 살릴 방안 가운데 하나로서 현금 입금 없이 KRW 포인트를 충전하여 가상화폐를 매수한 뒤 이를 타 거래소에서 거래하는 것을 피고인 A 등과 의논하여 사전에 알고 있

었다는 취지로 종전 진술을 번복하였다. 그러나 앞서 본 AG의 수사기관 진술들이 대체로 일관되어 있고 구체적인데 반해 위 번복 증언은 아래와 같은 사정에 비추어 보면 수사기관에서의 진술을 배척하고 믿을 정도로 신빙성이 있지는 않다.

- 피고인 A과 AM, AC의 접견녹취록(검사제출 추가증서 순번 192번)에 의하면 피고인 A은 자신이 구속된 이후 회사 내에서 피고인들의 지분을 배제하려는 시도가 있음을 듣고 그에 대한 대응으로 AG을 포섭하여야 한다는 취지의 대화를 나누었는데, 이에 비추어보면 법정 증언 이전에 AG에 대한 진술 번복 요청이 있었을 개연성을 배제하기 어렵다.
- 또 AG은 법정에서도 자신이 위 각 계정을 통한 가상화폐의 사용내역 등에 대해 관리한 사실이 없었고, 피고인 B 계정을 통한 거래로 발생한 수익을 X 자체 자산으로 관리한 것은 2018. 3.경 추후 정산한 이후라고 진술하여 검찰 진술과 같은 맥락인 부분들도 있다(AG 녹취서 6, 39쪽).
- 그리고 AG과 피고인 A의 일치된 진술에 의하면 AG은 위와 같이 추상적으로나마 피고인 B 계정을 활용한 가상화폐 거래에 대해 알기는 하였으나, 구체적으로 KRW 포인트의 충전이 언제, 누구의 계정으로, 얼마가, 어떻게 충전될 것인지에 대해서조차 정확히 알지 못하였다는 것이므로 위 증언에 의하더라도 AG은 피고인 B 계정을 이용한 가상화폐 거래에 대해 피고인 A을 통해 전달받은 매우 제한적인 정보만을 알고 있었다.

▷ AG과 피고인 A 사이에 주고 받은 위쳇 대화내역을 살펴보면 이들은 위 메신저를 통해 X의 고객예탁금 계좌의 잔고와 그에 따른 출금 가능성, 오입금 또는 오출금 고객들에 대한 대응방안, 사무실 이전, 직원 급여 등 다양한 회사 업무에 관하여 보고, 지시를 하였음을 확인할 수 있고 그 내용들은 상당히 구체적이며 관련 서류 파일을 메신저를 통해 주고받기도 하였다. 그런데 위 메신저 대화내역에서 피고인 A과 AG이 피고인 B 계정을 통한 가상화폐 거래에 관하여 구체적인 대화를 주고받거나 관련된 자료를 교환한 내역은 전혀 드러나지 않고 단지 그 의미가 불분명한 추상적인 대화가 오고간 정도에 그친다. 이러한 사정에 비추어 보면 피고인 B 계정을 통한 가상화폐 거래는 회사 내 다른 업무와 달리 AG의 관여가 전혀 없었거나 그 관여정도가 지극히 적었다고 평가할 수밖에 없다. AG의 다음과 같은 내용의 진술이

- (피고인 B 계정을 통한 KRW 포인트 충전 및 가상화폐 거래 사실을 알게 된 이후 X 차원에서 이를 관리하였는지에 관하여) "크게 관리하고는 있었으나 상세 정산은 하지 않았습니다. …간혹 대표님께 여쭤보고 확인을 했습니다. 수기 정산을 했다고 보면 될 것 같습니다"(AG 녹취서 20쪽)

- (피고인 B 계정으로부터 X로 가상화폐가 반환되는 것에 대해 재무팀장으로서 어떻게 확인하였는지에 관하여) "코인 반환 부분까지는 정산을 제대로 하지 못했습니다. 왜냐면 거래가 워낙 복잡하고, 커서 모든 내역을 받아주셔야 제가 맞출 수 있는 상황이었고, 그 약속으로 3월 초중순경까지는 그 내역을 받아서 정산하기로 했었습니다만 조사가 있는 바람에 조금 늦어졌습니다."(AG 녹취서 21쪽)

- (피고인 B 및 AD 계정을 통해서 이체된 가상화폐를 다른 계정들을 통한 거래와 마찬가지로 본인이 관리하였는지에 관하여) "관리를 실시간적으로는 사실 불가능하였고, AD의 경우 매도하고 갖고 들어오는 것은 실시간적으로 채킹하였습니다. 다만 아까도 말씀드린 것처럼 AD 계정과 B 계정의 양상이 달라서 B 계정은 추후에 정산하였습니다."(AG 녹취서 57쪽)

▷ 한편 AD, AC, AG 등의 진술에 의하면, AD이 계정을 이용하여 가상화폐 거래를 하기에 앞서 AC과 함께 X를 방문해 AG으로부터 거래방법 등에 대해 설명을 받았다는 것이나, AG이 피고인 A에게 "어제 그제 어드민에서 한화 나간 것 없던데 AC 여친분(AD) 어떻게 나갔어요?"라는 질문을 하였던 것을 보면 AG은 AD 계정을 이용한 거래와 관련하여서도 그 세부사항을 전부 알지는 못하였던 것으로 파악된다. AG은 법정에서도 AD 계정을 통해 발생한 수익분에 대해서는 피고인 A이 알려주지 않고 반환도 하지 않아 당시 정산을 하지 못하였다는 취지로 진술하였다(AG 녹취서 6쪽).

▷ X에서 피고인 A의 수행비서 역할을 하였던 AC은 피고인 A의 지시에 따라 AD에게 계정을 활용해도 되겠냐고 요청하여 위 계정을 사용하게 되었고, 거래방식은 피고인 A의 구체적인 지시 없이 AD이 그날의 시세를 보고 알아서 매수가격 및 개수를 정하였으며, AJ 계좌로 1억 3,500만 원이 송금된 것은 피고인 A이 자신에게 AJ의 계좌번호를 알려주어 돈을 송금하라고 했고 자신

은 위 번호를 AD에게 알려주어 돈이 이체된 것이라는 취지로 진술하였다(수사기록 3262, 3265, 3268쪽).
○ 피고인들 및 변호인들은 피고인 B 및 AD의 각 계정이 X의 차명 계정으로 위 각 계정을 통한 X와 타 거래소에서의 거래는 모두 X가 거래를 한 것이라는 취지로 주장한다. 그러나 이와 같은 명의 차용을 뒷받침할 수 있는 증거는 X가 거래 이전에 피고인 B과 AD으로부터 X의 자산을 임의사용하지 않고 회사의 지시에 따라 이행하겠다는 취지의 동의서를 징구하거나 위탁매매계약서를 작성한 사실이 있다는 피고인 A 및 AG, AD의 각 진술밖에 없고, 실제로 작성되었다는 동의서나 계약서가 수사과정에서 제출되지도 않았다. 다만 AD에 대한 검찰 조사 내용을 살펴보면 AD이 보관하고 있던 2018. 2. 5.자 위탁매매계약서가 압수된 것으로 보이기는 하는데(수사기록 1665쪽), 설령 위 계약서를 작성한 것이 사실이라고 하더라도 위 계약서의 작성일자는 피고인 B 계정을 통한 범행 이후이고 AD 명의 계정을 통한 범행이 시작된 이후인 2018. 2. 5.이다[피고인 A 진술에 의하더라도 위탁매매계약서는 2018. 2. 7. 변호사로부터 계약서 작성의 필요성에 관한 자문을 받은 이후에야 사후적으로 작성하였다는 것이다(피고인 A 녹취서 25쪽)]. 또 X로서는 이러한 서류를 작성하더라도 피고인들이나 AD이 임의로 계정에 있던 가상화폐를 처분, 반출하는 경우 사후적으로 형사고소, 손해배상청구 등을 할 수 있을 뿐이어서 설령 계약 체결 사실을 인정하더라도 그것만으로 위 계정을 X가 회사 차원에서 지배, 관리하고 있었다고 평가하기는 부족하다(AG의 수사기관 진술도 같은 취지이다, 수사기록 3019, 3020쪽).
○ 한편 이와 달리 X의 마케팅 팀장인 AH은, 2017. 8.경 피고인 C으로부터 X에 가상화폐가 부족하여 회사 방침에 따라 X 자금을 입금시켜 BA에서 가상화폐를 사와야 하니 은행 계좌와 BA 계정을 빌려달라는 부탁을 받고 이에 동의하여 위 계좌 및 계정을 통해 가상화폐를 매수하여 X로 이체하는 거래를 진행하였는데, 위 거래 과정에서 피고인 C과 계정을 공유하였고 가상화폐를 X로 이체할 때는 항상 피고인 C과 함께 했었다고 진술하였다(수사기록 1734, 1739쪽). 피고인 C도 같은 취지로 진술하였는데(수사기록 1837쪽), 이와 같이 AH 계좌 및 계정이 이용된 양태와 비교할 때 피고인 B 및 AD 계정이 활용된 방식은 상당히 다르다.
○ 피고인들 및 변호인들은 위 각 계정에서 이루어지는 거래의 내역

들이 거래소 내 전산시스템에 기록되거나 블록체인 네트워크에 기록이 남기 때문에 피고인 B이나 AD이 가상화폐를 임의로 처분하더라도 사후에 기록을 통해서 이를 충분히 확인할 수 있다고 주장하고 있으나, 앞서 본 계약서의 경우와 마찬가지로 전산상의 거래기록은 사후적인 책임 추궁의 수단은 될 수 있을지언정 그러한 기록만으로 각 계정을 X가 지배, 관리하고 있다고 볼 수 없다. 피고인들이나 AG, AD 등의 진술에 의하면 X 차원에서 위 각 기록들을 상시 확인하지도 않았던 것으로 보인다. 피고인 A조차 피고인 B이 어떤 가상화폐를 매도, 매수하였는지 구체적으로 알지 못하고 피고인 B에게 전적으로 일임하였다(수사기록 2898, 3001쪽).

○ AC은 X의 직원이자 피고인 A의 사촌동생이지만 AD은 AC의 여자친구에 불과하여, AD에 대한 관계에서는 X가 고용계약 등에 근거하여 AD의 계정을 관리하거나 사후적인 책임추궁을 할 수도 없었다.

○ X가 피고인 B 및 AD 계정을 회사 차원에서 지배, 관리하고 있다고 하려면 단지 계약관계를 형성하는 것만으로는 부족하고, 앞서 AH 계정이 활용된 방식과 마찬가지로 계정 명의자 외에 회사의 임직원이 명의자의 도움이나 승낙없이 계정을 통한 거래 내역을 수시로 확인할 수 있어야 할 것인데 X는 위 각 계정에 대하여 이러한 방식의 관리를 전혀 하지 못하였다(휴대폰 본인인증 등 거래를 직접 수행하기 위한 절차를 거치지는 못하더라도 최소한 계정의 ID와 비밀번호, 공인인증서 등을 통해 계정별 거래내역을 확인하는 정도의 조치는 이루어질 수 있었을 것으로 보이는데, 앞서 본 AG의 위챗 대화 내역은 물론 기록상 어디에도 X가 회사 차원에서 피고인 B과 AD 계정의 운영을 관리, 감독하였음을 알 수 있는 증거는 없다). X 거래소 내부에 생성된 위 사람들의 각 계정에 대해서는 X가 서버의 관리, 운영 주체로서의 권한을 행사하여 수시로 확인하는 것이 가능하였으나, 실제로 X 운영팀 등에서 그와 같이 하지 않았다(AG은 앞선 진술대로 X 운영팀으로부터 피고인 B 계정에 이상이 있다는 말을 듣고 그제서야 피고인 B 계정을 통한 가상화폐 거래에 대해서 그나마 어느 정도의 내용이라도 알게 된 것인데, X 운영팀이 피고인 B 계정에 대한 지속적인 추적 관리를 하였다면 위와 같이 보고가 뒤늦게 갔을 리 없다). 나아가 위 사람들의 타 거래소 계정에 대해서는 X가 관리자로서의 권한을 행사할 수도 없으므로 일단 가상화폐가 타 거래소 계정에 이체되면

X의 지배, 관리는 더욱 어려워진다고 보는 것이 타당하다.
○ 피고인 A의 검찰 2회 진술에 의하면 피고인 A도 피고인 B이 타 거래소 계정을 통하여 X에서 옮겨온 가상화폐 거래를 한 구체적인 과정에 대해서 알지 못하였고, 한편 피고인 B의 X 계정에 대해서는 현금 출금 신청을 하지 못하도록 차단하였으나 타 거래소 계정에 대해서는 그러할 권한이 없어 하지 못하였다(수사기록 3318, 3323쪽, 위 진술에 의하면 피고인 A도 피고인 B을 전적으로 신뢰하지는 않았던 것으로 보인다). 또 피고인 A과 AG, AC, AD의 각 진술에 의하면 AD 계정을 통한 가상화폐 거래의 실행행위, 즉 매도, 매수 주문의 제출과 현금, 가상화폐의 이체 행위는 전적으로 AD에게 일임되었고 피고인 A은 지시권한만을 가지고 있었다.
○ 피고인들은 위와 같이 KRW 포인트를 허위로 충전한 뒤 고객들로부터 매수한 440억 원, 70억 원 상당의 가상화폐를 회사 밖으로 반출하여 거래하도록 하였음에도 회사 내부에서 주주총회 등 상법상의 절차를 거치지 않았음은 물론 그에 대한 법률검토조차 이루어지지 않았다.
▷ 반출된 가상화폐가 피고인들에게 귀속된 이상 이는 상법 제398조에서 정하는 이사 등(피고인 A은 이사 지위를 겸한 대표이사였고, 피고인 B은 X 지분의 20%를 소유한 주요주주에 해당한다)의 자기거래에 해당된다고 볼 여지가 크다. 이 경우 X와 같은 소규모회사는 이사회 결의 대신 주주총회의 결의를 거쳐야 하는데(상법 제383조 제4항, 제398조), 그럼에도 이와 같은 결의가 이루어졌음을 뒷받침할 증거가 없다. 피고인들은 피고인 A이 중국 주주의 동의를 받았다고 주장하나 형식적으로 작성된 주주총회 의사록조차 제출하지 못하고 있고 피고인들이 제출한 증 제30-1, 30-2호증은 그 내용이 불분명하여 이것만으로 중국 주주의 동의가 있었음을 인정하기는 어렵다. 또 뒤에서 보는 대로 반출된 가상화폐로 얻은 수익이 중국 주주를 배제한 신설법인의 자본금으로 납입된 것으로 보는 이상 진정한 동의를 얻은 것이라고 할 수도 없어 향후 중국 주주와 사이에 법률적 분쟁으로 비화될 가능성도 충분하다.
▷ 한편 KRW 포인트 충전은 피고인들 주장에 의하더라도 회사의 채무부담행위이고, 회사가 보관하고 있던 가상화폐의 타 거래소 반출은 중요한 자산의 처분 내지 양도에 해당하여 일반적으로 상법 제393조 제1항에 따라 이사회 결의사항으로 정한 행위에

해당할 여지가 충분하나, X는 소규모 회사로서 위 사항의 경우 대표이사가 이 사회의 기능을 담당하므로 별도의 이사회 결의가 필요한 것은 아니다. 그러나 위와 같이 상법상 해당 행위의 법률적 중요성이 명시되어 있고, X가 법무법인 K로부터 신규 법인 설립에 관한 자문을 받은 것이 늦어도 2018. 1. 9.경부터 시작되었으므로 피고인들로서는 이 사건 범행 이전에 자신들의 행위가 법률적으로 허용되는지 여부에 대한 전문가의 검토를 받을 기회는 충분히 있었다.

▷ AG도 법정에서 이 사건 각 범행 이전에 X 내에서 내부 논의를 할 당시 법률전문가가 동석하여 법률적인 측면에서 검토가 이루어진 적은 없었다는 취지로 진술하였다(AG 녹취서 47쪽).

다) 피고인들은 지금까지 있었던 가상화폐 시세 하락률의 최대치나 타 거래소와 X 사이의 시세차이, 컴퓨터 프로그램을 통해 이루어지는 API 거래의 즉시성(거래의 시차가 매우 짧다)·정확성·자동성과 자산을 운용하는 피고인 B의 전문성 등을 들어 무위험 거래라고 주장하나, 다음과 같은 사정들에 비추어 보면 X에게 손해가 발생할 막연한 위험에 그쳤다고 볼 수는 없고, 적어도 경제적인 관점에서는 손해가 발생한 것과 같은 정도의 구체적인 위험이 초래되었다고 판단된다.

○ API의 샘플코드는 X를 포함하여 여러 가상화폐 거래소들이 고객들에게 무료로 배포할 정도로 대중적인 프로그램이고(2018. 8. 20.자 변호인 제출 참고자료 11, 2018. 10. 5.자 변호인 의견서[2] 14쪽) 이 코드를 이용하여 어떻게 프로그램을 제작하여 거래를 할 것인지는 전적으로 프로그램 제작자의 역량에 달려있는 것으로 보인다. 따라서 API 거래라는 이유만으로 해당 거래를 무위험 거래라고 단정할 수 없다. 피고인 A, C의 검찰 진술에 의하더라도 X는 이 사건 범행 이전인 2017. 12.말까지 피고인 A의 아버지인 AK의 BB 계정과 X 계정을 연동하여 API 거래를 하였는데 매매 주문이 실패한 경우가 자주 발생하여 실패 금액이 100억 원에 달하였고 이에 AK 계정을 통한 API거래를 중단하였다. 다만 이 사건 범행의 경우 다년간 해외 투자은행 등에서 트레이더로서 근무하였고 컴퓨터 프로그래밍에 관하여도 일정 수준 이상의 지식을 보유한 것으로 보이는 피고인 B이 자신의 경력, 관련 지식, 기술 등을 이용하여 프로그래밍을 마친 뒤 API 거래를 진행한 것이어서 위 AK 계정을 통한 API 거래와는 양상이 다소 다르기는 하다. 그러나 이와 같이 1인의 전문금융투자자의 역량에만 의존할 경우 금융

사고의 발생을 배제하기 어렵고, 이와 같은 사례는 이미 관련 제도와 법령이 자리잡아 적절한 규제가 이루어지는 국내, 외의 금융투자업 시장에서도 드물지 않게 목격되고 있는 이상 아직 관련 법령도 제정되지 않은 가상화폐 거래에 있어서 그러한 위험성을 배제하기는 어렵다. 피고인 B 스스로도 검찰 1회 조사 시에 매수한 가상화폐를 타 거래소로 반출함에 있어 회수를 위한 안전장치를 둔 것이 있느냐는 질문에 아무런 답변을 하지 못하였다(수사기록 2989-2990쪽).

○ 피고인들 및 변호인들은 피고인 B이 가상화폐 거래를 하는 과정에서 X 내 현금성 자산의 규모를 파악하고 이를 토대로 거래에 임하였다는 취지로 주장하는데, 피고인 B은 2018. 2.초경에야 서버 상에서 X 거래소의 법인 자산 내역을 볼 수 있는 권한을 부여받았다는 사정(증 제20호증)을 고려할 때 과연 피고인 B이 자신의 계정에 이체된 가상화폐와 KRW 포인트 이외에 X의 다른 자산들까지 제대로 고려하여 가상화폐거래를 한 것인지 의문이다. 또 만일 위 주장취지가 피고인 B이 자기 계정에 있는 자산만을 고려하여 거래를 했다는 것이라면 이는 그자체로 피고인 B의 재정거래가 X와는 관계없이 이루어졌음을 뒷받침하는 사정이다.

○ AD은 피고인 B과는 달리 단지 가상화폐 거래 경험이 있었을 뿐 금융과 관련한 특별한 경험, 지식 등을 가지고 있지도 않은 음악인이었음에도 AD 계정을 이용한 거래는 전적으로 AD의 수작업에 맡겨졌다(수사기록 1543쪽 AD 진술, 피고인 A과 AG, AC 진술도 같은 취지이다). 따라서 위 거래는 피고인 B 계정을 활용한 거래에 비해 더욱 취약하였다.

○ 설령 피고인들 주장 취지와 같이 금융공학적인 관점에서 보았을 때는 피고인 B 계정을 통한 재정거래에 위험성이 없다고 평가할 수 있을지 몰라도, 가상화폐 거래소를 통한 거래는 다른 많은 위험요인들을 내포하고 있다. 이 사건에서 전제되고 있는 것과 같이 정부의 가상화폐 규제 내용이 언제든지 바뀌어 거래소에 불이익이 발생할 수 있고, 이 밖에도 거래소에 대한 해킹, 거래소 및 그 운영주체의 재정상태 불량 이나 이로 인한 도산 등 가상화폐 시장의 전반적인 미성숙성으로 인해 피고인 B의 전문성이나 API 거래 방식만으로는 감당하기 어려운 외부적인 요인들이 얼마든지 있다.

○ 피고인들 및 AG의 진술, 피고인 A과 코빗 담당자 사이의 이메일 내용(증 제11호증) 등에 의하면 X를 비롯한 국내 가상화폐 거래소

들은 타 거래소를 포함하여 법인 명의 계정의 개설 및 사용을 금지하고 있다. X도 설립 초기에 거래소 내의 거래량이 많은 것처럼 유인하기 위해 타 거래소인 BB과 API 연동거래를 시도하였는데 회사 차원의 거래를 BB에서 허용하지 않아 불가피하게 AK 개인 계정을 활용한 것이었다.(피고인 A 검찰 1회 진술, 수사기록 2894쪽). 이 사건 범행 무렵인 2018. 2. 2.경에도 피고인 A이 코빗에 대하여 거래소 수익청산을 위한 코빗 거래소 법인 계좌의 사용 가능성을 묻자 코빗 담당자는 계좌 사용이 불가능함을 명백히 고지하였다(증 제11호증). 덧붙여 앞선 약관 제7, 8조에서 보았듯이 X에서는 차명계정의 사용을 원칙적으로 불허하고 있는데 이 역시 같은 취지라고 볼 수 있고, 타 거래소의 약관도 크게 다르지는 않을 것으로 판단된다. 그렇다면 경쟁업체인 타 거래소들에서 X 관련자들에 의해 X에서 보관 중이던 가상화폐가 대량으로 자신들에게 이체되어 재정거래에 활용되고 있음을 알았을 경우, 그러한 사정만으로도 피고인 B 및 AD 계정의 사용을 일시적, 영구적으로 금지하거나 입출금을 동결시킬 가능성도 배제할 수 없었다.

라) 지금까지 살펴본 사실 및 사정들에 더하여 다음의 사정들을 종합해보면, 피고인들에게는 배임의 고의와 불법이득의사가 있었음이 충분히 인정된다.

○ 앞서 본 타 거래소 계정 명의자들과 X 간 계약관계의 부존재, 위 각 계정에 대한 X의 관리 및 감독 결여 등으로 인해 X는 피고인들을 포함한 관련자들에 대해 법적 책임을 추궁할 근거가 마련되어 있지 않았다.

○ 피고인 A과 AG, AD은 수사 초기에 피고인 B 및 AD 계정을 통한 거래의 존재나 피고인 A의 관여를 은닉하였다. 피고인 A은 수사과정에서 최초로 작성한 2018. 3. 12.자 진술서(수사기록 1234쪽)에서 AK, AJ, AH, AG, AM 등의 계정을 통해 가상화폐 매매를 하여 X 거래소 내에서의 거래를 활성화시켰다는 취지로 진술하면서도, 피고인 B 및 AD 계정은 회사를 위한 위탁 매매에 사용하지 않았다며 명시적으로 배제하는 진술을 하였다. 이는 AG과 AD도 마찬가지인데, AG은 같은 날 작성한 진술서(수사기록 1236-1239쪽)에서 피고인 B 및 AD 계정이 X를 위한 거래에 사용되었다는 언급을 전혀 하지 않았고 덧붙여 X에서는 AK의 BB 계정으로 API 거래를 했었으나 2017. 10. 내지 11.경부터는 API 거래를 중지하기 위한 조치를 진행 중이었다고까지 진술하였다.

AD도 2018. 3. 16. 작성한 진술서(수사기록 1542-1544쪽)에서 계정을 통한 거래 과정에 피고인 A이 관여하였다는 것을 전혀 언급하지 않았다.

○ C도 2017. 12.말 이전까지 AK의 BB 계정을 통해 API 거래가 이루어졌다고 진술하였을 뿐, 피고인 B 계정을 통해 타 거래소를 통한 가상화폐 거래가 이루어졌다는 것에 대해서는 진술하지 않았고, AD 계정을 통한 거래의 경우에도 나중에 들었다고 진술하였다(수사기록 1831쪽 이하). 그런데 피고인 A 및 C, AM이 포함된 위챗 대화방에서는 2017. 7. 24.부터 피고인 B의 가상화폐 거래가 거론되고 있었다(수사기록 1866쪽 이하, C은 피고인 B을 '전문트레이더'라고도 지칭하였다, 수사기록 1871쪽).

○ 피고인 B이 2018. 1. 25.부터 일부 가상화폐를 X로 반환한 사실은 인정되나, 그로부터 얼마 지나지 않은 2018. 2. 2.경부터 위 피고인은 다시 X에서 가상화폐를 매수하였고 이후로도 2018. 2. 26.부터 2018. 3. 14.까지 X에서 계속 매수주문을 제출하였다.

○ 이 사건 범행 이후 X의 입장에서는 피고인 B 계정에 있는 가상화폐가 회사 운영에 있어 상당히 긴요하였음에도 위 계정에서의 가상화폐 반환은 상당히 지체되었고, X로의 가상화폐 반환이 임시적으로 이루어진 것에 불과하다고 볼만한 사정도 존재한다.

▷ 피고인 B 계정에 있던 가상화폐의 최종적인 반환은 AG의 독촉이 있은 후에야 이루어졌다(AG 검찰 2회 진술, 수사기록 3016쪽). AG은 이 법정에서 그 이전부터 피고인 B 계정에 있던 가상화폐의 반환을 요청하였으나 2018. 3.부터는 마음이 조급해져서 반환 요청을 지속적으로 하였다고 같은 취지로 증언하였다(AG 녹취서 21쪽). 또 AG은 검찰에서 "압수수색 후 협의한 내용 중 검찰 수사중이니 반환하는 것에 대해 신중히 검토하자고 한 사실이 있습니다. 그래서 반환이 진행 중으로 알고 있습니다."라고도 진술하였다(수사기록 3016쪽). 다른 한편 피고인 C의 휴대폰 메모내역에서 2018. 2. 8.자로 '금조2부'라는 메시지가 발견되었고, 피고인 A과 그 가족들이 AK에 대한 압수수색이 들어올 것임을 미리 알고 가상화폐의 하드월렛 보관을 도모하는 내용의 위챗 대화 시점도 같은 날이었다(검사제출 추가증거 순번 175, 177-178). 피고인 B과 AG의 위챗 대화내역을 보더라도 가상화폐가 X로 반환된 것은 회계실사 및 감사에 대비하기 위한 것이기도 했다. 또 피고인 A은 2018. 1. 하순경에 있었던

금융정보분석원(FIU)의 이상 거래소 발표 내용에 대해서 알고는 있었던 것으로 보이는데, 그렇다면 설령 피고인 A의 주장과 같이 발표된 계좌 내역 등이 X와는 달라 발표의 대상이 된 회사가 X라고 생각하지는 않았다고 하더라도 자신들의 가상화폐 임의반출 행위가 문제가 될 수 있음에 대해서는 미필적으로나마 인식하였을 것으로 판단된다(수사기록 3319쪽, 검사제출 추가증거 순번 176). 이러한 사정들을 종합하면 피고인들의 가상화폐 반환을 자의에 의한 것이라고 평가하기 어렵다.

▷ 피고인 B 및 AD 계정을 통한 가상화폐 거래의 목적을 피고인들 주장과 같이 보더라도, 정부의 가상화폐 거래 규제가 계속되고 시중 은행들을 통한 고객예탁금 집금계좌(이하 '집금계좌'라고만 한다)의 개설이 언제 허용될지도 예상하기 어려웠던 이상 위 각 계정을 통한 가상화폐 거래는 계속 이어질 수밖에 없었다. 따라서 만일 검찰수사와는 무관하게 회계실사 및 감사를 위해 가상화폐가 반환된 것이었더라도 이는 일시적인 것에 불과하고 피고인들은 각 절차가 종료한 뒤 다시금 타 거래소 계정으로 가상화폐를 반출하여 거래를 이어나갔을 개연성도 상당하다.

▷ AG은 피고인 A에게 위챗 메신저로 "그거 다시 지갑으로 환원 안시킬거라면서요. 그러면 진짜 문제될 수 있어요."(수사기록 3281쪽)라는 메시지를 발송하였는데 여기서 '그거'가 지칭하는 것은 피고인 B 계정으로 반출된 가상화폐로 해석된다[이 부분은 그 어의나 맥락상 피고인들 및 변호인들 주장이나 AG의 법정진술(AG 녹취서 17쪽)과 같이 오입금, 오출금에 대한 것이라고는 보이지 않는다]. 한편 이와 관련해 피고인들은 피고인 A이 위 위챗 대화 이전에 AG과 개인적으로 대화를 하는 과정에서 반출한 가상화폐를 반환하지 않겠다는 농담을 한 것에 불과하다고 주장하고 AG의 진술 취지도 같으나, 회사의 대표이사 지위에 있는 피고인 A이 위와 같이 중요한 회사 자산에 관한 사항에 대하여 단순히 농담을 하였다고 보기는 어렵고, 만일 그랬다면 주로 업무적인 대화를 나누는 위챗 메신저 상에서 AG이 위와 같이 진지한 어투로 질문을 하지 않았을 것으로 보인다. 나아가 위와 같이 AG이 문제점을 지적하였을 때 피고인 A으로서는 농담을 한 것이었다면 바로 이에 대한 해명을 했어야 마땅한데 이후 메신저 상에서 이에 대한 언급은 없었다.

▷ X 고객들의 출금요청에 따른 인출이 지연되고 있을 때에도, 피

고인들은 피고인 B 계정에 이체한 가상화폐를 현금화하여 이를 X에 입금하는 방식으로 출금재원으로 활용할 수 있었을 것임에도 그와 같이 하지 않고 있다가 2018. 2. 10.경부터 2. 12.경에 이르러서야 15억 원을 X에 반환하였을 뿐이다(검찰 의견서 2018. 8. 27. 12쪽, 수사기록 3292쪽 AG 진술). 이와 관련하여 피고인 A은 피고인 B 계정에 한화 잔고가 충분하였기 때문에 고객들에 대한 현금 출금에 문제는 없었을 것이라고 진술하면서도, 앞서 본대로 판단 착오로 피고인 B 계정으로부터 한화를 X에 입금시키지 않고 재정거래를 계속하도록 했었다는 취지로 진술하였다(수사기록 3337쪽). 이러한 사정은 피고인들이 처음부터 반환시점이나 그 여부를 결정하지 않은 상태에서 가상화폐를 인출하였고 따라서 피고인들에게는 가상화폐를 회사로 반환할 확실한 의사가 없었음을 뒷받침한다. 실제로 피고인들이 체포될 때까지 피고인 B 계정에 있던 약 45억 원 상당의 현금은 인출되어 X로 반환되지도 않았다.

○ AG은 피고인 B 및 AD 계정이나 자신의 계정을 포함하여 회사를 위해 활용되는 개인 계정에서는 회사 거래뿐만 아니라 계정 명의자인 개인의 거래도 이루어진다는 취지로 증언하였는데(AG 녹취서 39-40쪽), 위 증언 내용에 의하면 각 계정에서 개인재산과 X로부터 넘어온 자산의 구분이 엄밀하게 이루어지지 않고 있었던 것으로 보이기도 한다.

○ 아래와 같은 사정들에 의하면 AD 계정이 피고인 A의 사적인 이익을 위해 활용되었고 위 계정에 대한 지배, 관리가 전적으로 피고인 A의 의사에 따라 이루어졌던 것으로 볼 수 있다.

▷ 피고인 B 계정과는 달리 AD 계정에는 X가 고객들로부터 매수한 가상화폐 이외에 피고인 A의 개인 소유 가상화폐{비트코인(BTC) 60개, 퀀텀(QTUM) 5,000개}도 포함되어 함께 타 거래소에서 매매되었는데 피고인 A이 자신의 계정에서 가상화폐 거래를 할 수 있었을 것임에도 자기 소유 가상화폐 거래에 AD 계정을 활용한 것은 의문이다. 이에 대해 피고인 A 및 변호인들은 실시간 재정거래를 위해서는 AD의 타 거래소 계정에서 매도할 가상화폐가 필요하였기 때문이라고 주장하나, 피고인 B 계정을 이용한 가상화폐 매매의 경우에는 위와 같은 조치가 이루어지지 않았다(오히려 피고인 B은 거래에 앞서 자신의 계정들에 있던 현금 및 가상화폐를 모두 비웠다, 피고인 A 녹취서 17쪽, 2018. 8.

20.자 변호인 의견서 26쪽).

▷ AG의 진술에 의하면 X 내에서는 현금 확보를 위해 타 거래소에서 가상화폐를 매도하는 계정으로 AG이나 AK, AJ, AH 등 피고인 A의 가족이나 X 직원들의 계정을 사용하여 왔다. 따라서 X가 동일한 목적으로 개인 계정이 필요하였다면 위 사람들의 계정이나 피고인 A 또는 AC의 계정을 활용할 수도 있었을 것이고, 만일 타 거래소에서의 1일 이체한도 제한이 있었더라도 최소한 X와 고용계약 관계에 있어 X의 지배, 관리가 보다 용이하였다고 할 다른 직원들의 계정을 사용할 수도 있었다. 그럼에도 이 거래에서만 유독 AC의 여자친구에 불과한 AD 계정이 활용된 이유를 쉽게 이해하기 어렵다.

▷ 또 위 AG 등의 계정을 활용한 거래에서와는 달리 AD 계정에는 앞서 본대로 KRW 포인트 허위 충전이 이루어졌다. AG은 X에서 당시 현금 대신에 가상화폐를 많이 소유하고 있었기 때문에 이를 매도할 방법을 찾던 중 AD 계정을 활용하게 된 것이라는 취지로 증언하였는데(AG 녹취서 11쪽), 위 증언 내용에 의하면 AD 계정에도 KRW 포인트를 허위 충전할 필요 없이 X에서 보유하고 있던 가상화폐를 이체하는 것만으로 현금을 확보하는 데 특별한 어려움이 없었을 것이다.

▷ AD 계정을 활용한 거래 과정에서 취득한 현금은 약 71억 5,000만 원이었는데 이 가운데 허위 충전된 KRW 포인트 상당액인 70억 원만이 2018. 1. 24.부터 2018. 3. 7. 사이에 X 거래소에 귀속되었을 뿐, 이를 제외한 나머지 약 1억 5,000만 원 중 1억 3,500만 원은 2018. 1. 31.부터 2018. 2. 2.까지 AJ의 계좌로 송금되었다. 이에 대해 피고인 A은 자신의 해외출장으로 인해 거래의 정산이 늦어진 것에 불과하다는 취지로 주장하나, 피고인 A은 피고인 C 및 AG 등과 해외 출장 시에도 위챗 메신저를 통해 업무에 관한 논의를 실시간으로 진행하였던 것으로 확인되는 이상 위 주장은 받아들이기 어렵다(당시 X에서 출금 재원의 확보가 회사 내 중요한 문제였기 때문에 이와 관련된 AD 계정을 통한 거래는 위와 같이 메신저로 연락을 나눌 정도의 중요성이 있었다고 판단된다).

▷ AG은 AD 계정으로부터 70억 원의 현금이 X로 다시 입금된 것은 확인하였으나, 2018. 3.경 정산을 위해 AD에게 내역을 받아볼 때까지 AJ에게 이체된 1억 3,500만 원을 포함한 나머지 1억

5,000만 원 가량의 돈에 대해서는 알지 못하였다(수사기록 2947쪽). 그리고 AG의 검찰 2회 진술 및 법정 증언에 의하면, AG은 위 1억 3,500만 원이 피고인 A이 AD 계정에 옮긴 피고인 A 개인 소유의 가상화폐에 대한 판매 대가로 알고 있었는데, 이후 정산과정에서 피고인 A이 옮겼던 위 가상화폐들이 이미 가상화폐 형태로 피고인 A에게 반환되었음을 확인하여 피고인 A에게 위 1억 3,500만 원에 대한 정산을 요구하였고 X는 검찰 압수수색 이후인 2018. 3. 15.에야 피고인 A으로부터 정산을 받았다(수사기록 3011쪽, AG 녹취서 43쪽). 이에 따르면 피고인 A은 위 계정을 통해 초과이익을 취득하였다.

▷ 피고인 A은 자신이 이체했던 비트코인 60개보다 많은 67.5개를 가져갔다가 나중에서야 AG의 정산 요청에 따라 초과분을 X에 반환하였고(수사기록 3290쪽), AD 계정에 있던 비트코인 4.3개를 특별한 이유 없이 AC에게 가지라면서 이체해주었다(수사기록 3270쪽).

▷ 피고인 A과 AC의 위챗 대화에 의하면 피고인 A은 2018. 2. 5.경 AC에게 AD 계정을 통해 가상화폐 거래를 마친 뒤 남은 수익은 '당연히' 남겨 놓을 것을 지시하였다(수사기록 3328쪽). AG의 검찰 진술에 의해도 AJ 계좌로 송금이 이루어진 것은 피고인 A의 지시에 따른 것이었다(수사기록 2947쪽). 한편 위와 같은 지시내용은 특별한 구분 없이 수익 전체를 계정에 유보해두라는 의미로 해석될 뿐, 위 피고인은 X 고객들로부터 매수한 가상화폐 매도분과 자기 개인 소유 가상화폐의 매도분을 구분하여 수익 정산을 지시하지도 않았다.

▷ 피고인 A이 개인적으로 수익을 유용할 목적을 제외하면, 이미 피고인 B의 계정을 통해 활발하게 거래가 이루어지고 있는 상황에서 굳이 피고인 B과 같은 수준의 지식, 경험이 없는 AD 계정을 이용하여 허위 충전 및 가상화폐 거래를 따로 진행한 다른 이유를 생각하기 어렵다.

○ 피고인들이 개인주주로서 투자회사(AN)를 설립하고, 인큐베이터 회사(AO)를 설립하려고 했던 과정에서 피고인 B 계정을 통한 가상화폐 거래로 얻은 이익이 사용된 것으로 보인다. 위와 같이 판단한 근거는 다음과 같다.

▷ 이 사건 범행 이후인 2018. 3. 6.자로 피고인들이 주주가 되어 버진아일랜드(BVI)에 AN이 설립되었다. 우선 피고인들이 설립

당시 납입한 자본금이 어디로부터 온 것인지는 위 회사의 설립 경위에 관한 2018. 10. 1.자 변호인 의견서 및 제출된 증거들에 의하더라도 분명하지 않다. 그렇지만 피고인 A이 검찰에서 "트레이딩을 잘해서 수익이 더 많이 나면 회사 설립 등에도 사용하려고 한 것입니다."라고 진술하였고, 위 회사의 설립과정에서 X가 주주가 되는 방안도 논의되었으며 이에 대한 법률자문 과정에서 피고인들과 X 간의 이해상충 여부에 대한 검토까지 이루어진데다가(검사제출 추가 증거 순번 188 중 2018. 1. 22.자 이메일의 'A 대표님, B 이사님에 대한 Conflict Check이 진행 중입니다.' 부분), 피고인들이 BVI에 제출한 서류(Personal Declaration)에서 자본금의 출처(Source of Funds)로 사업소득(Business income)만을 기재한 사정(검사제출 추가증거 순번 188 중 Persorlal Declaration 부분), 여기에 아래에서 볼 수 있는 피고인들의 주변 지인들과의 대화 내용까지 더해보면 피고인들은 피고인 B 계정을 통해 가상화폐 거래를 하여 발생한 수익금으로 자본금을 납입한 것으로 보인다.

▷ 이와 같이 X의 가상화폐가 거래되어 발생된 수익금이 피고인들 개인 명의의 출자금으로 납입된 경위에 관하여 피고인들 및 변호인들은 X는 중국 주주의 존재로 인해 유, 무형의 불이익을 겪고 있었고 만일 투자회사를 X의 자회사로 설립할 경우 중국 주주가 포함된 지배구조가 유지되어 같은 불이익이 지속될 것이 염려되었기 때문에 이를 해소하고자 피고인들 개인 명의로 회사를 설립한 것이라고 주장한다. 그러나 우선 피고인들이 주장하는 불이익의 실체가 분명하지 않다. 뿐만 아니라 만일 개인 명의 출자의 경위가 피고인들 주장과 같다면 이는 피고인들의 앞선 주장, 즉 KRW 포인트 충전에 기초한 가상화폐 매수, 매도에 관하여 중국 주주로부터 동의, 승낙을 받았기 때문에 문제가 없다는 주장과 배치된다(피고인 A의 진술에 의하면 재정거래를 통한 수익으로 회사를 설립하는 것에 대해서는 중국 주주가 알지 못하였던 것으로 보인다, 피고인 A 녹취서 14쪽). 중국 주주로서는 X가 보유한 자산을 통해 발생한 수익이 별도의 회사 설립에 활용되는데 그 회사에서 자신들의 지분 비율을 희석시키려는 시도가 있었다는 사정을 알았다면 위와 같은 일련의 행위를 동의, 승낙하지 않았을 것이기 때문이다. X가 중국 주주의 지분 희석 방안에 대하여 법무법인 D으로부터 받은 자문서(증 제26호증)에 의

하더라도 중국 주주가 X에 대한 지분 비율을 유지하려는 강한 의도를 가지고 있었음이 확인된다.

▷ 또 만일 AN이 위와 같은 경위로 사실상 X의 자회사이고 피고인들이 명의상 주주로만 등재된 것이라면 X와 AN 간 또는 X와 피고인들 간에 X의 피고인들에 대한 출자자금 제공에 관한 법률관계 형성이나 X의 AN에 대한 지배구조 설정 등에 관하여도 상세한 법률자문이 이뤄졌어야 하고 이를 토대로 한 계약서 등 문서도 작성되어야 할 것인데 제출한 자료들 중에는 이와 관련된 것이 없다.

▷ 오히려 피고인 A이 2018. 2. 6. AK에게 보낸 위쳇 메시지에서 "코인가 하락이 심상치 않은데 현금으로 확보해놓은게 얼마나 되냐?"라는 AK의 질문에 대해 "현금은 어머니 드릴게 다입니다. B한테 40억 있고요. B의 명의로 보관하고 있는 40억 원은 트레이딩 회사를 설립할 자금이다"라고 말하였다(수사기록 1921쪽). 그리고 위 메시지 내용은 전후 맥락상 회사 차원에서가 아닌 피고인들 개인 차원에서 마련해놓은 현금이라는 취지로 이해된다(앞서 본대로 가상화폐 가격 하락 국면에서 AJ에게 귀속된 현금도 있었고, 위 메시지에 뒤이어 같은 날 피고인 A이 AK 등에게 "지금 저희가 현금이 부족하지 않은 상황에서 집을 구하기 위해 현금화시키는 것은 큰 손절입니다.", "축하드립니다. 전세금 마련완료"라는 메시지를 보낸 것을 보더라도 위 현금 확보는 회사와 무관하게 진행된 것으로 보인다, 수사기록 1922-1923쪽).

▷ 피고인 B이 2018. 1. 3.경부터 2018. 3. 14.경까지 주변 지인들과 나눈 다음의 대화 내용을 보더라도 피고인들은 별도 법인을 개인 출자로 설립했거나 설립하려 한 것으로 보일 뿐, X를 위하여 진행하였다고 보이지는 않는다(검사제출 추가증거 187번)."핵심은 거래소랑 각 펀드를 독립적으로 운영하는건데.. 나중에 내부자거래니 conflict of interest니 골치아플거 같아서", "거래소랑 따로 법인세워서 시작할거고", "형 일인기업인데ㅋㅋ…차려야지", "네 법인을 세워둬야 할 것 같아요", "따로 투자법인세우려구 여", "홍콩에 법인 세우려구여, 백장, 세이셸에 박아놔야지", "AO은 X 자회사로 가야할 듯, 비용처리가 그래야 말이 돼, 이게 따로 세우면 횡령이라든지 이슈가 생길 듯, 그리고 vc를 밖에 세우면 되니 큰 문제 될까 싶은데"

▷ AG도 당시 신규 회사 설립에 대한 논의를 하는 과정에서 X의

자회사로 설립하는 것 이외에, 피고인들의 지분으로 설립하는 방안도 검토되었다고 진술하였다(수사기록 3283쪽).

○ 나아가 피고인 A과 AK, AM이 타 거래소에서의 가상화폐 거래를 포함한 X 운영과정에서 발생한 이익을 개인적으로 유용하려고 하였음을 뒷받침하는 아래와 같은 내용의 사적인 대화들도 발견된다(수사기록 1901쪽 이하).

▷ 피고인 A : "한국은 정말 개같은 나라라서 돈만 일단 뽑을 만큼 뽑고 거래소도 해외 이전 개(계)획입니다.", "일년내로 뜰거에요 홍콩이나 싱가포르나 규제 적은 곳으로 미리 다 준비 해둘 예정입니다.", "일단 평생 살돈은 마련했으니 이돈은 잘 숨겨줘야죠. 어머니 명의나 아버지 명의로 다 돌릴려고요", "이미 개인적으로 많이 벌어놔서 걱정없어요 회사도", "검찰에서 아버지 계좌 조회 할예정이니 BB 비트코인 전체 이동할 것, 하드월렛으로 이동 … 일단은 내 서랍에 두고 서랍 키를 회사 금고에 넣어놨어."

▷ AK : "회사 밖으로 빼는게 좋겠다. 금고하나 구입하세요"

▷ AM : "개인 자금용으로 쓰려고 산건데 회사사람들한테 주면 어떡해"

○ 피고인들은 일반적으로 X를 포함한 가상화폐 거래소에서 법인 명의 계정을 개설해주지 않기 때문에 피고인 B 및 AD의 개인 계정을 빌려 활용할 수밖에 없다고 주장한다. 그러나 우선 X에서 법인 내부의 의사결정을 통해 법인 자체 계정을 개설하는 것은 기술적으로 가능하였고, 실제로 X 법인 계정이 2018. 2.경부터 개설되어 운영되었다(검사 추가제출증거 순번 172-174). 피고인들은 법인 계정 개설을 위해서는 중국 서버관리자의 특별한 조치가 필요하여 쉽지 않았다는 취지로 주장하나, 법인 계정 시점이 위와 같았던 이상 이 사건 범행 이전에 개설이 어려웠거나 불가능하였다고 보이지는 않는다. 또 앞서 본 KRW 포인트의 충전도 피고인 A이 중국 서버관리자에게 요청하여 특별한 어려움없이 이루어졌던 이상 피고인들이 하려고만 했다면 그 무렵 법인 계정의 개설도 충분히 가능했다고 볼 수밖에 없다. 한편 피고인들 주장에 의하더라도 타 거래소의 경우에도 해당 거래소와의 협의를 통해서는 법인 계정의 개설이 가능하고 그를 통한 가상화폐 거래가 가능하였던 것으로 보인다(2018. 8. 20.자 변호인 의견서 참고자료 5 '가상화폐거래소의 일반적인 회원가입절차'). 사정이 이러하다면 피고인들이 법인 계정을 개설하여 그 계정으로 거래하지 않고 개인 계정을 활용한

것은, 계정명의자로서의 지위 내지 명의자와의 개인적인 관계를 이용하여 위 계정에 이체된 가상화폐를 스스로 지배하고 관리하려고 했던 의사가 있었음을 추단하게 한다.
○ 고객들의 매도, 매수 주문이 제출되면 적시에 매매가 체결되고 그에 따른 청산, 결제까지 이루어지도록 함으로써 가상화폐 거래를 중개하고 그에 따른 중개 수수료를 얻는 것이 가상화폐 거래소의 가장 기본적인 수익구조이자 존재 의의임은, 관련 법제도가 미비되었다는 사정을 고려하더라도 X의 약관, 내부규정 및 경험칙에 따라 추단되는 고객들의 일반적인 의사 등을 종합할 때 부인할 수 없다. 그런데 거래소를 통해 매매 체결, 청산, 결제에 활용되어야 할 가상화폐를 타 거래소로 반출하는 것은 위 목적에 부합하는 것이라고 볼 수 없다. 설령 타 거래소에서의 거래를 통해 수익이 발생할 가능성이 있다고 하더라도 앞서 본 타 거래소 거래의 위험성이나 가상화폐 반출로 인하여 X 거래소에 문제가 발생할 가능성이 있음을 함께 고려할 때 가상화폐의 외부 반출이 정당화되기는 어렵다.
○ 설령 피고인들의 내심의 의사가 반출된 가상화폐 전체를 취득하는 것이 아니라 해당 가상화폐들을 활용하여 수익을 얻고자 함에 그쳤다고 하더라도, 피고인들이 그와 같은 수익을 얻기 위한 기초적인 자산으로서 가상화폐를 상당한 기간 동안 자신들의 지배, 관리 하에 두려는 의사였다고 볼 수밖에 없는 이상 앞서 본 불법영득(이득)의사에 관한 법리에 비추어 피고인들에게 반출된 가상화폐 전체에 대한 불법이득의사가 인정된다고 보기에 충분하다.

마) 앞서 본 사실 및 사정들을 앞선 경영판단에 관한 법리에 비추어 보았을 때 피고인들의 행위는 경영상 판단이라는 이유만으로 정당화될 수 없다. 피고인들이 판시 각 범행으로 나아감에 있어 정부의 가상화폐 거래 규제라는 요소가 개입되었고, 다른 한편 피고인들은 피고인 B 계정을 활용한 거래의 경우 피고인 B의 개인적인 역량과 API 거래 방식을 이용함으로써 손해발생을 최소화하기 위해 노력한 것으로 보이기는 한다. 그러나 먼저 가상화폐 거래소 사업과 같은 새로운 시장의 경우 형성 초기에는 정부 규제가 이루어지지 않다가 차츰 규제가 강화, 구체화되는 것은 시장참여자로서 마땅히 예상하고 감수하여야 할 요소이다. 이처럼 새롭게 규제가 도입되는 경우 누가 먼저 정부의 규제 방침을 예상하고 그에 대해 법의 테두리 내에서 효율적인 규제 회피 혹은 규제충족 방안을 마련하느냐가 시장 참여자들 사이의 성패

를 좌우하는 경쟁요소라고 할 수 있다. 그런데 피고인들은 앞서 본대로 새롭게 이루어지는 규제에 대한 대응방안으로 X의 전자기록을 위작하여 고객들로부터 편취한 가상화폐를 개인들의 타 거래소 계정으로 반출하여 수익을 올리기로 하는 선택을 하면서도 X의 입장에서 아무런 법적인 보호장치나 회수장치를 마련하지 않은 채 오로지 개인적인 친분관계 등에 의존하였고, 상법상 요구되는 절차의 외관조차 형성하지 않았으며, 또 그 과정에서 회사 본인을 위한다는 의사는 없었거나 부수적이었다. 이러한 사정들을 종합한다면 피고인들의 행위를 합리적이고 합법적인 경영상 판단이었다고 평가할 수는 없다.

바) 마지막으로 위와 같은 여러 사실 및 사정들을 고려할 때 이 부분 각 공소사실은 피고인들이 방어권을 행사할 정도로 충분히 특정되었고, 실제로 변론 과정에서 피고인들 및 변호인들은 주장 및 증거를 원활히 제출하여 방어권을 충실히 행사하였다. 무죄 부분

1. 공소사실의 요지

   [모두사실-가상화폐(Virtual Currency) 거래소 운영 방식]
   가상화폐 거래소는 자체 약관 등에 근거하여 불특정 다수의 이용자(회원)들 간 매매대상물(현금과 가상화폐)을 위탁받은 상태에서 매매 주문의 접수, 체결, 청산을 통해가상화폐 매매를 중개, 청산, 출고해 주는 사업체이며, 실제 불특정 다수의 이용자들에게 '가상화폐 매매 내지 유통 시장'을 개설해 주는 기능을 가지고 있다. 통상 가상화폐거래소에서는 이용자들로 하여금 먼저 이용자(회원)가 가상화폐 거래소 시스템에 계정(ID)을 등록하고 지정된 은행계좌에 현금(법정통화)을 입금하거나 거래소 전자지갑에 가상화폐를 입고시키도록 한 뒤, 위와 같이 현금과 가상화폐가 입고되면 거래시스템장부상 해당 계정별로 입고된 현금액과 가상화폐량을 그대로 반영하여 (KRW)원화 잔고 내지 가상화폐 잔고를 충전시켜 시스템 내에서 회원간에 가상화폐 거래를 할 수 있도록 권한을 부여하고, 이용자(회원)가 각 계정에 보유하고 있는 (KRW)원화 잔고 내지가상화폐 잔고에 대해서는 언제든지 이용자가 지급 요청을 할 경우 그 잔고 범위 내에서 지급해야 할 의무를 부담한다. 한편 가상화폐 거래소 이용자(회원) 입장에서는 자신들의 매매대상물 잔고 및 계약체결 내역이 실제 금융계좌 내지 블록체인 상 기록되지 않은 채 오로지 거래소 자체의 전산시스템에 기록·처리·보관되는 방식으로 운영되므로, 이용자들로서는 가상화폐 거래소가 제공하는 거래시스템에 게시되는 정보를 그대로 믿고 그 정보에 기

초하여 가상화폐 매매 주문, 계약 체결, 출고 여부를 결정할 수밖에 없는 상황이다.

[범죄사실]

주식회사 X는 온라인상으로 가상화폐의 매매 중개 등 관련 서비스를 제공하는 인터넷 가상화폐 거래소[상호 'X(X)', 이하 'X'라고 함] 운영을 목적으로 2017. 4. 14. 자본금 7,000만원으로 설립된 법인으로 피고인 A은 주식회사 X의 대표이사이고, 피고인 B은 주식회사 X의 실질적인 공동대표이며, 피고인 C은 주식회사 X의 운영이사이다.

대한민국 정부가 2017. 12. 13.경 가상화폐거래 규제대책의 일환으로 『이용자의 실명확인, 암호키 분산 보관, 고객자산의 별도 예치 등의 규제 대책』을, 2017. 12. 28.경 가상통화 관련 금융권 점검회의를 개최하여 『실명확인 입출금 서비스 전환 실시 등의 대응조치』를 발표하였고, 2018. 1. 23.경 『가상통화 투기근절을 위한 특별대책』 중 금융부분의 일환으로 『가상통화 관련 자금세탁방지 가이드라인』을 공표하면서 '2018. 1. 30.자로 가상통화거래소에 이용자 개인의 실명 은행계좌를 등록하여야만 가상통화거래를 할 수 있는 실명확인 입출금 계정 서비스'를 실시하도록 조치하였다.

이로 인해 금융기관들이 2017. 12. 하순경부터 가상화폐 거래소들의 고객예탁금 집금계좌에 대한 사용정지 조치 등을 통해 신규 고객들의 가입이나 기존 고객들의 신규 자금 유입을 막으면서 'X'도 2017. 12. 하순경부터는 기존에 고객예탁금 집금 계좌로 사용해오던 기업은행과 우리은행, 농협에 개설된 법인계좌의 신규 입금이 전면 정지되어 그때부터 신규 예탁금 입금이 전혀 없는 상황이 지속되었고, 2018. 1. 22.경에는 기업은행 법인 계좌가, 2018. 1. 31.경에는 우리은행 법인 계좌가 각각 지급 정지되어 위 계좌들에 보관 중인 고객예탁금의 출금조차 막히게 됨으로써, 2018. 2. 초순경에는 'X'의 고객예탁금 집금계좌들 중 유일하게 농협 계좌만 출금 용도로만 사용가능한 상황에 처하게 되었다.

한편, 정부의 가상화폐 거래소 규제정책에 불안감을 느낀 'X' 고객들이 2017. 12. 22. 1,594회에 걸쳐 합계 57억 원 상당의 고객예탁금을 인출한 것을 비롯하여 2018. 1. 5.경까지 하루 평균 2,000회 이상 합계 50~100억 원 상당이 인출되었고, 그 이후에도 매일 500~1,000회에 걸쳐 고객 예탁금이 인출되는 등 고객들의 예탁금

출금 요청이 쇄도하여 2017. 12. 22.경 1,626억 원 상당에 이르던 'X'의 고객예탁금 잔고가 2018. 2. 8. 00:00경에는 41억 900만 원 상당으로 급감하였을 뿐만 아니라 2018. 2. 8. 06:51경 기준 실제 인출이 가능한 농협 계좌의 현금 잔고는 20만원 상당에 불과 하 는 등 고객들의 출금요청에 제대로 응할 수 없어 신규 자금의 유입이 절실한 상황이었다.

또한, X는 위와 같이 신규 유입 자금이 없는데다가 기존 고객들이 예탁금을 출금하여 X를 떠나는 바람에 가상화폐 거래량이 급격히 감소하여 X 내에서의 가상화폐 시세가 당시 국내의 다른 대형 가상화폐 거래소의 시세보다 낮은 상태가 되었고, 그로 인해 X 기존 고객들의 추가 이탈 우려가 매우 높아져 가상화폐 거래소로서의 영업 자체가 곤란하게 될 처지였기에 이러한 처지를 타개하기 위해서라도 역시 신규 자금 유입에 의한 거래 활성화가 절실한 상황이었다.

이에 피고인들은 'X'의 실명확인 고객예탁금 집금계좌를 개설하여 신규 예탁금을 입금받기 위해 1, 2차 금융기관들을 상대로 접촉하는 등 집금계좌 개설을 위해 여러 시도를 하였지만 모두 거절을 당하게 되자 유진투자증권 측과 사전 협의 없이 2018. 2. 2.경 재무팀 직원인 AQ로 하여금 유진투자증권 여의도지점에 일단 계좌 개설 신청을 하고, 2018. 2. 5. 목적을 법인자금 운영(급여 및 비용 관리)이라고 허위 고지하고 X 명의의 계좌(계좌번호 AR)를 개설하도록 한 다음 마치 위 계좌가 금융당국의 『가상통화 관련 자금세탁방지 가이드라인』에 따라 유진투자증권측과의 협의를 통해 개설한 X의 실명확인 고객예탁금 집금계좌인 것처럼 고객들을 속여 일단 위 계좌로 신규 예탁금을 입금받아 이를 기존 고객들에 대한 인출금으로 사용하기로 공모하였다.

피고인들은 2018. 2. 9.경 X 사무실에서 'X' 인터넷 홈페이지 게시와 고객들에 대한 이메일 안내 등을 통하여 불상의 X 고객들에게 "X 한화 입금 재개예정 안내"라는 제목으로 '고객 자산 보호를 위해 일시적으로 실명 확인 입금 TEST를 진행한다'는 취지의 안내를 하여 마치 X가 유진투자증권측과의 협의를 통해 금융당국의 『가상통화 관련 자금세탁방지 가이드라인』에 따른 실명확인 고객예탁금 집금계좌를 신규 개설하였고, 위 계좌에 예탁금을 입금하면 이제 'X'에서 정상적인 가상화폐 거래가 가능하여 거래가 활성화될 것처럼 고객들을 기망하였고, 나아가 'X'는 위와 같이

2017. 12.하순부터 신규 예탁금 입금이 전혀 없었던 상황에서 고객들의 계속된 대량 인출 사태로 인해 2월 초순경에는 출금할 자금이 없어 고객들의 출금요청에 제대로 응하지 못하는 사정이었음에도 고객들에게 그런 사정을 숨긴 채, 오히려 2018. 2. 10.경에는 X 인터넷 홈페이지 공지사항란에 '출금시스템 점검에 따른 출금 지연'이라고 허위 내용을 게시하는 등 고객들을 기망하였다.

그러나 사실은 피고인들은 2018. 2. 5.경 유진투자증권으로부터 위 계좌개설 목적 확인을 위한 EDD 제출을 요구받고, 다음 날 재무팀 직원인 AQ로 하여금 법인자금 운영(급여 및 비용관리) 목적의 계좌개설이라고 허위 기재한 서류를 제출하도록 하였고, 같은 달 8.경 다시 유진투자증권 담당자가 재무팀장인 AG을 통해 재차 '법인 자체 자금운용 목적의 계좌사용은 가능하지만 가상화폐 거래 목적으로는 안된다'는 점을 고지하였기에 위 계좌를 가상화폐 거래를 위한 고객예탁금을 입금용으로 사용하는 것이 발각될 경우 언제든지 계좌 폐쇄조치가 되리라는 정을 알고 있었다.

그럼에도 불구하고, 피고인들은 공모하여 위와 같이 '실명확인 입금 TEsT'를 빙자하여 이에 속은 'X' 고객들로 하여금 증권사 영업이 끝난 2018. 2. 9.(금) 저녁부터 예탁금을 입금하게 하여 2018. 2. 9. 21:19경 피해자 AS으로부터 X 명의 위 유진투자증권계좌로 1억 원을 송금 받은 것을 비롯하여 그 무렵부터 별지 범죄일람표 3 기재와 같이 총 20,534회에 걸쳐 20,534명의 피해자들로부터 합계 336억 7,353만 5,860원을 송금 받아 이를 편취하였다.

2. 피고인들 및 변호인들의 주장 요지

    가. 피고인들(이하에서는 피고인들 전부를 지칭한다) 중 피고인 B, C은 X 담당자가 유진투자증권으로부터 개설된 계좌를 집금계좌로 사용할 수 없음을 고지받은 사실조차 알지 못하였던 이상, 위 계좌를 통해 고객들로부터 예탁금을 편취하기로 하는 행위를 공모하지 않았다.

    나. 피고인 B, C의 범행 가담을 전제하더라도, X는 당시 보유자산만으로도 고객들의 현금 출금 요청에 충분히 응할 수 있었고 실제로 출금이 이루어지지 않았던 경우도 없었다. 피고인들은 단지 당시 실명확인이 가능한 계좌만을 사용하도록 한 정부의 가상화폐 거래소 규제로 인해 시중 은행에서 집금계좌를 개설할 수 없게 되었고, 입금 제한으로 인한 X 거래소 내 가상화폐 시세 하락과 X 거래소를 통해 알트코인(Alternative Coin, 비트

코인 등 주류 가상화폐를 제외한 신생 비트코인을 지칭한다)을 매수하는데 어려움을 겪는 고객들의 불만을 해소하고 영업을 정상화하기 위해 유진투자증권 계좌를 개설하여 고객들로부터 예탁금을 받은 것이지 기존 고객들에 대한 현금출금 재원 마련을 위하여 이 부분 공소사실 기재 행위를 한 것이 아니었다.

다. 피고인들은 유진투자증권 직원의 제의에 따라 증권사에 개설되는 법인 계좌는 정부에서 요구하는 실명확인 입출금계좌로 활용될 가능성이 있음을 알게 되었고 계좌 개설에 대한 협의를 진행하였는데, 유진투자증권 내에서 집금 계좌로 활용할 수 있는지에 대해 의견이 나뉘었다. 이에 피고인들은 일단 법인자금 운영을 위한 명목으로 계좌를 개설한 뒤 향후 집금 계좌로 사용하는 것이 불가능할 수 있음을 전제로 일시적인 입금 테스트를 진행한 것이다. 이에 따라 홈페이지에서도 "일시적으로 실명확인 입금TEST를 진행하기로 하였다"는 안내 문구를 게시하였는데 이 내용은 정부의 가상화폐 관련 자금세탁방지 가이드라인을 준수하는 실명확인 고객예탁금 집금계좌를 개설하였다는 취지가 아니므로 기망행위라고 볼 수 없다. 고객들도 '일시적', 'TEST'라는 문구들로 인해 위 계좌를 통한 입금이 완전한 것이 아닐 수 있음을 인식할 수 있었을 뿐만 아니라 정부 가이드라인에서 요구하는 실명확인절차는 지정된 은행에서 고객 본인의 실명계좌 개설을 전제로 하는 것이어서 증권사 계좌인 위 계좌가 가이드라인에 따른 것이 아님을 알 수 있었다. 설령 위 계좌를 통한 예탁금 입금이 정부의 가이드라인에 반하더라도 입금행위의 사법적 효력이 부정되는 것은 아니고, 위 입금 테스트를 통해 고객들이 입금한 돈에 대해서는 모두 그에 상응한 KRW 포인트 충전이 이루어졌으며 이를 이용한 가상화폐 거래나 출금 요청 시 문제가 발생하지도 않았다. 결국 위 계좌와 관련하여 피고인들이 고객들에게 사실대로 고지하지 않은 것을 기망행위라거나 고객들이 착오에 빠져 처분행위를 하였다고 볼 수 없다.

라. 출금시스템 점검에 따른 출금 지연 사실 게시는, 위 계좌가 증권사 계좌여서 주말출금이 불가능하였기 때문에 이를 고객들에게 알린 것에 불과하여 피고인들이 허위 사실을 고지하였다고 볼 수 없다.

3. 판단

가. 관련 법리

재산권에 관한 거래관계에 있어서, 일방이 상대방에게 그 거래에 관련된 어떠한 사항에 대하여 이를 고지하지 아니함으로써 장차 그 거래관계의 효력 또는 채무의 이행에 장애를 가져와 계약상의 채권을 확보하지 못할 위험이 생길 수 있음을 알면서 이를 상대방에게 고지하지 아니하고 거래관계를 맺거나 그러한 상태를 묵비하여 상대방으로부터 재물의 교부를 받거나 재산상의 이익을 받고 상대방은 그와 같은 사정에 관한 고지를 받았더라면 당해 거래관계에 임하지 아니하였거나, 이를 지속하여 재물 등의 교부를 하지 아니하였을 것임이 경험칙상 명백한 경우, 그 재물의 수취인에게는 신의성실의 원칙상 사전에 상대방에게 그와 같은 사정을 고지할 의무가 있다할 것이고 이를 고지하지 아니한 것은 상대방을 기망한 것이 되어 사기죄를 구성한다 할 것이고 법률관계의 효력에 영향이 없고 상대방의 권리실현에 장애가 되지 아니하는 사유는 이를 고지할 의무가 없다(대법원 1984. 9. 25. 선고 84도882 판결 등 참조).

나. 구체적 판단

이 법원이 적법하게 채택하여 조사한 증거들에 의하여 인정되는 다음의 사실 및 사정들을 위 법리에 비추어 살펴보면 피고인들이 유진투자증권에 X 명의의 계좌를 개설한 다음 피해자들로부터 예탁금을 송금받아 그 용도에 따라 사용한 이상 피고인들에게 위 계좌를 가상화폐 거래를 위한 목적으로 사용할 의도가 있었고, 비록 피해자들이 이 부분 공소사실 기재와 같은 취지의 안내문과 공지사항에 따라 예탁금을 송금한 것이라고 하더라도 위 안내문과 공지사항이 피해자들로 하여금 착오에 빠지게 할 정도의 기망행위에 이르렀다고 평가하기 어려우며, 피해자들로서는 X와의 관계에서 위 송금의 효력에 영향이 없었고, 또 가상화폐 거래에 장애될 사유도 없었으며, 피해자들이 그와 같은 사정을 어느 정도 인식하였거나 이를 미리 알지 못하였다 하더라도 위 계좌로 송금하지 않았을 객관적 사정도 인정되지 않으므로 이와 같은 경우에는 피고인들에게 적극적인 기망행위가 있었다거나 부작위에 의한 기망행위가 있었다고 보기 어렵다. 검사가 제출한 증거들만으로는 이 부분 공소사실 기재와 같이 피고인들이 피해자들을 기망하여 이들로부터 유진투자증권 계좌로 예탁금을 교부받아 편취하였음을 인정하기에 부족하고 달리 이를 인정할 증거가 없다.
- ○ 먼저 피고인 B, C의 행위 가담 여부에 대하여 살펴보면, 아래와 같은 사실 및 사정들을 종합할 때 위 피고인들의 행위 가담 자체는 인정된다.
  - ▷ 피고인 A은 피고인 B이 2018. 1.경 X에 본격적으로 합류한 이래 금융권에서 근무하여 형성된 인맥을 바탕으로 집금계좌로 활용할 수 있는 계좌를 확보하는 업무를 담당하였고, 최초 유진투자증권과 집금계좌 개설과 관련한 논의를 하는 과정에 피고인 B, C이 참여하였다고 진술하였다(피고인 A 녹취서 1, 8쪽, 수사기록 2901쪽).
  - ▷ 피고인 B도 자신이 2018. 1. 내지 2.경에는 X의 은행 가상 계좌를 여는 것을 도와주었고, 유진투자증권 계좌 개설 당시 피고인 C과 함께 유진투자증권 AW팀 관계자를 만나 실명확인 계좌의 개설이 가능하다는 말을 들은 뒤 이를 피고인 A에게 전달하였다는 취지로 진술하였다(피고인 B 녹취서 1-2쪽, 수사기록 2907, 3395쪽).
  - ▷ 피고인 B과 AG 사이의 위챗 대화내역(수사기록 2013쪽)에 의하면 피고인 B이 AG에게 "유진을 일단 공략하는게 좋을거 같아요."라고 말하였는데 여기서 '공략'이라는 표현을 사용한 것은 당시 (2018. 2. 5.) 정부의 가상화폐 거래소 규제로 인해 은행에서 집금계좌를 개설하는 것이 어려운 상황이었음을 고려할 때 유진투자증권을 통해서 불확실하지만 집금계좌를 개설할 수 있도록 시도해보자는 취지로 이해된다.
  - ▷ 위와 같은 사정들에 비춰보면 피고인 B의 경우, 결과적으로 유진투자증권에서 집금계좌 활용을 금지한 사실을 확실하게 인지하지는 못하였을지라도, 정부의 규제를 벗어나기 위해 유진투자증권 계좌를 개설하는 업무에 처음부터 관여하였고 이 계좌 또한 정부의 규제나 유진투자증권의 거절 등 여하한 사유로 인하여 집금계좌로 활용하는 것이 제한될 수 있음을 미필적으로나마 인식하였을 것으로 보인다.
  - ▷ 한편 피고인 C과 AG 사이의 위챗 대화내역(수사기록 2025쪽)에 의하면 피고인 C의 경우, AG에게 "지점장 만나도 긍정적인 답변줄 수 없다고 우선 거절 당했다가 요약?"이라는 메시지를 보낸 것이 확인되는데 위 메시지의 발송일자가 2018. 2. 8.이었던 것을 고려하면 앞선 다른 피고인들의 진술과 더하여 볼 때 피고

인 C은 유진투자증권계좌를 통해 고객들로부터 입금받기 이전부터 이미 유진투자증권의 입장이 부정적임을 확실히 인지하였다.
○ 그러나 피고인들이 유진투자증권 계좌를 개설한 뒤 그 개설경위 등에 대하여 고객들에게 제대로 알리지 않은 채 현금을 입금받은 것인지는 의문이다. 먼저 위 계좌를 통한 고객들의 입금 당시 X가 고객들에게 게시한 공지사항의 내용과 이에 대한 해석에 의할 때 그러하다.

▷ X는 2018. 2. 9.자로 운영부서 차원에서 홈페이지에 고객 공지사항을 게시하였고 같은 내용을 각 고객들의 이메일로도 발송하였는데, 그 구체적인 내용은 다음과 같았다(수사기록 595쪽 이하).
"X는 대한민국 블록체인 산업의 건강한 성장을 위해 작년 12월부터 자발적으로 입금과 마케팅을 중단했습니다. 하지만 50만 고객의 불편이 지속되었고 고객의 자산보호를 위해 일시적으로 실명 확인 입금 TEST를 진행하기로 결정했습니다. 2월 9일21:00부터 실명 확인 입금 TEST를 진행합니다. 반드시 아래 사항을 준수하시길 바랍니다."
당시 정부의 가상화폐 거래 규제가 본격화되어 X를 포함한 많은 거래소들이 집금계좌로 활용할 수 있는 계좌를 확보하지 못해 운영에 어려움을 겪고 있는 상황이었고 그로 인해 고객들의 신규 입금 및 가상화폐 거래도 제한되고 있었다. 따라서 고객들의 입장에서도 위 공지사항 내용을 받아들임에 있어서 'X가 향후 입금을 재개할 예정인데 그에 앞서 해당 계좌가 실제로 정부 가이드라인 규제에 따른 실명확인이 가능한 계좌로 활용될 수 있을 것인지에 대한 시험운용을 하겠다'는 취지로 이해하였을 것으로 보인다. 그렇다면 고객들로서도 유진투자증권 계좌가 경우에 따라서는 정부가 요구하는 실명확인 서비스 요건을 충족시키지 못하여 집금계좌로 활용되지 못할 가능성을 충분히 인식하였을 것이다.

▷ X는 유진투자증권 계좌를 통해 고객들로부터 입금을 받던 중인 2018. 2. 10.경원화 출금이 지연되는 것에 대하여 다음과 같은 내용의 공지사항을 기재하였다.
"원화 출금 지연 안내, 출금시스템 개선작업으로 원화 출금은 월요일 오전 10시재개 예정입니다. 암호화폐 송금 서비스는 정상적으로 이용하실 수 있습니다."
위 공지사항 내용과는 달리 당시 고객들의 출금이 지연되었던 것은 증권사인 유진 투자증권 계좌가 주말에는 출금이 제한되었기 때문이었다(2018. 2. 10.은 토요일이었다). 따라서 출금시스템 개선작업으로 출금이 지연된다는 취지의 위 공지 내용은 실제출금 지연 원인과는 다소 다른 내용이기는 하다. 그러나 X로서도 증권사 계좌를 실제로 집금계좌로 활용한 경우는 처음이었고 이로 인해 증권사 계좌의 출금이 주말에는 제한된다는 사정을 인식하지 못하여 출금이 지연되는 문제가 발생하였던 이상 '출금시스템 개선작업으로 인한 출금 지연'이라는 표현을 거래관행이나 신의칙에 비추어 사기죄가 인정될 정도로 허위사실을 고지하였다고 평가하기는 어렵다.

○ X의 집금계좌에 현금을 입금한 뒤 KRW 포인트를 충전하여 이를 이용해 가상화폐를 매수하는 것은 X 거래소를 이용하는 고객들이 적극적으로 원하던 것이었다. 그런데 이 부분 공소사실 기재 행위를 통해 고객들은 위와 같이 원했던 바를 이루었고, 고객들이 거래 목적을 이루지 못하거나 경제적으로 손해를 보았다는 사정은 드러나지 않는다.

▷ 앞서 본대로 X 고객들과 상담원들과의 상담 대화내역들에 의하면 고객들은 대체로 2017. 12.경 X의 자발적인 입금 중단 후 정부의 가상화폐 거래 규제가 더하여지면서 X가 입금을 재개하지 못하자 이로 인한 거래소 내 가상화폐 시세의 하락 등에 불만을 가지고 조속한 입금재개를 요구해왔다. 결국 고객들에게는 가상화폐를 매수하는데 필요한 KRW 포인트의 취득이 중요하였을 뿐 현금이 입금되는 상대 계좌의 개설경위 등은 큰 관심사는 아니었다.

▷ X는 유진투자증권으로부터 집금계좌 사용에 대한 항의를 받고 계좌 입출금 정지 및 계좌 동결 조치가 된 직후인 2018. 2. 12. 15:00경 위 계좌에 입금된 약 340억 원 전액을 X의 집금계좌로 활용 중이던 농협 계좌로 이체하였다{수사기록 878쪽 이체내역, 유진투자증권 컴플라이언스부 직원 AT 검찰 진술(수사기록 906-907쪽), 피고인들 및 AG, AQ의 진술도 같은 취지이다}.[67] 이후 위 돈을 활용한 KRW 포인트 충전 및 가상화폐 매수, 현금

---

[67] X는 이전에도 사용하던 집금계좌가 보이스피싱에 연루되어 거래가 중단된 경우 해당 계좌에 있던 예탁금 전부를 임시로 법인운영 계좌에 이체한 뒤 고객들의 출금 요청에 응한 다음, 곧바로 이를 다른 집금계좌에 이체한 경우도 있었던 것으로 보인다<변호인 증거의견서 4쪽>. 이와 같이 집금계좌의 변경은 정부의 규제 이전부터 적지 않게 있어 왔다.

출금은 정상적으로 이루어졌고(검사가 제출한 증거들에 의하더라도 유진투자증권 계좌에 입금한 돈을 돌려받지 못하거나 그 돈으로 가상화폐를 매수하지 못한 사람이 확인되지 않는다), 출금이 상당히 이루어진 이후로도 위 농협계좌에는 2018. 4. 13. 기준 약 7, 80억 원 가량의 현금이 남아있던 것으로 보인다(수사기록 3205쪽 AI 진술, 수사기록 3303쪽 AG 진술).

○ X 거래소에서 이루어지는 가상화폐 거래의 구조상 고객들이 집금계좌로 입금한 돈은 고객들의 출금 요청에 대한 변제 재원으로 활용된다. 따라서 고객들로서도 자신들이 입금한 돈이 출금 요청을 한 다른 고객들에게 지급되는 것을 당연히 인식하였을 것이어서 이와 관련하여 고객들이 착오에 빠졌다고 보기도 어렵다.

○ 증권사 계좌를 집금계좌로 사용하는 것은 당시 정부의 규제 방침에 의하더라도 명시적으로 금지되었다고 볼 수 없고, 입금계좌의 명의자나 계좌번호가 그대로 확인되는 유진투자증권 계좌의 특성까지 고려하면 실명확인을 요하는 정부의 규제 취지에 부분적으로나마 부합하는 측면도 있었다. 여기에 X에서 유진투자증권 계좌를 개설하게 된 경위나 X가 마련한 자체적인 실명확인 절차 등이 존재하였던 사정들까지 더해보면 피고인들의 행위가 정부의 규제 방침을 위반한 행위라거나 피고인들에게 그에 관한 적극적인 의도가 있었다고 평가하기도 어렵다.

▷ 정부가 이 부분 공소사실 기재와 같이 2017. 12. 13.경부터 가상화폐 거래에 대한 규제 방침들을 차례로 내놓기는 하였으나 2018. 1. 30. 가이드라인을 공표할 때까지는 정부가 요구하는 실명확인이 가능한 집금계좌가 구체적으로 어떠한 형태를 취하여야 하는지 그 기준이 형성되는 과정이었다. 당시 언론 기사나 보도자료 등을 통해 확인되는 정부나 금융당국의 입장도 자신들은 가상화폐 거래소에 대한 실명확인 계좌 신규발급을 막고 있는 것이 아니며 단지 은행이 자율적으로 결정하는 것이라면서 고객확인 등 내부통제 절차, 시스템 안정성, 고객보호장치, 자금세탁방지절차 등을 점검해 위 각 의무를 준수할 능력이 되는 거래소만 집금계좌를 신규로 발급받을 수 있다는 것이었다(수사기록 229쪽 이하 언론기사, 수사기록 282쪽 가상화폐 범정부 대책 보도자료 및 관련기사 중 각 관련 부분). 따라서 당시 정부의 공식적인 입장이 명확하지 않았다고 평가할 여지도 있다. 한편 정부의 가이드라인에서도 고객들이 시중 은행 계좌를 통하여 예탁금

을 입금하고자 할 경우의 구체적인 방법론에 대하여 설명하고 있을 뿐, 증권사 계좌를 활용한 고객예탁금 입금을 명시적으로 금하고 있지도 않았다(수사기록 915쪽 이하). 결국 X에서 유진투자증권 계좌를 집금계좌로 활용한 것이 탈법적인 행위라고 평가할 수는 있을지언정 전적으로 위법한 행위라고 평가하기는 어렵다. 한편 고객들도 정부의 가이드라인 내용을 인식하고 있었을 것이므로 유진투자증권 계좌가 정부의 가이드라인에 완전히 부합하지 않음을 알았을 것으로 보인다.

▷ 2017. 12. 13.부터 2018. 1. 30.까지 공표된 공소사실 기재 정부의 대책, 대응조치, 가이드라인 등은 기본적으로 은행을 포함한 금융회사 등을 그 대상으로 삼고 있고, 만일 가상화폐 거래소까지 수범자의 범위를 확장하고 피고인들의 행위가 위 가이드라인을 위반한 것으로 평가하더라도 그로 인해 X가 고객들로부터 입금을 받는 행위의 사법상 효력까지 부정된다고 볼 수 없다.

▷ AU이 2018. 1. 23. X에 발송한 이메일(증 제12호증)에 의하면 AU이 피고인 A에게 증권사 계좌를 활용함으로써 정부의 가이드라인을 준수할 수 있으니 이에 대한 검토를 바란다고 제안한 사실을 알 수 있다. 다만 위 이메일 내용에 의하면 AU은 위와 같은 제안을 유진투자증권 소속으로 한 것은 아니었으나, AU이 유진투자증권 AV팀 과장이라는 명함까지 소지한 상태였고(피고인들이 AU을 유진투자증권 AW팀 직원이라고 받아들인 것도 이 때문인 것으로 보인다), 이후 X와 유진투자증권 여의도 지점 사이에 실제로 집금계좌 목적을 전제로 한 계좌 개설 논의가 진행되었던 것으로 보인다. 비록 이후 유진투자증권에서 컴플라이언스 부서 검토 결과에 따라 최종적으로 집금계좌 활용을 거절하였으나, 유진투자증권 내부에서 집금계좌 활용에 관한 논의가 진행되었다는 피고인들 및 변호인들의 주장은 근거가 있다.

▷ X는 거래소 운영을 시작할 무렵부터 나이스(NICE)평가정보 주식회사와 사이에 본인인증 및 계좌확인 서비스 이용계약을 체결하여 고객들이 회원가입 당시부터 본인확인 및 계좌에 관한 인증절차를 거치도록 하고 이러한 절차를 거친 계좌를 통한 입금에 대해서만 정상 승인 처리를 해주었다(증 제14, 15호증). 한편 앞서 본대로 X 약관에서는 실명이 아닌 서비스 이용신청에 대해서는 X가 승낙을 유보할 수 있고[약관 제7조 2. ③ 가)], 실명이 아닌 회원이 발견되는 경우에는 서비스 이용을 제한하거나 이용

을 해지할 수 있도록 정하고 있다[약관 제8조 1. 제2항 (가)]. 이와 같이 X는 정부의 규제방침에 부합할 수 있도록 나름의 노력을 하고 있었던 것으로 보인다. 다른 한편 위와 같은 사정에 의하면 2018. 2. 9.자 공지사항 가운데 "X는 나이스신용평가원을 통한 개인 휴대전화와 은행계좌의 실명 여부를 확인합니다. 한화(KRW) 입금은 오직 X에서 실명인증된 계좌로만 입금이 가능하며 X는 해당 금융기관을 통해 자금세탁 방지 의무를 준수합니다."라는 부분을 전적으로 허위라고 보기 어렵다.

○ AG과 유진투자증권 직원과의 전화통화 녹취서(수사기록 3231-3239쪽) 내용이나 재무팀 직원으로 직접 유진투자증권에 계좌 개설 신청을 한 AQ의 진술, 피고인 A의 진술 등을 종합하면 X에서 유진투자증권 계좌를 집금계좌로 사용하는 과정에서 기망이나 위계로 평가할 수 있는 행위들이 다소간 이루어졌다. 그러나 이는 유진투자증권에 대한 것으로 볼 수 있을지언정 그러한 사실만으로 고객들에 대해 기망행위가 있었다고 평가할 수는 없다. 또 피고인들이 계좌 개설 및 사용 과정에서 있었던 이러한 세부사정들을 낱낱이 고객들에게 알릴 의무가 있다거나 이를 알리지 않은 것을 거래관행 내지 신의칙상 기망행위라고 평가할 수도 없다.

○ 피고인들이나 AG, AX의 각 진술 및 당시 X의 각 계좌 잔고내역, AG의 위챗 메시지 등에 의하면 공소사실 기재 행위 당시 수시로 X 직원들이나 AJ 등 관련자들의 계좌로부터 X의 집금계좌에 돈이 입금되었고 이것이 고객들에 대한 출금재원으로 활용되었다. 이는 다소 임시방편적인 성격을 가지기는 하지만 적어도 공소사실 기재 행위 당시까지 이로 인해 고객들에 대한 출금이 완전히 제한되었다는 사정은 드러나지 않는다. 이에 비춰보면 유진투자증권 계좌를 이용함으로써 X가 보다 안정적으로 출금 업무를 수행하는 정도를 넘어, 해당 계좌를 이용하지 않고서는 곧바로 고객들에 대한 출금이 전면 제한되는 정도에까지 이르렀다고 단정하기는 어려울 것이다.

4. 결론

그렇다면 피고인들에 대한 이 부분 공소사실은 범죄의 증명이 없는 경우에 해당하므로 형사소송법 제325조 후단에 따라 무죄를 선고하고, 형법 제58조 제2항에 의하여 이 부분 판결의 요지를 공시한다.

재판장 판사   심규홍
　　　판사   김기호
　　　판사   이무룡

[판례 9] 방문판매등에관한법률위반, 유사수신행위의규제에관한법률위반 (대구지방법원 2019. 2. 14. 선고 2018노4064 판결)

사　　건	2018노4064 가. 방문판매등에관한법률위반 　　　　　　나. 유사수신행위의규제에관한법률위반
피 고 인	1.가.나. A 2.가. B 3.가. C 4.가. D 5.가. E 6.가. F 7.가. H
항 소 인	피고인들
검　　사	이종민, 정성헌(기소), 정동현(공판)
변 호 인	변호사 우영식(피고인 A, C, D, F, H를 위한 국선) 변호사 김성엽(피고인 B, E를 위하여)
원심판결	대구지방법원 2018. 10. 23. 선고 2018고단1903, 3199(병합) 판결
판결선고	2019. 2. 14.

주 문

피고인들의 항소를 모두 기각한다.

이 유

1. 항소이유의 요지

가. 피고인 B, E[68]
　　1) 사실오인 내지 법리오해
　　　　L은 L 본사가 사람들 사이에 결제수단으로 사용할 수 있게 발행한 가상화폐로서 L 본사를 통하여 결제를 할 수 있는 권리이므로 '재화 등'에 해당한다. 피고인들은 L의 성공가능성을 믿고 투자수익을 목적으로 L을 취득하였고 현재까지도 L이 공개되면 투자수익을 얻을 수 있을 것으로 믿고 있으므로 '재화 등'의 거래를 가장하여 사실상 금전거래를 한다는 범의도 없었다.
　　2) 양형부당
　　　　원심이 선고한 각 형(피고인 B: 징역 1년 6월, 피고인 E: 징역 1년 6월, 집행유예 3년, 보호관찰, 사회봉사명령 120시간)이 너무 무거워서 부당하다.
나. 피고인 A, C, D, F, H
　　원심이 선고한 각 형(피고인 A: 판시 2018고단1903호의 1의 가 중 범죄일람표 순번 1 내지 188번 죄 및 2018고단3199호에 대하여 징역 1년, 판시 2018고단1903호의 1의 가항 중 범죄일람표 순번 189 내지 344번 및 1의 나 죄에 대하여 징역 1년, 피고인 C, D, F: 각 징역 1년, 집행유예 2년, 보호관찰, 사회봉사명령 120시간, 피고인 H: 징역 6월, 집행유예 2년, 보호관찰, 사회봉사명령 120시간)이 너무 무거워서 부당하다.

2. 판단
가. 피고인 B, E의 사실오인 내지 법리오해 주장에 대한 판단
　　살피건대, 피고인들은 원심에서도 동일한 취지의 주장을 하였고, 원심은 '피고인과 변호인의 주장에 관한 판단' 항목 아래 여러 가지 사정을 들어 피고인들의 주장을 배척하였다.
　　원심이 설시한 사정들에다가 원심이 적법하게 채택하여 조사한 증거들에 의하여 인정되는 다음과 같은 사정들, ① 피고인들 및 다른 공동피고인들도 L과 관련하여, 수사과정에서 일치하여 '이 사건 범행 당시 L은 현금화가 불가능하여 가상화폐로서 통용되지 않았고, 현금화가 가능한 시기까지는 오로지 가상화폐의 가치 상승에 따른 가상수익만 있었다'는 취지로 진술하였고, 피고인들이 주장하는 L을 사용할 수 있는 'DV' 사이트는 본사 자체의 거래소이고, 'DW' 사이트도 L 본사에서 회원들을 상대로 운영하는 것이므로(더욱이 피고인들의 주장에 의하더라도 'DV'를 통한 교환은 2015. 10.경까지 가능하였고, 'DW'는 2017. 2.경에 이르러서야 비로소 개설되었을 뿐이다), L은 그

---
[68] 항소이유서 제출기간 경과 후에 제출된 피고인 B, DU 변호인의 항소이유보충서는 항소이유를 보충하는 범위 내에서 판단한다.

자체로 거래의 객체가 된다고 볼 수 없고, 다른 재화로 교환할 수 있는 가능성 또한 극히 제한된 것으로 판단되는 점, ② 이 사건 사업 구조는 투자자들이 회원 가입을 하여 일정 금액을 납입하면 속칭 'DX'이 전산상 지급되고, 그 토큰이 분할하여 증가하면 나중에 L을 발행받을 수 있으며, L 사이트에서 이를 매도신청하면 현금으로 환전할 수 있다는 것인데, 이러한 구조에 따르면 회원으로 가입한 투자자들은 투자금의 대가로 DX을 받고, DX으로 L을 채굴하여 코인 가격이 상승하면 수익을 얻을 수 있다는 것에 불과하여 이를 두고 투자자들이 객관적인 경제 가치가 있거나 현실적으로 자유롭게 이용할 수 있는 물건 또는 권리를 받았다고 인정하기 어려운 점, ③ 가상화폐의 법적 성질에 관하여 논란이 있는데, 우리 대법원은 가상화폐인 AB의 몰수 여부가 문제된 사건에서 재산적 가치가 있는 무형의 재산이라는 취지로 판시하였고(대법원 2018. 5. 30. 선고 2018도3619 판결 참조), 유럽사법재판소는 AB의 구입과 판매에 부가가치세가 부과될 것인지가 문제된 사건에서 AB을 거래의 객체로 보기 어렵고 단지 지급수단(means of payment)의 기능을 가진다고 보았는데,[69] 현재 가상화폐의 구조상 일상적인 거래를 통해 획득하기가 어렵고, 개인의 입장에서 채굴을 통해 충분한 수량의 가상화폐를 얻는 것은 매우 어렵기 때문에 이를 이용하기 위해서는 사실상 거래소를 통하여 전통적인 통화와 교환하는 과정을 거치게 되므로, 따라서 가상화폐가 교환의 매개로서의 기능을 일부 가진다고 하더라도 유체물이 아니고, 그 실체가 네트워크상에 분산되어 저장된 암호화 코드의 연속이라는 점에서 볼 때 관리 가능한 자연력도 아니어서, 그 자체로서 '재화 등'에 해당한다고 보기는 어려운 점 등에 비추어 보면, 피고인들의 이 부분 주장은 이유 없다.

나. 피고인들의 양형부당 주장에 대한 판단

살피건대 원심은, 이 사건 범행은 실체가 명확하지 아니한 가상화폐 구입을 통해 고수익을 보장하는 방식으로 다단계 조직을 통해 금전거래를 한 것으로서 그 죄질이 좋지 아니한 점, 피고인 A은 일부 범죄를 집행유예기간 중에 범하였고, 피고인 B은 누범 기간 중에 범죄를 한 점 등을 불리한 정상으로, 피고인 A의 일부 범죄행위와 피고인 G의 범죄행위는 판시 판결이 확정된 죄와 동시에 재판받을 수 있었던 점, 피고인 C, D, F, H는 자백하고 반성하고 있는 점 등을 유리한 정상으로 각각 참작하여 위와 같은 형을 선고하였다.

원심이 참작한 사정 외에 피고인 A이 당심에 이르러 이 사건 각 범행을 모두 자백하고 반성하고 있는 점 등을 유리한 정상으로 각각 참작하더라도, 그 밖에 기록과 변론을 통하여 알 수 있는 피고들인의 나이, 성행, 환경, 건강,

---

69) DY, C-264/14 (2015).

범행에 이르게 된 경위, 수단과 결과, 범행 규모, 범행 후의 정황 등 모든 양형 조건을 종합하여 보면, 원심이 선고한 형은 적정한 것으로 보이고, 나아가 원심의 양형 판단이 재량의 합리적인 한계를 벗어났다고 평가되거나 이를 그대로 유지하는 것이 부당하다고 인정되는 등의 사정을 찾아볼 수 없다(대법원 2015. 7. 23. 선고 2015도3260 전원합의체 판결 참조).

따라서 원심이 선고한 형이 피고인들의 주장과 같이 너무 무거워서 부당하다고 보기 어렵다.

3. 결론

그렇다면 피고인들의 항소는 모두 이유 없으므로 형사소송법 제364조 제4항에 의하여 이를 모두 기각하기로 하여 주문과 같이 판결한다.

재판장 판사   임범석
판사   김현주
판사   노재승

제8장 관련 법령

1. 특정 금융거래정보의 보고 및 이용 등에 관한 법률 (약칭: 특정금융정보법)

[시행 2021. 5. 20.] [법률 제17299호, 2020. 5. 19., 일부개정]

제1장 총 칙 <신설 2020. 3. 24.>

제1조 (목적) 이 법은 금융거래 등을 이용한 자금세탁행위와 공중협박자금조달행위를 규제하는 데 필요한 특정금융거래정보의 보고 및 이용 등에 관한 사항을 규정함으로써 범죄행위를 예방하고 나아가 건전하고 투명한 금융거래 질서를 확립하는 데 이바지함을 목적으로 한다. <개정 2020. 3. 24.> [전문개정 2011. 5. 19.]

제2조 (정의) 이 법에서 사용하는 용어의 뜻은 다음과 같다. <개정 2011. 5. 19., 2013. 8. 13., 2014. 5. 28., 2016. 5. 29., 2020. 3. 24., 2020. 5. 19.>
1. "금융회사등"이란 다음 각 목의 자를 말한다.
    가. 「한국산업은행법」에 따른 한국산업은행
    나. 「한국수출입은행법」에 따른 한국수출입은행
    다. 「중소기업은행법」에 따른 중소기업은행
    라. 「은행법」에 따른 은행
    마. 「자본시장과 금융투자업에 관한 법률」에 따른 투자매매업자, 투자중개업자, 집합투자업자, 신탁업자, 증권금융회사, 종합금융회사 및 명의개서대행회사
    바. 「상호저축은행법」에 따른 상호저축은행과 상호저축은행중앙회
    사. 「농업협동조합법」에 따른 조합과 농협은행
    아. 「수산업협동조합법」에 따른 조합과 수협은행
    자. 「신용협동조합법」에 따른 신용협동조합과 신용협동조합중앙회
    차. 「새마을금고법」에 따른 금고와 중앙회
    카. 「보험업법」에 따른 보험회사
    타. 「우체국예금·보험에 관한 법률」에 따른 체신관서
    파. 「관광진흥법」에 따라 허가를 받아 카지노업을 하는 카지노 사업자

(이하 "카지노사업자"라 한다)
하. 가상자산과 관련하여 다음 1)부터 6)까지의 어느 하나에 해당하는 행위를 영업으로 하는 자(이하 "가상자산사업자"라 한다)
  1) 가상자산을 매도, 매수하는 행위
  2) 가상자산을 다른 가상자산과 교환하는 행위
  3) 가상자산을 이전하는 행위 중 대통령령으로 정하는 행위
  4) 가상자산을 보관 또는 관리하는 행위
  5) 1) 및 2)의 행위를 중개, 알선하거나 대행하는 행위
  6) 그 밖에 가상자산과 관련하여 자금세탁행위와 공중협박자금조달행위에 이용될 가능성이 높은 것으로서 대통령령으로 정하는 행위
거. 제2호에 따른 금융거래등을 하는 자로서 대통령령으로 정하는 자
2. "금융거래등"이란 다음 각 목의 것을 말한다.
  가. 금융회사등이 금융자산(「금융실명거래 및 비밀보장에 관한 법률」 제2조제2호에 따른 금융자산을 말한다)을 수입·매매·환매·중개·할인·발행·상환·환급·수탁·등록·교환하거나 그 이자·할인액 또는 배당을 지급하는 것과 이를 대행하는 것, 그 밖에 금융자산을 대상으로 하는 거래로서 총리령으로 정하는 것
  나. 「자본시장과 금융투자업에 관한 법률」에 따른 파생상품시장에서의 거래, 그 밖에 대통령령으로 정하는 것
  다. 카지노사업자의 영업장에서 현금 또는 수표를 대신하여 쓰이는 것으로서 대통령령으로 정하는 것과 현금 또는 수표를 교환하는 거래
  라. 가상자산사업자가 수행하는 제1호하목1)부터 6)까지의 어느 하나에 해당하는 것(이하 "가상자산거래"라 한다)
3. "가상자산"이란 경제적 가치를 지닌 것으로서 전자적으로 거래 또는 이전될 수 있는 전자적 증표(그에 관한 일체의 권리를 포함한다)를 말한다. 다만, 다음 각 목의 어느 하나에 해당하는 것은 제외한다.
  가. 화폐·재화·용역 등으로 교환될 수 없는 전자적 증표 또는 그 증표에 관한 정보로서 발행인이 사용처와 그 용도를 제한한 것
  나. 「게임산업진흥에 관한 법률」 제32조제1항제7호에 따른 게임물의 이용을 통하여 획득한 유·무형의 결과물
  다. 「전자금융거래법」 제2조제14호에 따른 선불전자지급수단 및 같은 조 제15호에 따른 전자화폐

라. 「주식·사채 등의 전자등록에 관한 법률」 제2조제4호에 따른 전자등록주식등

마. 「전자어음의 발행 및 유통에 관한 법률」 제2조제2호에 따른 전자어음

바. 「상법」 제862조에 따른 전자선하증권

사. 거래의 형태와 특성을 고려하여 대통령령으로 정하는 것

4. "불법재산"이란 다음 각 목의 것을 말한다.

가. 「범죄수익은닉의 규제 및 처벌 등에 관한 법률」 제2조제4호에 따른 범죄수익등

나. 「마약류 불법거래 방지에 관한 특례법」 제2조제5항에 따른 불법수익등

다. 「공중 등 협박목적 및 대량살상무기확산을 위한 자금조달행위의 금지에 관한 법률」 제2조제1호에 따른 공중협박자금

5. "자금세탁행위"란 다음 각 목의 행위를 말한다.

가. 「범죄수익은닉의 규제 및 처벌 등에 관한 법률」 제3조에 따른 범죄행위

나. 「마약류 불법거래 방지에 관한 특례법」 제7조에 따른 범죄행위

다. 「조세범 처벌법」 제3조, 「관세법」 제270조, 「지방세기본법」 제102조 또는 「특정범죄 가중처벌 등에 관한 법률」 제8조의 죄를 범할 목적 또는 세법에 따라 납부하여야 하는 조세(「지방세기본법」에 따른 지방세를 포함한다. 이하 같다)를 탈루할 목적으로 재산의 취득·처분 또는 발생 원인에 관한 사실을 가장(假裝)하거나 그 재산을 은닉하는 행위

6. "공중협박자금조달행위"란 「공중 등 협박목적 및 대량살상무기확산을 위한 자금조달행위의 금지에 관한 법률」 제6조제1항의 죄에 해당하는 행위를 말한다.

[전문개정 2011. 5. 19.]

제3조 (금융정보분석원) ① 다음 각 호의 업무를 효율적으로 수행하기 위하여 금융위원회 소속으로 금융정보분석원을 둔다. <개정 2014. 5. 28., 2019. 1. 15., 2020. 3. 24.>

1. 제4조·제4조의2 및 제9조에 따라 보고받거나 통보받은 사항의 정리·분석 및 제공

2. 제4조·제4조의2·제5조·제5조의2·제5조의3 및 제5조의4에 따라 금융회사등이 수행하는 업무에 대한 감독 및 검사
3. 제4조제6항제2호에 따른 외국금융정보분석기구와의 협조 및 정보 교환
4. 제7조에 따른 가상자산사업자의 신고에 관한 업무
5. 제15조의2에 따른 외국 금융감독·검사기관과의 협조 및 정보교환
6. 「공중 등 협박목적 및 대량살상무기확산을 위한 자금조달행위의 금지에 관한 법률」에 따른 업무
7. 제1호부터 제6호까지의 업무와 관련된 업무로서 대통령령으로 정하는 업무

② 금융정보분석원은 그 권한에 속하는 사무를 독립적으로 수행하며, 그 소속 공무원은 이 법과 「공중 등 협박목적 및 대량살상무기확산을 위한 자금조달행위의 금지에 관한 법률」에 따른 업무 외에 다른 업무에 종사하지 못한다. <개정 2014. 5. 28.>

③ 금융정보분석원의 정원(다른 기관 소속 공무원의 정원을 포함한다)·조직 및 운영 등에 필요한 사항은 업무의 독립성, 정치적 중립성 등을 고려하여 대통령령으로 정한다. <개정 2013. 8. 13.>

④ 금융정보분석원의 장(이하 "금융정보분석원장"이라 한다)은 제1항의 업무 수행과 관련하여 다음 각 호의 사항을 매년 정기국회에 보고하여야 한다. <개정 2013. 8. 13., 2020. 3. 24.>
1. 제4조에 따라 금융회사등으로부터 보고를 받은 건수
2. 제10조에 따라 특정금융거래정보의 제공을 요구받은 건수 및 제공한 건수
2의2. 제10조의2에 따른 통보 및 통보유예 현황에 관한 통계자료
3. 제11조에 따라 외국금융정보분석기구와 정보를 교환한 건수
4. 그 밖에 금융정보분석원 업무와 관련된 통계자료
[전문개정 2011. 5. 19.]

제2장 금융회사등의 의무 <신설 2020. 3. 24.>

제4조 (불법재산 등으로 의심되는 거래의 보고 등) ① 금융회사등은 다음 각 호의 어느 하나에 해당하는 경우에는 대통령령으로 정하는 바에 따라 지체 없이 그 사실을 금융정보분석원장에게 보고하여야 한다. <개정 2013. 8. 13., 2014. 5. 28., 2020. 3. 24.>
1. 금융거래등과 관련하여 수수(授受)한 재산이 불법재산이라고 의심되는 합당한 근거가 있는 경우

2. 금융거래등의 상대방이 「금융실명거래 및 비밀보장에 관한 법률」 제3조제3항을 위반하여 불법적인 금융거래등을 하는 등 자금세탁행위나 공중협박자금조달행위를 하고 있다고 의심되는 합당한 근거가 있는 경우
3. 「범죄수익은닉의 규제 및 처벌 등에 관한 법률」 제5조제1항 및 「공중 등 협박목적 및 대량살상무기확산을 위한 자금조달행위의 금지에 관한 법률」 제5조제2항에 따라 금융회사등의 종사자가 관할 수사기관에 신고한 경우

② 삭제 <2013. 8. 13.>

③ 금융회사등은 제1항에 따라 보고를 할 때에는 그 의심되는 합당한 근거를 분명하게 밝혀야 한다. <개정 2013. 8. 13.>

④ 삭제 <2019. 1. 15.>

⑤ 금융정보분석원장은 제1항에 따라 금융회사등으로부터 보고받은 사항을 분석할 때에는 보고받은 사항이 제1항의 요건에 해당하는지를 심사하기 위하여 필요한 경우에만 제5조의4제1항제1호에 따라 금융회사등이 보존하는 관련 자료를 열람하거나 복사할 수 있다. <개정 2013. 8. 13., 2019. 1. 15.>

⑥ 금융회사등에 종사하는 자는 제1항에 따른 보고를 하려고 하거나 보고를 하였을 때에는 그 사실을 그 보고와 관련된 금융거래등의 상대방을 포함하여 다른 사람에게 누설하여서는 아니 된다. 다만, 다음 각 호의 어느 하나에 해당하는 경우에는 그러하지 아니하다. <개정 2013. 8. 13., 2020. 3. 24.>
1. 자금세탁행위와 공중협박자금조달행위를 방지하기 위하여 같은 금융회사등의 내부에서 그 보고 사실을 제공하는 경우
2. 제3조제1항 각 호의 업무에 상당하는 업무를 수행하는 외국의 기관(이하 "외국금융정보분석기구"라 한다)에 대하여 해당 외국의 법령에 따라 제1항에 따른 보고에 상당하는 보고를 하는 경우

⑦ 제1항에 따른 보고를 한 금융회사등(금융회사등의 종사자를 포함한다)은 고의 또는 중대한 과실로 인하여 거짓 보고를 한 경우 외에는 그 보고와 관련된 금융거래등의 상대방 및 그의 관계자에 대하여 손해배상책임을 지지 아니한다. <개정 2013. 8. 13., 2020. 3. 24.> [전문개정 2011. 5. 19.]

제4조의2 (금융회사등의 고액 현금거래 보고) ① 금융회사등은 5천만원의 범위에서 대통령령으로 정하는 금액 이상의 현금(외국통화는 제외한다)이나 현금과 비슷한 기능의 지급수단으로서 대통령령으로 정하는 것(이하 "현금등"이라 한다)을 금융거래등의 상대방에게 지급하거나 그로부터 영수(領收)한 경우에는 그 사실을

30일 이내에 금융정보분석원장에게 보고하여야 한다. 다만, 다음 각 호의 어느 하나에 해당하는 경우에는 그러하지 아니하다. <개정 2020. 3. 24.>
1. 다른 금융회사등(대통령령으로 정하는 자는 제외한다)과의 현금등의 지급 또는 영수
2. 국가, 지방자치단체, 그 밖에 대통령령으로 정하는 공공단체와의 현금등의 지급 또는 영수
3. 자금세탁의 위험성이 없는 일상적인 현금등의 지급 또는 영수로서 대통령령으로 정하는 것

② 금융회사등은 금융거래등의 상대방이 제1항을 회피할 목적으로 금액을 분할하여 금융거래등을 하고 있다고 의심되는 합당한 근거가 있는 경우에는 그 사실을 금융정보분석원장에게 보고하여야 한다. <개정 2020. 3. 24.>

③ 금융정보분석원장은 다음 각 호의 기관을 고액 현금거래 보고에 관한 자료를 중계하는 기관(이하 "중계기관"이라 한다)으로 지정·운영할 수 있다.
1. 「민법」 제32조에 따라 금융위원회의 허가를 받아 설립된 사단법인 전국은행연합회
2. 「자본시장과 금융투자업에 관한 법률」 제283조에 따라 설립된 한국금융투자협회
3. 「상호저축은행법」 제25조에 따라 설립된 상호저축은행중앙회

④ 제1항 및 제2항에 따른 보고의 방법과 제3항에 따른 중계기관의 지정·운영과 그 밖에 필요한 사항은 대통령령으로 정한다.
[전문개정 2011. 5. 19.]

제5조 (금융회사등의 조치 등) ① 금융회사등은 제4조제1항 및 제4조의2에 따른 보고를 원활하게 하고 금융회사등을 통한 자금세탁행위와 공중협박자금조달행위를 효율적으로 방지하기 위하여 다음 각 호의 조치를 하여야 한다. <개정 2012. 3. 21., 2013. 8. 13., 2019. 1. 15.>
1. 제4조제1항 및 제4조의2에 따른 보고 업무를 담당할 자의 임명 및 내부 보고 체제의 수립
2. 자금세탁행위와 공중협박자금조달행위의 방지를 위하여 해당 금융회사등의 임직원이 직무를 수행할 때 따라야 할 절차 및 업무지침의 작성·운용
3. 자금세탁행위와 공중협박자금조달행위의 방지를 위한 임직원의 교육 및 연수

② 주된 거래유형, 거래규모 등을 고려하여 대통령령으로 정하는 금융회사등에 대해서는 제1항 각 호의 조치 중 전부 또는 일부를 면제할 수 있다. <신설 2019. 1. 15.>

③ 제1항제2호에 따른 절차 및 업무지침은 다음 각 호의 사항을 포함하여야 한다. <신설 2019. 1. 15.>
  1. 금융거래등에 내재된 자금세탁행위와 공중협박자금조달행위의 위험을 식별, 분석, 평가하여 위험도에 따라 관리 수준을 차등화하는 업무체계의 구축 및 운영에 관한 사항
  2. 자금세탁행위와 공중협박자금조달행위의 방지 업무를 수행하는 부서로부터 독립된 부서나 기관에서 그 업무수행의 적절성, 효과성을 검토·평가하고 이에 따른 문제점을 개선하기 위한 업무체계의 마련 및 운영에 관한 사항
  3. 그 밖에 자금세탁행위와 공중협박자금조달행위를 효율적으로 방지하기 위하여 대통령령으로 정하는 사항

④ 금융회사등은 임직원이 직무를 수행할 때 제1항제2호에 따른 절차 및 업무지침을 준수하는지 여부를 감독하여야 한다. <신설 2019. 1. 15.>

[전문개정 2011. 5. 19.]

제5조의2 (금융회사등의 고객 확인의무) ① 금융회사등은 금융거래등을 이용한 자금세탁행위 및 공중협박자금조달행위를 방지하기 위하여 합당한 주의(注意)로서 다음 각 호의 구분에 따른 조치를 하여야 한다. 이 경우 금융회사등은 이를 위한 업무 지침을 작성하고 운용하여야 한다. <개정 2014. 5. 28., 2020. 3. 24.>
  1. 고객이 계좌를 신규로 개설하거나 대통령령으로 정하는 금액 이상으로 일회성 금융거래등을 하는 경우: 다음 각 목의 사항을 확인
     가. 대통령령으로 정하는 고객의 신원에 관한 사항
     나. 고객을 최종적으로 지배하거나 통제하는 자연인(이하 이 조에서 "실제 소유자"라 한다)에 관한 사항. 다만, 고객이 법인 또는 단체인 경우에는 대통령령으로 정하는 사항
  2. 고객이 실제 소유자인지 여부가 의심되는 등 고객이 자금세탁행위나 공중협박자금조달행위를 할 우려가 있는 경우: 다음 각 목의 사항을 확인
     가. 제1호 각 목의 사항
     나. 금융거래등의 목적과 거래자금의 원천 등 금융정보분석원장이 정하여 고시하는 사항(금융회사등이 자금세탁행위나 공중협박자금조달행

위의 위험성에 비례하여 합리적으로 가능하다고 판단하는 범위에 한정한다)
　3. 고객이 가상자산사업자인 경우: 다음 각 목의 사항을 확인
　　가. 제1호 또는 제2호 각 목의 사항
　　나. 제7조제1항 및 제2항에 따른 신고 및 변경신고 의무의 이행에 관한 사항
　　다. 제7조제3항에 따른 신고의 수리에 관한 사항
　　라. 제7조제4항에 따른 신고 또는 변경신고의 직권 말소에 관한 사항
　　마. 다음 1) 또는 2)에 해당하는 사항의 이행에 관한 사항
　　　1) 예치금(가상자산사업자의 고객인 자로부터 가상자산거래와 관련하여 예치받은 금전을 말한다)을 고유재산(가상자산사업자의 자기재산을 말한다)과 구분하여 관리
　　　2) 「정보통신망 이용촉진 및 정보보호 등에 관한 법률」 제47조 또는 「개인정보 보호법」 제32조의2에 따른 정보보호 관리체계 인증(이하 "정보보호 관리체계 인증"이라 한다)의 획득
② 제1항의 업무 지침에는 고객 및 금융거래등의 유형별로 자금세탁행위 또는 공중협박자금조달행위의 방지와 관련되는 적절한 조치의 내용·절차·방법이 포함되어야 한다. <개정 2020. 3. 24.>
③ 제1항 각 호에 따른 확인 조치 등의 대상·기준·절차·방법과 그 밖에 필요한 사항은 대통령령으로 정한다.
④ 금융회사등은 다음 각 호의 어느 하나에 해당하는 경우에는 계좌 개설 등 해당 고객과의 신규 거래를 거절하고, 이미 거래관계가 수립되어 있는 경우에는 해당 거래를 종료하여야 한다. <신설 2014. 5. 28., 2020. 3. 24.>
　1. 고객이 신원확인 등을 위한 정보 제공을 거부하는 등 고객확인을 할 수 없는 경우
　2. 가상자산사업자인 고객이 다음 각 목의 어느 하나에 해당하는 경우
　　가. 제7조제1항 및 제2항에 따른 신고 및 변경신고 의무를 이행하지 아니한 사실이 확인된 경우
　　나. 제7조제3항제1호 또는 제2호에 해당하는 사실이 확인된 경우
　　다. 제7조제3항에 따라 신고가 수리되지 아니한 사실이 확인된 경우
　　라. 제7조제4항에 따라 신고 또는 변경신고가 직권으로 말소된 사실이 확인된 경우
　3. 그 밖에 고객이 자금세탁행위나 공중협박자금조달행위를 할 위험성이 특

별히 높다고 판단되는 경우로서 대통령령으로 정하는 경우
⑤ 제4항에 따라 거래를 거절 또는 종료하는 경우에는 금융회사등은 제4조에 따른 의심되는 거래의 보고 여부를 검토하여야 한다. <신설 2014. 5. 28.>
[전문개정 2011. 5. 19.]

제5조의3 (전신송금 시 정보제공) ① 금융회사등은 송금인이 전신송금(電信送金: 송금인의 계좌보유 여부를 불문하고 금융회사등을 이용하여 국내외의 다른 금융회사등으로 자금을 이체하는 서비스를 말한다)의 방법으로 500만원의 범위에서 대통령령으로 정하는 금액 이상을 송금하는 경우에는 다음 각 호의 구분에 따라 송금인 및 수취인에 관한 정보를 송금받는 금융회사등(이하 "수취 금융회사"라 한다)에 제공하여야 한다.
  1. 국내송금
    가. 송금인의 성명(법인인 경우에는 법인의 명칭을 말한다. 이하 같다)
    나. 송금인의 계좌번호(계좌번호가 없는 경우에는 참조 가능한 번호를 말한다. 이하 같다)
    다. 수취인의 성명 및 계좌번호
  2. 해외송금
    가. 송금인의 성명
    나. 송금인의 계좌번호
    다. 송금인의 주소 또는 주민등록번호(법인인 경우에는 법인등록번호, 외국인인 경우에는 여권번호 또는 외국인등록번호를 말한다)
    라. 수취인의 성명 및 계좌번호
② 국내송금의 경우 수취 금융회사와 금융정보분석원장은 제1항에 따라 송금한 금융회사등(이하 "송금 금융회사"라 한다)에 다음 각 호의 경우에 제1항제2호다목의 정보를 제공하여 줄 것을 요청할 수 있다.
  1. 수취 금융회사가 제4조에 따른 보고를 하기 위하여 필요한 경우
  2. 금융정보분석원장이 수취 금융회사로부터 보고받은 정보를 심사·분석하기 위하여 필요한 경우
③ 송금 금융회사는 제2항에 따라 송금정보의 제공을 요청받은 경우 3영업일 이내에 그 정보를 제공하여야 한다. [본조신설 2013. 8. 13.]

제5조의4 (금융회사등의 금융거래등 정보의 보유기간 등) ① 금융회사등은 제4조, 제4조의2, 제5조의2 및 제5조의3에 따른 의무이행(이하 이 조에서 "의무이행"이라

한다)과 관련된 다음 각 호의 자료 및 정보를 금융거래등의 관계가 종료한 때부터 5년간 보존하여야 한다. <개정 2020. 3. 24.>
   1. 제4조 및 제4조의2에 따른 보고와 관련된 다음 각 목의 자료
      가. 금융거래등 상대방의 실지명의(實地名義)를 확인할 수 있는 자료
      나. 보고 대상이 된 금융거래등 자료
      다. 금융회사등이 제4조제3항에 따라 의심되는 합당한 근거를 기록한 자료
   2. 제5조의2제1항 각 호에 따른 고객확인자료
   3. 제5조의3제1항 각 호에 따른 송금인 및 수취인에 관한 정보
   4. 그 밖에 의무이행과 관련하여 금융정보분석원장이 정하여 고시하는 자료
② 제1항 각 호 외의 부분에서 "금융거래등의 관계가 종료한 때"의 기준은 다음 각 호의 날로 한다. <개정 2020. 3. 24.>
   1. 제2조제2호가목의 경우에는 금융회사등과 고객 사이에 모든 채권채무관계가 종료한 날
   2. 제2조제2호나목에서 규정하는 파생상품시장에서의 거래의 경우에는 거래종료사유 발생으로 거래종료일이 도래한 날. 다만, 고객의 계좌가 개설되어 있는 경우에는 그 계좌가 폐쇄된 날로 본다.
   3. 제2조제2호다목의 경우에는 카지노사업자와 고객 사이에 카지노거래로 인한 채권채무관계를 정산한 날
   4. 제2조제2호라목의 경우에는 가상자산사업자와 고객 사이에 가상자산거래로 인한 채권채무관계를 정산한 날
   5. 그 밖의 금융거래등의 경우에는 대통령령으로 정하는 날
③ 제1항에 따른 보존의 방법, 장소 등 그 밖에 필요한 사항은 대통령령으로 정한다. [본조신설 2019. 1. 15.] [제목개정 2020. 3. 24.]

제3장 가상자산사업자에 대한 특례 <신설 2020. 3. 24.>

제6조 (적용범위 등) ① 이 장은 가상자산사업자에 대하여 적용한다.
  ② 가상자산사업자의 금융거래등에 대해서는 국외에서 이루어진 행위로서 그 효과가 국내에 미치는 경우에도 이 법을 적용한다.
  ③ 가상자산사업자에 대하여 제5조의3을 적용하는 경우 정보제공의 대상·기준·절차·방법과 그 밖에 필요한 사항은 대통령령으로 정한다.
[본조신설 2020. 3. 24.] [종전 제6조는 제9조로 이동 <2020. 3. 24.>]

제7조 (신고) ① 가상자산사업자(이를 운영하려는 자를 포함한다. 이하 이 조에서 같다)는 대통령령으로 정하는 바에 따라 다음 각 호의 사항을 금융정보분석원장에게 신고하여야 한다.
  1. 상호 및 대표자의 성명
  2. 사업장의 소재지, 연락처 등 대통령령으로 정하는 사항
② 제1항에 따라 신고한 자는 신고한 사항이 변경된 경우에는 대통령령으로 정하는 바에 따라 금융정보분석원장에게 변경신고를 하여야 한다.
③ 금융정보분석원장은 제1항에도 불구하고 다음 각 호의 어느 하나에 해당하는 자에 대해서는 대통령령으로 정하는 바에 따라 가상자산사업자의 신고를 수리하지 아니할 수 있다.
  1. 정보보호 관리체계 인증을 획득하지 못한 자
  2. 실명확인이 가능한 입출금 계정[동일 금융회사등(대통령령으로 정하는 금융회사등에 한정한다)에 개설된 가상자산사업자의 계좌와 그 가상자산사업자의 고객의 계좌 사이에서만 금융거래등을 허용하는 계정을 말한다]을 통하여 금융거래등을 하지 아니하는 자. 다만, 가상자산거래의 특성을 고려하여 금융정보분석원장이 정하는 자에 대해서는 예외로 한다.
  3. 이 법, 「범죄수익은닉의 규제 및 처벌 등에 관한 법률」, 「공중 등 협박목적 및 대량살상무기확산을 위한 자금조달행위의 금지에 관한 법률」, 「외국환거래법」 및 「자본시장과 금융투자업에 관한 법률」 등 대통령령으로 정하는 금융관련 법률에 따라 벌금 이상의 형을 선고받고 그 집행이 끝나거나(집행이 끝난 것으로 보는 경우를 포함한다) 집행이 면제된 날부터 5년이 지나지 아니한 자(가상자산사업자가 법인인 경우에는 그 대표자와 임원을 포함한다)
  4. 제4항에 따라 신고 또는 변경신고가 말소되고 5년이 지나지 아니한 자
④ 금융정보분석원장은 가상자산사업자가 다음 각 호의 어느 하나에 해당하는 경우에는 대통령령으로 정하는 바에 따라 제1항 또는 제2항에 따른 신고 또는 변경신고를 직권으로 말소할 수 있다.
  1. 제3항 각 호의 어느 하나에 해당하는 경우. 다만, 제3항제1호에 해당하는 경우로서 대통령령으로 정하는 경우에는 그러하지 아니하다.
  2. 「부가가치세법」 제8조에 따라 관할 세무서장에게 폐업신고를 하거나 관할 세무서장이 사업자등록을 말소한 경우
  3. 제5항에 따른 영업의 전부 또는 일부의 정지 명령을 이행하지 아니한 경우
  4. 거짓이나 그 밖의 부정한 방법으로 신고 또는 변경신고를 하는 등 대통

령령으로 정하는 경우
⑤ 금융정보분석원장은 가상자산사업자가 다음 각 호의 어느 하나에 해당하는 경우에는 대통령령으로 정하는 바에 따라 6개월의 범위에서 영업의 전부 또는 일부의 정지를 명할 수 있다.
1. 제15조제2항제1호에 따른 시정명령을 이행하지 아니한 경우
2. 제15조제2항제2호에 따른 기관경고를 3회 이상 받은 경우
3. 그 밖에 고의 또는 중대한 과실로 자금세탁행위와 공중협박자금조달행위를 방지하기 위하여 필요한 조치를 하지 아니한 경우로서 대통령령으로 정하는 경우
⑥ 제1항에 따른 신고의 유효기간은 신고를 수리한 날부터 5년 이하의 범위에서 대통령령으로 정하는 기간으로 한다. 신고 유효기간이 지난 후 계속하여 같은 행위를 영업으로 하려는 자는 대통령령으로 정하는 바에 따라 신고를 갱신하여야 한다.
⑦ 금융정보분석원장은 제1항부터 제6항까지에 따른 가상자산사업자의 신고에 관한 정보 및 금융정보분석원장의 조치를 대통령령으로 정하는 바에 따라 공개할 수 있다.
⑧ 금융정보분석원장은 이 조에 따른 가상자산사업자의 신고와 관련한 업무로서 대통령령으로 정하는 업무를 「금융위원회의 설치 등에 관한 법률」에 따른 금융감독원의 원장(이하 "금융감독원장"이라 한다)에게 위탁할 수 있다.
⑨ 금융회사등이 제3항제2호에 따른 실명확인이 가능한 입출금 계정을 개시하는 기준, 조건 및 절차에 관하여 필요한 사항은 대통령령으로 정한다.
[본조신설 2020. 3. 24.] [종전 제7조는 제10조로 이동 <2020. 3. 24.>]

제8조 (가상자산사업자의 조치) 가상자산사업자는 제4조제1항 및 제4조의2에 따른 보고의무 이행 등을 위하여 고객별 거래내역을 분리하여 관리하는 등 대통령령으로 정하는 조치를 하여야 한다. [본조신설 2020. 3. 24.]
[종전 제8조는 제11조로 이동 <2020. 3. 24.>]

제4장 특정금융거래정보의 제공 등 <신설 2020. 3. 24.>

제9조 (외국환거래자료 등의 통보) ① 한국은행 총재, 세관의 장, 그 밖에 대통령령으로 정하는 자는 「외국환거래법」 제17조에 따른 신고에 관련된 자료와 같은 법 제21조에 따른 통보에 관련된 자료를 금융정보분석원장에게 통보하여야 한다.

② 제1항에 따른 통보 대상 자료의 범위 및 통보 절차 등에 관하여 필요한 사항은 대통령령으로 정한다.
[전문개정 2011. 5. 19.] [제6조에서 이동, 종전 제9조는 제12조로 이동 <2020. 3. 24.>]

제10조 (수사기관 등에 대한 정보 제공) ① 금융정보분석원장은 불법재산·자금세탁행위 또는 공중협박자금조달행위와 관련된 형사사건의 수사, 조세탈루혐의 확인을 위한 조사업무, 조세체납자에 대한 징수업무, 관세 범칙사건 조사, 관세탈루혐의 확인을 위한 조사업무, 관세체납자에 대한 징수업무 및 「정치자금법」 위반사건의 조사, 금융감독업무 또는 테러위험인물에 대한 조사업무(이하 "특정형사사건의 수사등"이라 한다)에 필요하다고 인정되는 경우에는 다음 각 호의 정보(이하 "특정금융거래정보"라 한다)를 검찰총장, 행정안전부장관, 고위공직자범죄수사처장, 국세청장, 관세청장, 중앙선거관리위원회, 금융위원회 또는 국가정보원장에 제공한다. <개정 2011. 5. 19., 2012. 3. 21., 2012. 12. 11., 2013. 8. 13., 2016. 3. 3., 2020. 3. 24., 2020. 5. 19., 2021. 1. 5.>
  1. 제4조제1항 또는 제4조의2에 따라 금융회사등이 보고한 정보 중 특정형사사건의 수사등과의 관련성을 고려하여 대통령령으로 정하는 정보
  2. 제11조제1항에 따라 외국금융정보분석기구로부터 제공받은 정보 중 특정형사사건의 수사등과의 관련성을 고려하여 대통령령으로 정하는 정보
  3. 제1호 및 제2호의 정보 또는 제4조의2 및 제9조에 따라 보고·통보받은 정보를 정리하거나 분석한 정보
② 금융정보분석원장은 불법재산·자금세탁행위 또는 공중협박자금조달행위와 관련된 형사사건의 수사에 필요하다고 인정하는 경우에는 대통령령으로 정하는 특정금융거래정보를 경찰청장, 해양경찰청장에게 제공한다. <개정 2011. 5. 19., 2012. 12. 11., 2014. 11. 19., 2017. 7. 26.>
③ 삭제 <2005. 1. 17.>
④ 검찰총장, 고위공직자범죄수사처장, 경찰청장, 해양경찰청장, 행정안전부장관, 국세청장, 관세청장, 중앙선거관리위원회, 금융위원회, 국가정보원장(이하 "검찰총장등"이라 한다)은 특정형사사건의 수사등을 위하여 필요하다고 인정하는 경우에는 대통령령으로 정하는 바에 따라 금융정보분석원장에게 제1항제3호에 규정된 정보의 제공을 요구할 수 있다. <개정 2011. 5. 19., 2012. 12. 11., 2014. 11. 19., 2016. 3. 3., 2017. 7. 26., 2020. 5. 19., 2021. 1. 5.>

⑤ 검찰총장등은 제4항에 따라 특정금융거래정보의 제공을 요구하는 경우에는 다음 각 호의 사항을 적은 문서로 하여야 한다. <개정 2011. 5. 19., 2013. 8. 13.>
   1. 대상자의 인적사항
   2. 사용 목적
   3. 요구하는 정보의 내용
   4. 범죄혐의와 조세탈루혐의 등 정보의 필요성과 사용 목적과의 관련성
⑥ 금융정보분석원의 소속 공무원은 제5항을 위반하여 특정금융거래정보의 제공을 요구받은 경우에는 이를 거부하여야 한다. <개정 2011. 5. 19.>
⑦ 금융정보분석원장은 제1항, 제2항 및 제4항에 따라 특정금융거래정보를 제공하였을 때에는 다음 각 호의 사항을 문서 또는 전산정보처리조직에 의하여 금융정보분석원장이 정하는 표준양식으로 그 제공한 날부터 5년간 기록·보존하여야 한다. <개정 2011. 5. 19., 2013. 8. 13.>
   1. 심사분석 및 제공과정에 참여한 금융정보분석원 직원(담당자 및 책임자)의 직위 및 성명
   2. 특정금융거래정보를 제공받은 기관의 명칭 및 제공일자
   3. 특정금융거래정보를 수령한 공무원(담당자 및 책임자)의 소속 기관, 직위 및 성명
   4. 요구한 특정금융거래정보의 내용 및 사용목적
   5. 제공된 특정금융거래정보의 내용 및 제공사유
   6. 명의인에게 통보한 날
   7. 통보를 유예한 경우 통보유예를 한 날, 사유, 기간 및 횟수
⑧ 금융정보분석원장 소속으로 정보분석심의회를 두고, 금융정보분석원장은 특정금융거래정보를 검찰총장등에게 제공하는 경우에는 정보분석심의회의 심의를 거쳐 제공한다. <신설 2013. 8. 13.>
⑨ 제8항에 따른 정보분석심의회는 금융정보분석원장과 심사분석 총괄책임자를 포함한 금융정보분석원 소속 공무원 3명으로 구성하되, 금융정보분석원장과 심사분석 총괄책임자를 제외한 1명은 대통령령으로 정하는 자격을 가진 사람으로 한다. <신설 2013. 8. 13.>
⑩ 그 밖에 정보분석심의회의 심의절차 및 운영 등에 대하여는 금융정보분석원 업무의 독립성과 중립성을 고려하여 대통령령으로 정한다. <신설 2013. 8. 13.>
⑪ 행정안전부장관, 국세청장 및 관세청장은 제4항에 따라 금융정보분석원장으

로부터 특정금융거래정보를 제공받아 조세·관세 탈루사건 조사 및 조세·관세 체납자에 대한 징수업무에 활용한 경우에는 1년 이내에 「금융실명거래 및 비밀보장에 관한 법률」 제4조제1항에 따라 금융회사등에 해당 거래정보 등의 제공을 요구하여야 한다. <신설 2013. 8. 13., 2020. 5. 19.>
⑫ 검찰총장등은 제1항, 제2항 및 제4항에 따라 제공받은 특정금융거래정보의 보존·관리에 관한 기준을 마련하고 이를 금융정보분석원장에게 통지하여야 한다. <신설 2014. 5. 28.>
[제목개정 2011. 5. 19.] [제7조에서 이동, 종전 제10조는 제13조로 이동 <2020. 3. 24.>]

제10조의2 (특정금융거래정보 제공사실의 통보) ① 금융정보분석원장은 제4조의2에 따라 금융회사등이 보고한 정보(제10조제1항제3호에 해당하는 정보는 제외한다)를 제10조에 따라 검찰총장등에게 제공한 경우에는 제공한 날(제2항 또는 제3항에 따라 통보를 유예한 경우에는 통보유예의 기간이 끝난 날)부터 10일 이내에 제공한 거래정보의 주요 내용, 사용 목적, 제공받은 자 및 제공일 등을 명의인에게 금융정보분석원장이 정하는 표준양식으로 통보하여야 한다. <개정 2020. 3. 24.>
② 금융정보분석원장은 검찰총장등으로부터 다음 각 호의 어느 하나에 해당하는 사유로 통보의 유예를 서면으로 요청받은 경우에는 제1항에도 불구하고 6개월의 범위에서 통보를 유예하여야 한다.
  1. 해당 통보가 사람의 생명이나 신체의 안전을 위협할 우려가 있는 경우
  2. 해당 통보가 증거인멸, 증인 위협 등 공정한 사법절차의 진행을 방해할 우려가 명백한 경우
  3. 해당 통보가 질문·조사 등의 행정절차의 진행을 방해하거나 과도하게 지연시킬 우려가 명백한 경우
③ 금융정보분석원장은 검찰총장등이 제2항 각 호의 어느 하나에 해당하는 사유가 지속되고 있음을 제시하고 통보의 유예를 서면으로 반복하여 요청하는 경우에는 요청받은 날부터 2회에 한정하여(제2항제1호의 경우는 제외한다) 매 1회 3개월의 범위에서 유예요청기간 동안 통보를 유예하여야 한다.
④ 금융정보분석원장은 제1항에 따라 명의인에게 통보하기 위하여 필요한 경우에는 관계 행정기관 등의 장에게 그 이용 목적을 분명하게 밝힌 문서로 다음 각 호의 자료의 제공을 요청할 수 있다.
  1. 「주민등록법」 제30조제1항에 따른 주민등록전산정보자료

2. 사업장 소재지 등 사업자에 관한 기본사항

[본조신설 2013. 8. 13.] [제7조의2에서 이동 <2020. 3. 24.>]

제11조 (외국금융정보분석기구와의 정보 교환 등) ① 금융정보분석원장은 이 법에 따른 목적을 달성하기 위하여 필요하다고 인정하는 경우에는 외국금융정보분석기구에 상호주의 원칙에 따라 특정금융거래정보를 제공하거나 이와 관련된 정보를 제공받을 수 있다.

② 제1항에 따라 금융정보분석원장이 외국금융정보분석기구에 특정금융거래정보를 제공하려면 다음 각 호의 요건을 모두 충족하여야 한다.

  1. 외국금융정보분석기구에 제공된 특정금융거래정보가 제공된 목적 외의 다른 용도로 사용되지 아니할 것

  2. 특정금융거래정보 제공 사실의 비밀이 유지될 것

  3. 외국금융정보분석기구에 제공된 특정금융거래정보가 금융정보분석원장의 사전 동의 없이는 외국의 형사사건의 수사나 재판에 사용되지 아니할 것

③ 금융정보분석원장은 외국으로부터 요청을 받은 경우에는 법무부장관의 동의를 받아 제1항에 따라 제공한 특정금융거래정보를 그 요청과 관련된 형사사건의 수사나 재판에 사용하는 것에 동의할 수 있다.

[전문개정 2011. 5. 19.] [제8조에서 이동, 종전 제11조는 제15조로 이동 <2020. 3. 24.>]

제5장 보 칙 <신설 2020. 3. 24.>

제12조 (금융거래정보의 비밀보장 등) ① 다음 각 호의 어느 하나에 해당하는 자는 그 직무와 관련하여 알게 된 특정금융거래정보, 제5조의3에 따라 제공받은 정보, 제13조에 따라 제공받은 정보 또는 자료, 제15조제7항에 따라 제공받은 정보 및 제10조제8항의 정보분석심의회에서 알게 된 사항을 다른 사람에게 제공 또는 누설하거나 그 목적 외의 용도로 사용하여서는 아니 된다. <개정 2012. 3. 21., 2013. 8. 13., 2020. 3. 24.>

  1. 금융정보분석원 소속 공무원

  2. 금융정보분석원의 전산시스템(특정금융거래정보의 처리를 위한 전산시스템을 말한다)의 관리자 및 해당 전산시스템 관련 용역 수행자

  3. 중계기관에 종사하는 사람

  3의2. 수취 금융회사에 종사하는 사람

4. 제10조에 따라 제공된 특정금융거래정보와 관련된 특정형사사건의 수사 등에 종사하는 사람
5. 제15조제1항 및 제6항에 따른 감독 및 검사를 한 자
6. 제10조제9항에 따라 정보분석심의회에 참여하거나 정보분석심의회의 업무에 종사하게 된 사람

② 누구든지 제1항 각 호의 어느 하나에 해당하는 자에게 특정금융거래정보, 제5조의3에 따라 제공받은 정보, 제13조에 따라 제공받은 정보 또는 자료 및 제15조제7항에 따라 제공받은 정보를 제공할 것을 요구하거나 목적 외의 다른 용도로 사용할 것을 요구하여서는 아니 된다. <신설 2012. 3. 21., 2013. 8. 13., 2020. 3. 24.>

③ 제10조에 따라 제공된 특정금융거래정보는 재판에서 증거로 할 수 없다. <개정 2012. 3. 21., 2020. 3. 24.>

④ 제4조제1항에 따른 보고에 관여한 금융회사등의 종사자는 제16조 및 제17조와 관련된 재판을 제외하고는 그 보고와 관련된 사항에 관하여 증언을 거부할 수 있다. 다만, 중대한 공익상의 필요가 있는 경우에는 그러하지 아니하다. <개정 2012. 3. 21., 2013. 8. 13., 2020. 3. 24.>

[전문개정 2011. 5. 19.] [제9조에서 이동, 종전 제12조는 제14조로 이동 <2020. 3. 24.>]

제12조의2 (특정금융거래정보 등의 보존 및 폐기) ① 금융정보분석원장은 특정금융거래정보, 제5조의3·제9조·제13조·제15조제7항에 따라 제공받거나 통보받은 정보 또는 자료(이하 이 조에서 "정보등"이라 한다)를 다른 법령에도 불구하고 대통령령으로 정하는 바에 따라 기간을 정하여 보존하여야 한다. <개정 2020. 3. 24.>

② 금융정보분석원장은 제1항에 따른 보존기간이 경과된 때에는 「공공기록물 관리에 관한 법률」에서 정한 절차에 따라 그 정보등을 폐기하여야 한다. 다만, 이 법에 따른 목적을 달성하기 위하여 필요하다고 인정하여 대통령령으로 정하는 경우에는 그러하지 아니하다.

③ 금융정보분석원장은 제2항에 따라 정보등을 폐기하는 때에는 복구 또는 재생되지 아니하도록 조치하여야 한다.

④ 그 밖에 정보등의 폐기 방법 및 절차 등에 필요한 사항은 대통령령으로 정한다. [본조신설 2014. 5. 28.] [제9조의2에서 이동 <2020. 3. 24.>]

제13조 (자료 제공의 요청 등) ① 금융정보분석원장은 특정금융거래정보(제10조제1항제3호의 정보는 제외한다. 이하 이 조에서 같다)나 제4조의2 또는 제9조에 따라 보고·통보받은 정보를 분석하기 위하여 필요한 경우에는 관계 행정기관 등의 장에게 그 이용 목적을 분명하게 밝힌 문서로 다음 각 호의 자료(금융거래정보는 제외한다)의 제공을 요청할 수 있다. <개정 2013. 8. 13., 2016. 3. 29., 2020. 3. 24.>

　　1. 「가족관계의 등록 등에 관한 법률」 제11조제6항에 따른 등록전산정보자료
　　2. 「주민등록법」 제30조제1항에 따른 주민등록전산정보자료
　　3. 「형의 실효 등에 관한 법률」 제5조의2제2항에 따른 범죄경력자료 및 수사경력자료
　　3의2. 「국민건강보험법」 제69조제5항에 따른 보험료금액에 관한 자료
　　4. 사업의 종목, 사업장 소재지 등 사업자에 관한 기본사항으로서 대통령령으로 정하는 자료
　　5. 그 밖에 심사·분석을 위하여 필요한 자료로서 대통령령으로 정하는 자료

② 금융정보분석원장은 특정금융거래정보의 분석을 위하여 필요한 경우에는 대통령령으로 정하는 바에 따라 「신용정보의 이용 및 보호에 관한 법률」 제25조에 따른 신용정보집중기관의 장에게 그 이용 목적을 분명하게 밝힌 문서로 신용정보(금융거래정보는 제외한다)의 제공을 요구할 수 있다.

③ 금융정보분석원장은 특정금융거래정보를 분석할 때에는 보고받거나 제공받은 사항이 제4조제1항의 요건에 해당한다고 판단하는 경우에만 다음 각 호의 사항을 적은 문서로 금융회사등의 장에게 「외국환거래법」에 규정된 외국환업무에 따른 거래를 이용한 금융거래등 관련 정보 또는 자료의 제공을 요구할 수 있다. <개정 2013. 8. 13., 2020. 3. 24.>

　　1. 거래자의 인적사항
　　2. 사용 목적
　　3. 요구하는 금융거래등 관련 정보 또는 자료의 내용

④ 제1항부터 제3항까지의 규정에 따른 정보 또는 자료 제공의 요청이나 요구는 필요한 최소한으로만 하여야 한다.

[전문개정 2011. 5. 19.] [제10조에서 이동, 종전 제13조는 제16조로 이동 <2020. 3. 24.>]

제14조 (다른 법률과의 관계) ① 제4조, 제4조의2, 제5조의3, 제9조, 제10조, 제10조의

2, 제11조, 제13조 및 제15조제7항은 「금융실명거래 및 비밀보장에 관한 법률」 제4조, 「신용정보의 이용 및 보호에 관한 법률」 제32조·제42조 및 「외국환거래법」 제22조에 우선하여 적용한다. <개정 2012. 3. 21., 2013. 8. 13., 2020. 3. 24.>

② 금융회사등과 중계기관이 이 법에 따라 제공한 정보에 대하여는 「신용정보의 이용 및 보호에 관한 법률」 제35조를 적용하지 아니한다. [전문개정 2011. 5. 19.]

[제12조에서 이동, 종전 제14조는 제17조로 이동 <2020. 3. 24.>]

제6장 감독·검사 <신설 2020. 3. 24.>

제15조 (금융회사등의 감독·검사 등) ① 금융정보분석원장은 제4조, 제4조의2, 제5조, 제5조의2, 제5조의3 또는 제5조의4에 따라 금융회사등이 수행하는 업무를 감독하고, 감독에 필요한 명령 또는 지시를 할 수 있으며, 그 소속 공무원으로 하여금 금융회사등의 업무를 검사하게 할 수 있다. <개정 2013. 8. 13., 2019. 1. 15.>

② 금융정보분석원장은 제1항에 따른 검사 결과 이 법 또는 이 법에 따른 명령 또는 지시를 위반한 사실을 발견하였을 때에는 해당 금융회사등에 대하여 다음 각 호의 어느 하나에 해당하는 조치를 할 수 있다. <개정 2012. 3. 21.>

1. 위반 행위의 시정명령
2. 기관경고
3. 기관주의

③ 금융정보분석원장은 제1항에 따른 검사 결과 이 법 또는 이 법에 따른 명령 또는 지시를 위반한 사실을 발견하였을 때에는 위반 행위에 관련된 임직원에 대하여 다음 각 호의 구분에 따른 조치를 하여 줄 것을 해당 금융회사등의 장에게 요구할 수 있다. <신설 2012. 3. 21.>

1. 임원: 다음 각 목의 어느 하나에 해당하는 조치
   가. 해임권고
   나. 6개월 이내의 직무정지
   다. 문책경고
   라. 주의적 경고
   마. 주의

2. 직원: 다음 각 목의 어느 하나에 해당하는 조치
   가. 면직
   나. 6개월 이내의 정직
   다. 감봉
   라. 견책
   마. 주의
④ 금융정보분석원장은 다음 각 호의 어느 하나에 해당하는 경우에는 해당 금융회사등의 영업에 관한 행정제재처분의 권한을 가진 관계 행정기관의 장에게 6개월의 범위에서 그 영업의 전부 또는 일부의 정지를 요구할 수 있다. <신설 2012. 3. 21.>
   1. 제2항제1호에 따른 시정명령을 이행하지 아니한 경우
   2. 제2항제2호에 따른 기관경고를 3회 이상 받은 경우
   3. 그 밖에 고의 또는 중대한 과실로 자금세탁행위와 공중협박자금조달행위를 방지하기 위하여 필요한 조치를 하지 아니한 경우로서 대통령령으로 정하는 경우
⑤ 제4항에 따른 요구를 받은 관계 행정기관의 장은 정당한 사유가 없으면 그 요구에 따라야 한다. <신설 2012. 3. 21.>
⑥ 금융정보분석원장은 대통령령으로 정하는 바에 따라 한국은행총재 또는 금융감독원장이나 그 밖에 대통령령으로 정하는 자에게 위탁하여 그 소속 직원으로 하여금 제1항에 따른 검사와 제2항 및 제3항에 따른 조치를 하게 할 수 있다. <개정 2012. 3. 21., 2020. 3. 24.>
⑦ 제1항 또는 제6항에 따라 감독·검사를 하는 자는 감독·검사에 필요한 경우에는 금융회사등의 장에게 금융거래등의 정보나 제4조 및 제4조의2에 따라 보고한 정보를 요구할 수 있다. 이 경우 정보의 요구는 필요한 최소한에 그쳐야 한다. <신설 2012. 3. 21., 2020. 3. 24.>
⑧ 제1항 또는 제6항에 따라 검사를 하는 자는 그 권한을 표시하는 증표를 지니고 이를 관계인에게 보여 주어야 한다. <개정 2012. 3. 21.>
⑨ 제7항에 따라 금융회사등의 장에게 금융거래등 정보를 요구하는 경우에는 「금융실명거래 및 비밀보장에 관한 법률」 제4조제6항 및 제4조의3제3항을 준용한다. <신설 2012. 3. 21., 2020. 3. 24.>

[전문개정 2011. 5. 19.] [제11조에서 이동, 종전 제15조는 제18조로 이동 <2020. 3. 24.>]

제15조의2 (외국 금융감독·검사기관과의 업무협조 등) ① 금융정보분석원장(이하 이 조에서 제15조제6항에 따라 금융정보분석원장의 권한을 위탁받은 자를 포함한다)은 외국 금융감독·검사기관(제4조·제4조의2·제5조·제5조의2·제5조의3 또는 제5조의4에 따른 금융회사등의 의무를 감독·검사하는 업무를 수행하는 외국의 기관을 말한다. 이하 이 조에서 같다)이 외국의 법령(자금세탁행위 방지 및 공중협박자금조달행위 금지 관련 국제협약과 국제기구의 권고사항을 반영한 외국의 법령을 말한다. 이하 이 조에서 "외국법령"이라 한다)을 위반한 행위에 대하여 목적·범위 등을 밝혀 이 법에서 정하는 방법에 따른 감독·검사를 요청하는 경우 이에 협조할 수 있다. 이 경우 금융정보분석원장은 상호주의 원칙에 따라 감독·검사자료를 외국 금융감독·검사기관에 제공하거나 이를 제공받을 수 있다. <개정 2020. 3. 24.>
② 금융정보분석원장은 다음 각 호의 요건을 모두 충족하는 경우에만 제1항 후단에 따라 외국 금융감독·검사기관에 감독·검사자료를 제공할 수 있다.
  1. 외국 금융감독·검사기관에 제공된 감독·검사자료가 제공된 목적 외의 다른 용도로 사용되지 아니할 것
  2. 감독·검사자료 및 그 제공사실의 비밀이 유지될 것. 다만, 감독·검사자료가 제공된 목적 범위에서 외국법령에 따른 처분 또는 그에 상응하는 절차에 사용되는 경우에는 그러하지 아니하다.
③ 제1항에 따른 감독·검사의 경우 제15조제7항을 준용한다. <개정 2020. 3. 24.> [본조신설 2019. 1. 15.] [제11조의2에서 이동 <2020. 3. 24.>]

제7장 벌칙 등 <신설 2020. 3. 24.>

제16조 (벌칙) 다음 각 호의 어느 하나에 해당하는 자는 5년 이하의 징역 또는 5천만원 이하의 벌금에 처한다. <개정 2012. 3. 21., 2013. 8. 13., 2014. 5. 28., 2020. 3. 24.>
  1. 제4조제5항 또는 제13조제3항의 요건에 해당하지 아니함에도 불구하고 직권을 남용하여 금융회사등이 보존하는 관련 자료를 열람·복사하거나 금융회사등의 장에게 금융거래등 관련 정보 또는 자료의 제공을 요구한 자
  2. 제12조제1항을 위반하여 직무와 관련하여 알게 된 특정금융거래정보, 제5조의3에 따라 제공받은 정보, 제13조에 따라 제공받은 정보 또는 자료 및 제15조제7항에 따라 제공받은 정보를 다른 사람에게 제공 또는 누설

하거나 그 목적 외의 용도로 사용한 자 또는 특정금융거래정보, 제5조의 3에 따라 제공받은 정보, 제13조에 따라 제공받은 정보 또는 자료 및 제15조제7항에 따라 제공받은 정보를 제공할 것을 요구하거나 목적 외의 용도로 사용할 것을 요구한 자

3. 제12조제1항을 위반하여 제10조제8항의 정보분석심의회에서 알게 된 사항을 다른 사람에게 제공 또는 누설하거나 그 목적 외의 용도로 사용한 자 또는 이를 제공할 것을 요구하거나 목적 외의 용도로 사용할 것을 요구한 자

[전문개정 2011. 5. 19.] [제13조에서 이동, 종전 제16조는 제19조로 이동 <2020. 3. 24.>]

제17조 (벌칙) ① 제7조제1항을 위반하여 신고를 하지 아니하고 가상자산거래를 영업으로 한 자(거짓이나 그 밖의 부정한 방법으로 신고를 하고 가상자산거래를 영업으로 한 자를 포함한다)는 5년 이하의 징역 또는 5천만원 이하의 벌금에 처한다. <신설 2020. 3. 24.>

② 제7조제2항을 위반하여 변경신고를 하지 아니한 자(거짓이나 그 밖의 부정한 방법으로 변경신고를 한 자를 포함한다)는 3년 이하의 징역 또는 3천만원 이하의 벌금에 처한다. <신설 2020. 3. 24.>

③ 다음 각 호의 어느 하나에 해당하는 자는 1년 이하의 징역 또는 1천만원 이하의 벌금에 처한다. <개정 2013. 8. 13., 2014. 5. 28., 2020. 3. 24.>

1. 제4조제1항 및 제4조의2제1항·제2항에 따른 보고를 거짓으로 한 자
2. 제4조제6항을 위반한 자

[전문개정 2011. 5. 19.]
[제14조에서 이동, 종전 제17조는 제20조로 이동 <2020. 3. 24.>]

제18조 (징역과 벌금의 병과) 제16조 및 제17조에 규정된 죄를 범한 자에게는 징역과 벌금을 병과(並科)할 수 있다. <개정 2020. 3. 24.> [전문개정 2011. 5. 19.]
[제15조에서 이동 <2020. 3. 24.>]

제19조 (양벌규정) 법인의 대표자나 법인 또는 개인의 대리인, 사용인, 그 밖의 종업원이 그 법인 또는 개인의 업무에 관하여 제17조의 위반행위를 한 경우에는 행위자를 벌하는 외에 그 법인 또는 개인에 대하여도 해당 조문의 벌금형을 과(科)한다. 다만, 법인 또는 개인이 그 위반행위를 방지하기 위하여 해당 업무

에 관하여 상당한 주의와 감독을 게을리하지 아니한 경우에는 그러하지 아니하다. <개정 2020. 3. 24.> [전문개정 2011. 5. 19.]

[제16조에서 이동 <2020. 3. 24.>]

제20조 (과태료) ① 다음 각 호의 어느 하나에 해당하는 자에게는 1억원 이하의 과태료를 부과한다. <개정 2012. 3. 21., 2013. 8. 13., 2014. 5. 28., 2019. 1. 15., 2020. 3. 24.>
   1. 제5조제1항을 위반하여 같은 항 각 호에 따른 조치를 하지 아니한 자
   2. 제5조의2제1항제2호를 위반하여 확인 조치를 하지 아니한 자
   3. 제8조를 위반하여 조치를 하지 아니한 자
   4. 제15조제1항부터 제3항까지 또는 제6항에 따른 명령·지시·검사에 따르지 아니하거나 이를 거부·방해 또는 기피한 자
② 다음 각 호의 어느 하나에 해당하는 자에게는 3천만원 이하의 과태료를 부과한다. <신설 2019. 1. 15.>
   1. 제4조제1항제1호·제2호 또는 제4조의2제1항·제2항을 위반하여 보고를 하지 아니한 자
   2. 제5조의2제1항제1호를 위반하여 확인 조치를 하지 아니한 자
   3. 제5조의4제1항을 위반하여 자료 및 정보를 보존하지 아니한 자
③ 제1항 및 제2항에 따른 과태료는 대통령령으로 정하는 바에 따라 금융정보분석원장이 부과·징수한다. <개정 2019. 1. 15.> [전문개정 2011. 5. 19.]

[제17조에서 이동 <2020. 3. 24.>]

부 칙 <제6516호, 2001. 9. 27.>

① (시행일) 이 법은 공포후 2월이 경과한 날부터 시행한다.
② (금융정보분석원장이 요구하는 정보등의 범위에 관한 적용례) 금융정보분석원장이 제10조제3항제3호의 규정에 의하여 금융기관등의 장에게 요구할 수 있는 정보 또는 자료의 범위는 이 법 시행후에 이루어진 금융거래관련 정보 또는 자료에 한한다.
③ (다른 법률의 개정) 정치자금에관한법률중 다음과 같이 개정한다.
   제24조의4를 다음과 같이 신설한다.
   제24조의4 (특정금융거래정보의 조사) ①관할선거관리위원회는 특정금융거래정보의보고 및이용등에관한법률 제7조제3항의 규정에 의하여 중앙선거관리위원

회가 제공받은 특정금융거래정보를 조사하여야 한다.
② 관할선거관리위원회는 제1항의 조사를 함에 있어서 관련 정당·후원회 그 밖의 관계인에게 소명자료의 제출을 요구할 수 있다.
③ 제1항 및 제2항의 규정에 의한 조사·소명 및 그 처리절차에 관하여 필요한 사항은 제24조의2의 규정에 의한 이의신청처리절차를 준용한다.

부 칙 <제7311호, 2004. 12. 31.> (수산업협동조합법)

제1조 (시행일) 이 법은 공포후 6월이 경과한 날부터 시행, <후문 생략>.
제2조 내지 제14조 생략
제15조 (다른 법률의 개정) ① 내지 ⑫생략
⑬ 특정금융거래정보의보고 및이용등에관한법률중 다음과 같이 개정한다.
제2조제1호 바목중 "수산업협동조합"을 "조합"으로 한다.
제16조 생략

부 칙 <제7336호, 2005. 1. 17.>

① (시행일) 이 법은 공포한 날부터 시행한다. 다만, 제4조의2 및 제5조의2의 개정규정은 이 법 시행후 1년이 경과한 날부터 시행한다.
② (고액현금거래보고에 관한 적용례) 제4조의2의 개정규정은 이 법 시행후 최초로 지급하거나 영수하는 현금등부터 적용한다.
③ (다른 법률의 개정) 정치자금에관한법률중 다음과 같이 개정한다.
제24조의4를 삭제한다.
제32조제2항중 "제24조의2(재산 및 수입·지출내역 등의 열람 및 사본교부)제5항{제24조의4(특정금융거래정보의 조사)제3항에서 준용하는 경우를 포함한다}"을 "제24조의2(재산 및 수입·지출내역 등의 열람 및 사본교부)제5항"으로 한다.

부 칙 <제8635호, 2007. 8. 3.> (자본시장과 금융투자업에 관한 법률)

제1조 (시행일) 이 법은 공포 후 1년 6개월이 경과한 날부터 시행한다. <단서 생략>
제2조부터 제41조까지 생략
제42조 (다른 법률의 개정) ①부터 ㊴까지 생략

㊺ 특정금융거래정보의보고 및이용등에관한법률 일부를 다음과 같이 개정한다.
제2조제1호다목을 다음과 같이 하고, 같은 호 자목·차목 및 파목을 각각 삭제한다.
다. 「자본시장과 금융투자업에 관한 법률」에 따른 투자매매업자·투자중개업자·집합투자업자·신탁업자·증권금융회사·종합금융회사 및 명의개서대행회사

㊾부터 ㊿까지 생략

제43조 및 제44조 생략

부 칙 <제8704호, 2007. 12. 21.>

제1조 (시행일) 이 법은 공포한 날부터 시행한다. 다만, 제1조의 개정규정, 제2조제1호하목·제2호다목·제3호다목·제5호의 개정규정, 제3조제1항제4호·제5호·제2항의 개정규정, 제4조제1항·제2항의 개정규정과 같은 조 제6항제1호의 개정규정 중 공중협박자금조달행위 관련 부분, 제4조의2제1항제1호·제3항·제4항의 개정규정, 제5조·제5조의2의 개정규정, 제7조제1항·제2항의 개정규정, 제9조제1항의 개정규정, 제12조제2항의 개정규정 중 중계기관 관련 부분은 공포 후 1년이 경과한 날부터 시행한다.

제2조 (자금세탁행위에 관한 적용례) 제2조제4호다목의 개정규정은 이 법 시행 후 최초로 하는 같은 목의 자금세탁행위부터 적용한다.

제3조 (과태료에 관한 경과조치) 이 법 시행 전의 행위에 대한 과태료의 적용에 있어서는 종전의 규정에 따른다.

제4조 (「자본시장과 금융투자업에 관한 법률」에 따른 경과조치) ① 제2조제2호나목에 따른 파생상품시장에서의 거래는 2009년 2월 4일 전까지는 「선물거래법」 제3조제1호 및 제2호에 따른 선물거래로 본다.

② 제4조의2제3항제2호에 따른 한국금융투자협회는 2009년 2월 4일 전까지는 「증권거래법」 제162조에 따라 설립된 한국증권업협회로 본다.

부 칙 <제8863호, 2008. 2. 29.> (금융위원회의 설치 등에 관한 법률)

제1조 (시행일) 이 법은 공포한 날부터 시행한다.
제2조부터 제4조까지 생략
제5조 (다른 법률의 개정) ①부터 ㊼까지 생략

㊽ 특정금융거래정보의 보고 및 이용 등에 관한 법률 일부를 다음과 같이 개정한다.

제2조제2호가목 중 "재정경제부령"을 "총리령"으로 한다.
제3조제1항 각 호 외의 부분 중 "재정경제부장관"을 "금융위원회"로 한다.
제4조의2제3항제1호 중 "재정경제부장관"을 "금융위원회"로 한다.
제7조제1항·제4항 중 "금융감독위원회"를 각각 "금융위원회"로 한다.
제11조제3항 중 "금융감독기구의 설치 등에 관한 법률"을 "금융위원회의 설치 등에 관한 법률"로 한다.

㊾부터 ㊿까지 생략

부 칙 <제9617호, 2009. 4. 1.> (신용정보의 이용 및 보호에 관한 법률)

제1조 (시행일) 이 법은 공포 후 6개월이 경과한 날부터 시행한다.
제2조부터 제11조까지 생략
제12조 (다른 법률의 개정) ①부터 ⑳까지 생략
  ㉑ 특정 금융거래정보의 보고 및 이용 등에 관한 법률 일부를 다음과 같이 개정한다.

제10조제2항 중 "「신용정보의 이용 및 보호에 관한 법률」 제17조의 규정에 의한"을 "「신용정보의 이용 및 보호에 관한 법률」 제25조에 따른"으로 한다.
제12조제1항 중 "「신용정보의 이용 및 보호에 관한 법률」 제23조·제27조"를 "「신용정보의 이용 및 보호에 관한 법률」 제32조·제42조"로 하고, 같은 조 제2항 중 "「신용정보의 이용 및 보호에 관한 법률」 제24조의2"를 "「신용정보의 이용 및 보호에 관한 법률」 제35조"로 한다.

㉒부터 ㉔까지 생략
제13조 생략

부 칙 <제9919호, 2010. 1. 1.> (조세범 처벌법)

제1조 (시행일) 이 법은 공포한 날부터 시행한다. <단서 생략>
제2조 및 제3조 생략
제4조 (다른 법률의 개정) ① 생략
  ② 특정 금융거래정보의 보고 및 이용 등에 관한 법률 일부를 다음과 같이 개

정한다.
　　제2조제4호다목 중 "「조세범처벌법」 제9조"를 "「조세범 처벌법」 제3조"로 한다.
　③ 생략
제5조 생략

부　칙 <제10043호, 2010. 2. 4.>

이 법은 공포한 날부터 시행한다.

부　칙 <제10303호, 2010. 5. 17.> (은행법)

제1조 (시행일) 이 법은 공포 후 6개월이 경과한 날부터 시행한다. <단서 생략>
제2조부터 제8조까지 생략
제9조 (다른 법률의 개정) ①부터 ⑮까지 생략
　⑯ 특정 금융거래정보의 보고 및 이용 등에 관한 법률 일부를 다음과 같이 개정한다.
　　제2조제1호가목 중 "금융기관"을 "은행"으로 한다.
　⑰부터 ㊏까지 생략
제10조 생략

부　칙 <제10522호, 2011. 3. 31.> (농업협동조합법)

제1조 (시행일) 이 법은 2012년 3월 2일부터 시행한다. <단서 생략>
제2조부터 제26조까지 생략
제27조 (다른 법률의 개정) ①부터 ⑳까지 생략
　㉑ 특정 금융거래정보의 보고 및 이용 등에 관한 법률 일부를 다음과 같이 개정한다. <개정 2011. 5. 19.>
　　제2조제1호사목을 다음과 같이 한다.
　　　사. 「농업협동조합법」에 따른 조합과 농협은행
　㉒부터 ㉕까지 생략
제28조 생략

부   칙 <제10694호, 2011. 5. 19.>

제1조 (시행일) 이 법은 공포한 날부터 시행한다.
제2조 (「새마을금고법」의 시행일에 관한 경과조치) 제2조제1호차목의 개정규정 중 "중앙회"는 2011년 9월 8일까지는 "연합회"로 본다.
제3조 (다른 법률의 개정) ① 공중 등 협박목적을 위한 자금조달행위의 금지에 관한 법률 일부를 다음과 같이 개정한다.
　제4조제3항 전단, 제5조의 제목, 같은 조 제1항·제2항, 같은 조 제3항 본문·단서, 제6조제2항제3호 및 제7조제1항 중 "금융기관등"을 각각 "금융회사등"으로 한다.
② 범죄수익은닉의 규제 및 처벌 등에 관한 법률 일부를 다음과 같이 개정한다.
　제5조의 제목 중 "금융기관 등"을 "금융회사등"으로 하고, 같은 조 제1항 및 제2항 중 "금융기관등"을 각각 "금융회사등"으로 한다.
③ 법률 제10522호 농업협동조합법 일부개정법률 일부를 다음과 같이 개정한다.
　법률 제10522호 농업협동조합법 일부개정법률 부칙 제27조제21항을 다음과 같이 한다.
㉑ 특정 금융거래정보의 보고 및 이용 등에 관한 법률 일부를 다음과 같이 개정한다.
　제2조제1호사목을 다음과 같이 한다.
　사. 「농업협동조합법」에 따른 조합과 농협은행

부   칙 <제11411호, 2012. 3. 21.>

제1조 (시행일) 이 법은 공포 후 1년이 경과한 날부터 시행한다. 다만, 제7조제1항의 개정규정은 공포한 날부터 시행한다.
제2조 (영업의 전부 또는 일부 정지에 관한 적용례) 제11조제4항의 개정규정은 이 법 시행 후에 최초로 발생하는 영업의 전부 또는 일부 정지의 사유부터 적용한다.

부   칙 <제11546호, 2012. 12. 11.>

이 법은 공포한 날부터 시행한다.

부 칙 <제12103호, 2013. 8. 13.>

제1조 (시행일) 이 법은 공포 후 3개월이 경과한 날부터 시행한다. 다만, 제7조제8항부터 제10항까지의 개정규정은 공포 후 6개월이 경과한 날부터 시행한다.
제2조 (전신송금 시 정보제공에 관한 적용례) 제5조의3제2항의 개정규정은 이 법 시행 후 행하여진 전신송금에 관한 정보제공을 요청하는 것부터 적용한다.
제3조 (벌칙 등에 관한 경과조치) 이 법 시행 전의 행위에 대하여 벌칙 및 과태료를 적용할 때는 종전의 규정에 따른다.

부 칙 <제12710호, 2014. 5. 28.> (공중 등 협박목적 및 대량살상무기확산을 위한 자금조달행위의 금지에 관한 법률)

제1조 (시행일) 이 법은 공포한 날부터 시행한다.
제2조 및 제3조 생략
제4조 (다른 법률의 개정) ① 특정 금융거래정보의 보고 및 이용 등에 관한 법률 일부를 다음과 같이 개정한다.
　제2조제3호다목, 같은 조 제5호, 제3조제1항제4호, 같은 조 제2항 및 제4조제1항제3호 중 "「공중 등 협박목적을 위한 자금조달행위의 금지에 관한 법률」"을 각각 "「공중 등 협박목적 및 대량살상무기확산을 위한 자금조달행위의 금지에 관한 법률」"로 한다.
　② 생략

부 칙 <제12716호, 2014. 5. 28.>

제1조 (시행일) 이 법은 공포 후 6개월이 경과한 날부터 시행한다. 다만, 제5조의2제1항·제4항·제5항, 제7조제12항 및 제9조의2의 개정규정은 2016년 1월 1일부터 시행한다.
제2조 (특정금융거래정보 등의 보존 및 폐기에 관한 적용례) 제9조의2의 개정규정은 같은 개정규정 시행 당시 금융정보분석원장이 보유하고 있는 특정금융거래정보, 제5조의3·제6조·제10조·제11조제7항에 따라 제공받거나 통보받은 정보 또는 자료에 대하여도 적용한다.

부 칙 <제12844호, 2014. 11. 19.> (정부조직법)

제1조 (시행일) 이 법은 공포한 날부터 시행한다. 다만, 부칙 제6조에 따라 개정되는 법률 중 이 법 시행 전에 공포되었으나 시행일이 도래하지 아니한 법률을 개정한 부분은 각각 해당 법률의 시행일부터 시행한다.
제2조부터 제5조까지 생략
제6조 (다른 법률의 개정) ①부터 <249>까지 생략
　㉚ 특정 금융거래정보의 보고 및 이용 등에 관한 법률 일부를 다음과 같이 개정한다.
　　제7조제2항 중 "경찰청장, 해양경찰청장"을 "국민안전처장관, 경찰청장"으로 하고, 같은 조 제4항 중 "검찰총장, 경찰청장, 해양경찰청장"을 "검찰총장, 국민안전처장관, 경찰청장"으로 한다.
　㉛부터 ㉝까지 생략
제7조 생략

부 칙 <제14071호, 2016. 3. 3.> (국민보호와 공공안전을 위한 테러방지법)

제1조 (시행일) 이 법은 공포한 날부터 시행한다. <단서 생략>
제2조 (다른 법률의 개정) ① 생략
　② 특정 금융거래정보의 보고 및 이용 등에 관한 법률 일부를 다음과 같이 개정한다.
　　제7조제1항 각 호 외의 부분 중 "조사 또는 금융감독 업무"를 "조사, 금융감독업무 또는 테러위험인물에 대한 조사업무"로, "중앙선거관리위원회 또는 금융위원회"를 "중앙선거관리위원회, 금융위원회 또는 국가정보원장"으로 한다.
　　제7조제4항 중 "금융위원회(이하 "검찰총장등"이라 한다)는"을 "금융위원회, 국가정보원장(이하 "검찰총장등"이라 한다)은"으로 한다.
　③ 생략

부 칙 <제14133호, 2016. 3. 29.>

이 법은 공포한 날부터 시행한다.

부　칙 <제14242호, 2016. 5. 29.> (수산업협동조합법)

제1조 (시행일) 이 법은 2016년 12월 1일부터 시행한다. <단서 생략>
제2조부터 제20조까지 생략
제21조 (다른 법률의 개정) ①부터 ㉔까지 생략
　㉕ 특정 금융거래정보의 보고 및 이용 등에 관한 법률 일부를 다음과 같이 개정한다.
　　제2조제1호아목 중 "조합과 중앙회"를 "조합과 수협은행"으로 한다.
　㉖ 및 ㉗ 생략
제22조 생략

부　칙 <제14839호, 2017. 7. 26.> (정부조직법)

제1조 (시행일) ① 이 법은 공포한 날부터 시행한다. 다만, 부칙 제5조에 따라 개정되는 법률 중 이 법 시행 전에 공포되었으나 시행일이 도래하지 아니한 법률을 개정한 부분은 각각 해당 법률의 시행일부터 시행한다.
제2조부터 제4조까지 생략
제5조 (다른 법률의 개정) ①부터 ㉙㉙까지 생략
　㉚ 특정 금융거래정보의 보고 및 이용 등에 관한 법률 일부를 다음과 같이 개정한다.
　　제7조제2항 및 제4항 중 "국민안전처장관, 경찰청장"을 각각 "경찰청장, 해양경찰청장"으로 한다.
　㉛부터 ㊚까지 생략
제6조 생략

부　칙 <제16293호, 2019. 1. 15.>

이 법은 2019년 7월 1일부터 시행한다.

부　칙 <제17113호, 2020. 3. 24.>

제1조 (시행일) 이 법은 공포 후 1년이 경과한 날부터 시행한다.
제2조 (금융회사등의 가상자산사업자에 대한 고객 확인의무에 관한 적용례) 금융

회사등의 이 법 시행 전부터 영업 중인 가상자산사업자에 대한 제5조의2의 개정규정 적용은 이 법 시행 후 최초로 실시되는 금융거래등부터 한다. 다만, 이 법 시행 전부터 영업 중인 가상자산사업자가 이 법 시행일부터 6개월 이내에 제7조제1항의 개정규정에 따라 신고를 하고 같은 조 제3항 및 제4항의 개정규정에 따라 신고가 수리되지 아니하거나 직권으로 말소된 사실이 확인되지 아니한 경우에는 제5조의2제4항제2호가목의 개정규정은 적용하지 아니한다.

제3조 (가상자산사업자의 고객 확인의무에 관한 적용례) 이 법 시행 전부터 영업 중인 가상자산사업자와 가상자산거래를 하는 고객에 대한 제5조의2의 개정규정의 적용은 이 법 시행 후 최초로 실시되는 가상자산거래부터 한다.

제4조 (가상자산사업자의 신고에 관한 적용례) 제7조제3항제3호의 개정규정은 이 법 시행 후 최초로 법률 위반행위를 한 경우부터 적용한다.

제5조 (가상자산사업자의 신고에 관한 경과조치) 제7조의 개정규정에도 불구하고 이 법 시행 전부터 영업 중인 가상자산사업자는 이 법 시행일부터 6개월 이내에 같은 개정규정에 따른 요건을 갖추어 신고하여야 한다.

제6조 (다른 법률의 개정) ① 공무원범죄에 관한 몰수 특례법 일부를 다음과 같이 개정한다.

제9조의3제1항제3호 중 "「특정 금융거래정보의 보고 및 이용 등에 관한 법률」 제7조제1항에"를 "「특정 금융거래정보의 보고 및 이용 등에 관한 법률」 제10조제1항에"로 한다.

② 공중 등 협박목적 및 대량살상무기확산을 위한 자금조달행위의 금지에 관한 법률 일부를 다음과 같이 개정한다.

제2조제4호 중 ""금융거래"란"을 ""금융거래등"이란"으로, "금융거래를"을 "금융거래등을"로 한다.

제4조제4항제1호 중 "금융거래 및"을 "금융거래등 및"으로 한다.

제5조제1항 중 "자의 금융거래"를 "자의 금융거래등"으로 하고, 같은 조 제2항 중 "금융거래와"를 "금융거래등과"로, "금융거래의"를 "금융거래등의"로, "금융거래나"를 "금융거래등이나"로 하며, 같은 조 제3항 본문 중 "금융거래"를 "금융거래등"으로 한다.

③ 금융실명거래 및 비밀보장에 관한 법률 일부를 다음과 같이 개정한다.

제3조제3항 중 "「특정 금융거래정보의 보고 및 이용 등에 관한 법률」 제2조제3호"를 "「특정 금융거래정보의 보고 및 이용 등에 관한 법률」 제2조제4호"로, "제4호"를 "제5호"로, "제5호"를 "제6호"로 한다.

제4조제6항제6호 및 제4조의3제3항제6호 중 "「특정 금융거래정보의 보고

및 이용 등에 관한 법률」 제10조제3항"을 각각 "「특정 금융거래정보의 보고 및 이용 등에 관한 법률」 제13조제3항"으로 한다.

④ 범죄수익은닉의 규제 및 처벌 등에 관한 법률 일부를 다음과 같이 개정한다.

제5조제1항 중 "금융거래와"를 "금융거래등과"로, "금융거래의"를 "금융거래등의"로 하고, 같은 조 제2항 중 "금융거래"를 "금융거래등"으로 한다.

제10조의3제1항제3호 중 "「특정 금융거래정보의 보고 및 이용 등에 관한 법률」 제7조제1항에"를 "「특정 금융거래정보의 보고 및 이용 등에 관한 법률」 제10조제1항에"로 한다.

부 칙 <제17299호, 2020. 5. 19.>

이 법은 공포 후 1년이 경과한 날부터 시행한다.

부 칙 <제17880호, 2021. 1. 5.>

이 법은 공포한 날부터 시행한다.

2. 특정 금융거래정보의 보고 및 이용 등에 관한 법률 시행령
   (약칭: 특정금융정보법 시행령)

[시행 2021. 11. 6.] [대통령령 제32028호, 2021. 10. 5., 일부개정]

제1조 (목적) 이 영은 「특정 금융거래정보의 보고 및 이용 등에 관한 법률」에서 위임된 사항과 그 시행에 필요한 사항을 규정함을 목적으로 한다. <개정 2005. 9. 27., 2013. 8. 6.>

제1조의2 (가상자산거래의 범위) 「특정 금융거래정보의 보고 및 이용 등에 관한 법률」(이하 "법"이라 한다) 제2조제1호하목3)에서 "대통령령으로 정하는 행위"란 고객의 요청에 따라 가상자산의 매매, 교환, 보관 또는 관리 등을 위해 가상자산을 이전하는 모든 행위를 말한다. [본조신설 2021. 3. 23.]

제2조 (금융회사등) 법 제2조제1호거목에서 "대통령령으로 정하는 자"란 다음 각 호의 자를 말한다. <개정 2002. 12. 5., 2005. 9. 27., 2008. 7. 29., 2008. 11. 11., 2009. 5. 6., 2013. 8. 6., 2015. 12. 30., 2016. 5. 31., 2017. 6. 27., 2019. 2. 26., 2019. 4. 30., 2020. 8. 11., 2020. 8. 25., 2021. 3. 23.>
  1. 「신용보증기금법」에 의한 신용보증기금
  2. 「기술보증기금법」에 따른 기술보증기금
  3. 「자본시장과 금융투자업에 관한 법률」에 따른 투자일임업자
  4. 「온라인투자연계금융업 및 이용자 보호에 관한 법률」 제5조에 따라 등록한 온라인투자연계금융업자
  5. 「여신전문금융업법」에 의한 여신전문금융회사와 신기술사업투자조합
  6. 「산림조합법」에 의한 산림조합과 그 중앙회
  7. 「금융지주회사법」에 의한 금융지주회사
  8. 「벤처투자 촉진에 관한 법률」 제2조제10호 및 제11호에 따른 중소기업창업투자회사 및 벤처투자조합
  9. 삭제 <2015. 12. 30.>
  10. 「외국환거래법」 제8조제3항제1호에 따라 등록한 환전영업자
  11. 「농업협동조합법」 제161조의12에 따른 농협생명보험 및 농협손해보험

12. 「외국환거래법」 제8조제3항제2호에 따라 등록한 소액해외송금업자
13. 「전자금융거래법」에 따른 전자금융업자
14. 「대부업 등의 등록 및 금융이용자 보호에 관한 법률」 제3조제2항제5호에 따라 등록한 대부업자 중 같은 법 제9조의7제1항에 따른 자산규모 이상인 자
15. 그 밖에 자금세탁행위와 공중협박자금조달행위에 이용될 가능성이 있는 금융거래등을 하는 자로서 법 제3조에 따른 금융정보분석원(이하 "금융정보분석원"이라 한다)의 장이 정하여 고시하는 자

[제목개정 2013. 8. 6.]

제3조 (금융거래등) ① 법 제2조제2호나목에서 "그 밖에 대통령령으로 정하는 것"이란 다음 각 호의 것을 말한다. <개정 2019. 4. 30., 2020. 8. 25.>
　1. 대출·보증·보험·공제·팩토링(기업이 물품 또는 용역의 제공에 의하여 취득한 매출채권을 양수·관리 또는 회수하는 업무를 말한다)·보호예수·금고대여 업무에 따른 거래
　2. 「여신전문금융업법」에 따른 신용카드·직불카드·선불카드·시설대여·연불판매·할부금융·신기술사업금융 업무에 따른 거래
　3. 「외국환거래법」에 따른 외국환업무에 따른 거래(이하 "외국환거래"라 한다)
　4. 「전자금융거래법」에 따른 전자금융거래(이하 "전자금융거래"라 한다)
　5. 「대부업 등의 등록 및 금융이용자 보호에 관한 법률」에 따른 대부 및 대부채권매입추심 업무에 따른 거래
　6. 「온라인투자연계금융업 및 이용자 보호에 관한 법률」 제13조제1호부터 제3호까지의 업무에 따른 거래
② 법 제2조제2호다목에서 "카지노사업자의 영업장에서 현금과 수표를 대신하여 쓰이는 것으로서 대통령령으로 정하는 것"이란 「관광진흥법」 제25조에 따라 문화체육관광부장관이 정하여 고시하는 카지노에서 베팅에 사용되는 도구인 칩을 말한다.

[전문개정 2008. 11. 11.] [제목개정 2021. 3. 23.]

제4조 (가상자산의 범위) 법 제2조제3호사목에서 "대통령령으로 정하는 것"이란 다음 각 호의 것을 말한다.
　1. 「전자금융거래법」 제2조제16호에 따른 전자채권

2. 발행자가 일정한 금액이나 물품·용역의 수량을 기재하여 발행한 상품권 중 휴대폰 등 모바일기기에 저장되어 사용되는 상품권
3. 그 밖에 제1호 및 제2호에 준하는 것으로서 거래의 형태와 특성을 고려하여 금융정보분석원의 장(이하 "금융정보분석원장"이라 한다)이 정하여 고시하는 것

[본조신설 2021. 3. 23.]

제5조 (금융정보분석원의 업무) ① 법 제3조제1항제7호에서 "대통령령으로 정하는 업무"란 다음 각 호의 업무를 말한다. <개정 2008. 11. 11., 2013. 8. 6., 2019. 6. 25., 2021. 3. 23.>

1. 자금세탁행위와 공중협박자금조달행위의 동향 및 방지대책에 관한 조사·연구
2. 자금세탁행위와 공중협박자금조달행위의 방지를 위한 금융회사등에 대한 교육훈련 지원 및 상담
3. 자금세탁행위와 공중협박자금조달행위의 방지를 위한 국내외 협력증진 및 정보교류

② 금융정보분석원장은 법 제4조의2제1항·제2항에 따라 금융회사등이 보고하는 정보 및 법 제10조제1항에 따른 특정금융거래정보(이하 "특정금융거래정보"라 한다)의 효율적인 보고·관리 및 활용을 위한 전산시스템을 구축하고, 전산시스템의 보호 및 보안에 필요한 대책을 마련해야 한다. <개정 2005. 9. 27., 2013. 8. 6., 2019. 2. 26., 2021. 3. 23.>

③ 금융정보분석원장은 다음 각 호의 사항을 협의·조정하기 위하여 금융정보분석원 및 검찰청·고위공직자범죄수사처·경찰청·해양경찰청·행정안전부·국세청·관세청·중앙선거관리위원회·금융위원회·국가정보원의 소속 공무원을 구성원으로 하는 협의회를 설치·운영할 수 있다. <개정 2019. 2. 26., 2021. 3. 23.>

1. 국가 차원의 자금세탁행위 및 공중협박자금조달행위 위험 평가 및 대책 검토
2. 법 제10조제1항·제2항 및 제4항에 따라 제공된 특정금융거래정보의 활용결과에 관한 적정성 검토
3. 금융정보분석원의 효율적 운영에 필요한 사항
4. 그 밖에 법 제3조제1항에 따른 금융정보분석원의 업무 중 협의·조정이 필요하다고 금융정보분석원장이 인정하는 사항

④ 금융정보분석원장은 자금세탁행위 방지 및 공중협박자금조달행위 금지 관련 국제협약과 국제기구의 권고사항을 고려하여 다음 각 호에 관한 세부내용을 정하여 고시할 수 있다. <신설 2010. 3. 26., 2013. 11. 13., 2019. 6. 25.>
    1. 법 제5조제1항제1호에 따른 내부 보고체제의 수립에 관한 사항
    2. 법 제5조제1항제2호에 따른 업무지침의 작성 및 운용에 관한 사항
    3. 법 제5조제1항제3호에 따른 임직원의 교육 및 연수에 관한 사항
    4. 법 제5조의2제1항 각 호에 따른 확인조치에 관한 사항
    5. 법 제5조의4에 따른 자료 및 정보의 보존에 관한 사항
⑤ 제3항에 따른 협의회의 운영 등에 필요한 세부사항은 금융정보분석원장이 정한다. <신설 2019. 2. 26.>

제6조 삭제 <2013. 11. 13.>

제7조 (불법재산 등으로 의심되는 거래의 보고 방법) ①법 제4조제1항에 따라 보고를 하는 금융회사등은 금융정보분석원장이 정하는 서식에 따라 다음 각 호의 사항을 문서·전자기록매체 또는 그 밖에 금융정보분석원장이 정하는 방법으로 보고해야 한다. <개정 2005. 9. 27., 2010. 3. 26., 2013. 8. 6., 2013. 11. 13., 2021. 3. 23.>
    1. 보고를 하는 금융회사등의 명칭 및 소재지
    2. 보고대상 금융거래등이 발생한 일자 및 장소
    3. 보고대상 금융거래등의 상대방
    4. 보고대상 금융거래등의 내용
    5. 법 제4조제3항의 규정에 의한 의심되는 합당한 근거
    6. 그 밖에 보고대상 금융거래등을 분석하기 위하여 필요한 사항으로서 금융정보분석원장이 정하는 사항
② 삭제 <2019. 6. 25.>
③ 삭제 <2019. 6. 25.>
[제목개정 2019. 6. 25.]

제8조 (보고대상 금융거래등의 참고유형 제공) 금융정보분석원장은 금융회사등이 취급하는 금융거래등이 법 제4조제1항 및 제4조의2제2항에 따른 금융거래등에 해당하는지를 판단하는 데 참고할 수 있도록 명백한 경제적 합리성이 없거나 합

법적 목적을 갖지 않은 고액의 현금거래, 타인명의 계좌를 이용한 거래 등 자금세탁행위와 공중협박자금조달행위의 가능성이 높은 거래유형을 금융회사등에 제공할 수 있다. <개정 2005. 9. 27., 2008. 11. 11., 2013. 8. 6., 2013. 11. 13., 2021. 3. 23.> [제목개정 2021. 3. 23.]

제8조의2 (고액현금거래 보고의 기준금액) ① 법 제4조의2제1항 각 호 외의 부분 본문에서 "대통령령으로 정하는 금액"이란 1천만원을 말한다. <개정 2013. 8. 6., 2019. 4. 30.>
② 제1항의 금액을 산정할 때에는 금융회사등이 동일인 명의로 이루어지는 1거래일 동안의 금융거래등에 따라 지급한 금액을 합산하거나 영수한 금액을 합산한다. 다만, 법 제2조제1호파목에 따른 카지노사업자(이하 "카지노사업자"라 한다)가 같은 조 제2호다목에 해당하는 금융거래등을 하는 경우에는 거래 1건당 지급하거나 영수하는 금액을 기준으로 산정한다. <개정 2008. 11. 11., 2013. 8. 6., 2021. 3. 23.>
③ 제2항에서 동일인 명의란 「금융실명거래 및 비밀보장에 관한 법률」에 따른 실지명의(이하 "실지명의"라 한다)가 동일한 것을 말한다. <개정 2019. 6. 25.>
④ 제2항의 규정에 따라 금액을 합산함에 있어서 다음 각 호의 금액을 제외한다.
 1. 100만원 이하의 원화 송금(무통장입금을 포함한다) 금액
 2. 100만원 이하에 상당하는 외국통화의 매입·매각 금액
 3. 금융정보분석원장이 정하는 공과금 등을 수납하거나 지출한 금액
[본조신설 2005. 9. 27.]

제8조의3 (현금과 비슷한 기능의 지급수단) 법 제4조의2제1항 각 호 외의 부분 본문에서 "대통령령으로 정하는 것"이란 법 제2조제2호다목에 해당하는 금융거래등을 하는 경우 카지노사업자가 지급 또는 영수하는 수표 중 권면액이 100만원을 초과하는 수표를 말한다. 다만, 카지노사업자가 그 수표를 지급하거나 영수하면서 실지명의를 확인한 후 실지명의 및 수표번호를 기록·관리하는 경우는 제외한다. <개정 2013. 8. 6., 2021. 3. 23.> [본조신설 2008. 11. 11.] [제목개정 2013. 8. 6.] [종전 제8조의3은 제8조의5로 이동 <2008. 11. 11.>]

제8조의4 (고액 현금거래 보고의 예외에서 제외되는 금융회사등) 법 제4조의2제1항제1호에서 "대통령령으로 정하는 자"란 다음 각 호의 어느 하나에 해당하는 자를 말한다. <개정 2021. 3. 23.>
    1. 카지노사업자
    1의2. 법 제2조제1호하목에 따른 가상자산사업자(이하 "가상자산사업자"라 한다)
    2. 자금세탁행위와 공중협박자금조달행위에 이용될 위험성이 높은 자로서 금융정보분석원장이 정하여 고시하는 자
    [전문개정 2019. 2. 26.]

제8조의5 삭제 <2019. 2. 26.>

제8조의6 (고액현금거래의 보고 방법 등) ① 법 제4조의2제1항에 따라 보고를 하는 금융회사등은 금융정보분석원장이 정하는 서식에 따라 다음 각 호의 사항을 온라인·문서·전자기록매체 그 밖에 금융정보분석원장이 정하는 방법으로 보고하여야 한다. <개정 2013. 8. 6.>
    1. 보고하는 금융회사등의 명칭 및 소재지
    2. 현금의 지급 또는 영수가 이루어진 일자 및 장소
    3. 현금의 지급 또는 영수의 상대방
    4. 현금의 지급 또는 영수의 내용
    5. 그 밖에 현금의 지급 또는 영수의 사실을 분석하기 위하여 필요한 사항으로 금융정보분석원장이 정하는 사항
② 제7조제1항 및 제2항의 규정은 법 제4조의2제2항의 규정에 의한 보고에 관하여 이를 준용한다.
    [본조신설 2005. 9. 27.] [제8조의4에서 이동 <2008. 11. 11.>]

제8조의7 (중계기관의 지정 등) ① 금융정보분석원장은 법 제4조의2제3항에 따른 중계기관(이하 "중계기관"이라 한다)을 지정한 때에는 이를 고시하여야 한다.
② 금융회사등은 중계기관을 거쳐 고액 현금거래를 금융정보분석원장에게 보고할 수 있다. <개정 2013. 8. 6.>
③ 금융정보분석원장은 중계기관의 업무처리기준을 정할 수 있으며, 중계기관으로 하여금 그 세부운영기준을 정하게 할 수 있다.
④ 중계기관의 장은 제3항에 따라 세부운영기준을 정한 경우에는 그 내용을

지체 없이 금융정보분석원장에게 알려야 한다.
[본조신설 2008. 11. 11.]

제9조 (금융회사등의 조치 등) ① 금융회사등은 법 제5조제1항제1호에 따라 보고업무를 담당할 자를 임면한 때에는 그 사실을 금융정보분석원장에게 통보하여야 한다. <개정 2013. 8. 6., 2019. 6. 25.>

② 법 제5조제3항제3호에서 "대통령령으로 정하는 사항"이란 다음 각 호의 사항을 말한다. <신설 2019. 6. 25., 2021. 3. 23., 2021. 10. 5.>

1. 법 제4조 또는 제4조의2에 따른 보고를 효과적으로 수행하기 위해 필요한 금융거래등에 대한 감시체계의 구축 및 운영에 관한 사항
2. 법 제5조의2제1항 각 호에 따른 고객 확인을 위해 고객의 자금세탁행위 및 공중협박자금조달행위의 위험을 평가하는 절차 및 방법에 관한 사항
3. 금융회사등이 다른 금융회사등을 통해 법 제5조의2에 따른 고객확인을 이행하는 경우에 준수해야 할 절차 및 방법에 관한 사항
4. 신규 금융상품 및 서비스를 제공하기 전 자금세탁행위와 공중협박자금조달행위의 위험을 평가하기 위한 절차 및 방법에 관한 사항
5. 금융회사등이 대한민국 외에 소재하는 자회사 또는 지점의 자금세탁행위와 공중협박자금조달행위 방지 의무의 이행을 감시하고 관리하기 위한 절차 및 방법에 관한 사항
6. 그 밖에 자금세탁행위 및 공중협박자금조달행위를 효율적으로 방지하기 위해 금융정보분석원장이 정하여 고시하는 사항

[제목개정 2019. 6. 25.]

제10조 삭제 <2018. 2. 27.>

제10조의2 (고객확인의무의 적용 범위 등) ① 법 제5조의2제1항 각 호에 따른 확인(이하 "고객확인"이라 한다)에 관한 의무는 금융거래등에 적용된다. 다만, 금융회사등은 금융거래등의 성질상 그 적용이 적절하지 않거나 자금세탁행위와 공중협박자금조달행위에 이용될 가능성이 현저히 적은 금융거래등으로서 금융정보분석원장이 정하여 고시하는 금융거래등의 경우에는 금융정보분석원장이 정하여 고시하는 바에 따라 법 제5조의2제1항제1호에 따른 확인 조치의 전부 또는 일부를 하지 않을 수 있다. <개정 2008. 11. 11., 2013. 8. 6., 2019. 4. 30., 2021. 3. 23.>

② 법 제5조의2제1항제1호 각 목 외의 부분에 따른 계좌의 신규 개설은 제1항에 따른 금융거래등을 개시할 목적으로 금융회사등과 계약을 체결하는 것으로 하고, 일회성 금융거래등은 금융회사등과 계속하여 거래할 목적으로 계약을 체결하지 않은 고객에 의한 금융거래등으로 한다. <개정 2019. 2. 26., 2021. 3. 23.>

③ 금융회사등은 고객확인을 한 사항이 의심스러운 경우에는 그 출처를 신뢰할 만한 문서·정보 그 밖의 확인자료를 이용하여 그 진위 여부를 확인해야 한다. 이 경우 금융회사등은 그 확인자료 및 확인방법을 법 제5조의2제1항 각 호 외의 부분 후단에 따른 업무지침에 반영하여 운용하여야 한다. <개정 2008. 11. 11., 2013. 8. 6., 2015. 12. 30., 2019. 2. 26.>

[본조신설 2005. 9. 27.] [제목개정 2008. 11. 11.]

제10조의3 (일회성 금융거래등의 금액) ① 법 제5조의2제1항제1호 각 목 외의 부분에서 "대통령령으로 정하는 금액"이란 다음 각 호의 구분에 따른 금액을 말한다. <개정 2008. 11. 11., 2013. 8. 6., 2015. 12. 30., 2019. 2. 26., 2021. 3. 23.>

1. 법 제2조제2호다목에 따른 거래의 경우: 3백만원 또는 그에 상당하는 다른 통화로 표시된 금액

1의2. 법 제2조제2호라목에 따른 가상자산거래(이하 "가상자산거래"라 한다)의 경우: 1백만원에 상당하는 가상자산의 금액. 이 경우 가상자산의 현금 환산 기준은 금융정보분석원장이 정하여 고시한다.

2. 법 제5조의3에 따른 전신송금의 경우: 1백만원 또는 그에 상당하는 다른 통화로 표시된 금액

3. 그 밖의 일회성 금융거래등의 경우: 다음 각 목의 구분에 따른 금액
   가. 외국통화로 표시된 외국환거래의 경우: 1만 미합중국달러 또는 그에 상당하는 다른 통화로 표시된 금액
   나. 가목 외의 금융거래등의 경우: 1천만원

② 제1항에 따른 금융거래등의 금액을 산정할 때에 금융거래등의 대상이 되는 재산의 액면금액과 실지거래금액이 다른 경우에는 실지거래금액에 의한다. <개정 2021. 3. 23.>

[본조신설 2005. 9. 27.] [제목개정 2021. 3. 23.]

제10조의4 (고객의 신원에 관한 사항) 법 제5조의2제1항제1호가목에서 "대통령령으로 정하는 고객의 신원에 관한 사항"이란 다음 각 호의 구분에 따른 사항을 말한

다. <개정 2013. 8. 6., 2015. 12. 30., 2018. 2. 27., 2019. 4. 30., 2021. 3. 23.>
 1. 개인(다른 개인, 법인 또는 그 밖의 단체를 위한 것임을 표시하여 금융거래등을 하는 자를 포함한다)의 경우: 실지명의(전자금융거래의 경우 금융정보분석원장이 정하여 고시하는 고객에 대해서는 실지명의 대신 성명, 생년월일 및 성별 등 금융정보분석원장이 정하여 고시하는 사항을 말한다), 주소, 연락처(전화번호 및 전자우편주소를 말한다. 이하 같다)
 2. 영리법인의 경우 : 실지명의, 업종, 본점 및 사업장의 소재지, 연락처, 대표자의 성명, 생년월일 및 국적
 3. 비영리법인 그 밖의 단체의 경우 : 실지명의, 설립목적, 주된 사무소의 소재지, 연락처, 대표자의 성명, 생년월일 및 국적
 4. 외국인 및 외국단체의 경우 : 제1호 내지 제3호의 규정에 의한 분류에 따른 각 해당 사항, 국적, 국내의 거소 또는 사무소의 소재지
[본조신설 2005. 9. 27.] [제목개정 2015. 12. 30.]

제10조의5 (실제 소유자에 대한 확인) ① 금융회사등은 법 제5조의2제1항제1호나목 본문에 따라 개인인 고객의 실지명의로 금융거래등을 하기로 하는 약정 또는 합의를 한 다른 개인 등 고객을 최종적으로 지배하거나 통제하는 사람(이하 이 조에서 "실제 소유자"라 한다)이 있으면 그 실제 소유자의 실지명의 및 국적(그 실제 소유자가 외국인인 경우로 한정한다. 이하 이 조에서 같다)을 확인해야 한다. <개정 2021. 3. 23.>
② 금융회사등은 법 제5조의2제1항제1호나목 단서에 따라 법인 또는 단체인 고객의 실제 소유자로서 다음 각 호의 어느 하나에 해당하는 사람이 있으면 그 실제 소유자의 성명, 생년월일 및 국적을 확인해야 한다. 이 경우 제1호에 해당하는 사람을 확인할 수 없는 때에는 제2호에 해당하는 사람을, 제2호에 해당하는 사람을 확인할 수 없는 때에는 제3호에 해당하는 사람을 각각 확인해야 한다. <개정 2021. 10. 5.>
 1. 해당 법인 또는 단체의 의결권 있는 발행주식총수(출자총액을 포함한다. 이하 이 조에서 같다)의 100분의 25 이상의 주식, 그 밖의 출자지분(그 주식, 그 밖의 출자지분과 관련된 증권예탁증권을 포함한다. 이하 이 조에서 같다)을 소유하는 자(이하 이 조에서 "주주등"이라 한다)
 2. 다음 각 목의 어느 하나에 해당하는 사람
  가. 해당 법인 또는 단체의 의결권 있는 발행주식총수를 기준으로 소유하는 주식, 그 밖의 출자지분의 수가 가장 많은 주주등

나. 단독으로 또는 다른 주주등과의 합의·계약 등에 따라 대표자·업무집행사원 또는 임원 등의 과반수를 선임한 주주등
다. 해당 법인 또는 단체를 사실상 지배하는 자가 가목 및 나목에 해당하는 주주등과 명백히 다른 경우에는 그 사실상 지배하는 자
3. 해당 법인 또는 단체의 대표자

③ 제2항 각 호 외의 부분 후단에도 불구하고 같은 항 제1호 또는 제2호가목에 따른 주주등이 다른 법인 또는 단체인 경우에는 그 주주등인 법인 또는 단체의 중요한 경영사항에 대하여 사실상 영향력을 행사할 수 있는 사람으로서 다음 각 호의 어느 하나에 해당하는 사람이 있으면 그 사람의 성명, 생년월일 및 국적을 확인할 수 있다. 이 경우 제1호 또는 제2호가목에 해당하는 자가 또 다른 법인 또는 단체인 때에는 그 또 다른 법인 또는 단체에 대하여 다음 각 호의 어느 하나에 해당하는 사람의 성명, 생년월일 및 국적을 확인할 수 있다.
1. 의결권 있는 발행주식총수의 100분의 25 이상을 소유하는 주주등
2. 다음 각 목의 어느 하나에 해당하는 자
   가. 의결권 있는 발행주식총수를 기준으로 소유하는 주식, 그 밖의 출자지분의 수가 가장 많은 주주등
   나. 단독으로 또는 다른 주주등과의 합의·계약 등에 따라 대표자·업무집행사원 또는 임원 등의 과반수를 선임한 주주등
   다. 그 주주등인 법인 또는 단체를 사실상 지배하는 자가 가목 및 나목에 해당하는 주주등과 명백히 다른 경우에는 그 사실상 지배하는 자

④ 제2항 및 제3항을 적용할 때 제2항제1호 또는 제2호나 제3항제1호 또는 제2호에 해당하는 자가 여러 명인 경우에는 의결권 있는 발행주식총수를 기준으로 소유하는 주식, 그 밖의 출자지분의 수가 가장 많은 주주등을 기준으로 확인해야 한다. 다만, 금융거래등을 이용한 자금세탁행위 및 공중협박자금조달행위를 방지하기 위하여 필요하다고 인정되는 경우에는 제2항제1호 또는 제2호나 제3항제1호 또는 제2호에 해당하는 자의 전부 또는 일부를 확인할 수 있다. <개정 2021. 3. 23.>

⑤ 제2항부터 제4항까지의 규정에도 불구하고 법인 또는 단체인 고객이 다음 각 호의 어느 하나에 해당하는 경우에는 제2항 및 제3항에 따른 확인을 하지 아니할 수 있다. <개정 2019. 2. 26.>
1. 국가 또는 지방자치단체
2. 다음 각 목의 어느 하나에 해당하는 공공단체

가. 「공공기관의 운영에 관한 법률」에 따른 공공기관
나. 「정부출연연구기관 등의 설립·운영 및 육성에 관한 법률」 및 「과학기술분야 정부출연연구기관 등의 설립·운영 및 육성에 관한 법률」에 따라 설립된 정부출연연구기관, 과학기술분야 정부출연연구기관 및 연구회
다. 「지방공기업법」에 따라 설립된 지방직영기업·지방공사 및 지방공단
라. 다음의 어느 하나에 해당하는 법인 중 자금세탁과 공중협박자금조달의 위험성이 없는 것으로 판단되어 금융정보분석원장이 지정하는 자
  1) 법률에 따라 정부로부터 출자·출연·보조를 받는 법인
  2) 법률에 따라 설립된 법인으로서 주무부장관의 인가 또는 허가를 받지 않고 그 법률에 따라 직접 설립된 법인
3. 다른 금융회사등(제8조의4 각 호의 어느 하나에 해당하는 자는 제외한다)
4. 「자본시장과 금융투자업에 관한 법률」 제159조제1항에 따른 사업보고서 제출대상법인

[본조신설 2015. 12. 30.] [종전 제10조의5는 제10조의6으로 이동 <2015. 12. 30.>]

제10조의6 (고객확인의 절차 등) ① 금융회사등은 금융거래등이 이루어지기 전에 고객확인을 해야 한다. 다만, 금융거래등의 성질 등으로 인하여 불가피한 경우로서 금융정보분석원장이 정하는 경우에는 금융거래등이 이루어진 후에 고객확인을 할 수 있다. <개정 2013. 8. 6., 2021. 3. 23.>

② 금융회사등은 제1항에 따라 고객확인을 한 후 해당 고객과 거래가 유지되는 동안 주기적으로 고객확인을 해야 한다. 이 경우 금융회사등은 고객의 거래행위 등을 고려한 자금세탁행위와 공중협박자금조달행위의 위험도에 따라 고객확인의 주기를 설정·운용해야 한다. <신설 2019. 6. 25.>

③ 금융회사등은 법 제5조의2제1항제1호에 따른 확인을 한 후에 같은 고객과 다시 금융거래등을 하는 때(제2항에 따른 주기가 도래하지 않은 경우만 해당한다)에는 고객확인을 생략할 수 있다. 다만, 기존의 확인사항이 사실과 일치하지 않을 우려가 있거나 그 타당성에 의심이 있는 경우에는 고객확인을 해야 한다. <개정 2013. 8. 6., 2019. 6. 25., 2021. 3. 23.>

④ 제1항부터 제3항까지에서 규정한 사항 외에 고객확인의 절차 등에 필요한 사항은 금융정보분석원장이 정한다. <신설 2018. 2. 27., 2019. 6. 25.>

[본조신설 2005. 9. 27.] [제목개정 2008. 11. 11.]

[제10조의5에서 이동, 종전 제10조의6은 제10조의7로 이동 <2015. 12. 30.>]

제10조의7 (고객확인 절차에 따른 거래의 거절) 법 제5조의2제4항제3호에서 "대통령령으로 정하는 경우"란 가상자산사업자인 고객이 「공중 등 협박목적 및 대량살상무기확산을 위한 자금조달행위의 금지에 관한 법률」 제4조제1항에 따른 금융거래등제한대상자와 금융거래등을 한 사실이 밝혀진 경우(같은 조 제4항에 따라 금융위원회의 허가를 받아 거래한 경우는 제외한다)를 말한다.
[본조신설 2021. 3. 23.] [종전 제10조의7은 제10조의8로 이동 <2021. 3. 23.>]

제10조의8 (정보제공대상 전신송금 기준금액) 법 제5조의3제1항 각 호 외의 부분에서 "대통령령으로 정하는 금액"이란 다음 각 호의 구분에 따른 금액을 초과하는 금액을 말한다.
   1. 국내송금의 경우: 원화 1백만원 또는 그에 상당하는 다른 통화로 표시된 금액
   2. 해외송금의 경우: 1천 미합중국달러 또는 그에 상당하는 다른 통화로 표시된 금액
[본조신설 2013. 11. 13.]
[제10조의7에서 이동, 종전 제10조의8은 제10조의9로 이동 <2021. 3. 23.>]

제10조의9 (금융거래등 정보의 보존방법 등) ① 금융회사등은 법 제4조제1항에 따른 보고를 한 때에는 해당 보고서와 법 제5조의4제1항제1호 각 목의 자료를 다른 금융거래등에 관한 자료와 구분하여 보존해야 한다. <개정 2021. 3. 23.>
② 금융회사등은 법 제5조의4제1항 각 호의 자료 및 정보를 문서, 마이크로필름, 디스크, 자기테이프 또는 그 밖의 전산정보처리조직을 이용한 방법으로 보존해야 한다.
③ 금융회사등은 법 제5조의4제1항 각 호의 자료 및 정보를 주된 사무소의 소재지에 보존해야 한다. 다만, 주된 사무소의 소재지에 보존하는 것이 현저히 곤란한 경우에는 다른 장소에 보존할 수 있다.
④ 법 제5조의4제2항제5호에서 "대통령령으로 정하는 날"이란 다음 각 호의 어느 하나에 해당하는 사유로 제3조제1항에 따른 금융거래등이 종료되는 날을 말한다. <개정 2021. 3. 23.>
   1. 관계 법령, 약관 또는 합의 등에 따른 계약기간의 만료
   2. 해지권, 해제권 또는 취소권의 행사

        3. 변제 등으로 인한 채권의 소멸
        4. 그 밖에 금융정보분석원장이 정하여 고시하는 사유
    ⑤ 제1항부터 제4항까지에서 규정한 사항 외에 법 제5조의4제1항 각 호의 자료 및 정보의 보존 방법, 장소 등 그 밖에 필요한 사항은 금융정보분석원장이 정하여 고시한다. [본조신설 2019. 6. 25.]
[제목개정 2021. 3. 23.] [제10조의8에서 이동 <2021. 3. 23.>]

제10조의10 (가상자산이전 시 정보제공) 법 제6조제3항에 따라 가상자산사업자에 대하여 법 제5조의3을 적용하는 경우 그 정보 제공에 관하여는 다음 각 호에서 정하는 바에 따른다.
    1. 정보제공은 금융정보분석원장이 정하여 고시하는 환산 기준에 따라 가상자산사업자가 다른 가상자산사업자에게 1백만원 이상에 상당하는 가상자산을 이전하는 경우에 할 것
    2. 가상자산을 이전하는 가상자산사업자는 가상자산을 이전받는 가상자산사업자에게 다음 각 목의 정보를 제공할 것
        가. 가상자산을 보내는 고객과 가상자산을 받는 고객의 성명(법인·단체의 경우에는 법인·단체의 명칭 및 대표자 성명을 말한다)
        나. 가상자산을 보내는 고객과 가상자산을 받는 고객의 가상자산주소(가상자산의 전송 기록 및 보관 내역의 관리를 위해 전자적으로 생성시킨 고유식별번호를 말한다)
    3. 금융정보분석원장 또는 가상자산을 이전받는 가상자산사업자가 요청하는 경우에는 가상자산을 보내는 고객의 주민등록번호(법인의 경우에는 법인등록번호를 말한다) 또는 여권번호·외국인등록번호(외국인만 해당한다)를 제공할 것
    4. 제2호에 따른 정보는 가상자산을 이전하는 경우에 함께 제공하고, 제3호에 따른 정보는 정보제공을 요청받은 날부터 3영업일 이내에 제공할 것
[본조신설 2021. 3. 23.]

제10조의11 (가상자산사업자의 신고) ① 법 제7조제1항에 따라 신고를 하려는 자는 금융정보분석원장이 정하여 고시하는 신고서에 다음 각 호의 서류를 첨부하여 금융정보분석원장에게 제출해야 한다.
    1. 정관 또는 이에 준하는 업무운영규정
    2. 사업추진계획서

3. 법 제5조의2제1항제3호마목2)에 따른 정보보호 관리체계 인증(이하 "정보보호관리체계인증"이라 한다)에 관한 자료
4. 법 제7조제3항제2호 본문에 따른 실명확인이 가능한 입출금 계정(이하 "실명확인입출금계정"이라 한다)에 관한 자료
5. 그 밖에 가상자산사업자의 신고를 위해 금융정보분석원장이 필요하다고 정하여 고시하는 자료

② 법 제7조제1항제2호에서 "사업장의 소재지, 연락처 등 대통령령으로 정하는 사항"이란 다음 각 호의 사항을 말한다.
 1. 사업장의 소재지 및 연락처
 2. 국적 및 성명(법인의 경우에는 대표자 및 임원의 국적 및 성명을 말한다)
 3. 전자우편주소 및 인터넷도메인 이름
 4. 호스트서버의 소재지
 5. 그 밖에 제1호부터 제4호까지에 준하는 사항으로서 금융정보분석원장이 정하여 고시하는 사항

③ 법 제7조제2항에 따라 변경신고를 하려는 자는 신고한 사항이 변경된 날부터 30일 이내에 금융정보분석원장이 정하여 고시하는 변경신고서에 그 변경사항을 증명하는 서류를 첨부하여 금융정보분석원장에게 제출해야 한다.
[본조신설 2021. 3. 23.]

제10조의12 (신고의 불수리) ① 금융정보분석원장은 법 제7조제3항에 따라 신고를 수리하지 않는 경우 서면(전자문서를 포함한다)으로 그 사실 및 사유를 신고인에게 알려야 한다.

② 법 제7조제3항제2호 본문에서 "대통령령으로 정하는 금융회사등"이란 다음 각 호의 자를 말한다.
 1. 「은행법」에 따른 은행
 2. 「중소기업은행법」에 따른 중소기업은행
 3. 「농업협동조합법」에 따른 농협은행
 4. 「수산업협동조합법」에 따른 수협은행

③ 법 제7조제3항제3호에 따른 금융관련 법률의 범위는 다음 각 호와 같다.
 1. 법
 2. 「범죄수익은닉의 규제 및 처벌 등에 관한 법률」
 3. 「공중 등 협박목적 및 대량살상무기확산을 위한 자금조달행위의 금지에 관한 법률」

4. 「외국환거래법」
5. 「자본시장과 금융투자업에 관한 법률」
6. 「금융회사의 지배구조에 관한 법률 시행령」 제5조 각 호(제32호·제35호 및 제43호는 제외한다)에 따른 법률

[본조신설 2021. 3. 23.]

제10조의13 (신고 등의 직권말소) ① 금융정보분석원장은 법 제7조제4항에 따라 신고 또는 변경신고를 직권으로 말소하는 경우 서면(전자문서를 포함한다)으로 그 사실 및 사유를 신고인에게 알려야 한다.

② 법 제7조제4항제1호 단서에서 "대통령령으로 정하는 경우"란 가상자산사업자의 정보보호관리체계인증 갱신 신청에 대해 가상자산사업자의 책임 없는 사유로 그 갱신 여부가 결정되지 않은 경우를 말한다.

③ 법 제7조제4항제4호에서 "거짓이나 그 밖의 부정한 방법으로 신고 또는 변경신고를 하는 등 대통령령으로 정하는 경우"란 거짓이나 그 밖의 부정한 방법으로 금융정보분석원장에게 신고 또는 변경신고를 하는 경우를 말한다.

[본조신설 2021. 3. 23.]

제10조의14 (영업의 정지) ① 금융정보분석원장은 법 제7조제5항에 따라 영업의 정지를 명하는 경우에는 다음 각 호의 사항을 종합적으로 고려해야 한다.
1. 위반행위의 동기 및 배경
2. 위반행위의 유형 및 성격
3. 위반행위의 효과 및 영향력
4. 법 위반상태의 시정 노력

② 법 제7조제5항제3호에서 "대통령령으로 정하는 경우"란 다음 각 호의 경우를 말한다.
1. 법 제8조에 따른 조치를 이행하지 않은 경우
2. 법 제15조제1항 및 제6항에 따른 감독·명령·지시·검사·조치에 따르지 않거나 이를 거부·방해 또는 기피한 경우

[본조신설 2021. 3. 23.]

제10조의15 (신고의 유효기간) ① 법 제7조제6항 전단에서 "대통령령으로 정하는 기간"이란 3년을 말한다.

② 법 제7조제6항 후단에 따라 신고를 갱신하려는 자는 금융정보분석원장이

정하여 고시하는 갱신신고서에 다음 각 호의 서류를 첨부하여 유효기간이 만료되기 45일 전까지 금융정보분석원장에게 제출해야 한다.
   1. 정보보호관리체계인증에 관한 자료
   2. 실명확인입출금계정에 관한 자료
③ 금융정보분석원장은 법 제7조제6항 후단에 따른 신고의 갱신에 필요하다고 인정하는 경우 가상자산사업자에게 그 유효기간 만료시까지 신고를 갱신하지 않으면 갱신을 받을 수 없다는 사실과 그 절차에 관한 사항을 미리 알릴 수 있다.
[본조신설 2021. 3. 23.]

제10조의16 (신고에 관한 정보 등의 공개) 금융정보분석원장은 법 제7조제7항에 따라 신고에 관한 정보 및 금융정보분석원장의 조치를 공개하는 때에는 금융정보분석원의 인터넷 홈페이지에 게시하는 방법으로 한다. [본조신설 2021. 3. 23.]

제10조의17 (신고 관련 업무의 위탁) ① 금융정보분석원장은 법 제7조제8항에 따라 「금융위원회의 설치 등에 관한 법률」에 따른 금융감독원의 원장(이하 "금융감독원장"이라 한다)에게 다음 각 호의 업무를 위탁한다.
   1. 법 제7조제1항 및 제2항에 따른 신고 또는 변경신고에 대한 심사
   2. 법 제7조제3항에 따른 불수리 사유에 대한 심사
   3. 법 제7조제4항에 따른 직권말소 사유에 대한 심사
   4. 법 제7조제6항 후단에 따른 신고 갱신에 대한 심사
② 금융감독원장은 제1항에 따라 위탁받은 업무의 처리결과를 금융정보분석원장이 정하는 바에 따라 금융정보분석원장에게 보고해야 한다.
[본조신설 2021. 3. 23.]

제10조의18 (실명확인입출금계정의 개시) ① 법 제7조제9항에 따른 실명확인입출금계정의 개시 기준은 다음 각 호와 같다.
   1. 법 제5조의2제1항제3호마목1)에 따라 예치금을 고유재산과 구분하여 관리하고 있을 것
   2. 정보보호관리체계인증을 획득하였을 것
   3. 가상자산사업자의 고객별로 거래내역을 분리하여 관리하고 있을 것
② 금융회사등은 실명확인입출금계정을 개시하려는 경우 법 제5조제1항제2호에 따른 가상자산사업자의 절차 및 업무지침을 확인하여 가상자산사업자와

의 금융거래등에 내재된 자금세탁행위와 공중협박자금조달행위의 위험을 식별·분석·평가해야 한다.

③ 금융회사등은 자금세탁행위와 공중협박자금조달행위의 방지를 위해 필요하다고 인정하는 경우 법 제7조제1항 또는 제2항에 따른 신고 또는 변경신고가 수리된 이후에 금융거래등이 이루어질 것을 조건으로 하여 실명확인입출금계정을 개시할 수 있다.

④ 실명확인입출금계정은 법 제7조제6항에 따른 신고 또는 갱신신고 유효기간의 만료일까지 사용할 수 있다.

[본조신설 2021. 3. 23.]

제10조의19 (신고 등의 업무를 위한 세부 사항) 제10조의11부터 제10조의18까지의 규정에 따른 신고·변경신고의 수리, 직권말소, 영업정지, 갱신, 정보공개, 업무위탁 및 실명확인입출금계정의 개시 등에 필요한 세부 사항은 금융정보분석원장이 정하여 고시한다. [본조신설 2021. 3. 23.]

제10조의20 (가상자산사업자의 조치) 법 제8조에서 "고객별 거래내역을 분리하여 관리하는 등 대통령령으로 정하는 조치"란 다음 각 호의 조치를 말한다. <개정 2021. 10. 5.>

1. 고객별로 거래내역을 분리하여 관리할 것
2. 법 제5조의2제1항제3호마목1)에 따라 예치금을 고유재산과 구분하여 관리할 것
3. 법 제5조의2제1항 각 호에 따른 확인 조치가 모두 끝나지 않은 고객에 대해서는 거래를 제한할 것
4. 법 제7조제1항 및 제2항에 따른 신고·변경신고 의무를 이행하지 않은 가상자산사업자와는 영업을 목적으로 거래하지 않을 것
5. 자금세탁행위와 공중협박자금조달행위를 효율적으로 방지하기 위해 다음 각 목의 행위에 대한 거래를 제한하는 기준을 마련하여 시행할 것
   가. 가상자산사업자나 가상자산사업자 본인의 특수관계인(「상법 시행령」 제34조제4항 각 호에 따른 특수관계인을 말한다)이 발행한 가상자산의 매매·교환을 중개·알선하거나 대행하는 행위
   나. 가상자산사업자의 임직원이 해당 가상자산사업자를 통해 가상자산을 매매하거나 교환하는 행위
   다. 가상자산사업자가 가상자산의 매매·교환을 중개·알선하거나 대행

하면서 실질적으로 그 중개·알선이나 대행의 상대방으로 거래하는 행위

6. 그 밖에 제1호부터 제5호까지에 준하는 조치로서 투명한 가상자산거래를 위해 금융정보분석원장이 정하여 고시하는 조치

[본조신설 2021. 3. 23.]

제11조 (외국환거래자료 등의 통보) ① 법 제9조제1항에서 "대통령령으로 정하는 자"란 「외국환거래법 시행령」 제13조제2항제2호에 따른 외환정보집중기관(이하 "외환정보집중기관"이라 한다)의 장을 말한다. <개정 2005. 9. 27., 2013. 8. 6., 2021. 3. 23.>

② 법 제9조제2항에 따른 통보대상 자료의 범위는 다음 각호와 같다. <개정 2005. 9. 27., 2008. 2. 29., 2021. 3. 23.>

1. 「외국환거래법」 제17조의 규정에 의하여 지급수단등의 수출입에 대하여 한국은행총재가 허가를 하거나 세관의 장이 신고를 받은 자료
2. 「외국환거래법」 제21조의 규정에 의하여 외환정보집중기관의 장에게 집중된 자료중 금융정보분석원의 업무수행에 필요한 자료로서 외환정보집중기관의 장이 기획재정부장관과 협의하여 정하는 자료

③ 한국은행총재, 세관의 장 및 외환정보집중기관의 장은 제2항의 규정에 의한 자료를 매월별로 다음달 10일까지 전자문서에 의하여 금융정보분석원장에게 통보하여야 한다. 다만, 금융정보분석원장이 한국은행총재, 세관의 장 및 외환정보집중기관의 장과 각각 협의하여 통보시기·방법 등을 따로 정하는 경우에는 그 정하는 바에 의한다.

제11조의2 (수사기관 등에 대한 정보 제공) 법 제10조제1항제1호 및 제2호에서 "대통령령으로 정하는 정보"란 불법재산·자금세탁행위 또는 공중협박자금조달행위와 관련된 정보로서 다음 각 호의 구분에 따른 정보를 말한다. <개정 2016. 4. 5., 2021. 3. 23.>

1. 검찰총장 및 고위공직자범죄수사처장에게 제공하는 정보: 형사사건의 수사에 필요하다고 인정되는 정보
2. 행정안전부장관 및 국세청장에게 제공하는 정보
    가. 조세탈루혐의 확인을 위한 조사업무에 필요하다고 인정되는 정보로서 다음의 어느 하나에 해당하는 정보
        1) 법 제4조제1항에 따라 보고된 정보(조세탈루혐의와 관련된 정보로

한정한다)의 내용과 법 제4조의2에 따라 보고된 정보의 내용이 중복되거나 밀접하게 관련되는 경우의 해당 정보

      2) 매출액이나 재산·소득 규모에 비추어 현금거래의 빈도가 높거나 액수가 과다하여 조세탈루의 의심이 있는 경우의 해당 정보

      3) 역외탈세(域外脫稅)의 우려가 있는 경우의 해당 정보

      4) 그 밖에 조세탈루의 우려가 있는 경우로서 행정안전부장관 및 국세청장이 혐의를 제시하는 경우의 해당 정보

  나. 조세체납자에 대한 징수업무에 필요하다고 인정되는 정보

3. 관세청장에게 제공하는 정보

  가. 관세 범칙사건 조사 또는 관세탈루혐의 확인을 위한 조사업무에 필요하다고 인정되는 정보로서 다음의 어느 하나에 해당하는 정보

      1) 법 제4조제1항에 따라 보고된 정보(관세탈루혐의와 관련된 정보로 한정한다)의 내용과 법 제4조의2에 따라 보고된 정보의 내용이 중복되거나 밀접하게 관련되는 경우의 해당 정보

      2) 수출입 규모에 비추어 현금거래의 빈도가 높거나 액수가 과다하여 관세탈루의 의심이 있는 경우의 해당 정보

      3) 「외국환거래법」 위반 등 불법적인 외국환거래가 의심되는 경우의 해당 정보

      4) 그 밖에 관세탈루의 우려가 있는 경우로서 관세청장이 혐의를 제시하는 경우의 해당 정보

  나. 관세체납자에 대한 징수업무에 필요하다고 인정되는 정보

4. 중앙선거관리위원회에 제공하는 정보: 「정치자금법」 위반사건의 조사에 필요하다고 인정되는 정보

5. 금융위원회에 제공하는 정보: 금융감독 업무에 필요하다고 인정되는 정보

6. 국가정보원장에게 제공하는 정보: 테러위험인물에 대한 조사업무에 필요하다고 인정되는 정보

[본조신설 2013. 11. 13.]

제12조 (경찰청장 등에 대한 특정금융거래정보의 제공) 법 제10조제2항에서 "대통령령으로 정하는 특정금융거래정보"란 범죄수익의 금액, 범죄의 종류 및 죄질, 관련자의 신분, 수사의 효율성 등을 고려하여 금융정보분석원장이 검찰총장, 경찰청장 및 해양경찰청장과 협의하여 정한 기준에 따른 특정금융거래정보를 말한

다. <개정 2013. 8. 6., 2014. 11. 19., 2017. 7. 26., 2021. 3. 23.>
[제목개정 2013. 8. 6., 2014. 11. 19., 2017. 7. 26.]

제13조 (검찰총장 등의 정보제공 요구) 법 제10조제4항에 따라 검찰총장·고위공직자범죄수사처장·경찰청장·해양경찰청장·행정안전부장관·국세청장·관세청장·중앙선거관리위원회·금융위원회 또는 국가정보원장이 특정금융거래정보의 제공을 요구하는 때에는 같은 조 제5항 각 호의 사항을 적은 문서를 직접 금융정보분석원장에게 제출해야 한다. 다만, 긴급을 요하는 경우에는 우편·팩스 또는 전자문서의 방법으로 제출할 수 있다. [전문개정 2021. 3. 23.]

제13조의2 (정보분석심의회의 구성 및 운영) ① 법 제10조제8항에 따른 정보분석심의회(이하 "심의회"라 한다)의 위원장(이하 "위원장"이라 한다)은 금융정보분석원장이 되고, 위원은 다음 각 호의 사람이 된다. <개정 2021. 3. 23.>
  1. 법 제10조제9항에 따른 심사분석 총괄책임자
  2. 10년 이상의 판사 경력을 가진 사람 중에서 대법원장이 추천하는 사람으로서 금융정보분석원장이 채용한 사람
② 위원장은 심의회의 회의를 소집하며, 그 의장이 된다.
③ 위원장이 다음 각 호의 어느 하나에 해당하는 사유로 직무를 수행할 수 없을 때에는 위원 중에서 위원장이 미리 지명한 위원이 그 직무를 대리한다. <개정 2018. 2. 27.>
  1. 전보, 퇴직, 해임 또는 임기 만료 등으로 후임자가 임명될 때까지 해당 직위가 공석인 경우
  2. 휴가, 출장 또는 결원 보충이 없는 휴직 등으로 일시적으로 직무를 수행할 수 없는 경우
④ 심의회의 회의는 위원장을 포함한 재적위원 과반수의 찬성으로 의결한다.
⑤ 심의회의 회의는 비공개로 한다.
⑥ 심의회의 사무를 처리하기 위하여 간사 1명을 두며, 간사는 금융정보분석원 소속 공무원 중에서 위원장이 지명한다.
⑦ 제1항부터 제6항까지에서 규정한 사항 외에 심의회의 운영 등에 필요한 세부사항은 위원장이 정한다.
[본조신설 2013. 11. 13.]

제13조의3 (특정금융거래정보 등의 보존 및 폐기) ① 금융정보분석원장이 법 제12조의2 제1항에 따른 정보등(이하 이 조에서 "정보등"이라 한다)을 보존해야 하는 기간은 다음 각 호의 구분에 따른 기간으로 한다. <개정 2018. 2. 27., 2021. 3. 23.>

1. 특정금융거래정보: 25년
2. 법 제5조의3제2항에 따라 제공받은 정보, 법 제9조에 따라 통보받은 자료, 법 제13조제1항에 따라 제공받은 자료 및 같은 조 제3항에 따라 제공받은 금융거래등 관련 정보 또는 자료: 5년. 다만, 해당 자료가 형사사건 등의 수사·조사에 활용될 가능성이 적다고 판단되는 경우 금융정보분석원장은 5년이 지나지 않은 때에도 해당 자료를 폐기할 수 있다.
3. 법 제13조제2항에 따라 제공받은 신용정보: 5년
4. 법 제15조제7항에 따라 제공받은 금융거래등의 정보 또는 정보(금융회사등이 법 제4조 및 제4조의2에 따라 보고한 정보를 말한다): 10년(같은 조 제1항에 따라 금융정보분석원장이 감독·검사를 하는 경우로 한정한다)

② 제1항에 따른 기간은 그 정보등을 제공받거나 통보받은 날이 속하는 연도의 다음 연도 1월 1일부터 기산한다.

③ 금융정보분석원장은 법 제12조의2제2항 단서에 따라 형사사건 등의 수사·조사 등에 활용될 가능성, 개인정보 보호의 필요성 등을 고려하여 「공공기록물 관리에 관한 법률」에 따른 절차 외에 금융정보분석원장이 정하는 절차에 따라 제1항제2호부터 제4호까지의 규정에 따른 정보등으로서 제1항에 따른 기간이 끝난 정보등을 폐기할 수 있다. <개정 2021. 3. 23.>

④ 법 제15조제6항에 따라 업무를 위탁받은 기관(이하 "수탁기관"이라 한다)의 장은 금융정보분석원장과 협의하여 같은 조 제7항에 따라 제공받은 금융거래등의 정보 또는 정보(금융회사등이 법 제4조 및 제4조의2에 따라 보고한 정보를 말한다)의 보존·관리·폐기에 관한 기준을 마련하고, 그 보존·관리·폐기 현황을 매년 금융정보분석원장에게 통보해야 한다. <개정 2021. 3. 23.> [본조신설 2015. 12. 30.]

제14조 (자료제공의 요구) ① 법 제13조제1항제4호에서 "대통령령으로 정하는 자료"란 다음 각 호의 자료를 말한다. <신설 2013. 11. 13., 2021. 2. 17., 2021. 3. 23.>

1. 「부가가치세법」 제8조제1항에 따른 사업자등록 신청에 관한 자료
2. 「부가가치세법」 제8조제7항에 따른 휴업·폐업 신고 및 등록사항 변경

신고에 관한 자료

② 법 제13조제1항제5호에 따라 금융정보분석원장이 관계 행정기관 등의 장에게 요청할 수 있는 자료는 별표 1과 같다. <신설 2004. 1. 20., 2008. 11. 11., 2013. 8. 6., 2013. 11. 13., 2018. 2. 27., 2021. 3. 23.>
 1. 삭제 <2013. 8. 6.>
 2. 삭제 <2013. 8. 6.>
 3. 삭제 <2013. 8. 6.>
 4. 삭제 <2013. 8. 6.>
 5. 삭제 <2013. 8. 6.>

③ 법 제13조제2항에 따라 금융정보분석원장은 「신용정보의 이용 및 보호에 관한 법률」 제25조제2항제1호에 따른 종합신용정보집중기관에 대하여 서면·팩스 또는 전자문서의 방법에 의하여 신용정보의 제공을 요구할 수 있다. <개정 2013. 11. 13., 2020. 8. 4., 2021. 1. 5., 2021. 3. 23.>

④ 법 제13조제1항 및 제2항에 따른 금융거래정보는 「금융실명거래 및 비밀보장에 관한 법률 시행령」 제6조에 규정된 정보 또는 자료를 말한다. <개정 2005. 9. 27., 2013. 11. 13., 2021. 3. 23.>

제15조 (감독·검사 등) ① 법 제15조제4항제3호에서 "대통령령으로 정하는 경우"란 금융회사등이 금융거래등의 상대방 또는 그의 관계자와 공모하여 법 제4조제1항 또는 제4조의2제1항·제2항에 따른 보고를 하지 않거나 거짓으로 하여 금융거래 질서를 해치거나 해칠만한 상당한 우려가 있다고 인정되는 경우를 말한다. <신설 2013. 8. 6., 2021. 3. 23.>

② 법 제15조제6항에서 "대통령령으로 정하는 자"란 과학기술정보통신부장관·행정안전부장관·산업통상자원부장관·중소벤처기업부장관·관세청장·제주특별자치도지사·농업협동조합중앙회장·수산업협동조합중앙회장·산림조합중앙회장·신용협동조합중앙회장 및 새마을금고중앙회장을 말한다. <개정 2008. 2. 29., 2013. 3. 23., 2013. 8. 6., 2014. 11. 19., 2017. 7. 26., 2021. 3. 23.>

③ 법 제15조제6항에 따라 금융정보분석원장은 같은 조 제1항에 따른 검사, 같은 조 제2항제2호·제3호에 따른 조치와 같은 조 제3항제1호다목부터 마목까지 및 같은 조 제3항제2호에 따른 조치요구에 관한 업무를 다음 각 호의 구분에 따라 위탁한다. <개정 2005. 9. 27., 2008. 2. 29., 2009. 5. 6., 2010. 11. 15., 2013. 3. 23., 2013. 8. 6., 2014. 11. 19., 2015. 12. 30., 2016. 3. 22.,

2017. 6. 27., 2017. 7. 26., 2018. 2. 27., 2019. 2. 26., 2019. 4. 30., 2019. 6. 25., 2020. 8. 11., , 2020. 8. 25., 2021. 3. 23.>
1. 과학기술정보통신부장관: 「우체국예금·보험에 관한 법률」에 따른 체신관서
2. 행정안전부장관: 「새마을금고법」에 따른 새마을금고중앙회
3. 중소벤처기업부장관: 「벤처투자 촉진에 관한 법률」 제2조제10호 및 제11호에 따른 중소기업창업투자회사 및 벤처투자조합
4. 관세청장 : 「외국환거래법」 제8조제3항제1호에 따라 등록한 환전영업자
5. 삭제 <2017. 7. 26.>
6. 삭제 <2016. 3. 22.>
7. 금융감독원장 : 다음 각 목의 금융회사등
    가. 한국산업은행·한국수출입은행·중소기업은행 및 「은행법」에 의한 은행
    나. 법 제2조제1호마목, 바목 및 카목에 따른 금융회사등
    다. 제2조제3호부터 제5호까지, 제7호, 제13호 및 제14호의 규정에 따른 금융회사등
    라. 「농업협동조합법」 제161조의11 및 제161조의12에 따른 농협은행, 농협생명보험, 농협손해보험 및 「수산업협동조합법」 제141조의4에 따른 수협은행
    마. 「수산업협동조합법」에 따른 수산업협동조합중앙회, 「신용협동조합법」에 따른 신용협동조합중앙회 및 「산림조합법」에 따른 산림조합중앙회
    바. 「외국환거래법」 제8조제3항제2호에 따라 등록한 소액해외송금업자
    사. 「농업협동조합법」에 따른 조합, 「수산업협동조합법」에 따른 조합, 「산림조합법」에 따른 조합, 「신용협동조합법」에 따른 신용협동조합(제8호부터 제11호까지의 규정에 따른 수탁기관이 실시한 검사 결과 해당 금융회사등에 대한 추가적인 검사가 필요하다고 금융정보분석원장이 인정하는 경우에 한정한다)
8. 농업협동조합중앙회장 : 「농업협동조합법」에 의한 조합
9. 수산업협동조합중앙회장 : 「수산업협동조합법」에 의한 조합
10. 산림조합중앙회장 : 「산림조합법」에 의한 조합
11. 신용협동조합중앙회장 : 「신용협동조합법」에 의한 신용협동조합
12. 새마을금고중앙회장: 「새마을금고법」에 따른 금고

13. 제주특별자치도지사: 「제주특별자치도 설치 및 국제자유도시 조성을 위한 특별법」 제243조제1항 또는 제244조제1항에 따라 허가를 받아 카지노업을 하는 카지노사업자

④ 수탁기관의 장은 위탁받은 업무를 수행하기 위하여 필요한 경우에는 검사 및 검사결과에 따른 조치의 기준·계획·절차 등을 정할 수 있다. 이 경우 금융정보분석원장은 검사 및 검사결과에 따른 조치의 기준·계획·절차 등에 적용되는 지침을 정할 수 있으며, 수탁기관의 장은 그 지침에 따라야 한다. <개정 2013. 8. 6., 2015. 12. 30.>

⑤ 수탁기관의 장은 제4항 전단에 따라 검사 및 검사결과에 따른 조치의 기준·계획·절차 등을 정한 때에는 그 내용을 금융정보분석원장에게 통보하여야 한다. <개정 2013. 8. 6.>

⑥ 금융정보분석원장은 금융회사등에 대한 검사업무의 효율적인 수행을 위하여 필요한 경우에는 수탁기관의 장과 협의하여 금융정보분석원의 소속 직원으로 하여금 수탁기관의 검사업무에 필요한 지원을 하게 할 수 있다. <개정 2013. 8. 6.>

⑦ 수탁기관의 장은 검사를 한 때에는 그 결과(검사에 따른 조치결과를 포함한다)를 금융정보분석원장에게 통보하여야 한다. <개정 2013. 8. 6.>

[제목개정 2013. 8. 6.]

제16조 (민감정보 및 고유식별정보의 처리) 금융정보분석원장(법 제7조제8항 및 제15조제6항에 따라 금융정보분석원장의 권한을 위탁받은 자를 포함한다)은 다음 각 호의 사무를 수행하기 위하여 불가피한 경우 「개인정보 보호법 시행령」 제18조제2호에 따른 범죄경력자료에 해당하는 정보, 「신용정보의 이용 및 보호에 관한 법률」 제2조제1호의2가목2)의 정보가 포함된 자료를 처리할 수 있다. <개정 2015. 12. 30., 2019. 2. 26., 2019. 6. 25., 2020. 8. 4., 2021. 3. 23.>

1. 법 제4조에 따른 불법재산 등으로 의심되는 거래의 보고 등에 관한 사무
2. 법 제4조의2에 따른 금융회사등의 고액 현금거래 보고에 관한 사무
2의2. 법 제7조제1항·제2항, 같은 조 제3항제3호·제4호 및 같은 조 제4항·제6항에 따른 신고·변경신고 및 그 갱신 등에 관한 사무
3. 법 제9조에 따른 외국환거래자료 등의 통보에 관한 사무
4. 법 제10조에 따른 수사기관 등에 대한 정보 제공에 관한 사무
4의2. 법 제10조의2에 따른 특정금융거래정보 제공사실의 통보에 관한 사무 (「개인정보 보호법 시행령」 제18조제2호에 따른 범죄경력자료에 해당

하는 정보는 제외한다)
    5. 법 제11조에 따른 외국금융정보분석기구와의 정보 교환 등에 관한 사무
    6. 법 제13조에 따른 자료 제공의 요청 등에 관한 사무
    7. 법 제15조에 따른 감독·검사에 관한 사무
    8. 법 제15조의2에 따른 외국 금융감독·검사기관과의 업무협조 등에 관한 사무
[본조신설 2013. 1. 16.]

제17조 (과태료의 부과기준) 법 제20조제1항 및 제2항에 따른 과태료의 부과기준은 별표 2와 같다. <개정 2019. 6. 25., 2021. 3. 23.> [본조신설 2018. 2. 27.]

부   칙 <제17416호, 2001. 11. 24.>

이 영은 2001년 11월 28일부터 시행한다.

부   칙 <제17791호, 2002. 12. 5.> (기술신용보증기금법시행령)

제1조 (시행일) 이 영은 공포한 날부터 시행한다.
제2조 (다른 법령의 개정) ① 내지 ㉟생략
  ㊱ 특정금융거래정보의보고및이용등에관한법률시행령중 다음과 같이 개정한다.
    제2조제2호중 "신기술사업금융지원에관한법률"을 "기술신용보증기금법"으로 한다.
제3조 생략

부   칙 <제18228호, 2004. 1. 20.>

이 영은 공포한 날부터 시행한다.

부   칙 <제18312호, 2004. 3. 17.> (전자적민원처리를위한가석방자관리규정등중개정령)

이 영은 공포한 날부터 시행한다.

부　칙 <제19054호, 2005. 9. 27.>

① (시행일) 이 영은 공포한 날부터 시행한다. 다만, 제8조의2 내지 제8조의4, 제10조의2 내지 제10조의6의 개정규정은 2006년 1월 18일부터 시행한다.
② (고액현금거래보고 기준금액의 특례) 금융기관등(카지노사업자는 제외한다)이 금융정보분석원장에게 보고하여야 하는 고액현금거래의 기준금액에 대하여는 제8조의2제1항의 개정규정에 불구하고 2006년 1월 18일부터 2007년 12월 31일까지는 5천만원으로, 2008년 1월 1일부터 2009년 12월 31까지는 3천만원으로 한다. <개정 2008. 11. 11.>

부　칙 <제20653호, 2008. 2. 29.> (금융위원회의 설치 등에 관한 법률 시행령)

제1조 (시행일) 이 영은 공포한 날부터 시행한다. 다만, 부칙 제2조에 따라 개정되는 대통령령 중 이 영의 시행 전에 공포되었으나 시행일이 도래하지 아니한 대통령령을 개정한 부분은 각각 해당 대통령령의 시행일부터 시행한다.
제2조 (다른 법령의 개정) ①부터 ⑩까지 생략
　㊶ 특정금융거래정보의 보고 및 이용 등에 관한 법률 시행령 일부를 다음과 같이 개정한다.
　　제11조제2항제2호 중 "재정경제부장관과"를 "기획재정부장관과"로 한다.
　　제13조제1항 본문 중 "금융감독위원회가"를 "금융위원회가"로 한다.
　　제15조제1항 중 "행정자치부장관·산업자원부장관·정보통신부장관"을 "행정안전부장관·지식경제부장관"으로 한다.
　　제15조제2항제1호 중 "행정자치부장관"을 "행정안전부장관"으로, 같은 항 제2호 중 "산업자원부장관 : 「산업발전법」에 의한 기업구조조정전문회사와 기업구조조정조합"을 "지식경제부장관: 「산업발전법」에 따른 기업구조조정전문회사와 기업구조조정조합 및「우체국예금·보험에 관한 법률」에 따른 체신관서"로 하고, 같은 항 제3호를 삭제한다.
　㊷부터 ㊾까지 생략

부　칙 <제20947호, 2008. 7. 29.> (자본시장과 금융투자업에 관한 법률 시행령)

제1조 (시행일) 이 영은 2009년 2월 4일부터 시행한다. <단서 생략>
제2조부터 제25조까지 생략

제26조 (다른 법령의 개정) ①부터 ⑩까지 생략
⑩ 특정금융거래정보의 보고 및 이용 등에 관한 법률 시행령 일부를 다음과 같이 개정한다.

제2조제3호를 다음과 같이 한다.

3. 「자본시장과 금융투자업에 관한 법률」에 따른 투자일임업자
제10조제1항제1호 및 제3호를 각각 다음과 같이 하고, 같은 조 제2항제2호 중 "「신탁법」"을 "「자본시장과 금융투자업에 관한 법률」"로, "신탁회사"를 각각 "신탁업자"로 한다.

1. 「자본시장과 금융투자업에 관한 법률」에 따른 증권금융회사 및 명의개서대행회사
3. 「자본시장과 금융투자업에 관한 법률」에 따른 집합투자업자

⑩부터 ⑬까지 생략

제27조 및 제28조 생략

부 칙 <제21114호, 2008. 11. 11.>

이 영은 2008년 12월 22일부터 시행한다. 다만, 제명, 제3조(제2항은 제외한다), 제4조, 제6조, 제7조, 제8조의5(제5호는 제외한다), 제10조의2제3항, 제10조의3, 제14조 및 제16조의 개정규정은 공포한 날부터 시행한다.

부 칙 <제21480호, 2009. 5. 6.> (산업발전법 시행령)

제1조 (시행일) 이 영은 2009년 5월 8일부터 시행한다.

제2조 (다른 법령의 개정) ①부터 ⑲까지 생략
⑳ 특정 금융거래정보의 보고 및 이용 등에 관한 법률 시행령 일부를 다음과 같이 개정한다.

제2조제9호를 다음과 같이 한다.

9. 「산업발전법」(법률 제9584호 산업발전법 전부개정법률로 개정되기 전의 것을 말한다) 제15조에 따라 등록된 기업구조조정조합 및 그 조합의 업무집행조합원인 기업구조조정전문회사

제15조제2항제2호를 다음과 같이 한다.

2. 지식경제부장관: 「산업발전법」(법률 제9584호 산업발전법 전부개정 법률로 개정되기 전의 것을 말한다) 제14조에 따라 등록된 기업구조조정전

문회사, 같은 법 제15조에 따라 등록된 기업구조조정조합 및 「우체국예
금·보험에 관한 법률」에 따른 체신관서
㉑ 및 ㉒ 생략
제3조 생략

부　칙 <제22104호, 2010. 3. 26.>

이 영은 공포한 날부터 시행한다. 다만, 제6조제1항의 개정규정은 2010년 6월 30일부터 시행한다.

부　칙 <제22493호, 2010. 11. 15.> (은행법 시행령)

제1조 (시행일) 이 영은 2010년 11월 18일부터 시행한다.
제2조 및 제3조 생략
제4조 (다른 법령의 개정) ①부터 <98>까지 생략
　㉙ 특정 금융거래정보의 보고 및 이용 등에 관한 법률 시행령 일부를 다음과 같이 개정한다.
　　제15조제2항제7호가목 중 "금융기관"을 "은행"으로 한다.
　⑩부터 ⑮까지 생략
제5조 생략

부　칙 <제24317호, 2013. 1. 16.> (민감정보 및 고유식별정보 처리 근거 정비를 위한
국가를 당사자로 하는 계약에 관한 법률 시행령 등 일부개정령)

이 영은 공포한 날부터 시행한다. 다만, 제22조에 따른 「특정금융거래정보의 보고 및 이용 등에 관한 법률 시행령」 제16조의 개정규정은 2013년 3월 22일부터 시행한다.

부　칙 <제24435호, 2013. 3. 23.> (금융위원회와 그 소속기관 직제)

제1조 (시행일) 이 영은 공포한 날부터 시행한다.
제2조 및 제3조 생략
제4조 (다른 법령의 개정) ①부터 ⑦까지 생략

⑧ 특정 금융거래정보의 보고 및 이용 등에 관한 법률 시행령 일부를 다음과 같이 개정한다.

제15조제1항 중 "행정안전부장관·지식경제부장관"을 "미래창조과학부장관·안전행정부장관·산업통상자원부장관"으로 하고, 같은 조 제2항제1호 및 제2호를 각각 다음과 같이 하며, 같은 항에 제3호를 다음과 같이 신설한다.

1. 미래창조과학부장관: 「우체국예금·보험에 관한 법률」에 따른 체신관서
2. 안전행정부장관: 「새마을금고법」에 따른 새마을금고중앙회
3. 산업통상자원부장관: 「산업발전법」(법률 제9584호 산업발전법 전부개정법률로 개정되기 전의 것을 말한다) 제14조에 따라 등록된 기업구조조정전문회사, 같은 법 제15조에 따라 등록된 기업구조조정조합

부 칙 <제24683호, 2013. 8. 6.>

이 영은 공포한 날부터 시행한다.

부 칙 <제24842호, 2013. 11. 13.>

이 영은 2013년 11월 14일부터 시행한다. 다만, 제13조의2의 개정규정은 2014년 2월 14일부터 시행한다.

부 칙 <제25751호, 2014. 11. 19.> (행정자치부와 그 소속기관 직제)

제1조 (시행일) 이 영은 공포한 날부터 시행한다. 다만, 부칙 제5조에 따라 개정되는 대통령령 중 이 영 시행 전에 공포되었으나 시행일이 도래하지 아니한 대통령령을 개정한 부분은 각각 해당 대통령령의 시행일부터 시행한다.

제2조부터 제4조까지 생략

제5조 (다른 법령의 개정) ①부터 <399>까지 생략

⑭ 특정 금융거래정보의 보고 및 이용 등에 관한 법률 시행령 일부를 다음과 같이 개정한다.

제5조제3항 중 "경찰청·해양경찰청"을 "국민안전처·경찰청"으로 한다.

제12조의 제목 중 "경찰청장"을 "국민안전처장관"으로 하고, 같은 조 제목 외의 부분 중 "경찰청장 및 해양경찰청장"을 "국민안전처장관 및 경찰청장"으로 한다.

제13조제1항 본문 중 "경찰청장·해양경찰청장"을 "국민안전처장관·경찰청장"으로 한다.
제15조제2항 및 같은 조 제3항제2호 중 "안전행정부장관"을 각각 "행정자치부장관"으로 한다.
㊿부터 ⑱까지 생략

부　칙 <제26818호, 2015. 12. 30.>

제1조 (시행일) 이 영은 2016년 1월 1일부터 시행한다.
제2조 (특정금융거래정보 등의 보존 및 폐기에 관한 경과조치) 금융정보분석원장은 이 영 시행 당시 제13조의3의 개정규정에 따른 기간이 끝난 정보등을 2016년 6월 30일까지 법 제9조의2제2항에 따라 폐기하여야 한다.

부　칙 <제27038호, 2016. 3. 22.> (외국환거래법 시행령)

제1조 (시행일) 이 영은 공포한 날부터 시행한다. <단서 생략>
제2조 및 제3조 생략
제4조 (다른 법령의 개정) ① 「특정 금융거래정보의 보고 및 이용 등에 관한 법률 시행령」 일부를 다음과 같이 개정한다.
제15조제3항제4호 중 "환전영업자 중 개항장안의 환전영업자"를 "환전영업자"로 하고, 같은 항 제6호를 삭제한다.
② 생략

부　칙 <제27090호, 2016. 4. 5.>

이 영은 공포한 날부터 시행한다.

부　칙 <제27205호, 2016. 5. 31.> (기술보증기금법 시행령)

제1조 (시행일) 이 영은 2016년 9월 30일부터 시행한다. <단서 생략>
제2조 (다른 법령의 개정) ①부터 ㊽까지 생략
㊾ 특정 금융거래정보의 보고 및 이용 등에 관한 법률 시행령 일부를 다음과 같이 개정한다.

제2조제2호를 다음과 같이 한다.
  2. 「기술보증기금법」에 따른 기술보증기금
 ㉘ 및 ㉙ 생략
제3조 생략

부 칙 <제28145호, 2017. 6. 27.> (외국환거래법 시행령)

제1조 (시행일) 이 영은 2017년 7월 18일부터 시행한다.
제2조부터 제6조까지 생략
제7조 (다른 법령의 개정) ① 생략
 ② 특정금융거래정보의 보고 및 이용 등에 관한 법률 시행령 일부를 다음과 같이 개정한다.
  제2조제10호를 다음과 같이 하고, 같은 조에 제12호를 다음과 같이 신설한다.
  10. 「외국환거래법」 제8조제3항제1호에 따라 등록한 환전영업자
  12. 「외국환거래법」 제8조제3항제2호에 따라 등록한 소액해외송금업자
    제15조제3항제4호 중 "「외국환거래법」 제8조제4항의 규정에 의한 환전영업자"를 "「외국환거래법」 제8조제3항제1호에 따라 등록한 환전영업자"로 한다.
  제15조제3항제7호에 바목을 다음과 같이 신설한다.
   바. 「외국환거래법」 제8조제3항제2호에 따라 등록한 소액해외송금업자

부 칙 <제28152호, 2017. 6. 27.> (농업협동조합법 시행령)

제1조 (시행일) 이 영은 공포한 날부터 시행한다.
제2조 (다른 법령의 개정) ①부터 ⑮까지 생략
 ⑯ 특정 금융거래정보의 보고 및 이용 등에 관한 법률 시행령 일부를 다음과 같이 개정한다.
  제2조제11호 중 "「농업협동조합법」 제134조의5"를 "「농업협동조합법」 제161조의12"로 한다.
  제15조제3항제7호라목 중 "「농업협동조합법」 제134조의4 및 제134조의5"를 "「농업협동조합법」 제161조의11 및 제161조의12"로 한다.
 ⑰ 생략

부 칙 <제28218호, 2017. 7. 26.> (금융위원회와 그 소속기관 직제)

제1조 (시행일) 이 영은 공포한 날부터 시행한다.
제2조 생략
제3조 (다른 법령의 개정) ①부터 ⑧까지 생략
  ⑨ 특정 금융거래정보의 보고 및 이용 등에 관한 법률 시행령 일부를 다음과 같이 개정한다.
    제5조제3항 중 "국민안전처·경찰청"을 "경찰청·해양경찰청"으로 한다.
    제12조의 제목 중 "국민안전처장관"을 "경찰청장"으로 하고, 같은 조 제목 외의 부분 중 "국민안전처장관 및 경찰청장"을 "경찰청장 및 해양경찰청장"으로 한다.
    제13조제1항 본문 중 "국민안전처장관·경찰청장"을 "경찰청장·해양경찰청장"으로 한다.
    제15조제2항 중 "미래창조과학부장관·행정자치부장관"을 "과학기술정보통신부장관·행정안전부장관"으로, "관세청장·중소기업청장"을 "중소벤처기업부장관·관세청장"으로 하고, 같은 조 제3항제1호 중 "미래창조과학부장관"을 "과학기술정보통신부장관"으로 하며, 같은 항 제2호 중 "행정자치부장관"을 "행정안전부장관"으로 하고, 같은 항에 제3호를 다음과 같이 신설하며, 같은 항 제5호를 삭제한다.
    3. 중소벤처기업부장관: 「중소기업창업 지원법」에 따른 중소기업창업투자회사와 중소기업창업투자조합

부 칙 <제28687호, 2018. 2. 27.>

제1조 (시행일) 이 영은 공포한 날부터 시행한다. 다만, 제10조 및 제10조의4제2호·제3호의 개정규정은 공포 후 6개월이 경과한 날부터 시행한다.
제2조 (송금정보 등의 보존기간 변경에 따른 경과조치) 금융정보분석원장은 이 영 시행 당시 제13조의3제1항제1호의 개정규정에 따라 보존기간이 단축된 정보 및 자료 중 같은 항 제2호의 개정규정에 따른 보존기간이 지난 정보 및 자료를 2018년 12월 31일까지 법 제9조의2제2항에 따라 폐기하여야 한다.
제3조 (감독·검사 등에 관한 경과조치) 이 영 시행 전의 카지노사업자의 행위에 대한 법 제11조제1항에 따른 검사, 같은 조 제2항제2호·제3호에 따른 조치와 같은 조 제3항제1호다목부터 마목까지 및 같은 조 제3항제2호에 따른 조치요

구에 관한 업무에 관하여는 제15조제3항제13호의 개정규정에도 불구하고 종전의 규정에 따른다.

부 칙 <제29601호, 2019. 2. 26.>

제1조 (시행일) 이 영은 공포한 날부터 시행한다. 다만, 제8조의4, 제8조의5, 제10조의2제2항·제3항 및 제10조의3제1항의 개정규정은 2019년 7월 1일부터 시행한다.

제2조 (고액 현금거래 보고에 관한 경과조치) 부칙 제1조 단서에 따른 시행일 전에 법 제4조의2제1항에 따른 현금등을 지급하거나 영수한 경우의 고액 현금거래 보고에 관하여는 제8조의4 및 제8조의5의 개정규정에도 불구하고 종전의 규정에 따른다.

제3조 (감독·검사 등에 관한 경과조치) 이 영 시행 전의 카지노사업자의 행위에 대한 법 제11조제1항에 따른 검사, 같은 조 제2항제2호·제3호에 따른 조치와 같은 조 제3항제1호다목부터 마목까지 및 같은 조 제3항제2호에 따른 조치요구에 관한 업무에 관하여는 제15조제3항제13호의 개정규정에도 불구하고 종전의 규정에 따른다.

부 칙 <제29722호, 2019. 4. 30.>

제1조 (시행일) 이 영은 2019년 7월 1일부터 시행한다.
제2조 (고액 현금거래 보고에 관한 경과조치) 이 영 시행 전에 법 제4조의2제1항에 따른 현금을 지급하거나 영수한 경우의 고액 현금거래 보고에 관하여는 제8조의2제1항의 개정규정에도 불구하고 종전의 규정에 따른다.

부 칙 <제29929호, 2019. 6. 25.>

이 영은 2019년 7월 1일부터 시행한다.

부 칙 <제30423호, 2020. 2. 18.> (건설산업기본법 시행령)

제1조 (시행일) 이 영은 공포한 날부터 시행한다.
제2조부터 제4조까지 생략

제5조 (다른 법률의 개정) ①부터 ⑯까지 생략
⑰ 특정 금융거래정보의 보고 및 이용 등에 관한 법률 시행령 일부를 다음과 같이 개정한다.
별표 1 7의 요청자료명란 중 "건설업자"를 "건설사업자"로 한다.
⑱부터 ⑳까지 생략

부　칙 <제30893호, 2020. 8. 4.> (신용정보의 이용 및 보호에 관한 법률 시행령)

제1조 (시행일) ① 이 영은 2020년 8월 5일부터 시행한다. <단서 생략>
② 및 ③ 생략
제2조 생략
제3조 (다른 법령의 개정) ①부터 ⑳까지 생략
㊶ 특정 금융거래정보의 보고 및 이용 등에 관한 법률 시행령 일부를 다음과 같이 개정한다.
제14조제3항 중 "신용정보집중기관"을 "「신용정보의 이용 및 보호에 관한 법률」 제25조제2항제1호에 따른 종합신용정보집중기관"으로 한다.
제16조 각 호 외의 부분 중 "「신용정보의 이용 및 보호에 관한 법률 시행령」 제29조에 따른 주민등록번호, 여권번호, 운전면허의 면허번호, 외국인등록번호, 국내거소신고번호"를 "「신용정보의 이용 및 보호에 관한 법률」 제2조제1호의2가목2)의 정보"로 한다.
㊷부터 ㊺까지 생략
제4조 생략

부　칙 <제30934호, 2020. 8. 11.> (벤처투자 촉진에 관한 법률 시행령)

제1조 (시행일) 이 영은 2020년 8월 12일부터 시행한다.
제2조 및 제3조 생략
제4조 (다른 법령의 개정) ①부터 ㉕까지 생략
㉖ 특정 금융거래정보의 보고 및 이용 등에 관한 법률 시행령 일부를 다음과 같이 개정한다.
제2조제8호를 다음과 같이 한다.
8. 「벤처투자 촉진에 관한 법률」 제2조제10호 및 제11호에 따른 중소기업창업투자회사 및 벤처투자조합

제15조제3항제3호를 다음과 같이 한다.

3. 중소벤처기업부장관: 「벤처투자 촉진에 관한 법률」 제2조제10호 및 제11호에 따른 중소기업창업투자회사 및 벤처투자조합

㉗ 생략

제5조 생략

부 칙 <제30967호, 2020. 8. 25.> (온라인투자연계금융업 및 이용자 보호에 관한 법률 시행령)

제1조 (시행일) ① 이 영은 2020년 8월 27일부터 시행한다. 다만, ···<생략>··· 부칙 제4조제2항·제8항은 2021년 5월 1일부터 시행한다.

② 생략

제2조 및 제3조 생략

제4조 (다른 법령의 개정) ①부터 ⑦까지 생략

⑧ 특정 금융거래정보의 보고 및 이용 등에 관한 법률 시행령 일부를 다음과 같이 개정한다.

제2조에 제4호를 다음과 같이 신설한다.

4. 「온라인투자연계금융업 및 이용자 보호에 관한 법률」 제5조에 따라 등록한 온라인투자연계금융업자

제3조제1항에 제6호를 다음과 같이 신설한다.

6. 「온라인투자연계금융업 및 이용자 보호에 관한 법률」 제13조제1호부터 제3호까지의 업무에 따른 거래

제15조제3항제7호다목 중 "제2조제3호, 제5호, 제7호, 제13호 및 제14호"를 "제2조제3호부터 제5호까지, 제7호, 제13호 및 제14호의 규정"으로 한다.

부 칙 <제31380호, 2021. 1. 5.> (어려운 법령용어 정비를 위한 473개 법령의 일부개정에 관한 대통령령)

이 영은 공포한 날부터 시행한다. <단서 생략>

부 칙 <제31445호, 2021. 2. 17.> (부가가치세법 시행령)

제1조 (시행일) 이 영은 공포한 날부터 시행한다. <단서 생략>

제2조부터 제20조까지 생략
제21조 (다른 법령의 개정) ①부터 ⑨까지 생략
　⑩ 특정 금융거래정보의 보고 및 이용 등에 관한 법률 시행령 일부를 다음과 같이 개정한다.
　　제14조제1항제2호 중 "「부가가치세법」 제8조제6항"을 "「부가가치세법」 제8조제8항"으로 한다.

부　칙 <제31554호, 2021. 3. 23.>

제1조 (시행일) 이 영은 2021년 3월 25일부터 시행한다. 다만, 제5조제3항, 제11조의2제2호 및 제13조의 개정규정 중 행정안전부 또는 행정안전부장관에 관한 부분은 2021년 5월 20일부터 시행한다.
제2조 (일회성 금융거래등의 금액 변경에 따른 고객 확인에 관한 적용례) 제10조의3제1항제3호나목의 개정규정은 이 영 시행 이후 최초로 하는 일회성 금융거래등부터 적용한다.

부　칙 <제32028호, 2021. 10. 5.>

제1조 (시행일) 이 영은 공포한 날부터 시행한다. 다만, 제10조의20제5호의 개정규정은 공포 후 1개월이 경과한 날부터 시행한다.
제2조 (실제 소유자의 생년월일 확인에 관한 적용례) 제10조의5제2항 각 호 외의 부분 전단의 개정규정은 이 영 시행 이후 금융거래등을 하는 경우부터 적용한다.
제3조 (가상자산사업자의 거래를 제한하는 기준에 관한 적용례) 부칙 제1조 단서에 따른 시행일 전에 가상자산사업자나 그 특수관계인이 발행한 가상자산에 대해서는 같은 조 단서에 따른 시행일부터 6개월이 경과할 때까지는 제10조의20제5호가목의 개정규정을 적용하지 않는다.

3. 특정 금융거래정보 보고 및 감독규정

[시행 2021. 3. 25.] [금융정보분석원고시 제2021-1호, 2021. 3. 23., 일부개정.]

제1장 총 칙

제1조 (목적) 이 규정은 「특정 금융거래정보의 보고 및 이용 등에 관한 법률」 및 같은 법 시행령에서 위임된 사항과 그 시행에 필요한 사항을 규정함을 목적으로 한다.

제1조의2 (금융회사등) 영 제2조제15호에서 "그 밖에 자금세탁행위와 공중협박자금조달행위에 이용될 가능성이 있는 금융거래등을 하는 자로서 금융정보분석원장이 정하여 고시하는 자"란 「특정 금융거래정보의 보고 및 이용 등에 관한 법률」(이하 "법"이라 한다) 제2조제1호 및 같은 법 시행령(이하 "영"이라 한다) 제2조에 따른 금융회사등(이하 "금융회사등"이라 한다)의 자회사(상법 제342조의2에 따른 자회사를 말한다. 이하 "자회사"라 한다)를 말한다.

제2조 (해외자회사 및 해외지점에 대한 법령적용) ① 법 및 영의 규정은 「외국환거래법」에 의하여 허가·신고 등을 받은 법 제2조제1호 및 영 제2조의 규정에 의한 금융회사등의 해외자회사 및 해외지점(이하 "해외자회사등"이라 한다)에도 적용된다.
② 해외자회사등에서 이루어진 현금의 지급 또는 영수에 대하여는 법 제4조의2 및 영 제8조의2 내지 7의 규정을 적용하지 아니한다.
③ 해외자회사등이 현지법령 등에 의해 법 제4조제1항의 규정에 의한 보고 또는 법 제5조의2의 규정에 의한 확인조치를 할 수 없는 경우 금융회사등은 그 사실을 금융정보분석원장에게 통보하여야 한다.

제2장 금융회사 등의 보고

제3조 (의심되는 거래의 보고시기) 법 제4조제1항 및 제4조의2제2항의 규정에 의한 보고를 함에 있어서 금융회사등은 자신이 취급하는 금융거래등에 대하여 법 제5조제1항제1호 및 영 제9조의 규정에 의하여 보고업무를 담당할 자로 임명

된 자(이하 "보고책임자"라 한다)가 자체적으로 파악한 내용 또는 그 임직원으로부터 보고된 내용과 자체적으로 파악한 관련자료등을 종합적으로 검토한 후 법 제4조제1항 및 제4조의2제2항의 규정에 의하여 금융정보분석원장에게 보고하는 금융거래등(이하 "의심되는 거래 보고대상 금융거래등"이라 한다)으로 결정한 날로부터 3영업일 이내에 보고하여야 한다.

제4조 (의심되는 거래 보고대상 금융거래등의 판단 등) ① 금융회사등이 법 제4조의2제2항에 따라 금융거래등의 상대방이 금액을 분할하여 금융거래등을 하고 있다고 의심되는 경우에는 금융거래등의 상대방 수, 거래횟수, 거래 점포 수, 거래 기간 등을 고려하여 당해 금융거래등이 의심되는 거래 보고대상 금융거래등인지를 판단하여 금융정보분석원장에게 보고해야 한다.
② 금융회사등은 금융정보분석원장에게 의심되는 거래 보고대상 금융거래등을 보고한 후에도 당해 보고와 관련된 금융거래등의 상대방이 의심되는 거래 보고대상 금융거래등을 하고 있다는 의심되는 경우에는 이를 금융정보분석원장에게 보고하여야 한다.
③ 금융회사등은 전산시스템을 개발하고 전자금융거래에 대해 주의를 기울여 금융거래등이 제1항의 규정에 의한 의심되는 거래 보고대상 금융거래등인지 효율적으로 확인할 수 있는 방안을 강구하도록 노력하여야 한다.

제5조 삭제

제6조 (의심되는 거래의 보고서식 및 제출방법) ① 영 제7조제1항에서 "금융정보분석원장이 정하는 서식"이라 함은 별지 제1호 서식의 의심스러운 거래보고서를 말한다. 다만, 카지노사업자의 경우 별지 제1-1호 서식의 의심스러운 거래보고서를 말한다.
② 영 제7조 제1항에서 "그 밖에 금융정보분석원장이 정하는 방법"이라함은 금융정보분석원장이 정하는 바에 따라 온라인으로 보고하는 것을 말한다. 다만, 온라인 보고를 하는 경우에도 전자화가 곤란한 첨부서류는 문서 또는 플로피디스크 등의 형태로 직접 제출하거나 우편에 의해 제출할 수 있다.
③ 금융정보분석원장은 제2항에 의하여 보고서를 접수한 경우 전자우편 등을 통해 보고책임자에게 그 사실을 통보하여야 한다.
④ 금융회사등은 영 제7조제1항의 규정에 의한 보고를 하는 경우에는 합당한 이유없이 정상적인 금융거래등에 관한 자료가 첨부되지 않도록 주의를 기

울여야 한다.

제7조 (의심되는 거래의 보고사항 등) ① 영 제7조제1항제6호에서 "그 밖에 보고대상 금융거래등을 분석하기 위하여 필요한 사항으로서 금융정보분석원장이 정하는 사항"이라 함은 법 제5조의4제1항제1호에 따라 금융회사등이 보존하는 당해 보고와 관련된 자료(이하 "관련자료"라 한다)의 종류를 말한다.
② 금융회사등이 영 제7조제1항의 규정에 의한 보고를 함에 있어 보고내용의 분석에 필요하다고 인정하는 경우에는 의심스러운 거래보고서에 제1항의 규정에 의해 열거한 주요 관련자료의 사본을 첨부하여 보고할 수 있다.

제8조 (의심되는 거래보고서의 보정) ① 금융정보분석원 소속 공무원은 금융회사등으로부터 제출받은 의심스러운거래보고서의 형식적 요건에 흠결이 있을 때에는 당해 금융회사등에 대하여 보정을 요구할 수 있다. 다만, 그 흠결이 경미한 때에는 금융회사등으로부터 그 내용을 확인하여 직권으로 보정할 수 있다.
② 금융회사등이 제1항의 규정에 의하여 보정 또는 내용의 확인을 요구받은 경우에는 이를 요구한 금융정보분석원 소속 공무원의 신분을 확인하고 그 내용을 기록·보존하여야 한다.

제9조 (고액 현금거래 보고의 기준금액 합산시 제외되는 공과금 등) 영 제8조의2제4항제3호에서 "금융정보분석원장이 정하는 공과금 등을 수납하거나 지출한 금액"이라 함은 다음 각호의 어느 하나에 해당하는 것을 말한다.
 1. 금융실명법 제3조제2항제1호, 동법 시행령 제4조제1항제2호에서 정하는 공과금 등을 수납한 금액
 2. 법원공탁금, 정부·법원보관금, 송달료를 지출한 금액
 3. 은행지로장표에 의하여 수납한 금액
 4. 100만원 이하의 선불카드 거래 금액

제10조 (공공단체의 범위) 영 제10조의5제5항제2호라목에서 "금융정보분석원장이 지정하는 자"는 <별표1>에 규정된 자를 말한다.

제11조 (고액 현금거래 보고서식 및 보고사항) ① 영 제8조의6제1항에서 "금융정보분석원장이 정하는 서식"이라 함은 별지 제2호 서식의 고액 현금거래 보고서를 말한다. 다만, 카지노사업자의 경우 별지 제2-1호 서식의 고액 현금거래 보고서를

말한다.
② 영 제8조의6제1항제5호에서 "그 밖에 현금의 지급 또는 영수를 분석하기 위하여 필요한 사항으로서 금융정보분석원장이 정하는 사항"이라 함은 무통장입금에 의한 송금시 수취인 계좌에 관한 정보를 말한다.

제12조 (긴급한 경우의 보고방법) ① 금융회사등은 영 제7조·제8조의6의 규정에 의한 방법으로 보고할 경우 자금세탁방지 목적을 달성할 수 없는 때에는 전화 또는 팩스에 의한 방법으로 법 제4조 및 제4조의2의 규정에 의한 보고를 할 수 있다.
② 금융회사등은 제1항의 규정에 의한 방법으로 보고를 하고자 하는 경우에는 보고를 받으려고 하는 자가 금융정보분석원의 소속 공무원인지를 확인하여야 하며, 보고를 받는 공무원의 성명·보고일자 및 보고내용 등을 기록·보존하여야 한다.
③ 금융회사등은 제1항의 규정에 의한 방법으로 보고를 한 때에는 보고사항을 제6조·제11조의 규정에 의한 보고서식에 의하여 문서, 플로피디스크 등 전자기록매체 또는 온라인으로 다시 보고하여야 한다.

제3장 관련자료의 보존

제13조 (보존하여야 하는 관련자료의 종류) 금융회사등이 법 제5조의4제1항제1호의 규정에 의하여 보존하여야 하는 관련자료는 다음 각호의 자료를 말한다.
1. 금융거래등 상대방의 실지명의를 확인할 수 있는 자료 : 금융거래등 상대방의 실명확인증표 사본 또는 금융회사등의 직원이 금융거래등 상대방의 실지명의를 확인한 자료의 사본
2. 보고대상 금융거래등 자료 : 금융거래등 신청서, 약정서, 내역표, 전표, 업무용 서신 등 당해 금융거래등과 관련된 자료
3. 금융회사등이 의심되는 합당한 근거를 기록한 자료 : 창구직원 등으로부터 수집한 자료, 보고책임자가 보고대상으로 판단한 이유 등에 관한 검토 자료 또는 제6조의 규정에 의한 보고서식(이하 "의심스러운 거래 보고서식"이라고 한다)에 기재한 내용 등

제14조 (관련자료의 보존장소) 금융회사등은 원칙적으로 제13조의 규정에 의하여 보존하여야 하는 관련자료를 금융회사등의 본점 또는 보고책임자가 근무하는 점

포에 일괄하여 보존하여야 한다. 다만, 부득이한 경우에는 보고책임자의 판단으로 그 밖의 장소에 보존할 수 있다.

제15조 (보존기간 기산방법) < 삭 제 >

제16조 (관련자료의 열람 등) ① 법 제4조제5항에 따라 금융정보분석원 소속 공무원이 금융회사등이 보존하는 관련자료를 열람하거나 복사하고자 하는 경우에는 당해 금융회사등에 임점하여 금융정보분석원장 명의의 문서 및 신분증을 제시한 후 관련자료를 열람하거나 복사하여야한다. 다만, 긴급한 경우에는 전화 또는 팩스의 방법으로 열람 또는 복사할 수 있다.
② 금융회사등이 제1항의 규정에 의하여 관련자료의 열람 또는 복사를 요구받은 경우에는 이를 요구한 금융정보분석원 소속 공무원의 신분을 확인하고 그 공무원의 성명, 요구일자 및 관련자료 등을 기록·보존하여야 한다.

제4장   내부 보고체제

제17조 (보고책임자 임면 통보) 영 제9조의 규정에 의하여 보고책임자를 임면한 금융회사등은 별지 제3호 서식의 보고책임자 임면통보서에 의하여 당해 내용을 금융정보분석원 홈페이지를 통해 등록하여야 한다.

제18조 (내부 보고체제 수립 등의 예외 등) ① 삭제
② 다음 각호의 금융회사등의 보고책임자는 당해 금융회사등을 관리 또는 운용하는 금융회사등의 보고책임자가 겸임한다.
  1. 여신전문금융업법에 의한 신기술사업투자조합
  2. 중소기업창업지원법에 의한 중소기업창업투자조합
  3. 산업발전법에 의한 기업구조조정조합
③ 영 제2조제10호의 규정에 의한 환전영업자의 보고책임자는 환전영업자가 금융정보분석원장에게 별도로 보고책임자를 통보한 경우를 제외하고는 한국은행총재에게 등록한 대표자를 보고책임자로 본다. 이 경우 한국은행총재는 등록된 대표자의 인적사항을 금융정보분석원장에게 통보하여야 한다.

제19조 (내부 보고체제의 수립 및 운용) ① 금융회사등은 보고대상 금융거래등이 창구직원 등으로부터 보고책임자에게 신속·원활하게 보고될 수 있도록 법 제5조

제1항제1호의 규정에 의한 내부 보고체제를 수립하여야 한다.
② 보고책임자는 내부 보고체제, 업무지침 운용 및 교육·연수 상황을 상시 점검하여 금융회사등의 보고가 원활히 이루어 질 수 있도록 하여야 한다.
③ 보고책임자는 보고담당자 변경 등 정보의 변동이 있는 경우 금융정보분석원 홈페이지를 통해 이를 즉시 갱신하여야 하며, 필요한 경우 당해 기관 보고담당자 등을 금융정보분석원 홈페이지에 등록·관리할 수 있다.

제20조 (교육 및 연수 기록의 보존) 금융회사등은 법 제5조제1항제3호의 규정에 의한 교육 및 연수를 실시한 경우에 교육 및 연수의 일자·대상 및 내용 등을 기록·보존하여야 한다.

제5장 금융회사 등의 고객확인의무

제21조 (고객확인면제 금융거래등의 범위) 영 제10조의2 제1항에서 "금융정보분석원장이 정하는 거래"라 함은 다음 각 호의 어느 하나에 해당하는 거래를 말한다.
1. 금융실명법 제3조제2항제1호, 동법 시행령 제4조제1항제2호에서 정하는 각종 공과금 등의 수납
2. 금융실명법 제3조제2항제3호, 동법 시행령 제4조제2항, 제3항에서 정하는 채권의 거래
3. 법원공탁금, 정부·법원보관금, 송달료의 지출
4. 보험기간의 만료시 보험계약자, 피보험자 또는 보험수익자에 대하여 환급금이 발생하지 아니하는 보험계약
5. 전자금융거래법 제16조제1항 단서, 같은 법 시행령 제11조 제1항에서 정하는 전자화폐의 발행
6. 전자금융거래법 제23조제1항제1호, 같은 법 시행령 제13조제1항 본문에서 정하는 선불전자지급수단의 발행

제22조 (일회성 금융거래등 금액의 적용방법) ① 영 제10조의3제1항 각호에 규정된 거래가 혼합된 금융거래등에 대해서는 각호의 금융거래등으로 구분하여 금융거래등의 금액을 적용한다.
② 영 제10조의3제1항제1호에서 규정된 "그에 상당하는 다른 통화로 표시된 금액"을 미합중국달러로 환산할 경우에는 현찰매매율 또는 전신환매매율 등 실제 거래된 환율을 적용하여 환산한다.

제22조의2 (실지명의에 관한 사항) ① 영 제10조의4제1호에서 "금융정보분석원장이 정하여 고시하는 고객"이란 법 제5조의2제1항제2호에 해당하지 아니한 고객으로서 다음 각 호의 어느 하나에 해당하는 자(「전자금융거래법」 제28조제1항 단서 및 같은 조 제2항 단서에 따른 「은행법」에 따른 은행과 금융회사를 포함한다)와 전자금융거래를 하는 고객을 말한다.
　1. 「전자금융거래법」 제28조제1항
　2. 「전자금융거래법」 제28조제2항제1호부터 제4호
　3. 「전자금융거래법 시행령」 제15조제3항제1호 및 제2호
② 영 제10조의4제1호에서 "금융정보분석원장이 정하여 고시하는 사항"은 다음 각 호에서 규정하는 사항을 말한다.
　1. 성명, 생년월일 및 성별
　2. 「정보통신망 이용촉진 및 정보보호 등에 관한 법률」 제23조의2 제2항에 따른 대체수단 활용으로 생성된 연계정보
　3. 전자금융거래를 위해 전자금융업자에 제공한 계좌번호(계좌번호가 없는 경우에는 참조가능한 번호를 말한다)

제23조 (거래후 고객확인을 할 수 있는 경우) 영 제10조의6에서 "금융정보분석원장이 정하는 경우"라 함은 다음 각호의 1에 해당하는 경우를 말한다.
　1. 종업원·학생 등에 대한 일괄적인 계좌개설의 경우: 거래당사자가 계좌개설후 최초로 금융거래등을 하는 때
　2. 상법 제639조에서 정하는 타인을 위한 보험의 경우 : 보험금, 만기환급금, 그 밖의 지급금액을 그에 관한 청구권자에게 지급하는 때 또는 보험금, 환급금, 그 밖의 지급금액에 관한 청구권이 행사되는 때
　3. 7일 동안 동일인 명의로 이루어지는 일회성 금융거래등의 합계액이 기준금액(원화의 경우 2천만 원, 외화의 경우 미화환산 1만 불 상당액) 이상인 경우 : 동 거래 후 거래당사자가 최초로 금융거래등을 하는 때

제6장　금융회사 등의 업무지침

제24조 (자금세탁방지 및 고객확인을 위한 업무지침) ① 법 제5조제1항제2호 및 제5조의2제1항에서 "업무지침"이라 함은 금융회사등이 자신의 업무특성 또는 금융기법의 변화를 고려하여 자신이 자금세탁행위 및 공중협박자금조달행위에 이용되지 않도록 하기 위한 정책과 이를 이행하기 위한 구체적이고 적절한 조치 등

을 서술한 내부지침을 말한다.
② 제1항의 업무지침에서는 법 제4조의 규정에 의한 의심되는 거래 보고, 법 제5조의2의 규정에 의한 고객확인의무에 관하여 고객 및 거래유형별로 자금세탁의 위험 정도에 따른 적절한 조치내용·절차·방법 등을 정할 수 있다.

제7장 감독 및 검사

제25조 삭제

제8장 가상자산사업자에 대한 특례

제26조 (가상자산의 가격 산정 방식) ① 영 제10조의3제1항제1호의2에서 "가상자산의 현금 환산 기준"이란 가상자산의 매매·교환 거래체결 시점 또는 법 제2조제1호하목에 따른 가상자산사업자(이하 "가상자산사업자"라 한다)가 가상자산의 이전을 요청받거나 가상자산을 이전받은 시점에서 가상자산사업자가 표시하는 가상자산의 가액을 적용하여 원화로 환산하는 것을 말한다.
② 영 제10조의10제1호에서 "금융정보분석원장이 정하여 고시하는 환산 기준"이란 고객이 가상자산사업자에게 가상자산의 이전을 요청한 때 가상자산사업자가 표시하는 가상자산의 가액을 적용하여 원화로 환산하는 것을 말한다.

제27조 (가상자산사업자의 신고) ① 법 제7조제3항제2호 단서에서 "가상자산거래의 특성을 고려하여 금융정보분석원장이 정하는 자"란 가상자산사업자가 고객에게 제공하는 법 제2조제2호라목에 따른 가상자산거래(이하 "가상자산거래"라 한다)와 관련하여 가상자산과 금전의 교환 행위가 없는 경우 그 가상자산사업자를 말한다.
② 영 제10조의11제1항 각 호 외의 부분에서 "금융정보분석원장이 정하여 고시하는 신고서", 같은 조 제3항에서 "금융정보분석원장이 정하여 고시하는 변경신고서" 및 영 제10조의15제2항에서 "금융정보분석원장이 정하여 고시하는 갱신신고서"란 별지 제4호 서식의 가상자산사업자 신고서(변경신고서·갱신신고서)를 말한다.
③ 영 제10조의11제1항제5호에서 "금융정보분석원장이 필요하다고 정하여 고시하는 자료"란 본점의 위치와 명칭을 기재한 자료를 말한다.
④ 영 제10조의11제2항제5호에서 "금융정보분석원장이 정하여 고시하는 사항"

이란 다음 각 호의 사항을 말한다.
1. 법 제2조제1호하목에 따른 행위 중 가상자산사업자가 수행할 행위의 유형
2. 법 제7조제3항제2호 본문에 따른 실명확인이 가능한 입출금 계정에 관한 정보
3. 외국 가상자산사업자[본점 또는 주사무소가 외국에 있는 자(사업의 실질적 관리장소가 국내에 있지 않은 경우만 해당한다)로서 내국인을 대상으로 가상자산거래를 영업으로 하는 자를 말한다]의 경우 다음 각 목의 사항
    가. 국내 사업장의 소재지 및 연락처
    나. 국내에 거주하면서 외국 가상자산사업자를 대표할 수 있는 자의 국적 및 성명

제28조 (가상자산사업자의 조치) 영 제10조의20제5호에서 "금융정보분석원장이 정하여 고시하는 조치"란 다음 각 호의 조치를 말한다.
1. 자신의 고객과 다른 가상자산사업자의 고객 간 가상자산의 매매·교환을 중개하지 않을 것. 다만, 다른 가상자산사업자가 국내 또는 해외에서 인가·허가·등록·신고 등(이하 "인허가등"이라 한다)을 거쳐 자금세탁방지 의무를 이행하는 가상자산사업자이며, 가상자산사업자가 자신의 고객과 거래한 다른 가상자산사업자의 고객에 대한 정보를 확인할 수 있는 경우에는 중개할 수 있으며, 이 경우 다음 각 목의 사항을 이행해야 한다.
    가. 다른 가상자산사업자가 해외에서 인허가등을 받은 경우 외국 정부가 발행한 인허가등의 증표 사본을 금융정보분석원장에게 제출할 것
    나. 자신의 고객과 거래한 다른 가상자산사업자의 고객에 대한 정보를 매일 확인·기록해야 하며, 그 확인 절차 및 방법을 금융정보분석원장에게 사전에 제출할 것
2. 가상자산이 하나의 가상자산주소에서 다른 가상자산주소로 이전될 때 전송기록이 식별될 수 없도록 하는 기술이 내재되어 가상자산사업자가 전송기록을 확인할 수 없는 가상자산인지를 확인해야 하며, 이를 알게 된 경우 해당 가상자산을 취급하지 않도록 관리할 것

제9장 기타

제29조 (재검토기한) 「훈령·예규 등의 발령 및 관리에 관한 규정」(대통령훈령 제248호)에 따라 이 규정 발령 후의 법령이나 현실여건의 변화 등을 검토하여 이

규정의 유지, 폐지, 개정 등의 조치를 하여야 하는 기한은 2015년 7월 1일을 기준으로 매 2년이 되는 시점(매 2년째의 6월 30일까지를 말한다)으로 한다.

부 칙 <제2006-1호, 2006. 1. 18.>

이 규정은 2006년 1월 18일부터 시행한다.

부 칙 <제2008-1호, 2008. 12. 22.>

① (시행일) 이 규정은 2008년 12월 22일부터 시행한다.
② (보고서식의 특례) 금융기관등은 별지 제1호 서식 및 별지 제2호 서식에 의한 의심되는 거래보고 및 고액현금거래보고와 관련, 2009년 6월 21일까지는 개정 전 서식에 의해서도 보고할 수 있다.

부 칙 <제2010-2호, 2010. 6. 21.>

이 규정은 2010년 7월 30일부터 시행한다.

부 칙 <제2015-20호, 2015. 6. 30.>

이 규정은 2015년 7월 1일부터 시행한다.

부 칙 <제2018-2호, 2018. 7. 12.>

이 규정은 2018년 7월 12일부터 시행한다.

부 칙 <제2019-1호, 2019. 6. 26.>

이 규정은 2019년 7월 1일부터 시행한다.

부 칙 <제2021-1호, 2021. 3. 23.>

이 규정은 2021년 3월 25일부터 시행한다.

4. 자금세탁방지 및 공중협박자금조달금지에 관한 업무규정

[시행 2019. 7. 1.] [금융정보분석원고시 제2019-2호, 2019. 6. 26., 일부개정.]

제1조 (목적) 이 규정은 「특정금융거래정보의 보고 및 이용 등에 관한 법률」(이하 '법'이라 한다) 제4조부터 제5조의4까지 및 동법 시행령(이하 '영'이라 한다) 제5조제4항·제15조제4항에서 위임된 사항과 그 시행에 필요한 사항을 정함을 목적으로 한다.

제1장 총 칙

제2조 (정의) 이 규정에서 사용하는 용어의 정의는 특별히 정한 경우 외에는 법·영 및 「공중 등 협박목적 및 대량살상무기확산을 위한 자금조달행위의 금지에 관한 법률」(이하 "공중협박자금조달금지법"이라 한다) 등 관련법령에서 정하는 바에 따른다.

제3조 (적용대상) 이 규정 중 제1편은 법 제2조제1호에 따른 금융회사등(법 제2조제1호하목에 따른 카지노사업자는 제외)에 적용되고, 제2편은 법 제2조제1호하목에 따른 카지노사업자(이하 "카지노사업자"라 한다)에 적용된다.

제1편 금융회사등(카지노사업자 제외)

제2장 내부통제 구축

제1절 구성원별 역할 및 책임

제4조 (이사회의 역할 및 책임) ① 금융회사등은 경영진이 설계·운영하는 자금세탁방지와 공중협박자금·대량살상무기확산자금조달금지(이하 "자금세탁방지등"이라 한다) 활동과 관련하여 이사회에 역할과 책임을 부여하여야 한다.
② 제1항에 따른 역할과 책임에는 다음 각 호의 사항이 포함되어야 한다.
  1. 경영진이 자금세탁방지등을 위해 설계·운영하는 내부통제 정책에 대한 감독책임

2. 자금세탁방지등과 관련한 경영진과 감사(또는 감사위원회)의 평가 및 조치결과에 대한 검토와 승인 등

제5조 (경영진의 역할 및 책임) ① 금융회사등은 경영진에게 자금세탁방지등의활동에 관한 역할과 책임을 부여하여야 한다.
② 제1항에 따른 역할과 책임에는 다음 각 호의 사항이 포함되어야 한다.
1. 자금세탁방지등을 위한 내부통제 정책[계열회사(「독점규제 및 공정거래에 관한 법률」 제2조제3호에 따른 계열회사를 말한다. 이하 같다)와 자회사(상법 제342조의2에 따른 자회사를 말한다. 이하 같다)를 보유한 금융회사등의 경우 계열회사와 자회사를 포함하는 내부통제 정책을 의미한다. 이하 같다]의 설계·운영·평가
2. 자금세탁방지등을 위한 내부통제 규정 승인
3. 내부통제 정책의 준수책임 및 취약점에 대한 개선조치 사항의 이사회 보고
4. 내부통제 정책 이행과정에서 발견된 취약점을 개선할 책임
5. 자금세탁방지등의 효과적 수행에 필요한 전문성과 독립성을 갖춘 일정 직위 이상의 자를 보고책임자로 임명 및 그 임면사항을 금융정보분석원의 장(이하 "금융정보분석원장"이라 한다)에게 통보 등
6. 제19조제2항제1호에 따른 정책·통제·절차에 관한 사항

제6조 (보고책임자의 역할 및 책임) ① 금융회사등의 보고책임자는 법 제4조 및 제4조의2에 따라 의심되는 거래 또는 고액현금거래를 금융정보분석원장에게 보고하여야 한다.
② 금융회사등의 보고책임자는 법 제5조의2에 따른 고객확인의 이행과 관련된 업무를 총괄한다.
③ 금융회사등은 자금세탁방지등을 위한 내부통제 정책의 설계·운영 및 평가와 관련하여 보고책임자에게 역할과 책임을 부여하여야 한다.
④ 제3항에 따른 역할과 책임에는 다음 각 호의 사항이 포함되어야 한다.
1. 관련 규정 및 세부 업무지침의 작성 및 운용
2. 직무기술서 또는 관련규정 등에 임직원별 자금세탁방지등의 업무와 관련한 역할과 책임 및 보고체계 등 명시
3. 전자금융기술의 발전, 금융 신상품의 개발 등에 따른 자금세탁행위 및 공중협박자금·대량살상무기확산자금 조달(이하 "자금세탁행위등"이라 한다) 유형과 기법에 대한 대응방안 마련

        4. 직원알기제도의 수립 및 운영
        5. 임직원에 대한 교육 및 연수
        6. 자금세탁방지등의 업무와 관련된 자료의 보존책임
        7. 자금세탁방지등의 운영상황 모니터링 및 개선·보완
        8. 자금세탁방지등 시스템·통제활동의 운영과 효과의 정기적 점검결과 및 그 개선사항의 경영진 보고
        9. 금융거래 규모 등 자체 여건을 감안한 전담직원 배치
        10. 기타 자금세탁방지등과 관련하여 필요한 사항 등
    ⑤ 금융회사등의 보고책임자는 금융정보분석원과의 업무협조 및 정보교환 등을 위해 적절한 조치를 취하여야 한다.
    ⑥ 제5항에 따른 조치에는 다음 각 호의 사항이 포함되어야 한다.
        1. 특정금융거래정보의 분석을 위해 금융정보분석원장이 문서에 의해 외국환거래 등을 이용한 금융거래 관련 정보 또는 자료의 제공을 요청하는 경우 그 제공
        2. 의심되는 거래보고 및 고액현금거래보고와 관련한 내부보고체계 운용상황의 점검·개선사항에 대하여 금융정보분석원과의 정보교환 등

제2절 교육 및 연수

제7조 (교육·연수 실시 등) ① 금융회사등은 법 제5조제1항제3호에 따른 교육 및 연수프로그램을 수립하고 운용하여야 한다.
② 보고책임자는 제1항에 따른 교육 및 연수를 연 1회 이상 실시하여야 한다.

제8조 (교육내용) ① 금융회사등은 직위 또는 담당 업무 등 교육대상에 따라 적절하게 구분하여 교육 및 연수를 실시하여야 한다.
② 금융회사등은 제1항에 따라 교육 및 연수를 실시하는 경우 다음 각 호의 내용이 포함되도록 하여야 한다.
    1. 자금세탁방지등에 관한 법규 및 제도의 주요내용
    2. 자금세탁방지등과 관련된 내부정책 및 절차
    3. 의심되는 거래의 유형 및 최근 동향
    4. 고객확인의 이행과 관련한 고객 유형별 업무처리 절차
    5. 의심되는 거래 및 고액현금거래보고 업무처리 절차
    6. 자금세탁방지등과 관련된 임직원의 역할 등

제9조 (교육방법 등) ① 금융회사등은 제7조에 따른 교육 및 연수를 집합, 전달, 화상 등 다양한 방법으로 실시할 수 있다.
② 금융회사등은 교육 및 연수를 실시한 경우 그 일자·대상·내용 등을 기록·보존하여야 한다.

제10조 (정의) 직원알기제도란 금융회사등이 자금세탁행위등에 자신의 임·직원이 이용되지 않도록 하기 위해 임·직원을 채용(재직 중 포함)하는 때에 그 신원사항 등을 확인하고 심사하는 것을 말한다.

제3절 직원알기제도

제11조 (절차수립 등) ① 금융회사등은 직원알기제도의 이행과 관련된 절차와 방법을 수립하여야 한다.
② 금융회사등은 제1항에 따라 수립된 관련 절차 등이 원활하게 운용될 수 있도록 적절한 조치를 취하여야 한다.

제4절 독립적 감사체계

제12조 (정의 등) ① 독립적 감사체계란 금융회사등이 자금세탁방지등의 업무를 수행하는 부서와는 독립된 부서에서 그 업무수행의 적절성, 효과성을 검토·평가하고 이에 따른 문제점 등을 개선하기 위해 취하는 절차 및 방법 등을 말한다.
② 금융회사등은 제1항에 따라 독립적인 감사를 실시하기 위한 체계를 구축·운영하여야 한다.

제13조 (주체) ① 금융회사등은 감사 또는 감사위원회로 하여금 제12조에 따른 독립적 감사를 실시하도록 하여야 한다.
② 금융회사등은 제1항에 따른 독립적 감사를 실시하는 자로 하여금 자금세탁방지등의 업무평가를 위해 관련 전문성을 갖출 수 있도록 적절한 조치를 취하여야 한다.
③ 제1항에도 불구하고 금융회사등은 감사부서 외의 내부부서(자금세탁방지등의 업무를 담당하는 부서는 제외한다) 또는 외부전문가로 하여금 독립적 감사를 실시하게 할 수 있다.

제14조 (주기) 금융회사등은 독립적 감사를 연 1회 이상 실시하여야 한다. 다만, 영업점에 대해서는 자금세탁방지등의 이행수준과 자금세탁행위등의 위험도를 고려하여 감사주기를 따로 정할 수 있다.

제15조 (방법 및 범위) ① 금융회사등은 실지감사의 방법으로 독립적 감사를 실시하여야 한다. 다만, 영업점에 대해서는 실지감사·서면·모니터링 등의 방법을 활용하여 실시할 수 있다.
② 금융회사등이 실시하는 독립적 감사는 자금세탁방지등의 업무수행의 적절성과 효과성 등을 검토·평가하고 그에 따른 의견을 제시할 수 있도록 다음 각 호의 사항이 포함되어야 한다.
1. 자금세탁방지등 관련정책, 절차 및 통제활동 등의 설계·운영의 적정성 및 효과성
2. 자금세탁방지등 모니터링 시스템의 적정성
3. 관련업무의 효율적 수행을 위한 인원의 적정성 등

제16조 (결과보고 등) 금융회사등의 감사 또는 감사위원회는 제14조에 따라 감사를 실시한 후 그 결과를 이사회에 보고하고 감사범위·내용·위반사항 및 사후조치 등을 기록·관리하여야 한다.

제5절 신상품 등 자금세탁방지 절차 수립

제17조 (절차 수립) 금융회사등은 다음 각 호의 어느 하나에 해당하는 사항을 식별하고 확인·평가·이해하기 위한 정책과 절차를 수립·운영하여야 하며, 위험요소를 관리·경감하기 위한 적절한 조치를 취하여야 한다.
1. 금융회사 자체 및 금융거래 등에 내재된 자금세탁행위등의 위험
2. 신규 금융상품 및 서비스 (새로운 기술 및 지급·결제 수단의 이용에 따른 것을 포함한다) 등을 이용한 자금세탁행위등의 위험

제6절 자금세탁방지제도 이행 평가

제18조 (종합평가) 금융정보분석원장은 자금세탁방지제도의 원활한 정착과 적극적 이행을 유도하기 위하여 매년 금융회사등의 자금세탁방지제도 이행현황 등에 대하여 종합적인 평가를 실시하여야 한다.

제19조 (위험관리수준 평가) ① 금융회사등은 자신의 자금세탁 행위등의 위험을 확인·평가·이해(이하 "위험평가등"이라 한다)하기 위해 다음 각 호의 조치들을 포함하여 적절한 조치를 취해야 한다.
  1. 위험평가등의 결과를 문서화
  2. 전반적 위험의 수준과 위험의 완화를 위해 적용되어야 할 적절한 조치의 수준과 종류를 결정하기에 앞서 관련된 모든 위험요소들을 고려
  3. 위험평가등의 결과를 지속적으로 최신 상태로 유지
  4. 위험평가등의 정보를 금융정보분석원장 및 법 제11조제6항에 따른 검사수탁기관의 장에게 제공하기 위한 적절한 운영체계 구축
  5. 제28조부터 제31조까지의 내용을 위험평가등에 반영
② 금융회사등은 자신의 자금세탁행위등의 위험을 관리하고 경감하기 위해서 다음 각 호의 조치를 취해야 한다.
  1. 경영진의 승인을 거친 정책·통제·절차(이하 "통제등"이라 한다)를 구비
  2. 통제등의 시행 여부를 감시하고 필요한 경우 통제등을 강화
  3. 자금세탁행위등의 위험이 높은 것으로 확인된 분야에 대해 강화된 조치 수행
  4. 제17조 및 제70조 제2항에 따른 자금세탁행위등의 위험을 평가할 수 있는 절차 수립·운영 사항 반영
③ 금융회사등은 법 제5조제1항제2호에 따른 절차 및 업무지침 작성·운용 사항 중 같은 조 제3항제1호의 의무이행과 관련하여 제1항 및 제2항의 내용을 반영하고 준수하여야 한다.
④ 금융정보분석원장은 금융회사등이 자신의 금융거래 등에 내재된 자금세탁행위등의 위험에 상응하여 적절한 조치를 취하고 있는지 주기적으로 평가('위험관리수준 평가')하여야 한다.
⑤ 금융정보분석원장은 위험관리수준 평가를 위해 필요한 내용을 금융회사등이 보고하도록 조치할 수 있으며, 금융회사등은 금융정보분석원장이 정하여 통보한 방법 및 기한 등에 따라 보고하여야 한다. 다만, 금융정보분석원장이 검사수탁기관의 장과 협의하여 달리 정하는 경우에는 그에 따른다.
⑥ 금융정보분석원장은 위험관리수준 평가 결과를 검사수탁기관의 장과 공유하고 감독, 검사 및 교육에 활용하여야 하며, 금융정보분석원장 및 검사수탁기관장은 금융회사등에 대한 검사계획 수립, 검사의 강도 및 빈도를 결정할 때 다음 각 호를 고려하여야 한다.
  1. 각 금융회사등의 위험 특성에 대한 평가를 통해 파악한 금융회사등의 자

금세탁행위등의 위험과 관련 정책, 내부통제 및 절차 위험
    2. 국가위험평가 등을 통해 확인된 자금세탁행위등의 위험
    3. 우리나라에 존재하는 자금세탁행위등의 위험
    4. 금융회사등의 특성. 특히 금융회사등의 다양성, 수, 위험기반접근법에 따라 금융회사등에 허용된 재량의 수준
⑦ 금융정보분석원장 및 검사수탁기관장은 주기적인 자금세탁방지행위등과 관련 위험관리수준 평가 등에 기반한 점검 및 검사를 실시하고, 금융회사등의 경영 또는 운영 관련 중요한 사안이 발생했을 때에는 적시에 점검 및 검사를 실시하여야 한다.

제3장 고객확인

제20조 (정의) ① 고객확인이란 금융회사등이 고객과 금융거래를 하는 때에 자신이 제공하는 금융상품 또는 서비스가 자금세탁행위등에 이용되지 않도록 법 제5조의2에 따라 고객의 신원확인 및 검증, 거래목적 및 실제소유자 확인 등 고객에 대하여 합당한 주의를 기울이는 것을 말한다.
② 간소화된 고객확인이란 고객확인 조치를 이행하는 금융회사 또는 금융정보분석원 등 정부에서 실시한 위험평가 결과 자금세탁행위등의 위험이 낮은 것으로 평가된 고객 또는 상품 및 서비스에 한하여, 제1항에 따른 고객확인을 위한 절차와 방법 중 일부(제38조에 따른 고객신원확인 제외)를 적용하지 않을 수 있음을 말한다. 다만, 다음 각 호의 경우에는 간소화된 고객확인 절차와 방법 등을 적용할 수 없다.
    1. 외국인인 고객이 자금세탁방지 국제기구(이하 'FATF'라 한다) 권고사항을 도입하여 효과적으로 이행하고 있는 국가의 국민(법인 포함)이 아닌 경우
    2. 자금세탁등이 의심되거나 위험이 높은 것으로 평가되는 경우
③ 강화된 고객확인이란 고객확인 조치를 이행하는 금융회사등 또는 정부에서 실시한 위험평가 결과 자금세탁행위등의 위험이 높은 것으로 평가된 고객 또는 상품 및 서비스에 대하여 제38조부터 제40조에 따른 신원확인 및 검증 이외에 제41조부터 제42조 및 제4장에 따른 추가적인 정보를 확인하는 것을 말한다.
④ 「보험업법」에 따른 생명보험 등 상법 제639조에 따른 타인을 위한 보험에 따른 금융거래의 경우 고객은 보험계약자 및 수익자를 말한다.

⑤ 금융회사등이 「신탁법」상 신탁(이하 "신탁"이라 한다)과 금융거래를 하는 경우 고객은 위탁자, 수탁자, 신탁관리인 및 수익자를 포함한다(금융회사등이 신탁에 대해 고객확인을 이행하는 경우 신탁의 수탁자는 수탁인으로서의 지위를 금융회사등에 공개해야 한다).

제1절 통 칙

제21조 (업무지침의 작성 및 운용) 금융회사등은 법 제5조의2에 따라 고객확인을 효과적으로 이행하기 위해 작성·운용하는 업무지침에 다음 각 호의 사항을 포함하여야 한다. 다만, 법 제5조의2에 따른 업무지침은 법 제5조제2호에 따른 업무지침에 포함하여 작성·운용할 수 있다.
1. 고객확인의 적용대상 및 이행시기
2. 자금세탁행위등의 위험도에 따른 고객의 신원확인 및 검증 절차와 방법
3. 고객의 신원확인 및 검증 거절시의 처리 절차와 방법
4. 주요 고위험고객군에 대한 고객확인 이행
5. 지속적인 고객확인 이행
6. 자금세탁행위등의 위험도에 따른 거래모니터링 체계 구축 및 운용 등

제2절 적용대상

제22조 (계좌 신규 개설) 법 제5조의2 제1항제1호 및 영 제10조의2 제2항에 의한 '계좌의 신규 개설'은 다음 각 호를 포함한다.
1. 예금계좌, 위탁매매계좌 등의 신규 개설
2. 보험·공제계약·대출·보증·팩토링 계약의 체결
3. 양도성 예금증서, 표지어음 등의 발행
4. 펀드 신규 가입
5. 대여금고 약정, 보관어음 수탁을 위한 계약
6. 기타 영 제10조의2 제2항에 따른 금융거래를 개시할 목적으로 금융회사 등과 계약을 체결하는 것

제23조 (일회성 금융거래) ① 법 제5조의2 제1항제1호 및 영 제10조의2 제2항에 의한 '일회성 금융거래'는 다음 각 호를 포함한다.
1. 무통장 입금(송금), 외화송금 및 환전,

2. 자기앞수표의 발행 및 지급
   3. 보호예수(봉함된 경우 기준금액 미만으로 봄)
   4. 선불카드 매매
   5. < 삭 제 >
 ② 제1항에 의한 일회성 금융거래에는 영 제10조의3에 의한 기준금액 이상의 단일 금융거래 뿐만 아니라 동일인 명의의 일회성 금융거래로서 7일 동안 합산한 금액이 영 제10조의3에 의한 기준금액 이상인 금융거래(이하 '연결거래'라 한다)를 포함한다.
 ③ 제2항에 따른 연결거래의 경우에는 당해 거래당사자가 동 거래를 한 이후 최초 금융거래시 고객확인을 하여야 한다.

제24조 (기타 고객확인이 필요한 거래) ① <삭 제>
 ② <삭 제>
 ③ 금융회사등은 제45조에 따른 100만원 초과의 전신송금거래가 발생하는 경우 송금자의 성명, 주민등록번호, 수취인의 계좌번호를 확인하여야 한다.

제25조 (기존고객) ① 금융회사등은 법령 등의 개정에 따른 효력이 발생(2008. 12. 22.)하기 이전에 이미 거래를 하고 있었거나 거래를 한 고객(이하 '기존고객'이라 한다)에 대하여 적절한 시기에 고객확인을 하여야 한다.
 ② 제1항의 고객확인을 하여야 할 적절한 시기는 다음 각 호의 어느 하나에 해당하는 때를 말한다.
   1. 자금세탁행위등의 우려가 높은 거래가 발생하는 경우
   2. 고객확인자료 기준이 실질적으로 변한 경우
   3. 계좌운영방식에 중요한 변화가 있는 경우
   4. 고객에 대한 정보가 충분히 확보되지 않았음을 알게 된 경우
 ③ 금융회사등은 제1항에 따른 효력이 발생한 이후에 고객확인을 통해 새로 고객이 된 자가 그 후 제2항 각 호의 어느 하나에 해당하는 때에는 그 고객에 대하여 다시 고객확인을 하여야 한다.

제26조 (인수 및 합병) 금융회사등은 인수·합병 등을 통해 새롭게 고객이 된 자에 대해서도 고객확인을 하여야 한다. 다만, 다음 각 호를 모두 충족하는 경우에는 이를 생략할 수 있다.
   1. 고객확인 관련기록을 입수하고 피인수기관으로부터 법 제5조의2에 의한

고객확인 이행을 보증받은 경우
2. 제1호의 고객확인 관련자료에 대한 표본추출 점검 등을 통해 적정하다고 판단되는 경우

제27조 (해외지점 등에 대한 고객확인 등) ① 금융회사등은 해외에 소재하는 자신의 지점 또는 자회사(이하 "금융회사등의 해외지점등"이라 한다)의 자금세탁방지등의 의무이행 여부를 관리하여야 한다.
② 금융회사등은 FATF 권고사항이 이행되지 않거나 불충분하게 이행되고 있는 국가에 소재한 금융회사등의 해외지점등에 대하여 자금세탁방지등과 관련된 기준이 준수되도록 특별한 주의를 기울여야 한다.
③ 금융회사등은 해외지점등에 적용되는 자금세탁방지등에 관한 국내법과 현지법상의 기준이 다를 경우에는 소재국의 법령 및 규정이 허용하는 범위 내에서 더 높은 기준을 적용하여야 한다.
④ 금융회사등은 현지 국가의 자금세탁방지등의 기준이 국내 기준보다 낮은 경우 자금세탁행위등의 위험을 관리·경감할 수 있는 추가적인 조치를 취하고, 금융정보분석원에 이를 통지하여야 한다.

제3절 위험 평가

제28조 (위험 평가) ① 금융회사등은 자금세탁행위등과 관련된 위험을 식별하고 평가하여 고객확인에 활용하여야 한다.
② 금융회사등은 자금세탁등과 관련된 위험을 식별하고 평가함에 있어 다음 각호의 위험을 반영하여야 한다.
1. 국가위험
2. 고객유형
3. 상품 및 서비스 위험 등
③ 금융회사등은 해당 고객의 자금세탁행위등의 위험도가 적정하게 반영되도록 위험 평가요소와 중요도를 정하여 자금세탁등의 위험을 평가하여야 한다.
④ 금융정보분석원장(검사수탁기관의 장을 포함한다)은 금융회사등이 제3항의 의무를 이행하도록 해야 한다.

제29조 (국가위험) ① 금융회사등은 특정국가의 자금세탁방지제도와 금융거래 환경이 취약하여 발생할 수 있는 자금세탁행위등의 위험(이하 '국가위험'이라 한다)

을 평가하여야 한다.
② 금융회사등이 제1항에 따라 국가위험을 평가하는 때에는 다음 각 호와 같은 공신력 있는 기관의 자료를 활용하여야 한다.
1. FATF가 성명서(Public Statement) 등을 통해 발표하는 고위험 국가(Higher-risk countries) 리스트
2. FATF가 이행 취약국가(Non-compliance)로 발표한 국가리스트
3. UN 또는 타 국제기구(World bank, OECD, IMF 등)에서 발표하는 제재, 봉쇄 또는 기타 이와 유사한 조치와 관련된 국가리스트
4. 금융회사등의 주요 해외지점등 소재 국가의 정부에서 자금세탁행위등의 위험이 있다고 발표하는 국가리스트
5. 국제투명성기구 등이 발표하는 부패관련 국가리스트 등

제30조 (고객유형 평가) ① 금융회사등은 고객의 특성에 따라 다양하게 발생하는 자금세탁행위등의 위험(이하 '고객위험'이라 한다)을 평가하여야 한다. 이 경우 고객의 직업(업종)·거래유형 및 거래빈도 등을 활용할 수 있다.
② 금융회사등은 다음 각 호의 고객을 자금세탁행위등의 위험이 낮은 고객으로 고려할 수 있다.
1. 국가기관, 지방자치단체, 공공단체(영 제8조의5에 따른 공공단체)
2. 법 제2조 및 제11조에 따른 감독·검사의 대상인 금융회사등(카지노사업자, 환전영업자, 소액해외송금업자, 대부업자 제외)
3. 주권상장법인 및 코스닥 상장법인 공시규정에 따라 공시의무를 부담하는 상장회사
③ 금융회사등은 다음 각 호의 고객을 자금세탁등과 관련하여 추가정보 확인이 필요한 고객으로 고려하여야 한다.
1. 금융회사등으로부터 종합자산관리서비스를 받는 고객 중 금융회사등이 추가정보 확인이 필요하다고 판단한 고객
2. 외국의 정치적 주요인물
3. 비거주자(다만, 자금세탁행위등의 위험도를 고려하여 달리 정할 수 있다)
4. 대량의 현금(또는 현금등가물)거래가 수반되는 카지노사업자, 대부업자, 환전영업자 등(영 제8조의4제2호에 따른 "금융정보분석원장이 정하여 고시하는 자"도 이와 동일하다)
5. 고가의 귀금속 판매상
6. 금융위원회가 공중협박자금조달금지법 제4조제1항에 따라 고시하는 금융

거래제한대상자
7. UN(United Nations) 결의 제1267호(1999년)·제1989호(2011년) 및 제2253호(2015), 제1718호(2006년), 제2231호(2015년), 제1988호(2011년)에 의거 국제연합 안전보장이사회 또는 동 이사회 결의 제1267호(1999년)·제1989호(2011년) 및 제2253호(2015), 제1718호(2006년), 제2231호(2015년), 제1988호(2011년)에 의하여 구성된 각각의 위원회(Security Council Committee)가 지정한 자(이하 "UN에서 지정하는 제재대상자"라 한다)
8. 개인자산을 신탁받아 보유할 목적으로 설립 또는 운영되는 법인 또는 단체
9. 명의주주가 있거나 무기명주식을 발행한 회사

제31조 (상품 및 서비스 위험) ① 금융회사등은 고객에게 제공하는 상품 및 서비스에 따라 다양하게 발생하는 자금세탁행위등의 위험(이하 '상품위험'이라 한다)을 평가하여야 한다. 이 경우 상품 및 서비스의 종류, 거래채널 등을 활용하여 평가할 수 있다.
② 금융회사등은 다음 각 호를 자금세탁행위등의 위험이 낮은 상품 및 서비스로 고려할 수 있다.
1. 연간보험료가 300만원 이하 이거나 일시 보험료가 500만원 이하인 보험
2. 보험해약 조항이 없고 저당용으로 사용될 수 없는 연금보험
3. 연금, 퇴직수당 및 기타 고용인에게 퇴직 후 혜택을 제공하기 위하여 급여에서 공제되어 조성된 기금으로서 그 권리를 타인에게 양도할 수 없는 것 등
③ 금융회사등은 다음 각 호의 상품 및 서비스를 자금세탁행위등의 위험이 높은 상품 및 서비스로 고려하여야 한다.
1. 양도성 예금증서(증서식 무기명)
2. 환거래 서비스
3. 자금세탁행위등의 위험성이 높은 비대면 거래
4. 기타 정부 또는 감독기관에서 고위험으로 판단하는 상품 및 서비스 등

제4절 이행시기

제32조 (원칙) 금융회사등은 영 제10조의6에 따라 고객이 계좌를 신규로 개설하기 전 또는 당해 금융거래가 완료되기 전까지 고객확인을 하여야 한다. 제20조제4항에 따른 보험금 수익자에 대해서는 수익자 지정시 및 금융회사등이 수익자

에게 보험금을 지급할 때에 고객확인을 하여야 한다.

제33조 (예외) ① 금융회사등이 영 제10조의6 및 「특정 금융거래정보의 보고 및 감독규정」(이하 "감독규정"이라 한다) 제23조에 따라 금융거래 후 고객확인을 하는 때에는 감독규정 제23조에 따른 고객확인 시기가 도래한 이후 지체없이 이를 이행하여야 한다. 다만, 이 경우 다음 각 호의 요건을 충족하여야 한다.
  1. 고객확인이 가능한 때에는 지체없이 고객확인을 이행할 것
  2. 금융회사등이 고객의 자금세탁행위등의 위험을 효과적으로 관리할 수 있을 것
  3. 고객의 정상적인 사업 수행을 방해하지 않을 것

② 금융회사등은 제1항에 따라 금융거래 후 고객확인을 하는 경우에 발생할 수 있는 자금세탁행위등의 위험을 관리·통제할 수 있는 절차를 수립·운영하여야 한다.

제34조 (지속적인 고객확인) ① 금융회사등은 고객확인을 한 고객과 거래가 유지되는 동안 당해 고객에 대하여 지속적으로 고객확인을 하여야 한다.
② 제1항에 따른 고객확인은 다음 각 호의 방법으로 하여야 한다.
  1. 거래전반에 대한 면밀한 조사 및 이를 통해 금융회사등이 확보하고 있는 고객·사업·위험평가·자금출처 등 정보가 실제 거래내용과 일관성이 있는지 검토
  2. 현존 기록에 대한 검토를 통해 고객확인을 위해 수집된 문서, 자료, 정보가 최신이며 적절한 것인지를 확인(특히 고위험군에 속하는 고객 또는 거래인 경우)

③ 금융회사등은 고객의 거래행위를 고려한 자금세탁행위등의 위험도에 따라 고객확인의 재이행 주기를 설정·운용하여야 한다.

제35조 (비대면거래) ① 금융회사등은 비대면 거래와 관련된 자금세탁등의 위험에 대처하기 위한 절차와 방법을 마련하여야 한다.
② 금융회사등은 비대면에 의해 고객과 새로운 금융거래를 하거나 지속적인 고객확인을 하는 경우에 제1항에 따른 절차와 방법을 적용하여야 한다.

제36조 (고객공지의무) ① 금융회사등은 고객에게 고객확인을 위해 필요한 문서와 자료 등을 공지하여야 한다.

② 금융회사등이 제1항에 따라 공지하는 때에는 다음 각 호의 내용이 포함되도록 하여야 한다.
   1. 고객확인의 법적근거
   2. 고객확인에 필요한 정보, 문서, 자료 등
   3. 고객이 정보 등의 제출을 거부하거나, 검증이 불가능한 경우에 금융회사등이 취하는 조치 등

제5절 고객확인 및 검증

제37조 (원칙) ① 금융회사등은 고객과 금융거래를 하는 때에는 그 신원을 확인하여야 하며 신뢰할 수 있고 독립적인 문서·자료·정보 등을 통하여 그 정확성을 검증하여야 한다.
② 금융회사등은 고객과 금융거래를 하는 경우에는 거래관계의 목적 및 성격을 이해하고, 필요한 경우 관련 정보를 확보하여야 한다.
③ 금융회사등은 법인 및 단체 [영리법인, 비영리법인, 외국법인, 신탁 및 그 밖의 단체를 포함한다. 이하 '법인·단체'라 한다] 고객에 대해서 영위하는 사업의 성격, 지배구조 및 통제구조 등을 이해하여야 한다.

제38조 (신원확인) ① 금융회사등이 확인하여야 하는 개인고객(외국인 포함, 이하 '개인고객'이라 한다)의 신원정보는 다음 각 호와 같다.
   1. 성명
   2. 생년월일 및 성별 : 외국인 비거주자의 경우에 한 함
   3. 실명번호
   4. 국적 : 외국인의 경우에 한 함
   5. 주소 및 연락처 : 단, 외국인 비거자의 경우에는 실제 거소 또는 연락처
   6. 직업 또는 업종 등 금융회사등이 자금세탁행위등의 방지를 위하여 필요로 하는 사항
② 금융회사등이 확인하여야 하는 법인·단체 고객의 신원정보는 다음 각 호와 같다.
   1. 법인(단체)명
   2. 실명번호
   3. 본점 및 사업장의 주소·소재지(외국법인인 경우 연락가능한 실제 사업장 소재지)

4. 대표자 또는 대표이사·이사 등 고위 임원에 대한 정보 : 개인고객의 신원확인 사항에 준함
5. 업종(영리법인인 경우), 회사 연락처
6. 설립목적(비영리법인인 경우)
7. 신탁의 경우 위탁자, 수탁자, 신탁관리인 및 수익자에 대한 신원정보

③ 금융회사등은 영 제10조의4 제1호에 의해 개인 및 법인·단체 고객을 대신하여 계좌의 신규개설, 일회성 금융거래 등 금융거래를 하는 자(이하 '대리인'이라 한다)에 대해서는 그 권한이 있는지를 확인하고, 해당 대리인에 대해서도 고객확인을 하여야 한다.

④ 금융회사등은 법인·단체 고객의 경우에는 그 설립사실을 증명할 수 있는 법인등기부등본 등의 문서 등을 통하여 법인 또는 법률관계가 실제로 존재하는지 여부를 확인하여야 한다.

제39조 (개인고객의 검증 등) ① 금융회사등이 검증하여야 하는 개인고객의 신원확인 정보는 다음 각 호와 같다.
1. 성명
2. 생년월일 : 외국인 비거주자의 경우에 한 함
3. 실명번호
4. 국적 : 외국인의 경우에 한 함
5. 주소 및 연락처 : 단, 외국인 비거주자의 경우 실제 거소 또는 연락처

② 제1항에도 불구하고 자금세탁등의 위험이 낮은 경우로서 다음 각 호의 방법으로 고객의 신원을 확인한 때에는 제37조제1항에 따른 검증을 이행한 것으로 볼 수 있다. 이 경우 금융실명거래 및 비밀보장에 관한 법률(이하 '금융실명법'이라 한다)상 실명확인증표의 진위여부에 주의를 기울여야 한다.
1. 주민등록증 또는 운전면허증과 같이 고객의 사진이 부착되어 있으면서 제1항의 검증사항(연락처는 제외)을 모두 확인할 수 있는 실명확인증표로 고객의 신원을 확인한 경우
2. 학생·군인·경찰·교도소재소자 등에 대해 금융실명법상의 실명확인서류 원본에 의해 실명을 확인한 경우

③ 금융회사등은 개인고객이 제2항의 적용대상이 아닌 때에는 제1항에 따라 검증하여야 하는 신원확인정보에 대하여 정부가 발행한 문서 등에 의해 검증하는 등 추가적인 조치를 취하여야 한다.

제40조 (법인·단체 고객의 검증 등) ① 금융회사등이 검증하여야 하는 법인고객의 신원확인 정보는 다음 각 호와 같다.
　　1. 법인(단체)명
　　2. 실명번호
　　3. 본점 및 사업장의 주소·소재지(외국법인인 경우 연락 가능한 실제 사업장 소재지)
　　4. 업종(영리법인인 경우)
　　5. 설립목적(비영리법인인 경우)
② 금융회사등은 법인·단체 고객이 다음 각 호에 해당하고 자금세탁행위등의 위험이 낮은 것으로 평가된 경우에 한해 제20조제2항에 따른 간소화된 고객확인을 할 수 있다.
　　1. 국가기관, 지방자치단체, 공공단체(영 제8조의5에 따른 공공단체)
　　2. 법 제2조 및 제11조에 따른 감독·검사의 대상인 금융회사등(카지노사업자, 환전영업자, 소액해외송금업자, 대부업자 제외)
　　3. 주권상장법인 및 코스닥 상장법인 공시규정에 따라 공시의무를 부담하는 상장회사
③ 금융회사등은 법인·단체 고객이 제2항의 적용대상이 아닌 때에는 제1항에 따라 검증하여야 하는 신원확인정보에 대하여 정부가 발행한 문서 등에 의해 검증하는 등 추가적인 조치를 취하여야 한다.

제41조 (실제당사자) ① 금융회사등은 고객을 궁극적으로 지배하거나 통제하는 자연인(이하 '실제소유자'라 한다)이 누구인지를 신뢰할 수 있고 독립적인 관련정보 및 자료 등을 이용하여 그 신원을 확인하고 검증하기 위한 합리적인 조치를 취하여야 한다.
② 영 제10조의5제2항제3호에 따른 "대표자"는 법인·단체를 대표하는 자, 법인·단체 고객을 최종적으로 지배하거나 통제하는 자로서 대표이사·임원 등 고위 경영진의 직책에 있는 자연인 등을 말한다.
③ 금융회사등은 시행령 제10조의5 제5항에도 불구하고 법인·단체 고객의 실제 거래당사자 여부가 의심되는 등 고객이 자금세탁행위등을 할 우려가 있는 경우 실제소유자 여부를 파악하기 위하여 필요한 조치를 하여야 한다.

제42조 (추가 확인정보의 범위) ① 금융회사등은 자금세탁행위등의 위험이 높은 것으로 평가된 고객에 대하여 금융거래의 목적 등 추가적인 정보를 확인하여야 한다.

② 금융회사등이 제1항에 따라 개인고객에 대하여 확인하여야 할 추가정보는 다음 각 호와 같다.
1. 직업 또는 업종(개인사업자)
2. 거래의 목적
3. 거래자금의 원천
4. 기타 금융회사등이 자금세탁 우려를 해소하기 위해 필요하다고 판단한 사항

③ 금융회사등이 제1항에 따라 법인·단체 고객에 대하여 확인하여야 할 추가정보는 다음 각 호와 같다.
1. 법인구분 정보(대기업, 중소기업 등), 상장정보(거래소, 코스닥 등), 사업체 설립일, 홈페이지(또는 이메일) 등 회사에 관한 기본 정보
2. 거래자금의 원천
3. 거래의 목적
4. 금융회사등이 필요하다고 판단하는 경우 예상거래 횟수 및 금액, 회사의 특징이나 세부정보 등(주요상품/서비스, 시장 점유율, 재무정보, 종업원 수, 주요 공급자, 주요 고객 등)

④ 금융회사등이 제1항 내지 제3항을 이행하고자 할 때에는 고객에게 부당한 권리침해나 불편이 발생하지 않도록 주의하여야 한다.

제43조 (요주의 인물 여부 확인) ① 금융회사등은 금융거래가 완료되기 전에 다음 각 호와 같은 요주의 인물 리스트 정보와의 비교를 통해 당해 거래고객(대리인, 법 제5조의2제1항제1호 나목에 따른 "실제소유자" 및 법인·단체 고객의 경우 대표자를 포함한다)이 요주의 인물인지 여부를 확인할 수 있는 절차를 수립·운영하여야 한다.
1. 공중협박자금조달금지법에서 금융위원회가 고시하는 금융거래제한대상자 리스트
2. UN에서 지정하는 제재대상자
3. 제69조 각 호에 따른 FATF지정 위험국가의 국적자(개인, 법인 및 단체를 포함한다) 또는 거주자
4. 금융회사등의 주요 해외지점등 소재 국가의 정부에서 자금세탁행위등의 위험을 우려하여 발표한 금융거래제한 대상자 리스트
5. 외국의 정치적 주요인물 리스트 등

② 금융회사등은 고객이 제1항에 따른 요주의 인물에 해당하는 때에는 당해

고객과의 거래를 거절하거나 거래관계 수립을 위해 고위경영진의 승인을 얻는 등 필요한 조치를 취하여야 한다.

제44조 (고객확인 및 검증거절시 조치 등) ① 금융회사등은 고객이 신원확인 정보 등의 제공을 거부하거나 자료를 제출하지 않는 등 고객확인을 할 수 없는 때에는 그 고객과의 거래를 거절하여야 한다. 이 경우 금융회사등은 법 제4조에 따른 의심거래보고 의무를 이행하여야 한다.
② 금융회사등은 이미 거래관계는 수립하였으나 고객확인을 할 수 없는 때에는 그 고객과의 거래관계를 종료하여야 한다. 이 경우 금융회사등은 법 제4조에 따른 의심거래보고 의무를 이행하여야 한다.

제44조의2 (누설 금지) 금융회사등은 고객의 자금세탁행위등이 의심되나, 고객확인 절차를 수행하는 것이 비밀 누설의 우려가 있다고 합리적으로 판단되는 경우에는 고객확인 절차를 중단하고, 법 제4조에 따른 의심되는 거래보고 의무를 이행하여야 한다.

제45조 <삭　제>

제6절　전신송금

제46조 (전신송금 적용대상) 금융회사등은 법 제5조의3 및 영 제10조의7에 따라 100만원(외화의 경우 1천 미합중국달러 또는 그에 상당하는 다른 통화로 표시된 금액)을 초과하는 모든 국내·외 전신송금에 대하여 고객과 관련된 정보를 확인하고 보관하여야 한다. 다만, 다음 각 호의 거래에는 적용하지 않을 수 있다.
1. 현금카드, 직불카드 또는 체크카드 등에 의한 출금을 위한 이체
2. 카드 가맹점에서 신용카드, 직불카드 또는 체크카드 등에 의한 상품 및 서비스 구입에 대한 지불을 위한 이체
3. 신용카드에 의한 현금 또는 대출서비스를 위한 이체
4. 금융회사등 상호간의 업무를 수행하기 위한 이체와 결제 등

제47조 (송금금융회사등의 의무) ① 송금금융회사등은 국내·외 다른 금융회사등으로 자금을 이체할 때마다 다음 각 호의 송금관련 정보를 보관하고, 이를 중개금융회사등 또는 수취금융회사등에 제공하여야 한다.

1. 송금인 및 수취인의 성명
2. 송금인 및 수취인의 계좌번호(계좌번호가 없는 경우 참조 가능한 단일번호)
3. 삭제
4. 해외송금의 경우 송금인의 주소 또는 고유번호 또는 주민등록번호(법인인 경우에는 법인등록번호, 외국인인 경우에는 여권번호 또는 외국인등록번호 등을 말한다)
5. 송금금액 및 송금일자
6. 수취금융회사등의 명칭
7. 수취인의 성명 및 계좌번호(계좌번호가 없는 경우 참조 가능한 단일번호)

② 해외 송금시 금융회사등이 고객으로부터 의뢰받은 여러개의 송금을 묶음 형태로 일괄 송금하는 경우에도 제1항의 규정을 적용한다.

제48조 (중개금융회사등 및 수취금융회사등의 의무) ① 중개금융회사등은 송금금융회사등으로부터 제47조제1항 및 제2항에 따라 제공받은 정보(이하 "전신송금정보"라 한다)를 수취금융회사등에 제공하여야 한다. 다만, 기술적 제약 등으로 전자적 방식에 의한 제공이 어려운 중개금융회사등은 수취금융회사등의 요청이 있는 경우 3일 이내에 다른 방법으로 전신송금정보를 제공해야 한다.

② 중개·수취 금융회사등은 송금인 또는 수취인 정보의 누락이 있는지 여부를 확인하기 위한 모니터링 등 합리적 조치를 취하여야 한다.

③ 중개·수취 금융회사등은 송금인 또는 수취인 정보가 누락된 전신송금에 대해 정보의 제공을 송금금융회사등에 요청하거나 거래를 거절할 것인지 등 적절한 후속조치를 결정하기 위한 위험기반 정책 및 절차를 수립·운영하여야 한다.

제49조 <삭 제>

제50조 (관련정보의 보관) 송금금융회사등·중개금융회사등·수취금융회사등은 전신송금정보를 당해 거래 완료 후 5년간 보관하여야 한다.

제51조 (적용예외) <삭 제>

제52조 (정의) ① 제3자를 통한 고객확인이란 금융회사등이 금융거래를 할 때마다

자신을 대신하여 타인인 제3자로 하여금 고객확인 하도록 하거나 타인인 제3자가 이미 당해고객에 대하여 고객확인을 통해 확보한 정보 등을 자신의 고객확인에 갈음하여 이를 활용하는 것을 말한다.
② <삭 제>

제7절 제3자를 통한 고객확인 이행

제53조 (이행요건) 금융회사등이 제52조에 따라 제3자를 통해 고객확인을 하고자 하는 경우 금융회사등과 제3자는 다음 각 호를 충족하여야 한다.
1. 제52조에 따라 제3자를 통해 고객확인을 하는 금융회사등은 제3자로부터 고객확인과 관련된 필요한 정보를 즉시 제공받을 것
2. 제52조에 따라 제3자를 통해 고객확인을 하는 금융회사등은 요청시 제3자로부터 고객신원정보 및 기타 고객확인과 관련된 문서사본 등의 자료를 지체없이 제공받을 것
3. 금융회사등은 제3자가 자금세탁방지등과 관련하여 감독기관의 규제 및 감독을 받고 있고, 고객확인을 위한 조치를 마련하고 있는 자인지를 확인할 것
4. 제52조에 따라 제3자를 통해 고객확인을 하는 금융회사등은 제3자가 국외에 거주하는 자인 경우 FATF의 권고사항을 도입하여 효과적으로 이행하고 있는 국가에 거주하는 자에 한하며, 그 국가가 동 권고사항을 적절하게 준수하는지를 점검할 것

제54조 (최종책임) 제52조에 따라 고객확인을 제3자가 하는 경우 최종책임은 당해 금융회사등에 있다

제4장 고위험군에 대한 강화된 고객확인

제1절 통 칙

제55조 (정의) ① 자금세탁행위등의 고위험군이란 제30조제3항 및 제31조제3항에 따른 고객 또는 상품 및 서비스 등을 말한다.
② 금융회사등은 제1항에 따른 고위험군에 대하여 강화된 고객확인을 하여야 하며, 이를 위해 적절한 조치를 취하여야 한다.

제56조 (타 고위험군에 대한 조치) 금융회사등은 제55조제1항에 따른 고위험군 및 이 장에서 별도로 규정하지 아니한 고위험군에 대하여도 제55조제2항에 따라 필요한 조치를 취하여야 한다.

제57조 (정의) 환거래계약이란 은행(환거래은행)이 금융상품 및 서비스(환거래서비스)를 국외의 은행(환거래요청은행)의 요청에 의해 제공하는 관계를 수립하는 것을 말한다.

제2절 환거래계약

제58조 (주의의무 등) ① 환거래은행이 제57조에 따라 환거래계약을 체결하는 경우 이와 관련된 자금세탁행위등의위험을 예방하고 완화할 수 있도록 필요한 절차와 통제방안을 수립 및 운용하여야 한다.
② 환거래은행은 실제로 존재하지 않는 은행 또는 감독권이 미치지 않는 지역 또는 국가에 설립된 은행(이하 '위장은행'이라 한다)과 제57조에 따른 환거래계약을 체결하거나 거래를 계속할 수 없다.
③ 환거래은행은 환거래요청은행이 제2항에 따른 위장은행의 계좌이용을 금지하고 있는지 확인하기 위한 적절한 조치를 취해야 한다.

제59조 (환거래계약 조치 등) ① 환거래은행은 환거래계약을 체결하는 경우 당해 환거래요청은행에 대해 다음 각 호의 조치를 취하여야 한다.
  1. 환거래요청은행의 지배구조, 주요 영업활동, 주된 소재지(또는 국가) 등에 관한 정보 수집을 통한 영업 또는 사업 성격을 확인
  2. 입수 가능하거나 공개된 정보 등을 통해 환거래요청은행의 평판, 자금세탁행위등과 관련된 조사 또는 규제대상 여부 등의 감독수준 평가
  3. 환거래요청은행이 주로 소재하는 지역(또는 국가)에 대한 자금세탁방지등의 조치와 환거래요청은행의 자금세탁방지등의 통제수단의 적절성 및 효과성 평가
  4. 환거래은행 및 환거래요청은행간 자금세탁방지등 각각의 책임의 문서화
② 환거래은행은 환거래요청은행이 자신의 고객에게 환거래계좌를 직접 이용하여 거래할 수 있는 서비스(이하 '대리지불계좌'라 한다)가 환거래계약에 포함되어 있는 경우 제1항 각 호의 조치와 함께 다음 각 호의 조치를 하여야 한다.

1. 환거래요청은행이 대리지불계좌를 통해 거래하고자 하는 자신의 고객에 대해 고객확인
2. 환거래요청은행은 환거래은행이 요청하는 경우 해당 고객의 신원확인과 관련된 정보의 제공

제60조 (환거래계약 승인) 환거래은행은 새로운 환거래계약을 체결하는 경우 미리 임원 등 고위경영진의 승인을 얻어야 한다.

제3절 추가정보 확인이 필요한 종합자산관리서비스 고객

제61조 (정의 등) ① 제30조 제3항 제1호에서 말하는 종합자산관리서비스를 받는 고객 중 추가정보 확인이 필요한 고객이란 금융회사등으로부터 투자자문을 비롯한 법률, 세무 설계 등 종합적인 자산관리서비스를 제공받는 고객 중 금융회사등이 추가정보 확인이 필요하다고 판단한 고객을 말한다.
② 금융회사등은 자체 기준을 마련하여 제1항의 추가정보 확인이 필요한 고객을 선정하여야 한다.
③ 금융회사등은 제1항의 추가정보 확인이 필요한 고객과 관련된 자금세탁행위등의 위험을 예방하고 완화할 수 있도록 필요한 절차와 통제방안을 수립·운용하여야 한다.

제62조 (강화된 고객확인) ① 금융회사등은 제61조 제1항의 추가정보 확인이 필요한 고객에 대하여 제20조제3항에 따라 강화된 고객확인을 하여야 한다.
② 금융회사등은 제61조 제1항의 추가정보 확인이 필요한 고객으로 선정되었거나 신규로 편입된 고객이 계좌를 신규로 개설하는 때에는 다음 각 호에 대하여 관리자의 검토 및 승인을 얻어야 한다.
1. 강화된 고객확인을 통해 획득한 신원정보 등의 적정성
2. 거래의 수용여부 등

제63조 (모니터링) ① 금융회사등은 위 제61조 제1항의 추가정보 확인이 필요한 고객의 금융거래를 지속적으로 모니터링하여야 한다.
② 금융회사등은 자금세탁행위등의 위험이 특히 높다고 판단되는 위 제61조 제1항의 추가정보 확인이 필요한 고객에 대해서는 업무상 또는 조직체계상 금융거래 승인부서와 독립된 부서에서 지속적으로 모니터링 하도록 조치하

여야 한다.

제4절 외국의 정치적 주요인물

제64조 (정의 등) ① 외국의 정치적 주요인물이란 현재 또는 과거에 외국에서 정치적·사회적으로 영향력을 가진 자, 그의 가족 또는 그와 밀접한 관계가 있는 자를 말한다.
② 제1항에 따른 정치적·사회적으로 영향력을 가진 자란 다음 각 호와 같다.
　1. 외국정부의 행정, 사법, 국방, 기타 정부기관(국제기구를 포함한다)의 고위관리자
　2. 주요 외국 정당의 고위관리자
　3. 외국 국영기업의 경영자
　4. 왕족 및 귀족
　5. 종교계 지도자
　6. 외국의 정치적 주요인물과 관련되어 있는 사업체 또는 단체
③ 제1항에 따른 가족 또는 밀접한 관계가 있는 자들이란 다음 각 호와 같다.
　1. "가족"은 외국의 정치적 주요인물의 부모, 형제, 배우자, 자녀, 혈연 또는 결혼에 의한 친인척
　2. "밀접한 관계가 있는 자"는 외국의 정치적 주요인물과 특별한 금전거래를 수행하는 자

제65조 (확인 절차) 금융회사등은 고객 또는 실제소유자가 외국의 정치적 주요인물인지를 판단할 수 있도록 적절한 절차를 마련하여야 한다.

제66조 (고위경영진의 승인) 금융회사등은 영 제10조의5제1항에 따른 고객확인 절차에서 외국의 정치적 주요인물과 관련하여 다음 각 호의 어느 하나에 해당하는 때에는 고위경영진의 승인을 얻어야 한다.
　1. 외국의 정치적 주요인물이 신규로 계좌를 개설하는 경우 그 거래의 수용
　2. 이미 계좌를 개설한 고객(또는 실제소유자)이 외국의 정치적 주요인물로 확인된 경우 그 고객과 거래의 계속 유지

제67조 (강화된 고객확인) 금융회사등은 고객(또는 실제소유자)이 외국의 정치적 주요인물로 확인된 때에는 제20조제3항에 따라 강화된 고객확인을 이행하여야

한다. 이 경우 다음 각 호의 정보를 추가로 확인하는 등 재산 및 자금의 원천을 파악하기 위해 합당한 조치를 취하여야 한다.
1. 계좌에 대한 거래권한을 가지고 있는 가족 또는 밀접한 관계가 있는 자에 대한 성명, 생년월일, 국적
2. 외국의 정치적 주요인물과 관련된 법인 또는 단체에 대한 정보

제68조 (모니터링) ① 금융회사등은 이미 계좌를 개설한 고객이 외국의 정치적 주요인물인지 여부를 확인하기 위해 지속적으로 모니터링하여야 한다.
② 금융회사등은 외국의 정치적 주요인물인 고객과 거래가 지속되는 동안 거래모니터링을 강화하여야 한다.

제5절 FATF 지정 위험국가

제69조 (정의) FATF 지정 위험국가란 다음 각호의 리스트에 속한 국가를 말한다.
1. FATF가 성명서(Public Statement) 등을 통해 발표하는 고위험 국가(Higher-risk countries) 리스트
2. FATF가 이행 취약국가(Non-compliance)로 발표한 국가리스트

제70조 (특별 주의의무 등) ① 금융회사등은 FATF 지정 위험 국가의 고객(개인, 법인, 금융회사등)과 거래하는 경우 특별한 주의를 기울여야 한다.
② 금융회사등은 FATF 지정 위험 국가의 고객에 대하여 자금세탁행위등의 위험을 평가할 수 있는 절차를 수립하여 운영하여야 한다.

제71조 (거래목적 확인 등) ① 금융회사등은 FATF 지정 위험국가의 고객과 금융거래를 하는 경우 명확한 경제적 또는 법적 목적을 확인할 수 없을 때에는 당해 거래의 배경과 목적을 최대한 조사하여야 한다.
② 금융회사등은 금융정보분석원장의 요청이 있는 경우 제1항에 따른 결과를 제공하여야 한다.

제72조 (대응조치) ① 금융회사등은 제69조에 따른 FATF 지정 위험국가의 고객과 거래하는 경우 다음 각 호를 포함한 적절한 조치를 취하여야 한다.
1. FATF 지정 위험국가의 고객에 대한 강화된 고객확인
2. FATF 지정 위험국가의 고객의 거래에 대한 모니터링 강화 및 의심되는

거래보고 체계 등 강화
② 금융회사등은 금융정보분석원장이 제1항에 따른 조치 이외에 별도의 다음 각 호 어느 하나에 해당하는 대응 조치(FATF 국제기준에 따른 대응조치를 포함한다)를 취하도록 요청하는 경우 이를 이행하여야 한다.
　1. FATF 지정 위험국가에 소재하는 금융회사등의 해외지점등에 대한 감독·검사 및 제12조에 따른 금융회사등의 독립적 감사 강화 등
　2. FATF 지정 위험국가에 소재하는 금융회사등을 통하여 제52조에 따른 고객확인을 금지
　3. FATF 지정 위험국가에 소재하는 고객에 대한 제59조제2항에 따른 대리지불계좌 개설의 금지 등
　4. 금융회사등에 법 제5조의2제1항제2호에 따른 고객확인을 이행하도록 요구
　5. FATF 지정 위험국가에 금융회사등이 자회사, 지점 또는 대표사무소의 설립하는 것을 제한
　6. FATF 지정 위험국가 또는 그 국가에 있는 자와의 거래관계 또는 금융거래를 제한
　7. FATF 지정 위험국가에 소재한 금융회사등과의 제휴관계를 종료할 것을 요구

제73조 (정의 등) ① 공중협박자금조달고객이란 다음 각 호와 같다.
　1. 금융위원회가 공중협박자금조달금지법 제4조제1항에 따라 고시하는 금융거래제한대상자
　2. UN에서 지정하는 제재대상자
② <삭 제>
③ 금융회사등은 공중협박자금조달고객과 관련된 자금세탁행위등의 위험을 예방하고 완화시킬 수 있도록 필요한 절차 및 통제방안을 마련하여야 한다.

제6절　공중협박자금조달 고객

제74조 (강화된 고객확인) 금융회사등은 공중협박자금조달금지법 제4조제1항에 따른 금융거래제한대상자로서 같은법 제4조제3항에 따라 금융위원회로부터 금융거래의 허가를 받은 자와 금융거래를 하는 때에는 제20조제3항에 따른 강화된 고객확인을 이행하여야 한다.

제75조 (모니터링) ① 금융회사등은 이미 계좌를 개설한 고객이 공중협박자금조달 고객인지 여부를 확인하기 위해 지속적으로 모니터링하여야 한다.
② 금융회사등은 공중협박자금조달 고객과 거래가 지속되는 동안 거래모니터링을 강화하여야 한다.

제5장 위험기반 거래모니터링 체계

제76조 (거래모니터링체계 범위) ① 금융회사등은 고객의 거래 등에 대하여 지속적으로 모니터링할 수 있는 체계를 수립 및 운영하여야 한다.
② 금융회사등은 제1항에 따른 지속적인 거래 모니터링체계를 수립하는 경우 다음 각 호의 사항이 포함되도록 하여야 한다.
　1. 고객의 거래 등에 대한 지속적인 모니터링 수행 방법 등
　2. 거래점검 결과 분석 및 보고
　3. 분석자료 보존절차

제77조 (비정상적 거래 등) ① 금융회사등은 다음 각 호의 경우를 포함하여 명확한 경제적·법적 목적 없이 복잡하거나, 규모가 큰 거래, 비정상적인 유형의 거래에 대해 특별한 주의를 기울여야 한다.
　1. 거래금액이나 거래량이 지나치게 큰 경우
　2. 잔액 규모에 비해 예금회전수가 지나치게 큰 경우
　3. 거래가 정상적인 계좌활동의 유형에서 벗어나는 경우 등
② 금융회사등은 제1항에 따른 비정상적 거래 등에 대해 그 배경과 목적을 최대한 검토하여야 한다.
③ 금융회사등은 제2항에 따른 검토 결과를 기록·관리하여야 한다.

제77조의2 (민사상책임의 면책) 법 제4조제7항에서 "손해배상 책임을지지 아니한다"란 민사상 책임이 면책된다는 것을 의미한다.

제78조 (지속적인 거래모니터링 절차 등) 금융회사등은 자금세탁행위등을 예방하기 위해 다음 각 호의 절차와 방법 등과 같은 거래모니터링을 통해 비정상적인 거래행위 또는 유형 등을 식별하는 절차를 마련하여야 한다.
　1. 고객의 수집·정리된 정보 또는 유사한 고객그룹의 수집·정리된 정보와 고객의 거래이력 비교 및 검토

2. 과거 자금세탁 사례의 정형화를 통한 고객 거래정보와의 비교 및 검토
3. 고객 거래정보에 대한 자금세탁 위험도 측정 및 거래내역 평가
4. 고객, 계좌 및 거래정보의 연계를 통한 금융거래 패턴 분석 등

제79조 (결과 분석 등) 금융회사등은 거래모니터링을 통해 식별된 비정상적인 거래행위 또는 유형을 분석하고 이를 의심되는 거래로 보고하기 위해 다음 각 호의 절차를 갖추어야 한다.
1. 비정상적인 거래행위로 의심되는 거래를 분석할 수 있는 직원을 담당자로 지정
2. 과거 금융거래, 신용정보, 기타 정보 등을 활용한 거래 분석
3. 분석 과정에서 확인된 고객의 최신 정보 갱신
4. 분석결과 의심되는 거래로 판단될 경우 금융정보분석원장에게 보고
5. 분석 완료 후 분석내용의 정보화

제80조 (분석자료 보존) 금융회사등은 금융정보분석원 등 관련기관에 정보를 제공할 수 있도록 관련자료를 보존체계에 따라 5년 이상 보존하여야 한다.

제6장 보고체제 수립

제81조 (보고체제수립) 금융회사등은 법 제4조 및 제4조의2에 따른 보고(이하 '의심되는 거래 등 보고'라 한다)를 위해 자신의 지점 등 내부에서 보고책임자에게 보고하는 내부보고체제와 이를 금융정보분석원에 보고하는 외부보고체제를 수립하여야 한다.

제82조 (내부보고체제) ① 금융회사등이 제81조에 따라 내부보고체제를 수립하는 때에는 다음 각 호의 방법을 참고할 수 있다.
1. 지점 직원이 의심되는 거래 등 보고서를 작성하여 지점의 담당책임자에게 보고하고 담당책임자는 이를 검토하여 보고책임자에게 보고
2. 지점 직원이 의심되는 거래 등 보고서를 작성하여 보고책임자에게 보고
3. 지점 직원이 의심되는 거래 등 발생 사실을 보고서 작성 없이 보고책임자에게 직접 보고

② 금융회사등이 내부보고체제를 수립하는 경우 보고 여부 검토자 또는 보고책임자는 제1항에 따른 보고서 작성자가 될 수 없다. 다만, 소규모 금융회

사등의 경우에는 그러하지 아니하다.

제83조 (외부보고체제) 금융회사등은 제81조에 의해 수립된 내부보고체제에 따라 보고서를 작성한 경우 이를 보고책임자가 금융정보분석원장에게 보고할 수 있는 외부보고체제를 수립하여야 한다.

제84조 (보존기간) ① 금융회사등은 고객확인기록, 금융거래기록, 의심되는 거래 및 고액현금거래 보고서를 포함한 내·외부 보고서 및 관련 자료 등을 금융거래 관계가 종료된 때부터 5년 이상 보존하여야 한다.

제7장 자료 보존

제85조 (보존대상) ① 금융회사등이 고객확인기록과 관련하여 보존해야 할 자료는 다음 각 호와 같다.
   1. 고객(대리인, 실제소유자 포함)에 대한 고객확인서, 실명확인증표 사본 또는 고객신원정보를 확인하거나 검증하기 위해 확보한 자료
   2. 고객신원정보 외에 금융거래의 목적 및 성격을 파악하기 위해 추가로 확인한 자료
   3. 고객확인을 위한 내부승인 관련 자료
   4. 계좌개설 일시, 계좌개설 담당자 등 계좌개설 관련 자료 등
② 금융회사등이 금융거래기록과 관련하여 보존해야 할 자료는 다음 각 호와 같다.
   1. 거래에 사용된 계좌번호, 상품 종류, 거래일자, 통화 종류, 거래 금액을 포함한 전산자료나 거래신청서, 약정서, 내역표, 전표의 사본 및 업무서신
   2. 금융거래에 대한 내부승인 관련 근거 자료 등
③ 금융회사등이 내·외부 보고와 관련하여 보존해야 할 자료는 다음 각 호와 같다.
   1. 의심되는 거래 보고서(사본 또는 결재 양식) 및 보고대상이 된 금융거래 자료
   2. 의심되는 합당한 근거를 기록한 자료
   3. 의심되는 거래 미보고 대상에 대하여 자금세탁행위등의 가능성과 관련하여 조사하였던 기록 및 기타 자료
   4. 고액현금거래 보고서(사본 또는 결재 양식) 및 보고대상이 된 금융거래

자료
5. 고액현금거래 미보고 대상에 대하여 조사하였던 기록 및 기타자료
6. 자금세탁방지업무 보고책임자의 경영진 보고서 등

④ 금융회사등은 제1항부터 제3항에 따른 자료 외에 다음 각호의 자료를 5년간 보존하여야 한다.
1. 자금세탁방지등을 위한 내부통제 활동의 설계·운영·평가와 관련된 자료
2. 독립적인 감사수행 및 사후조치 기록
3. 자금세탁방지등에 관한 교육내용, 일자, 대상자를 포함한 교육 관련 사항 등

제86조 (보존방법) ① 금융회사등은 제85조에 따른 자료를 보존·관리하기 위한 절차를 수립 및 운영하여야 한다.
② 금융회사등은 원본, 사본, 마이크로필름, 스캔, 전산화 등 다양한 형태로 내부관리 절차에 따라 보존할 수 있다.
③ 금융회사등은 보고책임자의 책임하에 보안이 유지되도록 보존자료를 관리하여야 한다.
④ 금융회사등은 금융정보분석원장 또는 법 제11조제3항에 따라 검사업무를 위탁받은 기관의 장이 제85조에 따른 자료를 요구하는 때에는 적시에 제공하여야 한다.

제87조 (보존장소) 금융회사등은 보존대상 자료를 본점 또는 문서보관소('본점 등')에 보존하여야 한다. 다만, 보존대상 자료를 본점 등에 보존하는 것이 현저히 곤란할 때에는 지정된 장소에 보존할 수 있다.

제2편　카지노사업자

제8장　내부통제 구축

제1절　구성원별 역할 및 책임

제88조 (이사회의 역할 및 책임) ① 카지노사업자는 경영진이 설계·운영하는 자금세탁방지등의 활동과 관련하여 이사회에 역할과 책임을 부여하여야 한다.
② 제1항에 따른 역할과 책임에는 다음 각 호의 사항이 포함되어야 한다.

1. 경영진이 자금세탁방지등을 위해 설계·운영하는 내부통제 정책에 대한 감독책임
2. 자금세탁방지등과 관련한 경영진과 감사(또는 감사위원회)의 평가 및 조치결과에 대한 검토와 승인 등

제89조 (경영진의 역할 및 책임) ① 카지노사업자는 경영진에게 자금세탁방지등의 활동에 관한 역할과 책임을 부여하여야 한다.
② 제1항에 따른 역할과 책임에는 다음 각 호의 사항이 포함되어야 한다.
1. 자금세탁방지등을 위한 내부통제 정책의 설계·운영·평가
2. 자금세탁방지등을 위한 내부통제 규정 승인
3. 내부통제 정책의 준수책임 및 취약점에 대한 개선조치 사항의 이사회 보고
4. 내부통제 정책 이행과정에서 발견된 취약점을 개선할 책임
5. 자금세탁방지등의 효과적 수행에 필요한 전문성과 독립성을 갖춘 일정 직위 이상의 자를 보고책임자로 임명 및 그 임면사항의 금융정보분석원장 통보 등

제90조 (보고책임자의 역할 및 책임) ① 카지노사업자의 보고책임자는 법 제4조 및 제4조의2에 따라 의심되는 거래 또는 고액현금거래를 금융정보분석원장에게 보고하여야 한다.
② 카지노사업자의 보고책임자는 법 제5조의2에 따른 고객확인의 이행과 관련된 업무를 총괄한다.
③ 카지노사업자는 자금세탁방지등을 위한 내부통제 정책의 설계·운영 및 평가와 관련하여 보고책임자에게 역할과 책임을 부여하여야 한다.
④ 제3항에 따른 역할과 책임에는 다음 각 호의 사항이 포함되어야 한다.
1. 관련 규정 및 세부 업무지침의 작성 및 운용
2. 직무기술서 또는 관련규정 등에 임직원별 자금세탁방지등의 업무와 관련한 역할과 책임 및 보고체계 등 명시
3. 전자기술의 발전, 신상품의 개발 등에 따른 자금세탁행위등의 유형과 기법에 대한 대응방안 마련
4. 직원알기제도의 수립 및 운영
5. 임직원에 대한 교육 및 연수
6. 자금세탁방지등의 업무와 관련된 자료의 보존책임

7. 자금세탁방지등의 운영상황 모니터링 및 개선·보완
8. 자금세탁방지등 시스템·통제활동의 운영과 효과의 정기적 점검결과 및 그 개선사항의 경영진 보고
9. 금융거래 규모 등 자체 여건을 감안한 전담직원 배치
10. 기타 자금세탁방지등과 관련한 필요한 사항 등

⑤ 카지노사업자의 보고책임자는 금융정보분석원과의 업무협조 및 정보교환 등을 위해 적절한 조치를 취하여야 한다.

⑥ 제5항에 따른 조치에는 다음 각 호의 사항이 포함되어야 한다.
1. 특정금융거래정보의 분석을 위해 금융정보분석원장이 문서에 의해 외국환거래 등을 이용한 금융거래 관련 정보 또는 자료의 제공을 요청하는 경우 그 제공
2. 의심되는 거래보고 및 고액현금거래보고와 관련한 내부보고체계 운용상황의 점검·개선사항에 대하여 금융정보분석원과의 정보교환 등

제91조 (교육·연수 실시 등) ① 카지노사업자는 법 제5조제3호에 따른 교육 및 연수프로그램을 수립하고 운용하여야 한다.

② 보고책임자는 제1항에 따른 교육 및 연수를 연 1회 이상 실시하여야 한다.

제2절 교육 및 연수

제92조 (교육내용) ① 카지노사업자는 직위 또는 담당 업무 등 교육대상에 따라 적절하게 구분하여 교육 및 연수를 실시하여야 한다.

② 카지노사업자는 제1항에 따라 교육 및 연수를 실시하는 경우 다음 각 호의 내용이 포함되도록 하여야 한다.
1. 자금세탁방지등에 관한 법규 및 제도의 주요내용
2. 자금세탁방지등과 관련된 내부정책 및 절차
3. 의심되는 거래의 유형 및 최근 동향
4. 고객확인의 이행과 관련한 고객 유형별 업무처리 절차
5. 의심되는 거래 및 고액현금거래보고 업무처리 절차
6. 자금세탁방지등과 관련된 임직원의 역할 등

제93조 (교육방법 등) ① 카지노사업자는 제91조에 따른 교육 및 연수를 집합, 전달, 화상 등 다양한 방법으로 실시할 수 있다.

② 카지노사업자는 교육 및 연수를 실시한 경우 그 일자·대상·내용 등을 기록·보존하여야 한다.

제3절 직원알기제도

제94조 (정의) 직원알기제도란 카지노사업자가 자금세탁행위등에 자신의 임·직원이 이용되지 않도록 하기 위해 임·직원을 채용(재직 중 포함)하는 때에 그 신원사항 등을 확인하는 것을 말한다.

제95조 (절차수립 등) ① 카지노사업자는 직원알기제도의 이행과 관련된 절차와 방법을 수립하여야 한다.
② 카지노사업자는 제1항에 따라 수립된 관련 절차 등이 원활하게 운용될 수 있도록 적절한 조치를 취하여야 한다.

제4절 독립적 감사체계

제96조 (정의 등) ① 독립적 감사체계란 카지노사업자가 자금세탁방지등의 업무를 수행하는 부서와는 독립된 부서에서 그 업무수행의 적절성, 효과성을 검토·평가하고 이에 따른 문제점 등을 개선하기 위해 취하는 절차 및 방법 등을 말한다.
② 카지노사업자는 제1항에 따라 독립적인 감사를 실시하기 위한 체계를 구축·운영하여야 한다.

제97조 (주체) ① 카지노사업자는 감사 또는 감사위원회로 하여금 제96조에 따른 독립적 감사를 실시하도록 하여야 한다.
② 카지노사업자는 제1항에 따른 독립적 감사를 실시하는 자로 하여금 자금세탁방지등의 업무평가를 위해 관련 전문성을 갖출 수 있도록 적절한 조치를 취하여야 한다.
③ 카지노사업자는 감사 또는 감사위원회가 독립적 감사를 실시하기 어려운 경우에는 감사부서 외의 내부부서(자금세탁방지등의 업무를 담당하는 부서는 제외한다) 또는 외부전문가로 하여금 독립적 감사를 실시하게 할 수 있다.

제98조 (주기) 카지노사업자는 독립적 감사를 연 1회 이상 실시하여야 한다.

제99조 (방법 및 범위) ① 카지노사업자는 실지감사의 방법으로 독립적 감사를 실시하여야 한다.

② 카지노사업자가 실시하는 독립적 감사는 자금세탁방지등의 업무수행의 적절성과 효과성 등을 검토·평가하고 그에 따른 의견을 제시할 수 있도록 다음 각 호의 사항이 포함되어야 한다.
  1. 자금세탁방지등 관련정책, 절차 및 통제활동 등의 설계·운영의 적정성 및 효과성
  2. 자금세탁방지등 모니터링 시스템의 적정성
  3. 관련업무의 효율적 수행을 위한 인원의 적정성 등

제100조 (결과보고 등) 카지노사업자의 감사 또는 감사위원회는 제98조에 따라 감사를 실시한 후 그 결과를 이사회에 보고하고 감사범위·내용·위반사항 및 사후조치 등을 기록·관리하여야 한다.

제5절 자금세탁방지제도 이행 평가

제101조 (위험관리수준 평가) 카지노사업자에 대해서는 제19조를 준용한다.

제9장 고객확인

제1절 통 칙

제102조 (정의) ① 고객확인이란 카지노사업자가 고객과 금융거래를 하는 때에 자신이 제공하는 금융상품 또는 서비스가 자금세탁행위등에 이용되지 않도록 법 제5조의2에 따라 고객의 신원확인 및 검증, 거래목적 및 실소유자 확인 등 고객에 대하여 합당한 주의를 기울이는 것을 말한다.

② 간소화된 고객확인이란 자금세탁행위등의 위험이 낮은 것으로 평가된 고객 또는 상품 및 서비스에 대하여 제1항에 따른 고객확인을 위한 절차와 방법 중 일부(제115조에 따른 고객신원확인 제외)를 적용하지 않을 수 있음을 말한다. 다만, 다음 각 호의 경우에는 간소화된 고객확인 절차와 방법 등을 적용할 수 없다.
  1. 외국인인 고객이 FATF 권고사항을 도입하여 효과적으로 이행하고 있는 국가의 국민(법인 포함)이 아닌 경우

2. 자금세탁행위등이 의심되거나 위험이 높은 것으로 평가되는 경우
③ 강화된 고객확인의무란 자금세탁행위등의 위험이 높은 것으로 평가된 고객 또는 상품 및 서비스에 대하여 제115조부터 제116조에 따른 신원확인 및 검증 이외에 제117조부터 제118조 및 제10장에 따른 추가적인 정보를 확인하는 것을 말한다.

제103조 (업무지침의 작성 및 운용) 카지노사업자는 법 제5조의2에 따라 고객확인을 효과적으로 이행하기 위해 작성·운용하는 업무지침에 다음 각 호의 사항을 포함하여야 한다. 다만, 법 제5조의2에 따른 업무지침은 법 제5조제2호에 따른 업무지침에 포함하여 작성·운용할 수 있다.
1. 고객확인의 적용대상 및 이행시기
2. 자금세탁행위등의 위험도에 따른 고객의 신원확인 및 검증 절차와 방법
3. 고객의 신원확인 및 검증 거절시의 처리 절차와 방법
4. 주요 고위험고객군에 대한 고객확인 이행
5. 지속적인 고객확인 이행
6. 자금세탁행위등의 위험도에 따른 거래모니터링 체계 구축 및 운용 등

제2절 적용대상

제104조 (일회성 금융거래) 법 제5조의2 제1항 제1호에 의한 일회성 금융거래는 금융거래 건별로 영 제10조의3에 의한 기준금액 이상인 금융거래를 말한다.

제105조 (기타 고객확인이 필요한 거래) ① 카지노사업자는 고객이 자금세탁행위등을 하고 있다고 의심되는 때에는 고객확인을 하여야 한다.
② 카지노사업자는 기존의 고객확인 정보가 사실과 일치하지 아니할 우려가 있거나 그 타당성에 의심이 있는 경우에는 고객확인을 하여야 한다.

제106조 (위험분류 등) ① 카지노사업자는 자금세탁행위등과 관련된 위험을 식별하고 평가하여 고객확인에 활용하여야 한다.
② 카지노사업자는 자금세탁행위등과 관련된 위험을 식별하고 평가함에 있어 다음 각호의 위험을 반영하여야 한다.
1. 국가위험
2. 고객유형

3. 상품 및 서비스 위험 등

③ 카지노사업자는 해당 고객의 자금세탁행위등의 위험도가 적정하게 반영되도록 위험 평가요소와 중요도를 정하여 자금세탁행위등의 위험을 평가하여야 한다.

제3절 위험 평가

제107조 (국가위험) ① 카지노사업자는 국가위험을 평가하여야 한다.

② 카지노사업자가 제1항에 따라 국가위험을 평가하는 때에는 다음 각 호와 같은 공신력 있는 기관의 자료를 활용하여야 한다.

1. FATF가 성명서(Public Statement) 등을 통해 발표하는 고위험 국가(Higher-risk countries) 리스트
2. FATF가 이행 취약국가(Non-compliance)로 발표한 국가리스트
3. UN 또는 타 국제기구(World bank, OECD, IMF 등)에서 발표하는 제재, 봉쇄 또는 기타 이와 유사한 조치와 관련된 국가리스트
4. 금융회사등의 해외지점등 소재 국가의 정부에서 자금세탁등의 위험이 있다고 발표하는 국가리스트
5. 국제투명성기구 등이 발표하는 부패관련 국가리스트 등

제108조 (고객유형 평가) ① 카지노사업자는 고객위험을 평가하여야 한다. 이 경우 고객의 직업(업종)·거래유형 및 거래빈도 등을 활용할 수 있다.

② 카지노사업자는 다음 각 호의 고객을 자금세탁행위등과 관련하여 추가정보 확인이 필요한 고객으로 고려하여야 한다.

1. 카지노사업자로부터 특별한 서비스를 받는 고객 중 카지노사업자가 추가 정보 확인이 필요하다고 판단한 고객
2. 외국의 정치적 주요인물
3. 비거주자
4. 대량의 현금(또는 현금등가물)거래가 수반되는 카지노사업자, 대부업자, 환전상 등
5. 고가의 귀금속 판매상
6. 금융위원회가 공중협박자금조달금지법 제4조제1항에 따라 고시하는 금융거래 제한대상자
7. UN에서 지정하는 제재대상자

제109조 (상품 및 서비스 위험) 카지노사업자는 상품위험을 평가하여야 한다. 이 경우 상품 및 서비스의 종류, 거래채널 등을 활용하여 평가할 수 있다.

제4절 이행시기

제110조 (원칙) 카지노사업자는 영 제10조의5에 따라 당해 금융거래가 완료되기 전까지 고객확인을 하여야 한다.

제111조 (예외) ① 카지노사업자가 카지노 업무의 특성 및 금융거래의 성질 등으로 인하여 불가피하게 금융거래 후 고객확인을 하는 때에는 지체없이 이를 이행하여야 한다.
② 카지노사업자는 제1항에 따라 금융거래 후 고객확인을 하는 경우에 발생할 수 있는 자금세탁행위등의 위험을 관리·통제할 수 있는 절차를 수립·운영하여야 한다.

제112조 (지속적인 고객확인) ① 카지노사업자는 고객확인을 한 고객과 거래가 유지되는 동안 당해 고객에 대하여 지속적으로 고객확인을 하여야 한다.
② 제1항에 따른 고객확인은 다음 각 호의 방법으로 하여야 한다.
  1. 거래전반에 대한 면밀한 조사 및 이를 통해 카지노사업자가 확보하고 있는 고객·사업·위험평가·자금출처 등 정보가 실제 거래내용과 일관성이 있는지 검토
  2. 특히 고위험군에 속하는 고객 또는 거래인 경우 현존 기록에 대한 검토를 통해 고객확인을 위해 수집된 문서, 자료, 정보가 최신이며 적절한 것인지를 확인
③ 카지노사업자는 고객의 거래행위를 고려한 자금세탁행위등의 위험도에 따라 고객확인의 재이행 주기를 설정·운용하여야 한다.

제113조 (고객공지의무) ① 카지노사업자는 고객에게 고객확인을 위해 필요한 문서와 자료 등을 공지하여야 한다.
② 카지노사업자가 제1항에 따라 공지하는 때에는 다음 각 호의 내용이 포함되도록 하여야 한다.
  1. 고객확인의 법적근거
  2. 고객확인에 필요한 정보, 문서, 자료 등

3. 고객이 정보 등의 제출을 거부하거나, 검증이 불가능한 경우에 카지노사업자가 취하는 조치 등

제114조 (원칙) ① 카지노사업자는 고객과 금융거래를 하는 때에는 그 신원을 확인하여야 하며 신뢰할 수 있는 문서·자료·정보 등을 통하여 그 정확성을 검증하여야 한다.
② 카지노사업자는 고객과 금융거래를 하는 경우에는 거래의 목적 및 성격을 확인하여야 한다.

제5절 고객확인 및 검증

제115조 (신원확인) ① 카지노사업자가 확인하여야 하는 개인고객의 신원정보는 다음 각 호와 같다.
1. 성명
2. 생년월일 및 성별 : 외국인 비거주자의 경우에 한 함
3. 실명번호
4. 국적 : 외국인의 경우에 한 함
5. 주소 및 연락처 : 단, 외국인 비거주자의 경우에는 실제 거소 또는 연락처
② 카지노사업자는 대리인에 대해서는 그 권한이 있는지를 확인하고, 해당 대리인에 대해서도 고객확인을 하여야 한다.

제116조 (개인고객의 검증 등) ① 카지노사업자가 검증하여야 하는 개인고객의 신원확인 정보는 다음 각 호와 같다.
1. 성명
2. 생년월일 및 성별 : 외국인 비거주자의 경우에 한 함
3. 실명번호
4. 국적 : 외국인의 경우에 한 함
5. 주소 및 연락처 : 단, 외국인 비거주자의 경우 실제 거소 또는 연락처
② 제1항에도 불구하고 자금세탁행위등의 위험이 낮은 경우로서 다음 각 호의 방법으로 고객의 신원을 확인한 때에는 제114조제1항에 따른 검증을 이행한 것으로 볼 수 있다. 이 경우 금융실명법상 실명확인증표의 진위여부에 주의를 기울여야 한다.
1. 주민등록증 또는 운전면허증과 같이 고객의 사진이 부착되어 있으면서

제1항의 검증사항(연락처는 제외)을 모두 확인할 수 있는 실명확인증표로 고객의 신원을 확인한 경우
2. 학생·군인·경찰·교도소재소자 등에 대해 금융실명법상의 실명확인서류 원본에 의해 실명을 확인한 경우
3. 외국인에 대해 여권 등으로 고객의 신원을 확인한 경우

③ 카지노사업자는 개인고객이 제2항의 적용대상이 아닌 때에는 제1항에 따라 검증하여야 하는 신원확인정보에 대하여 정부가 발행한 문서 등에 의해 검증하는 등 추가적인 조치를 취하여야 한다.

제117조 (실제당사자) 카지노사업자는 실소유자가 누구인지를 신뢰할 수 있는 관련 정보 및 자료 등을 이용하여 자금세탁행위등의 위험도에 따라 그 신원을 확인하여야 한다.

제118조 (추가 확인정보의 범위) ① 카지노사업자는 자금세탁행위등의 위험이 높은 것으로 평가된 고객에 대하여 금융거래의 목적 등 추가적인 정보를 확인하여야 한다.

② 카지노사업자가 제1항에 따라 개인고객에 대하여 확인하여야 할 추가정보는 다음 각 호와 같다.
1. 직업 또는 업종(개인사업자)
2. 거래의 목적
3. 거래자금의 원천
4. 기타 카지노사업자가 자금세탁행위등의 우려를 해소하기 위해 필요하다고 판단한 사항

③ 카지노사업자가 제1항 및 제2항을 이행하고자 할 때에는 고객에게 부당한 권리침해나 불편이 발생하지 않도록 주의하여야 한다.

제119조 (요주의 인물 여부 확인) ① 카지노사업자는 금융거래가 완료되기 전에 다음 각 호와 같은 요주의 인물 리스트 정보와의 비교를 통해 당해 거래고객이 요주의 인물인지 여부를 확인할 수 있는 절차를 수립·운영하여야 한다.
1. 공중협박자금조달금지법에서 금융위원회가 고시하는 금융거래제한대상자 리스트
2. UN에서 지정하는 제재대상자
3. FATF에서 발표하는 고위험 국가 및 이행 취약국가의 국적자(개인, 법인

및 단체를 포함한다) 또는 거주자
4. 금융회사등의 해외지점등 소재 국가의 정부에서 자금세탁행위등의 위험을 우려하여 발표한 금융거래제한 대상자 리스트
5. 외국의 정치적 주요인물 리스트 등

② 카지노사업자는 고객이 제1항에 따른 요주의 인물에 해당하는 때에는 당해 고객과의 거래를 거절하거나 거래관계 수립을 위해 고위경영진의 승인을 얻는 등 필요한 조치를 취하여야 한다.

제120조 (고객확인 및 검증거절시 조치 등) 카지노사업자는 고객이 신원확인 정보 등의 제공을 거부하는 등 고객확인을 할 수 없는 때에는 당해 고객과의 거래를 거절할 수 있다. 이 경우 카지노사업자는 법 제4조에 따른 의심되는 거래보고를 검토하여야 한다.

제121조 (정의) ① 자금세탁행위등의 고위험군이란 제108조제2항에 따른 고객 또는 제109조에 따라 고위험으로 평가된 상품 및 서비스 등을 말한다.
② 카지노사업자는 제1항에 따른 고위험군에 대하여 강화된 고객확인을 하여야 하며, 이를 위해 적절한 조치를 취하여야 한다.

제10장 고위험군에 대한 강화된 고객확인

제1절 통칙

제122조 (타 고위험군에 대한 조치) 카지노사업자는 제121조제1항에 따른 고위험군 및 이 장에서 별도로 규정하지 아니한 고위험군에 대하여도 제121조제2항에 따라 필요한 조치를 취하여야 한다.

제2절 추가정보 확인이 필요한 특별 고객

제123조 (정의 등) ① 제108조제2항제1호에서 말하는 카지노사업자로부터 특별한 서비스를 받는 고객 중 추가정보 확인이 필요한 고객이란 카지노사업자로부터 별도 게임장 제공 등 특별한 서비스를 제공받는 고객 중 카지노사업자가 추가정보 확인이 필요하다고 판단한 고객을 말한다.
② 카지노사업자는 자체 기준을 마련하여 제1항의 추가정보 확인이 필요한 고

객을 선정하여야 한다.

③ 카지노사업자는 제1항의 추가정보 확인이 필요한 고객과 관련된 자금세탁행위등의 위험을 예방하고 완화할 수 있도록 필요한 절차와 통제방안을 수립·운용하여야 한다.

제124조 (강화된 고객확인) ① 카지노사업자는 제123조제1항의 추가정보 확인이 필요한 고객에 대하여 제102조제3항에 따라 강화된 고객확인을 하여야 한다.

② 카지노사업자는 제123조제1항의 추가정보 확인이 필요한 고객으로 선정한 때에는 다음 각 호에 대하여 관리자의 검토 및 승인을 얻어야 한다.
  1. 강화된 고객확인을 통해 획득한 신원정보 등의 적정성
  2. 거래의 수용여부 등

제125조 (모니터링) ① 카지노사업자는 위 제123조제1항의 추가정보 확인이 필요한 고객의 금융거래를 지속적으로 모니터링하여야 한다.

② 카지노사업자는 자금세탁행위등의 위험이 특히 높다고 판단되는 위 제123조제1항의 추가정보 확인이 필요한 고객에 대해서는 업무상 또는 조직체계상 금융거래 승인부서와 독립된 부서의 상위 책임자가 지속적으로 모니터링 하도록 조치하여야 한다.

제126조 (정의 등) ① 외국의 정치적 주요인물이란 현재 또는 과거(일반적으로 사임 후 1년 이내)에 외국에서 정치적·사회적으로 영향력을 가진 자, 그의 가족 또는 그와 밀접한 관계가 있는 자를 말한다.

② 제1항에 따른 정치적·사회적으로 영향력을 가진 자란 다음 각 호와 같다.
  1. 외국정부의 행정, 사법, 국방, 기타 정부기관의 고위관리자
  2. 주요 외국 정당의 고위관리자
  3. 외국 국영기업의 경영자
  4. 왕족 및 귀족
  5. 종교계 지도자
  6. 외국의 정치적 주요인물과 관련되어 있는 사업체 또는 단체

③ 제1항에 따른 가족 또는 밀접한 관계가 있는 자들이란 다음 각 호와 같다.
  1. "가족"은 외국의 정치적 주요인물의 부모, 형제, 배우자, 자녀, 혈연 또는 결혼에 의한 친인척
  2. "밀접한 관계가 있는 자"는 외국의 정치적 주요인물과 공식적으로 특별

한 금전거래를 수행하는 자

제3절 외국의 정치적 주요인물

제127조 (확인 절차) 카지노사업자는 고객 또는 실소유자가 외국의 정치적 주요인물인지를 판단할 수 있도록 적절한 절차를 마련하여야 한다.

제128조 (고위경영진의 승인) 카지노사업자는 외국의 정치적 주요인물과 금융거래를 하고자 할 경우에는 고위경영진의 승인을 얻어야 한다.

제129조 (강화된 고객확인) 카지노사업자는 고객(또는 실소유자)이 외국의 정치적 주요인물로 확인된 때에는 제102조제3항에 따라 강화된 고객확인을 이행하여야 한다. 이 경우 다음 각 호의 정보를 추가로 확인하는 등 재산 및 자금의 원천을 파악하기 위해 합당한 조치를 취하여야 한다.
 1. 가족 또는 밀접한 관계가 있는 자에 대한 신원정보
 2. 외국의 정치적 주요인물과 관련된 법인 또는 단체에 대한 정보

제130조 (모니터링) ① 카지노사업자는 고객이 외국의 정치적 주요인물인지 여부를 확인하기 위해 지속적으로 모니터링하여야 한다.
② 카지노사업자는 외국의 정치적 주요인물인 고객과 거래가 지속되는 동안 거래모니터링을 강화하여야 한다.

제4절 FATF 지정 위험국가

제131조 <삭 제>

제132조 (특별 주의의무 등) ① 카지노사업자는 FATF 지정 위험국가의 고객과 거래하는 경우 특별한 주의를 기울여야 한다.
② 카지노사업자는 FATF 지정 위험국가의 고객에 대하여 자금세탁행위등의 위험을 평가할 수 있는 절차를 수립하여 운영하여야 한다.

제133조 (거래목적 확인 등) ① 카지노사업자는 FATF 지정 위험국가의 고객과 금융거래를 하는 경우 명확한 경제적 또는 법적 목적을 확인할 수 없을 때에는 당

해 거래의 배경과 목적을 최대한 조사하여야 한다.
② 카지노사업자는 금융정보분석원장의 요청이 있는 경우 제1항에 따른 결과를 제공하여야 한다.

제134조 (대응조치) ① 카지노사업자는 제131조에 따른 FATF 지정 위험국가의 고객과 거래하는 경우 다음 각 호를 포함한 적절한 조치를 취하여야 한다.
1. FATF 지정 위험국가의 고객에 대한 강화된 고객확인
2. FATF 지정 위험국가의 고객의 거래에 대한 모니터링 강화 및 의심되는 거래보고 체계 등 강화

② 카지노사업자는 금융정보분석원장이 제1항에 따른 조치 이외에 별도의 조치를 취하도록 요청하는 경우 이를 이행하여야 한다.

제135조 (정의 등) ① 공중협박자금조달고객이란 다음 각 호와 같다.
1. 금융위원회가 공중협박자금조달금지법 제4조제1항에 따라 고시하는 금융거래제한대상자
2. UN에서 지정하는 제재대상자

② 공중협박자금이란 「공중 등 협박목적을 위한 자금조달행위의 금지에 관한 법률」 제2조제1호의 정의에 따른다.
③ 카지노사업자는 공중협박자금조달고객과 관련된 자금세탁행위등의 위험을 예방하고 완화시킬 수 있도록 필요한 절차 및 통제방안을 마련하여야 한다.

제5절 공중협박자금조달 고객

제136조 (강화된 고객확인) 카지노사업자는 공중협박자금조달금지법 제4조제1항에 따른 금융거래제한대상자로서 같은 법 제4조제3항에 따라 금융위원회로부터 금융거래의 허가를 받은 자와 금융거래를 하는 때에는 제102조제3항에 따른 강화된 고객확인을 이행하여야 한다.

제137조 (모니터링) ① 카지노사업자는 이미 금융거래가 이루어진 고객이 공중협박자금조달고객인지 여부를 확인하기 위해 지속적으로 모니터링하여야 한다.
② 카지노사업자는 공중협박자금조달 고객과 거래가 지속되는 동안 거래모니터링을 강화하여야 한다.

제11장 위험기반 거래모니터링 체계

제138조 (거래모니터링체계 범위) ① 카지노사업자는 고객의 거래 등에 대하여 지속적으로 모니터링할 수 있는 체계를 수립 및 운영하여야 한다.
　② 카지노사업자는 제1항에 따른 지속적인 거래 모니터링체계를 수립하는 경우 다음 각 호의 사항이 포함되도록 하여야 한다.
　　1. 고객의 거래 등에 대한 지속적인 모니터링 수행 방법 등
　　2. 거래점검 결과 분석 및 보고
　　3. 분석자료 보존절차

제139조 (비정상적 거래 등) ① 카지노사업자는 다음 각 호의 경우를 포함하여 명확한 경제적·법적 목적 없이 복잡하거나, 규모가 큰 거래, 비정상적인 유형의 거래에 대해 특별한 주의를 기울여야 한다.
　　1. 거래금액이나 거래량이 지나치게 큰 경우
　　2. 거래가 정상적인 유형에서 벗어나는 경우 등
　② 카지노사업자는 제1항에 따른 비정상적 거래 등에 대해 그 배경과 목적을 최대한 검토하여야 한다.
　③ 카지노사업자는 제2항에 따른 검토 결과를 기록·관리하여야 한다.

제140조 (지속적인 거래모니터링 절차 등) 카지노사업자는 자금세탁행위등을 예방하기 위해 다음 각 호의 절차와 방법 등과 같은 거래모니터링을 통해 비정상적인 거래행위 또는 유형 등을 식별하는 절차를 마련하여야 한다.
　　1. 고객의 수집·정리된 정보 또는 유사한 고객그룹의 수집·정리된 정보와 고객의 거래이력 비교 및 검토
　　2. 과거 자금세탁 사례의 정형화를 통한 고객 거래정보와의 비교 및 검토
　　3. 고객 거래정보에 대한 자금세탁 위험도 측정 및 거래내역 평가
　　4. 고객 및 거래정보의 연계를 통한 금융거래 패턴 분석 등

제141조 (결과 분석 등) 카지노사업자는 거래모니터링을 통해 식별된 비정상적인 거래행위 또는 유형을 분석하고 이를 의심되는 거래로 보고하기 위해 다음 각 호의 절차를 갖추어야 한다.
　　1. 비정상적인 거래행위로 의심되는 거래를 분석할 수 있는 직원을 담당자로 지정

2. 과거 금융거래, 신용정보, 기타 정보 등을 활용한 거래 분석
3. 분석 과정에서 확인된 고객의 최신 정보 갱신
4. 분석결과 의심되는 거래로 판단될 경우 금융정보분석원장에게 보고
5. 분석 완료 후 유사거래의 재발 방지를 위한 분석내용 정보화

제142조 (분석자료 보존) 카지노사업자는 금융정보분석원 등 관련기관에 정보를 제공할 수 있도록 관련자료를 보존체계에 따라 5년 이상 보존하여야 한다.

제143조 (보고체제수립) 카지노사업자는 의심되는 거래 등 보고를 위해 자신의 지점 등 내부에서 보고책임자에게 보고하는 내부보고체제와 이를 금융정보분석원에 보고하는 외부보고체제를 수립하여야 한다.

제12장 보고체제 수립

제144조 (내부보고체제) ① 카지노사업자가 제143조에 따라 내부보고체제를 수립하는 때에는 다음 각 호의 방법을 참고할 수 있다.
1. 직원이 의심되는 거래 등 보고서를 작성하여 담당책임자에게 보고하고 담당책임자는 이를 검토하여 보고책임자에게 보고
2. 직원이 의심되는 거래 등 보고서를 작성하여 보고책임자에게 보고
3. 직원이 의심되는 거래 등 발생 사실을 보고서 작성 없이 보고책임자에게 직접 보고

② 카지노사업자가 내부보고체제를 수립하는 경우 보고 여부 검토자 또는 보고책임자는 제1항에 따른 보고서 작성자가 될 수 없다. 다만, 소규모 카지노사업자의 경우에는 그러하지 아니하다.

제145조 (외부보고체제) 카지노사업자는 제143조에 의해 수립된 내부보고체제에 따라 보고서를 작성한 경우 이를 보고책임자가 금융정보분석원장에게 보고할 수 있는 외부보고체제를 수립하여야 한다.

제13장 자료 보존

제146조 (보존기간) ① 카지노사업자는 고객확인기록, 금융거래기록, 의심되는 거래 및 고액현금거래 보고서를 포함한 내·외부 보고서 및 관련 자료 등을 5년 이

상 보존하여야 한다.

제147조 (보존대상) ① 카지노사업자가 고객확인기록과 관련하여 보존해야 할 자료는 다음 각 호와 같다.
    1. 고객(대리인, 실소유자 포함)에 대한 고객확인서, 실명확인증표 사본 또는 고객신원정보를 확인하거나 검증하기 위해 확보한 자료
    2. 고객확인을 위한 내부승인 관련 자료

② 카지노사업자가 금융거래기록과 관련하여 보존해야 할 자료는 다음 각 호와 같다.
    1. 고객의 게임일자, 게임종류, 환전일자 및 금액, 칩스 구매일자 및 금액 등을 포함한 전산자료나 기타 관련 거래내역 등의 사본
    2. 금융거래에 대한 내부승인 관련 근거 자료 등

③ 카지노사업자가 내·외부 보고와 관련하여 보존해야 할 자료는 다음 각 호와 같다.
    1. 의심되는 거래 보고서(사본 또는 결재 양식) 및 보고대상이 된 금융거래 자료
    2. 의심되는 합당한 근거를 기록한 자료
    3. 의심되는 거래 미보고 대상에 대하여 자금세탁행위등의 가능성과 관련하여 조사하였던 기록 및 기타 자료
    4. 자금세탁방지등 업무에 대한 보고책임자의 경영진 보고서 등

④ 카지노사업자는 제1항부터 제3항에 따른 자료 외에 다음 각호의 자료를 5년간 보존하여야 한다.
    1. 자금세탁방지등을 위한 내부통제 활동의 설계·운영·평가와 관련된 자료
    2. 독립적인 감사수행 및 사후조치 기록
    3. 자금세탁방지등에 관한 교육내용, 일자, 대상자를 포함한 교육 관련 사항 등

제148조 (보존방법) ① 카지노사업자는 제147조에 따른 자료를 보존·관리하기 위한 절차를 수립 및 운영하여야 한다.
② 카지노사업자는 원본, 사본, 마이크로필름, 스캔, 전산화 등 다양한 형태로 내부관리 절차에 따라 보존할 수 있다.
③ 카지노사업자는 보고책임자의 책임하에 보안이 유지되도록 보존자료를 관리하여야 한다.
④ 카지노사업자는 금융정보분석원장 또는 법 제11조제3항에 따라 검사업무를

위탁받은 기관의 장이 제147조에 따른 자료를 요구하는 때에는 적시에 제공하여야 한다. 다만, 법 제11조제3항에 따라 검사업무를 위탁받은 기관의 장이 요구하는 경우에는 법 제4조의 규정에 의한 관련자료는 제외한다.

제149조 (보존장소) 카지노사업자는 보존대상 자료를 본점 또는 문서보관소('본점 등')에 보존하여야 한다. 다만, 보존대상 자료를 본점 등에 보존하는 것이 현저히 곤란할 때에는 다른 장소에 보존할 수 있다.

제150조 (재검토기한) 「훈령·예규 등의 발령 및 관리에 관한 규정」(대통령훈령 제248호)에 따라 이 규칙 발령 후의 법령이나 현실여건의 변화 등을 검토하여 이 규칙의 유지, 폐지, 개정 등의 조치를 하여야 하는 기한은 2015년 7월 1일을 기준으로 매 2년이 되는 시점(매 2년째의 6월 30일까지를 말한다)으로 한다.

부 칙 <제2010-1호, 2010. 6. 21.>

이 규정은 2010년 7월 30일부터 시행한다.

부 칙 <제2010-3호, 2010. 12. 28.>

이 규정은 2011년 4월 1일부터 시행한다.

부 칙 <제2015-20호, 2015. 6. 30.>

이 규정은 2015년 7월 1일부터 시행한다.

부 칙 <제2019-2호, 2019. 6. 26.>

이 규정은 2019년 7월 1일부터 시행한다.

| 版 權 |
| 所 有 |

2022년 최신판
가상화폐의 이해
❖ 비트코인 ❖

2022年 1月 20日 初版 發行

編 著 : 법률연구회
發行處 : 법률정보센터

주소 서울시 성북구 아리랑로 4가길 14
전화 (02) 953-2112
등록 1993.7.26. NO.1-1554
www.lawbookcenter.com

* 本書의 無斷 複製를 禁합니다.
ISBN 978-89-6376-483-2   定價 : 30,000원